JN303814

日本の教育

岡村　豊

はじめに

日本の教育の仕組みと運営について述べるためには、まず日本の国の仕組みと運営について説明しなければなりません。

それは、現在の日本において、国と、国内の公的な組織（都道府県・市町村）が教育に関して中心的な役割を果たしていて、国の仕組みと運営についての説明を抜きにしては、現在の日本における教育の仕組みと運営を説明できないからです。今日の世界においては、教育の基本的な部分について、その仕組みを整備し、円滑に運営されるようにすることは国の責任と考えられています。こうした状況は日本に特有のものではなく、世界の他の国も同様の状況にあります。このことは、一つ一つの国についてその教育システムを調べて確認することもできますが、教育に関する世界の共通的な条約の内容からも確認することができます。例えば、1966年に作成された「経済的、社会的及び文化的権利に関する国際規約（いわゆる国際人権規約A規約。第13条、第14条）」や1989年に作成された「児童の権利に関する条約（第28条、第29条）」は、初等教育を義務教育とすること、義務教育を無償化すること等の原則に従って、一定の内容・レベルの教育が行われるようにすることを、それぞれの国に義務として課しています。

国と教育のこうした関係を考えて、第1部は「国と都道府県・市町村の仕組みと教育」に関する説明としました。

現在の世界においては、国が責任を持って提供しなければならないこれらの教育は学校という形態で提供されています。国が責任を持って学校教育を提供することは現在では当たり前のことですが、過去においては決して当たり前のことではありませんでした。

日本の状況を見ると、明治維新以前においても国が学校教育に関与したことが有りますが、それは政府の需要を満たすために国立の教育機関を設置・運営するというものでした。例えば8世紀は律令国家の最盛期ですが、律（犯罪と刑罰について定めており今日の刑法に当たる）と令（国の組織等について定めており今日の行政法に当たる）を運用する相当数の役人が不可欠であることから、官僚養成のために「大学」という名称の教育機関を設けていました。又、徳川幕府も、自分が御墨付きを与えた朱子学の教育のため（昌平坂学問所。幕府人材の登用にも利用された）、欧米との関係が幕府の命運をも左右するようになるにつれ通訳の養成や欧米の知識・技術を修得させるため（蕃書調所、西洋医学所等）、幾つかの教育機関を設けました。このように政府の特別の必要から、限られた者を対象に極めて限定された

目的の国立の教育機関が設置されたことが有りますが、それは一般国民を対象とするものではなく、体系的な学校制度にも到底なり得ないものでした。

一般国民を対象とした学校教育と体系的な学校制度は、1872年の「学制」の制定によって初めて日本に出現しました。このように教育に対する国の考え方は、明治の前と後では根本的な違いが有ります。

学制は、小学校を義務教育とし、小学校・中学校・大学という学校体系を作ろうとしていました。この学校制度はその実施、改善の過程で変遷を重ねていきますが、男女の不平等という大きな欠点は有ったものの、100％近い義務教育就学率、意欲と能力が重視される平等な運営等優れた成果も有りました。しかし明治時代の途中で、従順な国民・命令に従い喜んで死ぬ兵隊を養成するという要素が強くなったことにより、政府の必要を満たすための学校教育という近代以前の思考に戻ってしまいました。こうした日本の学校教育の体質は日本の敗戦とともに否定されることになります。

具体的には、それは1946年から1947年にかけて（ちなみに、ポツダム宣言を受諾して日本が連合国に対して無条件降伏をしたのは、1945年8月である）、国会において、新しい日本国憲法や重要な教育関係の法律を制定することによって行われました。なお、この時期の国会は、当初は大日本帝国憲法（いわゆる明治憲法）下に在ったものの、国民が、史上初の男女平等の国政普通選挙（現在行われている国会議員の選挙と同じやり方の選挙のことである。1946年4月に行われた）によって選んだ国会議員が衆議院を構成していました。又、新設の参議院も、現在の憲法の実施（1947年5月）とともに、衆議院と同様の普通選挙によってその直前の4月に選ばれていた国会議員によって構成されました。

しかし、こうして行われた学校教育の改革も、教育の目的として国家社会の構成者の育成という要素が強調され、或いは、旧制度の治安維持のための措置を引きずる等必ずしも十分でないところも有りますから、今後の注意が必要です。

こうした経緯の上に成り立っている現在の「学校教育の仕組みと運営」について第2部として叙述しました。

現在の日本においては、国が責任を持って提供する学校教育の他にも、それが組織的に行われるものであれば国・都道府県・市町村が奨励すべきこととされています。学校教育以外の組織的教育である社会教育は、国が積極的に関与する性格の教育ではないにもかかわらず、奨励はしないといけないという立場に置かれています。「社会教育の仕組みと運営」については第3部として叙述しました。

最後に第4部として、日本の学校教育の将来を「生涯学習社会の建設」との関連において整理してみました。

以上の内容を記述するに当たり、特に二つのことに気をつけました。

第1は、教育制度の内容と運用に関する重要な部分はすべて法律で定められていま

すから、これらについて記述する場合はその記述がどの法律のどの条文で定められているものであるかを括弧書きしておきました。これは、制度の内容を自分に都合よく記述しないようチェックするためでもあります。条文を挙げたことの意味は以上の通りですから、これらの条文に一つ一つ当たる必要は有りませんし、条文に当たらなくとも済むように記述したつもりです。本当にそうかという疑問が有る場合や更に厳密に制度の内容を把握したい等であれば、条文に当たって確かめてください。多くの条文は平成18年版文部科学法令要覧に掲載されていますが、六法全書を見る必要の有るもの、最近の官報を見る必要の有るもの、本格的な法令集や昔の法律資料を見る必要の有るものも若干存在します。なお、条文は2006年8月の時点の法律によっています。ただし、その時点で制定されているが未だ施行されてはいない法律のうち、2007年4月までには施行されることとなっているものについては、施行を先取りして記述しました。具体的には、准教授・助教を設け助手の職務等を改める学校教育法の改正、盲・聾・養護学校を特別支援学校として一括する学校教育法と教育職員免許法の改正、幼稚園と保育所に関連して認定こども園のシステムを設ける法律の制定等については、付属の政省令等も含めて改正等が実施されたものとして扱っています。

第2は、教育の実態に関する記述については、重要なもの、或いは、常識にはなっていないと考えられるものについては、統計資料による具体的な数字を示しました。それらの数字は原則として学校基本調査報告書・社会教育調査報告書等によって文部科学省等の公的性格の機関が公表したものです。数字は最新のものにするよう心がけましたが、若干古い時点の数字を使ったものも有ります。

この60年間における日本の社会の激しい変動にもかかわらず教育のシステムの中核的な部分が変わっていないことに関しては、様々な意見が有り得るところですし、現に様々な意見が有ります。又、これからの我が国の教育の在り方についても、同様に、様々な意見が有り得るところですし、現に様々な意見が有ります。

こうした教育に関する意見の出発点は、現在の日本における教育の仕組みと運営に関する実際の姿を在りの侭に理解することに置くべきです。

それは、意見が噛み合うためには共通の基盤が無くてはならず、教育についての議論において多くの人に共通の基盤となりうるのは、現在の日本の教育の仕組みと運営に関する在りの侭の姿の認識以外には有り得ません。我々が問題にするのは、過去の教育でもなければ外国の教育でもなく、現在の日本の教育であるからです。そうは言っても、過去の教育や外国の教育について調べることが有りますが、それは、現在の日本の教育を理解するためです。過去の教育や外国の教育を知ることは、現在の日本の教育を理解する上で、いわば自分の顔を写す鏡としての役割を果たすものとして大切な手段であり、大変重要な分野であることを忘れてはなりません。

目 次

はじめに

第1部　国と都道府県・市町村の仕組みと教育─── 1

第1章　国の仕組みと運営……………4

第1節　国とは何か　4
1　領土と国民　5
2　国の定義　6

第2節　国の仕組み　7
1　国の枠組み　7
 1.1　君主制、貴族制、民主制　7
 1.2　国の枠組みの意味　7
2　立法、司法、行政　10

第3節　日本の国の仕組み　12
1　立法、司法、行政の責任者　12
2　立法、司法、行政の関係　13
 2.1　国会と内閣　13
  2.1.1　法律の制定　13
  2.1.2　条約締結の承認　15
  2.1.3　予算の承認　16
  2.1.4　内閣の政治責任と国会　16
  2.1.5　国会と内閣の現実　17
 2.2　内閣と裁判所　19
  2.2.1　裁判所に対する内閣のコントロール　19
  2.2.2　内閣に対する裁判所のコントロール　19
 2.3　国会と裁判所　20

        2.3.1　裁判所に対する国会のコントロール　20
        2.3.2　国会に対する裁判所のコントロール　21

第2章　教育に関する行政の仕組み…………………23
第1節　国の教育行政の仕組み　23
    1　内閣の仕組み　23
        1.1　閣議　24
        1.2　各省　25
    2　文部科学省の仕組み　26
        2.1　仕事の範囲　26
        2.2　仕事の仕方　26
            2.2.1　文部科学大臣　26
            2.2.2　文部科学大臣と内閣総理大臣　26
            2.2.3　副大臣と大臣政務官　27
            2.2.4　仕事の処理　28
    3　教育と法律　29
        3.1　法律の作成　30
        3.2　行政と法律　31
        3.3　法律と予算　32
        3.4　法律によらない行政　33
            3.4.1　長期計画　34
            3.4.2　サービス　35
            3.4.3　表彰、資格等　37
            3.4.4　行政指導　38
            3.4.5　一般人としての国　39
        3.5　政令と省令　39
    4　教育と予算　41
        4.1　予算の作成　41
        4.2　予算の内容　42
第2節　都道府県・市町村の教育行政の仕組み　44
    1　都道府県・市町村の仕組み　45
        1.1　都道府県の仕組みと運営　46
            1.1.1　知事と議会　46
            1.1.2　行政の仕組み　48
            1.1.3　直接民主制　50

1.2 市町村の仕組みと運営　52
      1.2.1 市町村長と市町村議会　52
      1.2.2 委員会　52
      1.2.3 直接民主制　53
  2 都道府県・市町村の財政　53
    2.1 都道府県の財政　55
    2.2 市町村の財政　55
  3 都道府県・市町村の教育行政の仕組み　56
    3.1 都道府県の教育行政の仕組み　57
      3.1.1 知事と教育委員会　57
      3.1.2 議会と教育委員会　58
      3.1.3 教育委員会の仕組み　59
    3.2 市町村の教育行政の仕組み　60
      3.2.1 市町村長と教育委員会　60
      3.2.2 議会と教育委員会　60
      3.2.3 教育委員会の仕組み　61
    3.3 教育委員会制度の意味　61
      3.3.1 住民による行政のコントロールと教育委員会　61
      3.3.2 行政の責任と教育委員会　62
      3.3.3 教育委員会制度の採用の経緯　63
      3.3.4 アメリカ合衆国における教育委員会　64

第2部　学校教育の仕組みと運営 ──────── 67

第1章　学校教育制度の概要……………74

第1節　学校とは何か　74
第2節　学校と学校教育　77
第3節　国と学校教育　78
  1 教育内容　79
    1.1 初等中等学校の教育内容　79
      1.1.1 学校教育の目標　80
      1.1.2 教科の意味　81
      1.1.3 教科の種類　82
      1.1.4 教科等の教育時間　84
      1.1.5 学習指導要領　87

          1.1.6 教科書　90
      1.2 大学の教育内容　92
          1.2.1 実力のみが問われる資格　93
          1.2.2 特定の学部卒業が要求される資格　93
          1.2.3 指定された学部での科目履修が要求される資格　94
          1.2.4 指定された科目の履修が要求される資格　94
  2 学校体系　95
      2.1 日本の学校体系の枠組み　96
      2.2 学校体系における並列関係　97
      2.3 学校体系外の学校との交流等　98
          2.3.1 外国の一条学校　98
          2.3.2 在外の日本人学校　100
          2.3.3 国内の日本人のための措置　101
      2.4 学校体系の実現　105
          2.4.1 小学校・中学校　106
          2.4.2 特別支援学校　106
          2.4.3 高等学校　106
          2.4.4 大学等　106
          2.4.5 公的機関の役割分担の意味　106
          2.4.6 私立学校　107

第4節　学校の設置者　107
  1 国立学校の設置者　108
      1.1 国立大学法人　109
          1.1.1 国立大学法人の特色　110
          1.1.2 国立大学法人の仕組み　111
      1.2 独立行政法人国立高等専門学校機構　113
  2 公立学校の設置者　114
      2.1 都道府県　114
      2.2 市町村　114
      2.3 公立大学法人　114
  3 私立学校の設置者　116
      3.1 学校法人　117
      3.2 学校法人以外の者　118
      3.3 学校法人と大学　118

第2章　学校教育の品質の確保…………………120

第1節　学校の設置基準　120

1. **設置基準の性格**　121
2. **初等中等学校の設置基準**　122
   - 2.1　学級と教員　122
   - 2.2　施設・設備　123
3. **公立の初等中等学校に関する財政措置のための基準と設置基準**　125
   - 3.1　義務教育学校の基準　126
     - 3.1.1　学級編制の基準　127
     - 3.1.2　教員数の基準　128
     - 3.1.3　校舎等の基準　129
   - 3.2　高等学校の基準　130
     - 3.2.1　学級編制の基準　131
     - 3.2.2　教員数の基準　131
4. **大学等の設置基準**　133
   - 4.1　大学の教育組織　134
     - 4.1.1　4年制大学の学部と短期大学の学科　134
     - 4.1.2　大学院　135
     - 4.1.3　その他　136
   - 4.2　教員数の基準　136
   - 4.3　施設・設備の基準　137

第2節　学校教育の内容・レベルを確保するための監督　138

1. **監督の方法**　138
   - 1.1　監督の手段　139
   - 1.2　監督の主体と対象　140
     - 1.2.1　国と都道府県による監督　140
     - 1.2.2　国・都道府県の監督の対象となる学校　140
     - 1.2.3　国・都道府県の監督の対象とならない学校　143
2. **学校の設置等の認可**　144
   - 2.1　教育組織の新設・廃止　144
   - 2.2　教育組織の新設・廃止の認可に関する審査　145
   - 2.3　教育組織の新設・廃止以外の事項に関する認可　145
     - 2.3.1　市町村立特別支援学校の位置の変更等　146
     - 2.3.2　通信教育の開設等　146
     - 2.3.3　私立学校の学則の変更　147

3　違法な事態に対する変更命令　148
    4　学校の閉鎖命令　149
  第3節　学校の評価　150
    1　評価制度の経緯　150
    2　評価制度の内容　152
    3　評価機関の役割　153
    4　大学評価・学位授与機構　154
    5　評価の内容　155

第3章　教員の品質の確保……………………157
  第1節　教員資格の概要　157
    1　学校に置かれる職員　158
      1.1　初等中等学校の職員　158
      1.2　大学・高等専門学校の職員　161
      1.3　大学・高等専門学校における教員の種類・名称の変更　162
    2　教員資格と教員の欠格事由　163
  第2節　教員免許状　164
    1　教員免許システムの概要　166
      1.1　教諭・助教諭・講師と教員免許状　167
        1.1.1　助教諭・講師と免許状　167
        1.1.2　教諭の免許状　167
      1.2　教員免許状の種類　168
        1.2.1　学校種別と教員免許状　168
        1.2.2　中学校・高等学校の教科と教員免許状　169
      1.3　教員免許状の階級　173
        1.3.1　短期大学士、学士、修士　173
        1.3.2　制度としての教員免許状の階級　175
    2　教員と相当免許状……その原則と例外　176
      2.1　学校種ごとの教員免許状の例外　178
        2.1.1　小学校教員の特例　178
        2.1.2　中学校教員の特例　178
        2.1.3　知的障害者の教育を担当する教員の特例　179
        2.1.4　保健の教科の担当に関する特例　179
        2.1.5　特別支援学校教員の特例　180

        2.1.6　中等教育学校教員の特例　180
    2.2　教科ごとの教員免許状の例外　181
        2.2.1　免許教科外教科の担当の許可　181
        2.2.2　知的障害者の教育を担当する教員の特例　181
3　教員免許状の取得と大学教育　182
    3.1　大学における教員養成の原則と問題　183
        3.1.1　大学における教員免許状取得の仕組み　183
        3.1.2　大学における教員養成が抱える問題　185
4　小学校教員・幼稚園教員免許状の取得　186
    4.1　小学校教員免許状の取得　187
        4.1.1　教職に関する科目　187
        4.1.2　教科に関する科目　191
        4.1.3　教科又は教職に関する科目　192
    4.2　幼稚園教員免許状の取得　192
5　中学校教員・高等学校教員免許状の取得　193
    5.1　中学校教員免許状の取得　193
        5.1.1　教科に関する科目　193
        5.1.2　教職に関する科目　194
        5.1.3　教科又は教職に関する科目　195
    5.2　高等学校教員免許状の取得　195
        5.2.1　教科に関する科目　195
        5.2.2　教職に関する科目　196
        5.2.3　教科又は教職に関する科目　196
    5.3　中学校教員・高等学校教員免許状の取得に関する例外　196
        5.3.1　中学校教員免許状　197
        5.3.2　高等学校教員免許状　197
        5.3.3　中学校教員・高等学校教員養成の問題点　197
6　その他の教員免許状の取得　198
    6.1　特別支援学校教員免許状の取得　198
    6.2　特別支援学校自立教科等教員免許状の取得　199
        6.2.1　特別支援学校自立活動担当教員の免許状　199
        6.2.2　特別支援学校高等部自立教科担当教員の免許状　200
7　現職教員による教員免許状の取得　201
    7.1　教員免許状の上進　202
        7.1.1　勤務の実績　202
        7.1.2　単位の修得　203
    7.2　他教科免許状の取得　204

         7.3　教員による教員免許状取得のその他のシステム　205
           7.3.1　特別支援学校教員免許状の上進　205
           7.3.2　他の学校種の2種免許状の取得　205
       8　その他の免許状　206
         8.1　養護教諭の免許状　206
         8.2　栄養教諭の免許状　207
     第3節　校長等の資格　208
       1　初等中等学校の校長・教頭の資格　209
         1.1　校長の資格　210
           1.1.1　原則的資格要件　210
           1.1.2　校長の資格要件の特例　211
         1.2　教頭の資格　212
       2　大学の学長等の資格　213
     第4節　大学・高等専門学校の教員の資格　213
       1　4年制大学教員の資格　214
         1.1　大学教員の資格の基本構造　217
         1.2　教授・准教授・助教の資格の構造　218
           1.2.1　教授の資格要件　219
           1.2.2　准教授の資格要件　221
         1.3　講師の資格　222
         1.4　助手の資格　222
           1.4.1　これまでの助手制度　222
           1.4.2　新しい助手制度　223
           1.4.3　助教　223
         1.5　大学院担当教員の資格　224
       2　短期大学教員の資格　225
       3　高等専門学校教員の資格　225

   第4章　学校教育における量の確保　……………………　227
     第1節　子供の数　228
       1　出生数と学校　229
         1.1　これまでの出生数　229
           1.1.1　出生数の変動　229
           1.1.2　変動への対応　229
         1.2　将来の出生数と学校　234

1.2.1　出生数の動向とその影響　234
      1.2.2　出生数の推計　235
      1.2.3　将来の学校規模　236
  第2節　義務教育における量の確保　237
    1　就学の確保　237
      1.1　市町村教育委員会の役割　238
        1.1.1　該当する子供の把握　238
        1.1.2　就学前の健康診断　238
        1.1.3　入学の通知　239
        1.1.4　就学・出席の確保　239
        1.1.5　就学のための経済的援助　243
      1.2　都道府県教育委員会の役割　244
    2　義務教育のための学校の整備　245
      2.1　市町村立義務教育学校等教職員の給与費の負担　246
        2.1.1　教員の給与の単価　247
        2.1.2　教員の人数　248
        2.1.3　都道府県の給与費負担により生じる問題　252
      2.2　文部科学省による義務教育関係経費の一部負担　254
        2.2.1　義務教育費国庫負担金　256
        2.2.2　校舎等の建築費の補助　258
        2.2.3　その他の補助　259
  第3節　義務教育以外の学校における量の確保　259
    1　学校教育の役割　259
    2　就学の機会の確保　260
      2.1　大学への就学　262
      2.2　高等学校への就学　263
      2.3　幼稚園への就学　264
      2.4　教育を受ける権利　265
    3　学校の整備　265
      3.1　大学の整備　266
      3.2　高等学校の整備　268
      3.3　幼稚園の整備　268

第5章　学校の運営　270

  第1節　教育基本法　270

    1　教育勅語と教育基本法　271
    2　教育基本法の内容　273
        2.1　日本国憲法と教育基本法　273
            2.1.1　教育の目的と方針　273
            2.1.2　教育における平等　275
            2.1.3　教員の身分等　276
            2.1.4　政治教育　278
            2.1.5　宗教教育　279
        2.2　学校教育法と教育基本法　281
            2.2.1　奨学の義務　281
            2.2.2　義務教育　281
            2.2.3　一条学校の設置者　282
        2.3　その他　282
            2.3.1　社会教育　282
            2.3.2　教育行政　283
            2.3.3　法令の制定　285
    3　教育基本法の改正　286
第2節　学校運営に関する規制　287
    1　学校の運営と経費の負担　287
    2　授業料等の徴収　288
    3　私立学校の校長の届出　289
    4　生徒・教職員の健康の保持・増進　289
    5　学校教育と社会教育の協力　291
        5.1　社会教育団体等の教育能力の活用　291
        5.2　社会教育への協力・貢献　291
    6　学校給食の実施　292
第3節　学校教育の秩序を確保するための規制　293
    1　生徒等への懲戒　293
        1.1　体罰について　293
        1.2　退学と停学　295
    2　義務教育学校における出席停止　295
    3　学年、学期等　296
        3.1　学年　296
        3.2　学期、長期休業日等　297
            3.2.1　学期、休業日の内容　297

        3.2.2 学期・休業日に関する規定の意味　298
    4　学校の運営システム　298
        4.1　主任等　298
        4.2　教授会と職員会議　300
            4.2.1　大学の教授会　300
            4.2.2　初等中等学校の職員会議　302
        4.3　外部機関　304
            4.3.1　初等中等学校の学校評議員　304
            4.3.2　公立学校の学校運営協議会　306
    5　その他　308

第6章　日本の学校制度維持の枠組み…………309

第1節　学校教育と刑罰　312
    1　義務教育への就学の確保　313
        1.1　子供の保護者による違反行為　313
        1.2　子供を使用する者による違反行為　314
    2　学校体系の維持　315
        2.1　学校の名称使用の禁止　315
        2.2　閉鎖命令への違反　315
        2.3　専修学校・各種学校に対する閉鎖命令　316
    3　教員免許制度の維持　318
        3.1　教員免許状の不正な授与　318
        3.2　無資格教員の採用　318
    4　その他の刑罰　319

第2節　刑罰以外の間接的な手段による強制　319
    1　学校設置認可等のシステム　319
        1.1　設置等の認可の仕組み　320
            1.1.1　認可の対象となる行為　320
            1.1.2　認可の対象となる学校　321
            1.1.3　学校の設置・運営と認可　323
            1.1.4　大学・高等専門学校に対する認可制度の緩和　323
        1.2　変更命令等　325
            1.2.1　文部科学大臣による変更命令等　325
            1.2.2　都道府県教育委員会による変更命令　326
    2　学校に対する財政措置　326

        2.1　国立学校　327
        2.2　公立学校　328
        2.3　私立学校　329
            2.3.1　経常費助成　330
            2.3.2　学校法人会計基準　332
            2.3.3　助成に伴う監督権限の強化　334

第7章　専修学校と各種学校……………336

第1節　専修学校・各種学校の内容　337
    1　経緯　337
        1.1　各種学校の成立　337
        1.2　専修学校の成立　338
    2　専修学校・各種学校の内容　339
        2.1　教育内容　339
        2.2　教育内容以外　340
    3　専修学校・各種学校の要件　341
        3.1　各種学校の要件　341
        3.2　専修学校の要件　342
    4　専修学校・各種学校の設置基準　342
        4.1　各種学校の設置基準　342
        4.2　専修学校の設置基準　342
            4.2.1　専修学校の教育組織　342
            4.2.2　設置基準　343
    5　専修学校・各種学校の教員資格　343
        5.1　各種学校の教員資格　344
        5.2　専修学校の教員資格　344

第2節　専修学校・各種学校に対する監督等　344
    1　設置等の認可　345
    2　変更命令　345
    3　閉鎖命令　346
    4　学校設置の認可申請の勧告、教育の停止命令　346
    5　その他　346
        5.1　校長と教員　347
        5.2　懲戒　347
        5.3　健康診断等　347

第3部　社会教育の仕組みと運営 ―――――― 349

第1章　社会教育の仕組み……………353

第1節　日本の社会教育の姿　354
1　社会教育の性格　354
2　社会教育の姿　356
　2.1　講座・学級の開催　356
　2.2　社会教育施設の設置・運営　357

第2節　国のシステムとしての社会教育の構造　358
1　社会教育における規制　359
　1.1　経済的利益　359
　1.2　社会的評価　361
　1.3　規制にとらわれない社会教育　362
2　国・都道府県・市町村の役割分担とその体制　362
　2.1　国・都道府県・市町村の関係　363
　2.2　社会教育の所管は教育委員会　364
　2.3　都道府県・市町村の体制に関する規制　364
　　2.3.1　教育委員会の体制　365
　　2.3.2　社会教育施設の体制　366

第3節　社会教育と規制　368
1　社会教育施設　369
　1.1　図書館　369
　　1.1.1　図書館の定義　370
　　1.1.2　司書　370
　　1.1.3　公立図書館に対する支援　371
　　1.1.4　公立図書館の設置　371
　　1.1.5　公立図書館の設置・運営の基準　372
　　1.1.6　図書館に置かれる職員等　372
　　1.1.7　入館料　373
　　1.1.8　私立図書館　374
　　1.1.9　図書館法の意義　375
　1.2　博物館　376
　　1.2.1　博物館の定義　378
　　1.2.2　学芸員　379
　　1.2.3　登録と指定　380

        1.2.4　公立博物館への支援　　381
        1.2.5　私立博物館　382
      1.3　公民館　383
        1.3.1　公民館の実態　383
        1.3.2　公民館の定義　384
        1.3.3　公民館に対する規制　385
        1.3.4　公民館への補助　387
      1.4　その他の社会教育施設　387
        1.4.1　多様な施設　387
        1.4.2　法律施設との相違　387
      1.5　社会教育施設の設置・運営　388
    2　社会教育関係団体　394
      2.1　国等と社会教育関係団体の関係　395
      2.2　社会教育関係団体に対する報告の要求等　395
      2.3　社会教育関係団体に対する補助　396
    3　一条学校（国・公立学校）　397
      3.1　学校施設の利用　398
      3.2　講座の開設　398
    4　私立の一条学校　398
    5　専修学校・各種学校　398
    6　民間の社会教育事業に対する国等の関与　399
      6.1　社会通信教育の認定　399
      6.2　技能審査事業の認定等　401

第2章　社会教育の運営　404

第1節　社会教育に関する行政の組織と業務　405

    1　社会教育に関する文部科学省の組織とその運営　405
    2　社会教育に関する教育委員会の組織とその運営　406
      2.1　社会教育委員　407
        2.1.1　社会教育委員の立場と役割　407
        2.1.2　社会教育委員の実態　408
        2.1.3　社会教育委員の意味　408
      2.2　社会教育主事　409
        2.2.1　社会教育主事の立場と役割　409
        2.2.2　社会教育主事の実態　411
        2.2.3　社会教育主事の意味　413

- 3 社会教育に関する国、都道府県・市町村の仕事　415
  - 3.1 国が行う都道府県・市町村に対する補助　415
  - 3.2 市町村教育委員会の仕事　416
    - 3.2.1 集会・講座等の開催　416
    - 3.2.2 体験活動の機会の提供　418
    - 3.2.3 社会教育関係団体への補助　418
    - 3.2.4 指導者等の研修　419
    - 3.2.5 情報提供　419
  - 3.3 都道府県教育委員会の仕事　419
    - 3.3.1 社会教育施設の設置・運営　421
    - 3.3.2 集会・講座等の開催　421
    - 3.3.3 体験活動の機会の提供　422
    - 3.3.4 社会教育関係団体への補助　422
    - 3.3.5 指導者等の研修　422
- 4 社会教育行政の実際　423
  - 4.1 市町村教育委員会における社会教育行政　423
    - 4.1.1 財政から見た社会教育行政　423
    - 4.1.2 人員等から見た社会教育行政　424
    - 4.1.3 社会教育施設の運営の委託　424
    - 4.1.4 社会教育施設の経費の内容　427
    - 4.1.5 図書館の問題　428
  - 4.2 都道府県教育委員会における社会教育行政　429
    - 4.2.1 財政から見た社会教育行政　429
    - 4.2.2 人員等から見た社会教育行政　430
    - 4.2.3 社会教育施設の運営の委託　430

第3章　日本の社会教育の特質　432

第1節　社会教育という概念が抱えている問題　432
第2節　社会教育における国等の関与　435
- 1 国・都道府県・市町村の間の関与　435
  - 1.1 都道府県・市町村に対する国の関与　435
  - 1.2 市町村に対する都道府県の関与　437
- 2 民間に対する国等の関与　437
  - 2.1 社会教育制度としての関与　437
  - 2.2 社会教育以外の制度による関与　438
    - 2.2.1 社団法人・財団法人　438

2.2.2 税制上の優遇措置　439
    2.2.3 補助金　440
    2.2.4 新しい社団法人・財団法人制度　440
  3 都道府県・市町村等の体制に関する規制　443
 第3節　社会教育と学校教育等　444
  1 文部科学省・教育委員会の教育とその他の教育　444
  2 学校教育との関係　445
    2.1 学校教育との連携　445
    2.2 社会教育のための学校　446

第4部　生涯学習社会の建設 ―― 449

第1章　学歴偏重と教育 …………… 452
 第1節　学歴偏重がもたらしているもの　453
  1 大学　454
    1.1 学歴偏重の論理　454
    1.2 学歴偏重の成立　455
    1.3 大学にとっての実益　457
    1.4 大学にとっての実害　459
  2 企業等　460
    2.1 企業等にとっての実益　461
    2.2 企業等にとっての実害　462
      2.2.1 学歴偏重の直接的な実害　462
      2.2.2 学歴偏重の間接的な実害　463
  3 初等中等学校と学歴偏重　463
    3.1 中卒、高卒、大卒　463
    3.2 有名校等への進学希望の集中と受験教育　464
      3.2.1 専門的職業に関する問題　464
      3.2.2 有名大学に入る道　465
      3.2.3 有名大学に入る方法（受験教育）　466
      3.2.4 受験教育の支柱　467
 第2節　学歴偏重の打破と生涯学習体系　469
  1 生涯学習体系の内容　470
    1.1 一般的な内容の提言　470

         1.1.1　評価の多元化　471
         1.1.2　生涯学習の町づくり　471
         1.1.3　施設のインテリジェント化　471
      1.2　企業・官公庁等に対する提言　472
         1.2.1　採用・処遇等の人事管理の問題　473
         1.2.2　社会の変化に対応した人事管理　474
      1.3　大学に関する提言　475
         1.3.1　大学の入学試験　476
         1.3.2　学歴偏重に対する改善・抑制策　477
      1.4　初等中等教育に関する提言　480
      1.5　社会教育に関する提言　482
         1.5.1　生涯学習体系における学習需要への対応　482
         1.5.2　教育から学習へ　486
         1.5.3　家庭の教育力の回復　488
   2　生涯学習体系への移行　489

第2章　生涯学習社会の建設 …………… 493
第1節　法律の有無の問題　496
   1　法律の規定を設けるべきもの　497
      1.1　学年の始期と終期　498
      1.2　進級の認定　498
      1.3　公立学校の休業日、学則の制定等　499
      1.4　届出　500
   2　法律の規定を充実すべきもの　501
      2.1　教育内容　502
      2.2　教科書の作成　503
      2.3　就学義務の履行の確保　504
   3　性格が曖昧な省令の規定　504
      3.1　学校評議員　504
      3.2　職員会議　505
第2節　法律の内容の問題　505
   1　教員の免許　506
      1.1　教員免許状のクラス　506
      1.2　教職科目の廃止・縮小　507
   2　義務教育の範囲　509

3　社会教育の体制に関する規制の適正化　510
　第3節　制度の原則に関する問題　510
　　1　公立初等中等学校における授業の公開　510
　　2　国の関与の政策的な限界　512
　　　2.1　初等・中等学校の教育内容への関与　513
　　　2.2　大学の制度・運営への国の関与　515
　　　　2.2.1　国立大学の問題　515
　　　　2.2.2　公・私立大学の問題　517

法令索引　519

第1部

国と都道府県・市町村の仕組みと教育

現在の日本の社会は、一定の秩序が保たれていますし、又、大部分の国とも危機的な問題を起こすことなく友好的に付き合っています。人々が何もしないまま自然にこうした状態になっているものではなく、そうなるように社会を取り仕切る仕組みが作られ、運営されていることによってこのような状態になっているのです。具体的には、国民がその議員を選挙で選んだ衆議院と参議院から成る国会、衆議院議員の中から国会が指名した内閣総理大臣を中心とする内閣、最高裁判所を頂点とする裁判所が、そのために与えられた強力な権力を行使していることによって、日本社会の現在の状態が成り立っているのです。

国の役割は日本の社会の基本的な在り方に関係する事項を対象としていますが、我々の身近において国は関わらないが公的な機関が関わることが求められる事柄については、その市町村の住民が選挙で選んだ市町村長・市町村議会が処理します。そして、市町村よりも大きな規模の単位で処理することが適当な事柄は、その都道府県の住民が選挙で選んだ都道府県知事・都道府県議会が処理します。

都道府県・市町村の立場や国との関係は、憲法と法律によって決められていますが、原則として都道府県どうし、市町村どうし、都道府県と市町村、都道府県・市町村と国とは対等の関係にあり、例えば、国が法律の根拠無しに都道府県・市町村の首長等に対して指示し、監督等することはできません。しかし、都道府県・市町村は国という枠組みの中で存在しているものであり、公的な機関として国と共に日本の社会の適切な運営を行うという役割を果たしているものですから、国会が定めた法律やその法律に基づく内閣の指示・命令等に従わねばならず、最高裁判所を頂点とする国の裁判所の判決にも拘束されるのであり、決して独立国的な存在ではありません。

教育に関する行政・立法・裁判も、これらの組織・活動の一部であり、この枠組みと整合する内容・形態で行われるべきものです。

第1章
国の仕組みと運営

第1節　国とは何か

　現在、世界には約200の国が有ります。これらの国は、その歴史的な経緯や地理的な条件等によって現在のような国となっているのです。
　日本のように同じ人種で同じ言語を話す人々がひとつの国を造っている場合もありますが、人種や言語の異なる人々がひとつの国を造っている場合も少なくないのです。一方、ドイツとオーストリアのように、同じ人種で同じ言語を使う人々が、隣り合って別の国を造っている場合も有ります。
　一人一人の人間の容貌や性格、経歴等が違うように、一つ一つの国は、その成り立ちが異なっているのです。
　人間と同様に、国も生まれたり消滅したりしますし、その大きさについても、大きくなったり小さくなったりします。
　例えば、これまで西ドイツ（ドイツ連邦共和国）と東ドイツ（ドイツ人民民主主義共和国）という二つの国がありましたが、1990年に西ドイツが東ドイツを実質的に吸収して現在のドイツ連邦共和国という一つの国になりました。逆に、チェコスロバキアという一つの国が、チェコとスロバキアという二つの国になったのは、1993年のことです。
　又、アメリカは、150年ほど前に、ロシアからアラスカを買い取って（代金は、720万ドルと言われている）、その面積を広げました。このように平和的な取引の結果で国の面積が増減した例も有りますが、多くの場合は戦争の結果で国の面積が大きくなり、或いは、小さくなっています。日本自身について見ても、明治維新以降に日本が行った幾つかの戦争の結果がそれぞれどうであったかを考えてみれば、このことは明らかです。

1 領土と国民

国が成立するためには、地理的な縄張り（領土）と、その縄張りを協力して守っていこうという意志を持った人間（国民）が必要です。

領土について言えば、現在、地球上の陸地は、南極大陸を除いて[注1]、原則としていずれかの国の領土となっています。したがって、どこかの国の領土が増加するということは、どこかの国の領土が減少すること又は場合によってはどこかの国が消滅することを意味しますから（領土が無くなれば国は消滅する）、領土をめぐる争いは、ともすれば戦争に結びつく傾向があります。

最近では、1990年に、イラクがクウェートを侵略し、自国の領土としましたが、この状態を否とした国々が軍隊を送り、翌年には、イラク軍をその地から駆逐して、クウェートの領土を回復しました。

このような例もあれば、インドとパキスタンの間におけるカシミールの帰属をめぐる争いのように、膠着状態の中で時には武力紛争が起こるといった例や、北方四島（歯舞、色丹、国後、択捉の4島）をめぐる日本とロシアの間の領土問題のように、外交交渉により解決を図ろうとしている例も有ります。

領土の問題は国と国の利害が剥き出しで対立することから、心して冷静に対処しないと、往々にして大きな災厄を引き起こすことは、人間の歴史全体だけでなく、我が国自身の歴史も示しているところです。現在の日本も、上記の北方四島の他、竹島や尖閣諸島について、近隣国との領土問題を抱えています。

国民については、領土の場合と異なり、誰を国民とするかについての条約が有ります。条約の原則は、誰が自国の国民であるかを決めることは各国の権限とするものです（1930年の「国籍法の抵触についてのある種の問題に関する条約」第1条、第2条）。したがって、その人物は自国の国民ではないと決めることができるのも、その国だけということになります。なお、自国民であることを以って自国に縛り付けておくことはできません（1966年の「市民的及び政治的権利に関する国際規約」（いわゆる国際人権規約B規約）第12条2）。もし、こうした原則が領土についても適用され各国がそれぞれの領土の範囲を決めることとなれば、現在の世界が大混乱に陥る危険性が大です。したがって、領土についてはこのような原則は無いのですが、実際は、各国がこのような原則で領土問題に対処していることから、領土をめぐるトラブルが生じることとなります。

自国民として認めるための基準については、国際的なルールは有りませんが、各国の状況を見ると、自国民である親から生まれた者は自国民であるとか、自国の領土

[注1] 1959年の「南極条約」は、南極について平和目的の利用に限定し、軍事的性質の措置を禁止している他、各国の領土化に関する主張の凍結を求めている（第1条、第4条）。

内で生まれた者は自国民であるというように、出生によって決める方法が一般的です。

現在の日本の場合には、日本人の父親又は日本人の母親の子供[注2]は、どこの国で生まれようが日本人であるのが原則です（国籍法（昭和25年法律第147号）第2条）。したがって、同じ原則で国籍を決めることとしている外国の人と国際結婚した場合には、生まれてくる子供は、二つの国籍を持つこととなります。更に、もしその子が、その国で生まれた子供はその国の国籍をもつという原則を採用している第三国で生まれたら、三つの国籍を持つことになります。

このように、日本人の親から生まれた子供は、それだけで日本の国籍を持っているのであり、日本の国籍を取得するために何らの手続きをする必要も無ければ[注3]、国から、貴方の子供は日本の国籍を取得しましたといった通知がくることも有りません。

2　国の定義

領土を保ち、国民の安全を確保し、社会が円滑に運営されるようにするためには、軍隊の保持・運用、そのための財源の確保等を含めていろいろ手立てを講じなければなりません。かってのギリシャの都市国家のように範囲も狭く、国民の数も少ない場合には、その都度都度、国民が寄り集まってどのような手立てを講じるかを相談することも可能でしたが、その場合でも、決めたことを実行するのは、誰か特定の者に任せざるを得ませんでした。

多数の国民で国が成り立っており、社会も格段に複雑化し、物事の進むスピードも驚くほど速くなっている今日の世界では、決められたことを実行するという仕事は勿論、物事を決めることについても、国民全員でそのつど協議して決めることは困難であり、結局は誰か特定の者を選んで、その者にこれらの仕事に当たらせなければなりません。

その仕事とは、その社会の秩序を維持し、外国の干渉を排除し、自国民を護ること等であり、更に、これらを実行するために国民に税金を納めさせ、軍隊に入るよう命じる等、国民の自由を制約し、国民に義務を課し、その義務の実行を強制することも不可欠になります。

[注2] 1979年の「女子に対するあらゆる形態の差別の撤廃に関する条約」は、子供の国籍に関して女子に男子と平等の権利を与えることとしており（第9条2）、この条約の批准（日本は1985年に批准）との関連で行われた1984年の国籍法の改正以前においては、日本人の父親の子供が日本人とされていた。

[注3] ただし、外国で子供が生まれた場合でその子が日本以外の国籍も取得する結果となる場合は、3ヵ月以内に出生の届出とともに日本国籍の留保の意思表示をしないと日本国籍を失う原則になっている（国籍法第12条等）。これは、日本人どうしの夫婦にも起こりえる。

このように、領土を保全し、国民を保護し、社会を維持運営するための仕事をする責任者又は機関を、これ以後の叙述においては、「国」と言うこととします。日本の場合は、国会、内閣、裁判所がこれであり、又、国が行う仕事とも密接な関係が有る都道府県と市町村も、国と一体のものとして叙述することが有ります。

第2節　国の仕組み

1　国の枠組み

ここで、国の枠組みと言うのは、領土を保全し、国民を保護し、社会を維持運営する仕事を行い、そのための権力を行使しているのが誰かということであり、端的に言えば、それが特定の個人なのか、特定の集団なのか、国民なのかということです。

1.1　君主制、貴族制、民主制

まず考えられるのは、特定の個人が武力等の実力を以って社会と国民をコントロールする地位を得ている場合、又は、その個人の子孫が、現在もそのような地位を保っている場合です。この場合は、最終的な権力を独占する特定の個人が国です。このような個人は王と呼ばれ、或いは独裁者と呼ばれますが、一般的には、このようなシステムを君主制と呼びます。

次に、複数の者から成る特定の集団が実力を以って社会と国民をコントロールしている場合が有ります。この場合は権力を握っているその集団が国です。このような集団はかっては貴族でしたが、現在存在するものとしては、共産主義国においての共産党がこれに当たります。一般的には、このようなシステムを貴族制と呼びます。

国民自身が社会と国民をコントロールする場合とは、具体的には、国民が自らルールを作り、或いは、選挙によって国民の代表を選び、その選ばれた代表がルールを作り、裁判をし、課税その他の国として必要な仕事をするものです。この場合、国民が選んで国の運営をさせている国民の代表が国ですが、国民自身がルールを作るという場合は、国民も国の立場に在ると言えます。このようなシステムを、民主制と呼びます。

1.2　国の枠組みの意味

国の枠組みについて考える場合に次のことに注意する必要があります。

第1は、王や女王のいる国であってもイギリス等のヨーロッパの国々は、本当の君主制であれば王が行う仕事を選挙によって選ばれた国民の代表が行っており、実質は民主制の国です。このように、国の枠組みを考える場合に、王がいるか、いないかといった形を考えることも大切ですが、最終的に誰が社会をコントロールしてい

るかという実態を見ることが大切です。極端な場合は、選挙で選ばれていても、その独裁者以外には立候補できない、その独裁者以外に投票すれば厳しい報復がある等の条件下による選挙で選ばれた国民の代表が社会をコントロールしている国は、君主制（独裁制）の国であって、民主制の国ではありません。現在では大抵の国において、実質的な民主制を採らない限り世襲の君主制を正当化することが困難であり、国民も古い型の君主制を受け入れない状況に有ります。

実質的な力を持った貴族が存在しなくなった現在では、典型的な貴族制は存在しませんが、プロレタリアートによる独裁を掲げる共産主義国は、国民により選ばれた者でもなく、したがって国民の代表でもない共産党員が社会と国民をコントロールしており、貴族制の一種と言えます。現在では、共産主義国は極めて少数になっていますが、独裁の正当性が常に問われているという点では君主制の国の場合と変わりがありません。このような共産主義国は共産党という共産党員の集団が国のリーダーを選ぶものであることから、国のリーダーの交代は、独裁国家に比べれば平和的に行われます。なお、軍政下の国も一部の軍人が社会を支配するという意味では貴族制の一種ですが、多くの場合軍政は混乱を避ける一時的な手段で永続すべきものではないという位置付けがされているようです。

ところで、日本は、明治憲法下においては君主制を採っていましたが、実質的には、天皇が行うべき仕事を選挙によって選ばれた国民の代表（この場合、国民といっても男性だけで、女性は含まれていなかった）、即ち、衆議院とそこでの多数党をバックとした内閣が、国の仕事を行うことも可能な仕組みとなっており、事実、そのように行われた時期も有りました。しかし、何分この仕組みの作り方が曖昧であり、そして何よりも関係者がこの仕組みを民主制の実が上がるように働かせるという強い意志、気力、能力を欠いていたことから、実質的な民主制に移行することができませんでした。

第2は、国の枠組みとして挙げた君主制、貴族制、民主制という分類は、社会をコントロールしているのが誰かを示すものであって、それを超えた意味を持つものではありません。即ち、君主制、貴族制は良くないとか、民主制は良いということを意味するものでもなければ、独裁国家や共産主義の国であるからその国の政治は適切に行われないとか、民主制の国であるからその国の政治は適切に行われるということも意味しません。

実態としても、現在中国は共産主義の国ですが、有史以来1912年に清朝最後の皇帝（溥儀）が退位するまで常に君主制の国でした。しかし、その中には、外患を防いで国民の安全を確保し、善政を敷いて社会を安定させ、文化も栄えたという時期も少なからず存在しています。例えば、唐の太宗（李世民）の治世（627～649）は貞観の治として、日本においても江戸時代までは政治の模範として誉めそやされてきました。又、現在は民主制の国が多数存在していますが、これらの中にも失政

等のため多くの国民が苦しんでいる国も存在しています。

民主制は、それを動かす主体が個々の国民であることから、国民の各々が与えられた政治的な力を上手に使えるだけの意欲と能力を持ち現実に良い政府が成立するように懸命に努力するのでなければ、巧く働きません。その意味で、民主制の運営は、その国の国民の総体的なレベルに見合った程度のものでしか有り得ないと言えます。そうであるからこそ、国民がその意欲や能力を高めることができるような良い教育を受けることが、民主制にとって大切なことなのです。これに対して、君主制や貴族制は、それを動かす主体は一人の人間又は一握りの人間ですから、それら1人又は少数の人間の意欲と能力だけが問題になります。したがって、優れた資質を持った人間が独裁者や共産党員である場合には、民主制よりも適切にその政治が機能するかもしれません。現実にも、せっかく独裁制を廃して民主制を採用しても、それを上手に運営する素地が国民の間に未だしっかり育っていない状態で、対外的な、或いは、国内的な危機に直面してしまった場合に、元の独裁制、軍制に戻ってしまう例も少なくありません。

このように、君主制、貴族制、民主制という国の枠組みの分類は、誰が社会をコントロールしているかを理解するための便利な物差しの一つに過ぎず、善い国か悪い国かの判断の基準ではありませんし、その国の政治が適切かどうかの判断基準でもありません。それぞれの国についてこのような判断をするためには、それぞれの国の実態に立ち入って考えなければならないのであり、民主制の国だから善く、君主制の国だから悪いといった画一的な判断の仕方をしてはなりません。

第3に、国の枠組みとして挙げた君主制、貴族制、民主制の区分は、誰が社会をコントロールしているかを示すものであって、事の善悪等を意味するものでは有りませんが、そのような枠組みを採ることによって半ば必然的に生ずる結果というものが存在しています。ここでは正当性の問題と腐敗の問題を挙げておきます。

君主制と貴族制の国においては、特にその正当性が問題となります。民主制の正当性を否定する者は有り得るとしても、常識的には、構成員である国民自身が社会をコントロールし、運営するという民主制のシステムを否定するのは困難です。これに対して特定の個人又は集団が社会をコントロールする君主制（独裁制）と貴族制（共産主義）の国は、どうしてその個人が、或いは、その集団が支配しているのかという問いに常に直面することとなります。王権神授説や共産主義革命の議論が通用しなくなっている今日、このような問いに答えることは不可能であることから、これらの国は、このような議論が国内に広がらないように、思想・信条、表現、結社等の基本的な自由を厳しく制限し、違反があれば過酷な弾圧を加えることとなります。これにより、国内の批判は押さえこんでも、国際的には人権侵害の指摘を避けることはできません。

権力には常に腐敗が付き纏います。民主制の国においても、君主制（独裁制）・貴

族制（共産主義）の国におけるのと同じ程度に強力な権力が存在し、行使されていますから、民主制の国においても権力と腐敗の問題は存在します。現に、日本においても汚職や政治的スキャンダルは絶えませんし、談合、天下り等の構造的な腐敗も次から次に表面化しており無くなる気配が有りません。しかし、特定の個人や集団が権力を握り続け交代することも無く、国民による審判も無い君主制（独裁制）・貴族制（共産主義）の国における腐敗は、格段に広範で深刻です。勿論これらの国においても、腐敗を防止するための適切な努力をすれば相当程度これを防止できますが、しかし、不正を暴いて罰を与え、腐敗防止のための厳しい規律を課す相手というのは、同じ権力の一端を担う者ですから、言ってみれば身内です。そして、身内に厳しい措置を課すのは現実には極めて難しいことです。独裁者の一存で強力な措置が採れる独裁国家は色々と対処の仕方が有りますが、権力の担い手が集団である場合は、こうした措置に対する抵抗の度合いは一層根強く、広くなると考えられることから、特に困難です。そして、これらの国における最大の問題は、国民が自分の国の権力を握る個人や集団が腐敗しており、このままでは将来に望みが無いと考えたとしても、平和的にその地位を交代させる方法がないということです。更にそれ以前の問題として、これらの国においては、国民がこうした考え（腐敗の事実の指摘、リーダーの交代、民主制の採用等）を持つこと自体を禁じ、そのような考えを発表することを禁じ、そのような考えを持つ者が集会を催し・結社を作ることを禁じる等の措置が講じられることです。

2 立法、司法、行政

民主制の国では、国民が選んだ代表に、そのために必要な力を与えて国の仕事を任せますが、この場合、一人の人間にすべての仕事を任せることはせず、社会の基本的なルールを創る仕事（立法）、ルールに従って争いを裁く仕事（司法）、これら以外の仕事で国の運営に直接的に関係するもの（行政）の三つに分けて、それぞれ異なった人間に任せることとしています。これは、いかに自分たちが選ぶとは言っても、一人の人間にすべての仕事と力を与えることは危険すぎるからです。
更に、これらの3者が互いにその他の者の仕事をチェックすることができるようにして、互いに牽制し合うシステムにしています。

［立法］
立法を担当するのは、国民が選挙で選んだ議員の集まりである議会です。立法は、議会が法律を制定することによって行われます。
司法は、国民相互間や国民と行政の間における争いごと等を、議会が制定した法律に照らして、裁判によって解決します。
行政は、議会が制定した法律に従って、仕事をしなければなりません。具体的には、

国民の権利を制限し又は国民に義務を課する内容の仕事については、法律にそれを認める明確な定めが無ければ行うことができないと考えられています。
以上の原則に加えて、議会は通常、予算を承認する立場にあり、国によっては予算を作成する立場に有りますが、これを通じて行政の仕事を具体的にチェックすることができます。
又、日本が採っている議院内閣制の場合は、議会が行政府の長を選ぶこととされており、又、必要な場合には行政府の長を辞めさせることもできます。

［司法］
司法の仕事は、裁判官によって構成される裁判所が行います。
裁判官は、政治的には勿論のこと、あらゆる面で公正、中立であることが求められることから、国民が選挙で選任することには馴染みにくく、そうかといって、このように重要な国の仕事を国民の意向に基づかないで選ばれた人間に任せることはできないことから、通常は、行政の長が裁判官を選任することとしています。
裁判所がその仕事を行うに当たっては、議会が制定した法律に拘束されますが、一方、法律自体が憲法に違反するか否かを裁判所が決定することができ、違反するとされた場合には、少なくともその法律のその部分は事実上無効となります。
裁判所は、行政が行った行為が、憲法や法律に違反しているか否かを決定することができ、違反するとされた場合には、その行為は無効とされ、或いは、取り消される等します。

［行政］
行政は、議会が作成し、承認した法律や予算により拘束され、又、裁判所のチェックを受けますが、それでも国民への影響力は強大です。それ故、行政の長は、直接国民によって選挙で選ばれるか、選挙で選ばれた議員の中から議員によって選ばれるか、いずれによるにせよ、直接的に・間接的に国民によって選任されます。
行政の長は、そのスタッフ（日本で言えば国務大臣）を選び、彼らを使って国の仕事をします。当然、スタッフの解任も行政の長の判断で行われますが、これらのスタッフの選任や解任に議会が関与するシステムも有り得ます。
このように民主制においては、立法、司法、行政は、それぞれ固有の仕事を持ち独立してその仕事を行う立場に在り、且つ、その仕事を相互にチェックし合う関係にあります。
独裁国家や共産主義の国においても、国を運営するためにはこれらの三つの仕事は必要であり、したがって、これらの国も、これらの仕事をするための組織（立法に関する機関、政府、裁判所等）を持っています。しかし、これらの国のそのような組織は、特定の個人や集団によりコントロールされ、その手足として、その意向に

従って動いているものであり、コントロールしている個人や集団の意志から独立してものごとを行えるものではなく、国の運営の基本的な部分を独立して担当するものではありません。この意味で、民主制の国における立法、司法、行政の立場とは基本的に異なっています。

第3節　日本の国の仕組み

1　立法、司法、行政の責任者

民主制を採る日本においては、国の運営に関する仕事を行う責任者は、直接・間接にすべて国民が選んでいます（日本国憲法第15条）。

立法の仕事を行うのは国会ですが、国会を構成する議員は、原則として4年ごと（衆議院の場合）に、又は、6年ごと（参議院の場合）に、20歳以上のすべての国民による選挙によって選ばれます。

行政の仕事を行うのは、内閣総理大臣と国務大臣によって構成される内閣です。一般に、「政府」と言われているのは、内閣のことです。内閣総理大臣は、国会を構成する議員（衆議院の議員であることが必要と考えられている[注4]）の中から、国会議員の投票によって選ばれます。内閣総理大臣は、少なくとも4年に1回は、国会において選び直しが行われます（衆議院議員の総選挙が4年に1回は行われ、その都度新しい国会で内閣総理大臣の指名が行われる。現実の内閣総理大臣の指名は、1年に1回或いは2年に1回程度の頻度である）。こうして選ばれた内閣総理大臣が国務大臣を選びますが、その半数以上は、国会議員でなければなりません。

このように、日本においては、内閣総理大臣を国民が直接に投票で選んではいませんが、国民が直接に投票で選んだ国会議員が選びますから、間接的には、国民が投票で選んでいるものです。しかし一方では、国民が直接に内閣総理大臣を選べるようにすべきという意見も有り得るところであり、現に、そのような議論もされています（本当にそうするのであれば憲法を改正することが必要である）。

これに対して、例えばアメリカ合衆国における行政の責任者である大統領は、アメリカ国民により大統領を選ぶための投票が行われ、この投票で選ばれた者が就任しています。

司法の責任者は、最高裁判所の15人の裁判官であり、内閣が選びます。又、下級の裁判所（高等裁判所、地方裁判所等）の裁判官は、最高裁判所が候補者のリストを作成し、そのリストの中から内閣が任命します。

[注4] 日本国憲法は、条文（第67条）上は参議院議員にもその資格を認めているが、政治の現実としては、内閣総理大臣は常に衆議院議員から選ばれている。

最高裁判所の裁判官は、就任後とその後約10年ごとに、20歳以上の国民全員の投票による審査を受けます。この国民審査において過半数の投票がその裁判官を罷免すべきとする場合には罷免されることとされていますが、これまでに、国民審査によって罷免された裁判官は有りません。

2　立法、司法、行政の関係

日本における、立法（国会）、司法（裁判所）、行政（内閣）相互の関係は、以下の通りです。

2.1　国会と内閣
2.1.1　法律の制定

国会の最も大切な仕事は法律を定めることであり、法律を定めることができる唯一の機関が国会です（日本国憲法第41条）。法律の制定を含めて国会におけるものごとの決定は、特別の場合を除き出席議員の過半数による多数決によって行われます（同第56条第2項）。

法律は、憲法と条約を別にして、日本における最高の権威と力を持ったルールです。このルールの違反に対しては、必要な場合にはいつでも、その是正が強制され、或いは、法律に従ってペナルティーが科されます。ルール違反の有無を判断して、違反があれば、その是正を命じ、ペナルティーを科す役割を果たすのが、司法（裁判所）です。

法律を守らなければならないのは、国民だけではありません。内閣も（内閣の下において行政の実務を行う各省や各省の公務員も含む）、国民以上に国会の定めた法律に厳しく縛られます。具体的には、各省が仕事を行うに当たり、法律で明確に認められていない限り、一方的に国民の権利を制限し、或いは、国民に義務を課すことができないと考えられています。別の言い方をすれば、各省の行う仕事が一方的に国民の権利を制限し、国民に義務を課すものである場合には、法律で具体的にその旨を定める必要が有ります。

例えば、我々は税金を払わなければなりませんが、税金の種類ごとに法律においてどのような場合に幾ら払うかが定められているほか、徴収の具体的な手続きを定めた法律も作られています。又、犯罪については何が犯罪で、それを犯した場合にはどのような刑罰を受けるかは法律で定められ、犯人の身柄の拘束、裁判の手続き等についても法律で定められています。これらの法律に該当しないのであれば、我々は税金を払う必要は有りませんし、身柄を拘束され、刑罰を科されることも有り得ません。又、これらの手続きによるのでなければ、税金を徴収されることも無ければ、刑罰を科されることも有りません。税金や刑罰については、日本国憲法自身で特に法律の制定を求めていますが（第30条、第31条、第84条等）、税金や刑罰以

外のものであっても、一方的に国民の権利を制限し、国民に義務を課すこととなる事柄については同様であると考えられています。学校教育と社会教育の仕組みと運営も、こうした国民の権利義務に関わる法律によって主要な部分が定められています。これらの法律については、第2部・第3部で詳細に説明しますので、この第1部では原則としてこれ以上は触れないこととします。

しかし実際には、行政に関する法律は国民の権利・義務に関わるものだけではなく、それ以外のものも数多く存在します。それは、国民の権利・義務に直接関わらないことであっても、国会が必要と考えること等について法律を作成しているからです。教育の仕組みと運営を直接定めていないが、教育制度の土台として、或いは、教育制度の飾りとして働いている多くの法律のうち代表的なものを示しておきます。

[内閣等に関する仕組みや運営を定める法律]
① 内閣の仕組みと運営の基本（内閣法（昭和22年法律第5号））
② どのような省を設けるか・各省に置かれる重要なポスト・国家公務員の人数など省というものに共通の仕組みや運営の基本（国家行政組織法（昭和23年法律第120号））
③ 個別の省について仕事の内容・範囲や置かれるポストなど各省ごとの仕組みと運営の基本（例えば文部科学省設置法（平成11年法律第96号））
④ 都道府県・市町村の仕組みや運営の基本（地方自治法（昭和22年法律第67号））
⑤ 教育委員会の仕組みと運営の基本（地方教育行政の組織及び運営に関する法律（昭和31年法律第162号））

[内閣の下で働く公務員の採用・処遇、権利と義務等を定める法律]
① 国家公務員に関する法律（国家公務員法（昭和昭和22年法律第120号））
② 国家公務員の綱紀の粛正（国家公務員倫理法（平成11年法律第129号））
③ 地方公務員に関する法律（地方公務員法（昭和25年法律第261号））
④ 公立学校の教員に関する特例（教育公務員特例法（昭和24年法律第1号））

[行政が行う権力の行使を適正なものとし、国民の権利を保護するための法律]
① 行政運営の公正と透明性を確保するための行政に関するルール（行政手続法（平成5年法律第88号））
② 行政が違法なことを行った場合等に国民がその是正を求める手続き（行政不服審査法（昭和37年法律第160号）、行政事件訴訟法（昭和37年法律第139号））
③ 国・都道府県・市町村の公務員が違法行為を行った場合の国等の損害賠償義務（国家賠償法（昭和22年法律第125号））
④ 主権者である国民の権利として、国の行政機関が保有する情報を国家機密やプ

ライバシーに関わるもの等を除いて国民に公開させること（行政機関の保有する情報の公開に関する法律（平成11年法律第42号。いわゆる「情報公開法」））
⑤ 行政に集積される情報が、所定の目的以外に利用されることの無いように、国の行政機関に対して個人情報の収集や利用の仕方等を規制すること（行政機関の保有する個人情報の保護に関する法律（平成15年法律第58号。いわゆる「個人情報保護法」））。

[特定の分野の教育を振興するための法律]
① 私立学校の振興（私立学校振興助成法（昭和50年法律第61号））
② 理科教育の振興（理科教育振興法（昭和28年法律第186号））
③ 僻地教育の振興（へき地教育振興法（昭和29年法律第143号））
④ 産業教育の振興（産業教育振興法（昭和26年法律第228号））
⑤ スポーツの振興（スポーツ振興法（昭和36年法律第141号））

このように分類したとしても、行政に関する法律の中には、幾つかの性格を併せ持っているものが少なからず存在しています。例えば、上記の私立学校振興助成法は、基本的な性格としては国等が私学を応援するというものですが、その中には学校法人会計基準に従った会計処理の実施、財務諸表の国等への提出、公認会計士監査の導入の義務を課す条文（第14条）等も含まれています。

行政に関する法律がどのような性格のものであれ、内閣や各省はそこに定められている内容に拘束されます。特に公務員に対しては、職務を行う際にこれらの法律を含めて法律に従うことを義務として課しています（国家公務員法第98条第1項）。

2.1.2 条約締結の承認

条約とは、文書化された国と国の間の約束です。2国間の条約（例えば、「日米安全保障条約」と略称されている1960年の「日本国とアメリカ合衆国との間の相互協力及び安全保障条約」）も有れば、世界の多くの国が加入している多数国間の条約（例えば、1945年の「国際連合憲章」）も有ります。

条約を結ぶことは内閣の仕事ですが、必ず国会の承認を得て行わなければなりません（日本国憲法第73条第3号）。通常は、まず国家間で条約の案文を作成して、それを双方の政府が国会で承認してもらった後、条約を締結するという手順を採ります。したがって、国会の承認が得られなかった条約は、締結することはできません。なお、事前の承認が原則であり、場合によっては事後の承認も有り得ることとされていますが、条約を締結し、事後の国会承認を求めて得られなかった場合は、締結した条約を破棄することが必要となります。

外国と約束事をするのは内閣の本来的な仕事とはいえ、国の重大事ですから、国会が厳しく監視することとしているものです。

2.1.3 予算の承認

行政の仕事には膨大なお金が必要ですが、そのお金の大部分は国民の税金でまかなわれています。税金は、法律に従って納税額が定められ、法律で決められた手続きに従って徴収されます。新たな税金を作り、既存の税金を上げたり下げたりしようとすれば、新しい法律の作成や既存の法律を改正することが必要になります。国の収入の大部分は税金ですから、国の収入の額は国会が定めた税金に関する法律によって、実質的に決まってきます。

このようにして見積もられた収入の範囲で、お金の使途と使途ごとの金額を決めます。この収入の見積もりと支出の使途ごとの見積もりが予算です。国が、予算で定められていない使途のため支出をすることは禁じられていますし、又、予算で決められた金額を超えて支出することもできません。

年度の初めに作成する1年分の予算（当初予算と呼ばれている）の他に、年度の途中で予定外の大きな支出をする必要が生じたときや、収入が大きく予定と異なりそうな場合にはそれに対処するための新たな予算を作成します（このような予算は、補正予算と呼ばれている）。

当初予算であれ、補正予算であれ、国の予算の原案は、内閣が作成しますが、国会がその予算案を承認しない限り、それは単なる案であって、何の効力も持ちません。特に、当初予算が承認されないという事態は、まともに国の運営を行えないこととなるので、実質的には内閣の不信任を意味することとなります。こうしたことから、毎年1月から始まる150日間の会期の通常国会においては（国会法（昭和22年法律第79号）第2条、第10条）、予算案の審議が優先して行われることになります。

2.1.4 内閣の政治責任と国会

法律を守り、予算に従い仕事をするのは、内閣の当然の義務ですが、このことと適切に行政を行っていることとは、イコールではありません。殺人や盗みをしなかったからといって、その人が表彰されることがないように、法律を守り、予算に従って仕事をしたからといって、その内閣が、良い仕事をしたとか、十分に責任を果たしたと考える人はいません。殺人や盗みをしないことは人間の最低の義務であるように、法律や予算に従って仕事をすることは、内閣の最低の義務に過ぎないからです。

国が適切な方針の下に適切な手段で、社会の力を維持し、その発展を図ることができているか否かについては、立法と司法もその責任を免れませんが、その大きな部分は行政にかかっていることから、内閣が最も厳しくその責任を問われます。日本においては、国民が国会議員の選挙において投票によってこの責任を問うこととなります。しかし、このような責任追及は何年かに1回行われる国会議員の選挙のときだけの問題ではなく、国会において常に問題にされ、議論されていることが必要です。その結果が内閣の糾弾や、不信任案の提出という目に見える結果に繋がらな

くとも、日常的にこうした議論が着実に行われ、積み重ねられていることによって、選挙のときに国民が賢明な判断を下すための重要な資料になります。

国会の指名によって選ばれた内閣総理大臣が組織した内閣は、その存立の最終的な基礎は国民にあるとしても、直接の基礎は国会にあり、当然国会に対して責任を負うこととなります（日本国憲法第66条第3項）。国会のほうも、行政を中心とする国の行う仕事について証人の喚問や資料の提出要求の措置も含めた広汎な国政調査権を持っています（同第62条）。又、内閣不信任案の可決という強力な措置を含めて、国会は様々な形で内閣の責任を追及できます。こうした関係を踏まえて、内閣は、外交や財政を始めとして内閣が行った或いは行おうとしている行政について、適時に国会に報告する義務を負っていますし（同第72条、第91条）、内閣総理大臣を始め各大臣は国会から要求されれば国会に出席して答弁しなければなりません（同第63条後段）。もっとも、総理大臣及び各大臣のほうも、国会に出席する必要があると考えるのであれば、いつでも国会に出席して説明することができます（同第63条前段）。

日本において国会は、直接に国民を代表する唯一の機関であり、国の最高機関として位置付けられ（日本国憲法第41条）、内閣に対しても上記のような厳しい牽制を加えているというように、国の運営の中核をなす機関ですが、しかし、基本的に両者は対等な立場にあり、内閣が一方的に国会に従属しているという関係ではありません。行政を行う責任ある機関は内閣であり（同第65条）、いかに国会が国の最高機関といっても、内閣の行うべき行政を国会が代わって行うことはできません。行政は内閣の判断に基づき内閣の責任で行われなければならないのです。

2.1.5 国会と内閣の現実

国務大臣を選んで内閣を作るのは内閣総理大臣であり、その内閣総理大臣を選ぶのは国会です。その国会における意思決定は、多数決ですから、当然のこととして、衆議院において多数を占める政党の党首が、内閣総理大臣として指名されます。又、当然のこととして、内閣総理大臣は、原則として自党の議員のうちから国務大臣を選びます。

内閣総理大臣を出している政党を、与党と呼びますが（内閣総理大臣を出している政党と協力関係を結び自分の党からも国務大臣を出している政党も与党と呼ばれている。このような内閣を連立内閣と呼ぶ）、与党は当然のこととして内閣を護ります。即ち、内閣不信任案が提出されればそれを否決しようとし、予算の成立に全力を尽くし、条約の承認が得られるように努力します。そして、与党は国会において多数を占めているからこそ与党であるのですから、内閣不信任案、予算、条約の批准の承認についての採決の結果は、ほとんどの場合与党の意向に沿った決着となります。法律案の採決についても同様です。これが行き過ぎると、野党が割り振られた質問時間を使い切ったとして十分議論が尽くされていない法律を可決するような

ことが行われます。

法律を作ることは国会の基本的な仕事であり、国会議員が法律の原案を作って国会に提案して成立させる（これを議員立法と言う）という姿が基本であると考えられます。国会議員のこのような立法作業を援助するために、衆議院と参議院の各々に、法制局、調査室が設けられているほか、国会図書館も設けられています。一方、内閣も、法律案を国会に提出できると考えられています（内閣法第5条参照）。国会の立法の現実は、現在年間100本前後の法律が国会で成立していますが、その大半は内閣が作成して国会に提出したものです。

予算も、ほとんどの場合、修正されることもなく、内閣の作成したものがそのまま承認されています。

内閣の権限である条約の締結についても、否決されることはほとんど有りません。

又、内閣不信任案については、相当の回数にわたって内閣不信任案が提出されていますが、これまでの約60年の間に、それが可決された例は僅か数回であり、それが可決された経緯も、与党の分裂や連立を組んでいた他の政党の離脱等によるものです。なお、内閣は、不信任案が可決された場合は勿論のこと、それ以外の場合においても、衆議院を解散して、民意を問うことができると考えられており、現に、これまで行われた衆議院議員の選挙の多くは、4年の任期の満了によるよりも、衆議院の解散によるものが圧倒的に多いのですが、その大部分は内閣不信任案の可決によるものではなく、内閣の裁量による解散です。

以上述べてきた内閣の成立と存続が議会の意思に基礎を置いているシステムを議院内閣制と言い、このシステムを採用している代表的な国がイギリスで、日本もこれを採用している国の一つです。

これに対して、アメリカ合衆国に代表されるように、議会と並んで行政の長も国民が直接に選び、したがって、その存続についても原則として議会が関与しないシステムを大統領制と言います。国のレベルではありませんが、日本の都道府県や市町村も、その運営のシステムとして大統領制を採用しています。

議院内閣制は、議会と内閣の関係が極めて密接であり、国の意思を決定し、実行する上で、統一性や柔軟性を確保するという面では優れています。しかし、議会と内閣がチェックし合うという面では問題が有り、議院内閣制を採る場合には、このことに心してシステムを運営する必要が有ります。特に、永年に亘り同じ政党が与党となっている国では、内閣（行政）と与党（立法）の癒着・馴れ合いが進み、議会と内閣が本来の役割を果たさなくなり、内閣も与党も国会による厳しいチェックが無いまま、国の運営に関する困難な問題はすべて子供や孫の世代に先送りし、結局は、国を非常に困難な状況に追い込むことにもなりかねません。

2.2　内閣と裁判所
議院内閣制を採ることから、国会と内閣の間には上記のように様々な面で密接な関係が存在していますが、内閣と裁判所、国会と裁判所の間にも、国会と内閣の関係ほどは濃厚ではないものの、重要な関係が存在しています。
2.2.1　裁判所に対する内閣のコントロール
国民による審査を受ける最高裁判所の裁判官も含めて、裁判官は内閣が選任しています。又、内閣に属する各省の予算の原案と同様に、裁判所の予算も内閣が原案を作って国会に提出します。内閣のこれらの権限は、裁判所を牽制する要素が有ることを否定できませんが、裁判所を成り立たせるために必要な裁判官の選任と予算の配当という仕事を誰かが行わなければならず、それに最も適した機関が内閣であるという要素が大きいと考えられます。

最高裁判所の裁判官には、定年（70歳。裁判所法（昭和22年法律第59号）第50条）は有りますが、任期は有りません。就任直後とその後約10年ごとに直近の衆議院議員総選挙の際に行われる国民審査が、内閣に代わってチェックの機能を果たしていると言えます（日本国憲法第79条第2項）。高等裁判所以下の裁判所の裁判官は、最高裁判所の作成した名簿に基づいて内閣が選任し、任期が10年で、再任が可能であり、定年は原則として65歳です（日本国憲法第80条、裁判所法第50条）。

裁判所に対して内閣の持つ人事の権限は以上の任命の権限のみであり（10年の任期終了後における再任の権限も含む）、裁判官はその任期中に、内閣により罷免は勿論のこと懲戒処分に附されることもなく、報酬を減額されることも有りません（日本国憲法第78条、第79条第6項、第80条第2項）。裁判官をその意に反して辞めさせることができるのは、裁判所自身による裁判か、国会による弾劾だけです（第78条前段。最高裁判所の裁判官については、これに加えて、国民審査がある）。

裁判所の運営に使える経費は、内閣が作成する予算によって決められています。裁判所の予算も、国の予算の一部であり、国会や他の省庁等の予算と合わせて国全体の予算として、内閣によって作成され、国会に提出され、承認されるという手順を採ります。しかし、裁判所の予算については、内閣が最高裁判所の要求した予算の額を減額して予算を作成した場合には、内閣は、最高裁判所の要求の詳細と、国会が内閣の行った減額が不適切であると判断して増額の修正をする場合の財源を明記したものを添えて、国会に予算を提出しなければなりません（財政法（昭和22年法律第34号）第17条乃至第19条）。

国会の予算についても、国会が要求した額を内閣が減額する場合には、同様の手続きとなります（財政法第17条乃至第19条）。
2.2.2　内閣に対する裁判所のコントロール
日本の社会は、国民の代表としての国会が定めた法律を基礎とする数多くのルールに従って動いています。

納税、労働、義務教育や学校、社会福祉、交通、会社や団体、犯罪、契約、家族等といった様々な事柄について、法律によってルールが定められています。そしてそこには、常にルール違反という問題が生じています。所得を過小に見積もって税金を払わない、利益を過大に見積もって行ってはならない配当をする、制限速度を超えて自動車を走らす、駐車禁止の場所に駐車する等、挙げれば切りがありません。そして、ルール違反は、然るべく是正されなければなりません。

更に、人と人の間で取り交わされた約束（契約）は、その通りに実行されるべきであるというのが我々の社会の原則であり、これらの約束は、約束を交し合った当事者間においては、法律で定められたルールと同じ程度の力を持ったルールとなっています。そして、ここにも、常にルール違反の問題が生じています。

犯罪の事実を確定して刑罰を科すことやルール違反についての争いの決着は、裁判で行われることとなります。即ち、それがルールに違反しているか否か、違反している場合に是正のために何がされるべきかについての裁判所の決定が、その争いについての最終的な判定となります。又、犯罪に対して刑罰を科すためには、必ず裁判によらなければなりません。逆に言えば、裁判によらずに刑罰を科されることは絶対に有りません。

以上のことは、行政が行ったルール違反や行政に携わる人間が犯した犯罪についても、全く同様です。行政が行ったルール違反の行為や為すべき行為を為さなかったことによって不利益をこうむった者は、最終的にはすべて裁判を求めることができるのです。

裁判官がすべての裁判において拠り所とするのは、憲法・法律と自己の良心のみであり、当人以外には窺う術のない良心を除けば、憲法・法律が唯一のガイドラインということになります（日本国憲法第76条第3項）。そして、行政に関して国民にとって重要と考えられることは法律で定められていますから、行政は、基本的に、法律の支配下にあると言うことができます。法律の支配下にあれば、行政により権利を侵害された国民は裁判による救済の対象となります。

このように、内閣とその下にある各省庁等の行動に対して、憲法・法律に反する行政は裁判所の決定により正されるという意味での裁判所のコントロールが及んでいます。

2.3 国会と裁判所

2.3.1 裁判所に対する国会のコントロール

国民の権利を保護する最後の砦である裁判に関するシステムの基本は、国民の代表で構成される国会において法律により定めることが必要です。即ち、高等裁判所以下の裁判所を設けることやそれらの裁判所の内容、裁判官の報酬、訴訟の手続き等に関する法律が作られています。内閣の組織や運営等に関する法律は内閣自身が原

案を作成して国会に提出していますが、裁判所には法律案を国会に提出する権限が有りません。実際は、裁判のシステムに関する法律は内閣が原案を作成して国会に提出することが通常です。裁判所に対する国会と内閣によるコントロールの一つです。又、内閣から提出された裁判所関係の予算案を承認するのも国会です。

裁判官が重大な義務違反や非行を犯したとき、又は、甚だしい職務怠慢があったときには、裁判官訴追委員会が行う訴追の申し立てに基づき裁判官弾劾裁判所が裁判を行い、罷免に値する事由が有ればその裁判官の罷免を決定します（裁判官弾劾法（昭和22年法律第137号））。これらは国会の機関であり、それぞれ同数の衆議院議員と参議院議員で構成されています（訴追委員会は各10名、弾劾裁判所は各7名の衆・参の国会議員で構成されている）。裁判官としてあるまじき非行等を行った裁判官をどう扱うかを決めるのは、身内である裁判所が決めるよりも、公務員である裁判官の人事を本来決めるべき立場にある国民の意思を最も的確に代表する国会が行うことが相応しいと言えます。

2.3.2 国会に対する裁判所のコントロール

これまで日本の国の仕組みと運営についての基本的なルールを述べてきましたが、このルールは、国民が選んだ代表で構成された衆議院[注5]が賛成して1946年11月3日に制定された日本国憲法によって定められています。憲法とは、このように国の運営の仕組みと運営の基本的なルールを定めるものです。日本では、憲法と言えば基本的人権や戦争放棄を思い浮かべます。確かに、多くの国の憲法は、基本的人権等の国民の基本的な権利も定めていますが、基本的人権について定めていない憲法も存在し得るのです[注6]。しかし、国の仕組みと運営の基本的なルールを定めていない憲法は存在せず、仮にそれを定めていない憲法があれば、それは憲法という名称を使っていても憲法ではありません。

当然のこととして、日本国憲法も改正することができます（日本国憲法第96条、第7条第1号）。しかし、憲法を改正するには、まず憲法のどこをどのように改正するかという議案が国会に提出されることが必要ですが、現在のところ、国会は誰がどのような手続きで憲法の改正案を提出するか等を決めていません。

この手続きを決めたとして、それに従って憲法改正の議案が提出された場合、衆議院及び参議院において、それぞれの議院における議員定数の3分の2以上の賛成が得られれば、憲法改正が発議（正式提案）されたこととなります。その後、この憲

[注5] この衆議院は大日本帝国憲法による衆議院であり、現在の日本国憲法は、形式的には明治憲法を改正するという手続き（大日本帝国憲法第73条）を採って制定された。教育基本法・学校教育法も大日本帝国憲法による最後の衆議院が制定したものである。

[注6] 例えば、1787年制定当時のアメリカ合衆国憲法がそれであるが、間も無く1791年に権利章典として修正第1条から第10条が追加された。フランスの憲法も、現在の第5共和制憲法も含めて、おおむね基本的人権の保障に関する整備された規定を持っていない。

法改正案は、国民の投票により可否を決することとされていて、国民投票の結果で過半数の賛成があれば成立し、憲法は改正されたこととなります（以上、日本国憲法第96条）。この国民投票の具体的な手続き・方法等についても、現在のところ国会は定めていません。

日本において憲法は最高の法であり、国会が定めた法律でさえ、憲法に違反するものは、それが違反する限りにおいて無効です。その法律が憲法に違反しているか否かの判定は、裁判所が行います。

日本においては、単にその法律が憲法の定めに違反していると言うだけでは、裁判所に判決を求めることはできません。憲法に違反するその法律のために、現実に誰かが被害をこうむった場合に、初めて裁判を求めることができるのです。

例えば、小学校、中学校、高等学校の教科書は、文部科学大臣の検定（審査）を受けないといけませんが（学校教育法（昭和22年法律第26号）第21条等）、このことは、検閲を禁止した日本国憲法（第21条第2項前段）に反するのではないかという問題が有ります。しかし、文部科学大臣による教科書検定を定めている学校教育法という法律は憲法違反だとして裁判所に訴えても、裁判所は取り上げてくれません。教科書検定で不合格とされ、或いは、その書き直しを命じられた教科書出版社やその教科書の著者が、憲法に違反する内容のこの法律によって、不当な処分を受けた、或いは、その処分によって金銭的・精神的に損害をこうむった等として、不合格とした処分の取り消しや損害賠償等を求めて国を訴えることにより、初めて、その法律が憲法に違反しているのではないかという問題を裁判所が取り上げて、判断することとなるのです。憲法違反の法律に関する裁判の在り方として、具体的な被害には関係なく、理論的にその法律が憲法に違反しているかどうかを裁判所が判断して決定する方法も有り得るところです。現にそのような方法を採っている国も有りますが、日本においては、そのような方式を採っていないのです。

第2章
教育に関する行政の仕組み

これまで述べてきたように、日本においては、民主制の原則の下に、社会の維持、運営に関する国の仕事を三つに分け（立法、司法、行政）、それぞれを、国会、裁判所、内閣が担当し、相互にチェックし合う仕組みを採っています。

教育についてみると、教育に関する法律を定めるのは国会であり（立法）、教育に関する争いは法律に照らして裁判所が裁き（司法）、教育に関するこれら以外の国の仕事（行政）は内閣が担当しています。

教育に関する行政は、具体的には、教育内容を含めて学校に関する基準を定めること、教科書の検定をすること、自ら学校を造って運営すること、教育に関する各種の補助金を配分すること、公・私立の大学の設置を認可すること等といった実際的な仕事のほか、国内外の教育に関して調査し、資料を作成し、提供すること、教育に関する法律案を作り国会に提出すること等といった教育に関する企画、調査等の仕事が有ります。

第1節　国の教育行政の仕組み

教育に関する行政は、内閣が行っている各種の分野の行政の一つです。

1　内閣の仕組み

内閣は、国会が選んだ内閣総理大臣をリーダーとして、その他に内閣総理大臣が選んだ14人以内の国務大臣（必要があれば、3人まで増やすことができ、したがって、最大限では17人である。内閣法第2条）によって構成される合議体（同法第4条第1項）です。

合議体は、物事を決めるに当たって会議を行って決める仕組みを採る組織であり、国会や後に述べる教育委員会も合議体です。国会や教育委員会は、物事を決めるに当たって多数決によっていますが、内閣の意思決定は全員の一致によるという慣行になっています。したがって、一人でも反対する国務大臣がいれば、その件につい

ては決定ができませんが、一方、内閣総理大臣は、意のままに国務大臣を辞めさせることができることとなっており、且つ、国務大臣を任命するのも内閣総理大臣に認められた固有の権限ですから（日本国憲法第68条。内閣の権限ではないから、次で述べる閣議で決定する必要は無い）、この権限を用いて、内閣の一体性を確保することができます。即ち、反対する大臣を罷免し、自分と同じ考えの者を大臣に任命するのです。このようにして全員一致で内閣が行った決定については、内閣のメンバー全員が連帯して責任を負うこととなります（同第66条第3項）。なお、現実には、国務大臣の罷免という例は、極めて少数です。内閣改造と称して、毎年のように国務大臣の大量の交替が行われる等国務大臣の交代は頻繁に行われていますが、その場合も国務大臣が辞表を提出し、内閣総理大臣がそれを受け入れるという形を採っています。

これ対して、例えばアメリカ合衆国においては、国民が直接に選挙によって選んだ大統領が行政の長となり、大統領のみが最終的に決定を下すことができ、大統領のみがその決定に責任を負います。勿論、大統領にも、国務長官、国防長官やその他のスタッフがおり、その意見を徴して物事を決めているのですが、たとえ大統領以外のすべてのスタッフが反対している決定であっても、大統領がそうすると決めれば、それが行政府の決定となります。国民が選挙で行政（更に言えば国の運命）を託したのは大統領に対してであり、国務長官、国防長官等に対してではないのですから、大統領以外の者が国政に関する決定を下すことがあれば、それはアメリカ国民に対する裏切りです。日本においては民主制というと全員で協議し多数決で決めることと短絡的に結び付けます。しかし、国民が直接自分たちで立法し、行政を行い、裁判することも民主制ですが、自分たちが選んだ大統領（内閣総理大臣）、議会、裁判官に行政・立法・司法の権限を与えて職務を行わせることも民主制です。国民が選びもしない者たちが多数決で公的なことを決定しても、それは民主制を否定することになるだけです。

1.1 閣議

内閣が物事を決めるための会議を閣議と言いますが、閣議は、毎週火曜日と金曜日の午前中に開かれています。この定例の閣議の他にも、緊急の必要が生じた場合には、臨時の閣議が開かれます。又、議案によっては、持ち回りの閣議が行われることも有りますが、これは、内閣の仕事を担当している事務官が書類を各大臣のところに持ちまわり、同意する旨のサインを貰って歩くものです。閣議は、内閣総理大臣が執務する建物（「総理官邸」と呼ばれ、国会の筋向いに在る）か、国会が開かれている時期には国会内にある閣議室で行われ、内閣総理大臣が主宰（内閣法第4条第2項）します。

閣議の案件は、内閣総理大臣自身が提出するものも有れば、各大臣が提出したもの

も有り（内閣法第4条第2項、第3項）、いずれの案件の決定にも、先に述べた通り全員の賛成が必要です。このため、閣議に提出する案件は事前に関係する各省の了解を得ておく必要が有り、各省の了解が得られていない案件については事実上閣議に提出できない結果となります。即ち、最終決定の場である閣議で意見が割れて収拾できない事態が日常茶飯とならないように、閣議の前に各省の事務次官による会議が持たれ、関係省間の調整がついていない案件はここでチェックがかけられることとなります。この事務次官会議は閣議の前日である月曜日と木曜日が定例日であり、事務の官房副長官（同法第12条第2項、第14条）が司会を行い、ここで異論の無かった案件が閣議に提出されます。

こうしたシステムは、或る省の暴走を防ぐには効果がありますし、閣議に提出される案件の内容を練れたものにするという効果も有りますが、このシステム任せにして総理が自ら難しい調整を行わない嫌いが有ります。

大統領制においても政策等を廻る調整は必要ですし、そのための様々なシステムが必ず存在しているはずですが、しかし、最後の、且つ、決定的な判断は大統領が下すしかなく、したがって逆に、メンバー間において全員が一致する必要は無いことから最後まで議論を尽くすことが可能です。大統領の責任は明白で逃れることはできず、その職責を果たすためには、大統領は常に勉強しなくてはなりませんし、優秀なスタッフを揃えなくてはなりません。

1.2 各省

国務大臣は、各分野の行政を分担して処理します（内閣法第3条、国家行政組織法第5条）。

一方、国の行政に関する仕事を行うための組織として、内閣の下に内閣府と各省が置かれています。現在のところでは、内閣府、総務省、法務省、外務省、財務省、文部科学省、厚生労働省、農林水産省、経済産業省、国土交通省、環境省の1府10省です（国家行政組織法第3条別表第1）。これらの各省は、それぞれに国の行政における特定の分野を守備範囲として持ち、それぞれの守備範囲は重なることがないように目には見えない境界線が引かれています（同法第2条）。しかし、現実には、境界領域において、旨みの有る仕事は奪い合い、厄介で旨みの無い仕事は押し付け合うという、いわゆる正と負の縄張り争いが生じます。このような場合には、ルールとしては、内閣総理大臣が閣議にかけて裁定することとなっており（内閣法第7条）、内閣総理大臣が適時に的確に処理をすることが必要です。

国務大臣は、内閣府を除く10の省のトップである各省の大臣となります（外務大臣、財務大臣等。内閣法第3条、国家行政組織法第5条）。内閣府のトップは、内閣総理大臣です。なお、各省の大臣とならない、国務大臣も存在します（無任所の大臣）。

このうち、教育に関する国の行政を行うのは、文部科学省であり、そのトップは文部科学大臣です（文部科学省設置法第2条、第3条）。

2 文部科学省の仕組み

文部科学省の仕組みは以下の通りですが、基本的な部分は他の省も共通です。

2.1 仕事の範囲

文部科学省は、教育、科学、文化、スポーツに関する国の行政を行うために設けられている省です（文部科学省設置法第3条）。教育だけを扱っているわけではありませんが、教育については専ら文部科学省が扱います。

その省の守備範囲に属する仕事を大きく分類・整理して、それぞれの仕事をするための組織として局を置き、局の仕事を更に分類・整理して、それぞれの仕事をするための組織として課を置きます（国家行政組織法第7条）。局のトップが局長で、課のトップが課長です。

文部科学省の教育関係の仕事は、生涯学習及び社会教育を担当する生涯学習政策局、高等学校以下の学校の教育を担当する初等中等教育局、大学・高等専門学校の教育を担当する高等教育局という三つの局が分担して行っています（文部科学省設置法第4条、第5条、第6条）。

2.2 仕事の仕方

2.2.1 文部科学大臣

文部科学省のトップは文部科学大臣です（国家行政組織法第5条）。大臣は、原則としてその省のすべての仕事について最終的に決定し、責任を負う唯一の存在です。前述のように大臣は、必要なときにはいつでも国会に出席して発言することができ、又、国会から求められれば国会の会議に出席して説明等をしなければなりません（日本国憲法第63条）。このように、省の仕事に関する意思決定の方式は、内閣のような合議制によるものではなく、その責任と権限を与えられた大臣一人が行うものです（このような方式を「独任制」と言っている）。

国の行政を担当する機関は、すべて独任制の機関であるとは限りません。例えば、内閣府に置かれている国家公安委員会（警察に関する仕事を担当している）は、そのトップの国家公安委員長には国務大臣が就任しますが、5人の委員からなる合議体です。

2.2.2 文部科学大臣と内閣総理大臣

文部科学省の仕事に関する内閣総理大臣と文部科学大臣との関係は、内閣として決定し、行わなければならない事柄（法律案を国会に提出すること、政令を制定すること等）は別として、原則としてすべて文部科学大臣限りで処理することとなりま

す。しかし、実際には、重要な事柄については、内閣総理大臣やその腹心である内閣官房長官（国務大臣が就任する。内閣法第13条）、或いは、内閣官房副長官や内閣総理大臣秘書官（同法第20条）等に相談したり、情報を入れたり等します。

内閣総理大臣が文部科学大臣に指示して、指示した通りに文部科学大臣に仕事をさせることができるかという問題が有ります。もしそのようなことを行うのであれば、まずその方針を閣議で決定し、決定した方針に従って文部科学大臣に指示することとなります（日本国憲法第72条、内閣法第6条）。又、内閣総理大臣は、文部科学大臣が行っている特定の具体的な仕事が適切でないと判断した場合にはその仕事を中止させて、どう対応するかを閣議で決定するという方法を採ることができます（内閣法第8条）。こうした措置が採られていないということは、内閣総理大臣を始め各大臣からなる内閣が、文部科学大臣の行っている仕事を是認していることとなります。しかし、実際にこれらの措置を採る場合を考えると、いずれにおいても閣議決定が必要ですから、文部科学大臣が自説に固執して反対すれば閣議決定自体が困難であり、仮に決定して指示しても文部科学大臣がその通りにしない場合は、内閣が文部科学大臣に代わって自らそのことを行うこともできません。このような手続きによる場合にも最終的には文部科学大臣の罷免が最後の手段です。

国務大臣は国家公務員ではあっても一般の公務員と異なり身分保障はなく（国家公務員法第2条第3項第2号、第5項）、内閣総理大臣は、文部科学大臣が自分の指示に従わなければいつでも有無を言わさず辞めさせることができます（日本国憲法第68条第2項）。それが事実上の指示であっても、又、不適切な指示や違法な指示であっても、罷免自体の効力には何の影響も有りません。このように、国務大臣に対する内閣総理大臣の指示は、閣議決定した方針に従って行われていようがいまいが、強制力という点では何の違いも無く、両者の相違は、政治的な見栄えが良いか悪いかだけの問題になります。

以上のことは詰まる所、現在の憲法下において内閣総理大臣の各大臣に対する指示は、閣議決定した方針に基づくか否かという形式の如何を問わず、極めて重い意味を持っているということであり、他方、これまでの実績を見ると、この権限を有効に使うことのできない内閣総理大臣が多すぎたと言うことができます。国において最大の権力を行使する行政府の長は国民が直接選挙すべきであるという極めて正当な議論に加えて、こうした日本の政治の実態が日本においても大統領制を採用すべきとする主張を生む一つの根拠となっています。運営の妙を要する議院内閣制は、政治的な能力の高くはない国民にとっては扱いが難しすぎると言えます。第2次大戦前も議院内閣制的な運営が可能な政治システムであったことを想起すれば、日本は既に一度その運営に失敗していると言うことができます。

2.2.3 副大臣と大臣政務官

文部科学省に、副大臣2人、大臣政務官2人が置かれ、それぞれ大臣の命令を受け

て政策、企画を担当するとともに、副大臣は大臣が不在の場合に大臣の仕事を代わりに行います。大臣の腹心です。副大臣及び大臣政務官は、文部科学大臣の申し出に基づき内閣が任命し、罷免しますが、内閣総辞職の場合には自動的にその地位を失います（以上、国家行政組織法第16条、第17条、別表第3）。副大臣・大臣政務官は、文部科学省の一般の職員と異なり、競争試験や選考で採用され、勤務の実績に従って昇進してこれらのポストに到達するという性格のものではなく、内閣が政治的な観点から適任者を任命するものであり、したがって、一般職員の場合のような身分の保障も有りません（国家公務員法第2条第3項第7号・第7号の2、第5項）。これらの者は、主として与党の国会議員の中から任命されることとなります。

このように、内閣総理大臣、国務大臣、副大臣及び大臣政務官の大部分は国会議員から選ばれますが、これらの国会議員はこれらの行政組織のポストについても国会議員の地位を離れる必要は無く、立法府と行政府の両方のポストを併せ持つことになります。例えば、厳格な三権分立のシステムを採るアメリカ合衆国の場合は、立法府と行政府のポストは兼ねることができず、連邦議会の議員が国務長官等の大統領府のポストにつく場合は、議員を辞職しなければなりません（アメリカ合衆国憲法第1条6節2項）。人事の面においても、立法と行政が密着しているのが、議院内閣制の特徴の一つです。

2.2.4　仕事の処理

一般の職員のトップが事務次官です。

一般の職員は、原則として、平等に国民に公開された競争試験を受けて採用され、勤務成績により昇進し、厳しい服務基準に従い、強い身分保障を受けています（国家公務員法第33条、第36条、第37条、第75条、第96条等）。

以上のことを踏まえて、文部科学省の仕事を縦の系列で見ると、大臣（副大臣、大臣政務官）―事務次官―局長―課長というのが、基本的な姿です。

各省で働く一般の職員が仕事をする上で従うべきものは、法律と上司の命令です（国家公務員法第98条）。その職員が従うべき上司にも必ず上司がいます。このように、上司の上司を辿っていけば、各省の大臣に行き着きますし、大臣の先には内閣があり、そして内閣は国会に対して連帯して責任を負います。裁判官の場合は、裁判官が従うべきものは法律と自己の良心のみであり（日本国憲法第76条第3項）、上司の命令というものは有りません。各省で働く一般の職員と裁判官とでは、この点で仕事の仕方に基本的な違いが有ります。

逆の方向から言えば、国民の代表で構成されている国会に責任を負っているのは内閣と各省の大臣であり、内閣と各省の大臣のコントロールが、各省の行うすべての仕事に確実に及ぶようにしなければなりません。このことは、民主制を採る日本においては、行政は最終的に、主権者である国民の意思によってコントロールされるものでなければならないということを意味しています。もっとも、このような国民

の意思は最終的に選挙を通じて表示されることとなりますが、そのためには、常に言論等においてこうした的確な意思表示ができるようになるための素地・材料を提供しなければなりません。教育の分野においても、個々の国民がしっかりした政治的素養を身に付けられるようにすることが重要になります（教育基本法（昭和22年法律第25号）第8条第1項参照）。

このように大臣のコントロールが省のすべての仕事に及ぶという原則を生かすように省の運営が行われることが必要ですが、文字通り大臣が膨大な文部科学省のあらゆる仕事に目を通すということは、現実には不可能であり、したがって、大臣の任務からしても、大臣が関与するのは政治的に重要な仕事を中心とするものとなります。しかし、大臣が関与しないからといって、その仕事が大臣のコントロールを免れているのではありません。大臣のコントロールが及ばない仕事や大臣の責任が免除されているような仕事は、省の中には有りません。大臣が関与しない仕事であっても、誤ったことをすれば、その者は大臣に責任を問われますし、又、大臣自身の責任も問題になります。

これまで述べてきた原則を前提としながら、一般的に、局長までで処理できるものは何、課長までで処理できるものは何といった仕方で内部的に仕事の処理のルールが決められていますが、これはあくまでも内部的なルールですから、省のトップである大臣の意思で変えることができ、又、個別の問題についてこのルールと異なった処理の仕方を指示することができます。又、これは一般的なルールですから、仮にその仕事がこのルールによれば課長限りで処理できるものであっても、政治的に重要なものについては、局長はもとより大臣にまで相談すべき場合も有ります。

大臣以下多数の職員で構成され、多様な仕事を抱えた省を、大臣のコントロールという原則に立って動かしてゆく上で要となるポストが事務次官です。事務次官は、一般の職員のトップという側面を持ち、職員としてのキャリアを積み重ねて就任するものであり、「大臣を助け、省務（省の仕事という意味である）を整理し、部局（局や部などのことである）の事務を監督する（国家行政組織法第18条第2項）」立場にあります。省が行っている仕事の軽重緩急を見極め、大臣に相談すべきものは相談して大臣の考えが実施されるように取り計らうとともに、実務の現実について大臣に理解願い、時には大臣の考えを変えてもらう等、大臣の意思と省の実務が巧く噛み合うように常に心がける立場にあります。

以上の仕組みとルールにより文部科学省の仕事が行われますが、更に、国会が定めた法律と国会が議決した予算が、その活動を拘束しています。

3　教育と法律

法律も予算も国会で審議され、決定されるものであり、その原案は、法律案については、国会自身が作成し、又は内閣が作成して国会に提出し、予算案については内

閣が作成して国会に提出します。これら以外の者が法律案や予算案を作成・提出することは有り得ません。

3.1 法律の作成

国会議員が法律案を提出する場合には、その法律案を提出しようとする議員が、国会に置かれている法制局、調査室及び国会図書館等の協力を得て法律案を作成し、一定数の賛同者（例えば、衆議院の場合は20名。ただし、予算を伴う法律案については50名）を同じ院の議員から集めた上で提出します（国会法第56条）。

内閣提出の法律案の場合には、教育関係の法律案であれば文部科学大臣が案を作成して閣議を求め、決定されれば内閣として教育関係の法律案を国会に提出します（内閣法第4条・第5条、国家行政組織法第11条）。したがって、内閣提出の教育関係の法律案は、文部科学省が作成しているのです。例えば、義務教育関係の法律案であれば初等中等教育局、大学関係の法律案であれば高等教育局というように、それを担当する局の特定の課が中心となって法律案の原案を作成し、関係する省と折衝し、政党や議員に説明し、国会審議のための資料を作成する等の仕事をします。

日本の国会で成立する法律の大半は、このような内閣提出の法律案ですから、行政を拘束する法律と言ってもその大半は行政自身が作ったものです。このことは、国会が見識を持たないと、そして最終的には国民が見識を持たないと、「法律による行政」といっても言葉だけで、実質的に行政を縛るという点においては内容の薄いものとなってしまいます。

国会には、各省の仕事の範囲に対応して分野ごとに常設の委員会が設けられており（「常任委員会」と言う。国会法第41条）、国会に提出された法律案はまずこれらの常任委員会で審議されます。例えば、教育関係の法律案であれば文部科学委員会で、税金関係の法律案であれば財務委員会で審議が行われます。常任委員会の規模は委員会により異なりますが、衆議院の場合はおおよそ30名から50名程度です。委員は政党の所属議員数に比例した員数が各政党に割り当てられており、国会議員はいずれかの委員会に籍を置いています。

委員会における審議が終わると、全議員が出席する本会議において、文部科学委員会における審議の結果が報告され、その法律案の可否を決定するための採決が行われます。衆議院の本会議と参議院の本会議の両方で可決されて、初めて法律が成立します。どちらか一院で否決されれば、法律として日の目を見ることはできません。ただし、衆議院で可決した法律案を参議院が否決した場合には、再度衆議院の本会議で三分の二以上の賛成により可決すれば、その法律は成立します（日本国憲法第59条。この逆は無く、衆議院で否決された段階でその法律案の命運は尽きる）。

日本の国会は、衆議院と参議院という二つの議会を持っていますが（このような立法機関の在り方を「二院制」と言う）、衆議院も参議院も、議員の選び方やその役

割に本質的な差は有りません。下院は国民の代表であってそれに相応しい形の選挙で選ばれるのに対して、上院は、多くの場合、連邦を構成する州の代表で構成したり、或いは、職能団体の代表を加えたり等しているようです。同じような上院と下院を持つ意味は、慎重な審議が行われるようにするということに尽きると考えられますが、同じような選ばれ方で同じような役割を与えられた議員からなる上院と下院が、同じ角度で議論して、どれだけ有益な結果がもたらされているか検討する必要が有ります。

日本の国会については、円滑な意思決定を確保するため、衆議院に優位な地位を認めています。法律の制定については上記の通りですが、内閣総理大臣を選ぶ場合（日本国憲法第67条）、予算の議決（同第60条）、条約の締結の承認（同第61条）については、法律の制定の場合よりも更に端的に衆議院が優位な立場にたちます。即ち、参議院が衆議院と異なった議決をした場合には、両院協議会を開き意見が一致しなければ（通常、意見が一致することはない）、衆議院の議決の通りとなります。

衆議院に固有の事柄としては、内閣の不信任の決議が有り、この決議が可決された場合には、内閣は、総辞職をするか、又は、衆議院を解散して総選挙を行うしかありません（日本国憲法第69条）。内閣が総辞職をせずに衆議院を解散した場合でも、解散後40日以内に総選挙が行われ、その後の30日以内に国会が召集され、そのときに内閣は総辞職しますから、総辞職について言えばその時期が70日程度延びたに過ぎません（同第54条、第70条）。参議院にはこのような内閣不信任の決議は有りませんが、その代わりに参議院には解散が無く、議員は6年間の任期いっぱい務めます。

3.2 行政と法律

各省が行っているすべての仕事について、それに対応する法律が作られているわけではありません。

教育の分野においては、国がコントロールする必要があり、且つ、コントロールすることが可能な教育を、学校教育という形態で制度化しています。このような性格の学校教育は、国民の権利・義務に大きく関係してきますから、当然のことながら、学校教育については全般に亘って法律が作られています。国が学校制度を設けているということは、その限りにおいて、国民の自由な教育活動を制限し、ある種の行為を禁止し、又は、ある種の義務を課すこととなるからです。

国がコントロールしている教育が学校教育ですから、学校教育以外の教育（一般に行われている分類では、社会教育と家庭教育ということになる）は、国がコントロールしない教育ということになります。したがって、社会教育や家庭教育の領域においては、国が一方的に国民の権利を制限し、又は、国民に義務を課すという性格

31

の法律は必要が無いと言えます。
一方、国民の権利義務に係わらないものであっても、国民にとって重要であり立法による対応が適当と国会が判断した教育関係の問題については、法律が作られています。このような法律も、法律として制定されればその内容が行政を拘束するのは当然のことです。

[学校教育関係の法律]
学校教育に関しては学校教育法を始めとして数多くの法律が有り、その多くは国民の権利・義務に関わるものです。これらの法律は、個々の国民だけではなく都道府県・市町村、学校法人等の団体に対しても、権利（自由）を制限し、義務を課しています。そして、その違反が行われた場合に科される刑罰や、国・都道府県が違反状態を是正するために執ることができる措置も定めています。
その他に、第1章第3節2.1.1で示した、私立学校に関する国等の財政支援の在り方を定める法律も有れば、理科教育振興法等のように特定の分野の教育を振興するための方策を定めた法律も有ります。

[学校教育以外の教育に関する法律]
社会教育に関する法律は、社会教育法（昭和24年法律第207号）、図書館法（昭和25年法律第118号）、博物館法（昭和26年法律第285号）です。これらの内容については第3部で触れますが、基本的に、社会教育に関する行政を行う国・都道府県・市町村の役割・組織・専門的職員の資格、社会教育施設の内容と職員の資格、国による財政支援が主要な内容であり、しかも、社会教育の性格からこれらはあくまでも標準的な内容を定めているに過ぎず、一方的に何かを強制する性格のものではありません。したがって、国民に対して一般的にその権利（自由）を制限し、義務を課す性格のものではありません。
家庭教育に関する法律は存在しません。

3.3 法律と予算
文部科学省は都道府県や市町村、民間の団体等に対して各種の補助金等を支出しています。補助金等のように見返りも無しに支出するお金は勿論のこと、机等の事務用品を購入する場合のように取得する物やサービスの対価として支出するお金も含めて、国が支出するお金は、必ず予算においてその支出が認められていなければなりません。予算で支出が認められていれば、法律の根拠が無くても正々堂々と支出することができます。現に、補助金等の多くは、誰が行うどのような事業に対して補助するのか等を定める特別の法律を持っていません。しかし、特別に作成された法律に基づいて支出されている補助金等も有ります。

法律に基づいて行われる補助等にも、2種類有ります。
一つは、義務的な補助金等であり、毎年所定の金額を支出するよう政府に具体的な義務を課しているものです。政府は、その法律を廃止等しない限り、毎年の予算にそのような内容・金額の経費を盛り込まなければなりません。教育の分野で言えば、義務教育費国庫負担金を始めとする義務教育の基本に関わる国の支出が、これに当たります。
もう一つは、任意的な補助金等であり、「予算の範囲内で補助等ができる」ことを法律で定めているものです。この種の補助金等にあっては、その年その年の予算の状況によって補助金等の額や内容も変わり得るものです。更に、法律が無くとも予算で認められていれば補助等ができるのに対して、法律で「補助等ができる」としていても支出の根拠となる予算が認められなければ補助等は不可能です。こうしたことを考えれば、「予算の範囲内で補助等ができる」と法律に書く意味は乏しいと言えます。実際は、補助できるという条文に加えて、その分野の振興を図るために国、都道府県、市町村等が果たすべき役割についての条文、或いは、その分野の振興のための計画や基準の作成を義務付ける条文等を設けて、これらを合わせて一つの法律を作成するのが通例です。前述の「何々振興法」という類の法律はこうした内容の法律です。
補助金等は見返りなしに国民の税金を支出するものですから、無駄や不正が入り込む可能性が多分に有ります。そこで、補助金等の申請、交付の決定、不適切な処理に関する是正の命令や補助金等の返還等の手続き、立ち入り検査、不正行為に対する罰則等を法律で定め、補助金等が適正に使用されるようにしています（補助金等に係る予算の執行の適正化に関する法律（昭和30年法律第179号）。この法律は、根拠となる法律の有無に関係なく原則としてすべての補助金等に適用されます（同法第2条第1項）。この法律が補助等を行い、或いは、補助金等を受ける根拠になっているわけではなく、補助等を行い、或いは、補助金等を受けた結果この法律の定める手続き等を遵守すべき義務を負うことになるのです。

3.4　法律によらない行政

特別の法律に基づかないで実施されている補助金等が多数存在しているということからも推測できるように、各省の仕事には、法律によらないものも種々存在しています。ただし、それらの法律によらない仕事は、一方的に国民の権利を制限し、又は、国民に義務を課すものであってはなりません。
補助金等以外で法律の定めが無くとも各省が行える仕事は、各種のサービスの提供、表彰、国民の権利の制限に当たらないような形態で行う資格の認定等数多く存在します。

3.4.1 長期計画

各省の守備範囲内に在る行政の分野について、5年或いは10年といった長期的な目標を設定して、各種の仕事を関連付けながら、その目標を達成するための総合的な計画を作成することは、珍しいことではありません。計画自体は、将来の仕事の予定に過ぎませんから、計画を立てる時点では国民の権利・義務に関係するものではないことから、計画策定の根拠となる法律は必要が有りません。更に、計画の実行段階を考えてみても、計画の内容は、国のサービスに関わるものが大半で、国民の権利・義務に直接関わるものは多くはないこと、及び、実態としてはこうした計画は既に行われている仕事を関連付けているものが多いことから、たとえ法律が無いと行えない性格の仕事が含まれていても、通常そうした仕事についての個別的な法律は既に作成されており、計画の実行段階においても必ずしも新たな法律を必要としないことが多いのです。そうは言っても、或る種の計画についてそれを作成することの重要性に鑑み、国会がそうしたほうが良いと判断した場合には、その計画の策定に関して法律が作成される場合が少なくありません。

例えば、スポーツについては、文部科学大臣がスポーツ振興のための基本的計画を、都道府県・市町村がその地方のスポーツ振興計画を、定めることとしています（スポーツ振興法第5条第1項・第3項）。この場合、計画を作ることは求められていますが、計画を作らなかった場合のペナルティーや是正措置は有りませんし、作られた計画がどのように扱われるか等も定めていません。この法律によって国・都道府県・市町村が負っているのは計画を作ることに関する政治的な責任とも言うべきもので、強制力に裏打ちされた責任ではないのです。教育関係の基本計画、総合計画、基本構想といった類の長期計画は、基本的にこうした性格のものです（生涯学習の振興のための施策の推進体制等の整備に関する法律（平成2年法律第71号）第5条・第8条、理科教育振興法第3条、産業教育振興法第3条、高等学校の定時制教育及び通信教育振興法（昭和28年法律第238号。以下、「定通法」と言う）第3条第2項第1号、学校図書館法（昭和28年法律第185号）第7条第1号）。

教育に関する最大の長期計画は、公立学校の学級数と教員数の改善に関する計画です。第2部で詳述しますが、日本の公立学初等中等教校は1学級の生徒数の上限を法律で定めるとともに、そのようにして編制された学級の数に基づいて教員数が決まるというシステムをとっています。したがって、この生徒数の上限を引き下げれば学級数が増加し、教員数も連動して増加します。先の戦争によって悪化してしまった教育条件を改善するために1学級の生徒数を引き下げる必要が有りましたが、それには膨大な数の教員増が必要であり、財政的には勿論、教員の確保の観点からも一挙に行うことは困難でした。そこで、学級編制の基準と教員定数の改善は長期計画の形をとることになります。形式的には、法律を改正して1学級の生徒数の上限を引き下げ、教員定数を増加させることとしますが、目標年度に至るまでの間はそ

の完全な実施を猶予して、1歩ずつ改善して目標に到達できるようにしています（公立義務教育諸学校の学級編制及び教職員定数の標準に関する法律等の一部を改正する法律（昭和55年法律第57号）附則第2項乃至第4項、公立義務教育諸学校の学級編成及び教職員定数の標準に関する法律及び公立高等学校の設置、適正配置及び教職員定数の標準等に関する法律の一部を改正する法律（平成5年法律第14号）附則第4項・第5項等）。

以上は法律でその内容等が定められている長期計画ですが、法律に関係の無い、しかし、行政への実質的な影響は極めて大きな長期計画も存在しています。

例えば、高等教育についてはこれまで数回に亘り、大学等の量的整備に関する計画が作成されてきました。これは、18歳人口の変動と大学等への進学率の動向を踏まえて、将来の高等教育の規模を想定し、そのために必要な大学等をどのように整備するかに関する方針を定めたものです。特に、18歳人口が大きく変動するときにはこの種の見通しは不可欠であり、大きな役割を果たしました。具体的には国立大学の量的な拡充は、この高等教育に関する整備の方針を踏まえて行われたと言えます。又、公・私立大学についても、18歳人口の急増期には大学設置基準等が改正されて緩和され（大学設置基準（昭和31年文部省令第28号）附則第4項、第5項等）、新増設等の認可が得やすくなり、その結果大きな量的拡充が行われましたが、この設置基準の緩和もこの整備方針を踏まえたものです。

又、1983年に、日本が受け入れる留学生の数を当時の1万人弱という状態から21世紀初頭に10万人にまで増加させるべきであるとする方針が、中曽根内閣総理大臣の意向を受けた有識者から示され、この目標を達成するための具体的な施策が文部省によって作成されました（いわゆる「留学生10万人計画」である）。この計画も法律とは全く無縁でしたが、いわゆるODA予算の活用や留学生に対する社会の理解が進む等により留学生受け入れの条件整備が進展し、ほぼ量的な目標の達成をみました。

以上のように、目標年次、具体的な到達目標等を法律に書き込むのであれば別ですが、そうでなければ、長期計画の効果や実効性は、法律で規定するかどうかとは無縁です。結局は計画化することの必要性と内容の合理性がすべてであり、計画を作成すること自体に価値が有る、計画に盛り込まれているから必要性が有る、計画に入っているから実施すべきである、計画だから実施すべきであるといった非合理的な議論は止めるべきです。

3.4.2 サービス

国がサービスを提供する代表的な方法は施設を設けてそれを国民の利用に供することです。教育の分野でもこの方法が幅広く行われてきました。具体的には、国立大学を始めとする国立学校の他に、国立博物館、国立青年の家、国立少年自然の家等の国立社会教育施設等が設置されてきました。教育施設を国が自ら設置・運営する

ことは、国民の権利を制限し、又は、国民に義務を課すものではありませんから、この意味では法律の根拠を必要としていません。しかし、国の施設については、法律又は政令（「3.5　政令と省令」参照）によって設置について定めることがルールとなっています（国家行政組織法第8条の2）。

国立学校については2004年の改正前の文部科学省設置法（第19条。国立学校の独立行政法人化にともないこの条文は削除され、現在この条文は存在しない）で、国立社会教育施設等については文部科学省設置法施行令（平成12年政令第251号。国立学校と同じ事情から、現在これに相当する規定は存在しない）で、文部科学省に置かれる施設であることとされていました。したがって、極論すれば、国立大学等は、文部科学省という組織の一部であり、文部科学省に置かれている課や係等の組織と同じ立場にありました。

国立学校、国立社会教育施設等は、サービスを提供するために国が自ら設けていたものですが、サービスの提供は国の得意とする仕事でもなく、必ずしも国が直接行うべきものでもありません。そこで最近では、これらの教育施設等を国の外に出して独立させ、国の役割をこれまでの施設の直営ということから、こうして独立した施設等の監督と財政的な支援を行うことに限定するという方向で進んでいます。具体的には、独立行政法人となって、国から監督や助成は受けるものの基本的に国と対等の立場に立つとともに、法人自体が権利・義務関係の当事者となり、自らの責任で施設等の経営を行うこととなりました。

国立の博物館等がまず独立行政法人となり、国立大学等は遅れて2004年に独立行政法人（国立大学等については、「国立大学法人」又は「大学共同利用機関法人」と言う）となりました。独立行政法人となるには、独立行政法人の基本的な事項を定めた法律（独立行政法人通則法（平成11年法律第103号））に従いつつ、個々の法人を設立するための法律を別に作ることが必要とされています（独立行政法人通則法第1条等）。国立大学等については、個々の法人、個々の大学等の設置を、国立大学法人法（平成15年法律第112号）で一括して定めています（第2条第2項・第4項、第4条、第5条、別表第1、別表第2）。

なお、都道府県・市町村も多くの学校や社会教育施設を自ら設置・運営していますが、これらの施設についても、基本的に国について述べた上記の原則が当てはまります。即ち、学校や社会教育施設の設置・運営については、その都道府県・市町村の条例（都道府県・市町村の議会が制定する法規）で定めることになっています（地方自治法第244条の2第1項）。なお、公立大学については、地方独立行政法人（このうち、公立大学を設置するために設立されたものを公立大学法人と言う）を設立して、公立大学法人に公立大学を設置・運営させることができます（地方独立行政法人法（平成15年法律第118号）第21条第2号、第7章）。しかし現在のところでは、地方独立行政法人は大学以外の学校や社会教育施設を設置・運営すること

はできません（地方独立行政法人法第21条第5号。地方自治法第244条の2第3項乃至第11項参照）。この点が国の場合と異なっていますが、地方独立行政法人は社会福祉施設の設置・運営を含む社会福祉事業（地方独立行政法人法第21条第4号）等も行えることを考えると、これらの教育施設も将来地方独立行政法人が設置できるようになる可能性が有ります。

3.4.3　表彰、資格等
[表彰等]
表彰の効果については、国や地方公共団体が行うものについては、表彰された者一代限りで、且つ、いかなる特権も伴ってはならないという条件が付きますが（日本国憲法第14条第3項）、表彰をすること自体については、特に法律の定めを必要としません。現に、国も様々な表彰を行っていますが、国民栄誉賞を始めとしてその多くはそのための法律が有りません。しかし、文化功労者の表彰については、特に法律が作られており（文化功労者年金法（昭和26年法律第125号））、文化功労者とされた者に対して終身の年金を支払うこととしています。栄典（国等が行う表彰のことである）にはいかなる特権も伴ってはならないとする上記の憲法の定めとの関係で、問題の有る法律と言えます。

なお、天皇が行う表彰（日本国憲法第7条第7号）が、勲章（旭日中綬章等）や褒章（紫綬褒章等）ですが、その選考等は内閣府や文部科学省を始めとする各省が行っています。

優良公民館の表彰のように人間以外のものや活動自体を表彰することもあり、又、映画等の作品を審査し「文部科学省選定又は特別選定」としていることは周知のところですが、いずれも法律の根拠は有りません。

[資格等]
自分がどのような職業に就くかは、能力等の問題は有るものの国民が自由に決められることですから（日本国憲法第22条第1項）、国が特定の職業に就くための資格や特定の作業をするための資格を設けることはこの自由を制限することとなります。こうした場合には、必要に応じて合理的な範囲内で、法律によってそのような資格を設けることとなります。例えば、幼稚園から高等学校までの学校の教員になるには教員免許状が必要ですが、このことは法律で決められているのです（教育職員免許法（昭和24年法律第147号））。

これに対して、特定の職業に就くための資格や特定の作業を行うための資格としてではなく、或る種の能力等を審査してその結果を証明するという類のことについては、国民の権利の制限や義務の付加にはならないことから、必ずしも法律の定めはいらないと考えられています。国がこの種の能力証明事業を自ら実施することも有り得ますが、多くの場合は、民間が行う能力証明事業について、国が立派な者が適

切に実施している事業であるという御墨付き（認定）を与えるという方法でその事業を奨励しています。英語の能力や漢字の能力等の検定事業が、文部科学省認定という表示をしていれば、これに該当します。技能審査事業と言われるこれらの事業の文部科学省による認定は、法律に基づいて行われているものでは有りません。

一方、学校教育として行われる通信教育を除き、通信教育は誰でも自由に行えますが、そのうち社会教育の観点から奨励に値すると考えられる通信教育について、文部科学大臣が認定を与えています。この場合も法律でその根拠等を定める必要は有りませんが、実際は法律で社会通信教育の認定の実施や手続き等について定めています（社会教育法第51条等）。

3.4.4 行政指導

政府が国民に対して、お願いする或いは忠告する等の方法を使って（指導、助言、勧告等の形態をとって行われる）、その国民の自発的な行為を促し、又は、自発的に或ることをしないようにさせる等することにより、特に強制はしていないにもかかわらず強制した場合と同じ結果を得ることができます。このようなやり方を行政指導と言っていますが（行政手続法第2条第6号）、行政指導はお願いや忠告であって強制ではないことから、法律の定めが存在しなくとも行えると考えられています。しかし、これまで述べてきた補助金や計画等の場合と同様に、法律で行政指導ができる旨の定めをしている場合も有ります（例えば、地方教育行政の組織及び運営に関する法律（以下、「地教行法」と言う）第48条）。

以下に述べるように、行政手続法は行政指導について定めていますが（この法律が対象としている行政指導は、原則として国が民間に対して行うものに限られている。しかし、それ以外についても事柄としては同じと考えるべきである）、行政指導を行うかどうかに始まり、誰に対して、どのような行政指導を行うか等まで、各省の判断に委ねられています。行政指導はお願いとか忠告ですから、それに従うか否かは国民の任意であり、行政指導に従わなかったからということで、その国民に不利益を与えてはならないこととされています（行政手続法第32条）。もっとも、適切な内容の行政指導に従わなかったことから条件を満たさず、その結果許認可を受けられなかった、或いは、補助金を貰えなかったとしても、行政指導に従わなかったことによる不利益を受けたことにはならないのは当然のことです。他方、行政指導がこれほどまでに有効な理由は、国が許可・認可（或いはその取り消し）の権限や予算を配り、補助金を提供する等の力を持っているからであり、そのため、行政指導に従わなかったら仕返しや不利な扱いを受けることを恐れて国民が行政指導に従うということも事実です。基本的には、許認可、補助金等を極力少なくするとともに、許認可や補助等の基準、手続き等を合理化し、透明化し、関係者の余計な思惑の入る余地を徹底的に排除する等行政の仕組みや運営自体を改善することが必要です。

3.4.5 一般人としての国

国においても、照明、冷暖房、筆記等のために電力やガス、文房具等を買って、電気代、ガス代、文房具代等を支払うなど、一般の人間が活動する場合と変わらない行動をする領域が有ります。そのような領域においては、国が関係するからといって特別のルールを作る必要は有りませんから、特に国のための法律は作成されていません。このような領域においては、国は、一般社会のためのルールを定めた法律に従って行動しています。

もっとも、国というのは国民全体のために存在し、国民の税金で運営されているのですから、いくら一般人の立場と同じといっても、特定の者に特別の利益を与えるような形で取引をすることはできません。特に、特定の宗教を利するようなことは絶対に避けなければなりません（日本国憲法第89条）。なお、これらの財源は国民の税金ですから、税金の適正な使用を確保するための経理処理のルールを定めた法律（会計法（昭和22年法律第35号）、国有財産法（昭和23年法律第73号）等）に従うべきことは当然です。

3.5 政令と省令

ここまで文部科学省を中心に各省等の仕事と法律の関係について述べてきました。ところで法律は、必ずしも細かい所まで物事を決めているわけではありません。国会の仕事は審議をし、決定することであり、国民に対して、実際に何かを命令し、許可し、事業を行い、お金を配る等の実務をするのは行政です。このような実務に近いレベルについてのルールは、国会が直接決めるよりも、法律という国会が決めた基本的なルールの範囲内で実務に通じた行政に決めさせるほうが合理的です。何から何まで国会が決めるということは、国会の能力から見て非効率であり（必要な立法や国勢の調査等の重要な仕事は他にも有るし、あまりに細部まで定めた法律は社会の激しい変化に応じるため改正の頻度が多くなりすぎる等）、そして何よりも、複雑で動きの速い社会の動きに敏速に対応することが困難です。各省等が属する内閣のトップを選んだのは国会ですから、任せるべきところは内閣に任せるべきですし、又、内閣に任せたとしても、国会は、立法、国政の調査、予算の承認、内閣の不信任等により、内閣の仕事をコントロールすることができます。

こうしたことから、政府も、個々の法律と直結した形で個々の法律の許容範囲内で、立法することが許されています。

政府が行う立法は、合議体としての内閣が定めるものを政令と言い、各省大臣が定めるものを省令と言います。

政令は、特定の法律を実施するため、又は、その法律自身がはっきりと「そのことについては政令で決めます」と定めている場合に、作成することができるものです。特に、政令によって罰則を設け、国民の権利を制限し又は国民に義務を課すことに

ついては、法律自身がそうすることを明文で認めていない限り、許されません。このように、あくまでも特定の法律の内容的範囲内において、その法律の細部のルールを定めるものであり（憲法第73条第6号、内閣法第11条）、根拠となる法律が無いのに、政令だけが存在するということは有り得ません。又、「学校教育については内閣が定める」ということを法律で定め、国民の権利義務に密接に関係する学校教育に関する立法を実質的にすべて内閣に任せるというやり方が許されないのも当然のことです。

以上、政令について述べたことは、省令についても、全く同じように当てはまります（国家行政組織法第12条）。

政令と省令の違いは、政令は内閣が作り（関係する省の大臣の求めに基づいて閣議で決定される。既にある政令の廃止や改正についても同様である）、省令は各省が作る（各省の大臣限りの判断で作ることができる。国家行政組織法第12条第1項）ということと、政令のほうが省令よりも上位にあるということです。内閣の仕事に関係する事項、内閣の方針に関わる事項、幾つかの省にまたがる事項等は、政令で定めることとなります。政令の実際の機能は、全会一致で意思決定を行う閣議で制定・改廃が決定されることから、或る省の独走を他の省がチェックできることです。教育関係においても、あまりに内容が抽象的である教育基本法のような極端な例は別にして、それぞれの法律は通常それぞれ附属する政令又は省令を持っています。例えば、学校教育の基本を定めた学校教育法は、附属の政令は学校教育法施行令（昭和28年政令第340号）だけですが、平成17年版の文部科学法令要覧で数えた限りでは、附属の省令は学校教育法施行規則（昭和22年文部省令第11号）を始めとして24本に上っています。又、学校教育法の条文は約140条、学校教育法施行令は約50条、学校教育法施行規則等の省令は総計で約690条となっています。必ずしも条文数だけで云々できることではありませんが、このような学校教育法とその政・省令の状況は、学校教育に関して、法律で決めるべきことを行政に任せ、特に省令は、法律の根拠無しに国民の権利を制限し、国民に義務を課すことになっている恐れが有ります。

学校教育に関する法律のこのような状態は、明治憲法が法律に基づかない独立の命令を容認した結果（大日本帝国憲法第4条、第9条）、学校教育に関することのほとんどすべてが勅令（天皇の発する法規の形式をとる命令。法律に反する内容であってはならないことから現在の法令で言えば政令に該当すると考えてよい）という形式で、国会を通すことなく定められてきたという過去からの流れによるものと考えられます。明治憲法下におけるこのような学校教育関係の法律の在り方については当時においても批判が存在していました[注7]。

4　教育と予算

日本の社会における諸々の活動は、すべてお金を仲立ちにして行われています。国の予算とは、国の運営のための予算であり、具体的には、国会、裁判所及び内閣（政府）の活動に要するお金についての収入と支出のことです。このうち、国会と裁判所の予算は、議員又は裁判官を中心とする職員の人件費と活動費、電気代等の施設の運営費が中心です。これに対して、政府の予算は、国会・裁判所に比べれば桁違いに大きい各省の職員の人件費と活動費、施設の運営費に加えて、補助金等を始めとする極めて多額の事業費が有ります。したがって、予算の中心は、政府の予算、即ち文部科学省を含む各省の予算です。

国の予算は、4月から翌年の3月までの間（「会計年度」と言う。財政法第11条）の収入を見積もり、収入の総額の範囲で、仕事の内容に即して、その使いみちと使える上限の金額を定めるものです。収入は見積もりですので、結果的に見積もりよりも多く入ってきたり、少なく入ってきたりするのは止むを得ないところです。しかし、支出については、予算で決められた使途以外のものには支出できませんし、予算で決められた金額以上には支出できないというのが原則です。

又、国の予算は、現金の収入と支出について作成されるもので、借入金の収入・その返済の支出を含めて、一切の現金の出入を計算し、管理するものです（財政法第2条）。この意味では、利益の計算を中心とする企業の予算とかなり異なっており、むしろ家庭の収入・支出を意味する家計に近い性格のものです。

4.1　予算の作成

国の予算の原案は内閣が作成して国会に提出し、その議決を求めること、国会における審議は衆議院が優先すること（先に衆議院に提出し、かつ、衆議院の議決が優位にあること）については、既に述べたところです。具体的に予算の作られる過程を見ると、次の通りです。

予算の作成の仕事は、財務大臣が行います。

例年8月中に、国会、裁判所及び各省の予算の要求は財務大臣のところに集まります（財政法第17条）。財務省は、これらの要求について、12月までかけて各省から説明を聞き、議論をし、12月の下旬に各省に予算の原案を内示して、12月25日ごろまでには、翌年度の予算案を閣議で決定します（財政法第18条等）。この間、各省の要求の作成から予算案の閣議決定までの各段階で、与党が絡んできますし、要

[注7] 例えば、東京帝国大学教授であった美濃部達吉氏は、学校教育の分野であっても、義務教育や私立学校の設立（いずれも勅令によって定められていた）のように国民の権利・義務に関わることについては、大日本帝国憲法も法律で定めることを要求していると述べていた（『憲法撮要』第5章第3節3）。

求している各省も与党の議員と連携して予算を確保しようとします。

国会は、通例として1月に召集され、150日間の会期で審議を行います。これが通常国会ですが、予算案は、通常国会において、他の案件に先駆けて審議されます。まず、衆議院に提出されて審議が行われますが、予算案の審議は、予算委員会と呼ばれる、そのために設けられた常任委員会で行われます。衆議院で予算案が可決されると、参議院に送られますが、参議院が否決しても、衆議院と参議院で協議することとされており、この協議が整わない限り、衆議院の議決が国会の議決となり、予算は成立します。又、参議院が審議を長引かせて30日以上議決しないと、その時点で衆議院の議決が国会の議決となり、予算は成立します（以上、日本国憲法第60条）。

予算は、4月から始まる会計年度から実施しないとなりませんから、与党は、3月中の成立を目指し、そのためには、2月中又は3月初めにおける衆議院での予算案の可決を目指すことになります。

予算を実施した結果（「決算」と言う）については、会計検査院が検査を行うこととなっています。内閣は、会計検査院の検査の報告とともに、決算を国会に提出しなければなりません（日本国憲法第90条）。決算の審議も、決算委員会（衆議院は、決算行政監視委員会）と呼ばれる、そのために設けられた常任委員会で行われます（国会法第41条）。国会で決算が否決された場合には、内閣の政治的責任が問われますが、予算の実施は既に終わってしまったことですから、通常はそれ以上のことにはなりません。

なお、会計検査院は、広い意味では内閣の中にある機関ですが、その役割に照らして高い独立性が保障されています。例えば、会計検査院の予算も内閣が作成しますが、既に述べた国会や裁判所の予算を作成する場合と同様の慎重な扱いをすることとされています（財政法第18条、第19条）。

4.2 予算の内容

2003年度の予算を見ると、収入は82兆円であり、したがって、支出も82兆円でした。ちなみに、この年の日本のGDP（国内総生産）は約500兆円でしたから、国の予算は経済全体の中でも相当のウエイトを占めています。

[収入]

収入のうち、本当の意味での収入は45兆円で、その90％強（42兆円）が税金であり、残りの3兆円は、国の財産の売却等による収入やその他雑多なものです。これらの収入は、将来に負担を残すものではなく、国の支出はこれらの本来的な収入で賄われるべきものです（財政法第4条第1項）。

収入総額82兆円の残りの37兆円は、国債です。民間の企業等と同様に、国も借金

をしており、この場合国は国債と呼ばれる債券を発行して借金をします。毎年、このように新たに多額の借金をしないと予算が組めない状況が続いてきましたので、国債その他の国の借金が雪達磨式に増加し、2004年3月には、その額は520兆円になると推定されています。更に、都道府県と市町村も相当の借金を抱えているということも忘れてはなりません。このように毎年新たに30兆円の借金をしないと国の予算が組めないという現在の状態を変える目途は全く立っていません。したがって、国の一般会計だけを採り上げても、今後も長期に亘って毎年毎年、20兆円から30兆円の借金が純増していくこととなります。米、英、独、仏の諸国と比べても、日本の政府の借金は、飛び抜けて高額です（例えば財務省が作成している平成15年度財政統計の19ページの「第12表　長期政府債務残高の国際比較」参照）。

この借金を解消するには、踏み倒すか、酷いインフレにするしかないという議論すら有ります。酷いインフレというのは、現実に1945年の敗戦直後に起こったことで、例えばそれまでは100円あれば1ヵ月間余裕のある生活ができていたものが、あっという間に、1万円ないとそれができなくなりました。即ち、お金の価値が短期間に100分の1になったという計算になります。しかし、借金の負担は軽くなり、借りたときは生活費100ヵ月分の借金（1万円）も、返すときには1ヵ月分の生活費に相当する額を払えばよいのですから、楽に返せました。しかし、国民の蓄えは紙くずと同じになり、円の価値も大幅に下落することになりました。

このような借金漬けの国になってしまったのは、国が収入以上の生活を長期間し続けたことにあります。その責任は、あげて政権を担当してきた政党とその政党を選び続けた国民にあります。

これにより、大きな被害を蒙るのは、膨大な借金を払うこととなる若い人たち、その子供、その孫等です。余命幾ばくも無い老人の世代は、ほとんどそれによる被害を受けません。このことを考えると、インフレになることは、正義に適っていると言えないこともありません。インフレにより酷い目に遇うのは、罪の無いこれからの世代よりも（これからの世代はインフレに大いに苦しめられるが、働いてインフレに対応した収入を得られることによって切り抜けられる）、借金漬けの財政の恩恵を目いっぱい受けてきたが、働いて収入を得る術も無く、持っているお金の価値も極端に下落してしまった老人世代だからです。こうした極端な議論もしなければならないほど、国の財政は深刻な状況にあります。

税金を引き上げるという方法も有りますが、これは最も悪い選択です。それは、これまでも浪費してきた政府は、財源が増えれば、その増えた分以上に浪費することは目に見えているからです。

［支出］
支出の中心をなすのは、国の運営のためにかかる直接的なお金であり、これを「一

般歳出」と呼んでいます。支出の約60％に当たる48兆円がこれです。福祉や医療を担当する厚生労働省の予算が、約4割に当たる19兆円で最大のシェアを占め、教育を担当する文部科学省の予算は6兆円で、厚生労働省に次ぐ予算規模をもつグループの一つです。

多額の借金をしていますので、第2の項目として借金の返済のために17兆円ほどが必要です。年々国の借金は増えているのですが、近年の低金利で利子の率が大きく下がっていることから、この金額は最近においては横ばいを続けています。この「公債費」と呼ばれる17兆円のお金の半分以上（9兆円）が、利子の支払いのためのものです。36兆円の借金をして、8兆円の元本を返済すれば、その年の借金の純増は28兆円ということになります。

支出の最後の項目は、「地方交付税交付金」と呼ばれるものです。これは、都道府県と市町村に対して交付するお金ですが、一つ一つの都道府県・市町村について、税金等の収入の額と、その人口等から推定される標準的な経費の額を計算して、その差額を、国が地方交付税交付金として補ってあげるもので、17兆円の金額が計上されています。

以上、合計して82兆円になります。

ところで、収入に応じた予算にするために支出を削減することとした場合に、支出のうち、借金の返済を値切ることはできませんから、一般歳出と地方交付税交付金を減らさなければなりません。特に一般歳出の大幅な減額は避けて通れません。1970年代後半あたりから、政府もそのための真剣な努力をするようになりましたが、一般歳出を1年から数年間に亘って前年度並みに抑えるのが精一杯で、一般歳出の金額を大幅に減額できた内閣はこれまで有りませんでした。

このような国の財政の現状を、理解しておく必要が有ります。教育に金を使うのは良いことだという安易な発想は全く通用しない時代であり、たとえ必要な教育予算であっても削減し廃止しなければならない時代にいるということを肝に銘じなければなりません。

第2節　都道府県・市町村の教育行政の仕組み

防衛、外交、自国民の生命・財産の保護、治安の維持等の仕事は、国が直接行うか、又は、国が最終的に責任をもって行うべきものであり、もし国がこれらの仕事を十分に行わないのであれば、国の存在する理由が問われます。更に、現代においては、国は、教育を含めて国民の福祉に関する基本的な仕組みを整備し、その円滑な運営を保障するため努力することが求められています（日本国憲法第25条乃至第27条は、このことの基礎となっている一般に「社会権」と呼ばれる権利を定めている）。国民の日常生活においては、その地域に住む国民が共同して処理することが必要な

仕事が種々存在しています。上下水道、生活道路、小・中学校、公園等の整備・維持、ごみ処理や社会福祉にかかわる仕事等のように地域社会を運営する上で欠くことのできない、しかし、放っておいたら誰も処理してくれないという類の多くの仕事が有ります。これらの仕事を、その地域にすむ住民の税金で、それらの住民のために行っているのが、都道府県・市町村です。

都道府県と市町村は、一つ一つが独立した団体であり、守備範囲内の仕事について、自らそれをどのように処理するかを決め、決めたところに従って実施します。又、外に対して、都道府県・市町村としての意思を表示し、都道府県・市町村として権利を主張し、義務の実行を約束することができます。このように、団体自体が権利を持つことができ、且つ、義務を負うことができる（民法（明治29年法律第89号）第43条[注8]）こうした団体を「法人」と言いますが、都道府県・市町村は、国と同様に法人とされています（地方自治法第2条第1項）。

基本的に、都道府県・市町村は独立の団体として国と独立・対等の立場にあり、且つ、都道府県と市町村も、又、個々の都道府県間、個々の市町村間も、それぞれ独立・対等の立場にあります。それは、男と女、年寄りと若者、金持ちと貧乏人等の違いはあっても、それぞれ皆独立しており、平等であるのと同じことです。ちなみに、日本国憲法の定めている基本的人権の保障は、その性質の許す限り、法人等の団体も対象になると考えられています。

ただし、国と対等と言っても、日本の国内に存在する組織であり、国と共に国民（住民）の活動の基盤を支え、国の運営とも深いかかわりを持っている団体ですから、国が定めた法律に従い、国が行う裁判に従うことや国と協力し合うのは当然のことであり、又、一般的に各省の大臣から各省の所管事項に関して行政指導等を受ける立場にあります。

住民に身近な共通的な仕事を処理するための独立の団体としての地位を認められ、且つ、住民の意思に従って仕事を行うこのようなシステムを地方自治と言います。日本国憲法は、国の運営に関係する大切なシステムとして、地方自治について定めています（第92条乃至第95条）。

1　都道府県・市町村の仕組み

国が領土と国民から成り立っているように、市町村にも固有の区域が有り、住民がいます。日本の領土は、必ずいずれか一つの市町村に属しており、もしいずれの市町村にも属しない領土が有る場合は、原則として内閣がその所属すべき市町村を決めることとなります（地方自治法第7条の2）。

[注8] 一般社団法人及び一般財団法人に関する法律及び公益社団法人及び公益財団法人の認定等に関する法律の施行に伴う関係法律の整備等に関する法律により民法が改正され、この規定は遅くとも2011年からは民法第34条となる。

都道府県は、市町村を包括する団体とされています（地方自治法第5条第2項）。市町村はいずれか一つの都道府県に属することとなりますので、都道府県の区域と住民は、その都道府県に属する各市町村の区域と住民の総体ということとなります（同法第6条第2項、第10条第1項参照）。

このように、地方公共団体の中では市町村が第一次的な団体と考えられているところですが、その仕事の面においても、地域にかかわる仕事は、一般的には、まず市町村がその処理に当たることとされています（地方自治法第2条第3項）。都道府県は、市町村の区域を超える広域的な仕事や、その規模や性質から市町村が処理することが適当でない仕事を処理することが原則です（同法第2条第5項）。

都道府県と市町村の仕組みは、基本的に同じですが、まず都道府県の仕組みについて述べることとします。

1.1 都道府県の仕組みと運営
1.1.1 知事と議会

都道府県の運営は、知事が必要に応じて議会の議決を求めながら行います。
知事と議会の議員は、その都道府県の成年に達した住民が直接選挙で選びます（日本国憲法第93条第2項、地方自治法第17条、第18条）。

[知事]
都道府県の行うべき仕事を、責任をもって実施するのは、知事です。知事は、その都道府県の住民の直接選挙によって選ばれますが、知事の資格として、30歳以上の日本国民であることは要求されているものの、その都道府県の住民であることは要求されていません（地方自治法第19条第2項）。
知事は、原則として、その都道府県が行うべきすべての仕事を処理し、それについて最終的に責任を負います。
国の行政を担当する内閣の場合は、物事を決定するためには閣議において全会一致で決定し、国会に対して連帯して責任を負いますが、知事は自分一人の責任で決定します。又、国の行政は、基本的に各省の大臣が責任をもって行い、形式的には内閣総理大臣といえども直接各省の仕事を指揮監督することはできず、各省の仕事を指揮監督するには閣議に図って決めた方針に基づくことが必要とされているのに対して（内閣法第6条）、知事は、原則としてすべての仕事を自ら指揮監督して実施し、一人でその責任を負います。

[議会]
条例というその都道府県固有の法規を制定することの他に、知事が行う仕事のうち住民にとって重要な意味を持つものについては、知事の判断だけで行うのではなく、

議会の賛成を得たうえで行うことが要求されています。即ち、次の事項は、議会の議決が必要です（地方自治法第96条）。
① 法律に違反しない範囲内における条例の制定や改正・廃止（条例は、その都道府県においてのみ有効であり、その都道府県独自の義務を課し、その都道府県独自の内容で住民の権利を制限するには、必ず条例の明確な定めが必要である。なお、条例には、2年以下の懲役という範囲内で違反に対する刑罰を設けることができる（日本国憲法第94条、地方自治法第14条））
② 予算及び決算
③ 地方税の賦課、徴収に関すること
④ 都道府県の財政や財産に重要な影響を与える行為（高額な契約の締結等）
⑤ その他

これら以外の仕事については、知事は、議会からの制約を受けることなく、自分で決定して実行することができます。
又、これらの案件を提出する権限は、予算や決算等を除き（予算や決算は知事が提出します）、原則として、知事と議会の双方に有ります。
都道府県議会の議員の数は、その都道府県の人口規模に応じて40人から120人程度です（地方自治法第90条）。議員は住民の選挙によって選ばれますが（日本国憲法第93条、地方自治法第17条）、その資格としては、25歳以上の日本国民であることの他に、知事の場合とは異なり、その都道府県の住民であることが必要です（地方自治法第19条第1項）。
議会は、都道府県の実際の仕事を直接に行うものではないこともあり、現在その議員は日本人に限られていますが、外国人である住民にも議員の選挙の投票権や議員になる資格を与えてもよいのではないかとの議論が有ります。

[知事と議会の関係]
大統領制的な制度においては不可欠なシステムではないのですが、現在の日本の制度は、議会が知事の不信任を議決できるとするとともに、その場合には、知事が議会を解散できることとしています。知事が議会を解散するという選択をしない場合は、知事が辞職しなければなりません。ただし、知事が住民の選挙で選ばれており、議会が選んでいるのではないことから、この場合の不信任の議決は、国会（衆議院）の場合と異なり、4分の3以上の賛成が必要とされています。知事が辞職しないで議会を解散した場合に、選挙後の議会で再度知事の不信任が可決されれば、知事は辞めなければなりませんが、この場合の不信任の議決は、単純過半数で成立します（以上は地方自治法第178条）。
議会を解散した場合には、知事は議会の議員の身分を持ちませんから、解散後に行

われる選挙は議会だけにかかわるものです。これに対して国の場合は、内閣総理大臣は衆議院の議員ですから（多くの国務大臣も衆議院議員である）、衆議院を解散すれば必然的に自身も選挙の洗礼を受けなければならず、又、当選しても総選挙後の国会で内閣は総辞職することになっており、新たに内閣総理大臣の選任が行われます（日本国憲法第70条）。

知事は、議会が決めた条例や予算について、それが承服できないものであれば、拒否権を行使することができます。この場合、議会が再度3分の2以上の賛成で議決すれば、この知事の拒否権を覆すことができます。又、議会が決めたことが法令に違反する等大きな問題点を含むものであるときは、知事は義務として議会に再審議するよう求めなければなりませんし、問題点が改まらなければ、知事がこの件について総務大臣や裁判所の判断を求めることとなります（以上は地方自治法第176条）。

予算についても、現に在職している職員の給与を含む都道府県の義務的な経費を議会が削減した場合には、知事は、議会に提出した当初の案に従ってこれらの経費を支出することができます（地方自治法第177条）。

以上のように議会が決めたことを行政府が覆すことができる権限は、国の場合には、内閣に与えられていません。国会の信任に基礎を置いて成り立っている内閣が、このような権限をもつのは本末転倒になるからです。

1.1.2　行政の仕組み

知事の仕事は、都道府県の行政全般を対象としていますが、内容的には、次の通りです（地方自治法第149条）。

① 議会に議案を提出すること
② 予算の作成、実施
③ 税金（都道府県、市町村が課す税金を「地方税」と言います）を課し、徴収すること
④ 都道府県の財産を、取得し、管理し、処分すること
⑤ 個別の法律等で知事が処理することとされている仕事

知事を助けてこれらの仕事を処理するために多くの職員が知事により任命されることになりますし、又、これらの仕事を分担する組織として、総務部、民生部といった6から9程度の部が設けられ（東京都の場合は局と称している）、職員はこれらの部に配置されます（2003年の改正前の地方自治法第158条。現在も実態は変わっていない）。

又、知事を補佐するものとして副知事が置かれ（場合によっては置かなくてもよいし、複数の副知事を置いてもよい）、又、会計事務を処理する責任者として会計管理者が置かれています。副知事及び出納長は、一般の職員と同様に知事が任命しま

すが、副知事については任命するにあたり議会の同意を得ることが必要です（以上、地方自治法第161条乃至第172条）。

[委員会]
以上述べたように、都道府県の仕事は、必要な場合には議会の議決を求めながら、知事が行いますが、一部の仕事については、知事が自らは行わずに、都道府県の中に設けられた委員会が行うこととしています。
どのような仕事がその対象となるべきかについての厳密な基準はないのですが、選挙に関することや職員の人事の在り方に関することのように知事や議会自体が当事者であることにより公平・公正の確保等の観点から別の組織に行わせるほうが望ましい類の仕事や、教育や警察のように、一般の行政とは多少異なった性格のもので知事以外の者が行うほうが適当と考えられるもの等が、対象とされています。現在、都道府県に置かれている主要な委員会には、次のものが有ります（地方自治法第180条の5）。
① 教育委員会（教育に関する仕事）
② 選挙管理委員会（国会議員、知事、都道府県議会議員等の選挙に関する仕事）
③ 人事委員会（都道府県に勤める職員の採用試験、給与表の勧告、人事上の争いの採決等に関する仕事）
④ 公安委員会（警察に関する仕事）
⑤ 地方労働委員会（労働問題に関する紛争の調停）

これらの委員会は、一般に、数人の非常勤の委員で構成されており（地方自治法第180条の5第5項）、所管するすべての仕事の処理について、決定を行い、最終的な責任を負い、基本的に知事の指示や命令を受けません。しかし、条例の制定その他の議案を議会に提出すること、予算の作成と実施等は知事の守備範囲に属し、委員会が必要とする場合は、知事に依頼してこれらの仕事を行ってもらうこととなります（同法第180条の6）。これらの委員会は、内閣と同様に合議体であり、物事を決めるに当たっては会議において多数決により決定します。
これらの委員会の委員を選んで任命すること又は辞めさせること（罷免）は知事の権限ですが、原則として、議会の同意を得て行うことが必要です。ただし、選挙管理委員会の委員は議会が選挙で選び、その罷免も議会が決定します（地方自治法第182条、第184条の2）。
なお、知事や委員会が、その仕事を公正に、能率的に行っているか、会計が適正か等を監査する部門が不可欠であり、その部門は高い独立性を持って仕事をする必要が有ります。これらの仕事をするのが監査委員であり、都道府県には4人の監査委員が置かれますが、監査委員は一人一人が独立に仕事を行い、合議により物事を決

めるものではないので、合議体である委員会の仲間ではありません。しかし、その扱いは、基本的には委員会の委員と同じであり、知事が議会の同意を得て、任命し、罷免します（地方自治法第195条、第196条、第197条の2）。監査委員も基本的に非常勤ですが、場合によっては一部の委員を常勤にすることもできます（同法第180条の5第5項、第196条第4項）。

1.1.3 直接民主制

都道府県の運営は、住民が直接物事を決めるのではなく、住民が選挙で選んだ知事が、必要に応じて住民が選挙で選んだ都道府県議会の議決を求めながら物事を決めて実施するという代表民主制のシステムを採っています。代表民主制を採る一方、その中に国民や住民が直接物事を決めるという直接民主制の要素を取り入れることも可能であり、我々は、ヨーロッパの国々が、国連に加盟するか否か、EUに加入するか否か、原子力発電所の建設を凍結するか否か等について国民の投票によって決めているのを見聞きしているところです。

日本においても、特定の場合には国民の投票によって国の運営に関することを決定しています。即ち、憲法の改正は、国民投票によって決めることとなっていますし（日本国憲法第96条）、最高裁判所の裁判官を信任するか否かは国民投票で決めていますし（同第79条）、更に、一つの都道府県又は一つの市町村にのみ適用される法律を作る場合には、国会の議決の他に、その都道府県又はその市町村の住民の投票において過半数の賛成がなければ、その法律を制定できません（同第95条）。

国よりも国民に身近な所にある都道府県や市町村は、国よりも一層直接民主制の要素を取り入れやすい条件を備えていますので、幾つかの重要な場面について直接民主制の要素を取り入れています。

[条例の制定・監査の実施の請求]

条例の制定・改正等は、都道府県議会の議員又は知事が提案し、その提案を議会が議決することによって行われます。これが原則ですが、その他に、住民が知事に対して、条例を制定し、改正し、又は廃止することを求めることができます。具体的には、求める内容を条例案の形にして、その都道府県の住民である有権者の50分の1以上の者が署名をして、知事に提出することとなります。知事は、自らの意見をつけてこの請求を議会に送り、議会はその条例案を審議のうえ可否を決定しますが、知事は、その結果を請求者の代表に通知するとともに、公表します（地方自治法第74条）。教育関係の条例の制定・改正等もこの手続きで行うことができます。

監査委員は、都道府県の財務に関する事務の処理について監査するほか、必要に応じて一般事務や補助金の支出先の事務等についても監査します。これらの監査は基本的には監査委員の判断に基づいて行いますが、知事や議会の要求に基づいて行う場合も有ります（地方自治法第98条第2項、第199条第4項乃至第7項）。これに加

えて、その都道府県の住民である有権者の50分の1以上の者が署名して、その都道府県の監査委員に対して、その都道府県の事務に関する会計監査や事務処理の適否についての監査を求めることができます。住民からの請求を受けた監査委員は、速やかに必要な監査を行い、その結果を請求者に通知するとともに、公表し、同時に議会と知事、場合によっては関係する委員会に提出し、更に総務大臣にも報告します（同法第75条）。教育関係の事項に関する監査もこの手続きで行うことができます。

[解職等の請求]
任期中の議員は、犯罪者になる等で資格を失い、議会を除名され、辞職し、不信任案が可決された知事により又は議会の議決により議会が解散されるという事由以外ではその身分を失うことは有りませんし、任期中の知事も、資格を失い、自発的に又は不信任案の可決により辞職するという事由以外ではその身分を失うことは有りません。しかし、住民は、知事と都道府県議会の議員を辞めさせるよう求めることができ、又、都道府県の議会を解散するよう求めることができます。即ち、その都道府県の住民（議員の辞職を求める場合は、その議員の選挙区の住民）で選挙権を持つ者3分の1以上が署名して請求することが必要であり、この請求があると、知事或いは議員を辞めさせるか否か、又は、議会を解散するか否かについて住民による投票が行われ、その過半数が賛成すれば、知事・議員はその職を失い、議会は解散します。知事も議員も住民の選挙で選ばれた者であり、辞めさせるのも住民の投票によることになります。なお、この請求は、その都道府県の選挙管理委員会に対して提出します（以上、地方自治法第76条、第78条、第80条、第81条、第83条）。又、教育委員会の委員を含めて都道府県に置かれる委員会（前に例示した委員会の中では、人事委員会は除く）の委員と監査委員、副知事についても、選挙権を持つ住民の3分の1以上の者が署名して解職の請求を行うことができます。これらの者は、住民による選挙で選ばれた者ではありませんが、その分野における都道府県の仕事を実施する責任者として、知事が議会の同意を得て任命しています。
したがって、これらの者に対する解職の請求は知事に対して行い、請求があった場合には、知事が議会に対して可否の決定を求め、議会が4分の3以上の多数で解職に同意するとその者は解職されます（地方自治法第86条、第87条、地教行法第8条）。

以上のように、直接請求は物事の端緒であり、請求内容に関する結果は、議会の議決、又は、住民による投票で決まります。ただし、監査請求は、不適切な内容でない限り必ず請求した事項について監査が行われますが、当然のこととして監査結果が請求者の思惑通りのものになるとは限りません。

1.2　市町村の仕組みと運営

市町村の仕組みは、これまで述べてきた都道府県の仕組みと、全くと言っていいほど、同じです。ただ、事柄の必然として異なる部分が若干存在しますので、異なる部分を中心に述べることとします。

都・道・府・県の間に本質的な違いは無いように、市・町・村の間にも本質的な違いは有りません。ここでは、人口の多い少ないで呼び方が変わると考えてください。5万人以上の人口があり、かつ、都市的な条件を備えたものが、市となります。町となるための条件は、各都道府県が条例で定めます（以上、地方自治法第8条）。町とならなかったものが、村ということになります。

1999年3月末における市町村の数は、3,232市町村で、そのうち市が670市、町村が2,562町村です。この他に、東京都の23区がありますが、23区は基本的に市と同じ扱いをされており[注9]、これ以後は、「市」又は「市町村」と言う場合には、23区を含むものと考えてください。数の上では、町村が圧倒的に多いのですが、人口で比較すると、市部の人口が79％、郡部（町村を意味する）の人口が21％で、市部が圧倒的に大きくなります（2000年の時点の数字である）。

市町村の数は、1953年10月には9,868でしたから、50年前と比べれば大分減っていますが、ここ20年は、ほとんど横ばい状態です。しかし、近年市町村の合併が積極的に行われていることから、市の数は増加するが町村の数がそれを大幅に上回って減少する傾向が生じています。

1.2.1　市町村長と市町村議会

市町村の仕事について責任を持って処理するのは、市では市長、町では町長、村では村長であり、いずれも住民の選挙で直接に選ばれます。又、住民の選挙で選ばれた議員で構成される市議会、町議会、村議会が置かれ、条例の制定、予算の議決等を行います。市町村長と議会の関係は、都道府県の場合と同じです。

議会の議員の数は、人口規模に応じて、12人から96人程度です（地方自治法第91条）。

なお、町村（市は除かれます）については、議会を置かず、その代わりに、有権者である住民の総会で物事を決めることができることになっています（同法第94条）。しかし、現在は、すべての町村が議会を置くことを選択しています。

都道府県の副知事と会計管理者に当たるポストが設けられており、副市町村長、会計管理者がこれです。副市町村長は、都道府県における副知事の場合と同様に、市町村長が議会の同意を得て選任します。

1.2.2　委員会

市町村にも、各種の委員会及び監査委員が置かれます。

[注9] 例えば、学校教育法第87条、地教行法第2条カッコ書き

しかし、教育の仕事は都道府県も行っていれば、市町村も行っていますが、警察の仕事は都道府県だけが行っているというように、置かれている委員会は、必ずしも同じではありません。市町村に置かれている主な委員会としては、次のようなものが有ります。
① 教育委員会
② 選挙管理委員会
③ 公平委員会（市町村に勤める職員の勤務関係にかかわる争い等を審査する。大きな市には、都道府県と同様に、人事委員会が置かれる）
④ 農業委員会（農地の利用関係の調整等）

これらの委員会の委員と監査委員は、都道府県の場合と同様に、議会がそれを行う選挙管理委員会を除いて、市町村長が議会の同意を得て任命し、罷免しますが、農業委員会の委員の多くは農民が自分たちの仲間の中から選挙で選んだ者です。

1.2.3 直接民主制

市町村は、住民にとって都道府県よりも一層身近な存在であり、規模も小さく、直接民主制が馴染みやすいものと言うことができます。

条例の制定や監査の実施の請求、市町村長や議員の解職の請求、議会の解散の請求、副市町村長、委員会の委員、監査委員の解職の請求が可能とされていることやその方法等は、都道府県の場合と同様です。ただし、農業委員会の委員については、選挙で選ばれる委員についてのみ住民による解職請求が認められており、その方法等も他の委員会の場合とは多少異なっています。

議会を置かずに、町民総会又は村民総会が議会の機能を果たすという前述の制度は典型的な直接民主制と言うことができます。

2　都道府県・市町村の財政

都道府県、市町村も、国の場合と同様に、その仕事をするために必要なお金は、税金を中心とする自前の収入によるのが原則です。

しかし、国の場合と異なるのは、税金だけによって賄うとした場合、地域によって収入の格差が大きすぎることから、こうした収入の格差に応じて国が都道府県、市町村に資金を交付して財政力の相違による収入の格差を是正していることです。

即ち、各都道府県・市町村について、人口の規模等に応じた一定の計算方法により、必要な仕事の量とその仕事の量を処理するために必要なお金の額を計算します。これを「基準財政需要額」と呼んでいます。

一方、その都道府県・市町村の収入も、住民の経済状態や地域の経済活動の状況等から、その金額を見積もることができます。これを「基準財政収入額」と呼んでいます。

両者を比べれば、その都道府県・市町村の財政における不足額が分かりますから、これを、国が地方交付税交付金として交付するのです（地方交付税法（昭和25年法律第211号）第3条第1項、第10条）。

この計算の結果、収入が支出を上回っている都道府県、市町村には、地方交付税交付金を交付しません。このような都道府県、市町村を、「不交付団体」と呼んでいますが、2002年度において、不交付団体は、都道府県では東京都のみで、市町村では3,218市町村のうちの104市町村です（平成16年版『地方財政白書』による）。

基準財政需要額の算定は、定められた計算の仕方に従って行われますが、一般の補助金等とは違って、その結果に基づいて交付されるお金については使途の限定は無く、都道府県、市町村が自由に使うことができるお金です（地方交付税法第3条第2項）。

このように理屈の上では、税金を中心とする自前の収入と地方交付税交付金で、都道府県、市町村の財政はうまく処理できるはずですが、現実には、この他に国の負担金や補助金という方法も採られています（地方財政法（昭和23年法律第109号）第10条乃至第10条の3、第11条参照）。国の負担金、補助金は、使途が明確に定められていることから、確実にその使途どおりに使われるという国の側から見たメリットが有る一方、都道府県、市町村から見た場合には、往々にして硬直的で使いづらく、実態にそぐわない不経済なお金であるというデメリットが有ります。

使途の特定されない地方交付税交付金という形にせよ、使途が厳密に特定された負担金や補助金という形にせよ、都道府県、市町村に対しては国から相当の額のお金が支出されています。

市町村の場合は、更に、都道府県からの補助金等が、これに加わります。

又、都道府県、市町村の財政が悪化し破局に近づいた場合には、国の厳しい監督を受けながら財政の再建が図られますが、このような事態となるのを避けるために、単年度の予算のバランスということだけでなく、長期的な財政の安定を重視しています。そのため、例えば、その年に大きな剰余が生じた場合には、将来の必要に備えて積み立てるというシステムも採られています（地方財政法第4条の2乃至第4条の4）。

これに対して国の場合には、国の上にあって国の財政の運営を監督するものは存在せず、長期を見通した年度間の財政の調整という考えも採られていません（財政法第41条）。

都道府県、市町村が債券を発行して行う借金（国における国債に当たり、「地方債」と言う）については、総務大臣又は都道府県知事との協議又は許可が必要とされています（地方財政法第5条の3、第5条の4）。

ここで、都道府県・市町村の2002年度の決算を、平成16年版『地方財政白書』に基づいて具体的に見てゆきます。

2.1 都道府県の財政

特定の都道府県を取り上げるのではなく、47の都道府県を足し合わせた総体として決算を見てゆくこととします。したがって、以下の数字を47で割れば、平均的な都道府県の数字となります。

[収入]
全都道府県の収入の総額は51.5兆円であり、平均的な都道府県をとれば、1兆円強程度の規模ということになります。主な収入は、次の通りです。
① 税金 15.7兆円（住民税、事業税等）
② 地方交付税交付金等 11.1兆円
③ 国からの負担金、補助金等 8.3兆円（義務教育費国庫負担金3兆円等）
④ 地方債 7.5兆円（2002年度末の地方債の残高は、75兆円）
⑤ その他 8.9兆円（都道府県立高等学校の授業料等はここに入る）

このうち、国から交付されるのは地方交付税交付金と国からの負担金、補助金等であり、両者合わせると19.4兆円にのぼり、これに借金である地方債を加えると26.9兆円で、税金等の自前の収入は、半分に満たない状態です。
なお、義務教育費国庫負担金については、第2部において説明します。

[支出]
支出の総額は、当然のことながら、収入の総額である51兆円にほぼ見合った額になります。その主なものを額が多い順に並べると、次のようになります。
① 教育費 12兆円（市町村立小・中学校の教職員給与費や都道府県立高等学校の経費等）
② 土木費 9兆円（道路、河川、橋、都市計画等）
③ 公債費 7兆円（借金の返済費。うち、利子の支払いが2兆円）
④ 民生費 4兆円（社会福祉、老人福祉、児童福祉等）
⑤ 農林水産業費 4兆円
⑥ 警察費 3兆円
⑦ その他 12兆円

都道府県の支出のうち最も大きなウエイトを占めるのは、教育費ですが、その内容等については、第2部、第3部において説明します。

2.2 市町村の財政

全市町村を合わせた数字を示しますが、市町村については、大きな市と小さな町村

の格差が大きすぎることから（人口で比べても数千倍の格差が有ります）、市町村数で割っても平均的な市町村の姿を描くのは難しいと思います。

［収入］
全市町村の収入の総額は53.6兆円で、全都道府県の収入総額と似たような額です。主な収入は、次の通りです。
① 税金　18.3兆円（固定資産税、住民税等）
② 地方交付税交付金等　11.2兆円
③ 国の負担金、補助金　4.8兆円
④ 都道府県の補助金等　2.3兆円
⑤ 地方債　7.5兆円（2002年度末の地方債の残高は、60兆円）
⑥ その他　9.5兆円

自前の収入が5割を超えていますが、それでも、国や都道府県からのお金や地方債の額が23.5兆円で、収入に占めるその比率が、4割を超えています。

［支出］
支出の総額は、収入の総額にほぼ見合っていますが、その主なものを額の多い順に示すと、次の通りです。
① 民生費　11兆円（社会福祉、老人福祉、児童福祉、生活保護等）
② 土木費　9兆円（道路、橋、都市計画、住宅等）
③ 公債費　7兆円（うち、利子の支払いは、2兆円である）
④ 総務費　6兆円
⑤ 教育費　6兆円（市町村立学校の建設・維持、社会教育等）
⑥ 衛生費　5兆円（公衆衛生、清掃等）
⑦ その他　7兆円

なお、市町村の教育費の内容については、第2部、第3部において説明します。

3　都道府県・市町村の教育行政の仕組み

ここまで見てきたように、全体的に見た場合都道府県の仕組みと市町村の仕組みは、基本的に同じものでしたが、教育行政に関しても、都道府県の仕組みと市町村の仕組みは、基本的に同じです。
しかし、このことは、都道府県と市町村が同じことをしているという意味ではありません。広域的に対処する必要が有ることや市町村では行うのが難しいこと等を都道府県が行うという原則は、教育についても当てはまります。例えば、学校の設置

について見ても、市町村は、主として小学校・中学校や幼稚園を設置し、都道府県は、主として高等学校や特別支援学校を設置しています。

3.1 都道府県の教育行政の仕組み
3.1.1 知事と教育委員会
都道府県には、知事が議会の同意を得て任命した教育委員によって構成される教育委員会が設けられ、教育の仕事は、原則として、知事ではなく教育委員会が行う仕組みになっていると述べてきましたが、厳密に述べれば、次の通りです。

[守備範囲等の問題]
第1に、都道府県において教育に関する仕事は教育委員会が行うという原則は正しいのですが、この原則の例外として、知事の守備範囲に属する教育の分野というものが存在しています。
即ち、都道府県立の大学(「大学」には「短期大学」も含む。以下、特段の断りが無い場合は同じ)に関する仕事は、知事が行います(地教行法第24条第1号、第32条)。逆の言い方をすれば、大学以外の都道府県立の学校は、教育委員会の守備範囲ということになります。したがって、初等中等学校ではないにもかかわらず、都道府県立の高等専門学校は教育委員会の守備範囲です。
又、私立学校に関する仕事も、知事の仕事です(地教行法第24条第2号)。
都道府県立大学と私立学校以外の教育の分野は、教育委員会の守備範囲内に在ります。したがって、社会教育、体育・スポーツも、教育委員会の仕事です(地方自治法第180条の8、地教行法第23条等)。
この二つの分野が知事の仕事となっている理由は、教育委員会の制度が設けられた1948年当時の状況や私立学校の意向等によるものであり、必ずしもそうするべきとする理屈は有りませんが、そうしたことによる弊害は今日まで生じていません。
第2に、教育委員会の仕事であっても、その仕事にかかわるすべての事柄を教育委員会で行うことはできません。教育委員会を始め都道府県に置かれる委員会は、その守備範囲内の仕事を知事の指揮監督を離れて独立して処理しますが、それでも都道府県の一部であることには変わりがなく、知事の所轄の下に都道府県として一体的にその役割を果たすことが必要です(地方自治法第138条の3)。このようなことから、予算の作成と実施、議会の議決が必要な案件を議会に提出すること等は、専ら知事が行うこととされ、各委員会はこれらのことを行うことはできません(同法第180条の6)。
例えば、都道府県立の高等学校は、教育委員会の守備範囲内にありますが、その予算の作成と実施、都道府県立の高等学校を設置するための条例を議会に提出すること等は、教育委員会ではなく知事が行います。ただし、予算を含め議会の議決が必

要なこれらの案件については、知事は教育委員会の意見を聞いた上で作成し、それを議会に提出することが必要とされています（地教行法第29条）。

なお、一般には委員会ではなく知事が行うこととされている仕事のうち（地方自治法第149条）、学校等の教育機関の設置・管理・廃止と学校等の教育用財産の管理（取得・処分は知事の仕事である）は、教育委員会の仕事とされています（地教行法第23条第1号・第2号。同法第28条参照）。

[教育委員の選任等]

教育委員は、30歳以上の日本国民であればよく、その都道府県の住民である必要は有りません（地教行法第4条第1項）。教育委員の数は原則5人で（6人にすることもできる。同法第3条）、知事が議会の同意を得て任命しますが、年齢、職業、男女等が偏らないよう配慮することが求められるとともに、現に子供を持っている者が含まれるようにする必要が有ります（同法第4条第4項）。又、政党に所属している者も教育委員になれますが（ただし、議員は教育委員になれない。同法第6条）、同じ政党に属する者が半数を占めることは禁じられています（同法第4条第3項、第7条第2項乃至第4項）。

知事は、議会の同意を得て、教育委員を辞めさせることができますが、これは、病気等により委員の職務が果たせない場合か、義務違反か非行があった場合に限られており、単に適任ではないという判断だけで、任期（教育委員の任期は4年である。地教行法第5条）の途中で罷免することはできません（同法第7条第1項）。このような場合は、任期の終了を待ち、再任をしないという方法になります。一方、住民が或る教育委員又は全教育委員を不適任と考えた場合には、直接請求に関する記述で述べた通り、その都道府県の住民の3分の1以上の者が署名して教育委員の解職を求めることができ、この場合、知事は議会に教育委員の解職の議案を提出し、議会が4分の3以上の多数で賛成すれば、その者は教育委員を解職されたことになります（同法第8条）。この場合、後述のように教育長は教育委員の中から選ばれますから、教育長である教育委員を解職請求により解職すれば、教育委員と併せて教育長を解職することになります（同法第16条第4項）。これは、知事が教育委員である教育長を罷免する場合（同法第7条）においても同様です。

3.1.2　議会と教育委員会

議会は、教育関係の予算の議決、教育関係の条例の制定・改正・廃止、教育委員の選任・罷免、解職の請求において、その可否を決定するという役割を果たしています。なお、議会の議決を必要とする案件を議会に提出できるのは、議員と知事だけですから（地方自治法第112条、第149条、第180条の6）、教育委員会が直接議会にこれらの案件を提出するわけではなく、前述のように知事が教育委員会の意見を聴いた上で必要に応じて提出しているものです。

議会から説明のため出席を求められたときには、教育委員会の委員長、委員等は、議会に出席して説明する義務が有ります（地方自治法第121条）。しかし、これらの者は、議会に出席して説明する権利は有りません。この関係は、知事と議会、教育委員会以外の委員会と議会との関係においても同様です。

又、議会は、知事や教育委員会等の仕事に関して、知事や教育委員会等に対して、必要な書類等を提出させ、報告を求め、或いは、監査委員に実際にこれらの部局の仕事について監査させることができます（地方自治法第98条）。

更に、議会が自ら実際の調査を行うことができ、この場合、関係者の出頭、証言、或いは、記録の提出を求めることができます。関係者が、正当な理由無しにこれを拒み、又は、嘘の証言をした場合には、禁固刑を含む刑罰の対象となります（以上、地方自治法第100条）。この調査は「100条調査」と呼ばれ、この調査の実施の議決が為されるということは、事態が深刻な状態にあることを示しています。

3.1.3 教育委員会の仕組み

教育委員会は、非常勤の5人（又は6人）の委員で構成される合議体ですが（地教行法第3条、第11条第4項、第13条。地方自治法第180条の5第5項参照）、審議会等の諮問機関のように何かを提言することが仕事なのではなく、知事や他の委員会と同様に、その守備範囲内の仕事に関して、必要なことを決定し、職員に命令し、指示を出し、職員の人事を行い、市町村の教育委員会に対して指導・助言する等責任を持って仕事を行う執行機関なのです（地方自治法第180条の5）。

教育委員は、その中の一人を委員長に選び、委員長は会議の議長役を務めるとともに、対外的に教育委員会を代表します（地教行法第12条）。会議においては、多数決で物事を決定し、それが教育委員会としての決定となります（同法第13条）。

会議は、通常の場合、月に数回程度開かれます。例えば、東京都教育委員会の会議の開催は、第2木曜日と第4木曜日が定例日です（東京都教育委員会会議規則第3条）。

教育委員会は、委員の中から教育長を任命します。教育委員を任免する権限は知事に在りますが、知事が任命した教育委員を教育長に任命する権限は教育委員会に在ります（地教行法第16条第2項）。教育長は、教育委員でありながらその都道府県の常勤の職員であり、一般の職員と同様に常に出勤し、教育委員会の指揮監督を受けながら、教育委員会の守備範囲内に在るすべての仕事を処理します（同法第6条、第16条、第17条）。なお、教育委員会の委員長と教育長を同一人物が兼ねることはできません（同法第16条第2項）。

教育委員会に、事務局が置かれ、一般の職員の他、指導主事や社会教育主事のような専門的職員が置かれています（地教行法第19条、社会教育法第9条の2）。教育委員会の事務局の職員は、すべて教育長の推薦に基づいて教育委員会が任命することとなっています（同法第19条第7項）。事務局の仕事を指揮し、総合調整し、或

いは、事務局の職員を指揮監督する役割は、教育長が行います（同法第20条）。
都道府県は、都道府県立の高等学校、図書館・博物館、競技場を始めとする各種の都道府県立の教育機関を設置していますが、大学を除いては（大学は、知事の守備範囲である）、これらは教育委員会の守備範囲内に在ります（地教行法第30条、第32条）。教育委員会の守備範囲にあるこれらの教育機関について、これらを設置した目的が達せられるように運営することは教育委員会の義務であり（同法第23条第1号）、これらの教育機関の職員（校長、教員等も含む）は教育委員会事務局の職員の場合と同様に、教育長の推薦に基づいて教育委員会が任命します（同法第34条）。

3.2 市町村の教育行政の仕組み

市町村の教育行政の仕組みは、都道府県の教育行政の仕組みと瓜二つです。
それは、これまで見てきたように、都道府県の運営の一般的な仕組みと、市町村の運営の一般的な仕組みがほとんど同じであることから、その中の教育行政の仕組みが瓜二つになることは、当然のことです。

3.2.1 市町村長と教育委員会

市町村長と教育委員会の関係も、都道府県の場合と同様に、市町村長が大学と私立学校を扱い、教育委員会が教育に関するそれ以外のすべての分野を扱います。又、教育委員会の守備範囲に属するものであっても、予算の作成と実施、議会の議決を必要とする案件を議会に提案すること等は、市町村長の仕事です。なお、大学以外の市町村立学校の設置、管理、廃止と、教育財産の管理は、教育委員会の仕事です。もっとも、市町村が大学を設置すると言っても、指定都市のような大規模な市であればともかく、一般の市町村には無理です。

又、私立学校についても、後に説明するように、私立学校の監督と制度によって裏付けられた私立学校への助成は都道府県の仕事とされていますので、市町村には私立学校に関する仕事はほとんど有りません。考えられることは、管内の私立学校に対してその市町村が独自の助成を行っている場合です。

市町村の教育委員も、30歳以上の日本国民であることが必要ですが、その市町村の住民である必要は有りません。教育委員の選任、解任も、市町村長が市町村の議会の同意を得て行い、又、住民の直接請求に基づき議会の4分の3以上の賛成で教育委員を辞めさせることが可能であるのも、都道府県の場合と同じです。

3.2.2 議会と教育委員会

教育委員会と市町村議会との関係も、教育関係の予算の作成・実施や条例の提案権が市町村長にあること、この場合市町村長は教育委員会の意見を聴く必要が有ること、教育委員等は議会の出席要求に応じる義務が有ること、資料要求や仕事の実施状況等についての報告の要求に応じる義務が有ること、議会の要求により監査委員

が教育委員会の仕事についての監査を行うことが有ること、又、議会が自ら調査を行うこととして、関係者の出頭、証言等を求めるいわゆる100条調査も有り得ること等、都道府県の場合と同様の関係にあります。

3.2.3 教育委員会の仕組み

市町村の教育委員会も、その市町村の教育に関する仕事について決定し、実施することがその役割です。委員は非常勤で、5人が原則ですが、指定都市にあっては6人とすることも可能であり、又、町村にあっては3人とすることも可能です（地教行法第3条）。

教育委員の中から教育長を選ぶこと、教育長は常勤であり、教育委員会の指示に従いながら、教育委員会の事務局の仕事を指揮し、その職員を監督し、教育委員会の事務局や学校等の教育機関の職員に関する人事の原案を作成して教育委員会に提出します。

ただし、市町村立の小学校、中学校の教員等の人事については、都道府県教育委員会との関係でこれと異なった取り扱いになりますが、このことについては、第2部において説明します。

3.3 教育委員会制度の意味

最後に、教育委員会に関する基本的問題を整理することとします。

都道府県・市町村における教育に関する仕事は、大学と私立学校を除いた分野は、知事や市町村長ではなく教育委員会が行うというシステムをとっています。

仮に、教育委員会というシステムをとらなかった場合には、都道府県・市町村が行うべき仕事は住民によって選ばれた知事・市町村長が処理することが原則ですから、教育に関する仕事も知事又は市町村長が自ら行い、その責任も知事又は市町村長が引き受けることとなります。現に、1947年に現在の憲法が実施され、同時に現在の都道府県や市町村の仕組みが作られてから1年程度の間にあっては、教育行政はそのようなシステムになっていました。例えば、都道府県にあっては、民生部、経済部、土木部等と並んで教育部が置かれ、知事の指揮監督の下に教育部長以下の教育部の職員が、すべての教育に関する仕事を処理していました（制定当初の地方自治法第158条）。又、市町村においても同様な状態にありました。

翌1948年に、都道府県・市町村の中に、知事・市町村長から指揮監督を受けることなく自らの責任で教育に関する仕事を行う機関として、教育委員会が設けられました。

3.3.1 住民による行政のコントロールと教育委員会

都道府県・市町村の行政は住民が選挙で選んだ知事又は市町村長が行うことが原則ですから、委員会はその原則から外れます。この原則を大事にしなければ、民主制や地方自治が崩壊しかねないことは、福祉や産業等の多くの行政が委員会制度を採

用して、住民の選んだ知事・市町村長の指揮命令から離脱することを考えれば明らかです。確かに、これらの委員会の委員は、知事が議会の同意を得て任命する等住民の意向と無縁ではありませんが、住民によって直接選ばれた住民の代表という性格のものでないことは明らかです。このような要素を抱えているにもかかわらず、敢えて委員会を設けるには、明確な必要性が無ければなりません。

知事・市町村長自身の選挙に関する事務も扱う選挙管理委員会、知事・市町村長と地方公務員との間の労働問題に関する争いの審査等を行う人事委員会・公平委員会、知事や市町村長の執行する予算や事務の監査を行う監査委員が、知事や市町村長の指揮命令下にないほうが良いことは理解できます。又、専門的・技術的な事項の審査、判定を基本とするような行政等についても、知事や市町村長という住民による行政のコントロールのための仕組みに対して高い独立性を持たせて、委員会という形態によって実施することも有り得る選択と考えられます。

ところで、教育に関する行政は、国においても都道府県・市町村においても、大きな比重を占めており、かつ、一般的な性格の行政です。それは、教育に関する行政の内容を考えてみても、又、その予算の内容や規模を考えてみても、明らかです（例えば、都道府県における予算中第1位の費目は教育費である）。何よりも、これらは国民・住民にとって重要な分野であり、国民や住民のコントロールが及ばないところで行われては絶対に困る性格の行政です。住民によるコントロールは、基本的には選挙で代表を選出して、それらの者に公共に関わる仕事をしてもらうという点にあり、直接住民が選んだ代表が手を出せない分野を作ることは、住民のコントロールを大幅に弱めることとなります。

教育委員会制度が抱える問題の一つです。

3.3.2 行政の責任と教育委員会

教育委員会は執行機関であり、その主要な仕事は提言し、助言することではなく、企画し、決定し、実施し、責任を取ることであり、行政の長の立場にあります。首長部局における総務部を始めとする一般の部局の場合はトップに知事・市町村長がいて、部局は知事等を助ける立場に在るのに対して、教育委員会の上には誰も居らず教育委員会自身が知事・市町村長に並ぶトップです。

教育委員会は合議体であり、決定は多数決によることから、個々の委員の責任は全体の中に隠れ明らかになりません。教育委員は本業を他に持つことが多く、非常勤であり、月数回程度の教育委員会の会合に出席するだけです。こうした体制で、幅広い問題を多数抱える教育行政を処理することは困難と考えられ、実態は、内容を十分理解し・責任を持った判断をすることができないまま、事務局の提案に御墨付きを与えるだけの機関になっているのではないかと推測しています。端的に言えば、執行機関というよりも審議会のような助言・諮問機関と化し、責任をとる状態ではないと考えられます。

例えば、数十年前東京都の教育委員会は一部の定評の有る都立高等学校に志願者が集中しないようにするため、くじ引きに類する入学決定のシステムを採用した結果都立高等学校の魅力が失われ今日に至っています。この政策とその結果に対する非難は、教育委員に対してでなく、当時の教育長に集中しました。当時の東京都の教育長は教育委員でもなく、単に事務局のトップに過ぎなかったにもかかわらずです。又、教育委員会が大きな失態を犯した場合、教育委員ではなく教育長が責任を取るのが通例です。そのことについて本当に責任が有る者が責任をとるべきであると考えますので、それを非難するつもりは毛頭有りませんが、教育委員会（事務局ではない）が機能していないことを端的に示していると考えます。

教育のように政策的要素を多分に抱える行政を、住民を代表できず、又、合議体である委員会という形態で行うところに基本的な無理が有ると考えられます。教育委員会については近年レイマンコントロールを強調し、子を持つ親を含めて広い範囲から教育委員を選任するよう求めていますが（地教行法第4条第4項）、こうしたからといって住民が選んでもいない者が住民の代表の立場に立つことは有り得ません。教育のように政策的要素を多分に持った都道府県・市町村の行政が、意思決定の内容や責任の取り方に問題を抱えていても機能できるとすれば、別途教育の細部の運営まで決定されていて、その機関がこれに加えて特段の決定をする必要は無く、既に決定されている内容を間違いの無いように実行するだけでよいという状況が考えられます。しかしこうした状況は、国が外国の制度を参考に新しい教育制度を作り上げようとしていた時代や、国民の思想・行動を異常に厳しく規制していた時代には有り得たかもしれませんが、社会の実態からも、政治体制からも、現在では有り得ないところです。

形だけの中途半端な制度いじりは止めて、教育委員会制度の廃止を真剣に検討すべき段階に来ているのではないかと考えます。

3.3.3 教育委員会制度の採用の経緯

日本において教育委員会制度は敗戦後に新たに設けられたもので、それ以前の日本の教育制度に類似のものを探してみても見当たりません。僅かに、行政の外に在る者が小学校の設置・運営に関与していたシステムとして「学務委員」を挙げることができます。学務委員は、時期によりその内容に変遷が有りますが、当初は執行機関的な性格を備えていたものの、その後は諮問機関・雑務の下請け機関となりました。例えば、1879年に制定された旧教育令（明治12年太政官布告第40号）においては、小学校等の設置・運営等は町村の住民が選挙で選んだ学務委員が知事の監督を受けながら行うこととなっていました（旧教育令第10条乃至第12条）。もっとも、この旧教育令は、1年余りで廃止されています。又、1941年にスタートした国民学校（小学校のことである）においては、原則として学務委員は市町村に置かれ、10人以下の人数であってその中には必ず国民学校の職員が加わり、就学の督促、予算

の作成等について市町村長を補助し、諮問されれば意見を述べるものでした（旧国民学校令（昭和16年勅令第148号）第38条、同令施行規則（昭和16年文部省令第4号）第7章）。

日本の新しい教育制度の骨格を作った1946年3月の米国教育使節団の報告書で、都道府県・市町村において住民の選挙で選ばれた教育行政機関の創設が提案され、同年12月の教育刷新委員会の第1回建議[注10]で都道府県・市町村に議決機関としての公選制の教育委員会を設置することが提言されました。

これにより、1948年から8年間ほどは、住民が教育委員を選挙で選ぶというシステムが行われることとなりました。しかしこのシステムは、教育が都道府県・市町村の行政の一部であるのに、又、選挙で選ばれてすべての行政を行うこととされている知事・市町村長が存在しているのに、教育の部分については住民が別に選挙で選んだ者に行政を行わせるということであって内容的に首尾一貫せず、又、社会の動揺が激しかった時代であったことから節度を保って効果的に選挙制度を運営することができなかったため、公選制の教育委員会は廃止される結果となりました。

公選制は廃止されても、知事・市町村長が教育委員を任命するという方式に変更されて教育委員会のシステム自体は残り、今日に至りました。

3.3.4　アメリカ合衆国における教育委員会

日本は1948年に初めて教育委員会の制度を採用しましたが、これは、敗戦後における日本の教育システムの構築に関し日本政府（敗戦後も、占領軍の管理下という制約はあったものの、日本の政府は存在し、機能していた）に対して助言を与えるために米国政府が派遣したG・ストッダードを団長とする使節団の報告が基礎となっています。勧告に盛り込まれていた公選制の教育行政機関がアメリカにおける教育委員会制度に類するものを想定していたかについては疑問が有りますが、結果的には、公立初等中等学校の設置・運営を行う合議制の執行機関という点では同じ性格を持っています。

アメリカ合衆国において、国には外交、防衛等の合衆国を運営していくに必要な基本的な権限のみが与えられ、教育は州の権限とされています（アメリカ合衆国憲法第1条、修正第10条等）。したがって、教育に関しては、日本において国が果たしている役割を、アメリカにおいては各州が果たしています。そのため、教育内容や教科書、教員資格等が州によって異なっているばかりではなく、州によって学校制度も異なっています。更に、同じ州内であっても、後に述べる学区によって学校制度が異なるという事態さえ存在します。もっとも、州によって学校制度等が異なるという国はアメリカだけではありませんし（例えば、西ドイツ）、高等学校卒業までの年数が12年というのは期せずして各州共通である等、このことによる大きな

[注10] 教育基本法と学校教育法は、この建議の内容を踏まえて作成された。

デメリットが生じることが無いように教育制度が運営されていますから、こうしたことをあまり重大に考えることは適当ではありません。

教育行政のシステム等も、各州それぞれ独自のものですが、州が定めるところに従って学区を置くこと、学区に教育委員会を置くことについては、共通です（ハワイ州にあっては、全州1学区という特異な置き方をしている。アメリカの教育行政のシステムについては多くの文献があるが、ここでは主として文部省編の「諸外国の教育行財政制度」によった）。

アメリカにおける教育委員会は、公立の初等中等学校を設置・運営するための学区に置かれる執行機関です。

しかし、学区は、市町村に置かれた市町村の組織の一部ではなく、市町村と並ぶ独立の公共的団体です。したがって、その教育委員会は独立の公共団体を運営する機関であるのに対して、日本の教育委員会は市町村の中に市町村の組織の一部として置かれ、市町村の仕事の一部を行う機関です。

学区の区域・住民は、市町村の区域・住民と重複しますが、必ずしも同一である必要は無く、又、学区は、小学校、中学校、高等学校のどれか1種類を設置するものもあれば、2種類を設置するものもあれば、すべての学校種を設置するものも有ります。こうした状況を見れば、学区は歴史的な経緯において成立してきたものが定着し、公認されたことが窺えます。自分たちの子供の教育という焦眉の急に対応するには、市町村のシステムの整備を待つことができなかったのではないかと推測されます。

学区は、すべての公共的な仕事を行う一般の市町村に対して、目的の限定された一種の特殊な市町村であると考えることができます。したがって、一般の市町村の場合はその運営を行うために住民の選挙で市町村長と市町村議会の議員を選ぶことになるのですが、学区の場合はその規模等からそれは大袈裟に過ぎることから実際は複数の教育委員を選挙で選び、仕事を任せることにしているのです。又、その設置する学校の運営に必要な資金を調達するために、学区の住民から税金を徴収します。その税金は、所得ではなく、資産に対して課税しているようです。このように、州から補助金を貰うにせよ、学校の設置、運営は、財政的にも学区が行っており、名実ともに一人前の自治体です。

アメリカの場合は、独立の公共団体である学区の運営を行う教育委員は直接住民が選ぶことが当然であり、それ以外の選択は困難です。合議制という形態も、実態に対応した簡易なシステムと考えるべきです。

日本において、第一次教育使節団の勧告が行われた1946年3月という時点にあっては、新しい憲法も作られておらず、現在のような地方自治のシステムも存在しない状態でしたから、住民の代表が教育行政を行うという教育委員会のシステムが、民主主義に基づく新しい教育行政の組織として適当と考えられたものと推測できます。

しかし、翌1947年5月には、日本国憲法と現行の地方自治法が実施され、1年前とは状況が変わったのですが、この基本的な前提条件の変化も、一旦決まった教育委員会を設けるという方向を変える理由にはなりませんでした。しかし、教育委員会を独立の自治体とすることまではできず、都道府県・市町村の組織の一部という位置付けのまま、教育委員を選挙で選ぶというシステムの教育委員会制度が、旧教育委員会法（昭和23年法律第170号。この法律は、現在の地教行法の制定に伴って廃止された（地教行法附則第2条））に基づいて、1948年に発足してしまったのです。

第2部

学校教育の仕組みと運営

現在の日本において、最終的に国が責任を持って国民に提供すべき教育というものが存在し、実際に国は、都道府県・市町村と役割分担をし、私学の協力を得ながら、この教育を学校教育という形態で国民に提供しています。この学校教育は、子供が抽象的な知識を受け入れ、使える能力を持ち始める年齢から、独り立ちした人間として社会に加わるまでの勉学に適し且つ勉学に専念できる期間に行われることを想定して、そのシステムが作られています。

一口に学校教育といっても、そこには、義務教育として国民全員が受けることを義務付けられた小学校と中学校の教育も有れば、義務教育ではないが大部分の国民が受けている高等学校の教育、半分程度の国民が受けている大学の教育も有ります。この場合、一部の人しか受けていないからといって、その教育は国が責任を持って提供する必要がないのだとは言えません。たとえ一部の人間とはいえ、そのような教育を受けた者が存在することが社会を成り立たせていく上で恒常的に必要であり、国が関与しないとそのような教育が提供されないのであれば、国が責任を持ってそのような教育を提供する必要が有ります。日本において義務教育は国民全員が同じ内容の勉学をしますが、義務教育以外であっても、高等学校の普通教科については多くの国民が同じような内容の勉学をしています。これら以外は、多くの国民が同じ内容を学ぶということは有りませんが、大学における学問と密着した教育を始めとして、そのような教育が社会にとって恒常的に必要とされる教育は学校教育の形態で提供されることになると言えます。

この第2部においては学校教育の仕組みと運営について述べますが、これらは国民の権利義務に関わるものや国民にとって重要な内容のものであることから、その基本的な部分は法律で定められています。したがって、この第2部は、日本の教育関係の法律が何を定めているかということに関する記述でもあります。

この第2部から最後の第4部までは日本の教育の具体的な問題を扱いますが、その前提としてここで、日本の教育関係の法律において使われている「教育」という言葉の意味・内容を整理しておきます。

日本の教育関係の法律において「教育」や「教育活動」という語句が多数使われていますが、その大部分は「小学校における教育（学校教育法第18条等）」、小学校に置かれる職員の職務を定めた条文において「教諭は、児童の教育をつかさどる（同法第28条第6項）」というように、自ずとその意味・内容が定まるという使い方をしています。しかし、教育基本法（第1条等）が「教育は、人格の完成を目指し」としているように、意味・内容が限定されない使い方をしている場合も有ります。しかし、そのいずれの場合においても「教育」という言葉に特別の意味を持たせてはいません。このように、教育に関する日本の法律では、「教育」という語句は一般の日本人が考える「教育」と同じ意味・内容で使われています。具体的には、

「教え育てること。人を教えて知能をつけること。人間に他から意図をもって働きかけ、望ましい姿に変化させ、価値を実現する活動（広辞苑）」が、法律でいう「教育」の意味であり、意図的に人に何かを教える行為を「教育」と考えておけば間違いありません。

[文部科学省の教育と他省の教育]
「教育」という言葉の意味をこのように整理したとしても、「教育」は文部科学省や教育委員会が行い・監督しているものだけを言うのか、他の省が行い・監督している「教育」というものも存在するのかという問題が有ります。具体的には、防衛庁が設置・運営している防衛大学校や防衛医科大学校等のようにそれぞれの省は自分のところで職員の養成や研修を行っており、或いは、厚生労働省が扱っている職業訓練校、保育所等のようにそれぞれが行っている行政と密着した教育機能を備えた施設の設置、監督等も行っています。都道府県・市町村も国に倣って仕事の分担をしていますから、同じ状況が存在しています。上述した教育の定義からしても、文部科学省以外の省や教育委員会以外の都道府県・市町村の部局が行うこれらの活動について、これを教育に該当しないとする理由は有りません。現に学校教育法自体も、こうした施設において行われている活動を「教育」と認め（同法第82条の2カッコ書き、第83条第1項カッコ書き）、そのうちの或るものについては、その卒業生に対して学位の授与を認め（同法第68条の2第4項第2号）、或いは、企業等が設けている職業訓練のための施設における教育に高等学校の単位を与えることを認めています（同法第45条の2）。
文部科学省の行う教育と他の省の行う教育の境目は、人間性や創造性という一般的或いは普遍的な価値を目指すものか、個別の具体的な行政の目的と直結した必要を満たすことを目指すものかというところに在ります（文部科学省設置法第3条参照）。教育基本法も、教育の目的を人格の完成を目指すとし、又、国家・社会の形成者の育成としている（第1条等）ように、一般的・普遍的な価値の実現と教育を結び付けています。当然のことながら、これらは、文部科学省の守備範囲とする教育の特徴を述べたものと考えるべきであり、すべての教育に通じる条件と考えるべきではありません。しかし、教育関係者の中には、他の省の教育はこうした一般的・普遍的な価値の実現という要素を欠いているから教育としての価値が低い、或いは、教育ではないとする主張が存在していることも事実です。こうした主張は、教育や学校は必ずこうした要素を備えるべきであるという形をとることも有ります。

[「普通教育」の問題]
日本国憲法は義務教育に関して「普通教育」という言葉を用いています。具体的には、国民は「その保護する子女に普通教育を受けさせる義務を負う（第26条第2項

前段）」とし、義務教育は普通教育であることを求めていますが、普通教育が何かについては何も述べていません。学校教育法も、小学校は「初等普通教育を施す（第17条）」、中学校は「中等普通教育を施す（第35条）」と憲法の文言を繰り返すだけで、普通教育が何かについては触れていません。

一方、2007年の改正前の学校教育法は、心身の障害のため小学校、中学校等で教育を行うことが難しい子供の教育を「特殊教育」と称していました（同法第6章）。しかし、特殊教育以外の教育を普通教育としているわけではないことは、特殊教育を行う盲学校・聾学校・養護学校が「小学校、中学校等に準じる教育を施す（同法第71条）」ための学校とされ、実際上も教育内容の大部分が小学校・中学校等と共通であり（盲学校、聾学校及び養護学校小学部・中学部学習指導要領（平成11年文部省告示第61号）参照）、両者の間に本質的な相違は無いことからも、明らかです。

日本国憲法の国会審議の過程[注1]において、この条文については「普通教育」、「初等教育」、単なる「教育」といった言葉が検討され、結局「普通教育」に落ち着いたのですが、それは、従前の制度において、小学校が「初等普通教育を施す（旧国民学校令（第1条））、旧制中学校が「男子に高等普通教育を施す（旧中等学校令（昭和18年勅令第36号）第2条第2項）」、旧制中学校に並ぶ高等女学校が「女子に高等普通教育を施す（同令第2条第2項）」、同じく中等教育の学校であった実業学校が「実業教育を施す（同令第2条第2項）」、旧制高等学校が「男子の高等普通教育を完成する（旧高等学校令（大正7年勅令第389号）第1条）」となっていることを踏まえた決定でした。したがって、日本国憲法の趣旨としては、義務教育としては実業学校的な学校は置かないとするものと考えられます。実業学校は、農業学校、工業学校、商業学校等の学校でしたが、実業的な教科だけではなく、地理や歴史、理数系の科目も履修させるものでした（旧実業教育規程（昭和18年文部省令第4号）第2条、第4条、第5条等）。又、実業学校の卒業生には大学進学の道が閉ざされていたことから（大学進学の道は、原則として旧制中学校から旧制高等学校を経て大学入学というものであり、したがって、女子の大学進学の道も閉ざされていた）、少なくとも義務教育においては、将来の大学進学の道が閉ざされている形態の学校は置かないという趣旨も有ると考えられます。なお、例えば現在のドイツにおいても、将来大学に進学する子供とそうでない子供の学校を義務教育の後半に当たる段階から分けており[注2]、義務教育においては全員が同じ学校で同じ内容の教育を受けるという形態がすべての国に共通する普遍的な原則ではないということにも注意する必要が有ります。

[注1] 佐藤達夫著『日本国憲法成立史』（有斐閣）第6章第9節。特にその8月1日の記述
[注2] 例えば、文部科学省編『諸外国の初等中等教育』（財務省印刷局）、86～112頁

普通教育の意味は以上の通りと考えられ、それ以上の意味を与えるべきではありません。しかし、教育関係者の中には、普通教育こそ教育の中核であり、普通教育以外の教育は価値が低いとする考え方が存在しています。「普通教育」について納得できる定義も無く、又、広く世の中を見渡してもこのような主張を実証する事実は全く存在しませんから、それは教育関係者の単なる思い込みに過ぎません。しかし、この思い込みの存在が、学校教育に関する制度やその運用に弊害を及ぼしているのではないかと思われる次のような事実が存在しています。

① 学校教育法は、高等学校は「高等普通教育及び専門教育を施す（第41条）」としており、普通教育が職業的・専門的な教育に対峙する意味を持つことを示している。実際の高等学校教育においては、学科が普通教育に関する学科（「普通科」と呼ばれている）と専門教育に関する学科に大別されており（高等学校設置基準（平成16年文部省令第20号）第5条、第6条）、教科・科目も普通教育に関する教科・科目と専門教育に関する教科・科目に分かれている（学校教育法施行規則第57条別表第3）。普通科においては専ら普通教育に関する教科・科目を履修するが、専門教育に関する学科においては、普通教育に関する教科・科目を約30単位以上履修しないと卒業できず、これは卒業要件とされる74単位の4割以上に当たる（高等学校学習指導要領（平成11年文部省告示第58号）第1章第2款2、第3款1、第7款2）。普通教育に関する教科をすべての高等学校生が履修しなければならないとする合理的な根拠が存在するとは思えないし、高等学校の学科や教科を普通教育とそれ以外に分ける実益・必要性、その分類の根拠等も見出すことができない。

② 大学入学のための共通試験を実施している独立行政法人大学入試センターが実施している試験の科目は、ほとんどすべてが普通教育に関する科目であり、専門教育に関する学科（特に職業教育に関する学科）の生徒にとって、高等学校で専攻として学んだことが大学入学に関しては全く無駄になるというシステムになっている。すべての国立大学はこのセンター試験を利用しており、相当数の私立大学もこれを利用していることから、事実の問題として、大学入学につながる学科は普通科ということになっている。これは、大学入試センターにすべての原因があるのではなく、その多くは大部分の大学が普通教育に関する科目の試験しか考えず、しかもその点数にこだわり過度に重視するという日本の大学の体質とも言える特徴によるものである。

③ 職業的・専門的な教育の蔑視は、事実を軽んじ、事実と論理を積み重ねながら物事に迫るという態度を否定することにも繋がり、教員の思い込みや理想論に従って勝手な論理を展開し、机上の空論に過ぎぬ結論を押し付けるという教育が横行する結果に手を貸していると思われる。

以上の整理を踏まえ、且つ、注意を払いながら、以下においては、文部科学省が担当する教育を中心に我が国の学校教育の仕組みと運営について述べます。

第1章
学校教育制度の概要

現在の日本においては、一般に、教育を、学校教育、社会教育、家庭教育の三つの類型に分けています。学校教育と社会教育の間を始め、3者の間は必ずしも明確に境界線が引けるものではないのですが、教育という幅広い活動についての考えを整理する上で役に立つことから、大まかに次のように分類しておくこととします。
- 学校教育……学校がその生徒に対して行う教育（社会教育法第2条参照）
- 家庭教育……家庭において親がその子供に対して行う教育
- 社会教育……組織的な教育であって学校教育に該当しないもの（社会教育法第2条）

この分類の意味するところとしては、それぞれ教育の主体、対象、形態等が異なっているということの他、国の関与の仕方や程度が大きく異なっていることが挙げられます。即ち、国が教育の実施の結果についてまで責任を負っており、したがって基本的な部分については勿論のこと、場合によっては細かい所にまで国が関与するものが学校教育であり、国が関与しない或いは関与できないものが家庭教育であり、社会教育への国の関与はその中間に在ると言うことができます。

国の関与は、教育という本来国民が自由に活動できる分野において、国が国民の権利（自由）を制限し、国民に義務を課すことを意味しますから、国会が制定する法律が必要です。したがって、学校教育に関しては多数の法律が、社会教育に関しても少数の法律が存在しますが、家庭教育に関する法律は存在していません。

第1節　学校とは何か

学校教育とは、上記のように学校がその生徒に対して行う教育のことですが、次には「学校」とは何かが問われることとなります。

日本の教育関係の法律には学校そのものの定義は有りませんが、「教育を行うための教室等を備えた施設であって、且つ、その施設に属する教員と生徒がいるもの」

を学校と考えるのが、分かりやすく、現実に即しています。即ち、教育を行う専門家としての教員が所属しているということは、この施設が単なる物的施設ではなく高い教育能力を持った施設であることを意味し、教育を受ける学生・生徒が所属していることは、長期に亘り集中的に体系的な内容の教育を行えることを意味しています。このように、然るべき内容・程度・分量の知識・能力を他には真似できない確実さと効率のよさで身につけさせることができる施設が学校であると言うことができます。確実で効率の良いこのような教育施設の存在があるからこそ、国が最終的に責任を持つ形で教育が実施できるのであり、且つ、その努力に見合った成果が上げられるからこそ国が責任を持てるのです。義務教育も、学校というシステムが無ければ成り立ちません。

[学校と社会教育施設]
教育のための施設は学校以外に多数存在していますが、例えば社会教育のための施設を採り上げてみると、公民館にせよ、図書館、博物館、青年の家、女性教育会館等にせよ、教育を行うことを専門とする職員は配属されていません。詳しいことは第3部で述べますが、日本において、公民館には事務職員しかいませんし、図書館の司書は事務職員の一種ですし、博物館の学芸員の大半は自分たちの職務は調査・研究と考えています。他の社会教育施設も似たり寄ったりの状態です。このように、社会教育施設は教育能力が無いか、薄いかであり、学校のように対面形式の授業を仲立ちにした教師と学生・生徒の関係が長期に亘って継続するという形の教育は、日本の社会教育にはほとんど存在しません。なお、教育能力を持たない社会教育施設の存在を不思議に思うでしょうが、そのような社会教育施設の多くはその時々に外部の講師に依頼してその時間だけ講演をしてもらい、或いは、講座を開催してもらうという形で活動しているのです。

[学校の種類]
世の中には多種多様な学校が存在していますが、日本においては、多くの学校は一条学校、専修学校、各種学校のいずれかの位置を得ています。勿論、これらに該当しない学校も少なからず存在しており、これまでに触れた防衛大学校、職業訓練校、保育所等がそれです。これらの学校は、各省の個別行政と密着していて共通の行政的基盤を持たないことから、例えば、防衛大学校は防衛大学校であり、職業訓練校は職業訓練校であるに過ぎずないため、これらの学校が一つの体系を作るということは不可能です。むしろ、入学資格については一条学校での学習歴を踏まえたものとし、卒業生については一条学校の学位の授与を考慮する等のように、文部科学省の所管する一条学校の体系を基準として自分の位置を明らかにしようとする傾向が有ります。

このように、学校には、文部科学省が設置・監督等している学校と、各省が設置・監督等していて学校としての共通的な基盤を持たない様々な学校が存在します。更に、カルチャー・スクールを始めとした以上のいずれの分類にも当てはまらない学校も存在します。そして、文部科学省の守備範囲内に在る学校は、一条学校、専修学校、各種学校に分類されます。

[一条学校]
一条学校は正規の学校と言われることも有りますが、入学の資格・年齢や教育の内容・レベルによって整然と一つの体系に組み立てられている幼稚園から大学までの学校を言います。典型的なものとしては、我々が通常経由する学校（幼稚園、小学校、中学校、高等学校、大学）がこれに該当します。
又、身体的或いは知的な障害を持っているためこれらの学校での勉学が困難な場合に入学することとなる特別支援学校も一条学校です。特別支援学校は、制度的には勿論のこと具体的な取り扱いにおいても幼稚園・小学校・中学校・高等学校と完全に同等のものとされています。
これらの他、中学校と高等学校を合体した形態である中等教育学校（6年制）、中学校卒業で入学し5年間の教育を受ける高等専門学校（「高専」と略称されている）が一条学校です。中等教育学校と高等専門学校も、それぞれ、中学校、高等学校又は短期大学と同等のものとして扱われています。
幼稚園を除き、以上の一条学校という体系の中では、どの学校に在学していようとも、義務教育開始からの在学年数が同じ者は原則として同じ立場にあり、他の種類の学校への転学、上級の学校への進学等に当たって同等の資格を持つ者として扱われます。その背景には、高等学校以下の学校にあっては、学年ごとに同じ内容・レベルの教育が同等の資格を持った教師によって行われるという建前が有ります。
なお、「一条学校」という呼び方は、学校教育法の第1条がこれらの学校の名称を掲げていることによるものであり、将来この学校体系に新たに加わる学校が生じた場合は、この第1条にその名称が掲げられることとなります。中等教育学校（1998年に新設）と高等専門学校（1961年に新設）は、このようにして加わってきた新参者です。一条学校として現在このような種類の学校が存在していますが、これを「学校種」と呼ぶこととします。

[専修学校]
専修学校と次に述べる各種学校は、一条学校が形成する体系の外部に在る学校です。そのため、これらの学校は一条学校とつながりを持たず、専修学校・各種学校の在学や卒業は、原則として一条学校への転学や入学の資格とはなりません。このことの他の側面として、専修学校・各種学校は、入学資格、修業年限（入学から卒業ま

でに要する年数）、教育内容等をそれぞれの学校が原則として自由に決めることができます。
専修学校と各種学校の違いは、修業年限、授業時間、教員の資格や人数、必要施設、内部組織等についての規制のレベルが高いものが専修学校、低いものが各種学校です。
専修学校は、修業年限1年以上（学校教育法第82条の2第1号）、年間授業時間数800時間以上（専修学校設置基準（昭和51年文部省令第2号）第5条）、生徒40人以上（学校教育法第82条の2第3号）、専任教員3人以上（専修学校設置基準第17条）等の条件を備え、かつ、入学資格と教育レベルに応じて高等課程（中学校卒業程度を入学資格とするコース）、専門課程（高等学校卒業程度を入学資格とするコース）又は一般課程（いずれにも当たらないコース）のいずれかに分類される課程を置くことが求められています（学校教育法第82条の3）。
一般に「専門学校」と呼ばれている学校は、この専門課程を置く専修学校のことであり、又、高等課程を置く専修学校は、「高等専修学校」という名前を使うことができます（学校教育法第82条の4）。

[各種学校]
各種学校は、専修学校よりも更に簡易な教育を行う学校であり、修業年限も1年以上を原則としますが3月以上でも可とされています（各種学校規程（昭和31年文部省令第31号）第3条）。又、年間授業時間数は680時間以上（同規程第4条）、教員数は必ずしも専任に限らずに3人以上（同規程第8条）であり、課程その他の内部組織の定め方も原則として学校に委ねられています（同規程第6条等）。

第2節　学校と学校教育

学校教育と社会教育について一応の定義をしましたが、ここで、これからの記述の基礎となりうる程度のより厳密な境界線を引くことにします。
学校教育は組織的な教育の典型であり、社会教育法によれば社会教育も組織的な教育ですから（第2条）、もし学校教育と社会教育が組織的な教育という一つの土俵を分け合っていると考えるならば、何が学校教育かを明確にすれば、自ずとその境界が定まることとなります。社会教育法はそのような考えを採り、学校の教育課程として行われる教育活動以外の組織的な教育活動を社会教育としています（第2条）。これに従えば、大学が学外者向けに行う講演会や公開講座は、大学が行う教育活動ではあっても学校教育ではないこととなり、社会教育の範囲に入ることとなります。現に社会教育法も、大学等が行うこうした社会教育に対して高い期待を寄せ、国・公立の一条学校が行う講座の開設に関する規定を設けています（第48条）。

一方、学校教育法自体も認めているように、各種学校は形態としては明らかに学校ですが、各種学校が行っている教育は学校教育ではなく、「学校教育に類する教育」とされています（学校教育法第83条第1項）。学校教育以外に「学校教育に類する教育」というものも存在することになりますが、このような第3の分野を設ける実益は有りませんから、各種学校の教育は「学校教育以外の組織的な教育」として社会教育として整理することとします（社会教育法第2条参照）。専修学校も一条学校の体系の枠外にあるという点においては各種学校と同じ立場にあることから、社会教育の中に入れることとします。したがって、以下において学校教育とは、「一条学校がその教育課程として行う教育活動」ということになります。

なお、旧文部省設置法（昭和24年法律第146号）は、「学校」の定義として一条学校・専修学校・各種学校のすべてを含めて「学校」とし、したがって、「学校教育」の定義も専修学校・各種学校の教育を含んだものとしていました（同法第2条第1号）。しかし、これでは学校教育の制度と整合性がとれないことから、現在の文部科学省設置法ではこのような定義は無くなり、文部科学省における専修学校、各種学校関係の業務も生涯学習・社会教育を扱う生涯学習政策局が扱っています（文部科学省組織令第4条第12号乃至第14号）。

このように専修学校、各種学校については社会教育の機関と考えていますが、学校という性格に特徴があり、一条学校と並べて記述するほうが理解しやすいこと等から、本書においては社会教育を扱う第3部においてではなく、学校教育を扱うこの第2部において取り扱うこととします。

第3節　国と学校教育

日本が批准している1966年の「経済的、社会的及び文化的権利に関する国際規約」（いわゆる国際人権規約A規約）第13条や1989年の「児童の権利に関する条約」第28条、第29条が、学校制度の適切な整備と運用が国の責任であることを前提としていることや、世界の国々の状況[注3]からも理解できるところですが、国民全体を対象とした実効性の高い教育のシステムである学校制度を整備し、運用するという役割を果たすのは国以外には有り得ません。

国民にとっては、現在の複雑に組織化された情報化社会で生きていく上で必要な能力と知識を身につけるための教育の機会が得られることは、その人生をより良いものとするための不可欠の条件であることから、教育を受ける権利は基本的な人権の一つとして日本国憲法にも明文で定められています（すべて国民は、その能力に応じて、ひとしく教育を受ける権利を有する（第26条第1項））。日本国憲法の規定か

[注3] 例えば、文部省編『諸外国の教育行財政制度』（大蔵省印刷局）

らも、国は学校制度を整備し運用することによって、この権利を現実の社会において実効あるものとするよう努力する義務を負っているのです。

1 教育内容

こうした学校制度が提供するのは、国民が必要とする知識・能力や日本社会が国民に修得することを期待する知識・能力に関する教育内容のうち、国が関与して確実に提供されるようにする必要の有る基本的な部分ということになります。国は教育のためだけに存在するものではありませんし、国民のすべての教育需要に応えることもできません。又、教育や学校がすべてのことについて効果的に役割を果たせるわけではありません。こうした国の役割の限界や教育と学校の限界も踏まえた上で、学校教育の内容は最終的に国が決めなければなりません。こうした性格・内容の教育であるからこそ国が教育について責任を持つのであって、国が責任を持てない内容の教育を国が行うということは国にとって無意味であり、有り得ないことです。もっとも、自治体が学校運営の実績を積み重ね、国民と住民の信頼も得て適切に教育内容を定めてきたという実績がある場合や、教員集団が優れた実績を上げ国民・住民の信頼を得て教育内容を定めてきたような場合に、国が、これらの者が作った教育内容が学校の教育内容として実施されることを容認するということは十分に有り得ることです。しかし、この場合においても、その内容が不適切になれば、国がそれを是正させ、或いは、直接国が教育内容を定めることとなります。このように、国以外の者が学校教育の内容を作っている場合にあっても、最終的には国が教育内容に責任を持つ必要が有ると考えられます。日本にあっては、その歴史的な経緯もあって明治以来国が教育を取り仕切ってきたことから、自治体がこのような役割を果たすことが無いまま過ぎてきましたし、又、教員集団は国民や住民の信頼を得られるような実績を今もって上げていません。

1.1 初等中等学校の教育内容

このようなことから、現在の日本においては国が直接に初等中等学校の教育内容の詳細を定めています。国とは言っても、国会ではなく、内閣でもなく、文部科学大臣が、小学校・中学校等の学校種ごとに、且つ、学年ごとに、教えなければならない教科・科目の種類、教科・科目の種類ごとの年間授業時間数（高等学校の場合は履修単位数）、教えるに際しての注意事項等を含めた教科・科目の内容（こうして教科・科目の内容を定めたものを学習指導要領（幼稚園の場合は教育要領）と呼んでいる）を定めています。

これによって、初等中等学校で何を教えるかが学年ごとに明白に定まっています。例えば、中学2年生を教える数学の教員は、毎週3時間（年間で105時間）を使って（学校教育法施行規則第54条別表第2、中学校学習指導要領（平成10年文部省

告示第176号）第1章第5の1）、y＝ax＋bとその前提となる計算、平行線・三角形の合同とその周辺事項等（中学校学習指導要領第2章第3節2）を各生徒に教えるということが分かります。

国が教育内容を定めることには問題は有りませんし、現に上記のように教育内容を定めています。しかし現在の教育内容は、基本的な問題を抱えています。

その第1は、文部科学大臣が教育内容を定めるということを規定しているだけで（学校教育法第20条等）、定められたものがどのような意味を持つかについては定めていません。即ち、これらの定めがこのままで学校の設置者を拘束するのか、学校現場を拘束するのか、誰も拘束しないのか等については全く触れていません。こうした状態を前提として考えるのであれば常識的には、これらの定め自体は単なる定めであってそれ以上の意味は持たず、これらが意味を持つのは、例えば、学校の設置者や校長がこれらに従った内容で教育しようと決めることによって、或いは、都道府県が初等中等学校の設置等を認可するに当たって認可基準の一部として「文部科学大臣が定めた教育内容等に従った教育を実施すること」という項目を採用することによって、或いは、文部科学大臣や教育委員会が教科書検定や教科書採択の判断基準として学習指導要領との整合性を問題にすることによって、これらの教育内容に関する定めがその限りにおいて拘束力を生じることになると考えます。即ち、文部科学大臣の定めている教科に関する事項（即ち、教育内容）は、定められているということ自体で拘束力が有るのではなく、これをどのように扱うかという国・都道府県・設置者等の行う別途の決定により拘束力が与えられるものであると考えられます。本来のやり方としては、こうした分かりにくいやり方ではなく、法律によって教育内容のどこまでが誰を拘束するかを明らかにすべきです。

なお、教科書が存在しない幼稚園を除いて、初等中等学校においては授業における主たる教材として教科書の使用が義務付けられており、且つ、その教科書は原則として文部科学大臣の検定を受けたものでなくてはならないとされ、教科書検定の作業を通じて文部科学大臣は更に詳細な程度において実質的な教育内容の審査を行っています（教科書の発行に関する臨時措置法（昭和23年法律第132号）第2条第2項、学校教育法第21条第1項等）。

1.1.1　学校教育の目標

幼稚園から大学までの一条学校がどのような者を入学させ、どのような内容の教育を行うかは、学校種によって異なっています。学校教育の内容は、すべての学校種の教育内容を足し合わせて総体として考えれば国民の基本的な教育需要を満たすまとまった体系となっていますが、形の上では、個々の学校の種類ごとに教育内容が定められています。

学校種ごとに教育内容を定めるに当たって、まず、それぞれの学校の教育目標を法律で定めるという方法が採られました。しかし、教育目標ですから、その内容は抽

象的なものにならざるを得ません。それは、幼稚園以外の初等中等学校が、実質的に同一の教育目標で済ませてしまっていることからも明らかです（学校教育法第18条、第36条第1号、第42条第1号、第51条の3、第51条の6、第71条。第78条参照）。こうした性格・内容のものですから、教育目標は教育内容を具体的に定めたものとは言えません。ちなみに、これらの教育目標のうち基本となっている小学校の教育目標の要旨を示すと、次の通りです（学校教育法第18条）。

① 人間相互の関係について、理解と協同、自主・自律の精神を養う（第1号）
② 郷土・国家について、理解に導き、国際協調の精神を養う（第2号）
③ 衣・食・住・産業等について、基礎的な理解と技能を養う（第3号）
④ 国語を、理解し、使用する能力を養う（第4号）
⑤ 数量的な関係を、理解し、処理する能力を養う（第5号）
⑥ 自然現象を科学的に観察し、処理する能力を養う（第6号）
⑦ 健康・安全で幸福な生活のために必要な習慣を養い、心身の調和的発達を図る（第7号）
⑧ 音楽・美術・文芸等について、基礎的な理解と技能を養う（第8号）

以上のように、教育目標という形で、間接的に、且つ、極めて抽象的に教育内容を法律で定めるとともに、これ以上の詳しい教育内容については「教科に関する事項」として、文部科学大臣が一切を定めることとしています（学校教育法第20条、第38条、第43条、第51条の7、第73条、第79条）。

1.1.2 教科の意味

文部科学大臣が定めることとされている「教科に関する事項」が何を指すかについては、不明確な部分が存在しています。教科と言った場合、常識的には体系的な教育内容を持ち、授業の形態で教育が行われる数学、理科を始めとする教科を指すと考えられますが、文部科学大臣は、定型化できる学校の教育活動はすべてここで言う教科であるとし（即ち「教育課程」とほぼ同義）、常識的意味の教科には当たらない教育活動についても、本来の教科と同様に時間配分・内容等を定めており、その状況は次の通りです（カッコ内は、学校教育法施行規則の条文である）。なお、幼稚園の教育内容は、小学校等のように教科と教科以外の教育活動が明確に区分されていませんし、健康等の5領域間の時間配分も行われない等小学校等の教育内容の定め方とは異質な定め方となっています。

① 小学校・中学校……本来の教科の他に、道徳、特別活動、総合的な学習の時間（第24条・第53条）
② 高等学校……本来の教科の他に、特別活動、総合的な学習の時間（第57条）
③ 特別支援学校……自立活動が加わる以外は、基本的に小・中・高等学校と同じ（第73条の7、第73条の8、第73条の9）

④　中等教育学校……前期課程は中学校と、後期課程は高等学校と同じ（第65条の5）

以上のうち、「特別活動」とは、学級活動（高等学校は、ホームルーム活動）、生徒会活動（小学校は、児童会活動）、学校行事、小学校のクラブ活動を言い、いわゆる部活動は含まれていません。したがって、総合的な学習の時間に行えるのであれば別ですが、部活動は教育課程外の活動として位置付けられることになります。この場合、教育課程外の活動であることが直ちに、学校としての活動でないこと（問題が生じた場合に学校は無関係として責任を問われないこと）を意味することにはなりません。

又、「自立活動」は、幼稚部を含めて特別支援学校のすべての段階で行われるものであり、以前は「養護・訓練」等と呼ばれていました。自立活動は、生徒がその障害に基づく困難を改善・克服するための知識・技能・態度・習慣を養うもので、こうした性格上、教科を始めとするあらゆる教育活動において行われるとともに、特に設けられた自立活動の時間において専門の知識・技能を持つ教員（第3章で述べる「自立活動」の特殊教科教員免許状を所持する教員）を中心として行われます。

又、私立学校においては教育課程に宗教を加えることができますが、この場合には宗教を以って「道徳」に代え、道徳の時間は設けないことが可能です（学校教育法施行規則第24条第2項等。同条第1項別表第1備考第3号参照）。

以上のように、学校の教育活動を教科と教科外の活動として構成し、更に、教科については学校種ごとにどの教科を教えるかを定めるとともに、各教科と各教科外活動について学年ごとにそれに当てるべき時間数（高等学校は、単位数）を定めています。これに加えて、学習指導要領により各教科と各教科外活動の内容を学校種ごとに定めています。更に、小学校の教科と道徳、中学校の国語、数学等の教科については、学年ごとにその内容が定められており、学年ごとにその内容を定めていない中学校の理科等も、例えば電流に関する身近な現象から、原子・分子の概念と化学変化に進み、その後に運動の基本的な性格とエネルギーとは何かを学ぶというように教える内容の順序が定められています。

1.1.3　教科の種類

[小学校の教科]

国語、算数、社会、理科、生活、音楽、図画工作、家庭、体育の9教科です（学校教育法施行規則第24条第1項）。生活は第1・2学年だけの教科であって、第3学年以後は理科と社会の教科になり（したがって、第1・2学年の教科には理科・社会は有りません）、又、家庭は第5学年になって新たに加わってくる教科です（同規則第24条の2別表第1）。

[中学校の教科]
中学校の教科は、国語、数学、社会、理科、音楽、美術、保健体育、技術・家庭、外国語の9教科です（学校教育法施行規則第53条第2項）。小学校の教科と比べると、算数が数学に、図画工作が美術に、体育が保健体育に、家庭が技術・家庭に名称が変わっていますが、実質的変更は外国語が新たに加わったことです。外国語は、どの言語を採り上げても構わないということではなく、原則として英語とされています（中学校学習指導要領第2章第9節第3の1）。

以上の9教科の他に、地域、学校、生徒等の状況に照らして必要と考えられる教科を個々の学校について設けることができます（学校教育法施行規則第53条第3項、中学校学習指導要領第2章第10節。以下、「中学校設定教科」と言う）。この点においては、教育内容に関して小学校よりも柔軟な取り扱いが認められています。しかし、中学校設定教科を設けた場合には、その教科を担当できる教員が存在するかという問題、教員免許状をどうするかを含めて教員養成の問題、検定教科書の問題等対応しなければならない課題が生じ、その実施には困難を伴います。

[高等学校の教科・科目]
普通教育に関する教科・科目として、国語、地理歴史、公民、数学、理科、保健体育、芸術、外国語、家庭、情報の教科と、それぞれの教科に属する科目（例えば数学について言えば、数学基礎、数学Ⅰ、数学Ⅱ、数学Ⅲ、数学A、数学B、数学C）が定められています。

専門教育に関する教科・科目として、農業、工業、商業、水産、家庭、看護、情報、福祉、理数、体育、音楽、美術、英語の教科と、それぞれの教科に属する科目が定められています（学校教育法施行規則第57条別表第3）。

これらの教科・科目以外の教科や科目を学校の判断で設定することも可能であり（以下、「高等学校設定教科・科目」と言う）、例えば普通科においては、卒業に必要な74単位のうち20単位まではこうした高等学校設定教科・科目で履修することができます（学校教育法施行規則第57条別表第3備考第1号・第2号、高等学校学習指導要領第1章第7款2）。このように、高等学校の教科・科目は、示された通りにすることだけを強制するのではなく、示された以外の教科・科目を設定することも或る程度容認しています。しかし、高等学校設定教科・科目については、対応する教科書が無い、対応する教員免許状が無い等、基本的に、中学校設定科目について述べたと同様の困難が有ります。ただ、高等学校の場合は、教員免許状の教科はその教科に属する科目をすべてカバーできることとされており（例えば、物理学科を卒業して理科の高等学校教員免許状を取得した者でも生物の授業を担当できる。教育職員免許法第3条、第4条第5項第2号）、又、文部科学大臣が検定等した正規の教科書が無いときは、適当な教材を設置者の指示に従って教科書として使用でき

るので（学校教育法附則第107条、同法施行規則第58条）、中学校の場合ほどの困難は無いと言えます。
又、高等学校の教科・科目は、基本的には生徒が選択して履修するものであり（高等学校学習指導要領第1章第6款1）、小学校・中学校においてすべての教科が全生徒に対して原則として一律に履修を強制されていることとは異なっています。

［幼稚園の教育領域］
幼稚園については、健康、人間関係、環境、言葉、表現の5領域に関して教育内容等が定められていますが（幼稚園教育要領（平成10年文部省告示第174号）第2章等）、幼稚園の性格上、他の学校のように具体的にどのような知識をどのような時期に教えるかという内容ではありません。

［その他の学校の教科］
中等教育学校の教科・科目の種類は、前期課程にあっては中学校と、後期課程にあっては高等学校と同じものとなっています（学校教育法施行規則第65条の5）。
特別支援学校の教科・科目の種類は、原則として、小学校、中学校、高等学校の教科・科目と同じです（学校教育法施行規則第73条の7乃至第73条の9）。ただし、特別支援学校において知的障害者を教育する場合には、小学部にあっては生活、国語、算数、音楽、図画工作、体育の教科であり、中学部にあっては外国語が選択教科となり、高等部にあっては国語、数学、理科、社会、音楽、美術、保健体育、職業、家庭、外国語、情報、家政、農業、工業、流通・サービスの教科とされています（同規則第73条の7乃至第73条の9）。又、視覚障害者を対象とする特別支援学校の高等部には調律、保健理療、理療、理学療法の、同じく聴覚障害者の高等部には印刷、理容・美容、クリーニング、歯科技工の、高等学校には無い特殊な教科（「自立教科」と言う。同規則第73条の2の4第3項）が存在しています（同規則第73条の9別表第4）。

1.1.4 教科等の教育時間
国は、どの教科には何時間の授業を行うかも定めています。

［小学校の教育時間］
例えば、国が定めている小学校第6学年の教育時間は次の通りです（1年間の授業時間数であり、単位は1授業時間（45分）である。学校教育法施行規則第24条の2別表第1）。日本のすべての小学校6年生はこの時間数の通りに勉強しています。
- 教科……国語175、算数150、理科95、社会100等で計765
- 道徳……35（小学校の授業は年間35週）
- 特別活動……35（学級活動に当てられる）

- 総合的な学習の時間……110
- 以上の年間総授業時間数……945

[中学校の教育時間]
中学校には必修教科と選択教科の区分が有りますが、選択教科の教科の種類は国語等の9教科で必修教科と同じであり（学校教育法施行規則第53条第3項）、必修教科の時間内で学習指導要領の内容をすべて教えた上で（中学校学習指導要領第1章第2の1）、選択教科の時間においてその補充や発展等を考える趣旨と推測されます（同要領第1章第3の2）。9教科以外の中学校設定教科（学校教育法施行規則第53条第3項）を選択教科として設定することは可能ですが、歓迎されてはいないと考えられます。又、選択教科は学校の選択を認めたものであって、生徒の選択を認めたものではないと考えられます（中学校学習指導要領第1章第3の3）。

なお、選択教科の1教科に当てることのできる時間は70時間以内（第1学年は30時間以内）に制限されており、第1学年は選択教科を履修しなくとも良いが、第2学年は1以上、第3学年は2以上の選択教科を履修することになっています（学校教育法施行規則第54条別表第2、中学校学習指導要領第1章第3の3・4）。

例えば、国が定めている中学校第3学年の教育時間は次の通りです（1年間の授業時間数であり、単位は1授業時間（50分）である。学校教育法施行規則第54条別表第2）。
- 教科（必修）……国語、数学、外国語各105、社会85、理科80等計675
- 道徳……35
- 特別活動……35（学級活動に当てられる）
- 教科（選択）……105〜165
- 総合的な学習の時間……70〜130
- 以上の年間総授業時間数……980

選択教科と総合的学習の時間は幅の有る時間数となっていますが、980時間という総授業時間の枠が有る以上は、両者合算して235時間になるように調整しなければなりません。

[高等学校の教育時間]
高等学校においては、教育の分量は時間ではなく単位で計算されます（学校教育法施行規則第63条の2）。高等学校における「単位」とは、35回分の授業（1回の授業は50分）を意味し（高等学校学習指導要領第1章第2款1）、週1時間の授業を1年間受ければ1単位になります（高等学校において授業が行われるのは年間35週間であることを意味する。高等学校学習指導要領第1章第5款1）。

体育と保健の9又は10単位の履修を除き、生徒が科目を選択して履修するのが原則である高等学校においては、小学校・中学校と同じ意味での時間配分は存在しません。しかしながら、生徒の教科・科目の履修に関する規制は存在しています。

第1に、高等学校を卒業するまでには74単位（これには、3単位から6単位の総合的学習の時間に関する単位を含む）の履修が必要ですが（学校教育法施行規則第63条の2、高等学校学習指導要領第1章第2款1、第5款7、第7款2）、1単位を35時間として時間に直し、その1年当たりの時間数を求めると864時間であり、これに特別活動（ホームルーム活動の時間数である）の35時間（同要領第1章第5款4）を加えると899時間となります。これが前述の小学校・中学校の年間総授業時間数に当たるものであり、最低の74単位で卒業するのであれば、高等学校における勉強のほうが小学校・中学校における勉強よりも時間的には余裕が有ると言えます。

第2に、「国語」から「情報」までの普通教育に関する各教科については、教科に属する科目ごとにその標準単位数が定められているとともに（例えば、「数学基礎」は2単位、「数学Ⅰ」は3単位）、普通科以外の生徒を含めて全生徒が各教科についてそれぞれ指定された複数の科目の中から1科目又は2科目を選択して必ず履修しなければなりません（高等学校学習指導要領第1章第2款2）。最低の単位数になるようにこれらの科目を履修したとしても34単位となり、これだけで卒業に必要な74単位の4割以上に当たります。このうち、保健体育の教科については体育7単位を含めてすべて必修とされています。運動ができないとか高等学校まで来て授業としての運動などしたくないという生徒は入学できず、或いは入学しても卒業できないことになっています。特定の高等学校がそうしているのではなく、日本のすべての高等学校がそうしなければならないこととされているのです。

以上は、専門教育関係の学科やその生徒も含めて、すべての学科、すべての生徒に適用されているルールです。これらの他に、専門教育関係の学科の生徒は専門教育に関する教科・科目を25単位以上履修しなければならないこと（高等学校学習指導要領第1章第3款2）、総合学科においては学校設定科目として「産業社会と人間」を開設し第1学年で全生徒に履修させるとともに（同要領第1章第3款3(1)。同章第2款5(2)参照）、専門教育に関する教科・科目を25単位以上開設することといった類の特定の学科等にのみ関係するルールも存在しています。

高等学校の教科・科目の履修については、生徒の選択を大切にしているように見えますが、保健体育を必修にしていること、普通教科をすべて選択必修にしていること、特に暗記科目に過ぎない社会科系統の科目を3科目も選択必修にしていること（せいぜい公民を必修にするのが限度である）等極めて問題が有る内容となっています。

[幼稚園の時間配分]
幼稚園については、年間39週以上開園すること、1日の教育時間は4時間を標準とすること（幼稚園教育要領第1章3(2)・(3)）以外には教育時間に関する定めは無く、これら以外については設置者が教育時間の在り方として最善と考えるところに基づいて教育が行われることとなります。

[その他の学校の教育時間]
中等教育学校の時間配分は、前期課程において必修教科の若干の時間（合計して70時間以内）を選択教科に廻すことが認められていることを除けば、前期課程は中学校と、後期課程は高等学校と同じです（学校教育法施行規則第65条の4別表第3の2備考第5号、第65条の5第2項）。

特別支援学校の教育時間は、知的障害者を教育する養護学校は別として、基本的に、小学校、中学校、高等学校と同じですが、設置者が生徒の状況等を踏まえて或る程度変更することができます（学校教育法施行規則第73条の10、特別支援学校小学部・中学部学習指導要領第1章第2節第6の1、同高等部学習指導要領（平成11年文部省告示第62号）第1章第2節第2款、第5款第1の2）。

1.1.5　学習指導要領
[学習指導要領の内容]
学習指導要領の主要な内容は、教科・科目の内容を定めるということです（学校教育法第20条、同法施行規則第25条等）。教科に関しては、その種類と教育時間は原則として学校教育法施行規則という文部科学省の省令で定められていますが、高等学校の場合のように教科・科目等の単位数を学習指導要領で定めているもの（科目等の単位数を定めることは、その科目等の教育時間を定めているのと同じことである）も存在します。

学校教育法施行規則も学習指導要領も、文部科学大臣が定めたものとして同じ性格であり、「教科に関する事項は文部科学大臣が定める（学校教育法第20条等）」とした法律の定めに沿っていますから、学習指導要領で教科の種類や教育時間を定めることは可能です。一方、学習指導要領の内容を見ると、教育関係者の心構えに類する内容が多いことから、学習指導要領を法規である文部科学省令とすることは困難です。

そのようなことはあるものの、学習指導要領は、教科以外の学校の教育活動を含めて、各学校種ごとに相当程度具体的に教育の内容を定めています。

例えば、小学校の算数の教科に関する学習指導要領の内容の要旨は、次の通りです（小学校学習指導要領（平成10年文部省告示第175号）第2章第3節）。

① 　第1学年……100までの数の表し方、1桁の足し算・引き算、簡単な長さと形の概念、簡単な位置の概念

② 第2学年……4桁の数の表し方、2桁の足し算と引き算、九九、mm・cm・m、三角形、四角形等
③ 第3学年……万について、3桁の数の足し算と引き算、2桁の掛け算、九九で処理できる割り算、km・ℓ（リットル）・g、簡単な時間の計算、正方形・長方形・直角三角形
④ 第4学年……万・億・兆について、2桁の除数による割り算と余り、10分の1位の小数の足し算と引き算、簡単な分数の概念、正方形と長方形の面積の計算（cm^2）、角度、二等辺三角形・正三角形・円、折れ線グラフ、（　）の使用
⑤ 第5学年……小数の掛け算と割り算、同分母の分数の足し算と引き算、三角形・平行四辺形・円の面積、％、円グラフ・帯グラフ
⑥ 第6学年……通分、分数の掛け算と割り算、立方体・直方体の体積の計算（cm^3）、速さ、角柱と円柱、比例、平均

中学校の選択教科の教育内容は示されていませんが、必修教科の教育内容が基礎となり、その補充・発展等の内容として行われると考えられます（中学校学習指導要領第1章第3、第2章第1節第3の4等）。現実には、限られた数の教員でこれを行うことは難しく、選択と言ってはいても全員が同じ授業を受けることになりかねないと思われます。

高等学校にあっては、保健体育以外はすべて選択教科ですが、示されているすべての教科・科目について教育内容が定められています。なお、学校設定教科・科目も存在しており、20単位まで履修できることについては前述しました。

[学習指導要領をめぐる争い]
1947年に新しい学校制度がスタートしてほど無く、文部大臣が学校の教育内容を定めるのは違法であるという主張が行われるようになりました。この場合、教科の種類や教育時間については文部大臣が定めることは止むを得ないと考える向きがあったため、専ら教科・科目の内容を定めた学習指導要領が争いの焦点になりました。しかし、学校教育の実施に最終的には国が責任を持っていながら初等中等学校の教育内容に国が関与できないとするのは常識に反する議論です。そこで、国は強制力の無い形態で教育内容に関与はできるが、強制力の有る形態で関与はできないのであるという主張となりました。即ち、学習指導要領の強制力の有無という問題として最高裁判所まで争われ、基本的には強制力が有るという方向で決着しました（1976年5月21日最高裁判所判決（いわゆる旭川学力テスト判決）等）。

国が学校教育の実施について最終的責任を負う以上、国が初等中等学校の教育内容を定めて強制できるのは事柄としても当然のことであり、現に学校教育法においても文部科学大臣が教科について定めることとしています（第20条等）。しかし、こ

の1.1で述べたように法律にはその先の定めは無いことから、文部科学大臣が定めたことが直ちに強制することとはならないという問題を抱えています。
いずれにせよ、こうした形式的な問題に関する議論が中心となったため、教科の種類・教育時間を含めて国が定めている教育内容が果たして適切であるかという教育内容の実質に関する幅広い議論が全く行われないまま今日に至っており、初等中等学校の教育内容の実質については、首を傾けたくなる問題が山積しています。これが教育内容に関する基本的な問題の第2です。
初等中等学校の教育内容については、このあたりで腰を据えて検討する必要が有ります。例えば、国が種類・時間数・教育内容を定める必要が有るのは、国語、算数(数学)、理科、公民、外国語で、残りの教科等については種類・内容を国が定めないか、定めるにしても設置者に対する参考として定める程度でよいかもしれません。内容等を定める国語等の教科についても国としての立場で必要とする限度において内容を定めるべきであって、その勉強が有益であるからということで国語の教育内容を何から何まで国が定めて全生徒にその履修を強制するようなことをしてはなりません。
一方、教育をめぐる状況を考えれば、教育が政治的、社会的、対外的揉め事の泥沼に陥らないようにするためには、公民以外の社会科の科目についても教育内容を国が定めるべきかもしれません。又、高等学校については、国語と社会の教育内容だけを国が定めるか、或いは、すべて教育内容を定めないということも考えられます。或いは、こうした教科については、価値観の押し付けに亘ることは自制するというルールを作るべきかもしれません。

[旭川学力テスト事件の意味するもの]
旭川学力テスト事件は、現に教育を受けている子供について学習指導要領の定める教育内容がどの程度身についているかに関するデータを得るために当時の文部省が行った全国一斉学力テストの実施を公立学校の教員組合が暴力を用いて妨害した事件です。その後全国一斉学力テストは行われていませんから、実質的な教育内容についてこれまで合理的な議論も、検討も行われてこなかったということだけでなく、教育内容に関する実態・問題点等の調査・把握さえ行われてこなかったということを意味します。これが、教育内容に関する基本的な問題の第3です。
これに加えて、日本の公立初等中等学校は、校長・教頭が教室に入り教員の授業の内容等を把握することは有りませんし(校長が授業を見たことを理由として、校長に授業を見られた教員が教育権の侵害として校長を裁判に訴えるというのが日本の公立学校の実態である。例えば、1961年8月7日の東京高等裁判所の判決)、父兄が授業を見る機会は有ったとしても年1回1時間程度の一斉授業参観だけであり、父兄以外の地域住民が授業を見る機会に至っては皆無です。又、設置者である教育

委員会の指導主事等の職員さえ授業を見ることはできず、ましてや設置者でもない都道府県教育委員会の指導主事が授業を見ることは困難です。そして、初等中等学校で実際に行われている授業の状況、問題点等を把握し、評価し、整理して国民に知らせる専門的な国の機関も有りません。端的に言えば、国民は公立学校で何が行われているかを知る術が無いのです。親や住民、一般社会等にとって、公立学校における教育は、教員と判断力の乏しい子供の間だけで行われるブラックボックスの世界です。このような世界で行われることについて、学習指導要領に従って教育するように指示してみたところでそれを検証する術は無く、それだけでは効果は期待できません。

1.1.6　教科書

以上の実態もあって、日本においては、教育内容を定めた学習指導要領の存在に加えて、教育現場において適切な内容を持った教科書を使用させるということが殊更に重視されています。

［教科書制度の概要］

教科書とは、一般に図書の形態の学習用教材を言いますが、初等中等学校の教科書については「教科の主たる教材（教科書の発行に関する臨時措置法第2条第1項。以下、この1.1.6において「臨時措置法」と言う）」という要素が加わります。初等中等学校の教科書には、その表紙に必ず「教科書」という文字が表示されていなければなりませんから（同法第3条第1項）、それが教科書であるか教科書以外の教材であるかを明確に区別できます。

初等中等学校（幼稚園は除く。幼稚園については、教科書の作成・使用は想定されていない）は、教科・科目の授業において必ず教科書を使用しなければなりませんし、使用する教科書は、民間の出版社が作成し文部科学大臣がそれを検定して合格したもの、又は、文部科学省自身が作成したものに限ります（学校教育法第21条第1項、第40条、第51条、第51条の9第1項、第76条）。基本的に、民間の検定教科書が存在するのに文部科学省自身が教科書を作成する必要は有りませんから、履修者が少なく教科書出版のメリットが少ない高等学校の専門教科に属する一部の科目等を除いては、文部科学省が自ら教科書を作る必要は無いと言えます。しかも、高等学校、特別支援学校、特別支援学級については、当分の間の措置として、検定教科書・文部科学省作成教科書が存在しない場合には学校の設置者の判断によって、それら以外の一般の出版物等を教科書として使用できることとされていますから（学校教育法附則第107条、同法施行規則第58条等）、こうした場合でも文部科学省が教科書を作成せずに済ますことが可能です。

このような教科書検定制度に関しても、表現の自由、学問の自由との関係等をめぐり法廷において争われましたが、その内容が適切かどうかを国が判定した上で初等

中等学校における教科書として使用させるという制度の目的・趣旨に従って合理的に検定が実施されている限りにおいては問題が無いと判断されています（1997年9月8日最高裁判所判決（いわゆる第3次教科書検定訴訟判決）等）。要するに、国であると私人であるとを問わず、教科書は特定の学説を宣伝し、或いは、特定の価値観を生徒に押し付ける等のためものではないこと、そういうことを行いたければ、学校教育の世界においてではなく、又、生徒を対象とするのではなく、大人である国民を対象として政治の世界で行い、決着をつけるべきなのです。

現在の教科書検定制度に問題が無いということではありません。最大の問題は、文部科学大臣が検定を行うという規定が法律に存在するだけで（学校教育法第21条等。形式的には、検定の申請については審議会で調査審議することも定められているが（同条第3項等）、審議会は文部科学大臣が委員を任命する諮問機関で、文部科学省が事務局をしているものであり、基本的に意味は薄い（教科用図書検定調査審議会令（昭和25年政令第140号）参照））、どのような手続きで、どのような基準に基づいて検定を行うかを始めとして、すべて文部科学大臣の考えだけで実施されていることです。

[教科書の発行・供給システム]
教科書を発行するには検定に合格していなければならないことから、教科書を発行する出版社は事前に確定できます。文部科学大臣はこれらの出版社から来年の発行予定を聴取し、リストにして都道府県教育委員会に送付し、都道府県教育委員会はこれを各学校に配布します（臨時措置法第4条、第6条）。更に、都道府県教育委員会は教科書展示会を開催し、出版社はこの展示会に見本を出展します（臨時措置法第5条、第6条第3項）。市町村の教育委員会、国立学校・私立学校の校長は来年使用する教科書の書名とその数量を都道府県教育委員会に報告し、都道府県教育委員会はこれをまとめて文部科学大臣に報告します（臨時措置法第7条）。文部科学大臣は集まった報告を基に、各出版社にどの本を何冊発行するかを指示し、出版社は指示に従って教科書を発行するとともに、各学校にまで必要数を届けます（臨時措置法第8条、第10条）。なお、教科書の値段は出版社が自由に決められるものではなく、文部科学大臣の認可が必要です（臨時措置法第11条）。

[教科書の無償措置]
義務教育は無償とされ（日本国憲法第26条第2項）、国立・公立の義務教育段階の学校では授業料は徴収しないこととされていますが（教育基本法第4条第2項、学校教育法第6条）、そこで使われる教科書の代金については、理屈としては生徒が負担するべきものと考えられています（例えば、1964年2月26日最高裁判所判決）。しかし、現在は、義務教育で使う教科書は国が出版社から買い上げ無償で学校の設

置者に給付し、設置者が校長を通してそれを生徒に渡しており、納税者である国民に対しては有償、生徒に対しては無償となっています（義務教育諸学校の教科用図書の無償措置に関する法律（昭和38年法律第182号。以下、この1.1.6において「無償措置法」と言う）第3条、第5条）。高等学校の教科書についてはこのようなことは行われていないので生徒が教科書を購入しており、納税者にとっては無償、生徒にとっては有償です。

義務教育教科書についても、基本的に上記の臨時措置法のシステムに従って発行、供給が行われますが（無償措置法第22条）、市町村立の義務教育学校における教科書の採択（どの教科書を使うかを決定すること）の方法等について（無償措置法第3章）、特別の定めが為されています。

即ち、都道府県教育委員会は、市又は郡（複数の町村からなる区画）の区域を最小単位とした教科書の採択地区を設けることとされ、同じ採択地区内の市町村立の小学校・中学校はすべて同じ教科書を使用しなければならず、又、国・公・私立を問わずすべての義務教育学校は採択した教科書を4年間使い続けなければなりません（無償措置法第12条、第13条第1項・第4項、第14条、同法施行令（昭和39年政令第14号）第14条）。又、義務教育教科書を発行する出版社は、あらかじめ文部科学大臣からそのための指定を受けることが要求されており、指定を取り消された者は義務教育教科書を発行できません（無償措置法第18条。第19条・第21条参照）。

教科書を無償にすることとこのような措置を講じることの間に、必然性は存在しないことから、これらの措置は政策的なものです。検定には合格したが好ましいものではないという評価を受けた教科書が、一部の者の強硬な主張によって採択されないようにするためのシステムです。採択区域が広ければ一部の者の影響で事が決まる可能性が低下しますので、その意味では合理的であり、教育現場に政治を持ち込もうとする勢力が相当の力を持つ状態が続く間は、このシステムを維持する意味は有ります。

1.2 大学の教育内容

大学については、初等中等学校について述べてきたような形で国が直接に教育内容を定めることは有りませんし、教科書に関する規制（使用義務・検定）も有りません。更に、大学設置基準による規制について大綱化等も行われているので、教育内容に関して大学の創意工夫を入れる余地が大きくなっています。実状も上記のとおりですが、更に、日本国憲法が学問の自由を明文で保証したこともあり（第23条、第21条）、大学における研究はもとより、その教育内容についても厳しい規制は存在していません。しかし、大学にはその目的（学校教育法第52条、第69条の2第1項）に相応しい教育の内容が求められることも事実であり、このような観点から、大学の設置の認可等を通じて、国が大学の教育内容に事実上の規制を加える可能性

は存在しています。
　一方、大学は、職業上の資格を取得させるという役割も果たしています。資格取得の観点からどの程度教育内容が規制を受けるかは一様ではありませんが、分野によっては大学の教育内容が制度上又は事実上大きな影響を受けています。

1.2.1　実力のみが問われる資格

大学で特定の勉学をしたということが、国家試験の受験資格となっていない場合や試験の一部免除等の形で考慮されることもない場合等には（公認会計士、法科大学院以前のシステムにおける法曹の資格等）、資格取得と教育内容の関係をどうするかは大学の判断次第です。一般的には、高い評価を得ている資格であり多くの学生が取得を希望しているものについては、こうした性格の資格ではあっても、大学は事実上相当程度に資格取得を念頭に置いた教育内容にすることとなります。例えば、法学部を法曹志望者向け（司法試験を念頭に私法中心のカリキュラム）、公務員志望者向け（法律職の公務員試験を念頭に公法中心のカリキュラム）、サラリーマン等その他の者向け（法律が中心であるが政治・経済等を含む幅広い内容のカリキュラム）の3コースに分けることは実際に行われていました。

1.2.2　特定の学部卒業が要求される資格

大学で特定の勉学をしたことが、資格取得の上で決定的な意味を持つ場合が有ります。
例えば、医師になるには医学部（近年、医学部の中に医師以外の医療従事者養成のための保健学科等を置く例が少なくないことから、厳密に言えば医学部の医学科である）の卒業が不可欠である（医師法（昭和23年法律第201号）第2条、第11条第1号）というように、特定の学部を卒業することが資格取得の前提になる場合が有ります。そのためには、医師養成の立場から求められる教育内容と医学という学問から求められる教育内容がほぼ一致していて医学部の教育内容として無理なく融合されていることが必要です。逆に、医学部の教育内容がこのようなものであるからこそ、医学部の卒業を医師の資格取得の前提とすることができるのです。そして、大学の設置認可等の機会を通じて、医学部の教育内容が適切なものであるよう指導・助言等が行われます。同様な方式を採るものとして、歯科医師、薬剤師、獣医師の資格があります。
法科大学院については、2005年12月からは法科大学院の修了者に司法試験の受験資格が与えられ（司法試験法（昭和24年法律第140号）第4条第1項）、法科大学院が医師の資格取得における医学部の立場とかなり似たものとなってきています。そうは言っても、学歴その他の形式的な資格を問わずに受験できる司法試験予備試験の合格者にも同じ司法試験の受験資格を認めている点で、医学部の場合におけるほどの結びつきの強さはないと考えられますし、法科大学院の運営の状況（法科大学院の教育と司法試験等との連携等の確保に関する法律（平成14年法律第139号）参

照）や司法試験予備試験の運用の仕方等によっては今後法科大学院の地位が低下する可能性も有ります。上記法律にも規定されているように、法科大学院については、司法を所管する法務大臣の立場から法科大学院の教育内容が法曹に相応しい知識・素養等が確実に修得される適切なものになるように注文等がつくことになりますし、それに必要なチェックも行われることになります。

なお、現在はこのような方式をとっていませんが、全科担任である小学校又は幼稚園の教諭の資格は、その取得のために必要な固有の教育内容を持っていることから、教員養成学部の卒業が資格取得に直結するという方式を採ってもおかしくないと考えます。

1.2.3 指定された学部での科目履修が要求される資格

資格に対応する学問が十分には確立していない場合には、大学の教育内容と資格取得の観点から求められる内容との間に相当のずれが存在することになります。このずれが、資格の内容が大学教育を構成するにはボリュームが不足しているためか、大学という以上教養的科目を重視すべきだとする日本の大学の思い込みに基づくものであるか、或いは、これら以外の原因であるかは定かではありませんが、こうした状態では医学部（医学科）のような形でそこを卒業すれば国家試験の受験資格が与えられるという形態で学部を成立させることはできません。そこで、その学部が資格取得のために必要な科目・単位の履修が可能な教育内容であることを各大学ごとに確認して、条件を満たす大学を文部科学大臣が指定し、その大学で所定の科目を修めたことを以って資格取得の基礎としています（保健師、看護師等の資格がこれである。例えば、看護師の場合は文部科学大臣の指定した大学で3年以上勉強し、所定の科目を修得した者が、看護師国家試験の受験資格を与えられる。保健師助産師看護師法（昭和23年法律第203号）第7条、第21条第1号）。このような性格の資格ですから、大学でなければ取得できないものではなく、大学以外の教育施設で厚生労働大臣が指定したもの（例えば、看護師の場合は厚生労働大臣の指定する看護師養成所。保健師助産師看護師法第7条、第21条第2号）を卒業すれば国家試験の受験資格が与えられることとされています。厚生労働大臣が大学以外の教育施設を指定する場合には、大学という制約が有りませんから、看護師の養成に必要な教育内容を完全に履修しないと卒業できないとしている看護師養成のためだけに設けられた教育施設を指定するので、その施設の卒業という事実だけで看護師等の国家試験の受験資格が与えられているのです。

1.2.4 指定された科目の履修が要求される資格

これまで述べた医学部のように学部設置の認可を受けた特定の学部の卒業をそのまま資格取得の要件とする方式と、看護師等の資格取得のコースを設けている学部のように学部の設置の認可とは別にコースの内容等を審査した上で指定し、そこにおける所定の科目修得を以って資格取得の要件とする方式について述べました。これ

らの方式の他に、必要な科目と単位数を定めて、それを履修した者に資格を与えるという方式が行われています。一条学校の教員の免許がその代表ですが、他に社会教育主事、学芸員、司書等の資格もこれに該当し、文部科学省が設けている資格がその多数を占めています。

医学部・歯学部・獣医学部等や、看護師等を養成する学部は、これらの者を養成するという明確な目的の下に設置・運営され、その開設する科目のすべてとは言えないものの少なくとも大半は、資格取得に必要な科目であるとともに各学部における教育研究にも不可欠の科目でもあります。

これに対して、これらの文部科学省関係の資格は、それらの資格を持つ者を養成するための学部は原則として存在せず、本来別の目的で教育を行っている学部の生徒が本来の勉強の傍らで所定の科目・単位を修得して取得している資格です。したがって、これまで述べてきた方式のものに比べて遥かに手軽な資格・養成であり、当然のこととして、高度の知識・能力を持った専門家の養成には向いていませんから、この方式で高度の専門家の養成を狙うのは間違いです。この問題の基本に有るのは、これらの者を養成するための学問が確立されていないということです。

こうした現実に眼をそむけて、これらの者の専門的能力を高めてその地位を向上させようとして、要求する科目数・単位数を無闇に増やす方向に走る傾向が見られます。その分野は学問的に不完全な状態にあるということや、高度の専門家を養成するためのものではない方式であるということを無視してこうしたことを試みても良い結果は生じません。それだけでなく、こうしたやり方は、日本の大学教育に大きな実害を与え、社会にも悪い影響を与えています。

最大の弊害は、こうした方式は手軽な方式であるが故に大学の教育内容に与える影響も真剣に考慮されることが無く、要求する単位の内容や分量等に関して大学本来の教育内容との本格的な調整が行われないことです。そのため、無意味に要求内容が大きくなっており、大学における本来の教育との大きな摩擦を生じ、大学と学生の負担を徒に増大させ、適格性の有る学生をこうした資格の取得から遠ざけてしまうこととなります。

学問の自由と言うと専ら教員の教育・研究の内容に対する国の干渉の問題とされていますが、これまで述べてきた大きな意味での教育内容に関する国の不適切な干渉についても、大学という立場から、きちんと対応する必要が有ります。この問題については、第3章において、詳細に述べます。

2　学校体系

国が責任を持って提供すべき教育は、幼稚園の段階から、大学・大学院の段階まで有り、国は、これらの教育を、最も確実、且つ、効率的に教育成果を上げるに適した学校という方式によって提供します。これらの教育を一つの学校で提供すること

も可能ですが、実際は、何種類かの学校が役割を分担し、連携を取りつつ提供するというシステムが採られています。何種類かの学校が体系を成して全体として必要な内容の教育を提供しているのが、学校教育の姿です。

2.1 日本の学校体系の枠組み
［概要］
特に子供については知的能力（身体的能力等も同様である）は年齢により大いに異なることから、学校種は基本的に年齢に応じて設けられます。日本で言えば、幼稚園、小学校、中学校、高等学校、大学という体系がこれです。特別支援学校は、心身に障害を持つ子供が通う幼稚園、小学校、中学校、高等学校であって、体系を成している幼稚園から大学までの学校と別種の学校ではありません。又、中等教育学校は、中学校と高等学校を一つの学校に合わせたものであり、教育内容等は基本的に中学校・高等学校そのままであってほとんど独自性を持っていないことから、これも又、別種の学校ではありません。

現在の学校種のうち、幼稚園から大学までの基本的な学校種とは別種の学校と言えるのは、高等専門学校だけです。高等専門学校は、中学校卒業者に5年間の相当に専門的な内容の職業に関する教育を行う学校で、その第3学年修了者は大学入学資格が有り、卒業者は大学への編入学資格が有ります（学校教育法第56条第1項、第70条の9）。高等専門学校は基本的な学校種とは別種の学校ですが、入学・卒業資格等を通じてしっかりこれらの学校種と結び付いており、学校体系の一員です。

以上の学校が一条学校です。

このように、現在の日本の学校体系は単純であるとともに、すべての学校種が大学へと通じています。知的障害者のためのものを含めてすべての特別支援学校の高等部を卒業した者に大学入学資格が認められていますし、その中学部卒業者には高等学校入学資格が認められています（学校教育法第56条第1項、第47条）。同様に、学校種間の転校も制度的に許容されていると考えられます（学校教育法第70条の9、学校教育法施行令第1章第2節等参照）。このように、学校体系の中においては、学校種間の縦の関係においても、又、横の関係においても、極めて円滑に子供が行き来できる構造になっています。もっともこれは制度の話であって、実際には転校等が簡単にできるわけではなく、公立義務教育学校以外は、転校等は必ずしも容易ではありません。

一方、学校体系の外にある教育施設（具体的には一条学校以外の学校のことである）については、文部科学省管轄下の学校である専修学校や各種学校についてさえ、その学生・生徒が一条学校で構成されているこの学校体系に入学や転校等してくることを原則として認めていません。このように、日本の学校体系は、外に対しては閉鎖的、内部においては制度的には開放的だが実態としては閉鎖的な体系となって

います。

[特別支援学校]
2007年4月から、盲・聾・養護学校は、一括して「特別支援学校」と呼ばれることになり、これまでの「盲学校・聾学校・養護学校」の名称は無くなりました（学校教育法第1条）。これに伴い、「特殊教育」は「特別支援教育」に（同法第6章）、「特殊学級」も「特別支援学級」に変わりました（同法第75条）。確かに、対象となる子供の持つ障害の重度化・重複化の進行により、盲・聾・養護学校の区別が意味をなさない部分が増えてきていますが、それでも視覚障害者に対して聴覚障害者のための方法・内容で授業を行うことは有り得ないのであり、盲・聾・養護学校という区別は実質的には残らざるを得ません。現に、その特別支援学校がどのような障害の子供（具体的には、盲者、聾者、知的障害者、肢体不自由者、病弱者）のための学校であるかを明示することが必要とされています（同法第71条の2、同法施行規則第73条の2）。したがって、制度改正の体裁を取ってはいても、学校の名称を改めているに過ぎず、実態や名称以外の制度はこれまでと変わらないと考えるべきです。

具体的には、盲学校は視覚障害者のための特別支援学校と、聾学校は聴覚障害者のための特別支援学校と、知的障害者・肢体不自由者・病弱者のための養護学校はそれぞれの者のため特別支援学校ということになります。

2.2 学校体系における並列関係

上記のように、現在の日本には幼稚園・小学校・中学校・高等学校・大学という体系の実質的な例外を成すような横の学校種は存在しません。しかし、従前の学校制度においては、中等学校が旧制中学校、高等女学校、実業学校の3種に分かれており、このうち旧制中学校のみが大学に通じており、この他に、師範学校（義務教育の教員を養成）、高等師範学校（中等学校の教員を養成）、専門学校という独自の学校種が存在していました。

現在においても、ドイツ、フランス、イギリスのように、中等学校を大学進学のためのものとそれ以外という異なった学校種に分け、或いは、中等学校に大学進学用のコースを別途設ける等している国は、必ずしも珍しくはありません。

日本の高等学校はこうした方式をとらず、職業教育に関する学科も高等学校の中に取り込むとともに、働きながら学ぶことを可能にする定時制及び通信制の教育も高等学校の正式の教育として認めています。高等学校教育を幅広いものとすることにより、97.6％（平成18年版文部科学統計要覧による2005年の進学率である）という高い高等学校進学率を達成しているのです。制度としてはこのように包括的ではあるものの、実態としては、前述のように大学の入学試験科目等から普通科が大学

進学のためのコースとなっていますし、社会人等の入学は定時制や通信制に限定される傾向が有ります。

2.3 学校体系外の学校との交流等

現在の日本の社会は、日本の一条学校が自分たちの世界に閉じこもり外の世界とは付き合わないで済ませることができるほど閉鎖的な社会ではありません。そのようなことをすれば、留学生の受け入れはできませんし、こちらで受け入れないのであれば外国が日本の留学生を締め出すことを覚悟する必要が有りますし、又、外国には一条学校が存在しない[注4)]ので、後に日本に戻っても子供を入学させることができる学校が無いことになるため、外国勤務を命じられても子供を帯同することができません。このように社会の現実は、日本の一条学校にもそれ以外の学校との交流を様々な形で強く要請しているのです。こうした現実を踏まえて、現在の日本の学校制度において一条学校と非一条学校との交流が制度として認められており、その内容は次の通りになっています。

2.3.1 外国の一条学校

それぞれの国は学校体系を持ち、その学校体系に属する学校は日本の一条学校に当たる存在と見ることができます。現在、相当数の日本の子供や学生がこのような外国の一条学校に在学しています。こうしたことから、日本の学校体系はこれらの外国の一条学校を日本の一条学校と同等のものとして扱うこととしています。

日本の場合、学校教育における同等というものの計り方は、学校種で考えるのではなく、小学校入学からの年数で計ります。例えば、小学校も中学校も4年制である国の中学校を卒業した子供が日本の高等学校に入学しようとする状況を思い描いた場合において、中学校という学校種を基準とするのであれば日本の高等学校に入学できますが、小学校入学からの年数を基準として採るのであれば1年不足しており、日本の高等学校には入学できません。日本においては、小学校入学以来の年数を基準にして外国の一条学校を日本の一条学校と同等に扱うことにしているのです（学校教育法第47条、同法施行規則第63条第1号）。大学や大学院への入学についても、同様です（学校教育法第65条第1項・同法施行規則第69条第1号、学校教育法第67条第1項・同法施行規則第70条第1項第2号及び第3号）。ただし、博士課程後期からなる大学院への入学については、年数ではなく、外国の修士の学位を持っていることとされています（学校教育法第67条第1項但し書き、同法施行規則第70条の2第1号、第2号）。なお、外国の一条学校から日本の一条学校に1年生として入

[注4)] 日本の学校教育法に従って設置されたものが一条学校であり、したがって外国の法律に従って設置されている外国の公立小学校も、ハーバード大学も、日本の学校制度においては無資格の学校に過ぎない。

学する場合だけでなく、途中の学年に編入学する場合も、この年数の基準に従って行うことができると考えられます。

[日本の大学への入学資格を取得するための準備教育課程]
多くの国は小学校入学から高等学校卒業までの年数を12年としていることから、普通の場合は、上記の年数の基準に従って日本の大学に留学生を受け入れることに格別の問題が生じることは有りません。しかし、中には11年以下の年数で高等学校を卒業する制度の国も有り、このような制度の国から日本の大学に留学するには入学資格の問題を解決する必要が有ります。即ち、本国の高等学校卒業後に日本の高等学校に編入学して卒業するか、本国の大学に入学して年数の基準を満たした後日本の大学に入学するかですが、いずれも事実上極めて困難であり、これらの国からの留学の道を閉ざさないためには特別の対処が必要です。実際には、大学、専門学校、各種学校が開設する留学生のための大学入学準備教育課程のうち適切なものを文部科学大臣が指定し、12年に満たない年数で本国の高等学校を卒業した者がこの指定された課程に入り、それを修了すれば、日本の大学の入学資格を認めることとしています（学校教育法第56条第1項、同法施行規則第69条第1号、外国において学校教育における12年の課程を修了した者に準ずる者を定める件（昭和56年文部省告示第153号）第2号、大学入学のための準備課程の指定等に関する規程（平成11年文部省告示第165号））。このような課程としては、日本国内で日本の大学等が開設しているものだけではなく、外国政府の意向に従い外国の大学等が本国で開設する日本の大学への入学準備教育課程も含まれていました。このような在外の準備教育課程には日本政府も教員を派遣する等して協力していました。

[在日の外国人学校]
外国人の子供のための学校は日本にも少なからず存在しています。入学者の国籍を問わないインターナショナル・スクールと呼ばれるものや、主として特定の1ヵ国の子供が入学する学校も有ります。これらは日本の一条学校ではありませんし（一条学校になると文部科学大臣の検定した日本の教科書を使って学習指導要領に即した教育を行わなければならない）、自国の主権の及ばない日本にあることからその国の一条学校でもありません。日本の国内における制度的な地位は、せいぜい各種学校ということになります（学校教育法第82条の2カッコ書き参照）。したがって、これらの学校を卒業しても日本の大学入学資格は生じません。そこで、これらの学校のうち本国においてその国の高等学校と同等の学校として位置付けられているものについては、文部科学大臣がその事実を確認して指定し、この指定された学校を卒業すれば日本の大学の入学資格が認められることとしています。ただし、ブラジルのように11年で高等学校卒業となる国については、日本の大学の入学資格を得

るには、この指定された学校を卒業した後上記の準備教育課程に入ることが必要です（以上、学校教育法第56条第1項、同法施行規則第69条第1号、上記昭和56年文部省告示第153号の第3号別表第2、第4号別表第3）。

インターナショナル・スクールについては基準となるべき本国がないので指定の対象にはなりませんが、そこで国際バカロレア資格、ドイツのアビトゥア資格、フランスのバカロレア資格を取得していれば、その者に日本の大学の入学資格が認められますし、世界的に高い評価を得ている幾つかの国際的教育認定団体から認定を受けている外国人学校については、そこでの12年の課程の修了により日本の大学の入学資格が認められます（学校教育法第56条第1項、同法施行規則第69条第3号、大学入学に関し高等学校を卒業した者と同等以上の学力があると認められる者の指定（昭和23年文部省告示第47号）第20号、第22号乃至第24号）。

2.3.2　在外の日本人学校

日本人学校とは、外国の地に在って専ら日本人の子供を教育するために設置・運営されている学校を言い、上記の在日の外国人学校と対を成すものです。日本の学校教育法が適用されない外国に在りますから日本の一条学校ではありませんし、その国の一条学校でもありません。言ってみれば、実質的には日本の小学校・中学校に当たる学校、日本の高等学校に当たる学校ですが、形式的には日本の学校制度上の位置付けが無い学校です。義務教育段階の日本人学校は80校を超えており、通常、現地の日本人会が中心になって（在外教育施設の認定等に関する規程（平成3年文部省告示第114号。以下、この2.3.2において「認定規程」と言う）第5条第1号）、日本の在外公館の支援を得て設置・運営していますが、日本の国による最大の支援は、文部科学省が政府の負担で（即ち、日本国民が支払った税金で）多数の現職日本人教員を派遣していることであり、又、金額的にはこれほど大きくはありませんが日本の教科書を無償で給与しています。以上から推測できるように、教育内容は日本の小学校・中学校と基本的に変わりません（認定規程第8条、第9条）。

これに対して高等学校レベルの日本人学校は、日本の学校法人が関与して作られており（認定規程第5条第2号）、現在10校程度の学校が存在していますが、義務教育段階のような手厚い日本政府の支援は有りません。

日本人学校は、日本の一条学校ではありませんし、外国の一条学校でもありませんから、何もしなければ日本の一条学校との関係は無いこととなり、帰国した生徒の進学が困難になります。それを避けるためには、制度上の特別の対処が必要です。実際の措置としては、文部科学大臣がその日本人学校の課程が小学校、中学校又は高等学校の課程に当たるものかどうかを審査して、認定し、認定を受けた課程を卒業した者に日本の高等学校又は大学の入学資格を認めることとしています（学校教育法第47条・同法施行規則第63条第2号、学校教育法第56条第1項・同法施行規則第69条第2号、認定規程第1条等）。

平成16年度『文部科学白書』によれば、平成16年4月の時点で、義務教育段階の年齢にある日本の子供約5万4千人が外国に住んでおり、そのうち約1万7千人が日本人学校で学び、残りの3万7千人は主として「現地校」と呼ばれるその国の一条学校で学んでおり、その他にその国に在るインターナショナル・スクールで学ぶ子供も存在すると考えられます（同白書352頁）。

2.3.3 国内の日本人のための措置
［学校体系から外れた場合］
国内の日本人の勉学については、体系化された平等を重んじる学校制度が存在することから、これまで述べてきたような調整のための特別措置は必要が無いように見えます。しかし、整備された制度であればあるほど、一旦そこから外れた者が制度に復帰することが難しくなります。日本の学校体系から外れるとは、次のような場合です。

① 少数ではあるが、下記の就学・猶予免除の手続きをしないまま義務教育を受けていない可能性がある義務教育段階の子供がいる。統計上は1年以上居所不明者として表示され、平成17年度学校基本調査報告書によれば、2005年の時点におけるその数は384人であった。

② 心身の重度の障害等により市町村の教育委員会が義務教育の就学を猶予又は免除している者がいる（学校教育法第23条、第39条第3項）。平成18年版文部科学統計要覧によれば、2005年の時点でその数は2,436人であった。なお、この年における義務教育段階の子供の数は1,088万人余りであるから、就学猶予・免除者はおおよそ1万人につき2人ということになり、義務教育の普及の高さがうかがえるが、これらの子供は学校に復帰し、卒業しない限り、小学校卒業・中学校卒業にならない。

③ 平成18年版文部科学統計要覧によれば、2004年度において、義務教育段階にある子供であって30日以上学校を休んだ、いわゆる長期欠席児童・生徒が約19万人存在し、そのうち約5万人は病気が原因であるが、学校嫌い等によるいわゆる不登校と呼ばれる子供が12万人と最大である。これらの長期欠席児童・生徒の中には、中学校（場合によっては小学校も）を卒業しないまま、義務教育を終える子供も或る程度存在するのではないかと考えられる。

④ 平成18年版文部科学統計要覧によれば、2005年における高等学校進学率は97.6％に及び高等学校が義務教育化しているとは言っても、3％近い子供は高等学校に進学しておらず、又、高等学校に進学した子供のうち毎年約10万人前後の子供が中途退学している。

これらの子供が、後日、高等学校や大学に進学しようとすると、原則としては、自分たちが修了している段階の次の段階から再出発しなければなりません。例えば、

中学校の第1学年を修了しただけの者は、再出発は中学校の第2学年からになります。これは、日本の学校制度の入学、進学、卒業のシステムが次のようになっているからです。

① 幼稚園・小学校を除き、或る一条学校に入学するにはその下位の学校を卒業することが必要である。即ち、中学校に入学するには小学校（特別支援学校の小学部のようにこれと同等の学校を含む。以下、同じ）を卒業していなければならず（学校教育法第39条第1項）、高等学校に入学するには中学校を卒業していなければならず（同法第47条）、大学に入学するには高等学校を卒業していなければならない（同法第56条第1項）。ただし、義務教育の最初の段階である小学校の入学資格は6歳に達していることという年齢のみの要件となっている（同法第22条）。幼稚園の卒業を小学校入学の要件とすると義務教育年齢を幼稚園まで引き下げることになるからである。入学資格で他の学校種に結びついていない幼稚園は、他の学校種と比べて学校体系への結びつきが緩やかと言えるし、幼稚園自身の入学資格も3歳から5歳の子供であればよいこととなっており、又、修業年限の定めも無い（同法第80条）。

② 初等中等学校においては、その学年の教育内容の勉学を行ったかを一人一人の子供について毎年審査し、良しとなればその学年の課程の修了を認定するが、この審査・認定は進級試験といった特別の方法で行うのではなく、平素の成績を評価して行うべきこととされている（学校教育法施行規則第27条、第55条、第65条第1項、第65条の10第1項、第72条の7、第73条の16第2項）。又、卒業は、その学校においてすべての学年の課程を修了した者について校長が行うこととされ、卒業試験といった特別の方法は採らないこととされている（同規則第27条、第28条等）。なお、幼稚園については、学年ごとに教育課程を明確に区分するという基準にはなっておらず（同規則第76条、幼稚園教育要領）、教科書の使用義務も無く、学年ごとの教育課程の修了認定や卒業の認定も必要とはされていない。

毎年その学年の教育課程の修了を認定し、その学校種のすべての学年を修了した者に卒業を認めるというこの方式は、或る学年の修了の認定を得られない場合はその学年を繰り返すことを意味し、又、高等学校以下の一条学校及び高等専門学校においてはいわゆる飛び級は有り得ないことを意味します。更に、5歳以下の子供が小学校に入学することを禁じていることから（学校教育法第27条）、一条学校の体系内においては17歳以下での高等学校卒業と高等専門学校第3学年修了は有り得ないことを意味していますし、小学校の入学が6歳以上に限られることから、その第2学年の子供は7歳以上に、第3学年は8歳以上に限られるというように、高等学校までの各学年にはその在学者の最低年齢というものが存在していることを意味しています。

[学校体系を外れた者の再出発の方法]
以上のような日本の学校制度の中においては、学校体系を外れた者が学校教育の世界で再出発するときの原則は、これまで修了した段階の次の段階からの出発になりますが、現実にはそれは困難です。即ち、高等学校以下の学校、特に子供の年齢による知的能力等に大きな差が存在する義務教育段階の学校は、強く年齢的な同質性が求められていることから、一般に、1、2年の遅れであれば学校も受け入れてくれると思われますが、一般の生徒との年齢差が相当に大きな場合は、受け入れてもらえないと考えられます。

ところで、義務教育段階にある子供については、公立学校は受け入れ義務を課されていますから、年齢差のことを問題にしていられません。その場合、原則通りに対処するのであれば、小学校低学年のクラスに15歳の子供が混じることも有り得ます。一方、中等教育学校の前期課程を除いて、義務教育段階の学校については「(子供の)年齢及び心身の発達状況に応じて、相当の学年に編入することができる」とされています(学校教育法施行規則第43条、第55条、第73条の16第3項・第4項)。この編入の方式は、就学猶予・免除が解除された子供のための措置として作られていますが、その趣旨はインターナショナル・スクールや在日の外国人学校から日本の小学校・中学校に入る場合等においても有効であると考えられます。修了した段階の次から始めることが原則ですが、実際は、義務教育においては上記の編入の方式が主流になると考えられます。それは、高年齢の子供が低年齢の子供と全く同じ教育内容を学ばなければならないというのは必ずしも合理的ではないこと、義務教育のシステムは6歳から15歳までの子供を教育するという前提で設計されていてこの年齢を過ぎると義務教育を外れるという扱いになっているためできるだけその年齢内に中学校を卒業させようとすること等によります。なお、16歳を過ぎてから義務教育学校に入りたいと言っても、市町村には受け入れる義務は無く(市町村が受け入れる義務が有るのは6歳から15歳までの子供である。学校教育法第22条、第23条、第29条、第39条、第40条、同法施行令第5条)、学校も受け入れないと思われます。

[中学校卒業程度認定試験]
上記のような措置にもかかわらず、中学校を卒業しないで義務教育を終わる者が有り、そうした者に高等学校の入学資格を与えるには、独自の教育内容・入学資格・修業年限等を持った中学校に相当する特別の一条学校を設けるか、或いは、中学校卒業程度の学力が有るかを試験によって確認することが考えられます。現在行われているのは後者の試験であり、中学校卒業程度認定試験として毎年文部科学大臣が行っています(就学義務猶予免除者等の中学校卒業程度認定規則(昭和41年文部省令第36号)による。以下、同じ)。試験科目は中学校の国語、社会、数学、理科

及び英語で、15歳又は16歳以上であれば、外国人を含めて誰でも受験することができます。この試験に合格しても、中学校卒業という資格を取得できるわけではありませんが、日本の高等学校への入学資格が与えられます（学校教育法第47条、同法施行規則第63条第4号）。文部省第128年報によれば、2000年度に行われた認定試験に59人が受験し、そのうち49人が全科目に合格して高等学校入学資格を取得しています。

以上のように、日本においては、義務教育を修了していない者が後日高等学校に進学しようとすれば、普通の小学校・中学校が受け入れてくれませんから、この試験を受ける道しか有りません。入学資格の取得についてはこれでも間に合うとしても、時機を逸したが今からでも義務教育段階の勉強がしたいという者にはこの試験では対応できません。日本に在住していてこの種の教育上の必要を抱える外国人の教育等を考えると、夜間中学校を更に一般化して制度化する等学校制度の中に、こうした需要に対応できるシステムを組み込むことを検討する必要が有ります。

[高等学校への編入学等]
高等学校段階から学校体系に復帰する場合は、義務教育のように学校制度として高年齢の者を拒むという要素は無いので、制度的な障害は小さいと言えます。しかし、現実の問題として、高等学校は中学校卒業後数年間のための学校という実態があるのも事実であり、特に大学進学の要素の色濃い全日制の普通科は高年齢の者を拒んでおり、高年齢の者が高等学校において教室で勉学をする場としては、定時制に限られる傾向が有ります。

高等学校においても、相当の年齢と学力を条件に編入が可能とされており（学校教育法施行規則第60条）、途中退学した者が再出発する場合に必ずしも1年生からスタートする必要は有りません。なお、高等学校への編入も入学の一種とされていることから（同規則第60条）、相当の学力と年齢という条件に加えて、高等学校の入学資格（中学校卒業等）を持っていなければなりません。

[高等学校卒業程度認定試験]
高等学校を卒業していない者が大学に入学しようとすれば、高等学校に入学又は編入し、学年を追って勉学するのが原則ですが、そのようなことを可能にする条件を持たない者も少なくありませんし、学校教育以外の場で高い能力を身につけている者には合理的ではありません。そこで、高等学校を卒業した者と同等の学力があるかを認定するために文部科学大臣が試験を行い、その合格者に大学入学資格を与える高等学校卒業程度認定試験が行われています（学校教育法第56条第1項、同法施行規則第69条第5号）。試験は、原則として16歳以上であれば誰でも受けることができ（ただし、17歳以下で合格した場合には18歳になって初めて有効な資格とな

る）、世界史、数学等高等学校の定められた科目について行われます（高等学校卒業程度認定試験規則（平成17年文部科学省令第1号））。なお、この高等学校卒業程度認定試験は2005年4月から行われていますが、それ以前は大学入学資格検定（いわゆる「大検」）として行われていたものです（旧大学入学資格検定規程（昭和26年文部省令第13号））。文部省第128年報によれば、2000年度に行われた検定に19,152人が受験し、そのうち9,491人が全科目に合格して大学入学資格を取得しています。

大学入学資格検定の場合を含めて、これによって大学入学資格は得られるが、高等学校の卒業となったわけではなく、結局は名称と根拠になる省令が変わっただけであり、本質は同じです（学校教育法第56条第1項、同法施行規則第69条第5号）。

[大学入学資格の特例]
これまで述べたように、一般の生徒が高等学校に入学する道は中学校の卒業か中学校卒業程度認定試験の合格であり、又、大学に入学する道は高等学校の卒業か高等学校卒業程度認定試験（昔の大学入学資格検定）の合格です。しかし、大学入学については、高等学校の卒業という原則を変更する二つの特例が設けられています。
① 高等学校の2年を修了した者に大学への入学を認めている（学校教育法第56条第2項、同法施行規則第69条の2乃至第69条の5）。大学は学問の教育・研究の場であり、十分な学問的能力が有る者については、その年齢や学校歴にとらわれず入学を認めるべきとする考えが有り、そのような考えを採り入れたものと考えられる。従来は学生の能力が比較的正確に把握できる数学と物理学の分野に限って認められていたが（2002年の改正前の学校教育法施行規則第69条第5号）、現在はこのような分野の限定は無い。ただし、その大学がその分野について大学院を持っており、優れた教育研究実績・指導体制を備えていることが必要とされている。なお、これにより大学入学を認められた学生は、実力では高等学校卒業ではあっても形式的には高等学校中退として扱われており、したがって、そのままでは他の大学の入学資格は無い（学校教育法施行規則第69条第6号参照）。
② 専修学校に置かれている修業年限3年以上の高等課程（中学校卒業程度の者を入学させる課程）であって文部科学大臣が指定したものを修了した者に大学入学資格を認めている（学校教育法第56条第1項、同法施行規則第69条第3号）。日本の国内に在る一条学校以外の日本の学校に対して一条学校への入学の資格を認めている唯一の例である。

2.4 学校体系の実現
学校体系は単なる構想ではなく、最終的には、必要な一条学校が必要な数設置され、運営されなければなりません。現在の学校教育は国等の公的な機関が大きな部分を

引き受けなければ成立しませんから、一条学校の設置・運営において、どの公的な機関がどの部分を引き受けるのかを定めることが重要になります。

2.4.1 小学校・中学校

義務教育の中核である小学校と中学校を必要な数設置し、運営することは、市町村に課された義務です（学校教育法第29条、第40条）。

幼稚園については特段の定めは有りませんが、施設の規模や性格等から市町村が設置すべきものと考えられます。

2.4.2 特別支援学校

義務教育の一端を担う特別支援学校小学部・中学部の設置・運営は、都道府県の義務です（学校教育法第74条）。これらの学校における教育の特殊性や生徒の分散状態等から、こうした分担になったと考えられます。したがって、義務教育ではない幼稚部・高等部の設置・運営も都道府県の役割と考えられます。

2.4.3 高等学校

2001年に改正[注5]される以前の公立高等学校の設置、適正配置及び教職員定数の標準等に関する法律（昭和36年法律第188号）の第3条は、公立高等学校は都道府県が設置するものとしていました。この条文が削除されても高等学校の設置・運営は基本的に都道府県の役割という現実は定着しています。実際も、2005年に高等学校は5,418校有りますが、そのうち4,082校が公立であり、内訳は都道府県立3,826校、市町村立256校です（平成17年度学校基本調査報告書）。

2.4.4 大学等

大学等については明確な定めは存在しないものの、日本において国が最初に大学の整備を行い、その後も多くの国立大学を設置・運営してきたという事実は、これが国の役割であることを示しています。又、高等専門学校についても同様です。

2.4.5 公的機関の役割分担の意味

このような役割分担は、どの一条学校はどこが責任を持って設置・運営するかを示すものであって、それ以外の者がその学校を設置・運営することを禁じるという意味は有りません。現に、国立の幼稚園・小学校・中学校・高等学校等が存在していますし、都道府県立や市立の大学、市町村立の高等学校や特別支援学校も存在しています。

従前においても、義務教育は市町村、中等教育は都道府県、旧制高等学校や大学は国という分担が行われており、又、諸外国も概ね大学は国又は州、初等中等学校は地方自治体という分担であり、こうした分担が理に適っていると思われます。しかし、このような分担以外は有り得ないという理屈は無く、国が出先機関を設けてす

[注5] このときの改正で「設置」の文字が削られ、現在は「公立高等学校の適正配置及び教職員定数の標準等に関知する法律」という名称となり、第3条は削除されている。

べての学校を自ら直接に設置・運営するという方式も十分考えられるところです。学制が構想していた大・中・小の学区が国の出先を意味するのであれば、正しくこのような方式であることになりますし、現にフランスにおいては、これに近い学校運営が行われています。

現在の日本においても、市町村立の小学校・中学校の教職員はその市町村の職員であるにもかかわらず、その給与は都道府県が支払い（市町村立学校職員給与負担法（昭和23年法律第135号）第1条）、これらの教職員の採用、異動、懲戒等の人事は都道府県が行っています（地教行法第37条第1項、第58条等。なお、指定都市においては、人事権はその指定都市が行使する）。このように、その学校の設置者ではなくその上級の機関がその学校の運営の一部を引き受けるということが、日本においても現に行われています。

2.4.6 私立学校

一条学校の設置・運営の基幹的な部分は公的な機関が引き受けなければなりませんが、これは公的な機関以外の者が一条学校を設置・運営することを禁止するものではありません。逆に、国は、個人及び団体が一条学校を設置することを妨げてはなりませんし、国民がそのような私立学校への就学を選択する自由を認めなければなりません（国際人権規約A規約第13条3・4、児童の権利に関する条約第29条2）。そもそも、子供がどのような教育を受けるかを決めるのはその子供の親の権利であり、その子供自身の権利です（日本国憲法第13条、民法第820条）。したがって、国が義務教育を実施し、一条学校の教育内容を定め、学校体系を設定する等により国民に対して教育についての制約を課しているのは、それが国民と社会にとって必要である限りにおいてであり、これを超える制約は国民の基本的な権利に対する侵害となると考えられます。私立の一条学校の設置とそこへの就学は、その学校が国の基準を満たすものである限り、国がそれを妨げる理由は存在しません。

日本の学校教育における特徴の一つは、私立学校の果たしている役割が極めて大きいことです。これを2005年の状況で見ると、全生徒数に占める私立学校の生徒数の比率は、義務教育である小学校と中学校についてはそれぞれ1％、7％と低いですが、高等学校は30％、4年制大学の学部で77％、幼稚園で80％となっています。例えば、私立が重要な役割を果たしているアメリカの4年制大学でも、全体の60％以上の学生が州立等の公立大学の学生であることを考えると、日本における私立の役割の大きさが理解できます（平成18年版文部科学統計要覧による）。なお、ヨーロッパにおいては、大学は基本的に国（州）立であると考えてください。

第4節　学校の設置者

これまで学校の設置者として、国、都道府県・市町村と、私立学校を設置する個人

又は団体について述べてきました。大まかな記述としてはこれで間違いは有りませんが、ここでは更に厳密な意味での学校の設置者について述べます。

一条学校は、国・国立大学法人・独立行政法人国立高等専門学校機構、都道府県・市町村・公立大学法人、学校法人の3者のみが設置できます（学校教育法第2条第1項）。

国・国立大学法人・国立高等専門学校機構が設置する学校を国立学校と言い、都道府県・市町村・公立大学法人が設置する学校を公立学校と言い、学校法人が設置する学校を私立学校と言います（学校教育法第2条第2項）。

現在国が直接設置する一条学校は存在せず、したがって、現在国立学校と呼ばれる学校は、国立大学法人が設置する国立大学等と国立高等専門学校機構が設置する国立高等専門学校のみです。

都道府県・市町村はすべての学校種の公立学校を設置することができますが、公立大学法人は大学に限って設置できることとされています（地方独立行政法人法第70条）。

学校法人には、学校法人とは性格・内容が異なる放送大学学園（実質は国が維持している特殊法人である）が含まれており、その設置する放送大学も私立大学に分類されています（放送大学学園法（平成14年法律第156号）第3条、学校教育法第2条第2項）。

1　国立学校の設置者

現在国立学校を設置・運営しているのは、国とは別個の法人格を持った機関（独立行政法人の一種）であり、したがって、国立学校と呼ばれていても形式的には勿論のこと実質的にも国立ではなく、むしろ、学校法人が設置・運営する私立学校と同じ立場に在ります。乱暴な言い方をすれば、国が財政的に維持している私立学校、それが国立学校であると言えます。その意味では、上述の放送大学は設置者も学校法人であり形式的には私立大学とされていますが、実質的には国立大学です。

独立行政法人とは、国が主体となって直接にその事業を行うまでの必要は無いが、完全に民間に任せた場合には所期の結果が得られないおそれがある事業を行わせるために、独立行政法人通則法（以下、「通則法」と言う）に従って、個別法（例えば、「独立行政法人国立特別支援教育総合研究所法」[注6]のような形になる）に基づいて設立される法人を言います（通則法第2条第1項、第6条）。これは、これまで国が直轄で行っていた各種のサービス的事業等を国とは別人格の法人を設立してそこに行わせることとし、国の仕事を政策の企画・立案等の国が行うのが相応しい本来的なものに限ることとしたものです。したがって、国立学校、国立社会教育施

[注6]　2007年3月までは独立行政法人国立特殊教育総合研究所法という名称であった。

設、国立研究所、国立病院等が一斉に、ほぼすべて独立行政法人化されました。もっとも、気象観測等関係事業のように、国民の安全に直結する事業は国の直轄に残されました（第1部第2章第1節3.4.2参照）。

独立行政法人の概要は次の通りです（カッコ内は通則法の条文である）。

① 独立行政法人の長と監事の任免は関係大臣（教育関係の法人であれば文部科学大臣）が行い、その他の役職員の任免は法人の長が行う（第2章）。
② 業務方法書の作成が義務付けられるとともに、その作成・変更には関係大臣の認可が必要とされている（第28条）。
③ 関係大臣は、法人に対して3年乃至5年を単位とする中期目標を示し、法人はこの目標を達成するための計画を作成する等してその実現に努める（第29条乃至第31条）。
④ 法人は毎年の事業の実績と中期目標の達成状況について、関係省に置かれる評価委員会の評価を受けるが、その結果によっては事業の全部又は一部の廃止も有り得る（第12条、第32条乃至第35条）。
⑤ 独立行政法人については透明性の確保が不可欠であることから、その組織及び運営の状況を事有るごとに国民に公表することが要求されている（第3条第2項、第20条第4項、第23条第4項、第28条第4項、第29条第1項、第30条第5項、第31条第1項、第32条第4項、第33条、第34条第3項、第38条第4項、第62条、第63条）。
⑥ 関係大臣には法人に対して違法行為の是正等のための措置が認められ、又、法人の役職員の違法行為に対する罰則も定められている（第64条、第65条、第7章）。
⑦ 国と法人の財政面における関係としては、国の出資が可能であること（第8条）、国は法人の業務に必要なお金の全部又は一部を法人に交付できること（第46条）、独立行政法人が行う資金の借り入れ・財産の処分等には厳しい制約が有ること（第45条、第48条、第67条第2号）等が挙げられる。

1.1　国立大学法人

私立大学を設置しているのが学校法人であるように、国立大学を設置しているのが国立大学法人（独立行政法人の一種である）です。具体的には、国立大学法人北海道大学という名前の法人が、北海道大学という一つの国立大学を設置しています（国立大学法人法第4条別表第1）。又、国立大学法人は大学の設置を目的とする法人ですが、その設置・運営する大学に附属して小学校・中学校等の初等中等学校や専修学校を設置している場合も少なくありません（同法第2条第1項・第23条、同法施行規則（平成15年文部科学省令第57号）第4条第1項別表第2・第5条別表第4）。

国立大学法人は、国立という文字は入っていますが国とは別の人格を持った法人であり、したがって、自己の責任において自己の名前で、土地等の財産を取得・保有し、契約を結び、借金をし、保有する土地・建物を売却等することができます（国立大学法人法第6条、第33条、第35条、第36条。通則法第48条等参照）。国とは別人格といっても、その保有する土地・建物等の資産は、基本的にすべて国から出資（これらの資産は国民の税金を使って取得したものである）を受けたものですし（国立大学法人法第7条、附則第9条）、毎年国から運営費交付金として多額の補助（その財源は国民の税金である）を受けています（同法第35条。通則法第46条参照）。

1.1.1 国立大学法人の特色

国立大学法人は独立行政法人という名称ではなく国立大学法人という名称を用いるとともに、国立大学法人法という一つの法律で上記の国立大学法人北海道大学を始めとする87の国立大学法人を設立し、それらの法人が北海道大学を始め87の国立大学を設置・運営することを定めています。こうした形式面においては独立行政法人と異なりますが、法人の内容や文部科学大臣との関係等の実質的な側面においては、通則法の定めている内容に則ってそのシステムが構築されていることから、基本的な性格としては独立行政法人であると言えます。もっとも、一般の独立行政法人と異なる点が存在していることも事実であり、その主なものは次の通りです。

① 国立大学法人の長はその法人が設置する大学の学長であり（国立大学法人法第10条第1項、第11条第1項）、したがって、学長は一般に言われる理事長の仕事と大学の学長の仕事を行うこととなる。即ち、経営のトップであるとともに教育・研究のトップでもある。制度としてこのようなシステムが採られていることは、経営面の学長の負担が軽いこと、即ち国立大学の運営資金は国が責任を持って措置することを意味していると考えられる。

② 学長の任命及び解任は、欠格条項に該当するに至ったための解任を除き、国立大学法人の申し出に基づいて行う（国立大学法人法第12条第1項、第16条、第17条第1項乃至第4項）。これによって、文部科学大臣は、学長に関して、形式的な任免の権限は持っているが、実質的な任免の権限は持っていない。なお、学長の任期は2年乃至6年の範囲で各国立大学法人が定めることとなっている（同法第15条第1項）。

③ 文部科学大臣が中期目標を各大学法人に示すに当たっては、事前にその国立大学法人の意見を聴くとともに、その意見に配慮することが義務付けられている（国立大学法人法第30条第3項）。これは、受験者と相談して試験問題を作成するようなものであると言われても仕方が無い。

④ 中期目標期間の終了後中期目標の達成状況について文部科学省に置かれている評価委員会の評価を受けるが、その際、評価委員会は独立行政法人大学評価・学

位授与機構が行うその大学の教育研究状況に関する評価を尊重しなければならないこととされている（国立大学法人法第35条表）。大学評価・学位授与機構は文部科学省の所管する独立行政法人であるが、文部科学大臣がその長を任命するに当たって同機構に置かれる評議員会の意見を聴くことが義務とされていること（独立行政法人大学評価・学位授与機構法（平成15年法律第114号）第10条）、評議員の多くを国立大学関係者が占めていること、その前身は国立大学と同根の大学共同利用機関であったこと等からも分かる通り、国立大学の意向を反映して行動する機関であり、その評価を尊重するように法律で義務付けていることは評価の公正を確保するという点から問題が有る。

⑤ 重要事項についての国立大学法人の意思決定は、経営問題については大学が選んだ学外者が半数以上を占める会議（経営協議会）で、教育・研究関係の問題は学内者のみの会議（教育研究評議会）で審議した上で、理事と学長で構成される会議（役員会）で更に審議し、その上で学長が決定するという手続きをとらなければならない（国立大学法人法第11条第2項、第20条、第21条）。この他に、公・私立の大学を含めてすべての大学は、教授会の設置が義務付けられており、重要事項は教授会で審議することが必要とされている（学校教育法第59条第1項）。

独立行政法人は自主的に運営されるべきであるということは、通則法全体の趣旨ですが（通則法第3条第3項等）、それでも独立行政法人である以上国が必要な限度においてコントロールを及ぼせるものでなければなりません。その基本的な手段が、法人の長の任免、中期目標の提示とその履行についての評価・対応の権限であり、国立大学法人については国がこの二つの権限を実質的に行使できないことを認識する必要が有ります。

1.1.2　国立大学法人の仕組み

国立大学法人法が定める基本的なシステムは、次の通りです（カッコ内は国立大学法人法の条文である）。

① 国立大学法人は国立大学を設置する法人であり（第6条、第22条第1項第1号）、その長は学長で、法人の代表権は学長に在り、学長が法人の業務の全般に亘る決定権を持つが（第10条第1項、第11条第1項）、予算の作成等法定の重要事項は学長と理事で構成される役員会で審議をする必要が有る（同条第2項）。しかし、役員会には決定権は無い（同項）。

② 学長は文部科学大臣が任命するが、大学の申し出に基づいて行わなければならない（第12条第1項）。この申し出は、その大学に置かれる学長選考会議が選考して学長候補とした者を申し出るものであるが（第12条第2項）、学長選考会議のメンバーは基本的に経営協議会の学外メンバーと教育研究評議会のメンバーで

構成されていて、すべてその大学が選んだ者であり、且つ、学外メンバーが半数を超えることが無いように定められている（第12条第2項・第3項、第20条第2項第3号、第21条第2項）。学長の決定の実態は、その大学の教職員が選挙で選出した者を学長選考会議が学長候補として文部科学大臣に申し出ているのが実態である。

③ 理事は学長が任命し、事後的に文部科学大臣に届け出るとともに公表しなければならない（第13条）。監事は文部科学大臣が任命する（第12条第8項）。理事は原則として学内から任命するが学外の者も最低1人は含まれていなければならず、又、監事にはその国立大学法人の職員を加えることができる（第14条）。

④ 学長又は理事に義務違反が有った場合等や、学長又は理事の責任で業績が悪化した場合には、文部科学大臣は学長を、学長は理事を解任できる（第17条第2項、第3項）。しかし、学長の解任はその大学の学長選考会議の申し出に基づかなければならない（第17条第4項）。以上のように、文部科学大臣は学長について実質的な任免の権限を持たないので、行使できる実質的な人事権は監事についてだけである。

⑤ 監事を除いて、教員を含む国立大学法人の職員の人事権は形式的にはすべて学長が持っている（第35条。通則法第26条参照）。

⑥ 国立大学法人の経営に関する重要問題は経営協議会で審議することが必要とされ、教育研究に関する重要問題は教育研究評議会で審議することが必要とされているが、これらの機関も、役員会と同様に決定権を持たない（第20条第1項、第21条第1項）。経営協議会のメンバーは、学長が学内から任命したメンバーと、学長が学外から任命したメンバーからなり、学外メンバーのほうが多くなくてはならないが、学外メンバーを任命するに当たっては教育研究協議会の意見を聴かなくてはならない（第20条第2項、第3項）。教育研究評議会は旧制度の国立大学に置かれていた評議会の後身と言うことができ（旧国立学校設置法（昭和24年法律第150号）第7条の3）、そのメンバーはすべて学内の役職員であり（第21条第2項）、その主要な構成員は学部長、研究科長、研究所長等のうちから教育研究評議会自身が定めている（同項第3号）。学部長等は、学部等において選挙で選ばれていて、学長には実質的な人事権が無いのが通例である。

⑦ 文部科学大臣は、各国立大学法人に対し6年間を単位とする中期目標を示すとともに、それを公表し、各国立大学法人は示された中期目標を踏まえ中期計画を作成して文部科学大臣の認可を受けるとともに、それを公表する（第30条、第31条）。なお、文部科学大臣が国立大学法人に対して中期目標を示すには、事前に各国立大学法人の意見を聴き、その意見に配慮しなければならない（第30条第3項）。国立大学法人は、各年度の開始前に中期計画を踏まえたその年度の計画（「単年度計画」と言う）を作成して文部科学大臣に届け出るとともに、それ

を公表する（第35条。通則法第31条参照）。
⑧　各国立大学法人は、文部科学省に置かれている国立大学法人評価委員会（第9条）から、各年度の業務の実績に関する評価を受け、又、中期計画終了後には、同様に中期目標の達成状況に関する評価を受けることになる（第35条。通則法第32条、第34条参照）。なお、この中期目標の達成状況に関する評価の場合は、独立行政法人大学評価・学位授与機構の行う教育研究の状況についての評価の結果を尊重して評価を行わなければならない（第35条表。通則法第34条第2項参照）。単年度の実績に関する評価は、評価結果（その国立大学法人に通知されるだけではなく、公表もされる）が悪い場合であっても業務運営の改善等の勧告で終わるが（第35条。通則法第32条第3項、第4項参照）、中期目標の達成状況に関する評価は、文部科学大臣がその国立大学法人に業務を継続させるか等を検討し、その結果に応じて大学の廃止を含めた措置を講じるための重要な根拠となるものである（第35条。通則法第35条参照）。
⑨　各省に置かれる評価委員会が行う独立行政法人の評価に対する監視役を総務省に置かれる政策評価・独立行政法人評価委員会（独立行政法人の組織、運営及び管理に係る共通的な事項に関する政令（平成12年政令第316号）第1条）という審議会が行う。具体的には、各省の評価委員会が単年度の実績に関する評価を行った場合にはこの審議会に結果を通知し、審議会はその評価を行った評価委員会に対し必要に応じ意見を述べる（通則法第32条第3項、第5項）。中期目標に関する評価の場合においても同じことが行われるが（通則法第34条第3項）、この場合には審議会は更に、必要に応じて各省の大臣に対してその独立行政法人の主要な事業等の改廃について勧告する（通則法第35条第3項）。この審議会のこれらの役割は、国立大学法人の評価についても同様に行われる（国立大学法人法第35条）。

1.2　独立行政法人国立高等専門学校機構

55校の国立の高等専門学校を設置しているのは、独立行政法人国立高等専門学校機構という名称の一つの独立行政法人です（独立行政法人国立高等専門学校機構法（平成15年法律第113号）第3条）。この法人は、通則法通りのシステムで作られており、法人の長である理事長の任免、中期目標の提示について、文部科学大臣は本来の権限を行使することができ、したがって、その責任の所在も明確です。文部科学大臣は、実際は機構の意見を聴くかもしれませんし、場合によっては機構の意見を全く聴かないかもしれません。いずれにせよ、最良と考えられる方法により適切な任免を行うことが文部科学大臣の権限であり、責任であるのです。

又、理事長の意思決定についても、無用な会議の設置、手続きの採用の強制も有りませんから、理事長が、最も良いと判断する内容、方法でその責任において物事を

決定することとなります。その結果の責任は、一人理事長のみが負わなければなりません。

2　公立学校の設置者

公立の一条学校を設置できるのは、都道府県、市町村、公立大学法人の3者のみです（学校教育法第2条）。制度的には都道府県と市町村はすべての学校種を設置できますが、市町村には小学校と中学校の設置義務が、都道府県には特別支援学校（厳密に言えば、その小学部と中学部）の設置義務が課されている他、市町村は幼稚園を、都道府県は高等学校を設置するという事実上の役割分担が行われています。公立大学法人は、大学以外の学校を設置することができません（地方独立行政法人法第68条第1項、第70条、学校教育法附則第101条の2）。国立大学法人は附属学校の設置が可能であるのに（国立大学法人法第23条、国立大学法人法施行規則第4条第1項別表第2・第5条別表第4）、その地方版である公立大学法人が附属学校を設置できないとする合理的な理由は見出せません。

公立大学法人としてではなく、一般の地方独立行政法人として大学以外の公立学校の設置・運営を行う法人を設立するためには、政令でそうすることができる旨の定めをする必要が有り、このことは、図書館等の公立社会教育施設の設置・運営を行う地方独立行政法人の設立についても同様です（地方独立行政法人法第21条第5号）。管内の公立初等中等学校を設置・運営する地方独立行政法人の設立は、教育委員会制度との関係が生じますし、小学校・中学校の教職員の人事権に関する問題を解決する必要も有ります。

2.1　都道府県

都道府県立学校であっても、大学は知事が所管し（総務部等の部局が扱っている）、初等中等学校（主として、高等学校と特別支援学校）と高等専門学校は教育委員会が所管します（地教行法第24条、第32条）。即ち、大学は知事が設置者としての役割を果たしますし、その他の都道府県立学校は教育委員会が設置者としての役割を果たします。

2.2　市町村

都道府県と同様であり、市町村立学校であっても、大学は首長部局が所管して設置者としての役割を果たし、初等中等学校と高等専門学校は教育委員会が所管し、設置者としての役割を果たします（地教行法第24条、第32条）。

2.3　公立大学法人

地方独立行政法人は、地方独立行政法人法の定めに従って、都道府県・市町村が総

務大臣(都道府県が設立する場合)又は都道府県知事(市町村が設立する場合)の認可を得て設立するもので、その法人に関する基本的な内容を定める定款(独立行政法人の場合の個別法に当たる)は、その法人を設立する都道府県・市町村がその議会の議決を経て定めます(地方独立行政法人法第7条、第8条、第80条)。法人の長である理事長の任免、中期目標の提示等は、都道府県知事又は市町村長が行います(同法第14条第1項・第2項、第17条、第25条等)。

独立行政法人が、独立行政法人通則法という基本となる法律を踏まえながら、個別の法人は個別の法律を制定することによって設立されるものであるのに対して、地方独立行政法人は、地方独立行政法人法という基本となる法律を踏まえながら、都道府県・市町村が定款を作成するという方法(それぞれの議会の議決と総務大臣・文部科学大臣又は知事の認可が必要である。定款の変更についても同じ)で設立されます。

独立行政法人の地方版が地方独立行政法人であり、公立大学法人は地方独立行政法人のうち、その名称や長の任命方法等について若干の特例が認められている法人です。公立大学法人も、国立大学法人の場合と同様に、都道府県・市町村から土地・建物等の基本的な資産の出資(これらの資産は住民の税金で取得されたものである)を受けて設立され、且つ、その運営については都道府県・市町村から毎年多額の補助(その財源は住民の税金である)を受けることになります(地方独立行政法人法第6条、第42条)。

通則法の例外として国立大学法人に対して認められている特例と似た内容の特例が公立大学法人に認められており、国立大学法人の地方版と呼ぶことができます。そのことによって同時に、国立大学法人と同じ問題点を抱えこむことになります。設立できる学校種が大学に限られていることと設立の方法の違い以外に、国立大学法人との相違点として、その長の立場の相違を挙げることができます。

国立大学法人は、必ず学長がその法人のトップになりました。公立大学法人のトップである理事長は原則としてその設置する大学の学長が就任しますが、定款でこれと別の定めをすれば経営能力の有る者等学長以外の者が理事長になることが可能です(地方独立行政法人法第71条第1項)。

学長が理事長である場合の理事長の任免は、国立大学の場合と同様に公立大学法人の申し出に基づいて知事・市長が行うこととなります(地方独立行政法人法第71条第2項乃至第4項・第8項、第75条)。学長が理事長でない場合の理事長の任免についてはこのような制約は無く、知事・市長が最適と判断した者をその責任で任命し、理事長として不適当と判断された時点で解任することとなります。ただし、学長が理事長でない場合には、理事長が行う学長の任免はその設置する大学の申し出に基づいて行い、理事長が行う学長以外の教員の任免は学長の申し出に基づいて行わなければなりません(地方独立行政法人法第71条第5項、第73条、第75条)。

こうしたシステムがはっきり示していることは、学長を始めとする大学の教員の人事について、知事・市長の介入を徹底的に排除しようとする執念です。教員が作り運営している大学でそうしているのであれば（現在の日本に主として教員が拠出した資産によって設立され、教員が拠出する資金で運営されている大学は存在していない）、敢えて問題とする必要は有りませんが、国立大学と公立大学は、国民・住民が作り、運営している大学であって、これらの大学の資産は国民・住民の税金で取得した資産を国民・住民の代表が拠出したものであり、これらの大学を運営するための資金は国民・住民の税金のうちから毎年国民・住民の代表が拠出しているのです。

3　私立学校の設置者

日本においては、私立学校を設置できる者は学校法人に限られています（学校教育法第2条）。国際人権規約A規約（第13条4）と児童の権利に関する条約（第29条2）は、そこで行われる教育が国の定める最低基準等を満たすという条件の下に、個人及び団体が一条学校を設置する自由を保障しており、学校法人に限定して一条学校の設置を認める日本のシステムは、この点において問題を抱えています。後述するように、日本においては学校自体について、国によって厳しい規制が課され、公的機関により厳重な監督が行われているにもかかわらず、設置者についてまで学校法人に限定する合理的な理由が有るか、厳しく吟味する必要が有ります。

1947年以前の学校制度においては、原則として私立の一条学校については設置者の限定は無く、ただ、旧制大学と旧制高等学校については財団法人が設置すべきこととされていました（旧大学令（大正7年勅令第388号）第6条、旧高等学校令第4条）。

法人とは、団体等の人間以外の者に人間と同様の活動上の能力（人格）を与えるためのシステムであり、結婚や選挙といった明らかに不可能又は不適切な事柄は別ですが、財産関係を始めとして幅広く人間と同じ権利・義務を持つことが容認されています。例えば、法人として財産を取得・保有・処分することができ、契約を結ぶことができます。したがって、法人が学校を設置・運営することも可能になります。基本的な法人としては、学会のような人の集まりに人格を認めたもの（社団法人）と、寄付された財産（具体的にはその財産を運用するシステム）に人格を認めたもの（財団法人）が有ります（民法第34条等）。

民法が定める社団法人と財団法人が一般的な法人ですが、これ以外にも法人は存在します。そのような法人は、それがどのような法人であるかが法律で明確に定められていなければなりません（民法第33条）。この場合、人間ではない者を人間と同じに扱うのですから、その法人の基本的な内容に加えて法人の意思がどのように決定されるかということが、紛れが無いように明確に定められていなければなりませ

ん。
これまで述べてきた独立行政法人（通則法第6条）、地方独立行政法人（地方独立行政法人法第5条）、国立大学法人（国立大学法人法第6条）、公立大学法人（地方独立行政法人法第68条第1項）も法人であり、それぞれそのための法律が存在していました。国も法人であると考えられており、都道府県・市町村も法人とされています（地方自治法第2条第1項）。

3.1　学校法人

学校法人は、私立学校法（昭和24年法律第270号）に基づき設立される法人であり（同法第3条）、学校の設置・運営に必要な財産を所持していること、及び、文部科学大臣又は都道府県知事から目的、名称、設置する学校、役員等の基本的な事項を定める寄附行為の認可を受けることが必要です（同法第25条、第30条、第31条）。上記からも理解できるように、寄付された財産を中心として成立する法人であって財団法人の要素を色濃く持っている法人です（同法附則第2項乃至第9項、学校教育法附則第102条第2項参照）。学校法人のうち、大学又は高等専門学校を設置している学校法人は文部科学大臣の所管になり、初等中等学校しか設置していない学校法人は知事の所管になります（私立学校法第4条第3号乃至第5号）。

学校法人には役員として5人以上の理事と2人以上の監事が置かれ、理事のうちの1人は理事長となり、法人の業務は理事会において原則として理事の過半数を以って決します（私立学校法第35条、第36条）。理事長は法人を代表し、理事も寄付行為の定めによって法人を代表することが可能です（同法第37条第1項、第2項）。理事には、学校法人が設置する学校の長から1人以上、次に述べる評議員から1人以上の者が含まれていなければなりません（同法第38条）。理事・監事については、学校法人の教職員以外の者が各1人以上含まれていることが必要であり、又、或る理事・監事と特別な関係（具体的には、配偶者及び3親等内の親族）にある理事・監事は、1人までしか許されません（同法第38条第5項、第7項）。

学校法人には理事定数の2倍以上の評議員で構成される評議員会が置かれ、予算、長期借入金、寄附行為の変更、解散、合併等の重要事項については、決算の報告を除き、事前にその意見を聴くことが求められています（私立学校法第41条、第42条、第46条）。又、2004年の改正により、監事の選任は評議員会の同意が必要になりました（同法第38条第4項）。評議員には、その学校法人の職員の中から1人以上、その設置する学校の卒業生から1人以上の者が含まれていなければなりません（同法第44条）。しかし、意見を聴く機関に過ぎない機関を必置にし、且つ、その審議事項、構成員まで全国一律に定める必要性が有るとは考えられませんし、誤った運用をした場合には学校法人が無責任体制になる可能性が有ります。この種の機関については、設置の是非の判断を含めて学校法人に任せるべきものです。

合併又は破産以外の事由により学校法人が解散した場合の残余財産は、国に帰属して他の学校法人が行う教育事業の助成のために使用されるか、又は、解散した学校法人の寄付行為で指定されている者に帰属することとなっています（私立学校法第51条。寄付行為を制定し、改正するには国等の認可を受けることが必要である）。なお、学校法人が残余財産の帰属先を指定する場合は、他の学校法人等を始めとする教育事業関係者の中から指定することになっています（同法第30条第3項）。
学校法人は、文部科学大臣又は都道府県知事の認可を受けて収益事業を行うことができます（私立学校法第26条、第30条第1項第9号、第45条第1項）。

3.2 学校法人以外の者
旧制度の学校の多くが現在の一条学校に移行したということ、学校法人のシステムは相当の規模と伝統のある学校を設置する者を念頭において作られたと考えられること等から、学校法人による私立学校の設置の原則を直ちに全面適用することが困難なため、経過措置を設けて、当面学校法人以外の者による一条学校の設置を認めることとしています。具体的には、私立の特別支援学校と幼稚園は、当面学校法人以外の者が設置してもよいこととされています（学校教育法附則第102条第1項）。
平成17年度学校基本調査報告書により同年5月1日におけるこれらの学校の設置状況を見ると、私立の盲学校は2校、聾学校は1校しかなく（いずれについても設置者は不明）、私立の養護学校は11校存在しますがすべて学校法人立と考えられます（平成16年度学校基本調査報告書においては私立の養護学校は12校存在し、すべて学校法人立であった）。
同じ資料によって私立幼稚園（本園のみ）の状況を見ると、8,352園のうち、学校法人立7,253園、財団法人立9園、社団法人立2園、宗教法人立534園、その他の法人立3園、個人立551園で、学校法人立以外の幼稚園は漸減の傾向にあります。
学校法人は、一条学校の設置・運営に特化した法人ですから、その事業、資金、資産等に関して学校の設置・運営以外の事業は原則として排除されていて、したがって、補助金の支出、税の優遇等が行いやすいという性質を持っています。しかし、だからといって、不利益を蒙ることも覚悟の上で財団法人立を始めとして学校法人立以外の形態を採るという設置者を否定する必要は無いと考えます。

3.3 学校法人と大学
国立大学と公立大学の場合には、設置者である国や都道府県・市とその設置する大学の間に教員人事に関して独特の関係が存在しています。
具体的には、次の通りです。
① 国立大学法人又は学長が理事長となる公立大学法人……大学の申し出に従って、大臣・知事・市長が学長・理事長を任免する（国立大学法人法第12条第1項・第

17条第4項、地方独立行政法人法71条第2項・第8項、同法第75条)。

② 学長以外の者が理事長となる公立大学法人……学長、学部長、一般教員等の任免は大学の申し出に従って理事長が行う(地方独立行政法人法第71条第5項、第73条、第75条)。

③ 都道府県・市が直営する公立大学……学長、学部長、一般の教員等の任免は大学の申し出に従って知事・市長が行う(教育公務員特例法第10条)。旧制度の国立大学もこれと同じシステムであった。

これに対して、学校法人とその設置する大学の間には、そのような関係を強制する法律は存在していません。したがって、学校法人と大学の関係は、学校法人(具体的には学校法人の理事会)が決めることになります。学長、学部長はもとより、すべての教員について実質的な人事を理事会が行うことも可能であり、又、旧制度の国立大学等のように大学が申し出てきた通りにこれらの人事を行うことも可能です。理事会が、大学の置かれている状況等を踏まえて適切な関係を設定し、維持すればよいということですが、それを誤れば大学の衰退を招くことにもなりかねません。大学の申し出の通りに人事を行っている場合においても、それは信頼関係に基づいて行っているのであって、旧制度の国立大学や直営の公立大学等のように不適切な人事を受け入れる義務は存在していないことを忘れてはなりません。教員人事を始め大学の設置・運営に関する権限は理事会に在るという基本原則を忘れてはなりません。教員の教育研究に関する業績・能力の判断等を含めて何から何まで理事会限りで行うことは困難ですが、合理的な教員人事システムを設けて大学の協力を得て理事会が教員人事の重要な部分を行うことは十分可能です。少なくとも、大学運営全体の観点から個別のケースについての具体的な指示を含めて教員人事に関して必要な指示・監督を行い、或いは、教員人事の合理的なシステムを整備してその運営を監督すること等は理事会の責任です。

第2章
学校教育の品質の確保

教育内容が決まり、学校体系が決まることにより、学校種ごとの教育活動の内容が定まります。しかし、これだけでは、その学校に求められている教育活動を行えることとはなりません。例えば、教員が少なすぎ、或いは、施設設備が不足しているため十分な授業を行うことができない等の事情があれば、不十分な教育しか提供できません。学校教育の品質を確保するためには、その学校が求められている教育を提供できるだけの人的或いは物的条件を備えていることが必要となります。具体的には、その生徒数に応じて、適格性の有る教員が必要数存在すること、必要な内容・面積の施設と必要な内容・数量の設備が有ることが主たるものです。勿論、定められた教育内容を提供するということが、大前提です。

こうした条件の確認は、個々の事案ごとに公的な機関が行えばよいことですが、日本の場合は、学校種ごとに文部科学大臣が設置基準を制定しており、したがって、国・公・私立を問わずすべての一条学校が全国一律の基準を充足するように設置・運営されています。本章では、この設置基準の問題と、設置基準が遵守されるように公的機関が行っている監督について述べます。そして、最近特に強く求められてきた評価機関による大学等の評価にも触れます。

又、学校教育の品質の確保にとって、教員の資格の在り方は大きな意味を持ちますが、この問題は独立して第3章で述べることとします。

第1節　学校の設置基準

学校は、学校種ごとに定められている設置基準に従って設置されなければなりませんが、この設置基準は文部科学大臣が定めますから全国一律の基準であり、又、その性格上国・公・私立の別なく適用されるべきものです（学校教育法第3条）。そうは言っても、設置基準に合致するか否かが厳しく審査されるのは学校の設置等の認可を受けるときであり、後述する通り、国立学校、都道府県立の初等中等学校、市町村立の小学校・中学校はこうした設置等の認可を受ける必要は無いこととされ

ていることから、設置基準に合致しているかについての厳しい審査を受けることは有りません。設置基準は、実質的には私立学校と公立の大学・高等専門学校を規制するためのものと言うことができます。

設置基準は、通常は「小学校設置基準」のように対象となる学校種と設置基準の名称をつけた単独の文部科学省令の形で作成されていますが、常にそうであるとは限りません。現に、中等教育学校や特別支援学校の設置基準は、学校教育法施行規則の中で定められていますし（第65条の2、第65条の3、第73条乃至第73条の5）、高等学校の通信制課程の設置基準は高等学校通信教育規程（昭和37年文部科学省令第32号）において定められています。又、単独の設置基準が存在する場合において、その内容に設置基準以外の内容が大量に盛り込まれていることが有ります（例えば、大学関係の設置基準には、これらの省令の制定文からも明らかな通り学校教育法第8条に基づいて文部科学大臣が教員資格を定めている部分が入っているほか、認可基準を定めていると考えられる部分も入っている。高等専門学校についても同様である）。

ここでは、「設置基準」とは、文部科学大臣がどのような名称の規程の中でそれを定めているかに関わらず、学校教育に必要な施設・設備の内容、数量、面積等を定めているもの、及び、学校教育に必要な教職員の内容、人数等（初等中等学校においては、教員数の算定の基礎となっている学級編成の在り方を含む）を定めているものを言うこととします。設置基準の内容のうち施設・設備の数量・面積、教員数等は、その学校に在学する生徒の数に対応して当然に変わってくるものであり、その意味では、在学する生徒の数も重要なポイントになります。

1　設置基準の性格

文部科学大臣は、設置基準を最低の基準として定めたとしています（小学校設置基準（平成14年文部科学省令第14号）第1条第2項、中学校設置基準（平成14年文部科学省令第15号）第1条第2項、高等学校設置基準第1条第2項、大学設置基準第1条第2項等）。しかし、これらの設置基準自身がその規程中において最低基準ではない部分が存在することを認めているように（小学校設置基準第4条但し書き、第8条第1項但し書き、第10条但し書き、中学校設置基準第4条但し書き、第8条第1項但し書き、第10条但し書き、高等学校設置基準第9条、第13条但し書き、第14条但し書き、第16条但し書き、大学設置基準第36条第4項・第5項等）、最低基準として首尾一貫しているわけではありませんし、精査すれば最低基準としては要求が高すぎるものも存在します。

設置基準は、学校が適切な内容・レベルの教育を提供するために満たしていることが必要な条件を示しているものですから、最初に学校を設置する時だけ満たしていれば良いという性格のものではなく、学校が存続している間は継続してそれを満た

していなければなりません。しかし、学校を設置する際の設置基準の適用は計画段階におけるものですから基準通りの適用が可能であり、且つ、基準通りに適用すべきですが、学校が設置された後においては、入学辞退者の存在により入学者数のコントロールが完全には行えないことや、教育上の必要や教育の新しい試みに柔軟に対応する努力を評価する観点からも、少しでも設置基準を下回ったらけしからんとするような機械的・画一的な考え方は不適切です。専任教員数や校地面積という設置基準の中核的な事項でさえ絶対的なものでないことは、1992年に向けて18歳人口が急激に増加した時期に、文部省は大学に対して期限を付して学生の収容人員を増加するという措置を認め、その場合において専任教員と校地は増加させる必要が無いとしたことを見ても、明らかです（大学設置基準附則第4項乃至第6項、短期大学設置基準（昭和50年文部省令第21号）附則第5項乃至第7項）。

2　初等中等学校の設置基準

初等中等学校の設置基準の特徴は、学級が重要な意味を持っており、教員数の算定は基本的に学級数を基礎として行われていることです。

又、高等学校以外の初等中等学校においては基本的な教育組織として学級と学年が有るだけですが（他には特別な例として、分校・分園がある）、高等学校においてはその他に学科と課程という教育組織が現れます（学校教育法第43条乃至第45条）。

2.1　学級と教員

小学校と中学校の学級は固定されており、原則として同学年の子供40人以下で編成されます（小学校設置基準第4条、第5条、中学校設置基準第4条、第5条）。幼稚園の学級も固定されており、原則として同年齢（前述したように、幼稚園には小学校等のように1年生、2年生という意味での学年の概念は無い）の子供35人以下で編成されます（幼稚園設置基準（昭和31年文部省令第32号）第3条、第4条）。これらの学校については、このような原則で編成された学級の数以上の専任教員数が要求されています（小学校設置基準第6条、中学校設置基準第6条、幼稚園設置基準第5条）。

高等学校については、小学校等とは異なり、固定された学級は前提とされていませんが、一緒に授業を受けるまとまりとしての学級の概念は有り、40人以下の学級が標準として想定されています（高等学校設置基準第7条）。固定した学級という考えを採らないにもかかわらず、教員数については、生徒数（実際の生徒ではなく定員）を40で除して得られた数以上の専任教員数が要求されています（同基準第8条）。

2004年3月まで実施されていた旧高等学校設置基準（昭和23年文部省令第1号）は、学級は同学年の同学科に在学する生徒で編制することを原則としていました（第8

条)。又、教員数については、独自のかなり精巧な算定基準を持っていましたが、生徒数を40で割る計算が基本になっているという点では、現在の基準と同趣旨のものです（旧高等学校設置基準第9条第1号表甲（一）、（二）註）。大雑把に言えば、旧基準は学級数×2という教員数を要求し、そのうち半数以上が専任であることを要求していました（旧高等学校設置基準第9条第2項）。なお、旧高等学校設置基準は、実習助手及び養護教員を必置の職員としていましたが（第12条乃至第14条）、現在の高等学校設置基準はこれらの職員を任意設置の職員としている学校教育法（第50条第1項、第2項）の内容に沿ったものとなっています（高等学校設置基準第9条、第10条）。

特別支援学校については、幼稚部以外の学級編成は原則として同学年の子供で編成し、小学部・中学部については視覚障害と聴覚障害の場合にあっては1学級10人以下、その他は15人以下とし、特別支援学校の高等部は15人以下の生徒で1クラスとします（学校教育法施行規則第73条の2の2第1項、第73条の2の3第1項）。幼稚部については、教員1人が扱う幼児数を8人以下としています（同規則第73条の2の2第2項）。又、教員数については、小学部については学級数以上の教諭が必要であること、中学部については学級数の2倍程度の教諭が必要であることが定められています（同規則第73条の2の4）。なお、前述のように、義務教育段階の子供は1万人中9,998人が就学していることから、特別支援学校には重度の障害や重複障害を持つ子供が在学していますし、併設の施設・病院との関係も異なる等の事情から、この設置基準をそのまま適用すべきでないケースが少なからず存在します。

中等教育学校については、施設・設備の基準も含めて中学校と高等学校の設置基準がそのまま適用されます（学校教育法施行規則第65条の3）。

2.2 施設・設備

学校における不可欠の施設は校舎と運動場とされており、その必要面積が示されています。

［校舎］
校舎の必要面積は、少数の生徒しかいない場合でも必要とされる最低面積があり（例えば、小学校の場合では、全校合わせて40人以下の生徒しかいなくとも500㎡の校舎が必要とされている）、40人を超える生徒については小学校の場合で1人当たり5㎡（生徒数480人まで）又は3㎡（生徒数480人を超える場合）を加えます（小学校設置基準第8条別表イ）。中学校についても、考え方は同じです（中学校設置基準第8条別表イ）。幼稚園については、学級数に応じて園舎の面積が定められています（幼稚園設置基準附則第3条別表第1）。高等学校は、最低でも1,200㎡以上とし（この場合は、生徒数については各学年1学級しかない120人以下の学校を

想定している)、生徒数が120人を超える場合は超える人数に6㎡をかけた面積をこれに加えます(高等学校設置基準第13条)。
　校舎に必ず置かれるべきとされているのは、小学校・中学校にあっては、特別教室を含む教室、図書室、保健室、職員室です(小学校設置基準第9条、中学校設置基準第9条)。幼稚園の園舎は原則として2階建て以下であり、小学校等の教室に当たる保育室・遊戯室と職員室・保健室が必要とされています(幼稚園設置基準第8条、第9条)。高等学校についても同様ですが、職業等の専門教育に応じて実習用の工場を整備する等が必要になります(高等学校設置基準第15条)。

[運動場]
　日本の学校の設置基準は、施設の基準を持たない特別支援学校を除き、すべての初等中等学校に一定面積以上の運動場の保有を義務付けています。
　小学校については、校舎の場合と同様に、どんなに小規模な学校であっても最低必要な面積を定め(生徒数240人以下の学校について2,400㎡)、それ以上の生徒数の学校については240人を超える生徒1人につき10㎡を加え、7,200㎡を上限とし、いくら生徒数が多くともそれ以上の面積は要求しないこととしています(小学校設置基準第8条別表ロ)。中学校についても、考え方は同じです(中学校設置基準第8条別表第8ロ)。幼稚園の場合は、1学級では300㎡、2学級330㎡、3学級400㎡、それ以上は1学級増えるごとに80㎡が加算され上限は有りません(幼稚園設置基準附則第3項別表第2)。高等学校については、運動場は最低8,400㎡が必要とされています(高等学校設置基準第14条)。

[体育館]
　小学校・中学校において体育館は保有しなければならない施設とされていますが、特別の事情がある場合は無くともよいこととされています(小学校設置基準第10条、中学校設置基準第10条)。高等学校についても同様です(高等学校設置基準第16条)。幼稚園の場合にはそもそも体育館と呼ばれるものは無く、遊戯室がこれに当たると考えられます(幼稚園設置基準第9条第1項第3号)。

[設備]
　各設置基準には、例示の精粗はありますが、学校が教育上、安全上、衛生上必要な設備を備えるべき旨の規定が置かれています(小学校設置基準第11条、中学校設置基準第11条、高等学校設置基準第20条乃至第23条、幼稚園設置基準第9条乃至第11条)。しかし、備えるべき設備に関する数量的な定めは有りません。
　一方、国は公・私立の小学校・中学校・高等学校等に対して、理科と算数・数学の設備を整備するためのお金を補助していますが、補助対象となるこれらの設備の基

準を詳細に国が定めています（理科教育振興法、同法施行令（昭和29年政令第311号）、理科教育のための設備の基準に関する細目を定める省令（昭和29年文部省令第31号））。設置基準とは目的・性格が異なりますが、補助の基準としてのこの基準が、これらの学校における理数分野の設備を整備する当たっての基準として機能しています。

同様に、国は公・私立の中学校、高等学校等に対して、産業教育（家庭科教育を含む）のための施設・設備を整備するお金を補助していますが、補助対象となる設備の基準を詳細に国が定めており（産業教育振興法、同法施行令（昭和27年政令第405号）、同法施行規則（昭和51年文部省令第36号））、これが中学校・高等学校における産業教育に関する設備を整備するに当たっての基準として機能しています。

3　公立の初等中等学校に関する財政措置のための基準と設置基準

義務教育学校と高等学校を設置・運営することは、制度上又は事実上、都道府県・市町村の役割となっています。学校教育が円滑に行われるようにする責任を負っている国としては、その基本となる財政面において都道府県・市町村がこれらの学校を大きな困難無しに設置・運営できるようにするための配慮をしなければなりません。財政上の負担がどの程度になるかは、教員数、施設の内容と面積等に左右されるところが大きく、これらは設置基準の問題と言えます。

前述のように、設置基準は原則として最低の基準として定められているものであり、義務教育については90％以上を占め、高等学校についても約70％を占めている公立学校を整備するに当たっても設置基準が基本となります。しかし、公立学校を整備するに当たり最低限の基準をそのまま使って学校を作ることには抵抗が有り、特に教育関係者等においては財政の許す範囲でそれよりも少しでも良い基準で公立学校を整備したいとする気持ちが有ります。又、義務教育においては、市町村は生徒が存在する限り小学校・中学校を設けて教育する義務があることから（学校教育法第22条、第23条、第29条等）、生徒が1人、数人、10数人といった学校も作らなければならないこととなりますが、こうした特殊な状態の学校までは設置基準として定めにくいという事情も有ります（平成17年度学校基本調査報告書によれば、公立小学校（本校）を規模別に見た場合、最も多いのは生徒数1人から49人までの学校であり、総数22,471校中2,907校がこれで、次に多いのが生徒数300人から399人の学校の2,758校である）。

こうしたことから、公立学校については、設置基準に加えてその整備のために用いられる基準が設けられました。整備のための基準を設けるということが意味するところは、この基準に従って計算した結果を用いて国が都道府県・市町村に対して学校教育に必要な財源を用意するということです。即ち、この基準は公立の初等中等学校に対する財政措置のための基準ということになりますが、公立の初等中等学

は設置基準に従ってではなく、この財政措置のための基準に従って設置・運営されているというのが、現実の姿です。なお、公立幼稚園については、このような基準は設けられておらず、そのことが公立幼稚園に対する財政措置を不十分なものにしているという指摘が有ります。

公立の義務教育学校については、学級編成と教員数に関する基準に加えて、校舎等の建物に関する基準が有り、これらの基準は、地方交付税制度における教育関係経費を算定する基礎として、或いは、教員の給与費と校舎等の建物の建築費に関して文部科学省が都道府県・市町村に対して支出する補助金等の額を算定する際の基準としての役割を果たしています。

公立高等学校については、学級編成と教員数に関する基準が有り、主として地方交付税交付金における高等学校関係の経費を算定する基礎としての役割を果たしています。

3.1 義務教育学校の基準

学校を設置・運営する者がそれに要する経費を負担しますが（学校教育法第5条）、市町村立の義務教育学校については、その教職員は市町村の職員でありながら都道府県が給与を支払う（市町村立学校職員給与負担法第1条）とともに、原則としてそれらの職員の任命権も都道府県が行使することとしています（地教行法第37条第1項、第58条）。都道府県が支払わなければならないこれらの給与については文部科学省がその一部を負担することとなっています（義務教育費国庫負担法（昭和27年法律第303号）第2条第1号）。給与の額は教員数によって決まりますから、国が給与費を負担する場合における教員数の算定の基準と、その基礎となる学級編制の基準が必要となります。

公立の義務教育学校における建物の建築費は、設置者である都道府県・市町村が負担しますが、文部科学省もその一部を補助します（義務教育諸学校等の施設費の国庫負担等に関する法律（昭和33年法律第81号。以下、「義務施設法」と言う）第3条）。建築費の額は、面積と単価によって決まりますから、国が建築費を補助する場合における学級数等に応じた面積の基準、建物の種類等に応じた単価の基準等が必要となります。

なお、公立高等学校の中心である全日制課程については校舎等の建物整備のための補助制度が無く、補助のための基準も有りませんが、2006年までは公立高等学校の定時制・通信制課程について老朽校舎等の整備について文部科学省が補助金を支出するための法律が有ったことを付言しておきます（旧公立高等学校危険建物改築促進臨時措置法（昭和28年法律第248号）。義務施設法第12条第1項、同法施行規則（昭和33年文部省令第21号）第6条第1項参照）。

3.1.1 学級編制の基準

公立の義務教育学校における学級編制の標準は国が定めています（公立義務教育諸学校の学級編制及び教職員定数の標準に関する法律（昭和33年法律第116号。以下「義務標準法」と言う）第1条、第3条）。都道府県教育委員会は、国が法律で定めたこの標準を踏まえてその都道府県における公立義務教育学校の学級編制の基準を定めます（同法第3条第2項、第3項）。公立義務教育学校の設置者としての教育委員会は、都道府県教育委員会が定めたこの基準に従って毎年度具体的に学級編制を行いますが、その際、市町村教育委員会は都道府県教育委員会に事前に協議してその同意を得なければなりません（同法第4条、第5条）。

国の定めた標準と異なる基準を都道府県が定めることについては、教育条件が向上する方向（例えば、1学級は40人とされているが、これを30人にする）であれば可能とされています（義務標準法第3条第2項但し書き、第3項但し書き）。

いずれにせよ、公立の義務教育学校の学級編制・教員配置は、設置基準ではなく義務標準法によって行われています。ただし、義務標準法のレベルは設置基準よりも高いことから、設置基準に対する違反の問題は生じません。

学級編制の基準は、現在次のようになっています。

① 学級は同学年の生徒で編制する（いわゆる単式学級）が、少人数の場合は多学年の生徒で編制する（いわゆる複式学級）（義務標準法第3条第1項、同法施行令（昭和33年政令第202号）第2条）。複式学級は、例えば小学校の1年生と2年生であれば、生徒数が合わせて8人以下の場合に限り認められ、これを超える場合は1年生と2年生でクラスを分けなければならない。小学校の2年生と3年生では、生徒数が合わせて16人以下であれば複式学級となる。平成16年度学校基本調査報告書によれば、公立小学校の単式学級は241,641学級であるのに対し、複式学級は6,678学級でそのすべてが2個学年複式である。同じく、公立中学校については、単式学級110,798学級、複式学級231学級（うち17学級は3個学年複式）である。

② 同学年の生徒で学級を編制する場合、小学校・中学校については40人を超えると2クラスとなり、特別支援学校については6人を超えると2クラスとなる（義務標準法第3条第2項表、第3項）。前述のように、都道府県教育委員会はこれを下回る数で学級編制の基準を定めることができる（義務標準法第3条第2項但し書き、第3項但し書き）。この場合、その都道府県はこれに基づいて学級編制をした結果増加した市町村立学校の教職員の給与を負担するが（市町村立学校職員給与負担法第1条）、それについては文部科学省の負担の対象とはならない（義務教育費国庫負担法第2条但し書き、義務教育費国庫負担法第2条ただし書きの規定に基づき教職員の給与及び報酬等に要する経費の国庫負担額の最高限度を定める政令（平成16年政令第157号。以下「限度政令」と言う）第1条第5号・

第11号、第2条第1号・第4号)。即ち、都道府県が高い基準を定めた場合は、これによる教職員数の増加に伴って必要となるお金については、その全額を都道府県が単独で負担することとなる。

3.1.2 教員数の基準
[小学校・中学校の基準]
義務教育学校の教員数(校長と養護教員は含まず、教頭は含む)は、基本的には学級数と連動しています。なお、校長は、本校であれば計算上必ず専任の者を置くこととなっています(義務標準法第6条の2。学校教育法第28条第1項、第40条参照)。又、養護教員は3学級以上の学校に置かれ、2学級以下の学校には原則として専任の者は置かれません(義務標準法第8条。学校教育法第28条第1項、第40条、附則第103条参照)。

小学校の教員数については、その学校の学級数に応じて、1.292(6学級の学校の場合)から1.130(36学級以上の学校の場合)までの数をその学校の学級数に乗じます(義務標準法第7条第1項第1号表)。もっとも1又は2学級の学校は1を乗じることとされていますから、1学級の学校は校長が1人と教員が1人、2学級の学校は校長が1人と教員が2人ということになります(同表)。

中学校の教員数についても、その学校の学級数に応じて、4(1学級の学校の場合)から1.483(36学級以上の学校の場合)までの数をその学校の学級数に乗じます(義務標準法第7条第1項第1号表)。以上から、生徒1人の学校にも専任の教員4人と専任の校長1人を配置することとなっており、大の大人5人がそのための専任として税金で雇われ1人の子供を教育するという結果が生じます。このような内容となっている中学校の教員数の算定方法には、常識の観点から首をかしげざるを得ません。教員数は多ければ良いというものではなく、無用な教員がいることで反って混乱や無責任状態を生じることを考える必要が有ります。

以上が基礎的な教員数ですが、これに加えて、例えば一定規模以上の学校には教頭を置き、更に大規模校には教頭を2人置く等のように規模に応じて教員が必要となる要素にも配慮する必要が有りますし、又、チーム・ティーチングや生徒の習熟度別に授業を実施する等の教育上の工夫を行う学校には必要な教員を特に配置する必要が有ります(義務標準法第7条第1項第2号乃至第5号、第2項)。

ここで考えなければならないことは、第1章第3節1.1.5で指摘した日本の公立学校において教室で何が行われているかは教員と生徒以外には誰も知らないということです。こうした状態では、チーム・ティーチングや習熟度別の学習を行っているかどうかは教員以外には分からないことであり、第三者が確認できません。チーム・ティーチングや習熟度別学習を行うということで教員を増加しても、それが実際に行われたか確かめることができないのです。このように誰にも確かめることができ

ないのであれば、市町村教育委員会としてもチーム・ティーチングや習熟度別学級を実施しますと言って教員を加配してもらうのが当然の行為となり、更に、都道府県教育委員会も、実施していようがいまいが実施していることにして教員を加配することが当然のことになります。北海道の小樽市のようにこれが発覚して騒ぎになった例も有りますが、実態は多くのところで同じ事が行われ、ただ発覚していないだけではないかとさえ思われます。習熟度別学習やチーム・ティーチングが実施されて相当の期間が経過しており、この間これらの教育方法について真剣に取り組んだのであれば、日本の公立学校の教育もかなり変わっていなければならないはずであるのに、これといった成果も又問題点も報告されていません。

[特別支援学校の基準]
公立の特別支援学校の教員数の基準も、学級数に応じて一定の数をその学校の学級数に乗じるものであり、その乗じる一定の数は小学校・中学校の場合の数と原則として同じ（小学部の5学級以下の場合だけは、小学校よりも多少手厚いものとなっている）です（義務標準法第11条第1項第1号表）。小学校・中学校と同じ計算方法とは言っても、前述のようにその基礎となる学級の規模は6人以下（重複障害の生徒については3人以下）であり、小学校・中学校とは全く異なっています。又、内容は異なるものの、教員の加配も行われています（同法第11条第1項第2号乃至第6号）。

ちなみに、2005年における公立盲学校の幼稚部から高等部（専攻科を含む。聾学校・養護学校の高等部についても同じ）までの生徒数は3,538人、専任教職員数は5,026人（うち校長と養護教員も含めた教員数は3,257人）、公立聾学校は生徒数6,298人、専任教職員数は6,748人（うち教員4,855人）、公立養護学校は生徒数87,925人、専任教職員数は65,620（うち教員53,804人）人です（平成18年版文部科学統計要覧による）。教育施設でありながら生徒数に対して教職員数がこのように過大な状況は、教育を中心とする教育施設として扱う要素と介護等を中心とする福祉施設（教育の要素を排除する必要は無い）として扱うべき要素とが未整理の状態で交じり合っているのではないかと考えられます。就学猶予・免除者が極めて少ないという事実も併せ考えてみる必要が有ります。又、平成18年版文部科学統計要覧によれば、養護学校高等部に中学部の2倍の生徒がいますが、これらの大部分は知的障害の生徒であり、又、盲学校高等部（専攻科を含む）には中学部の5倍の生徒が在学しているという奇妙な事実が有ります。

3.1.3 校舎等の基準
公立の義務教育学校の校舎、屋内体育館、寄宿舎は、その公立学校を設置・運営する都道府県・市町村が整備しなければなりません。その際、文部科学省もその整備に要する経費の原則2分の1（既存の老朽建物を改築する場合は3分の1）を補助す

ることとしています（義務施設法第3条第1項）。具体的には、校舎と体育館については、3.1.1で述べたところにより編制される学級数に応じて定められた面積が有り（基準面積という。例えば、12学級有る小学校の校舎の基準面積は3,881㎡、同じく中学校は5,129㎡である。12学級有る小学校の屋内体育館の基準面積は919㎡、同じく中学校は1,138㎡である）、この基準面積の範囲内で文部科学省が補助することとされています（同法第5条、第6条、同法施行令（昭和33年政令第189号）第7条第1項第1号表・第3項表）。寄宿舎の基準面積は、収容する生徒の人数に基準となる面積（小学校は22.19㎡、中学校は31.31㎡）を乗じます（義務施設法第6条第2項、同法施行令第8条第1項）。

したがって、基準面積は国が補助の対象とする校舎等の面積の上限を意味しますが、実際に建物を新・増・改築する場合には基準面積以上の建物を建てることが多いようであり、その結果として、この基準面積が事実上公立の義務教育学校における建物の最低基準として機能する結果となっています。なお、基準を超えて整備した面積は文部科学省の補助の対象外ですから、その都道府県・市町村の単独負担ということになります。

3.2 高等学校の基準

公立高等学校の整備の基準は学級編制と教員数の基準であり、校舎等の建物に関しては一般的な基準は存在しません。公立義務教育学校の基準は、国（文部科学省）が都道府県・市町村に支出する資金の額を算定するための基準であり、その都道府県・市町村が何人の教職員を雇用し、何という学校の何平方メートルの校舎を建設するのに使うかを特定し、そのうち何人まで、或いは、何平方メートルまでを国（文部科学省）が補助の対象とするかを確定するための基準という一面を持っていました。これに対して、公立高等学校の基準は、その都道府県・市町村が行わなければならない仕事を行うためにいくらの経費が必要か（基準財政需要額）を計算する一環として、公立高等学校を設置している場合における高等学校の教職員の給与費等を算定する方法を定めたものです（地方交付税法第11条、第12条第1項表・第2項表）。

都道府県・市町村については、基準財政需要額と基準財政収入額を比較した結果不足する額を地方交付税交付金として国から受け取ることとなりますが（地方交付税法第2条第3号、第4号、第10条）、この場合、基準財政需要額の基礎となった各要素の計算結果はあくまでも計算に過ぎず、都道府県・市町村が行う支出を一切拘束しません（第1部第2章第2節2参照）。国は地方交付税交付金の交付に当たって、条件をつけ、使途を制限してはならないこととなっています（同法第3条第2項）。なお、都道府県・市町村も、行政水準の維持に努め、法律・政令で定められた行政の規模・内容を確保する義務が有りますが（同法第3条第3項）、文部科学大臣がそ

れを強制する手段は有りません。したがって、公立高等学校の基準の意味としては、基準に従った教員数については財源が一応保障されたということと、法律と政令で基準を定めていることにより都道府県・市町村が遵守義務を課されていることです。ただし、これらの基準を定めている公立高等学校の適正配置及び教職員定数の標準等に関する法律（以下、「高校標準法」と言う）は標準を定めたものであって（第6条、第7条）、最低限を定めた設置基準とは異なります。

3.2.1 学級編制の基準

公立高等学校の教職員数は、学級数に基づいてではなく、生徒数に基づいて定められていますから、設置基準と別に学級編制の基準を定める意味は有りません。しかも、高等学校は、実態としては義務教育化していますが未だ義務教育ではなく、都道府県・市町村に設置義務も課されていませんから、募集人員を設定して、それを超える生徒は入学を断ることが可能です。このように、一定の学級規模を維持することが可能であることから、原則として小規模学級について考える必要は無く、標準的な規模の学級のことだけを考えておけば済みます。

それにもかかわらず、40人を標準として学級編制をするように求めています（高校標準法第6条）。これは、公立高等学校の教員数は生徒数に基づいて計算されるとは言っても、その基礎には40人で学級を編制した場合のクラス数というものが前提とされていることを示しています。

3.2.2 教員数の基準

教員数の基本的な部分は生徒数に応じて算定されますが、この場合の生徒数は実際の数ではなく、収容定員です（高校標準法第9条等）。収容定員が何を意味するかは定義が無いので不明ですが、例えば、1年生から3年生まで各8クラスの公立高等学校の収容定員は、1学級40人で編制したとすれば、40人×8クラス×3年分＝960人ということではないかと思われます。この学校において、実際の生徒は700人であったとしても、教員数の計算においては生徒数960人の学校として扱うこととなります。生徒の定員が固定されているので、教員の立場からは実際の在学者が少なければ少ないほど楽でよいということになります。例えば、帰国子女の受け入れ状況を見ると、2004年度間に日本の高等学校（全日制）が受け入れた帰国子女は、高等学校生徒の70％が在学している公立高等学校が566人、国立と私立が1,258人（うち125人が国立）です（平成17年度学校基本調査報告書による）。

学校を収容定員の多少によって区分し、小規模校は小さな数字（例えば、最小規模のクラスに属する収容定員40人の学校の場合は、8）で、大規模校は大きな数字（例えば、最大規模の階級に属する収容定員1,200人の学校の場合は、21）で、その学校の収容定員を割った数字、即ち40人の学校は5人、1,200人の学校は58人が、それぞれの学校の教員数とされています（高校標準法第9条第1項第2号表）。この割るほうの数字は、8から始まって学校の規模が大きくなるにつれて次第に大きな

数字となり、最後は21にまで至ります。これが基本的な教員数です。

その他、学校の規模が大きくなることにより考慮しなければならない要素や、学科の種類や数によって考慮しなければならない要素等が有り（高校標準法第9条第1項第1号、第3号乃至第9号）、さらに少人数教育の工夫を奨励するために教員数について配慮するという要素（同法第9条第2項）も有ります。この場合も、実際の教育について誰もチェックしていない、したがって少人数教育が行われているかどうかについて誰も確認できないという公立小学校・中学校と同じ問題が存在しています。

公立の小学校・中学校の場合は、対象となる子供を選抜することなく全員を受け入れますから様々な能力、背景等の子供が入学し、特別支援学級や複式学級或いは小規模学校の存在等も含めて生徒数の割には教員数が増加する要素が、存在しています。これに対して私立の小学校・中学校は、入学する生徒の能力や背景を一定の範囲内に止め、小規模学級にならないように入学者数をコントロールする等、公立学校に比べて教員数を少なく抑えることができる要素を持っています。一方、義務教育ではない高等学校については、制度上（学校教育法第75条第2項）はともかく実態上は特別支援学級は存在せず、公立高等学校においても入学者のコントロールが行われており、大学のような研究という要素も無いといったことから、公立と私立の高等学校の間には上記のような条件の違いはなく、したがって、公立高等学校の教員数のほうが私立の高等学校の教員数よりも多くなる理由は存在しません。そこで、実際にこうした教員数と生徒数の実態を、専任の教員（教頭、教諭、助教諭、講師を言う。以下、この3.2.2において同じ）1人当たりの生徒数で見ると、次の通りです（平成16年度学校基本調査報告書の数字に基づき計算したものである）。

- 小学校……………………公立19.5　　私立21.6
- 中学校……………………公立15.8　　私立18.9
- 高等学校（全日制）……公立14.4　　私立19.0

公立・私立の間に格差が生じる理由が存在しない高等学校において、生徒数に対する教員数の比という基幹的な教育条件に最も大きな差が存在していることは、驚き以外の何物でもありません。もしこの差が、設置基準と高校標準法の差であるなら、差が存在すべきでないところに差を生じさせている高校標準法を即座に廃止するか改正すべきです。都道府県等が高校標準法以上に配置していることが原因であるなら、各都道府県等が公金の適正、且つ、効果的な使用の観点から公立高等学校の教員数の在り方を吟味すべきです。公立高等学校が極めて困難な役割を果たしているとか、私立に比べて格段に大きな教育上の成果を上げている等の実態が存在するのであればまだ救われるところですが、むしろ私立高等学校に教育困難な子供の教育を引き受けさせ、スポーツ、芸術等ではその後塵を拝し、受験競争の最先端では水

をあけられているのが実態であると考えられます。そうだとすれば、私立に比べてこのあまりに贅沢な教育条件の格差は何に使われているのでしょうか。

欧米においては、一般に私立の初等中等学校は公立よりも余裕の有る贅沢な内容の教育を与えるという性格のもので、公立よりも良い教育条件で教育を行っていると考えられます（例えば、文部科学省作成の平成14年版『教育指標の国際比較』34頁乃至43頁の数字にそのことを垣間見ることができる）。日本においてもその要素は皆無ではありませんが、基本的に日本の私立の初等中等学校は、公立の初等中等学校が対応できなかった、或いは、対応しなかった教育を引き受けてきたと言うことができます。したがって、公立よりも高い学費を払い、且つ、公立よりも悪い教育条件であっても、生徒がそこに集まり学校の経営が成り立つのです。公立学校が対応できなかったこと・対応しなかったこととは何かと言えば、一定の理念・宗教等に立って教育を行うこと、とても贅沢な教育を行うこと、子供の希望するところに従ってその能力を最大限に伸ばす教育を行うこと、学力の高い子供の教育を行うこと、学力の低い子供（勉強が得意ではない子供という意味で、知的障害を持つ子供という意味ではない）の教育を行うこと、勉強が好きな子供の教育を行うこと、勉強が嫌いな子供の教育を行うこと、学校が好きな子供の教育を行うこと、学校が嫌いな子供の教育を行うこと等、枚挙に暇が有りません。最初の二つは公立では困難ですが、残りは少なくとも学校と称する以上誰が設置しているかに関わらず行わなければならないことです。しかし、実態はこれらの教育を公立学校に期待することはできません。日本において、何故学費が高く、教育条件が悪い私立学校に行くかといえば、私立学校でしかその生徒に必要な教育が受けられないからであり、つまるところ日本の公立高等学校が基本的に役割を果たしていないからです。

なお、高校標準法は、特別支援学校の高等部についても、学級編制の基準と教員数の基準を定めています。

特別支援学校の高等部については、基本的に教員数が学級数に応じて決められていることから、高等学校の場合と異なり、学級編制が意味を失ってはいません。学級編制は、義務教育段階では6人（義務標準法第3条第3項）でしたが、高等部の場合は、8人以下の生徒で1学級を編制し、重複障害の生徒については3人以下で1学級を編制します（高校標準法第14条）。この場合、必ずしも同学年の生徒で編制することにはなっていないと考えられます（学校教育法施行規則第73条の2の3第1項参照）。

高等部の教員数の基本的な部分は、学級数×2とされ、その他に、学校の規模や学科・課程の状況等による加配が行われます（高校標準法第17条）。

4　大学等の設置基準

前述のように、幼稚園を除く初等中等学校については、設置基準とは別に公立学校

を整備するための教職員数・施設の面積に関する財政上の基準を法律によって定めていましたが、大学・高等専門学校については法令で定められたこのような財政上の基準は無く、設置基準のみが存在しています。その意味するところは、中核となる大学・高等専門学校の設置を都道府県・市に求めておらず、それらを国自らが設置していることから、それらの整備の基準を設けるにしても国の内部的文書で足りるからです。結果的には、公・私立大学等は設置基準を満たすことだけが求められています。

大学に置かれる教育組織はかなり多様ですから、まず、大学の教育組織について整理しておきます。

大学においては、学年や学級は制度上の教育組織ではありません。大学によっては、これらを教育組織として扱っているところがありますが、それはその大学に限っての運営上の扱いであって、全大学においてそのような扱いをする必要は有りません。

4.1 大学の教育組織

4.1.1 4年制大学の学部と短期大学の学科

4年制大学の基幹的な教育組織は学部、短期大学の基幹的な教育組織は学科であり、教員もこの学部・学科に所属しています（学校教育法第53条、第69条の2第4項・第5項、大学設置基準第3条、短期大学設置基準第3条）。すべての大学は、原則として学部又は学科を置いていますが、4年制大学は学部に相当する別の組織を置くことも可能です（学校教育法第53条但し書き）。この規定は、1978年に筑波大学を想定して設けられたもので、筑波大学は学部に代えて、教員が所属する組織としての学系と学生が所属する組織としての学群を置いています（旧国立学校設置法第7条の10）。勿論、学部に代えて学系・学群以外の組織を置くことも可能ですが、筑波大学の場合も含めて、そうすることによって然るべきメリットが生じなければ意味が有りません（大学設置基準第6条）。学部は、通常更に細分された専攻分野に応じて学科に分かれ、その場合、教員はこの学科に所属します（大学設置基準第4条）。

4年制大学と言っても、必ずしも修業年限4年の学部（学校教育法第55条）がすべてではありません。医学、歯学、獣医学、薬剤師の資格取得のための薬学に関する学部は修業年限が6年です（同法第55条第2項、大学設置基準第32条第2項・第3項・第4項）。又、特別の専門事項を教育する学部と夜間学部は大学の裁量で4年を超える期間の修業年限を設定できます（学校教育法第55条第1項但し書き）。

他方、職業を持っている等の事情から修業年限を大幅に超える長期に亘って履修することを希望する学生に対しては、そうした形態の履修を認めることも可能です（大学設置基準第30条の2）。

4.1.2　大学院

多くの4年制大学は大学院を置いていますが、大学院は必ず置かなければならないものではありません（学校教育法第62条）。一方、学部を置かずに大学院だけからなる教育機関も、大学であるとされています（同法第68条）。大学院だけの大学として最初に設けられたのは、新潟県に在る国際大学という私立大学でした。一般の大学院は大学教員、又は、研究者を養成することを念頭に置いて設けられていますが、専門的職業につくための知識・能力を培うことを目指す教育組織も大学院とされ、「専門職大学院」と呼ばれます（同法第65条第2項）。一般の大学院との基本的な相違点は授与する学位に現れ、法科大学院以外の専門職大学院の修了者には修士（専門職）の学位が授与され、法科大学院の修了者には法務博士の学位が授与されます（学位規則（昭和28年文部省令第9号）第5条の2）。

大学院の基幹的な教育組織は研究科であり、大学の学部に相当するものです（学校教育法第66条、大学院設置基準（昭和49年文部省令第28号）第5条）。学部の場合と同様に、研究科に代えて研究科に相当する別の組織を置くことができます（学校教育法第66条但し書き）。この別の組織は、2004年以前の国立大学については全大学一律に、学生が所属する教育部と教員が所属する研究部とされていましたが、現在の国立大学や公・私立の大学にあっては、それ以外の組織であっても構いません（旧国立学校設置法第3条の4、同法施行令（昭和59年政令第230号）第2条の4、同法施行規則（昭和39年文部省令第11号）第8条の8、大学院設置基準第7条の3）。

研究科の内容は修士の学位を取得させる修士課程、博士の学位を取得させる博士課程、専門職学位を取得させる専門職学位課程に分かれます（大学院設置基準第2条）。修士課程は原則として2年、博士課程は原則として5年、専門職学位のうち修士（専門職）を取得する課程は原則として2年、法務博士を取得する課程（法科大学院）は原則として3年の修業年限です（同基準第3条第2項、第4条第2項、専門職大学院設置基準（平成15年文部科学省令第16号）第2条第2項、第18条第2項）。又、研究科は、専門分野に応じて専攻に細分されるのが通例です（大学院設置基準第6条）。

日本の大学院がどのような原則に立って作られ、運営されているかを現行制度から推測すると、大学院は学生の教育のための組織であり、学部学生の教育と併せて学部がその運営を行うということであろうと思われます。現在日本の大学制度において、学部の教員を空にして大学院に研究部として教員のための組織をつくること（旧国立学校設置法第3条の4第1項）を正当化する根拠は存在しません。しかし現在、旧帝国大学系の大学を中心とする国立大学においては教員が大学院に所属することとなり、大学院研究科が学部の教育に協力するとでもいう状態が生じています（旧国立学校設置法施行規則第8条の2）。国立大学も大学設置基準・大学院設置基準等に拘束されるはずですが、公・私立大学と異なり、設置等の認可を受けず、変

更命令、閉鎖命令の対象外であることから、設置基準が直接的に問題になる局面が有りません。設置基準に照らしてこうした大学院の在り方をどう評価すべきかを、整理する必要が有ります。

更に、日本の多くの文科系大学院は博士課程を修了しても博士の学位を出さないという実態が有り[注7]、存在理由自体が問われるこうした文科系大学院においては教員の組織としての大学院は成立し難いと考えます。

4.1.3 その他

学部に置かれる学科と研究科に置かれる専攻は、法律に基づく教育組織ではないにもかかわらず、その設置・廃止が認可の対象とされています（学校教育法第4条第1項、同法施行令第23条第3号・第4号）。

4.2 教員数の基準

初等中等学校の教員数は、設置基準においても、又、公立学校の設置・運営に関する財政上の基準においても、学年というものに裏打ちされた学級数によって決まっていたと言うことができます。

これに対して大学の教員数は、学級数とは結び付かず、学生数によって決まっています。

例えば、単科大学を想定した場合に、学生の収容定員各400人（入学定員としては100人）の学科二つからなる経済学部については、各学科10人以上の専任教員（すべて講師以上であることと、その半数以上は教授であることが求められている）が必要であるから、学部としては20人以上の専任教員数となり、この他に12人以上の専任教員が必要とされていることから、大学としては32人以上の専任教員が必要ということになります（大学設置基準第13条別表第1、別表第2）。短期大学の場合も、学科の種類に応じて、同じような方法で専任教員数が算定されます（短期大学設置基準第22条別表第1）。

高等専門学校は、学級は同一学年の生徒40人で編制することが標準とされ（高等専門学校設置基準（昭和36年文部省令第23号）第5条）、一般科目担当の教員数は学級数に応じて、専門科目担当の教員数は学科の種類に従い学級数に応じて算定されます（同基準第6条）。なお、高等専門学校の学科は、例えば1年生が2学級であれば最終学年の5年生まですべて2学級であり、したがって、入学時の学級数（間口）だけを数えればよいシステムになっています。

大学院の専任教員数は、大学院担当資格の有る教員が学部や研究所等に所定の数在

[注7] 平成17年度学校基本調査報告書によれば、人文科学系博士課程の卒業者1,371人のうち986人が博士号を取得できなかった満期退学者であり、社会科学系博士課程の卒業者1,282人のうち692人が満期退学者である。

籍していればよく、独自の専任教員は求められていません（大学院設置基準第8条。同基準第7条参照）。ただし、学部の規模と比べて大学院の規模が相当以上に大きい場合は、その規模の大きさに比例して大学院担当資格の有る専任教員を増員しなければなりません（同基準第9条の2）。なお、大学院担当教員の資格については、次の章で述べます。

独立大学院（学校教育法第68条に基づき設置された学部を持たない大学院だけの大学に置かれる大学院）は、当然固有の教員組織がなければならないので、学部を離れた形での教員数の基準が必要となりますが、設置基準としてそのようなものは作成されていません（大学院設置基準第23条）。

4.3 施設・設備の基準

［大学の施設・設備］
大学の敷地面積は、附属病院の敷地等は別として、収容定員×10㎡です（大学設置基準第37条、短期大学設置基準第30条）。なお、設置基準上は運動場についての面積の規制は有りません。
校舎の面積は、学部・学科の種類に従って学生数に応じて算定されます（大学設置基準第37条の2別表第3、短期大学設置基準第31条別表第2）。例えば、収容定員800人の文科系単科大学は4,958㎡の校舎が、同じ規模の工学系単科大学は11,239㎡の校舎が必要です。校舎の他に、体育館の整備等が求められています（大学設置基準第36条第5項、短期大学設置基準第28条第5項）。又、学部・学科の種類に応じて附属病院、農場、練習船等の付属施設が必要です（大学設置基準第39条、短期大学設置基準第32条）。
設備については、具体的に内容を定めた設置基準は存在しません。

［高等専門学校の施設・設備］
高等専門学校の校地面積は、学生1人当たり10㎡であり、運動場面積の規制は有りません（高等専門学校設置基準第24条第1項）。
校舎の面積は原則として学級数に応じて算定され、学科の種類に応じて補正されます（同基準第24条第2項乃至第4項）。校舎の他に、なるべく体育館、講堂等を整備するよう求められています（同基準第23条第3項）。
設備については具体的に内容を定めた設置基準は有りませんし、補助金に関連した設備整備の基準も存在しません（産業教育振興法の対象となる学校ではある）。

［大学院の施設・設備］
大学院は学部・研究所等の施設・設備を共用することを前提にしており（大学院設置基準第22条）、固有の施設・設備についての基準は存在していません。

独立大学院は、当然固有の施設・設備が要求されますが、設置基準としては定められていません（大学院設置基準第24条）。

第2節　学校教育の内容・レベルを確保するための監督

学校教育の内容、学校体系・学校種、適切な教育を行うために各学校がその規模等に応じて備えていなければならない条件（設置基準）が定まった上で、それらが定められた通りに行われることを担保するシステムが必要になります。そうしたシステムは1種類に限るものではありません。

違反に対して刑罰を科すことは、違反を防ぎ、違反を正す有力な手段であり、現に学校教育の分野でもルール違反に対して刑罰を以って臨む場合が存在しています。刑罰で対処する必要があるものについては厳としてそうしなければなりませんが、学校関係者が刑罰を念頭に教育の仕事をするのは、それらの者の立場から考えても適切ではありませんし、又、処罰することに意味があるのではなく現在の違反状態を速やかに本来の姿に戻すことや今後の違反を防ぐことにこそ意味があるのですから、教育においては刑罰以外のシステムを中心に据える必要が有ります。なお、刑罰については、関係する叙述の際に指摘することとします。

現在文部科学省や都道府県は学校教育のための多額の負担金・補助金等を支出していますが、違反の学校についてはこれを減額し又は補助等をしないという方法も効果が有ります。しかし、これらの補助金の本来の目的は別のところにあるはずですからこの副次的目的にこだわるにも限界が有り、又、補助金が無くなることも考えておかなければなりません。補助金等についても、関係する叙述の際にその都度指摘することとします。

残るものとしては公的機関による学校の監督が有ります。日本においては、国（文部科学大臣）と都道府県が学校を監督する役割を果たしています。

1　監督の方法

自分が設置する学校に対して、よい運営が行われるように設置者として指示し・命令等するのは当然の権限であり、義務です。このような指示・命令等は、それが必要であり内容が合法、且つ、合理的なものである限り制約を受けません。このような行為（便宜のため以下、「設置者としての監督」と言う）は、国や都道府県に限らず、公立小学校・中学校等の設置者としての市町村と私立学校の設置者としての学校法人も常に実行しているところです。設置者としての監督は、関係の組織や職員に指示し・命令する等して行われ、それが履行されない場合には関係職員の処分や配置換え等の人事で対処します。こうしたことでは改善できない場合は、設置者として組織の在り方を見直し、廃止、縮小、転換等を考えなければなりませんし、

予算面での対応も求められます。

現在においては、国立大学と呼ばれる学校の設置者は国ではなく国立大学法人であることから、国は国立大学に対して設置者としての監督権限を持たず、僅かに、国立大学法人法又は同法施行規則を改正して国立大学又はその附属学校の設置・廃止を決定することに止まります。国立大学に対する監督は、その設置者である国立大学法人が行わなければなりません。

都道府県・市町村も、直接設置している公立学校については設置者としての監督権限を持ちますが、公立大学法人が設置する公立大学については、設置者はその公立大学法人であり、都道府県・市町村が公立大学法人の設立団体になっていても、その公立大学については設置者としての監督権限を持っておらず、その権限は寄付行為の改正等により、公立大学の設置・廃止を決定することに止まります。又、公立大学を都道府県・市町村が直接設置・運営している場合であっても、教育公務員特例法の規定（第2条乃至第10条）により、学長・学部長を始めとする教員の人事に関しては大学の申し出のままに行うこととされており、設置者としての監督権限の中核である人事権が実質的に行使できないこととされています。ただし忘れてはならないことは、公立大学は形式的・実質的に都道府県等の監督を受けませんが、国（文部科学大臣）からの監督（次で述べる監督庁としての監督）は受けているということです。

市町村立の義務教育学校の教職員については、その給与を都道府県が負担することから、それらの教職員の人事権は原則として都道府県が行使することになっており、設置者としての市町村の監督権限が大きく制約を受けています（市町村立学校職員給与負担法第1条・第2条、地教行法第37条第1項）。

以上は設置者としての監督に関するものですが、以下においては、本来の意味における監督、即ち他人が設置している学校の監督（便宜のため以下、「監督庁としての監督」と言う）に関するシステムについて述べることとします。

国・都道府県とは言え、本来的に、他の者が設置・運営している学校に対してとやかく言える立場には在りません。そうであるのに他の者が設置した学校について監督権限を行使しているのは、国会が国（文部科学大臣）・都道府県による学校監督の必要性を認め、国・都道府県が誰に対してどういう手段によって監督を行うことができるかについて法律で定めているからです。

1.1 監督の手段

監督庁としての監督の手段として認められているのは、学校の設置等の認可、法令違反等の行為に対する変更命令、学校の閉鎖の命令です。

学校の設置の認可とは、学校を設置するに当たっては国又は都道府県の認可を受けなければならないというシステムです。学校の設置の認可を受けないで学校を設立

しても、それは単なる教育施設であって、一条学校とは認められません。一条学校として認めてもらえないと学校体系から排除され、そうなると、そこを卒業しても上級学校への進学資格が得られませんし、或いは、社会において評価を得ている学位その他の学歴が取得できません。この認可の対象となる事項は学校の設置に止まらず、既存の高等学校が学科を増設する場合や既存の大学が学部を増設する場合のように学校内部の教育組織の増設についても及ぶほか、生徒定員の変更のように教育組織の変更を伴わない事項も対象となっています。

変更命令は、学校教育に関する法令の規制に違反する状態が存在する場合に、規制に適合するように改善することを命じるものです。

学校等の閉鎖の命令は、変更命令に違反した場合、6ヵ月以上授業を行わなかった場合等に出され、閉鎖命令の違反に対しては6ヵ月以下の懲役を含む罰則が存在しています。

1.2 監督の主体と対象

監督の主体と対象は、二つの内容が有ります。

第1は対象としている学校が、国が監督する場合と都道府県が監督する場合で異なることであり、第2はすべての学校が監督の対象となっているのではなく、対象となっているのは特定の学校であるということです。

1.2.1 国と都道府県による監督

国が監督するのは、大学と高等専門学校です。したがって、都道府県が監督するのは初等中等学校ということになります。この場合に、国は文部科学大臣ですが、都道府県は、私立の初等中等学校については都道府県知事であり、市町村立の初等中等学校については都道府県教育委員会です（以上については、学校教育法第4条第1項、第13条乃至第15条）。

1.2.2 国・都道府県の監督の対象となる学校

監督庁としての監督の対象となる学校は、私立学校と一部の公立学校だけであり、したがって、すべての国立学校と多くの公立学校は国・都道府県による監督を受けません。

[国立学校]

国立学校については、個々の大学の設置・廃止は国立大学法人法が定めており、これらの国立大学に附属する個々の初等中等学校の設置・廃止は文部科学省令が定めています（国立大学法人法第4条第2項別表第1、第23条、同法施行規則第4条第1項別表第2）。国立高等専門学校も、独立行政法人通則法の個別法である独立行政法人国立高等専門学校機構法によって個々の学校の設置・廃止が定められています（第3条別表）。国立学校については、一切のことを認可の対象から外していますが

(学校教育法第4条第1項)、学校の設置・廃止は国(国会)が定めていると言うことができます。しかし、学部・大学院研究科や高等学校の学科・課程を始めとする教育組織の新増設、学生・生徒の収容定員の増加等については国・都道府県から設置者としての監督も、又、監督庁としての監督も受けないことになります。

国立学校は、設置等の認可だけではなく、変更命令と閉鎖命令等の対象にもなりません(学校教育法第13条乃至第15条)。法律又は省令で学校の設置・廃止が定められていることを除いては、国・都道府県から一切の監督を受けないのが国立学校です。

［公立学校］
都道府県立の初等中等学校は、設置等の認可、変更命令、閉鎖命令の対象から除かれています(学校教育法第4条第1項、第13条、第14条)。都道府県立の初等中等学校の設置・運営を行うのは都道府県教育委員会であり(地教行法第32条)、公立の初等中等学校の監督(監督庁としての監督)を行うのも同じ都道府県教育委員会だからです。前述のように、都道府県教育委員会は設置者として、これらの学校に対して監督庁としての監督権限を上回る厳しい監督を行うことができるのです。

市町村立の小学校・中学校については、設置等の認可と閉鎖命令の対象から除かれており、都道府県教育委員会による監督は変更命令のみです(学校教育法第4条第1項第2号、第13条、第14条)。義務教育の実施を妨げないための措置です。

これに加えて、指定都市については、幼稚園の設置等の認可を不要とし、事前に都道府県教育委員会に届け出ることを以って足るとしていますが、変更命令・閉鎖命令については指定都市立幼稚園も対象となります(学校教育法第4条第4項、第13条、第14条)。学校体系における幼稚園の位置付けと指定都市が都道府県に近い立場にあることを考えたものと思われますが、論理的には問題が有り、むしろ公立幼稚園についてはすべてこの程度の監督とする方法も有り得ます。更に、私立も含めて幼稚園の設置等についてはすべて届出にすることも考えられます。ちなみに、平成17年度学校基本調査報告書に拠れば公立幼稚園の数は5,546園であり、うち指定都市立と考えられる幼稚園は447園です。

更に抜本的に考えるのであれば、初等中等学校は教育内容を含めて厳しい規制が課されていること、一般の住民が利用する身近な施設(公の施設。地方自治法第10章)であり、住民の監視が十分及んでいるものであること等を考えると、市町村立の初等中等学校の設置・廃止は市町村に任せて、都道府県に対する届出を以って足りるとすることも有り得ますし、変更命令・閉鎖命令も行政指導で十分かもしれません。

以上を除いた市町村立の初等中等学校は、都道府県教育委員会から原則通りの監督を受けます。

なお、都道府県立の初等中等学校と異なり、都道府県・市町村が設置する大学・高等専門学校と公立大学法人が設置する大学は、文部科学大臣から原則通りの監督を受けます（学校教育法第4条第1項、第13条、第15条）。

[私立学校]
すべての私立学校は、文部科学大臣（大学・高等専門学校）又は都道府県知事（初等中等学校）から原則通りの監督を受けます（学校教育法第4条第1項、第13条乃至第15条）。

[監督の対象となる学校]
結局、原則通りに監督の対象となる学校は、次のものです。
- すべての私立学校
- 都道府県立・市町村立・公立大学法人立の大学・高等専門学校
- 市町村立の特別支援学校、高等学校、中等教育学校、幼稚園（指定都市立を除く）

又、部分的な監督を受ける学校は、次の通りです。
- 指定都市立の幼稚園は、変更命令と閉鎖命令を受ける（設置等の認可が不要）。
- 市町村立の小学校・中学校は、変更命令を受ける（設置等の認可と閉鎖命令が無い）。

日本の学校体系の中核を成している学校は、小学校・中学校は市町村立学校、高等学校と特別支援学校は都道府県立学校であり、大学は、量的にはそれほどでもありませんが、歴史的・内容的に見て大学の中心に据えられてきたのは国立大学です。これらの学校はすべてここで述べている監督の対象から外れています。その代わり、前節3で述べた財政上の措置として教員、施設・設備についての基準を定めて運用するという方法と運営費交付金・補助金等の財政措置を通じて、国はこれらの学校をコントロールしています。

国は、学校の設置・廃止以外のことについては国立学校を直接監督することができなくなりました。したがって、国立学校をコントロールするのは国立大学法人の監督を通じて行えるものに限られます。しかし、前述したように国立大学法人をコントロールするための主要な手段である学長人事と中期目標の設定・実施の評価についての実質的な権限を大幅に放棄しており、国立大学法人の監督を通じて国立学校の間接的な監督を行うことも困難です。唯一実効がある方法は、国立大学法人への資金の支出を通じて国立学校を実質的に監督することです。

以上のように、日本の学校体系の中核を成す学校の監督は、基本的に、本来の監督の形態では行われず、国・都道府県による資金の負担と都道府県による人事権の行

使というシステムに付随して行われているのです。資金の負担等に伴い結果的に学校の監督と同じ結果を得るという方法は確かに有り得る方法ですが、資金の支出の目的は決して監督ではないのであり、これに監督の機能の大きな部分を果たさせることは邪道です。

以上のように、国・都道府県による現在の学校監督のシステムは学校体系の中核を成す学校に対する監督がそっくり抜け落ちたものであり、したがって、現在の学校に対する監督のシステムは、中核を外れた学校に対してそれらが悪いことをしないように監督するシステムと見ることができます。しかし、学校体系の中核を成す学校への信頼と評価が急速に低下してきたことに伴い、余計な学校が変なことをしないようにするための監督という考えでこのシステムを運営していては、学校教育の進展は望めません。

1.2.3 国・都道府県の監督の対象とならない学校

上記と逆の観点から、学校に対する監督の問題を眺めてみます。

[国立学校]
学校の設置・廃止以外の教育組織の新設・廃止、学生定員の増加を直接コントロールすることはできず、国立学校における教育について法令違反があっても変更命令を発することができません。もっとも、この場合には、国立大学法人に対しても通則法第65条が適用できることとなっているので（国立大学法人法第35条）、文部科学大臣が是正の要求を国立大学法人又は独立行政法人国立高等専門学校機構に対して行い、国立大学法人等は是正のために採った措置について文部科学大臣に報告することとなります。この報告をしない場合と虚偽の報告をした場合には20万円以下の過料が科されますが（国立大学法人法第40条第11号、通則法第71条第9号）、最終的に適切な是正が行われない場合の措置として考えられる法人のトップの交代は、国立大学法人の場合は法人から申し出てこない限り不可能です。最終的には国立大学法人を廃止することはできますが、必要な改善をすれば済む問題である場合に大学を廃止してしまうことは適当ではありません。

学長人事、中期目標の設定、中期目標の評価等の手段を通じて間接的に国立大学法人の不適切な行為をコントロールすることが考えられますが、これらの手段の重要な部分は放棄されています。

[都道府県立の初等中等学校]
都道府県立の初等中等学校は、都道府県教育委員会が設置者として監督しますから、都道府県が設置者としての責任を果たしていない等の実態上の問題は有り得るとしても、監督庁としての監督を行わなくとも制度としては何の問題も有りません。

［市町村立の小学校・中学校、指定都市立の幼稚園］
市町村立の小学校・中学校を不認可にし、或いは、閉鎖させたとして困るのは義務教育を受けられなくなる子供と住民であり、住民に迷惑をかけるだけのこのような方策は採用されていません。しかし、市町村立小学校・中学校について、都道府県教育委員会は法令違反状態を改善する等のため変更命令を出すことができますし（学校教育法第14条。ただし、変更命令に従わない場合も閉鎖命令を出せない）、財政措置のための基準に従った数の教職員を確保して配置するといった権限を通じて事実上のコントロールを及ぼすことができます。更に、市町村は住民が主体となった公的な機関であり、その市町村が設置している学校であることから民主的なコントロールを受け、公的な監督という点では制度的に大きな問題は無いと考えられます。

指定都市立幼稚園も、一般の市町村立幼稚園との取り扱い上のバランスという問題は有りますが、設置等の認可が不要とされているだけであり、都道府県教育委員会による変更命令、閉鎖命令は受けますし、市立ということで民主的なコントロールも受けますから、公的な監督という点では制度的に大きな問題は無いと考えられます。

2　学校の設置等の認可

学校を新設し、既設の学校を廃止し、又は、既設の学校の設置者が変わる場合には、国又は都道府県（私立の初等中等学校は知事、市町村立の初等中等学校は教育委員会）の認可を受けなければなりません。既設の学校が内部の教育組織を新設・廃止する場合も国・都道府県の認可を受けなければなりません。更に、教育組織の新設・廃止以外でも、いくつかの行為についてはあらかじめ国・都道府県の認可が必要とされています。

2.1　教育組織の新設・廃止

その変更が認可の対象となる教育組織は、次の通りです（学校教育法第4条第1項、同法施行令第23条第2号・第4号・第5号・第7号）。なお、カッコ内は、その組織について認可の対象となる行為を示すものであり、カッコの無い組織は、法律の原則の通りその設置・廃止・設置者の変更が認可の対象となります。
① 高等学校（中等教育学校の後期課程を含む）……課程、学科（設置・廃止）
② 大学（4年制）……学部、大学院、大学院の研究科・専攻（設置）・課程（変更）
③ 短期大学……学科
④ 高等専門学校……学科（設置）
⑤ 特別支援学校……小学部・中学部・高等部・幼稚部（これらの設置・廃止）

高等学校の課程とは、全日制・定時制・通信制の課程のことであり、大学院の課程の変更とは、主として修士課程を博士課程にすることです。
この他に、私立学校の場合だけ認可の対象となる組織として、学部に置かれる学科の設置が有ります（学校教育法施行令第23条第3号）。
同様に、市町村立学校の場合だけ認可の対象となる組織として、次のものが有ります（学校教育法施行令第23条第2号、第9号）。
① 特別支援学校……高等部の学科・専攻科・別科（これらの設置・廃止）
② 高等学校、中等教育学校、特別支援学校、幼稚園（指定都市立を除く）……分校（設置・廃止）

2.2　教育組織の新設・廃止の認可に関する審査

学校の設置、既設学校の教育組織の新設・廃止に関する認可に当たって、国・都道府県は、設置基準で示された基準を物差しにして、定められた面積基準を満たし、必要な内容を備えた校舎、校地が保有されているか、学級編制が適切に行われているか、必要数を満たす有資格の教員が確保されているか等を審査することとなります。この場合、初等中等学校の教員については教員免許状の有無によって有資格か否かを客観的に判断することができますが、教員免許制度が無い大学・高等専門学校については、国が専門家の力を借りて関係する教員の能力を判断することとなります。特に大学院については、相当に踏み込んで教員の能力の判断が行われます。このようなこともあり、大学・高等専門学校の設置等の認可に当たっては、大学設置・学校法人審議会の意見を聴くこととなっています（学校教育法第60条の2、第70条の10、同法施行令第43条）。
又、文部科学大臣が変更命令、教育組織の廃止命令を行う場合にもこの審議会の意見を聴くこととされています（学校教育法第4条第3項、第15条、同法施行令第43条）。しかし、審議会の委員を選ぶのは文部科学大臣であり（大学設置・学校法人審議会令（昭和62年政令第302号）第2条。同令第6条第2項、大学設置・学校法人審議会の私立大学等関係者の推薦に関する省令（平成13年文部科学省令第2号）参照）、又、その意見は文部科学大臣を拘束するものではなく、その意味ではこのシステムのみに頼ることはできません。行政の監視とその行政が行った不適切な行為の是正は、最終的には国民の良識と行動以外には有り得ません。そのためにも、何よりも教育行政に関わる情報の抜本的な開示・提供が必要です。

2.3　教育組織の新設・廃止以外の事項に関する認可

学校の設置・廃止、既設学校の教育組織の新設・廃止については以上の通りですが、それ以外にも認可の対象とされている事項が有ります。

2.3.1 市町村立特別支援学校の位置の変更等

[市町村立特別支援学校の位置の変更]

都道府県は特別支援学校の設置義務を負っていますが（学校教育法第74条）、市町村もこれらの学校を設置・運営することができます。この場合、設置者こそ異なるものの同じ公立という立場に在る学校の位置関係について調整する必要が有るでしょうが（高校標準法第4条参照）、学校教育の内容・レベルの確保のために設けられた認可制度を用いてそれを行うのは不適当です（学校教育法第4条第1項第2号、同法施行令第23条第1号）。実態としては、公立盲学校においては都道府県立が65校に対して市立が3校、公立聾学校においては都道府県立が100校に対して市立が4校、公立養護学校は都道府県立が661校に対して市立が110校であり（平成17年度学校基本調査報告書による）、位置関係について調整を行う必要が有るとすれば、知的障害関係を中心とする特別支援学校に関して比較的大きな市との間においてと考えられます。

[市町村立特別支援学校高等部の学級編成とその変更]

市町村立特別支援学校の小学部・中学部については、都道府県教育委員会が法律の定める標準を踏まえて学級編制の基準を定め、市町村はこの基準に従って、且つ、事前に都道府県教育委員会の同意を得て、これらの学校の学級編成を行うこととなっています（義務標準法第3条第3項乃至第5条）。

これに対して市町村立特別支援学校高等部の学級編成は、法律の定める標準を踏まえて設置者である市町村が行うこととなっており、こうして定まった学級数を基本に高等部の教職員数は算定されますが、学級編制に関して都道府県教育委員会の事前の同意は必要とされていません（高校標準法第14条）。しかも、市町村立特別支援学校高等部の教職員の給与は、小学部・中学部の場合と同様に、都道府県が負担しますが（市町村立学校職員給与負担法第1条）、その財源は地方交付税です（義務教育費国庫負担法第2条第1号）。

背景となる財政システムを踏まえて考えると、市町村教育委員会が行う市町村立特別支援学校高等部の学級編制とその変更を都道府県教育委員会の認可の対象としている（学校教育法第4条第1項第2号、同法施行令第23条第8号）理由が分かりますが、これについても、学校教育の内容・レベルの確保のために設けられた認可制度を用いるのは不適当です。

2.3.2 通信教育の開設等

高等学校が通信により高等学校教育を行うためには、通信制の課程を設け、その設置・廃止について都道府県の認可を受ける必要が有ります（学校教育法第4条第1項、第45条）。

[大学の通信教育の開設]
大学については、通信教育を教育の手段の一つと整理してそれを許容するとともに（学校教育法第52条の2）、大学・大学院が通信教育を開設するには文部科学大臣の認可を受ける必要が有ることとしています（学校教育法第4条第1項第1号、同法施行令第23条第6号）。又、主として通信による教育を行う学部・学科（短期大学）を置くことも可能ですが（学校教育法第54条、第69条の2第6項）、この場合は、教育組織の新設として学部・学科の設置等の認可を受けることとなります（学校教育法第4条第1項）。主として通信による教育を行う学部の成立を認めたことは、主として放送によって授業を行う放送大学の存在を学校制度上、認めたことになります[注8]。なお、高等学校については、通信制の課程のみから成る高等学校（通信制高等学校）の存在が明定されています（学校教育法第45条第2項）。

[特別支援学校高等部の通信教育の開設・廃止]
高等学校の場合とは異なり、特別支援学校高等部には高等学校の通常の課程（全日制の課程である。学校教育法第4条第1項）に相当する教育組織のみが許容されていると考えられ、この教育組織は通信による教育も行うことができることとされています（同法第76条）。この場合、特別支援学校高等部における通信教育の開設・廃止は、都道府県教育委員会又は知事の認可が必要とされています（学校教育法第4条第1項第2号・第3号、同法施行令第23条第6号）。なお、現実には、通信教育を開設している高等部は存在しないと思われます。

[高等学校の広域通信制課程に関わる学則の変更]
広域通信制課程（その所在する都道府県を含めて3以上の都道府県を対象区域とする通信制の課程を言う。学校教育法第45条第3項、同法施行令第24条）を設置している高等学校の学則のうち、広域通信制課程に関わる学則の変更は都道府県教育委員会又は知事の認可が必要です（学校教育法第4条第1項第2号・第3号、同法施行令第23条第10号）。通信制の課程に関する学則中には、通信教育を行う地域の範囲と協力校に関して記載することが求められているという特徴が有りますが（学校教育法施行規則第4条第2項）、このような学則変更を認可の対象とする理由が有るとは思われません。

2.3.3 私立学校の学則の変更
学則については、学校が学則を定めなければならないとする法律の規定は有りませんし、誰がどのような手続きで学則を定めるかも明らかでなく、学則がどのような

[注8] 放送大学を設置する放送大学学園に関する法律は1981年に作成され、放送大学は1983年に開校した。

効力を持つかも定かで無いというのが現状です。それにもかかわらず、学校や学校の教育組織の設置等に関して認可の申請を行う場合には、学則を添えることとされていますし（学校教育法施行規則第3条第4号、第6条第4号、第7条の3乃至第7条の6）、更に、学則に記載すべき事項まで文部科学省令で定められています（同規則第4条）。具体的には、学則記載事項として挙げられているのは次の通りです。

- 修業年限、学年、学期、休業日
- 学部、学科等の教育組織
- カリキュラム、授業の日数・時数
- 勉学の評価の方法等
- 収容定員
- 入学、退学、卒業等
- 授業料等
- 賞罰や寄宿舎
- 通信制の課程については、これに加えて実施する地域と協力校

以上のことから、設置認可の対象となっていない国立学校、都道府県立の初等中等学校、市町村立の小学校・中学校は、学校等の設置の添付書類という観点からの学則に関する規制は受けないこととなり、したがって、これらの学校は、必ずしも学則を制定する必要は無く、又、制定する場合も定められた内容である必要も無いこととなります。ただし、国立大学法人が設置する国立大学については、学則を、修業年限、カリキュラム、教育組織を始めとする学生の就学上必要な事項を定めた法人の規則とし（国立大学法人法第2条第8項）、国立大学法人が学則を定め・変更する場合は法人に置かれる審議機関の審議を経ることとしています（同法第20条第4項第3号、第21条第3号）。なお、国立大学に附属する初等中等学校の学則については触れられていません。

私立学校については、すべての学校が設置の認可を受けることから学則は必須のものとして制定されており、そのうち収容定員の変更となる学則改正については、文部科学大臣又は知事の認可を受けることが必要とされています（学校教育法第4条第1項第1号、第3号、同法施行令第23条第11号）。教育条件は生徒数に応じて整備されるべきものであり、教育条件を見る場合に生徒数が一つの重要なポイントですが、それは国・公・私立を通じて言えることであり、この措置が特に私立学校に限られていることの根拠を見出すことは難しいと考えます。

3　違法な事態に対する変更命令

国・都道府県からの変更命令は、学校の修業年限・入学資格等の基本的事項、教育の内容・レベル・分量、施設・設備の内容・面積、雇用している教員の資格や数等

に関する法令の定めに違反している学校に対して行われます。対象となる学校は、すべての私立学校、公立の大学・高等専門学校、市町立のすべての初等中等学校（小学校・中学校も対象となり、指定都市立の幼稚園も対象となる）です（学校教育法第14条、第15条）。ただし、私立の初等中等学校は別途の立法により変更命令の対象から外されており（私立学校法第5条）、その結果、私立学校では大学・高等専門学校だけが変更命令の対象となっています（2002年以前においては私立の大学・高等専門学校も変更命令の対象外であった）。したがって、現在変更命令の対象となっているのは、公・私立の大学・高等専門学校と市町村立の初等中等学校です。

変更命令は、違法な状態を是正して法律に適った状態にするように命じるものですが、この命令の違反に対する罰則はなく、命令を強制するする手段も有りません。しかし、国・都道府県は、その事実を公表するという事実上の措置、補助金等の減額や不交付という財政上の措置、学校や教育組織の設置認可の取消し、学校の閉鎖命令等の措置を採ることができます。

大学・高等専門学校については、多少複雑な過程を辿って変更命令が行われることとなります。即ち、命令ではなく指導・助言の一種である勧告という形態からスタートし、勧告によっても違法状態が改善されない場合に変更命令が行われ、変更命令によっても事態が改善されない場合は違法状態にある組織の廃止命令が出されます（学校教育法第15条）。この廃止命令の効果は定められていませんが、次に述べる学校閉鎖の命令の場合と異なり、この廃止命令の違反に対しては罰則が有りませんから、廃止命令に対応してその組織が廃止されると素直に考えるべきです。即ち、その組織の設置の認可が無い場合と同じ状態になると考えられます。

4　学校の閉鎖命令

学校の閉鎖命令は、法令違反、変更命令等の国・都道府県が行った命令への違反、6ヵ月以上の授業不実施に対して行うことができるものであり、対象となる学校は、すべての私立学校（変更命令の場合と異なり、初等中等学校も対象となる）、公立の大学・高等専門学校、小学校・中学校を除く市町村立の初等中等学校（指定都市立の幼稚園も対象となる）です（学校教育法第13条）。

閉鎖命令の内容は、一条学校としての教育活動を廃止することであり、端的には設置者に学校の廃止の認可を申請することを命じたものであると考えられます。閉鎖命令の違反に対しては、6ヵ月以下の懲役・禁錮又は20万円以下の罰金が科されます（学校教育法第89条）。閉鎖命令に従わない場合には、国・都道府県が学校設置の認可を取り消して一条学校の資格を剥奪するしかありません。

一つの私立学校だけを設置する学校法人にとっては、学校の閉鎖命令は同時に学校法人の解散を意味します。自発的に解散の手続き（私立学校法第50条第1項第3号、

第2項、第3項)が開始されない場合には、文部科学大臣又は知事は学校法人の解散命令を発することとなりますが、この解散命令により学校法人は解散され清算手続に入ります(私立学校法第50条第1項第6号、第51条、第58条、第62条)。

閉鎖命令は、一つの学校全体を閉鎖するものであって、その教育組織の一部についての対処には使えません。例えば、知事が或る私立高等学校の幾つかある学科の一つを廃止しなければならないと判断した場合には、学校自体の閉鎖を命じるこのシステムは使えませんし、変更命令も出せませんから、その学科の設置認可を取り消す道しか有りません。しかし、閉鎖命令や変更命令(現行制度上は私立高等学校に対する変更命令は存在しない)であれば私立学校審議会等の審議が不可欠であるのに(私立学校法第8条、学校教育法第60条の2)、この場合はそのような手続きを採らなくとも良いこととなります。

閉鎖命令は、それを発出する要件も漠然としたところがありますが、その効果も曖昧です。具体的には、閉鎖命令が学校設置の認可を取り消すという意味であるかという問題が生じますが、罰則との整合性が問題になります。この場合において、閉鎖命令が一条学校の資格の剥奪を超えて教育活動自体の禁止を意味するとなれば、罰則の存在も含めて形式的には説明がつきますが、実質的な問題として、それは国民の基本的自由を奪うことであり、こうした教育活動自体の禁止を可能にするような理由は学校教育法の体系の中には存在しないと考えます。仮にどこかにそのような理由が存在するとすれば、治安の維持等学校教育の枠を超えた社会の存立の基本にかかわる問題としてであると考えます。そうした観点から閉鎖命令を発するのであれば、別途法律で具体的に要件・手続等を定めることが不可欠です。

閉鎖命令については、第6章第1節2.2において詳しく述べます。

第3節　学校の評価

我々は、自身で様々なものについて評価し、他者が行った評価を利用する等、日常的に物事の評価について深く関わりながら生活しています。学校教育に関しては、最近特に評価の問題が頻繁に取り上げられるようになってきました。そして、2002年には、学校制度の一環として、国の指定を受けた特定の者が学校を評価するというシステムが登場してきました。このシステムにより評価を受けるのは、2006年の時点では大学と高等専門学校に限られていますが、他の学校種に拡大する可能性も有ります。

1　評価制度の経緯

日本の学校教育制度の中に学校の評価の問題が顔を出したのは、1991年に大学等の設置基準を改正して一般教育に関する規制を廃止する等教育内容等に関する大学

の裁量の余地を拡大した際に、大学に対して教育研究活動等の状況について自分で点検し評価するように求めたことに始まります（1991年の改正で設けられた大学設置基準の旧第2条、同大学院設置基準旧第1条の2、同短期大学設置基準旧第2条、同高等専門学校設置基準旧第3条等）。これは、文部省令によって定められていますが法律に基づく定めではなく、したがって国立大学以外については拘束力を持たないものと考えられます。国立大学に対して拘束力を持ち得たのは、当時において文部大臣は国立大学の設置者の立場にあり、特段の法律の根拠が無くても文部科学大臣が必要と判断したことを行うように国立大学に指示し、命令できたからです。もっとも、この指示・命令に国立大学の教員が従わなかった場合にもそれらの教員を懲戒処分にかけることはできませんでしたから（2004年の改正前の教育公務員特例法第9条、第10条）、それほど強力なものとは言えませんが、予算の配分等を使って或る程度は国立大学を従わせることはできたはずです。その国立大学はバブルの夢から覚めておらず、教育・研究が成果を上げていないのは予算や教員を国が十分措置してくれないからであるという報告が幅を利かせる等、とても自己点検・自己評価と言えるものではありませんでした。こうした状況が続いた後、1999年にこれらの条文の改正が行われ、自己点検・評価の結果について、それを公表することと第三者に検証してもらうよう努力することが求められましたが、実態に変化はなく、又、法律に根拠を持たない規定であることから国立の大学・高等専門学校以外に対しては拘束力が無いという点には変わりは有りませんでした。

そもそも、私立の大学・高等専門学校については、経常費助成のシステムの中において、既に、設置基準を基礎とした教育条件等のチェックが補助金を支出する国と日本私立学校振興・共済事業団により行われており、チェックの結果その内容が不適切と判断されれば、経常費助成の金額が減額され、場合によってはゼロになることも有り得るとされているのです（私立学校振興助成法第4条乃至第6条）。経常費助成は、新設間もない大学等を除いた大抵の私立大学等が受けていることから、大部分の私立大学等は毎年明確な目的・内容に従った合理的な第三者評価を現に受けていると言えるのです。

更に、私立学校は、経済的に国・公立学校よりも不利な条件の上に成り立っていることから、教員数、授業料等の条件は国・公立学校よりも低水準であり、したがって教育の中身が適切でなければ忽ち生徒が減少するという形で、社会の厳しい評価にさらされているのです。それは、社会からの評価がその存亡を左右するという厳しい結果を伴うものであるとともに、内容的にも高額の学費を支払っているということに伴う厳しい評価です。確かに、子供の数が増えつづけ、或いは、進学率の上昇が続く等により大きな教育需要が有った時代には、上記の評価機能は私立学校について必ずしも十分機能しなかったということは考えられるところです。その時代は、細部に亘る認可のシステム等の存在が、私立学校の教育条件の低下を防いでい

ました。しかし、子供の数が減少に転じてから久しく、今後も長期に亘りこの出生数の減少は止まらないと考えられているのであり、これに伴い学校教育の需要は縮小の一途を辿ると推測されます。現在においては、私立学校に関する社会の評価機能は極めてよく働いており、これからも十分機能し続けると考えられることから、私立学校に関する評価について国が何かをするとすれば、余計なことをして現在働いているこの社会の評価機能を邪魔しないようにするということに尽きます。

国立大学については、国の施設でありながら国に実質的な人事権が無いこと等により設置者としての監督が不十分であったことに加え、監督庁としての監督も行われず、公金の支出に伴う教育水準のチェック等もなく、社会の評価も機能しないという状況のまま、巨額の税金が毎年恒常的に注ぎ込まれてきました。このように最も真剣に自己点検・自己評価に取り組まなければならない立場であったにもかかわらず、不真面目な自己点検・自己評価を行い続けてきたこと等を考えれば、きちんと評価しなければならないのは国立大学に対してであることは明白です。国立大学に対する評価は、学校教育の最終的な責任者であり、税金を支出して国立大学法人を維持している文部科学大臣が自ら行わなければなりません。何故国立大学を評価するのかということについて問題意識を持ち得ない第三者に評価を任せれば、毒にも薬にもならない一般的な評価にならざるを得ないことは明白です。しかも、その第三者が国立大学と同根の機関であるという問題が有ります。

ただし、このような切実な必要から評価を要求したのではなく、大学というものは何年かに1回は第三者による評価を受けることが有益だということから要求したというのであれば、大学の判断に任せるべきことをいたずらに国が強要したことになるのであって、その罪は一層重いと言えます。

2　評価制度の内容

前記の大学設置基準等の改正から3年が経過した2002年に、法律で国・公・私立のすべての大学・高等専門学校に、評価に関して次のことが義務付けられ、この改正は2004年4月から実施されました。これに伴い、大学設置基準等において評価を義務付けていた省令の条文は不要になり廃止されました。

大学に関する評価制度の内容は次の通りです（学校教育法第69条の3）。

① 　自己点検・自己評価を行うこと及びその結果を公表すること（第1項）。
② 　文部科学大臣の認証を受けた評価機関による評価を受けること（第2項）。これにより、文部科学大臣が国立大学の評価を自分で行うことはなくなったが、上述のように、これがこの評価制度の最大の問題である。
③ 　評価は、7年以内の期間ごとに1回行われなければならないこと（第2項、学校教育法施行令第40条）。国立大学については、中期目標・中期計画の期間が6年間であり、後述のようにこれらの到達状況や実施結果の評価と本評価システ

の評価が密接に関係していることから、6年間が評価の実施期間となると考えられる。
④ 専門職大学院を設置している場合は、その専門職大学院については5年以内ごとに1回上記の評価を受けること（第3項、学校教育法施行令第40条）
⑤ 評価は、大学からの申し出に基づいて行われること（第4項）

高等専門学校の評価制度も、大学院に関する部分を除き、基本的にこれと同じです（学校教育法第70条の10）。

3 評価機関の役割

上記の評価機関は原則として法人であることが必要であり、その他適切な評価を行えるような経済基盤、体制・人員等が整備されていることとともに、適切な大学評価基準と評価方法を確立していることが求められていますが、これらの条件を満たす者は誰でも文部科学大臣の認証を受けてこの大学評価業務を行うことができます（学校教育法第69条の4第1項乃至第3項）。評価機関を認証したときは、文部科学大臣は官報にその旨を掲載します（同条第6項）。

文部科学大臣の認証を受けた評価機関（以下、「認証評価機関」と言う）が求められている条件を満たさなくなり、或いは、適切な評価が行えないと考えられる状況が生じている等の場合には、文部科学大臣はそれらの改善を命じることができ、認証評価機関がこの命令に従わないときは認証を取り消すことができます（学校教育法第69条の5第1項、第2項）。認証を取り消したときも、文部科学大臣は官報にその旨を掲載します（同条第3項）。

大学から評価の求めを受けた場合、認証評価機関は、自らが定めた大学評価基準に従って評価を行い、その結果について大学に通知するとともに、文部科学大臣に報告するほか、刊行物への掲載やインターネット上への提供等の方法により公表することとされています（学校教育法第69条の3第4項、第69条の4第4項、同法施行規則第71条の7）。この場合、大学が要求するのであれば、評価結果の公表及び文部科学大臣への報告を行う前に、実施した評価について大学の申し立てを聴取するという手続きを採らなければなりません（学校教育法第69条の4第2項第3号）。なお、認証評価機関が大学評価基準や評価方法を変更する場合等においては、事前に文部科学大臣に届け出なければなりません（同法第69条の4第5項、同法施行規則第71条の8）。

以上、大学の評価機関について述べてきましたが、高等専門学校の評価機関もこれと同じです（学校教育法第70条の10）。

日本においては、評価は誰が行っても構いませんし、何について行っても構いません。このことは、大学等の評価システムが出現した後においても変わりは有りませ

んから、大学等が評価を受けたいと考えた場合に、上記の評価システムと無関係に適当と考えられる者による評価を受けることは自由です。むしろ、明確な目的を持って、合理的な視点から評価してくれるこうした評価機関の評価のほうが格段に有益であり、大学のためになります。しかし、この評価を受けても認証評価機関による評価を受けたことにはなりませんから、学校教育法が求めている義務を果たしたことにはなりません。このシステムの第2の問題点は、大学がこのシステムによる役に立たない一般的な評価受けて事が終わったとして、この種の本当に有益な評価を受けることを止めてしまうことです。

4 大学評価・学位授与機構

この機関の前身は、当時の国立大学と同じ種類の機関であった大学共同利用機関（国の直営機関）として2000年に作られた大学評価・学位授与機構です（旧国立学校設置法第9条の4）。この機関は大学等の教育研究活動等の状況について評価し、その結果を大学やその設置者等に提供すると同時に、公表もすることが業務の一つでした（同法第9条の4第1項第1号）。その前年には大学設置基準等の中で国立の大学・高等専門学校について自己点検・自己評価の結果の公表とともに、第三者による自己点検・自己評価の結果の検証が義務付けられています。その後2004年に、国立大学が国の設置する大学から国立大学法人の設置する大学へと変わったとき、この機関は通則法が全面的に適用される独立行政法人となりました。しかし、この機関もそのトップである機構長を任命する場合は、この機関に置かれ、国立大学関係者が主要なメンバーである評議員会の意見を聴かなければならないこととされています（独立行政法人大学評価・学位授与機構法第10条、第14条、第15条）。即ち、国立大学ではないが、国立大学の極めて近い親戚であり、したがって、この機関による国立大学の評価は第三者評価と言えるか疑問であり、むしろ自己点検・自己評価の延長線上の評価と考えるほうが適切です。

このような性格の機関でありながら、国立大学の評価は必ずこの機関が行うこととなっています。具体的には、国（実際は文部科学省に置かれる「国立大学法人評価委員会」である。国立大学法人法第9条）が或る国立大学法人について中期目標の達成状況に関してその実績の審査を行う際に、独立行政法人大学評価・学位授与機構がその大学について行った教育・研究の状況に関する評価の結果を、必ず尊重しなければならないこととされているのです（国立大学法人法第35条表中通則法第34条第2項の読み替え）。このことには、自己点検・自己評価の延長的な性格の評価を中期目標の達成状況の審査に用いるという問題の他に、国立大学に特定の評価機関への評価の依頼を強要しているという問題が有ります。この中期目標の達成状況の審査は、その結果によっては、その国立大学法人を存続させるか否か、その大学の教育組織の全部又は一部を廃止するか否か等について文部科学大臣が判断する

際の基礎となるものです。

なお、専門職大学院については上記の評価に加えてより専門的な評価を5年以内ごとに受けることが要求されていますが、この場合は認証評価機関による評価に代えて、外国の評価団体で文部科学大臣が指定したものによる評価も容認されている他、自己点検・自己評価の結果について部外者による検証を受けるという方法も容認されています（学校教育法第69条の3第3項、同法施行令第40条、同法施行規則第71条の3）。

なお、公・私立大学には大学評価・学位授与機構機構による評価を受ける義務は無く、他の適切な認証評価機関の評価を受けることが可能です。

5　評価の内容

前述のように、この評価システムの前の段階においては、国立の大学・高等専門学校は自己点検・自己評価の結果を部外者に検証してもらうという形で、第三者の評価を受けることが求められていました。この部外者・第三者は特定されておらず、大学評価・学位授与機構である必要は有りませんでした。

現在のシステムは、認証評価機関が大学評価の基準・方法を定めてそれに従って大学評価を行うというものになっています。そうは言っても、認証評価機関は大学の自己点検・自己評価の結果を勘案しつつ評価を行うでしょうから、実態は従前とそれほど変わらないのかもしれませんが、認証評価機関は大学の自己点検・自己評価の結果に拘束されてはならないという点では、建前が大きく変わっています。又、評価を行う機関は文部科学大臣の承認を受けた者であれば誰でもよいという点では、限定はされていても特定はされていませんが、国立大学については、独立行政法人大学評価・学位授与機構に特定されています（国立大学法人法第35条表）。

評価を行うべき事項は、その大学の教育・研究、組織・運営、施設・設備の総合的な状況です（学校教育法第69条の3第2項）。

教育・研究に関して基準となるものと言えば、教員数と学生の定員がありますが、このようなものは文部科学大臣や私立学校振興・共済事業団が既に十分把握しておりわざわざ評価するまでもないと考えられます。所定の単位を取得していない学生を卒業させていないか、度重なる休講にもかかわらず単位を授与しているのではないか、多くの専任教員がいるにもかかわらず、その博士課程では長年に亘ってほとんど博士号を出していないのではないか等を調べると面白いかもしれませんが、このようなことは行政が対処すべきでしょう。

組織については、教育組織が認可・届出通りのものになっているかというのは大切なことですが、文部科学大臣が把握すべき問題です。学校法人や国立大学法人の組織が法律通りになっているかも、文部科学大臣が把握しているはずです。大学自体の組織については教授会の設置が定められているぐらいであり、基準となるべきも

のが存在しません。更に、大学の運営については、基準となるものは法令上ほとんど存在せず、評価機関があれこれ指摘できるようなものは無いと考えられます。例えば、国立大学法人が選挙で学長や学部長を選んでいることについてどういう指摘をすることができるか知りたいものです。

施設・設備が設置基準通りに整備されているかどうかは重要な問題ですが、基本的なものは文部科学大臣が把握しており、このような問題は文部科学大臣が対処すべき問題です。

以上のように、評価機関が行うような事項はほとんど無いと言ってよく、そうであるからと言って、これらよりも更に踏み込んで、例えば、個々の教員の能力、資質、業績の評価を行い、学部・研究科の教育・研究事業に関する具体的な事例についてその適否を評価し、学長等の選考の在り方について評価をする等のことを行うのは、一般的な評価を行う認証評価機関では困難です。

要するに、一般的な評価は、文部科学大臣等の公的機関が既に行っているか、それらの公的機関が対処すべきものであり、他方一般的ではない踏み込んだ評価を行うのであれば、評価を行いたい者が、何のために評価するのかという明確な目的とその目的に照らして合理的で具体的な内容の評価の視点・基準を定めて、自らの責任で評価すべきです。

研究能力が高いということは長所ですが、研究能力が高くなくとも素晴らしい活動を行っている大学は腐るほど有ります。優秀な学生が多いということは長所ですが、優秀な学生が多くなくとも素晴らしい活動をしている大学も腐るほど有ります。欠点が少ないというのは長所ですが、欠点は多くとも素晴らしい活動をしている大学も腐るほど有り、そうした大学と欠点の少ない大学のどちらが望ましい大学であるかを決める基準は有りません。一般的な評価は、一見もっともらしい、しかし、非本質的である要素を掻き集めて順位付けすることにならざるを得ません。

こうした一般的な評価が大手を振るうようになれば、日本の大学は一つの型にはめられてしまいます。大学が型にはめられれば、日本の大学教育の活力は無くなります。

第3章
教員の品質の確保

国民の教育に対する需要に応えるため、国は学校教育の内容と学校体系を確定し、各学校種の内容を定めるとともに、生徒数に応じた施設・設備の内容と数量及び教員数についての基準を定めています。更に、国は都道府県と役割を分担して学校を設置・運営するとともに、こうした学校教育の枠組みがその意図されたところに従って円滑に機能するように学校を監督することにより、学校教育の品質の確保を図っています。

以上に加えて、教員については資格を定め、その資格を満たす者だけが学校において生徒に授業を行うことができることとしています。学校教育において教員の意欲と能力が極めて重要ですから、学校の教員に一定の資格を要求することは学校教育の品質を確保するために有効な措置です。

学校においては教員を始めとして様々な職員が働いていますが、学校の役割は教育のために設けられた施設・設備を利用して教員が生徒に対して授業を行うことであり、生徒に対して授業を行うことができるということが教員の要件です。しかし、学校の職員の中には教員として扱うべきか教員以外の職員として扱うべきかが必ずしも明確でない緩衝地帯とも言うべき部分も有ります。現に授業を担当しない職員について教員免許状や資格を要求するということが行われていますが、これらの授業を担当しない職員は、教員の資格の問題を考える場合には教員として扱わないほうが合理的です。

第1節　教員資格の概要

教員の資格は教員という職業に就くために必要とされる資格であり、教員になることへの制約ですから、その内容は法律で定めることが必要です。

初等中等学校の教員の資格については、そのための特別の法律を作って定めています。これが教育職員免許法（以下、「免許法」と言う）です。免許法の対象は、初等中等学校の教諭、助教諭、講師、養護教諭、養護助教諭、栄養教諭であり（免許

法第2条第1項、第3条)、大学・公等専門学校の教員と初等中等学校の校長・教頭については、法律の定め（学校教育法第8条）に従い文部科学大臣がその資格を定めています。

免許法が定めている教員資格は、その違反に対して刑罰が科されることまで含んだ厳格な内容の資格ですが、文部科学大臣が定めている校長・教頭と大学・高等専門学校の教員の資格は、その違反に対する制裁措置も無く、その内容も極論すれば「校長に相応しいものが校長になるべきである」といった程度のもので厳格さを欠き、判断の余地が極めて大きく、且つ、資格が有るかどうかの第一次的な判断がその教員等を雇用する設置者に委ねられています。したがって、文部科学大臣が定めている資格は、学校の設置者が教員等を採用する場合の判断基準を定めていると考えても差し支え有りません。別の面から言えば、文部科学大臣が定めている資格の内容がこの程度のものであるからこそ、法律で定めないで文部科学大臣が定めることとしても許されていると言えます。

1　学校に置かれる職員

学校には多くの種類の職員が置かれており、学校において中心的な役割を果たす教員自身も幾種類かに分かれますが、学校に置かれる職員のすべてが同じように教員免許状や資格を要求されるわけではありません。

1.1　初等中等学校の職員

[小学校の職員]

小学校に置かれる職員は次の通りです（学校教育法第28条。法令名が無い条文は本条の条文である）。

① 校長……学校には必ず校長を置かなければならない（第1項）。学校の活動に関わる仕事は最終的にはすべて校長が決定し、又、校長には教員を始めとするその学校の職員を監督する義務と権限がある（第3項）。校長は教員ではなく、授業を行うことは想定されていないが、事実上所持している教員免許状の範囲内で授業を行うことは禁じられていないと考えられる（小学校設置基準第6条第2項参照）。免許法は校長に対して免許状を要求しておらず、文部科学大臣が校長の資格を定めている（学校教育法第8条、同法施行規則第8条乃至第9条の2）。

② 教諭……学校には必ず教諭を置かなければならない。学校の活動の中核である授業を行うのは教諭だからである（第1項、第6項）。教諭になることができる者は正規の教員免許状（教諭の免許状）を持つ者に限られる（免許法第3条第1項、免許法第4条第2項・第3項、免許法第22条）。

③ 教頭……学校には通常の場合教頭が置かれるが、小規模校等には置かれていない（第1項但し書き、義務標準法第7条第3項）。校長を助けて学校運営の仕事を

するが、授業を担当する場合も有り得ることから、教員の一員と考えることができる（第4項）。しかし、免許法は教頭に対して免許状を要求しておらず、文部科学大臣が教頭の資格を定めている（学校教育法第8条、同法施行規則第10条）。教頭の授業担当については、校長の場合と同様に教員免許状の所持が必要と考えられる。

④　助教諭……助教諭は教諭の仕事を補助するものとされているが（第10項）、実際は、教諭と同じように授業を担当し、仕事の仕方の上では教諭と差がないと考えるべきである。免許法において、助教諭とは無資格の教員を意味する（免許法第4条第4項、第5条第5項）。助教諭は、教諭の資格を持つ者が見出せない場合に限り採用できるものであり、したがって学校に助教諭を置く必要は無い（第1項・第13項、免許法第5条第5項）。現在小学校に教諭が32万8千人在職しているが、助教諭は約900人という状況である（平成18年版文部科学統計要覧による）。

⑤　講師……教諭又は助教諭に当たる仕事をすることとされていることから、教員の一員であり、教諭又は助教諭の免許状が要求されている（第11項、免許法第3条第2項）。法律にその旨の規定は無いが、常識的には非常勤的な教員であるか（学校教育法施行規則第48条の2参照）、助教諭という呼称を嫌ったものと考えられる。一人前の教員として授業を担当するものであって、せいぜい数時間程度の授業にしか関わることのない非常勤講師（第2節1の冒頭部分で記述する）とは全く異なっている。置かずに済むなら置く必要は無い（第1項・第13項）。

⑥　養護教諭……いわゆる学校看護師のことであり、授業を担当しないことから教員とは言えないが、免許法は養護教諭に免許状を要求している（第7項、免許法第3条第1項・第4条第2項）。小学校（中学校も）については原則として養護教諭を置かなければならないこととされているが、小規模校等については今暫く養護教諭を置かないことも許されている（第1項、学校教育法附則第103条、義務標準法第8条）。

⑦　養護助教諭……養護教諭との関係は、教諭と助教諭の関係と同じである（第1項・第12項・第13項、免許法第4条第4項・第5条第5項）。

⑧　栄養教諭……栄養教諭は2004年に設けられた職で、いわゆる学校栄養士のことである。学校栄養士は現在も存在しており、そのうちの或る者が栄養教諭と名乗っているが、教諭と言っても授業は担当せず、常識的な意味での教員ではないし、学校にとって一般的に必要とされる職員でもない（第2項、第8項）。免許法は栄養教諭の資格を定めているが（免許法第3条第1項、第4条第2項）、栄養教諭の資格を持たない単なる学校栄養士であっても、学校栄養士として栄養教諭と同様な職務内容で学校に勤務しているし、その給与負担の形態も同じである（学校給食法（昭和29年法律第160号）第5条の3、義務標準法第8条の2、市町村立

学校職員給与負担法第1条、義務教育費国庫負担法第2条等)。
⑨　事務職員……免許や資格は要求されず、又、小学校に必ず置くことまでは要求されていない（第1項・第9項、義務標準法第9条)。

　以上が小学校に置かれる職員について全国一律のルールとして定められている内容です。このうち事務職員だけは資格や免許を必要としませんが、それ以外は、校長・教頭は文部科学大臣が定めた資格が必要とされ、教諭・講師・助教諭は免許法が定める教員免許状を所持していなければならず、教員ではない養護教諭・養護助教諭と栄養教諭も免許法が定める免許状を所持していなければなりません。
　なお、以上述べた以外の職員を小学校に置くことは可能です（学校教育法第28条第2項)。例えば、給食を実施している場合には、栄養教諭がいなければ学校栄養士が置かれますし、調理員も置かれます（学校給食法第5条の3・第6条第1項、同法施行令（昭和29年政令第212号）第2条第1号参照)。用務員（学校教育法施行規則第49条）等を置く場合も稀ではありません。こうした場合、市町村が置いている職員のうち学校栄養士については都道府県が給与を負担しますが、それ以外の職員については都道府県による給与の負担は行われません（市町村立学校職員給与負担法第1条、義務教育費国庫負担法第2条第1号)。なお、これらの職員については、基本的に全国一律に一定の資格を要求するということはないのですが、学校栄養士については栄養士の資格が要求されています（学校給食法第5条の3)。

[その他の初等中等学校の職員]
　中学校に置かれる職員は小学校の場合と同じです（学校教育法第40条)。又、幼稚園に置かれる職員も、基本的には小学校の場合と同じようなものであり、幼稚園に特有の職員は想定されていません（同法第81条、第82条)。
　高等学校については、以上の職員に加えて実習助手と技術職員を置くことができるとしています（学校教育法第50条第1項、第2項)。実習助手は、実験・実習について教諭の職務を助けるとされていますが（同法第50条第3項)、資格や免許法による免許状も要求されていないことから、教員の範囲には入らないと考えるべきです。技術職員は、機械・装置の保守等を行いますが、全国一律の資格は要求されていません（同法第50条第5項)。又、小学校等と違い高等学校には教頭と事務職員は必ず置かなければなりません（同法第50条第1項)。
　特別支援学校については、原則として寄宿舎を置くこととされていますが（学校教育法第73条の2)、その寄宿舎には寄宿生6人当たり1人以上の寄宿舎指導員を置かなければなりません（同法第73条の3、同法施行規則第73条の3)。寄宿舎指導員は寄宿生の世話・指導に当たりますが、資格・免許は要求されていません。寄宿舎指導員以外の特別支援学校の職員は、小学校等のそれと同じです。

1.2　大学・高等専門学校の職員

［大学の職員］

大学に必ず置かれる職員は、学長、教授、事務職員であり、准教授、助教、助手は原則としては置くべきであるが、場合によっては置かなくてもよいこととされています（学校教育法第58条第1項）。それ以外に必要に応じて置かれる職員として副学長、学部長、講師、技術職員の名前が挙げられていますが、これら以外にも必要があれば各種の職員を置くことができます（同条第2項）。実際に、病院、研究所、農場等の多様な施設を持つ大学には多種多様な職員が存在しています。

大学に置かれる一般的な職員は次の通りです（学校教育法第58条。法律名の無い条文は本条の条文である）。

① 学長……大学として物事を決定する場合の最終的な意思決定は学長が行い、教職員を監督する（第3項）。具体的な資格要件は、定められていない。
② 教授……学生を教育し、研究を指導し、自ら研究する（第6項）。資格が必要である。
③ 准教授……学生を教育し、研究を指導し、自ら研究する（第7項）。資格が必要である。
④ 講師……教授又は准教授と同じ仕事内容である（第10項）。実態としては、非常勤的な教員又は准教授の手前の段階にある教員と考えられる。
⑤ 助教……学生を教育し、研究を指導し、自ら研究する（第8項）。資格が必要である。
⑥ 助手……教育研究の円滑な実施に必要な業務を行う（第9項）。2007年3月までは、教授・助教授の職務を助けるのが仕事とされていたが（2007年の改正前の学校教育法第58条第8項）、授業は行わず、したがって将来の教員ではあっても、現在の教員ではないとされていた[注9]。資格が必要である。
⑦ 副学長……学長の仕事を助ける（第4項）。資格は、定められていない。
⑧ 学部長……学部に処理が委ねられている仕事に関する意思決定は最終的には学部長が行う（第5項）。資格は、定められていない。
⑨ 事務職員・技術職員……基本的に初等中等学校の事務職員・技術職員の仕事と同じである（学校教育法第70条）。資格は、定められていない。

［高等専門学校の職員］

高等専門学校に必ず置く職員は、校長、教授、事務職員であり、准教授、助教、助

[注9] 例えば、旧制度の国立大学において、助手は教授、助教授等と同様に、教授会で採用を決めている等人事については教員と同じ扱いとなっていた（2004年の改正前の教育公務員特例法第22条、同法施行令第2条）。現在の直営の公立大学も同じである。

手は原則として置くべきであるが、場合によっては置かないこともできることとされています（学校教育法第70条の7第1項）。それ以外に必要に応じて置かれる職員として講師、技術職員の名前が挙げられていますが、これら以外にも必要に応じて各種の職員を置くことができます（同条第2項）。これらの者が行う仕事の内容と資格の有無については、上記の大学の職員と同じです。

1.3 大学・高等専門学校における教員の種類・名称の変更

大学において教授・助教授・講師・助手という教員の種類と名称は長い間親しまれてきましたが、2007年4月からは、教授、准教授、講師、助教、助手に変わりました。これによって次の点が、従来と異なることとなりました。

① 従来大学に必ず置かなければならない職員は、学長、教授、助教授、助手、事務職員であったが、改正後は学長、教授、事務職員となった（学校教育法第58条第1項）。准教授、助教、助手は置くことが原則ではあるが置かないことも可能である。

② 授業を担当することができる教授、准教授、助教の職務はいずれも「学生を教育し、その研究を指導し、自らも研究に従事する」ことであり、独り立ちした教員としてその間に差異は無い。講師の職務も教授・准教授に準じるものとされている。助手については、「教育研究の円滑な実施に必要な業務に従事する」こととされ、助教のポストの新設と相俟って、「教授・助教授の職務を助ける」とされていたこれまでに比べ、将来の教員という色彩は基本的に無くなったと言える。

③ 同一の職務とされた教授・准教授・助教の違いは、教育上・研究上・実務上の知識・能力・実績の差異によることとされている。即ち、これらの能力等が「特に優れている」者が教授であり、「優れている」者が准教授であり、それなりの能力を持っている者が助教である。

④ 従来の制度では、助手の職で経験を積むことによって助教授・講師に昇格するルートが認められていたが（2007年の改正前の大学設置基準第15条第2号、第16条第1号）、2007年からは助教になることも含めて助手から教員になるためのこのルートが無くなった（大学設置基準第15条乃至第16条の2）。2007年以後大学の教員としてのキャリアを上げていくためには、助手からではなく助教から出発しなければならない（大学設置基準第15条第2号、第16条第1号）。

⑤ 日本の大学は自校の教員を若い頃から自分の大学でキャリアを積ませて養成する傾向が強い。大学が将来の教員を、教員となる前段階から育てるとすれば従来の助手のシステムが有り、且つ、これ以外にはそれを可能にする道は無い。助手の位置付けが変わった2007年以後はこの養成方法が原則として行えないこととなる。このとき日本の大学が、自校の教員を最初の段階から自校で養成することを諦めて新しいシステムに応じた新しい教員採用方法を導入するか、相変わらず

助手のシステムを利用した養成を続けるか予断を許さないところである。助手という職名を残したことは、国が後者の事態をも容認したと考えられるが、もしこれが大勢となっていくなら、今回の改正の意味は失われる。

2　教員資格と教員の欠格事由

以上のように、学校に置かれる職員の種類は、学校種により、又、同じ学校種の学校であっても規模や教育の分野等により、異なったものとなっています。しかし、すべての学校種を通じて、又、規模や分野の違い等にもかかわらず、共通的に必ず置かれる職員が存在しています。具体的には、校長と教員はどの学校にも必ず置かれることとなっており、校長又は教員を欠く学校というものは有り得ないこととなっています（学校教育法第7条）。学校は生徒を教育するために設けられているものであり、教育は教員による授業を通じて行われ、適切に授業が行われるように学校全体に亘り目配りするのが校長の仕事です。学校の中核である校長・教員の仕事を行うには、相当程度の知識・能力等が求められるとともに、社会的にある種の条件も要求されます。

校長・教員に求められる知識・能力等を一定のレベルで保障しようとするものが教員等の資格であり（学校教育法第8条）、教員等に求められる社会的な最低条件が教員等の欠格条項（学校教育法第9条）と呼ばれるものです。教員等の資格は大学で単位を修得する等勉学・研鑽を積むことで取得しますが、教員等の欠格条項は社会的に容認されない行為を行う等子供の教育を担当させるべきでないと判断された人間的条件であり、勉学・研鑽を積んでどうこうできるものではありません。

教員等の資格が有るということ又は教員免許を所持しているということは、実際に教員等の職に就けるということとは別問題ですが、能力的には教員等になることが認められていることとなります。このように教員等になる資格の有る者であっても、欠格条項に該当する場合には、国・公・私立を問わず、校長・教員になることはできません。又、現に校長・教員である者が欠格条項に該当することとなった場合は、校長・教頭の職を失うことになると考えられます。公立学校の教員の場合は地方公務員法にも同様な欠格条項が存在する[注10]ことから（地方公務員法第16条）、その都道府県・市町村の職員であることが原則として不可能になりますが、私立学校の教員の場合は、校長・教員以外の職員として引き続き在職することは、理論上は可能です。

教員の欠格条項は、次の通りです。

① 精神上の障害により物事を理解・判断する能力が極めて乏しいとして、家庭裁判所から後見人又は保佐人を付された者（学校教育法第9条第1号。民法第7条

[注10] 刑罰と懲戒免職に関係する欠格条項は、教員の欠格条項のほうが厳しい内容となっている。

乃至第13条参照)。従来は「禁治産者」「準禁治産者」と呼ばれていた。
② 禁錮以上の刑に処された者(学校教育法第9条第2号)。罰金以下の刑罰の場合はこの欠格条項に関係してこない。又、禁錮以上の刑に処されたことによって、永久に欠格条項に該当しつづけるものではなく、刑の消滅(例えば、刑の執行が終了してから10年間に罰金以上の刑に処されない場合は刑の言い渡しは無かったこととされる。刑法(明治40年法律第45号)第34条の2参照)や執行猶予期間の経過(刑法第27条参照)等により、欠格条項に該当しないこととなる。
③ 公立学校の教員が懲戒免職処分を受けたときその者の所持する教員免許状は失効し(免許法第10条第1項第2号)、又、公立学校教員の懲戒免職事由(地方公務員法等の法令違反、職務上の義務違反、公務員の本旨に反する非行があった場合がこれである。地方公務員法第29条)に相当する理由で国立・私立の学校の教員が懲戒免職処分を受けた場合等には都道府県教育委員会はその者から教員免許状を取り上げるが(免許法第11条第1項・第2項)、この教員免許状の失効又は取り上げの日から3年間は、それらの者は校長・教員になることはできない(学校教育法第9条第3号、第4号)。初等中等学校の問題である教員免許状の失効・取り上げが欠格条項とされたことで、それらの者は大学、高等専門学校の校長(学長)・教員にもなることができない。懲戒免職処分という特定の組織内の処分を理由に所持する教員免許状を無効にした上、更に教員等になる一切の資格まで奪うことには問題が有る。基本的に、教員を採用する設置者等の判断に委ねるべきと考える。又、或る種の性犯罪者やその傾向の有る者に対する欠格条項上の対応のほうが格段に重要である。
④ 日本国憲法又は日本国政府を暴力で破壊することを主張する政党等を結成し、又はそれに加入した者(学校教育法第9条第5号)。国内にこのような団体が存在するのか、それはどの団体か等は不明であるが、教員等の欠格条項の内容は、教員免許の失効・取り上げに関するものを除いては、他の制度と同じような内容であり、この条項も同様であることから(例えば、国家公務員法第38条第5号、地方公務員法第16条第5号)、団体の認定に当たってはこれらの状況も踏まえる必要が有る。

第2節　教員免許状

[初等中等学校の教員資格]
校長・教頭を除く初等中等学校の教員の資格は、原則として大学において定められた科目・単位を修得した上で大学を卒業した者に与えることとされており、この教員資格は都道府県の教育委員会が授与する教員免許状に集約され、化体されています。即ち、教員免許状を所持していない限り教壇に立って授業を行えないのであり、

申請すれば問題なく教員免許状が授与される資格を持っていても実際に教員免許状の授与を受けていなければ、その者が初等中等学校で授業を行えば違法ということになります。他方、教員の欠格条項に該当しない限り、教員免許状を持っている者に対して教員になる資格の有無が問題とされることは有りません。

しかし、教員免許状を持っていることは教員としての十分な能力を持っている証拠にはなりません。教員としての能力は教員としての実績や経験等で判断できるものであり、教員免許状は教員として採用してもよいという意味での資格であり、教員としての最低限の条件はクリアしましたという証明書です。そうであるからこそ、実際に教員を採用する場合は、試験を行うことが必要になりますし、採用後も初任者研修を始めとする各種の教員研修のシステムが必要になるのです。その基本的な原因は、例えば医者になるために必要な教育・訓練の内容は学問として確立されており、大学教育でその大きな部分を引き受けることができますが、教員養成の教育・訓練の内容は学問として未成熟であり、大学教育として対応できるところが少ないということ、即ち医師の養成のような形では大学教育が対応できないということにあります。

[大学・高等専門学校の教員資格]
これに対して大学・高等専門学校の教員については、全国一律の教員資格は定められていますが、然るべき機関が発行する教員免許状といった類のものは存在せず、その資格に該当するか否かは、第一次的には各大学の設置者が判断することとなります。即ち、大学教員への任命に際して教員資格の有無が判断されることになるものであって、任命と離れて一般的な資格として大学教員の資格が判定されることは有りません。したがって、履歴書の所持する資格の欄に、高等学校教諭1種免許状と記入することはできても、教授、准教授等と記入することは有り得ないのです。それは、設置者が教授、准教授等として任命することで初めて教授や准教授の資格が有ることが明確になるのであり、しかも、それはその大学に限ってのことなのです。こうしたことから、教員として採用されなかった場合も教員資格が無いとして採用されなかったのか、他の応募者のほうが適任とされたため採用されなかったのかは分かりませんし、A大学教授というのはA大学における判断の結果教授の資格が有るとされただけのことであって、他の大学でも教授の資格が有ると判断されることを保証しているものではありません。例えば、教授の資格として大学において教授等の経歴の有る者が挙げられていますが（大学設置基準第14条第4号）、これと併せて、相応しい教育能力が要求されており（同条）、A大学教授であってもB大学で教授になるにはB大学の判断を受けることが必要です。

1　教員免許システムの概要

免許法は養護教員と栄養教諭も対象としていますが、これらの者は授業を担当せず、本来の意味の教員ではないことから、これらの者については別途述べることとし、ここでは本来の教員の免許状について述べることとします。

免許法は初等中等学校の教員の資格を定めています。初等中等学校とは幼稚園、小学校、中学校、高等学校、特別支援学校、中等教育学校であり、教員とは教諭、助教諭、講師を言います。これらの学校のこれらの教員は、教員免許状が必要です（免許法第3条第1項。第2条第1項参照。以下、この第2節において法律名の無い条文は、免許法の条文を表す）。

初等中等学校で生徒に対して授業を行うには教員免許状を持たなければならないという原則の唯一の例外は、幼稚園と特別支援学校幼稚部を除く初等中等学校において教科・道徳・総合的学習の時間についてその領域等の一部を担当する非常勤講師、又は、小学校と特別支援学校におけるクラブ活動を担当する非常勤講師です。これらの非常勤講師は教員免許状を必要としないこととなっています（第3条の2第1項、免許法施行規則（昭和29年文部省令第26号）第65条の7）。なお、これらの非常勤講師は免許状を持たなくとも、その初等中等学校の教員ですから教員の欠格条項（学校教育法第9条）に該当する者であってはならず、又、これらの非常勤講師を採用する場合には都道府県教育委員会に届け出なければなりません（第3条の2第2項）。文部省第126年報によれば、1998年度において、この非常勤講師の許可件数は6,280件で、その3分の2は高等学校でした。

上記の非常勤講師を除き、免許状を持たない者を教員に雇用した者と、教員免許状が無いのに教員に雇用された者に対しては、刑罰（いずれも30万円以下の罰金）が科されます（第22条）。又、教員免許状を受ける資格が無い者に教員免許状を授与した者、教員免許状を受けようとする者の修得した科目・単位、教員としての勤務の実績等に関して虚偽の証明書を発行した者、不正の手段を用いて教員免許状の授与を受けた者にも、更に重い刑罰（1年以下の懲役又は50万円以下の罰金）が科されます（第21条）。

なお、前述のように、初等中等学校については設置者の判断で必要が有ればこれまで述べてきた以外の職員も置けることとなっていますが（学校教育法第28条第2項等）、教員については、このように厳しく資格が管理されている以上、設置者の判断によって教諭、助教諭、講師以外の教員を置くことは禁じられていると考えられます。

教員免許状は、免許法によって具体的且つ詳細に定められた基準に従って、都道府県教育委員会が授与します（第5条第6項）。都道府県教育委員会は、免許状の授与以外にも、その取り上げや教育職員検定等も行い、教員免許システムの運営におけ

る中心となっています。

教員免許状は所要の資格が有れば授与されるものですが、前述の教員等の欠格事由（学校教育法第9条）に該当する者、17歳以下の者、高等学校を卒業していない者には、教員免許状を受ける資格が有っても授与することはできません（第5条第1項但し書き。以下、「教員免許状授与の不適格者」と言う）。

なお、外国の教員免許状を持っている者や、外国の大学を卒業した者等に対しては、都道府県教育委員会が、その者の人物、学力、教員歴、身体について検査（「教育職員検定」と呼ばれる）の上、相応の日本の教員免許状を授与できることとなっています（第18条。第6条第1項参照）。

1.1 教諭・助教諭・講師と教員免許状

教員免許状は、教諭の免許状と助教諭の免許状です（第4条第1項乃至第4項）。

1.1.1 助教諭・講師と免許状

助教諭の免許状は、教諭の免許状を持つ者が採用できない場合に限り、都道府県教育委員会が教育職員検定を行った上で授与しますが、授与した時から原則として3年間に限り、且つ、それを授与した都道府県内のみにおいて有効であることから、臨時免許状と位置付けられています（第4条第4項、第5条第5項、第9条第3項）。学校は正規の教員を採用できない場合でも授業を休むことはできませんから、このような応急的な措置が必要になるのです。臨時免許状は、教員免許状授与の不適格者を除いて誰にでも授与することができる（第5条第5項）ことからも分かる通り、免許状とは言うものの、実質的には無資格教員に対して教壇に立ち授業を行うことを許可する文書と言うことができます。なお、高等学校助教諭の臨時免許状は、短期大学・高等専門学校卒業程度以上の学歴でなければ授与できません（第5条第5項但し書き。第5条第1項第1号参照）。

講師については、講師の免許状というものは存在せず、教諭の免許状か助教諭の免許状を持っている者が講師になれることとなっています（第3条第2項）。

以上からも分かる通り、教員免許システムの中心は、教諭の免許状がどのように授与されるかということにあります。

1.1.2 教諭の免許状

教諭の免許状には、普通免許状と特別免許状が有ります（第4条第1項乃至第3項）。普通免許状は、普通という言葉の通り、大部分の者がこの免許状を取得し、教員になっています。普通免許状は、全国に亘り、且つ、終身有効です（第9条第1項）。特別免許状は、学校の設置者等がその者を教員として採用することが特に必要と判断して推薦してきた場合に、都道府県教育委員会が教育職員検定を行って授与することとされています（第5条第2項・第3項）。特別免許状を受ける者については、具体的な資格は要求されていませんが、担当教科に関する知識経験・技能と社会的

信望が必要である（第5条第3項）とともに、免許状授与の不適格者に該当する場合には授与できません（第5条第2項但し書き）。特別免許状は普通免許状と同様に終身有効ですが、臨時免許状と同様に採用における必要性を理由として授与していることから、特別免許状を授与した都道府県内のみにおいて有効とされています（第9条第2項）。

特別免許状は性格的にも特殊の免許状であり、これまでのところでは量的にも微々たるものであり[注11]、したがって、教諭の免許状に関する問題の中心は普通免許状の問題です。以下においては、特に断りの無い限り、教諭の普通免許状について記述します。

1.2 教員免許状の種類

現在の日本の社会に「教諭の普通免許状」という名前の免許状が実在しているわけではありません。教諭普通免許状と呼ぶことができるような幼稚園から高等学校までのどこの学校でも通用し、どの教科でも担当できる便利な教員免許状は、現行制度には存在しないのです。

教員免許状は、まず小学校、中学校等の学校種別に分かれます（第4条第2項）。次に、中学校と高等学校については教科別に分かれます（第4条第5項）。更に、このように細分された免許状は、専修、1種、2種という級に分かれます（第4条第2項）。

1.2.1 学校種別と教員免許状

免許状の学校種別は、幼稚園、小学校、中学校、高等学校、特別支援学校です。
中等教育学校教員免許状という名の教員免許状は存在せず、中等教育学校の教員になることができるのは、中学校教員免許状と高等学校教員免許状の両方の免許状を持つ者とされています（第3条第4項、第4条第2項カッコ書き）。

特別支援学校の教員免許状は、特殊な性格の免許状です。具体的には、この免許状を持っていてもこれらの学校の教員にはなれません。幼稚園、小学校、中学校又は高等学校の教員免許状を持っている者が、特別支援学校の教員免許状を併せ持つことによって初めて特別支援学校の教員となることができるのです（第3条第3項）。更にこの場合、基幹となる免許状は、特別支援学校の免許状ではなく、幼稚園・小学校・中学校・高等学校の免許状のほうです。その一つの現れは、免許状の取得方法に見てとることができます。即ち、特別支援学校の教員免許状は、幼稚園、小学校、中学校又は高等学校の教諭の普通免許状を持たない者には授与されないこととされています（第5条第1項別表第1「特別支援学校教諭」の項中第2欄の基礎資格）。

[注11] 例えば、文部省第126年報によれば、1998年度に授与された特別免許状は1件である。これに対して普通免許状は、同年度において225,722件授与されている。

前述のように、特別支援学校は、幼稚園から高等学校までの学校と基本的に同じ教育内容が行われており、これらの学校と等質の学校とされていることから、教員資格についても幼稚園から高等学校までの学校の教員免許状が基本となるのであり、この基礎となる免許状を持った上で、特別支援教育に関する若干の勉強をした者に対して、特別支援学校の教員免許状が与えられるというシステムを採っているのです。そして、小学校教員の免許状と特別支援学校教員免許状を所持することによって、初めて特別支援学校小学部の教員の資格が得られるのです。

[特別支援学校と教員免許状]
2007年4月から、従来の盲学校・聾学校・養護学校という学校種は無くなり、これらを包括した特別支援学校となりました。これに伴い、教員免許状も、盲学校教員免許状・聾学校教員免許状・養護学校教員免許状という種類が無くなり、これらを包括した特別支援学校教員免許状になりました。新しい特別支援学校教員免許状は、視覚障害・聴覚障害・知的障害・肢体不自由・病弱という5領域のいずれかを定めて授与することとしているので、見掛けはともかく実態は変わっていません（第2条第4項、第4条の2第1項、第5条の2第2項）。しかし、特別支援学校教員免許状となったことにより、罰則の対象となる保持するべき相当免許状の内容として、領域の違いによる区分は含まれないと考えられ、例えば、聴覚障害の領域の特別支援学校教員免許状を持つ者が視覚障害の領域の教育を担当しても違法行為として刑罰を受けることはないと考えられます（第3条第3項、第22条）。ただし、こうしたことを推奨する趣旨と考えるべきではなく、教員と生徒の状態を踏まえ、人事や学校の運営において適切に対応することが求められます。免許状が対象とする分野の範囲が広く実際に担当が可能な分野とずれが生じるという問題は、高等学校教員の免許状等にも存在しているのであり、新しい問題ではありません。なお、特別支援学校の教員免許状を取得した後、他の領域の必要科目を修得した場合等は、免許状にその新領域を追加することとしています（第5条の2第3項）。

以上を除いては、普通免許状と臨時免許状が有り、普通免許状は2種・1種・専修に分かれるとともに上進制度が有り、大学において取得することを原則とし、小学校教員免許状等の基礎となる教員免許状を持つ者のみに授与する等従来の在り方に大きな変更を加えていません。又、「特殊教科」という言い方を「自立教科等」という言い方に変更しますが、これも内容を変えるものではありません（第2条第3項・第4条の2第2項等）。

1.2.2 中学校・高等学校等の教科と教員免許状

幼稚園・小学校の教員免許状は、領域・教科について何の限定も無い免許状であり、これは、幼稚園・小学校においては1人の教員がすべての領域・教科の授業を行うことができるということを意味しています。そのため、これらの教員免許状を取得

するに当たっては全領域・教科を担当するという前提に立って必要な科目を履修することになっています。教科のすべての分野に亘り満遍なく学生に履修させるという形態は、教育学部等の教員養成を目的とする学部以外では対応することが困難であることから、幼稚園と小学校の教員免許状は原則として一般の学部では取得できません。

これに対して、中学校と高等学校については、単なる中学校教員免許状や高等学校教員免許状というものは存在しません。これらの学校の教員免許状は必ずいずれかの教科に関する教員免許状となっていて（第4条第5項）、免許状に記載されている教科以外の教科は担当できないこととなっています。その結果、後述するように、中学校又は高等学校の教員免許状を取得するに当たっては、学問の幅広い分野に亘って履修するのではなく、特定の学問分野を履修すれば良いこととなっています。こうしたことから、日本の大学の一般的な学部の教育内容に即した履修が可能な形態であり、したがって、大抵の学部は中学校・高等学校の教員免許状を取得するコースを持っているのが実態です。

[中学校教員免許状と教科]

第1章第3節1.1で述べたように、中学校の教科については、その種類・学年別履修時間・内容等を文部科学大臣が定めていますが、教員免許状の教科（以下、一般的な意味における「教科」との混同を避けるため、この第2節において「免許教科」と言う）は中学校の教科を前提としつつも必ずしも中学校の教科とは同一でないものとして、法律によって定められています。両者の相違点を挙げれば、次の通りです（第4条第5項第1号）。

① 保健体育の教科については、「保健体育」の免許状と「保健」の免許状が存在する。「保健」の免許状では体育の部分の授業は担当できない。
② 技術・家庭の教科については、「技術」と「家庭」の免許状に分かれている。一人で技術・家庭の教科を担当しようとすれば、両方の免許状を取得しなければならないと考えられる。
③ 教科として存在しない「職業」「職業指導」「職業実習」の免許状が存在する。これらの免許教科を設ける必要・実益は明らかでないが、学校選択教科としてこれらの教科を設けた場合や、技術・家庭の中で特に重点を置いてこれらの教員に担当させる場合等が考えられないわけではない。
④ 小学校と中学校の教育課程は教科の他に「道徳」を含んでいるが、私立学校についてはこれに「宗教」を加えることができ、この場合には宗教を以って道徳に代えることも可能である（学校教育法施行規則第24条、第53条第1項、第55条）。宗教が教科であるか否かは明らかでないが、免許教科として宗教が設けられていることから、宗教を担当するには宗教の免許状が必要と考えるべきである。これ

に対して道徳については教員免許状が存在せず、したがって、すべての教員が道徳を担当できる。なお、宗教の授業を行うことができるのは私立学校だけであるから、宗教の免許状は国・公立学校では効力がないこととされている（第9条第1項カッコ書き。日本国憲法第20条第3項、教育基本法第9条第2項参照）。
⑤　「道徳」の教員免許状が存在しないだけでなく、「総合的学習の時間」と「特別活動」についても教員免許状は存在しない。これは、教員であれば誰でもこれらを担当してよい、或いは、担当すべきだということであって、教員でなくともこれらを担当できることを意味するものではなく、学校教育の内容の一部とされている以上教員が担当することが必要である。

[高等学校教員免許状と教科]
基本的には中学校教員免許状の場合と同じです。教科と免許教科で一致しない点を挙げれば、次の通りです（第4条第5項第2号）。
①　教科としては「芸術」という一つの教科になっているが、教員免許状は「音楽」「美術」「工芸」「書道」と芸術の分野ごとになっている。音楽大学を卒業した者が美術等の授業を担当できるとするほうが非常識である。
②　保健体育の教科については、「保健体育」の免許状と「保健」の免許状が存在する。
③　専門教育に関する教科は、各教科のカバーする範囲が極めて広いにもかかわらず、その教科の教員免許状は一つである。例えば、専門教育に関する教科の一つである工業の教科に属する科目は機械、電気、電子、通信、情報技術、建築、測量、土木、工業化学、各種の材料科学、染色、インテリア、デザイン等多方面に亘り、内容的にも理論から施工、計画から実施、工業に固有の外国語・数理計算・法規・歴史等極めて多様な内容になっている。この工業の教科を担当するための教員免許状は「工業」という唯1種類の免許状のみであり、したがって、この免許状を持っていれば工業に関するこれらの科目のどれでも担当できる建前になっている。もし、このようなことが通用するのであれば、そしてこのシステムは現に大きな問題を生ずることなく運営されているのであるが、中学校・高等学校の免許状は教科別である必要は無く、幼稚園・小学校の場合と同様に、いずれの教科も担当できる中学校教員免許状又は高等学校教員免許状の一本でよいことになる。そうした場合、工業の場合に行われていることと同様に、学校の設置者がその教員の大学での専攻や経歴、或いは実際の能力等を踏まえて適切な科目を担当させれば済むことである。
④　専門教育に関する教科の多くには、その実習を担当する教員免許状が存在する。例えば、工業の教科の教員免許状は、「工業」の他に「工業実習」の教員免許状がある。この免許状を持っている教員は、工業の教科の実習部分を担当するが、

実習以外の部分は担当できない。これに対して、「工業」の教員免許状を持っている教員は、制度的には工業実習を含めて工業に関するすべての授業を担当できる。

⑤ 中学校の場合と同様に、教科は存在しないが、「職業指導」という教員免許状が存在する。他方、農業・高業・商業・水産・商船の教科の教員免許状を取得するためには職業指導の科目を1単位以上修得しなければならないこととされており（「情報」の教員免許についても「情報と職業」の科目の履修が求められている他、看護・福祉の教科の教員免許については実習が要求されている。免許法施行規則第4条表）、専ら職業指導を担当する教員の活躍の場は無いと思われる。

⑥ 中学校の場合と同様に、私立学校においてのみ有効な「宗教」の教員免許状が存在する。

[特別支援学校の特殊教科教員免許状]
例えば、特別支援学校の小学部の教員になるには、小学校教員免許状と特別支援学校教員免許状が必要であり、特別支援学校において中学部の理科の教員になるには、理科の中学校教員免許状と特別支援学校教員免許状が必要です。
特別支援学校における教科は、基本的には幼稚園から高等学校までの各学校の教科等と同じものとされています。しかし、すべての教科等が小学校等と同じということではなく、特別支援学校に特有の教科等も存在しています。
具体的には、教科には属しないものとしては自立活動と言われる教育活動があり（第2条第3項、学校教育法施行規則第73条の7・第73条の8第1項・第73条の9、特別支援学校幼稚部教育要領（平成11年文部省告示第60号））、教科としては、視覚障害者のための特別支援学校高等部の専門教育に関する教科として調律、保健理療、理療、理学療法が、聴覚障害者のための特別支援学校高等部の専門教育に関する教科として印刷、理容・美容、クリーニング、歯科技工（以下、「自立教科」と言う）があります（第2条第3項、学校教育法施行規則第73条の9別表第4）。
これらの教科等の教員資格は特別な知識・技能が要求されるものであり、資格取得に特別の教育・訓練が必要である等から、一般の教員免許システムの原則とは異なった取り扱いがされることとなります。即ち、基本的に大学で養成することができないこと、専修免許状が無いこと、これらの教科の教員免許状を持っている教員は、小学校等の教員免許状や特別支援学校の教員免許状の所持を要求されることなく、そのままで特別支援学校において所定の授業や訓練を担当することができること等です（第3条第3項カッコ書き。学校教育法施行規則第73条の2の2第4項参照）。
この免許状は普通免許状の一つではあるものの特殊な教員免許状であることから、自立教科等の教員免許状として、上記のこと以外についても特別の扱いがされています。

自立教科等の教員免許状の内容は、次の通りです（第17条、免許法施行規則第63条・第63条の2）。
① 特別支援学校自立活動教員免許状（視覚障害教育担当、聴覚障害教育担当、肢体不自由教育担当、言語障害教育担当）
② 特別支援学校高等部（視覚障害の領域）自立教科教員免許状……理療、理学療法、音楽
③ 特別支援学校高等部（聴覚障害の領域）自立教科教員免許状……理容、特殊技芸（美術、工芸、被服に分かれる）

このうち、自立活動の教員免許状は、特別支援学校の幼稚部から高等部までのいずれにおいても自立活動を担当できるほか、小学校を始めとする一般の学校の特別支援学級において自立活動を担当することもできることになっています（第17条の2）。

[特別免許状と教科]
特別免許状は、小学校の各教科、中学校の各免許教科、高等学校の各免許教科（免許教科の一部として含まれる所定の事項についての授与も可能）、特別支援学校の自立教科等について授与され、すべて教科に関する免許状となっています（第4条第6項、第4条の2第3項）。したがって、幼稚園教員の特別免許状と一般的な特別支援学校教員の特別免許状は存在しません（第4条第3項・第4条の2第3項）。又、小学校教員の特別免許状は、全教科担任を前提としている小学校教員の普通免許状と異なり、小学校の特定の教科について授与されるものです（第4条第6項第1号）。

1.3 教員免許状の階級

教員免許状には種類があり、これまで述べた学校種と教科に基づく種類分けは、どの学校でどの授業を担当できるかに関わる重要な意味を持っています。教員免許状の中心的な位置を占めている普通免許状には、これまで述べてきたこのような種類の他に、級が設けられています。具体的には、普通免許状には2種、1種、専修という級が設けられています。例えば、中学校教諭1種（2種或いは専修）免許状（理科）ということになります（第4条第2項）。2種、1種、専修のどの免許状を持っていても、その免許状は日本全国に亘り終身有効であり、中学校の理科の教諭として制度的にどのような差異も生じないで教壇に立つことができます。給与の額は学歴と在職年数等によって決まりますから、給与の額にも関係しません。

1.3.1 短期大学士、学士、修士

日本においては1947年に新しい学校制度（現在の学校制度）が発足しましたが、これに合わせた新しい教員資格制度も1949年にスタートしました。それ以前の教

員資格制度は、小学校の教員は公立の師範学校で養成し、旧制中学校等の中等学校の教員資格は旧制大学、高等師範学校等の卒業生に与えられていました。これに対して新しい教員資格制度は、師範学校のシステムを廃止し、小学校の教員を含めてすべての教員は大学において養成することとし、且つ、希望すれば私立大学を含めてすべての大学が教員資格を与えるコースを作れることとしました。

この新しいシステムにおいて、教員資格をどのような者に与えるかについて、新制高等学校は4年制大学の卒業を有資格教員の最低の資格としましたが、幼稚園・小学校・中学校は短期大学の卒業を有資格教員の最低の資格としました。これは、中学校以下の学校においては中学校の義務化や戦後の混乱等から有資格教員が大幅に不足していたという事情が有りましたし、小学校の教員の中心をなす師範学校卒業者が学歴的には短期大学卒業程度にしか格付けできないということも有りました。例えば、旧制度の教員資格を新制度の教員資格に切り替える場合に、旧制度における国民学校（当時の小学校）の正規教員の免許状や師範学校卒業の資格は、新制度では短期大学卒業程度の免許状である幼稚園・小学校・中学校の2級普通免許状（現在の2種免許状）に当たるとされていました（教育職員免許法施行法（昭和24年法律第148号）第1条第1項表中の一・第2条第1項表中の一）。

このようなことから、幼稚園・小学校・中学校の教員免許状は短期大学卒業程度で取得できることとしました。しかし他方、その教員養成は新しい大学制度における4年制大学で行うこととしていたことから本来のあり方としては4年制大学を卒業して教員免許を取得すべきものとして4年制大学卒業に対応する教員免許状も設け、これを1級普通免許状とし、短期大学卒業で取得する免許状を上記のように2級普通免許状としました。これに対して、高等学校は、教員資格においても中学校等の教員と同一視されたくないとして、4年生大学卒業で取得する教員免許状の上に大学院修士課程修了で取得する免許状を設け、これを1級普通免許状とし、4年制大学卒業で取得する免許状を2級普通免許状としました。これによって、次のような普通免許状の階級が出来上がったのです。

- 小学校・中学校・幼稚園……1級（学士）、2級（現在の短期大学士）
- 高等学校……1級（修士）、2級（学士）

しかし、同じ1級、2級と言っても、高等学校とその他の学校とでは意味が違いますから、いずれの時かには制度の修正が行われる原因を含んでおり、現に、1988年にこの階級が改められました。それは、小学校・中学校・幼稚園の免許状に、修士課程修了で取得する免許状を加えるという制度の改善とは反対の方向、即ち制度の複雑化の方向に向かっての改正であり、これによって、次のような普通免許状の階級が出来上がりました。これが現在のシステムなのです。

- 小学校・中学校・幼稚園……専修（修士）、1種（学士）、2種（短期大学士）

●高等学校……専修（修士）、1種（学士）

現在の日本の大学院には、初等中等学校の教員を養成したり、研修したりする機能や能力は極めて乏しいというのが実態です。又、教員養成・研修とは関係の無い一般の大学院修士課程においては、物理学、生物学、経済学等の学問を教育し、研究指導する能力は有りますが、それは初等中等学校における教員の教育力を向上させるための学問としてではなく、研究者の研究能力を高めるための学問としてです。ようやく近年になって、法科大学院のような専門職学位を授与する大学院が生まれてきていますが、初等中等学校教員の能力を高めるための大学院は実態としては存在していません[注12]。このように、現在の大学院における修学は、初等中等学校の教員には益するところが少ないものです。

1.3.2　制度としての教員免許状の階級

普通免許状の階級は、その意味も曖昧で、教員の能力との合理的な結びつきも存在しないと考えられる等問題を持つシステムですから、どの階級の免許状を持っているかで制度上大きな影響が生じるようなことは避けなければなりません。しかし階級を設けている以上、制度的に階級が何らかの意味を持たなくてはなりません。

[2種免許状の問題]
小学校・中学校・幼稚園の2種免許状（高等学校には2種免許状は存在しない）によって現に教員に在職している場合には、大学における勉学等によってその免許状を1種免許状に格上げするよう努力しなければなりません（第9条の2）。これは、現職の教員に対する義務ですが、現職の教員については夏休み等に講習等に参加し単位を修得してそれらの単位を何年かに亘って積み上げることによって上級の免許状を取得（いわゆる「免許状の上進」である）する道が有ります。この義務を履行しなくても直接的なペナルティーは有りませんが、2種免許状のまま教員として15年間を徒過すると、免許状の上進において教員としての在職期間に応じて修得すべき単位数を軽減する優遇措置が受けられなくなるという大きな不利益が生じます（第6条第2項別表第3備考第8号乃至第10号）。なお、免許状の上進については、後述します。

2種免許状しか持たない場合は、原則として校長又は教頭となることはできません（学校教育法施行規則第8条第1号、第10条。同規則第8条第2号、第9条、第9条の2参照）。なお、校長等の資格については後述します。

[注12] 上越教育大学等の3国立大学に置かれている大学院がその役割を果たすはずであるが、現在政府は別のシステムを作ろうとしており、これらの大学院がこうした機能を果たしていないことを示している。

又、2種免許状しか持たない公立学校の教員は、大学院就学休業の許可を受ける資格が無いこととされていますが（教育公務員特例法第26条第1項第2号）、上述のような大学院の実態を考えれば、公立学校の教員としての身分は保持するものの、教育現場を離れ、無給で長期間大学院において勉強する実益は有りません。
この2種免許状の問題は一見免許状の級別に関する問題のように見えますが、その本質は4年制大学で教員を養成するという原則をどのようにして貫くかの問題であり、当時の状況に起因する特殊な要素を一時的なものとして位置付けることをせず、正規の制度としたところにこの問題の根幹が有ります。旧制度における正規の教員免許状・教員資格は新制度における正規の教員免許状・教員資格として扱い、新制度の短期大学卒業の資格は臨時免許状と割り切るべきでした。或いは、幼稚園教員に限っては短期大学で養成することも有り得るかもしれません。多少の混乱はあっても、何種類もの教員資格の基準が生じることよりはましです。

[1種免許状の問題]
1種免許状しか持っていない者は、原則として高等学校の校長又は教頭になることができません（学校教育法施行規則第8条第1号、第10条。同規則第8条第2号、第9条、第9条の2参照）。即ち、高等学校の校長・教頭になるには、原則としては専修免許状を持たなければなりません。なお、高等学校の校長等の資格については後述します。

2　教員と相当免許状……その原則と例外

これまで見てきたように、一口に教員免許状と言っても、学校種と教科によって多くの種類に分かれています。
初等中等学校の教員は、いずれかの免許状を持っていればよいのではなく、自分が担当している教育に相応しい免許状を持っていなければなりません。法律は、このことを相当の免許状を持たなければならないと表現しています（第3条第1項）。そして、相当の免許状を持たずに教員となった者や、そのような者を教員として雇った者に対しては刑罰（30万円以下の罰金）が科されます（第22条）。教員の相当免許状の具体的な内容は次の通りと考えられています。
①　幼稚園教員……幼稚園教員の免許状
②　小学校教員……小学校教員の免許状
③　中学校教員……担当教科の中学校教員免許状
④　高等学校教員……担当教科の高等学校教員免許状
⑤　中等教育学校教員……中学校教員免許状と高等学校教員免許状の2枚の免許状が必要である（第3条第4項。担当する課程に対応する中学校又は高等学校の教員免許状は担当教科に対応する免許教科の教員免許状であることが必要である）。

⑥　特別支援学校教員……特別支援学校教員免許状が必要であり、これに加えて、担当する部に対応する幼稚園、小学校、中学校又は高等学校の教員免許状が必要とされ、最低でも2枚の免許状が必要である（第3条第3項。更に、中学部・高等部の教員は、担当教科の教員免許状を持っていることが必要である）。ただし、自立教科等を担当する教員は、自立教科等の教員の免許状1枚で足りる（第3条第3項カッコ書き）。

以上のシステムは、極めて論理的であり、精巧ですが、学校教育の実態、人間の教育能力や学習能力の実態、教員需給の実態、大学における教員養成のための教育内容が確立できていないという実態等に照らした場合、果たしてこれが適切なシステムと言えるか、意味有るシステムと言えるか等の問題が、学校教育の現実のほうから常に投げかけられてきます。既に述べたことの中にも、このような問題を抱えた事項が有りました。

それは、助教諭即ち教員免許状で言えば臨時免許状の問題です。社会は生き物ですから、常に有資格教員を採用できるとは限らず、その場合の対応として、助教諭や臨時免許状のようなシステムは不可欠です。しかし、このことは、教員資格を持たないものの中にも、若干の研修やオリエンテーション等を受ければ有資格教員と同等或いはそれ以上に良い教育を行うことができる者が相当数存在しているということを示しています。即ち、有資格教員の証である教諭の普通免許状は、教員になってもとてもやっていけないという者を排除しているといった程度の資格であり、教員としての最低の品質保証であって、この品質保証を実質的にクリアする者は無資格者（教諭の普通免許状を持たない者）の中にも相当数存在しているということです。そして、こうした実態が有るからこそ、次に述べるように特別免許状のシステムが成立しているのです。

特別免許状は、普通免許状と並んで教諭の免許状であり、その意味では正規の教員の免許状です。しかし、特別免許状は、教員免許状授与の不適格者でなければ、前歴・資格等に関係なく授与されるものであり、助教諭の臨時免許状と同様に、大学における勉学や科目・単位の修得を前提にしていないという意味では無資格教員の免許状と言うこともできます。特別免許状は教育職員検定を行った上で授与されるものですが、助教諭の臨時免許状も教育職員検定を行った上で授与されることから、この点には差異は有りません。特別免許状が臨時免許状と異なる点の一つは、有資格教員を採用できる場合であっても、設置者等が推薦すれば授与されるということです。無資格者の中には有資格者以上に教員としての能力や適格性を備えた者が存在するということを、制度自体が認めていることを意味します。

以上から、教員免許のシステムは教員についての最低限の品質保証をしているものであり、それを必要以上に絶対的な資格と考えてその手に余るような役割を教員免

許システムに求め、或いは、無資格者の中にも実質的に有資格者と同等以上の教育能力を保持している者が多数存在するという事実に眼をそむけるようなことがあってはなりません。

日本の教員免許システムはこの他にも、教育の現場の実態を踏まえて、教員は相当免許状を保有しなければならないという原則に、多くの例外を設けています。

2.1 学校種ごとの教員免許状の例外

学校種ごとに異なった免許状を要求することには、大きな無理は無いと思われますが、これにもいくつかの例外を設けているのが現実です。

2.1.1 小学校教員の特例

中学校又は高等学校の教諭免許状を持つ者は、小学校(特別支援学校の小学部を含むが、その場合は、特別支援学校の教員免許状も併せて所持している必要が有る)の教員になって所持する免許状の免許教科に対応する小学校の教科を担当することができます(第16条の5第1項)。一般に、小学校の教員は自分の担任するクラスの授業を1人で行い、そのため小学校教員の免許状を取得するための教育内容も全教科担任を可能とするものになっています。しかし、小学校高学年においては教科によっては専門的な素養に裏打ちされた者が授業を担当することが望ましい場合が有り、これを可能にするための措置と考えられます。又、学校種間の教員需給の偏りを調整する場合にも役に立つことは否定できません。このような教員を「専科教員」と称していますが、これと同じ制度は戦前の小学校にも存在していました(旧国民学校令施行規則第86条第3号、第87条第1項等)。なお、この措置は2002年に現在の内容になりましたが、それ以前においては、「音楽」「美術」「保健体育」「家庭」の中学校教員免許状の所持者に限って、且つ、当分の間に限って認められていました(2002年の改正前の免許法附則第3項)。

2.1.2 中学校教員の特例

特定の免許教科(工芸、書道、職業教育関係の各教科とその実習等)の高等学校教諭の免許状を持つ者は、中学校・中等教育学校の前期課程又は特別支援学校中学部の教員となって、その免許教科に対応する中学校等の教科を担当することができます(第16条の5第2項)。上記の措置と同様に、この措置も2002年に現在の内容になりましたが、それ以前においては、「農業」「工業」「商業」「水産」又はこれらの実習に関する高等学校教員免許状の所持者に限って、且つ、当分の間に限って認められていました(2002年の改正前の免許法附則第4項)。ただし、特別支援学校中学部の教員になるには特別支援学校教員免許状も併せて持っていなければなりません。

なお、理屈としては中学校と高等学校の差異は中学校と小学校の差異よりも遥かに小さいことから、すべての教科について実施することも考えられます。ただしこの

逆、中学校教員が高等学校の授業を担当するようなことは行うべきではありません。
2.1.3 知的障害者の教育を担当する教員の特例
例えば、特別支援学校小学部の教員は特別支援学校教員の免許状に加えて小学校教員の免許状が必要ですが、知的障害を持つ子供の教育に当たっては、幼稚園教員免許状、中学校教員免許状、高等学校教員免許状でも良いこととされています（第17条の3）。要するに、基礎となる教員免許状については、その種類を問わないということです。ところで、前述のように、特別支援学校教員免許状は、幼稚園から高等学校までのいずれかの学校の教員免許状を持たないと取得できませんから、特別支援学校の教員免許状を持っているということは、幼稚園から高等学校までのいずれかの学校の教員免許状を持っていることを意味します。したがって、この規定の内容を言い換えると、特別支援学校の教員免許状を持っている者であれば、特別支援学校のすべての部において知的障害を持つ子供の教育を担当できるということになります。例えば、特別支援学校教員免許状と幼稚園教員免許状しか持たない者であっても、特別支援学校高等部で知的障害を持つ生徒の教育を担当できるのです。なお、知的障害を持つ子供の教育は知的障害者のための特別支援学校に限られると考える向きも有ると思いますが、近年の特別支援学校には重度又は重複の障害を持つ子供が少なからず在学しており、従来の盲学校や聾学校にも知的障害を持つ子供が少なからず在学していました。例えば、平成17年度において盲学校には1,337の学級が存在していますが、そのうち重複障害学級は全体の4分の1弱に当たる319学級です（平成17年度学校基本調査報告書による）。なお、盲、聾、養護学校の全生徒数101,612人のうち、91,164人は養護学校の生徒であり、この養護学校の生徒のうち52,632人が知的障害を持つ生徒で、養護学校にはその他に重複障害として知的障害を持つ生徒が23,240人存在することから、養護学校の生徒のうち少なくとも83％以上の生徒（盲・聾・養護学校全体でみた場合でも少なくとも74％以上の生徒）が知的障害を持っていることが分かります（平成17年度学校基本調査報告書による）。

以上のように、この規定は例外的な規定の体裁をしていますが、特別支援学校の生徒の少なくとも4分の3に適用される（学級編制基準を考えると学級数で見れば更に大きな割合となる）ものですから、分量的にはこちらが原則であって、原則のほうが例外なのです。
2.1.4 保健の教科の担当に関する特例
3年以上の養護教諭の経験を持つ現職の養護教諭は、幼稚園以外の各学校において、教諭又は講師を兼任して保健の教科（小学校は「体育」の教科の一部）の授業を担当することができます（附則第15項）。学校教育と無関係であった者でも教員として適任と判断されれば、特別免許状を貰って教員として授業を行えるのですから、歴史のある養護教諭（旧国民学校令第15条第2項、第17条第1項・第3項、第18条

第2項）についても教員の適任者がいれば関係の深い保健の授業を担当できることにしても不当とは言えません。しかし、特別免許状や助教諭の臨時免許状の場合でも教育職員検定を行った上で授業を担当する教員としての資格を判定していることを考えると、任命する人だけに任せておくべき問題である（養護教諭のままでは保健の授業を担当することはできず、教諭又は講師の身分を併せ持つ必要が有り、この身分を与える際に任命する者が適任かどうかを判断する仕組みとなっている）か疑問が残ります。

なお、この措置は、当分の間に限って認められているものです。

2.1.5　特別支援学校教員の特例

これも当分の間に限って認められた措置ですが、特別支援学校の教員になるには、幼稚園から高等学校までのいずれかの学校の教諭の免許状を持っているだけでよく、特別支援学校の教員免許状は必要が無いこととなっています（附則第16項。第3条第3項参照）。ただし、小学校の教員免許状で担当できるのは小学部だけであり、中学校の理科の教員免許状で担当できるのは中学部の理科だけです。

2007年4月から従来の盲・聾・養護学校教員の免許状は自動的に特別支援学校教員免許状となり、その際それらの免許状には視覚障害（従来の盲学校教員免許状の場合）等の教育領域も表示されているものとして扱われています（学校教育法等の一部を改正する法律（平成18年法律第80号）附則第5条第1項）。

例えば、視覚障害の領域についての特別支援学校教員免許状を持っている者が聴覚障害の領域の教育を担当できるかという問題が有ります。教育領域は表示されるにせよ、特別支援学校教員免許状に一本化されていることはそれを認める趣旨と考えられます。又、本条において小学校等の教員免許状を持っていれば（特別支援学校教員免許状を持っている者は必ず小学校等の教員免許状を持っている）すべての領域の特別支援学校で教員となることができるとするこの経過措置は、このことを裏付けています。もっとも、仮にこの経過措置が無いとしても、大本である小学校等の教員免許状が正の立場に立ち、特別支援学校教員の免許状はあくまで副であり、そこに表示される教育領域はその特別支援学校教員免許状の一要素であって副の副に過ぎないのです。そのような要素を罰則（第22条）の対象とするのは適当ではありません。

2.1.6　中等教育学校教員の特例

これも当分の間に限って認められた措置ですが、中学校教員免許状しか持たない者も中等教育学校の前期課程の教員になることができ、高等学校教員免許状しか持たない者も中等教育学校後期課程の教員になることができます（附則第17項。第3条第4項参照）。

2.2 教科ごとの教員免許状の例外
中学校と高等学校の教員免許状は、国語、数学等の特定の免許教科について授与されます。国語の免許状しか持たない教員は国語の授業しか担当できませんし、逆に、国語の免許状を持つ教員がその学校に存在しない場合は、どの教員も国語の授業を行えないこととなります。何人でも教員を雇うことができ、必要な教科の非常勤の教員が自由に採用できるといった条件があれば別ですが、定められた人数の教員で授業の大半を行い、非常勤の教員も必ずしも思い通りに採用できない等の学校運営の実態からいって、このような原則は無理が有ることから、例外が設けられています。

2.2.1 免許教科外教科の担当の許可
免許教科が問題になる学校（中学校、高等学校、特別支援学校の中学部と高等部、中等教育学校である）において、例えば国語の教員免許状を持った教員がその学校に存在しないときは、都道府県教育委員会に対して、その学校の教員であって国語の教員免許状を持たない者が国語の授業を行うことを認めるよう申請することができます。その申請は、その学校の校長と国語の授業を無免許で担当しようとする教員（教諭に限る）の双方が行うこととされ、都道府県教育委員会はそれをやむを得ないと判断した場合には1年内に期間を限って、その教員が免許教科外の教科（この場合は国語）の授業を担当することを許可します（以上、附則第2項）。この許可を受けたことによって、その教員は免許を持たない教科の授業を合法的に行えることになります。この許可の更新については、再度この許可を受けることが特に否定されていませんから、更新することは可能であると考えられます。

例えば、中学校教員の免許状を持って中学校の教諭となっている者が都道府県教育委員会の許可無しに免許教科外の教科を担当したとしても、相当の免許状を持たずに教員になったとして刑罰を科すことはできないと考えられます（第22条第2項）。それは、この罰則は教員を雇用し・任命することに関して設けられているものであって、既に適法に雇用され・任命されている教員の授業の担当に関して設けられているものとは考えられないからです（第22条）。そうであるとすれば、何のために免許教科を設けているかを明確にする必要が有りますし、附則第2項の意味・内容も整理する必要が有ります。一つの方法としては、附則第2項を本則に移すとともに、その違反を過料の対象として刑罰の対象ではないことを明らかにすることが考えられます。

2.2.2 知的障害者の教育を担当する教員の特例
上記のように、特別支援学校の中学部・高等部においても、免許教科以外の教科を担当するときには都道府県教育委員会から許可を受けなければなりませんが、2.1.3で述べたように、知的障害を持つ生徒に対する教育においては、特別支援学校の教員免許状を持っているだけで幼稚部から高等部までのどの部でも教育を担当できる

こととなっています（第17条の3）。このことは、知的障害を持つ生徒の教育の場合は、教員がその所持する免許状の免許教科以外の教科を担当することも当然許容されているものと考えられます。ただし、2.1.5で述べた特別支援学校の教員の免許状を持たずに特別支援学校の教員になっている者についてはこの措置の適用は無く、免許教科外の教科の教育を担当する場合には、都道府県教育委員会の許可が必要になります。しかし、知的障害を持つ生徒に対する教育の内容を考えると、このような要求をしていることが果たして実際的であるかについては疑問が有ります（学校教育法施行規則第73条の11、第73条の12等参照）。

3　教員免許状の取得と大学教育

教員免許状の取得には二つの道が有ります。教員になるために大学で勉強して教員免許状を取得する道と、免許状を取得して教員となった者が必要に応じて別の教員免許状を取得する道です。

大学での勉学は最初の教員資格を得るためのものであり最も重要ですが、日本の免許制度が教員免許状の種類を細分していることから、教員になった後に別の教員免許状を取得することも考えざるを得ないのです。例えば、2種免許状で授業を行っている教員は1種免許状を取得するよう努力しなければなりません（第9条の2）。又、高等学校の校長や教頭になりたい者は専修免許状を取得する必要がありますし（学校教育法施行規則第8条第1号・第10条）、免許教科外教科を担当している中学校等の教員の中には、毎回許可（附則第2項）を受けて担任するよりもその免許教科の教員免許状を取得してしまいたいと考える者も存在します。

ここではまず、教員免許の基本である大学における教員免許状の取得について扱うこととし、教員が別の免許状を取得するためのシステムについては別途述べることとします。

特別免許状や特別支援学校の自立教科等教員免許状のような特殊なものを除き、最初に取得する教員免許状は、大学に入学してそこで所定の科目について所定の単位を修得し、大学を卒業することによって取得することとなっています（第5条第1項別表第1（以下、単に「別表第1」と言う））。

4年制大学の卒業（即ち、学士の学位の取得。学校教育法第68条の2第1項）が基本ですが、短期大学の卒業（即ち、短期大学士の学位の取得。同法第68条の2第3項）によっても、教員免許状を取得することが可能です。ただし、短期大学卒業で取得できるのは2種免許状であり（高等学校教員については2種免許状が存在せず、短期大学卒業では高等学校の教員免許状は取得できない）、前述のように教員であって2種免許状によって授業を担任している者は1種免許状を取得するよう努力する義務が課されています（第9条の2）。

3.1 大学における教員養成の原則と問題

1947年以前の旧学校制度においては、小学校だけが義務教育であり、その上級の学校に進学する生徒はほんの一握りの者でした（極めて大雑把に言えば、男子の中学校・女子の高等女学校に進学した生徒は各1割程度であった）。これらの学校の教員については、おおよそ次のようなシステムで養成されていました。

① 小学校の教員は、師範学校において養成された。師範学校は現在に引き写していえば都道府県立の高等学校であり、授業料を取らないだけでなく、学資を生徒に支給しており、その代わりに、卒業後その都道府県で一定年数小学校教員として勤務する義務が課されていた（旧師範教育令（明治30年勅令第346号）第1条第3項・第2条・第3条・第6条・第7条第1項、旧師範学校規程（明治40年文部省令第12号）第61条・第62条等）。師範学校を卒業すると、自動的に小学校の正規の教員免許状を取得した（旧小学校令（明治33年勅令第344号）第41条第1項等）。

② 師範学校・旧制中学校・高等女学校の教員を養成するために東京に男女各1校の高等師範学校と女子高等師範学校[注13]が設けられていたが、これは大学レベルの国立の学校と言える（旧師範教育令第1条第1項・第2項、第2条、第3条等）。これだけの学校では、旧制高等学校・実業学校まで含めた中等学校の教員需要に対応することはできず、国・公・私立の大学・専門学校を指定し、その卒業生には教員としての適格性の検定をする形は採るものの実質的には無試験で教員免許状を取得できるようにしていた（旧教員免許令第（明治33年勅令第134号）第3条、第4条等）。

大学における初等中等学校の教員資格の取得は、このように中等学校の教員を中心として戦前においても行われていたのであり、戦後においては小学校の教員も大学において養成することとなり、基本的に、初等中等学校の教員はすべて大学において養成することが教員養成制度における原則となりました。これにより、従前の師範学校や高等師範学校という教員養成のための学校も、大学に転換しました。

3.1.1 大学における教員免許状取得の仕組み

[科目・単位の履修と課程認定]

大学における教員免許状の取得に関しては、教員免許状の種類ごとに、その免許状を取得するために大学において修得しなければならない科目と単位数が具体的に決められています。

[注13] 現在の筑波大学、御茶ノ水女子大学の前身である。その後、1902年に現在の広島大学の前身である広島高等師範学校が、1908年に現在の奈良女子大学の前身である奈良女子高等師範学校が設立された。

更に、学生が上記の科目・単位を大学で修得すれば、必ずそれに応じた教員免許状が取得できるわけではありせん。大学はまず、学部・学科等を単位として、どのような免許状を受けられるかについて文部科学大臣から認定してもらうことが必要であり（文部科学大臣のこの行為は「課程認定」と呼ばれる。認定された学部、学科等は「認定課程」と呼ばれる）、その免許状を取得できるという認定を受けた学部なり学科において修得した科目・単位でなければ、その免許状の取得に使えないのです（別表第1備考第5号）。例えば、理学部数学科に対する課程認定は通常は中学校と高等学校の数学の1種免許状になりますから、その学生が数学科が開設している物理系統の科目・単位を使って理科の教員免許状を取得しようとしても許されないことになります。このように、教員免許状を取得するために必要な科目・単位を指定するだけではなく、免許状の種類ごとに、その免許状を取得できる大学の学部・学科等を文部科学大臣が指定しています。

学生がどの種類の教員免許状を取得できるかは、原則として学生が在籍する学部、学科等がどのような課程認定を受けているかによって決まり、学生が実際にその教員免許状を取得できるかどうかは、その種類の免許状に要求されている科目・単位を修得できたかどうかによって決まるのです。

[教科に関する科目と教職に関する科目]
教員になるために必要な勉強とは何かについては色々な意見が有るところですが、少なくとも言えることは、初等中等学校の教員として教壇に立つについては、教える内容についての相当程度の知識が必要であるということです。特に、情報化が進み誰でも広範囲に亘って容易に知識に接触できる時代においては、誰でも容易に得ることができるその程度の知識を持っていることによって尊敬され、必要とされるということは無くなりました。学校教育においてもそのような知識を教える必要が薄くなったと言えます。学校教育において知識を教える場合は、その知識の持つ本質的な部分により根ざした知識、一層上位の知識との関連における知識、既に獲得した知識・経験等との関連における知識等生徒にとって意味ある知識を教えられなければ、学校そのものが不必要になるとさえ考えられるところです。このような意味での知識を与えるには、教える事柄に関連した分野について大学においてしっかり勉強することが必要です。このように、初等中等学校で教える内容に関連した分野の勉学を要求することは絶対的に必要と考えられます。こうした科目を「教科に関する科目」と呼んでいます。

教科に関する科目と呼んではいますが、常識でも分かる通り、大学におけるこれらの科目は、それぞれの分野における学問の教育研究のために開設されているのであって、初等中等学校で教えるために開設されているものでもなければ、初等中等学校で教えるような内容になっているものでもありません。教科に関する科目として

はそれでよいし、それでなければならないのであって、単に知識を与えるだけの教育が通用しなくなりつつある現代においては、初等中等学校の教員は教科に関する科目について学問としてのしっかりしたトレーニングを受けることが何よりも大切なのです。そうは言っても、大学で学んでいることと初等中等学校で教えることの間には相当な隔たりがあるのも事実であり、初等中等学校で教えるということを考えるなら、その隔たりを埋めることも重要です。大学での勉学とのつながりを考えつつ初等中等学校の教科の内容を把握・整理するとともに、それを子供に教える場合の要点等について理解することが必要です（「教科教育法」と呼ばれる科目に当たるか、それに近い科目と言えます）。このような科目は、その学生が専攻している学問のためのものではなく、教員となるためにのみ必要なものであることから、「教職に関する科目」と呼ばれています。これ以外に、教職に関する科目として有益と考えられるものに、「教育実習」の科目があります。

このように、日本の教員免許システムは、課程認定を受けた大学の学部・学科等において教科に関する科目と教職に関する科目について、それぞれ定められた科目・単位数を修得して卒業した場合に、教員免許状を授与することとしています（別表第1）。

3.1.2　大学における教員養成が抱える問題

日本の大学は、学問の中心であり、広く知識を授けるとともに、深く専門の学芸を教授研究するところとされています（学校教育法第52条）。4年制大学に置かれる基本的な組織である学部と学科は、学問の教育研究における専攻に応じて設けられているものであり（大学設置基準第3条、第4条）、学問の体系をベースとして組織されています。医学・歯学を修めた者が医師・歯科医師になり、薬学が薬剤師、工学がエンジニア、理学が各分野の研究者、法学が法曹というように、いわゆる専門職という知的職業に入るには大学でそれに対応した学問を修めることが一般的です。ところで、教員を養成するための学問が有るかと言えば、現在のところそのような学問は存在していません。現実には、日本の大学においては、それぞれの専攻する学問を修めた者が教員として必要なトレーニング（端的に言えば、教職に関する科目・単位の修得）を受けて教員資格を取得するというシステムを採っています。この場合、トレーニングも学部の4年間の間に並行して受けて、卒業の際に、学士号を取得すると同時に教員免許も取得するのが、一般的です。

このシステムから容易に推測できることは、教員として必要なトレーニングの内容についてだけでなく、その量が大きな問題となるということです。専攻する学問に必要な勉学の他に教員となるための大量のトレーニングを課されるのであれば、一般の学部等の学生が教員資格を取得することは困難となり、結果的に、教員養成は教員養成を専門とする学部に限定されてしまうことになります。教員養成のための学問が存在していない中で、教員の養成が一般大学・学部を排除する結果となり、

トレーニング中心の教育機関に限定されてしまうことは、教員の質の低下と資質の多様性の喪失、更には理数系等の教員の質・量を確保することの困難等の事態を招き、危険です。

次に、トレーニングの内容についての問題は、それが学生にとっても、現場にとっても、有用で意味のあるものになっていることが重要です。教育現場と関連の有るトレーニングでなければ、それを強制的に学生に課す意味が有りませんし、教員になって受けるオリエンテーション・研修等で済む事をわざわざ大学で教育する必要は有りません。残念ながら、日本の教員養成の抱える大きな問題の一つは、この教員として必要なトレーニングの内容にあると考えられます。具体的には、このための科目は抽象的な内容の科目が多く、わずかにある教育実習も、学生と実習先の初等中等学校の関係者任せで、大学の授業との実質的な結びつきは極めて少ないのが実態です。要するに、具体性の無い大量の抽象的内容の科目の学習が日本の教員としてのトレーニングの実態です。

以上述べてきたことを端的に表現すれば、日本の大学における教員養成の最大の問題は、教職に関する科目の内容と量であるということになります。それと裏腹に、教科に関する科目が驚くほど軽視されていることです。

以下、各学校種の教員免許状取得の場合に即して、この問題点の具体的な内容を検討していきます。この場合、最も標準的な免許状である学部卒業者に与えられる免許状（1種免許状）を中心として述べることとします。したがって、以下においては、特に断りが無い限り1種免許状について記述しているものと考えてください。

4　小学校教員・幼稚園教員免許状の取得

小学校の教員と幼稚園の教員は、担当するクラスのすべての授業を原則として1人で行うという点で、同じ特徴をもっており、当然のこととして教員免許状取得のための科目・単位の内容にも共通する面が有ります。即ち、クラスのすべての教育を担任することから、すべての教科・領域に亘って幅広く学ぶことが必要になりますし、このことに加えて、小学校・幼稚園の教科・領域の内容自体も大学で一般に行われる教育の内容と大きな距離があること等から、一般の学生が本来の専攻を持ちながら小学校・幼稚園の教員免許状を取得することは困難です。その結果、これらの教員を目指す者は、教育学部を始めとする小学校・幼稚園の教員養成を目的として設けられた学部・学科等で資格を取得することとなります。これらの学部・学科等は、原則として小学校・幼稚園の教員を志望する者が入学し、これらの教員となるために必要な教育研究が行われるという性格のものです。医学部（医学科）が、原則として医者になる者のみが入学し、医者になるために必要な教育研究が行われるということと同じです。こうした教育学部等の性格を考えると、将来は、これらの学部・学科等の卒業生には、教育学部等において取得した科目・単位の内容の如

何に関わらず無条件で小学校・幼稚園の教員免許状を授与してもよいと考えます。ただし、考える必要のあることとして、一般の学部・学科等の学生は、専攻する学問分野の勉学を完成させるとともに、教員資格も取得しているのに対して、教育学部等の学生は教員資格の取得のみに止まっていることです。しかも、教育学部等の学生は、基本的には小学校・幼稚園に就職する以外に、その資格を生かす途が有りません。多くの専門的な職業資格の場合には個人で開業することも可能ですが、教員についてはそれが有りませんし、一般の会社で小学校等の教員としての専門を生かすことも難しいことです。こうしたことを重視するとすれば、教育学部等を廃止し、大学院修士課程に一般学部の卒業生を入学させて、教科教育法と教育実習を中心とする現場を重視した実務的な1年或いは2年程度の教育を行うことで教員資格を与えるようなことも検討に値するのではないかと考えます。

こうした方策を採らないのであれば、小学校・幼稚園の教員は専門性の高い職ですから、学部においてそのための教育を濃密に行うべきものです。特に小学校については、大学の入学定員の管理を行う等或る程度は国が教員の需要と供給の管理を行うべきであると考えます。

4.1 小学校教員免許状の取得

小学校教員の1種免許状を取得するためには、少なくとも教科に関する科目を8単位、教職に関する科目を41単位、教科又は教職に関する科目を10単位修得しなければなりません（別表第1）。

4.1.1 教職に関する科目

小学校の教員は、原則として全教科を担当しますから、免許状の取得の要件も、それに応じた内容になっていることの現れの一つが、教職に関する科目41単位の中で、全教科に亘って各教科についてそれぞれ2単位以上の教科教育法の単位を取得しなければならない（全教科では少なくとも18単位）ことになっていることです（免許法施行規則第6条第1項の表、同表備考第4号）。この部分以外の教職に関する科目の内容及び必要単位数は、他の免許状（高等学校の教諭の免許状を除く）の取得の場合と基本的に同じものとなっています（同規則第6条第1項の表、同表の備考第12号）。ちなみに、教職に関する科目41単位の全内容を示すと、次の通りです。なお、中学校教諭の1種免許状を取得するために必要とされる教職に関する科目の単位数を［　］で示しています。

① 教職の意義等（教職の意義、教員の役割、進路の選択等）……2単位［2単位］
② 教育の基礎理論（教育の理念、歴史、子供の心身の発達と学習の過程、教育制度等）……6単位［6単位］
③ 教育課程及び指導法（教育課程の意義と編成方法、教科・道徳・特別活動の指導法、教育の方法及び技術）……22単位（少なくとも18単位は教科の指導法

[12単位]
④　生徒指導・教育相談・進路指導の理論と方法……4単位［4単位］
⑤　総合演習……2単位［2単位］
⑥　教育実習……5単位［5単位］
⑦　合計……41単位［31単位］

［小学校教員の養成と中学校教員の養成における履修方法の違いに関わる問題］
　教職に関する科目についての小学校教員と中学校教員の免許状取得方法の違いは、教科教育法を中心とする科目に関する履修の方法・内容の違いだけで、それ以外の部分は全くと言って良いほど同じです。具体的には、教科教育法を中心とする科目について、小学校は中学校の場合よりも10単位多い22単位修得しなければならないこと、そのうち教科教育法について、小学校の場合は全教科に亘り、且つ、各2単位以上、合計18単位以上修得しなければならないのに対して、中学校の場合は当然受けようとする免許教科に関してだけ修得すればよく、且つ、単位数も特には定められていないことが違っています。ここで直ちに気付くことは、中学校の場合における教科教育法の単位を小学校に合わせて2単位と仮定すれば、教科教育法の小学校と中学校の単位差は16単位であるのに、教科教育法を中心とする「教育課程及び指導法」の科目の小学校と中学校の単位差は、10単位です。即ち、中学校教員の養成の場合6単位も余計に教科教育法以外の教職科目の単位が要求されているのです。一般学部で養成されるはずの中学校教員に対して教員養成の専門学部で養成される小学校教員よりも多くの教職に関する科目を要求するのは、完全に本末転倒しています。
　更に、教員養成学部における教育は、教科の内容に対応した学問ではありませんから、小学校において教える中身についての勉学は大学ではほとんど行われません。小学校で教える内容について勉学する唯一と言ってよい機会は、教科教育法の授業と言うことになります。又、小学校の子供の状態を考えれば、教える内容や順序、方法、教材等に多大の工夫が必要です。こうしたことから小学校教員養成における教科教育法の科目は重要です。しかし、小学校教員の養成における教科教育法は1教科当たり2単位であり、これでは絶対的に不足しています。その教科についての学問的なバックを備えている中学校教員の養成に2単位の教科教育法を要求するのであれば、そのような学問的背景を備えていない小学校教員の養成においては、各科目につき少なくとも各4単位以上、合計36単位以上の教科教育法の単位を要求すべきと考えます。
　教職に関する科目のうち、教科教育法を中心とする「教育課程及び指導法」以外の教職科目については、小学校と中学校は、同じ科目・単位数となっています。これには問題が無いように見えますが、中学校においては、子供も大いに成長していて

専らいかにして良い授業をするかという教育の内容面が中心となるべき時であることを考えると、教職に関する科目は小学校教員の養成に比べてはるかに少ない科目・単位であって然るべきです。
以上を総括すれば、教職に関する科目・単位は、小学校の教員養成の場合は過少に過ぎ、中学校の教員養成の場合は極めて過大に過ぎています。

[教職に関する科目自体の問題点]
前述のように、合理的に考えて全国的に、且つ、統一的に要求すべき教職に関する科目は教科教育法と教育実習だけと考えられますが、上記のように、免許法はこれら以外に多くの教職に関する科目・単位を要求しています。問題は、これらの科目・単位が教員になる上で不可欠という論理も無ければ、大いに有益であった等の実証も無いのに、日本全国のすべての大学に、これらの科目の開設と履修が一律に強制されていることです。確かに、これらの科目は良い教員が良い内容で教えれば効果が有るでしょうが、そのような科目はこれら以外にも無数に存在しています。このように特定の科目を強制する合理的な理由や根拠が無い部分については、各大学に委ね、どのような理念でどのような教育内容で教員養成を行うかを大学に競わせるべきなのです。或る大学は人間に関する科学の基礎の上に小学校教員の養成を行うかもしれませんし、或る大学は人間の作る社会に関する科学の基礎の上に行うかもしれません。或いは、善悪の論理や哲学の基礎の上に教員養成を行い、又、学生に既存の学問も専攻することを求めながら小学校教員を養成するかもしれません。このような様々な試みの中から良い知見が生じ、学問的な背景を持った教員養成の分野が出来上がっていくのです。
このように、教職に関する科目については、教科教育法と教育実習については必要な単位を必要なだけ要求すべきですが、それ以外の科目・単位については、一切何も要求すべきではありません。勿論、中身を示さずに教職に関する科目として一括して単位の修得を要求することも、してはなりません。
例えば、医者の養成において、「医学の意義」「医師の心構え」「医療行政と法規」「カルテの書き方と扱い」「医院経営の実務」「健康保険制度の実務」等といった科目を全国一律にすべての医学部学生に40単位も必修として要求したら非常識として誹られます。
教科教育法・教育実習を除いて、現在全国一律に開設と履修が強制されている教職に関する科目はこの種の科目です。勿論、教員として承知しておいて損になるものではありませんが、それらは教員になるに際してのオリエンテーションやその後の研修等において実際の状況に即してしっかり指導すべき事柄や、大学で講義してもそれほど効果が期待できないもの等です。勿論、大学の方針によって教員養成のための教育においてこうした科目を重視することは、十分有り得ることであり、ここ

で述べていることは、教員免許の基準として日本の全大学にこれらの科目の開設・履修を強制していることが、極めて不合理であるということです。

[アカデミックな科目へのこだわり]
日本の大学には、大学が行う教育研究は既に確立された学問か、そのような学問に繋がることが証明できるものに限るという抜き難い偏見が存在しています。そのため、本当に新しい発想が入りにくく、陋習が跋扈し改められることが無いといったことになるのですが、例えば、この具体的な現れの中には次のような例が有ります。日本政府が経費を負担して招聘した留学生は大学で専攻分野の研究を始める前に、特定の国立大学において半年の間基礎的な日本語の勉強をします。日本においては子供でも日本語を話しますから、大学の教員にとって、初歩の日本語を大学教員として教えることはあるまじき行為であり、担当する大学教員に対する侮辱であると受け取られても不思議ではありません。現実に、留学生のためのこのような日本語教育コースを持つ関西の或る国立大学において、留学生のための初歩の日本語として源氏物語を教えていました。このようなことをしてもその大学が潰れないのは国が税金を使ってその大学を維持しているからであり、このようなことをしてもその大学が恥じることが無いのは、日本の教育界における学問の自由と大学の自治の概念がこのようなことまでも正当化するものであるからです。

同様に、小学校等の先生が教える内容や教え方、学生が小学校で行う未来の教員としての実習も、大学の教育・研究の対象としてあるまじき事項と言えます。したがって、これらの科目についても、大学で初歩の日本語教育を行う場合と同じことが行われていると考えるべきです。例えば、教員として活動するにはほとんど役に立たない内容の授業が教科教育法の授業として多くの大学において行われていると考えられます。そもそも、アカデミックな科目にこだわり、この世の現実や必要、実務を軽蔑する日本の大学で育ったいわゆる大学人には、こうした科目を教授・研究する能力が無いと考えるべきです。現在の日本において、これらの科目についてポイントを捉えた適切な授業を行うとすれば、教育委員会の指導主事、初等中等学校の校長や教員等の初等中等学校の教育現場で活躍している又はしていた者に担当してもらうことが必要です。しかし、これらの者は基本的に大学の教育経験がほとんど無く、又、大学もこれらの者を教員として受け入れる体制や心構えもほとんどできておらず、したがって、こうした周辺の事情を整理しないでこれらの者に授業を頼むだけでは物事を解決することはできません。

教育実習については、上記の問題の他に、別の問題も抱えています。現在、教育実習については大学が単位を授与しており、そうしないと教員免許状が授与されません。しかし、現実は、実習の仕方、内容等実習に関するほとんどすべてが学生と実習先の学校に任されており、学生に対する具体的な指導・評価等大学としての実質

的な関与が極めて乏しい状況にあります。即ち、現在の教育実習は学生にとっては重要な意味を持つが、大学にとってはほとんど意味を持たない状況に在ります。この実態を正直に踏まえるのであれば、現在小学校・中学校の教員免許状を取得する場合に一定の介護等の体験が要求されていますが、これについては大学の単位の修得[注14]という形を採っていないという例に倣うことが考えられます（小学校及び中学校の教諭の普通免許状授与に係る教育職員免許法の特例等に関する法律（平成9年法律第90号。以下、「教職特例法」と言う）第2条第1項参照）。即ち、学生の経験すべきこととしてその体験を学生に要求し、大学の単位としては要求しないという方法です。このような方法が採れないのであれば、十分な時間を使って、各人の体験の詳細を聞き、細部に亘りその意味や適切な対処の仕方等について教授し、指導する等を行うべきでしょう。教育実習は5単位ですから、十分な時間を取ることができます。

4.1.2 教科に関する科目

教科に関する科目は8単位要求されていますが、これは薄く広く全教科に亘って8単位を修得しても良いし、特定の1科目について8単位を修得しても良いこととされています（免許法施行規則第2条第1項）。

小学校教員の免許状取得に必要な科目としての教科に関する科目とはどのようなものを想定しているのかという問題が有ります。教科に関する科目というのは、その学部本来の学問に関わる科目を言い、例えば、物理学科の学生がその専攻に応じて行う本来の勉学のために理学部が開設している物理学に関する科目がそれです。物理学科の学生が教員免許状を取得しようと企てたときに、初等中等学校の理科の教科は物理学に関する内容を含み理学部が開設している物理学に関する科目と対応関係もあることから、これらの科目・単位が教科に関する科目・単位として扱われることになるのです。したがって、教科に関する科目とは、初等中等学校の教員養成という目的を持たずに、学生の専攻する学問のための科目として大学が開設している科目であって、結果的に初等中等学校の教科の内容と対応関係が存在するものと言えます。こうした考えに立てば、その学部の本来の科目ではなく、教員免許状の取得のためだけに開設している科目は、内容的には初等中等学校の教育内容に関わる科目であっても、むしろ教職に関する科目と考えたほうがよいと言えます。又、初等中等学校の教育内容に関わる科目であっても、学問の教育研究の実態とかけ離れた科目で教員免許状を取得しようとする者が多く受講している科目も、同様に考えるべきです。例えば、仮に物理・化学・生物の分野を網羅した「理科」のような科目が有った場合がこの例です。

このように考えると、小学校教員・幼稚園教員の免許状取得のための教科に関する

[注14] 実態としては、相当数の大学が介護体験について単位を授与している。

科目は、むしろ教職に関する科目とし、教科教育法と一体化するほうがよいと言えます。小学校教員等の養成を行う教員養成学部は教員養成に関する教育研究を行うための学部であり、物理学や経済学等の教育研究のための学部ではありません。その学生も物理学、経済学等を専攻するために入学した者ではありませんから、一般的な学問としての物理学や経済学等の基礎を履修する意味は薄く、将来教員として教えるという前提に立った教科に関わる学問を求めることとなり、結局は教科教育法と密接な関係のものになってしまうからです。したがって、例えば、教科教育法を格段に充実することと引き換えにして、小学校の教科に関する科目を廃止することも考えられます。

教員養成学部においても中学校の免許状も併せて取得する場合に、例えば理科について濃密に勉強することは有り得ます。現在の教員免許制度において、このような場合は教科に関する科目ということになりますが、理学部で理科の免許状を取得する学生は、理科一般を勉強しているのではなく、物理学や生物学等の専攻に従って勉強しているのであり、その内容が異なるということに注意する必要が有ります。もし、教員養成学部で物理学を専攻している学生が存在すれば、その学部は教員養成学部ではなく、一般学部です。

4.1.3 教科又は教職に関する科目

「教科又は教職に関する科目」の10単位は、教科に関する科目で取得しても、教職に関する科目で取得しても構いません（免許法施行規則第6条の2第2項）。

4.2 幼稚園教員免許状の取得

幼稚園教員の免許状を取得するためには、少なくとも教科に関する科目を6単位、教職に関する科目を35単位、教科又は教職に関する科目を10単位修得しなければなりません（別表第1）。修得する単位の内容・方法等は、小学校教員免許状取得の場合と類似していますが、取得する単位数が少し少なくなっているのは、小学校は8教科（生活科を加えると9教科）であるのに対して幼稚園の保育の領域が5領域（健康、人間関係、環境、言葉、表現。幼稚園教育要領第2章）であることを始めとする教育の内容等の違いによります。実際、幼稚園には知識を知識として教えるという要素がほとんど無く、教科書、学年の修了・卒業の認定と卒業証書の授与の義務が無いこと等に象徴されるように、小学校の教育と大いに異なる要素が有ることを忘れてはなりません。

教職に関する科目のうち18単位が保育内容の指導法を中心とする科目に当てられていますが、そのうち保育内容の指導法に何単位を当てるのかについては定めが有りません（免許法施行規則第6条第1項別表第1）。それどころか、保育内容の指導法は、小学校の教科教育法の単位を以て半数までは置き換えられることとされています（同表備考第16号）。

又、教科に関する科目（6単位）は、原則として小学校低学年の教科である国語、算数、生活、音楽、図画工作、体育の6教科について履修することとされています（免許法施行規則第5条）。この場合、例えば、1教科について濃密に修得しても良いし、全教科に亘って広く薄く修得しても良いこととされています（同条）。

教科又は教職に関する科目（10単位）は、教科に関する科目について修得しても良いし、教職に関する科目について修得しても良いこととされています（免許法施行規則第6条第2項）。

幼稚園は教育の原点とも言えるもので教育の実績も着実に積み重ねられていますから、小学校の教員免許状取得との関係に必要以上に縛られずに、幼稚園教員としての適切な資格内容を追究すべきと考えます。

5 中学校教員・高等学校教員免許状の取得

中学校・高等学校の教員免許状はその免許教科しか教えることができないという前提で設けられていますから、免許状の取得に当たって要求される教科に関する科目は特定の1教科に関する科目であり、教科教育法も特定の1教科の教育法である点が、小学校等の教員免許状を取得する場合との大きな違いです。このような性格の教員免許状は、一般学部の学生が取得すべき免許状です。

5.1 中学校教員免許状の取得

中学校教員の1種免許状を取得するには、少なくとも、教科に関する科目を20単位、教職に関する科目を31単位、教科又は教職に関する科目を8単位修得しなければなりません（別表第1）。

5.1.1 教科に関する科目

教科に関する科目については20単位が要求されていますが、大学の学部を卒業するまでに124単位以上を修得しなければならず（大学設置基準第32条第1項）、且つ、その多くは専攻する分野の単位ですから、教科に関する科目について本来この3倍、4倍の単位を修得していないと大学でその専攻の学問を修めたことにはなりません。現実に、一般学部の学生はすべてこのような履修の仕方をしています。このような実態の中で、教科に関する科目の単位を敢えて20単位にしていることは、このように本腰を入れて学問に取り組んだ者でなくとも、即ち片手間に若干の勉強した者に対しても、中学校教員の1種免許状を与えることを意味しています。

次に、教科に関する科目20単位の内容を見ると、例えば、理科の場合には、包括的一般的な内容を含むものとしての物理学、同実験、化学、同実験、生物学、同実験、地学、同実験を必ず各1単位以上、合計8単位以上を含まなければならないこととされています（免許法施行規則第3条表備考第1号）。通常、物理学科の学生が、一般的に生物学等を勉強することはなく、専門科目として一般的な内容の物理学を

勉強することも有りませんから、これらの科目は本来の専攻を外れた科目です。このように学生の専攻を外れる教科に関する科目を要求することは、社会科を始めとする他の教科についても同様に行われています。専攻を外れたこれらの科目は教科に関する科目とされていますが、一般学部の学生にとって教員免許状を取得するためだけにしか役立たないものであり、学部にとっても本来の教育研究の必要に基づかない異質な科目です。4.1.2で述べた通り、このような科目は正しく教職に関する科目であり教科教育法の一環をなすものですから、中学校の理科の教育法を合理的な内容に再編して対処をすべきものです。

以上から、現在の教科に関する科目の現実は、例えば理科の場合の20単位について言えば、教職に関する科目8単位と本来の教科に関する科目12単位が要求されていると考えるべきです。逆の見方をすれば、理科、数学等の専門分野の勉強をほとんど又は全く（20単位すべてを上記の物理、化学等の一般的な内容の非専門的な科目・単位で修得することができる）行わなくとも中学校教員の1種免許状が取得できるのです。

5.1.2 教職に関する科目

教職に関する科目31単位の内容については、小学校教諭の免許状の記述（4.1.1）において、小学校教諭の免許状と対比して述べたところです。「教育課程及び指導法に関する科目」の単位数が10単位異なる（小学校22単位、中学校12単位）だけで、その他の科目は同じ単位数であり、且つ、その他の科目については小学校・中学校のどちらの免許状の取得にも共通に使える単位とされています（ただし、生徒指導等に関する科目は4単位中2単位まで、教育実習は5単位中3単位までである。免許法施行規則第6条第1項表備考第12号）。

一般学部の学生にとっては、この31単位は、学部において専攻に沿って行う本来の勉学の単位の中には入っていませんから、卒業するために必要な最低124単位の他に、これを修得しなければなりません。そして、31単位というこの単位数は、大学を卒業するために要求されている最低単位数124単位の4分の1であり、学生がまるまる1年間かけて修得する単位数に当たります。したがって、専攻分野の勉学に加えてこれらの科目を4年間で修得して卒業することは極めて困難です。更に、前述のように教科に関する科目の中にも、実質的に教職に関する科目が何単位か（例えば理科の免許状の場合で8単位）含まれていることから、困難の度合いは更に高く、国・公・私立を通じて一般学部の多数の優秀な学生を教職からシャットアウトすることとなっています。

理学部で専門に物理学を勉学した者が中学校の理科の教員免許状を取得できないで、教育学部で片手間に理科一般を勉学した者が簡単に1種免許状を取得するという現在の日本の教員免許システムは、世界の常識に反しています。

5.1.3 教科又は教職に関する科目

教科又は教職に関する科目・単位は、その教科の教科に関する科目について修得しても良いし、教職に関する科目について修得してもよいこととされています（免許法施行規則第6条の2第2項）。

5.2 高等学校教員免許状の取得

高等学校教員の免許状の取得についても、中学校教員の免許状取得に関する問題と基本的には同じ問題を抱えています。

中学校教員免許状取得の場合と制度的に異なるところとしては、高等学校にあっては学部卒に対応する1種免許状と、修士に対応する専修免許状のみであり、2種免許状は存在しないということの他、免許状取得のために要求されている単位も若干異なります。即ち、1種免許状の取得のためには、教科に関する科目を20単位、教職に関する科目を23単位、教科又は教職に関する科目を16単位以上修得して大学を卒業することが必要です（別表第1）。中学校教員免許状取得の場合に比べて、教職に関する科目が8単位少なく、教科又は教職に関する科目が6単位多くなっています。

5.2.1 教科に関する科目

中学校教員免許状取得の場合と同様に、例えば、理科の免許状を取得する場合について見ると、教科に関する科目20単位の中には、一般的包括的な内容を含む物理、化学、生物学、地学、これらのいずれか1の科目の実験についてそれぞれ1単位以上、計5単位以上を修得しなければならないこととされています（免許法施行規則第3条表備考第1号カッコ書き、第4条表）。実験が特定の1科目についての履修で済むことの他は、基本的に中学校教員の場合と変わりが有りません。したがって、同じ中学校教員の場合と同じ問題点が有りますが、その他に、教科の内容が分化し、専門的になることに伴う教員資格の問題が生じてきます。

具体的には、中学校においては理科の免許状を持つ教員が理科のすべての分野を担任することはそれほど難しいことではありませんが、高等学校においてはそうすることは大変に難しいことです。例えば、大学で物理学を専攻して理科の教員免許状を取得した学生に高等学校において生物の授業を担当させるのは適当ではありません。実際は、理科の教員免許を持っていることの他その者の専攻を考えて担任する科目を決めていると考えられ、高等学校においては免許教科の意味が薄くなっていると言えます。このことは高等学校のほぼすべての免許教科について言えることですが、特に極端な形でこの問題が現れているのが、前述のように工業を始めとする職業教育に関わる免許教科です。

高等学校となれば、教えることについての専門的知識が生半可な者では困ります。しかし、一般の学部において専門の勉強をした者だけでなく、教職的な科目を中心

に勉強し、専門についてはまともに勉強していない者も高等学校の1種免許状を取得できることになっています。

5.2.2 教職に関する科目
教職に関する科目の修得方法は、中学校の1種免許状の場合と基本的に同じですが、教育課程及び指導法に関する科目が6単位（中学校は12単位）、教育実習が3単位（中学校は5単位）になっている（免許法施行規則第6条表）ところが異なっており、このように、中学校に比べて教職に関する科目が8単位ほど少なくなっていますし、7日以上の介護の体験も義務付けられていません（教職特例法第2条）。しかし、上記5.2.1で述べた教科に関する科目のうちの特殊な科目5単位を加えて28単位という単位数は、ほぼ1年分の履修量であり、中学校教員の場合と同様に優秀な学生を教職からシャットアウトしています。しかも、高等学校教員には2種免許状が有りませんから、1種免許状が取得できないということは、即高等学校の教員資格が取得できなかったことを意味することとなるので、より低い基準の2種免許状の取得という便法が残されている中学校教員免許状取得の場合よりも厳しい状況にあるとも言えます。このように、高等学校教員についても、教育内容について本当の実力が有る一般学部の学生が教員免許状を取得することが極めて困難になっているのです。しかも、教員になるために本当に必要のある科目・単位を修得するためであれば未だ救いが有りますが、どうでもよい多くの科目・単位を無意味に要求されていることによってであることを考えると、遣り切れません。

5.2.3 教科又は教職に関する科目
その教科の教科に関する科目について修得してもよいし、教職に関する科目について修得してもよいこととされています（免許法施行規則第6条の2第2項）。

5.3 中学校教員・高等学校教員免許状の取得に関する例外
以上のように、中学校教員・高等学校教員の免許状は、一般の学部の学生がその専攻する分野の科目に加えて教職に関する科目を修得することによって取得していますから、教職に関する科目・単位数についての要求が過大であれば、優秀な学生が教育の世界に入らなくなりますし、更にその過大な要求がエスカレートした場合には、質を問わないで有資格者を採用するとしても必要数の教員を確保できない状態に至ります。このような状態は、まず、需要に比較して学生数が少ない分野に生じます。有資格教員が採用できない状態は、明白に認識できますから、こうした分野についての免許状を取得する場合の教職に関する科目の単位数が大幅に引き下げられ、少ない単位数で教員免許状が取得できるという例外が設けられてきました。これらの例外措置は、有資格教員の採用が困難であるという表面化し明白になった事態に対応するためであり、優秀な学生が中学校・高等学校の教員を目指さないという目に見え難い事態に対応するものではないのです。

5.3.1 中学校教員免許状
中学校教員の音楽と美術の免許状を取得する場合における教職に関する科目は16単位とされ、その他の教科の教員免許状については31単位が必要とされているのに比べ半分で良いこととされています（別表第1備考第9号、免許法施行規則第6条表備考第17号）。削減された15単位についてはそれに見合う単位数を教科に関する科目で修得することとされていますが、このことは、前述のように一般学部の学生にとっては20単位を数倍した教科に関する科目を修得していますから少しも負担になりません。なお、この教職に関する科目の単位を半減する措置は、1種免許状の取得の場合に限るものではなく、専修免許状・2種免許状の取得の場合にも適用されます。

5.3.2 高等学校教員免許状
数学、理科、音楽、美術、工芸、書道、農業、工業、商業、水産、商船の免許教科については、23単位を要求している教職に関する科目の単位を半減して12単位でよいこととしています（別表第1備考第9号、免許法施行規則第6条表備考第17号）。削減された単位に見合う単位数を教科に関する科目で修得しなければならないこと、専修免許状の取得についても適用されることは、上記の中学校教員の場合と同じです。

更に、高等学校の工業の教科に関する教員免許状を取得する場合には、当分の間の措置として、以上のような単位数に関する限定も無しに、教職に関する科目の単位を教科に関する科目の単位で代えることができることとされており（附則第11項）、極端な場合には、教職に関する科目・単位を全く修得しなくとも（この場合は、教育実習も行わないことになる）、教員免許状が取得できることとなります。

5.3.3 中学校教員・高等学校教員養成の問題点
以上の措置は、高等学校の工業の教科を始めとして有資格教員の採用が難しい免許教科が存在することを示しているとともに、教員免許状の取得の最も大きな障害は教職に関する科目であること、教職に関する科目の大きな部分は、真の必要性や不可欠性に基づくものではなく、明確な根拠を持たずに設けられていることを示しています。

現在、中学校・高等学校の教員免許状を取得しようとする者にこのような内容の教職に関する科目の単位が、一般学部の学生が1種免許状を取得して教員になることを断念してしまうほど大量に要求されているため、遠くない将来において、日本の中学校は教える内容についての学問的な背景を持たない教師が大部分を占めるようになり、高等学校においてもこのような教員が大きな割合を占めるようになることは確実です。今、このようなことが良いか、良くないかをきちんと判断すべきときにあります。これが良くないということであれば、教員免許のシステムを改めて本来の姿にしなければなりません。その際、教科について学問の背景を持たない教師

も必要であるなら、必要である根拠を明示しなければなりません。その理由が合理的なものであれば、一般学部の学生が合理的な努力で1種免許状を取得できる本来の基準の他に、現行制度のように学問の専門的な素養を欠いた者が中学校教員免許状を取得する場合の基準を存置することも認めてよいと考えます。

6　その他の教員免許状の取得

教員免許状は、これまでに述べた幼稚園、小学校、中学校、高等学校の教員免許状が中心になりますが、これら以外にも存在することを忘れてはなりません。即ち、特別支援学校教員免許状と、特別支援学校において自立活動を含む自立教科等を担当する教員の免許状です。

6.1　特別支援学校教員免許状の取得

特別支援学校の教員免許状は、幼稚園、小学校、中学校又は高等学校のいずれか一つ以上の教員免許状を持っていない限り、授与されません（別表第1中「特別支援学校教諭」の項の「基礎資格」の欄）。例えば、特別支援学校の中学部の教員になるために特別支援学校教員免許状を取得するには、中学校教員の免許状を既に持っているか少なくとも同時に取得することとなる者が、大学において特別支援教育に関する科目26単位を修得して4年制大学を卒業することが必要です（別表第1）。

26単位の中身は、特別支援教育の基礎理論、心理・生理・病理、指導法、教育実習となっています（免許法施行規則第7条表）。これらの科目も、一般学部の学生が専攻する学問の科目の中に含まれる可能性はほとんど無く、この意味では教職に関する科目と同じ性格の科目です。中学校の教員免許状を取得するには、前述のように本来の専攻を修了することに加えて教職に関する科目を約40単位取得しなければならず、これに加えて更に特殊教育に関する科目26単位を履修して所定の年限で卒業することは不可能です。このような内容の免許状が果たして必要か疑問ですし、教職に関する科目の場合と同様に、特殊教育に関する科目26単位が過大であり、大半は学生にとって本当に必要とされる内容の科目ではないと思わざるを得ません。

中学校教員の免許状を持っていれば、特別支援学校教員の免許状を持っていなくとも、特別支援学校の中学部の教員になれるという例外措置（附則第16項）が有ることについては、前述したところです。小学校、高等学校、幼稚園の教員免許状を持っている場合も同様の扱いです。このような例外が存在することは、上記の疑問を更に強めるものです。

これらの教員免許状については教員免許制度から外して、本当に必要な内容があれば研修で配慮することも検討すべきです。

6.2 特別支援学校自立教科等教員免許状の取得

特別支援学校の自立教科等の教員免許状は、特別支援学校において自立活動（視覚障害教育、聴覚障害教育、肢体不自由教育と言語障害教育）を担当する教員の免許状（免許法施行規則第63条の2第3項）、特別支援学校高等部において、視覚障害領域にあっては理療、理学療法又は音楽を担当する教員の免許状（同規則第63条第4項）、聴覚障害領域にあっては理容又は特殊技芸（美術、工芸、被服に分かれる）を担当する教員の免許状です（同規則第63条第4項）。

これらの免許状の対象となる教科等は特別支援学校では当たり前の教科等であって、決して特殊な教科等ではありません（学校教育法施行規則第73条の7乃至73条の9別表第4、特別支援学校の学習指導要領等）。しかし、一般の学校には存在しないということと、大学における教員養成という原則を貫けない分野、即ち大学以外の場で教員養成が行われる分野であるという意味では特殊です。

6.2.1 特別支援学校自立活動担当教員の免許状

この教員免許状は、普通免許状としては1種免許状のみが存在し、文部科学大臣が行う教員資格認定試験（第16条の2）の合格者に授与されます（第17条、免許法施行規則第65条の2）。自立活動は、従前は機能訓練、養護・訓練等と呼ばれていたように、訓練を中心とするもので、大学での教員養成が行われていないことから、教員資格認定試験の合格者に授与するという方法が採られています（第2条第3項参照）。又、学校の設置者の推薦等に基づき教育職員検定を行って、特別免許状或いは臨時免許状を授与することも可能です（第4条第7項、第5条第2項乃至第5項、免許法施行規則第65条の5）。

教員資格認定試験とは次のようなものです。

［教員資格認定試験の仕組み］
普通免許状は、文部科学大臣（文部科学大臣から委嘱を受けて大学が行う場合も有る）が行う教員資格認定試験の合格者にも授与されます（第16条の2第1項）。大学における教員養成が原則ですから、教員資格認定試験の性格としては、大学での教員養成が困難な領域・事項であって初等中等学校として不可欠な教育を担当する教員に対する資格付与ということになります。又、試験によって知識・能力等が明確に判別できるような実務・実技的な領域等が中心となります。

［自立活動担当教員の免許状以外の分野における教員資格認定試験］
教員資格認定試験は、自立活動以外では、主として小学校教員・幼稚園教員の2種免許状と高等学校教員の1種免許状について行われており、高等学校教員については柔道、剣道、計算実務（ソロバン）から始まりましたが、現在では、インテリア、情報処理、情報、看護等まで含まれるようになっています（教員資格認定試験規程

(昭和48年文部省令第17号)第2条。免許法第16条の4、免許法施行規則第61条の4参照)。試験は、人物、学力及び実技について、筆記、口述又は実技試験の方法で行います(教員資格認定試験規程第4条)。試験は、上記の種類のうち文部科学大臣がその年に実施する必要があると判断したものについて行います(同規程第5条)。文部省第126年報によれば、1998年度に行われた教員資格認定試験は、小学校教員、高等学校教員、養護訓練(自立活動)担当教員に関する教員資格認定試験であり、それぞれ1,031人が受験し145人が合格し、629人が受験し123人が合格し、173人が受験し33人が合格しています。

6.2.2 特別支援学校高等部自立教科担当教員の免許状

これらの免許状も、学校の設置者の推薦等に基づき教育職員検定を行って特別免許状或いは臨時免許状を授与することができますが(第4条第4項・第7項、第17条第1項、免許法施行規則第65条の5・第65条の6)、中心となるのは普通免許状ですから、以下、普通免許状について述べます。

自立活動の場合と同様に、普通免許状には専修免許状が無く、一方、これらの学校は高等学校と等質の学校であるという原則にもかかわらず、高等学校教員免許状には無い2種免許状が存在しています(免許法施行規則第63条第2項)。

これらの教員免許状は、原則として文部科学大臣が指定した教員養成機関を卒業等することによって取得します(免許法施行規則第64条第1項表)。即ち、指定養成機関に1年間在学すれば2種免許状が、指定養成機関を卒業すれば1種免許状が取得できます。ただし、次の免許状は例外ですし、理療の教科の免許状はあん摩マッサージ指圧師免許、はり師免許及び灸師免許を持たない者には授与しません(同規則第64条第1項)。

① 理容の教科については指定養成機関のシステムも無いことから、4年以上理容師を経験した者等が臨時免許状を取得して理容担当の講師又は助教諭として特別支援学校高等部に勤務し(免許法施行規則第65条第2項)、5年以上が経過したところで教育職員検定を受けて2種免許状を取得し、晴れて理容担当の教諭に就任するという養成システムになります(同規則第64条第2項表)。

② 理学療法の教科の1種免許状は、理学療法士の免許を取得している者が大学で特別支援学校教諭の1種免許状の取得に必要な科目・単位(視覚障害者に関わる特別支援教育に関する科目を26単位。別表第1等参照)を修得した場合に授与されます(免許法施行規則第64条第1項表)。理学療法の2種免許状は、理学療法士の免許を取得した上で特別支援学校教員の2種免許状取得に必要な16単位(別表第1等参照)の修得が必要です(免許法施行規則第64条第1項表)。なお、理学療法士の免許を取得するためには、高等学校卒業後、文部科学大臣又は厚生労働大臣が指定した教育機関において3年間勉強し、その後国家試験に合格することが必要です(理学療法士及び作業療法士法(昭和40年法律第137号)第3条、

第11条)。

7　現職教員による教員免許状の取得

現職の教員が、教員としての経験を積み重ねつつ、大学等において必要な科目・単位を修得して現に所持している免許状より上級の免許状を取得し（免許状の上進）、又は、現職教員も含めて現に中学校又は高等学校の教員免許状を所持している者が、その免許状の教科以外の教科について免許状を取得する（他教科免許状の取得）ことは十分に有り得ることです。こうした場合、新たに正規の学生として大学に入り直して、必要な科目・単位を修得して卒業することにより、これらの免許状を取得することも可能です（別表第1）。しかし、これらの者は、既に大学を卒業しているのであり、且つ、これから新たに取得しようとしている免許状と密接に関係する教員免許状を既に取得しているのであり、更に、現に教員としての相当の実績を持っていること等を考えると、別表第1により第1歩から始めて教員免許状を取得するという方法は、これらの者にとって合理的とは言えません。そこで、免許状の上進と他教科免許状の取得については、別表第1とは異なった方法で教員免許状を取得できることとしています。

免許状の上進の場合（第6条第2項別表第3（以下、単に「別表第3」と言う））も、他教科免許状の取得の場合（第6条第3項別表第4（以下、単に「別表第4」と言う））も、大学等において所定の科目・単位を修得することが不可欠です。この点では大学における教員養成の原則は健在ですが、現職教員である等の対象者の状況に配慮して、次のように原則が緩和されています。

① 大学において習得する科目・単位は、いわゆる認定課程が開設している科目である必要はない（別表第1備考第5号参照）。
② 大学・都道府県教育委員会等が開設する講習（免許法認定講習）、大学の開設する公開講座（免許法認定公開講座）、大学が特にそのために開設する通信教育（免許法認定通信教育）、文部科学大臣が大学に委嘱して行う試験（単位修得試験）等によって単位を修得できる（別表第3備考第6号、免許法施行規則第34条乃至第61条）。これにより、教員が受講しやすい夏休み等の時期に、比較的近くで、必要な科目を教員等に親しみやすい内容で受講することが可能になる。

以上は、小学校、中学校、高等学校、幼稚園の教員について述べたものですが、特別支援学校教員についても、免許状の上進のシステムは存在しています（第6条第2項別表第7）。又、2002年には、現に所持している教員免許状を基礎として、他の学校種の教員免許状を取得するシステムも設けられました（第6条第2項別表第8）。これらについては後述することとし、以下の7.1及び7.2においては、小学校、中学校、高等学校、幼稚園の教員免許状のみを扱います。

7.1　教員免許状の上進

例えば、中学校教員理科の2種免許状を持って中学校教諭を務めている者が、必要な単位を修得して、中学校教員理科の1種免許状を取得することがこの例です。教員免許状の上進は必ず同種の免許状でなければならず、上記の例で言えば、同じ中学校教員の免許状であっても数学等の他教科の1種免許状は取得できません。次に述べる他教科免許状の取得のシステムを使うこととしても、その場合は所持している免許状よりも上級の他教科免許状は取得できません（別表第4）。したがって、理科の2種免許状しか持たない者がどうしても数学等他教科の1種免許状の取得を希望するのであれば、大学に正規の学生として入った上で取得することとなります（別表第1）。もっとも、時間がかかってもよいのであれば、数学の2種免許状を取得した後（別表第4）それを上進する（別表第3）という方法が有ります。

免許状の上進のための条件として、大学等における単位の取得と並んで教員として定められた期間勤務していることが必要です（第6条第1項・別表第3）。免許状の上進を認めるためには、その学校において一定の期間良好に勤務したという実績が判断の基礎になっているからです。

教員免許状の上進は、一段一段行うものとされ、例えば、2種免許状を直接に専修免許状に上進することはできません（別表第3）。まず1種免許状に上進し、更にその後における勤務の実績と単位の修得によりその1種免許状を専修免許状に上進することとなります。

臨時免許状や特別免許状を基礎として勤務の実績と単位の修得により、それらの免許状を上級と考えられる普通免許状に上進することも可能です。

具体的には、臨時免許状は、2種免許状に上進できます。ただし、高等学校にあっては、2種免許状が存在しないため、臨時免許状から1種免許状に上進することとなります。

特別免許状は、基本的には1種免許状と同格のものと位置付けられていますから、中学校教員と高等学校教員の特別免許状は専修免許状に上進することになります。しかし、小学校教員の特別免許状は特定の教科についての免許状であり、全教科担当を前提としている普通免許状と大きな違いがあることから、1種免許状に上進することもできますし、専修免許状に上進することもできます。

7.1.1　勤務の実績

例えば、中学校教員理科の2種免許状を理科の1種免許状に上進するためには、中学校教諭（又は講師）として5年以上在職していることが必要です（別表第3中学校教諭1種免許状の項第3欄）。これが上進する免許状の免許教科である理科の教員としての在職でなければならないかについて条文は明示していないことから議論の余地は有りますが、条文が明示的に要求しているのは中学校教諭（又は講師）としての在職までであること等を考えると、他教科の教員としての在職であってもよい

と考えられます。例えば、理科と数学の2枚の2種免許状を持っている教員が5年間数学の中学校教諭（又は講師）として勤務した場合でも、理科の免許状の上進に必要な在職期間の条件は満たしていると考えられ、その間に大学等において理科と数学の両方の教科に関する単位を修得していれば、同時に2枚の免許状を1種免許状に上進できると考えられます。

又、必要とされる在職年数以上教員に在職している場合には、超過する年数1年につき5単位が、免許状の上進のため大学等で修得しなければならない単位数から差し引かれます（専修免許状に上進する場合を除く。小学校教諭の特別免許状を上進する場合も除く）。例えば、6年間の在職年数が要求されている上進の場合に15年間在職すると9年間超過することになり、45単位が控除されることになります。ところで、要求されている在職年数のうち最長なものは、小学校、中学校、幼稚園の臨時免許状をそれぞれの2種免許状に上進する場合の6年間という期間であり、要求されている単位数のうち最大のものは、臨時免許状を2種免許状に（高等学校にあっては1種免許状に）、2種免許状を1種免許状に上進する場合の45単位です。したがって、どのような免許状であっても、15年間在職すれば自動的に、上級の免許状が取得できました。超過する在職年数1年につき5単位を控除するこの制度は現在も存在していますが、現在では単位を全く取得せずに上進することはできず、最低10単位は大学等で取得しなければならないこととされています（以上は、別表第3備考第7号）。

その所持する2種免許状によって教員となっている者は、それを1種免許状に上進するよう努力しなければなりません（第9条の2）。特に小学校及び中学校の教員に対しては、少なくとも在職15年以内に1種免許状に上進することが強く期待されています。具体的には、2種免許状のまま12年が過ぎた教員に対して、学校所在地の都道府県教育委員会が10単位を修得すべき大学等を指定することとし、指定から3年を徒過すると以後は超過在職年数1年につき5単位の軽減措置が無くなり45単位をすべて修得しないと1種免許状が取得できないこととされています（別表第3備考第8号乃至第10号）。

7.1.2 単位の修得

免許状の上進には、在職年数による軽減の措置はあるものの、最低でも10単位以上の単位を修得しなければなりません。これらの単位は、大学の認定課程における正規の授業に限らず、大学のその他の授業、講習、公開講座、単位修得試験等によっても修得できることは前述のとおりです。

どのような内容の単位を修得するかについても定められています（免許法施行規則第11条乃至第14条）。例えば、中学校教員の1種免許状を取得する場合であれば、45単位必要な者については、教科に関する科目10単位以上、教職に関する科目16単位以上、教科又は教職に関する科目4単位以上を含まなければならないこととさ

れていますし（同規則第13条第1項表）、10単位でよい者については、教科に関する科目3単位、教職に関する科目5単位、教科又は教職に関する科目2単位とされています（同規則第13条表）。更に、これらの単位の内容は、学生が大学で教員免許状を取得する場合（別表第1）の例に倣うこととされています（同規則第11条第1項表備考第1号、第13条表備考等）。

ところで、教員としての能力を向上させるために必要な課題は、個々の教員によって違うはずであり、したがって能力向上のために何をしたら良いかも個々の教員ごとに違うはずです。個々の教員に一律に同じような科目の履修を強い、しかも、在職年数を一律に、機械的に加味するようなことまで行っている免許状の上進のシステムは、教員の能力を反映するものでもなければ、能力の向上につながるものでもありません。はっきり言えば、このような形で教員免許状の上進ということが行われていること自体が、大きな無駄ということになります。

そして、教員免許状の上進が何故必要になるかと言えば、教員免許状に級別を設けたからであり、免許状に級別があれば免許状の上進が必要になってしまうのです。教員免許状の級別の問題について早急に検討し、研修歴や個人の努力をどう評価するか等の問題は設置者等に任せるようにして、教員免許システムを合理的なものにする必要が有ります。

7.2 他教科免許状の取得

中学校教員免許状又は高等学校教員免許状を持っている者が、同じ学校種の他教科の免許状を取得するシステムです。原則として取得しようとする同種の免許状を持っていないこと、したがって取得しようとする免許状に関係する教員としての経験は要求されないことが、免許状の上進との大きな相違点です（別表第4。ただし、別表第4備考第4号参照）。教員としての在職年数が要求されないことから、中学校又は高等学校の教員免許状を持っている者であれば誰でもこのシステムを利用して教員免許状を取得できますが、実際は、教員以外の者が2枚目の教員免許状を必要とすることは考え難いことから、このシステムも現職教員のためのものと言えます。講習や公開講座等における単位修得を始めとして、大学の認定課程における正規の授業以外の方法によっても単位を修得できることは、免許状の上進の場合と同じです（別表第3備考第6号）。

所定の単位の修得によって教員免許状を取得できますが、幾ら多くの単位を修得しても、その者が現に持っている中学校又は高等学校の教員免許状の級よりも上級の免許状の取得は認められていません。したがって、専修免許状の所有者はすべての級の免許状を取得できますが、1種免許状の所有者は1種免許状と2種免許状、2種免許状の所有者は2種免許状しか取得できません。

このシステムで1種免許状を取得する場合の科目・単位についてみると、中学校教

員では教科に関する科目20単位と教職に関する科目8単位であり、高等学校教員では教科に関する科目20単位と教職に関する科目4単位です（別表第4）。このうち、教科に関する科目は学生が大学において教員免許状を取得する場合（別表第1）の例に倣って科目・単位を修得し、教職に関する科目はすべて教科教育法で修得することとされています（免許法施行規則第15条第1項・第2項）。

7.3 教員による教員免許状取得のその他のシステム

以上の二つが教員による免許状取得の主要なシステムですが、この他にも特別支援学校教員免許状を上進するシステムと、他の教科の免許状ではなく、他の学校種の免許状を取得するシステムが存在しています。

7.3.1 特別支援学校教員免許状の上進

特別支援学校教員免許状にも級別があることから、その上進のシステムも設けられています。その内容は、教員としての在職年数と大学等における特別支援教育に関する科目の修得によって上級の免許状を取得するものであり、修得すべき科目・単位の内容は異なりますが、それ以外は、在職年数により修得単位が軽減される措置が無いことを除き、7.1で述べたことが基本的に当てはまります。

しかし、一つだけ有る大きな特徴は、これらの免許状を持たず、即ち、小学校、中学校、高等学校又は幼稚園の教員の普通免許状だけを所持して特別支援学校の教員をしていた場合（附則第16項参照）は勿論のこと、小学校、中学校、高等学校、幼稚園の教員をしていただけであっても、その学校における3年間の在職と6単位の修得により、このシステムを使って、特別支援学校教員の2種免許状が取得できることです（第6条第2項別表第7中の2種免許状の項第2欄と所要資格の項第3欄カッコ書き）。

7.3.2 他の学校種の2種免許状の取得

例えば、中学校教諭の普通免許状を持ち、中学校教員として3年間在職し小学校の教科の指導法（教科教育法）を10単位、生徒指導等に関する科目を2単位修得すると小学校教諭の2種免許状が取得できることとされています（第6条第2項別表第8、免許法施行規則第18条の2表）。幼稚園・小学校・中学校・高等学校と順に並べて、その隣り合った学校について、このシステムにより2種免許状（高等学校については1種免許状であるが、その場合所持していなければならない中学校教員の免許状は、専修免許状又は1種免許状であり、2種免許状は対象外である）を取得することができます。

教員への入り口である大学における教員免許状の取得については、非常識なほど高いバリアを置いているのに、一旦教員になった後においてはこのように融通の有るシステムを採用しています。このようなことをするのであれば、その前に免許状取得の基準を正常なものとするとともに、小学校と幼稚園、中学校と高等学校の教員

資格をそれぞれ一本化し、或いは、高等学校の教員については、高等専門学校や大学の教員と同様に、免許状制度ではなく資格制度とすることを考えるべきです。

8　その他の免許状

初等中等学校の教員の免許状については以上の通りですが、免許法は、その他に養護教諭（助教諭）と栄養教諭の免許状についても定めています。
これらの職員は初等中等学校の重要な職員ですが、常識的な意味における教員ではなく、教育の品質の確保という観点で述べてきたことと多少外れることから、簡単に触れるに止めます。

8.1　養護教諭の免許状

養護教諭は授業を担当せず、保健室（学校保健法（昭和33年法律第56号）第19条）を中心として活動します。
養護教諭は各学校種共通の資格であり、養護教諭免許状は学校種別に分かれていません。したがって、養護教諭の免許状一本を所持しているだけで特別支援学校を含めてすべての学校種において、「児童・生徒の養護をつかさどる（学校教育法第28条第7項、第40条等）」養護教諭としての活動を行うことができます（第4条第2項。同条第4項参照）。このような養護教諭については、特別免許状は存在しません（第4条第3項）。養護教諭の免許状も、専修、1種、2種の級別があり（第4条第2項）、大学等におけるいわゆる直接養成の他（第5条第1項別表第2（以下、単に「別表第2」と言う））、養護教諭等としての在職年数と大学等における単位の修得により上級の免許状を取得する免許状の上進のシステムが有ります（第6条第2項別表第6）。以下、大学等における勉学により免許状を取得する場合について述べます。
1種免許状の取得には、大学の養護教諭免許状の認定課程において養護に関する科目28単位、教職に関する科目21単位、養護又は教職に関する科目7単位を修得して学士号を取得するという途（別表第2中1種免許状のイの項、別表第1備考第5号）のほか、保健師の免許を持つ者が文部科学大臣の指定した養護教諭養成機関で半年間所定の勉強をする（看護師の免許を持つ者の場合は1年間）という途があります（別表第2中1種免許状のロ及びハの項）。又、保健師の免許を持つ者に対しては、教員免許状授与の不適格者（第5条第1項但し書き）でない限り、無条件で養護教諭の2種免許状が授与されます（別表第2中2種免許状のロの項）。
看護師の資格は、高等学校卒業後3年間所定の勉強をし、国家試験に合格して取得し、保健師の資格は、看護師が半年間所定の勉強をし、国家試験に合格して取得するものです（保健師助産師看護師法第7条、第19条、第21条）。養護教諭の資格は、基本的に保健師・看護師を基礎とするものであり、その仕事も、保健師・看護師の

仕事（同法第2条、第5条）に類似するものと言えます。したがって、資格に関係なく授与できる特別免許状のシステムには馴染み難いものです。

現職の養護教諭で3年以上の養護教諭の経験が有る者は、保健の教科（小学校では体育の一部）を担当する教諭（講師）になれる（附則第15項）ことについては前述しました。

8.2　栄養教諭の免許状

栄養教諭は授業を担当せず常識的意味の教員ではないという点では養護教諭と同じですが、栄養教諭がつい最近（2004年）登場した資格であるのに対して、養護教諭は1941年の旧国民学校令（同令第15条、第17条第3項、第18条第2項）以来、養護教諭（当時は、教諭を「訓導」と呼んでいたことから、養護教諭も「養護訓導」と呼んでいた）という職と免許制度を維持しています。

栄養教諭が置かれるのは、原則として義務教育段階の学校給食実施校であり、学校給食におけるその立場はいわゆる学校栄養士と同じです（学校給食法第5条の3、学校教育法第28条第2項・第40条。高校標準法参照）。学校におけるその立場は「児童の栄養の指導及び管理」とされていますが（学校教育法第28条第8項、第40条等）、公立の義務教育学校における栄養教諭の定数は学校栄養士と区別すること無く一括して計算されており（義務標準法第8条の2、第13条の2）、学校栄養士と共に学校給食における栄養の専門家として扱われています。

以上に加えて、助教諭が存在しない唯一の職である（学校教育法第28条）ことも併せ考えれば、栄養教諭というポジションに実体は無く、学校栄養士のうち一定の条件を満たす者に与える呼称と考えることが実態に合致しています。具体的には、学校給食における栄養の専門家としての業務が排他的な業務として免許の対象となっているとは考えられず、したがって、学校栄養士等も従来と同様に学校における栄養の専門家としての業務を行うことができると考えられます。しかし、その実態が呼称に過ぎなくとも、栄養教諭というポジションを作り、免許制度も設けた以上、資格の無い者に栄養教諭の免許状を授与し、栄養教諭の免許状を持たない者を栄養教諭に任命し、免許状が無いのに栄養教諭になる等すれば、それは犯罪です（第21条、第22条）。

養護教諭の免許状と同様に、栄養教諭の免許状には学校種別が無くどの種の初等中等学校で活動することも可能ですが（第4条第2項）、給食の実施と一体の職ですから、公立小学校を中心とし、ある程度の数の公立中学校がこれに加わるというのが実際の活動範囲です。助教諭の臨時免許状だけではなく、特別免許状も存在しません（第2条第1項、第4条第3項・第4項）。

栄養教諭の免許状は大学の認定課程等で所定の単位を修得して卒業等することによって取得できます（第5条第1項別表第2の2（以下、単に「別表第2の2」と言う）、

別表第1備考第5号)。この場合、管理栄養士(専修免許状と1種免許状の取得の場合)又は栄養士(2種免許状の取得の場合)の資格を取得しておかなければ栄養教諭の免許状の授与は受けられません(別表第2の2中基礎資格の欄)。

栄養教諭の免許状にも級別が存在することから、免許状の上進のシステムが有ります(第4条第2項、第6条第2項別表第6の2)。

養護教諭も栄養教諭も、基礎となっているのは保健師・看護師、管理栄養士・栄養士の資格です。これらは、人間の生命や健康と密接に関係した仕事に関する資格であり、養護教諭や栄養教諭も学校において子供の生命や健康に密接に関係した仕事をしているのです。こうした仕事は、人間の生命の営みに関する深い知識に基づいて行われるべきであり、相手がか弱い子供だからという理由で、又、第三者としての大人の目が存在しない学校という閉鎖的なところで行われるものであるからという理由で、生命に関する十分な学問的知識や経験の無い者が、学問的な根拠を持たない独り善がりの指導を行うようなことは絶対に許されるべきではありません。例えば、保健師や看護師は、必要とされる場合には医師の指示に従って仕事をしますが(保健師助産師看護師法第35条乃至第37条、第44条の2第2号)、養護教諭や栄養教諭の上司とされている校長等或いは保健主事(学校教育法施行規則第22条の4第2項)は医学の知識が有りませんから、養護教諭や栄養教諭の行うこうした指導等に責任を負うことができません。それでも、養護教諭に関しては、学校医等のシステム(学校保健法第16条)や、保健所との連絡(同法第20条)もあり、こうしたことはある程度防げると思われます。しかし、栄養教諭についてはこれに相当するシステム等は無く、実績も無い等から、個々の子供の身体・精神の特質・状況や体質等を無視し、マスコミで流行していること、世の中の一部で行われていること、栄養に関する教科書の受け売り等医学的根拠を持たないことを子供に押し付け、実施させるのではないかと危惧されます。

学校において、養護教諭又は栄養教諭が、単独で、又は、単独ではないが学校限りで行う指導等については、その内容の妥当性を医学的な裏づけにより保障するシステムが欠けていることを、認識しておくことが必要です。

第3節　校長等の資格

初等中等学校の校長の職務は、学校がその目的に従って円滑に運営されるようにするため、配下の教職員が自分の仕事を適切に行うように指示し、それを監督するとともに、学校全体として必要な仕事を自ら行い、或いは、他の教職員に行わせることであり、教頭の仕事は、その校長の仕事を助けることです(学校教育法第28条第3項、第4項)。このような職については、現在の教員免許制度のような形で特定の勉学や経験と機械的に結び付けて資格を定めることは困難であるとともに適切で

ないことから、現在初等中等学校の校長・教頭の免許状というものは有りません。大学の校長（学長と称されている）が行う仕事も、基本的には初等中等学校の校長の仕事と同じですが、教員の行う教育・研究の内容・方法について指示し・監督する範囲が初等中等学校の場合に比べて格段に狭いという点が特徴です（学校教育法第58条第1項、第3項）。

このような仕事を行う学長を助ける者が副学長ですが、副学長を置くか置かないかは設置者に任されています（同条第1項、第2項、第3項）。大学と高等専門学校については、学長等については勿論のこと、教員についても教員免許状のシステムは存在しません。

1　初等中等学校の校長・教頭の資格

校長・教頭の免許状が存在しないということは、誰でも校長・教頭になれることを意味するとは限りません。まず、校長と教員に関しては欠格事由が定められていて理非等の判断が困難なほど精神を病んでいる者、犯罪者等が校長、教頭になれないことについては前述したところです（学校教育法第9条）。現実の世界で校長等がこの欠格事由に該当するのは極端な場合であり、日常的に起こるものではありません。

こうした欠格事由に該当しなければ誰でも校長・教頭が務まるかと言えば、立派に務められる者もいれば、全く務まらない者もいます。その見極めを上手に行い優れた校長等を採用するのが正しく設置者の重要な仕事です。しかし、設置者を信用できず、設置者に任せきりにするのは心配だということになると、校長・教頭になるために最低限備えているべき条件を国が定めて、全国一律のルールとして実施することとなります（学校教育法第8条）。本来、設置者がそれぞれのケースに応じて様々な要素を審査し総合判断して決めているものを、それでは駄目だとして、資格を定めるという形で国が規制する場合に、定めた資格が実態に合うものでなければ設置者から激しい反発を受けます。それを避けようとすれば、その資格の内容はほとんどすべての場合を網羅できる最大公約数的なものとなり、且つ、例外的なケースにも適応できるようにするために、特に必要な場合は誰でも校長になれるとする内容の例外条項を持ったものとせざるを得ません。即ち、最低限の基準で、かつ、弾力的な内容という性格のものになります。そうなると、大抵の教育関係者はこの資格を満たすことになり、その結果として資格の要件を満たしていても適格者ということにはならず、相変わらず設置者がその候補者について細かく調査し、他の候補者と比較する等を行わなければなりません。

ところで、公立学校の校長・教頭はどのようにしてそのポストに就くかと言えば、通常の場合は、相当の年数公立学校の教員として勤務してきた者の中から教育委員会が適当と判断した者を教頭に選び、教頭としてある程度の年数を勤務した者の中

から教育委員会が適当と判断した者を校長に選びます。
例えば、公立小学校の校長について年齢別にその状況を見ると、総数22,444人中45歳未満の者は1人しかおらず、55歳以上の者が15,865人、50歳から54歳が6,043人で、50歳以上の者が全体の98％を占めています。同様に教頭について見ると、総数22,702人中40歳未満の者は28人であり、50歳から54歳が10,374人、45歳から49歳が7,253人、55歳以上が4,224人であり、45歳以上の者が全体の96％を占めています（平成16年度学校教員統計調査報告書による）。
このような実態が国の定める校長等の資格要件に影響を与えますし、国の定めた資格要件がこのような実態の後押しをする結果となります。

1.1　校長の資格

現在、文部科学大臣が定めている校長・教頭の資格の内容も、以上述べたことに沿ったものとなっています。

1.1.1　原則的資格要件

校長の原則的資格要件は、次の通りです（学校教育法施行規則第8条）。
①　1種免許状以上（高等学校と中等教育学校の校長の場合は、専修免許状のみ）の教員免許状（教諭の免許状であればよく学校種別は問わない。1種・専修という区分は普通免許状の区分であるから、特別免許状は除かれる）を持っており、5年以上教育に関する職（教員の職だけではなく、学校の事務職員や栄養職員、教育委員会の事務職員や文部科学省の職員等も含まれ、かなり広い範囲のものである。以下において同じ）に就いていたこと（第1号）。
②　免許状の有無やその級別に関係なく、10年以上教育に関する職に就いていたこと（第2号）。

以上の二つのうち、上述した教員の人事の実態からも、1種又は専修免許状の所持と一定の教育歴という資格要件（第1号）が基本となることは明らかであり、事実、2000年までは校長の原則的な資格要件はこれ以外には有りませんでした。この資格要件は教員から校長になることを前提として作られており、校長は教員からという実態を固定化してしまいました。又、教育に関する能力とは関係のない免許状の級別を校長の資格に直結させるという非合理的な仕組みまで採用しています。しかし、公立学校の教育の実態に対する不満が高まったことにより、その最大の責任者である校長・教員についても、校長は教員から選ぶという従来の選任の原則が否定されることになり、原則的資格要件に、教員免許状を持たないが10年以上の教育に関する職にあったこと（第2号）が加えられました。ところで、公立学校の教育の実態について校長・教員に大きな責任が有るのは確かですが、教育委員会や文部科学省の職員等も大きな責任を負っているのであって、教員以外のこうした教育関

係者も校長になれるとしたところで、このような事態を改善する上でほとんど意味が有りません。

そこで、次に述べる通りこれと併せて、一切の資格を問わないで、即ち教育に関係したことの無い者でも校長・教員の欠格事由（学校教育法第9条）に該当しない限り設置者の判断によって校長とすることができることとされました。時々、世の中の話題になる公立学校の民間人校長の登用における根拠となっているものです。

1.1.2　校長の資格要件の特例

2000年に、学校の設置者等が上記の原則的資格要件に該当する者と同等の資質を有すると認めた者を校長に任命することができるという特例が設けられました（学校教育法施行規則第9条の2）。この場合、校長の原則的資格要件は、教員であれば5年勤務すれば大半の者が取得しますし（例えば、平成16年度学校教員統計調査報告書によれば、公立小学校教諭のうち83.2％の者が専修免許状又は1種免許状を持っている）、10年勤務すればすべての教員が取得するものですから、これらの者と同等の資質ということは適任者であれば誰でもという程度の意味であり、教員に匹敵するような経験を求める等教育的な能力を重視するような扱いをすべきではありません。この特例で意味が有るところは、設置者等の判断で、校長としての優れた能力を有する者を教育界に限らず広い範囲から求め、資格に制約されることなく採用することができるという点です。ただし、忘れてはならないことは、これがあくまでも「学校の運営上特に必要がある場合（同規則第9条の2）」における特例であるということであり、今後とも大部分の校長は教員から選任され続けるという趣旨の条文であるということです。

このように、幅広い範囲からの校長登用という考え方は、現在は特例ということになっていますが、事柄から言えばこちらのほうが原則であり、この原則に対して特例となるのが、教育界から校長を登用することのほうであると考えるべきです。例えば、「校長には、教育歴の有無を問わずに、資質・能力の有る者を任命しなければならない」と原則を定め、「もし教員の中から校長を登用する場合は、優れた教育実績を上げた者のうちから校長としての意欲と能力を備えた者を選任するものとし、この場合教員としての在職年数を勘案してはならない」という規定を設けることが考えられます。

校長の資格要件の特例はもう一つ存在しており、それは私立学校に限って従来から認められてきた特例です。具体的には、私立学校については、教員免許状の有無に関わらず、5年以上教育又は学術関係の仕事に携わった者を校長に採用できるとするものです（学校教育法施行規則第9条）。学術は教育と表裏の関係にあり、したがってこの特例も校長の登用の範囲を教育界に限定していましたが、上記の特例が設けられたことにより、現在では教育界に囚われないで幅広い範囲で人選することが可能になっています。

1.2 教頭の資格

教頭の主な仕事は、校長の職務を助けることですが、必要に応じて授業も行うこととなっています（学校教育法第28条第4項、第40条等）。こうした校長との関係から、教頭の資格要件も校長の資格要件と似たものとなります。即ち、校長の原則的資格要件がそのまま教頭の資格要件になっています（学校教育法施行規則第10条）。具体的には、教頭になれるのは、1種免許状以上の教員免許状（高等学校と中等教育学校にあっては専修免許状のみ）を持ち5年以上教育に関する職に就いているか、所要の教員免許状を持たないが10年以上教育に関する職に就いているかです。そして、教頭については、教育界以外から適任者を登用できるとした特例規定（同規則第9条の2）は適用されませんでしたが、2006年4月にこれを改め、教頭についても教育関係者以外からの登用を可能にしました（同規則第10条）。

又、上記のように、教頭には授業の担当が認められていますから、教頭であれば教員免許状の有無や種類に関係なく授業が行えることになっています。しかし、これでは免許法による厳しい規制と釣り合いが取れないことから、例えば、「教頭が授業を担当できるのは、相当の教員免許状を所持している場合に限る」という趣旨の規定を設ける等校長・教頭の授業の担当に関するルールを整備する必要が有ります（小学校設置基準第6条第2項等参照）。現状においては、相当の教員免許状を持たない場合は教頭が授業を担当しないようにするべきです。

なお、教頭についても、校長・教員の欠格事由の適用を廃除すべき理由は有りませんが、校長・教員の欠格事由を定めた条文（学校教育法第9条）が教頭、養護教員、栄養教諭、現行制度における大学の助手等にも適用が有るかは、条文上必ずしも明確ではありません[注15]。

以上述べてきたところから分かる通り、現在の校長・教頭の資格は或る程度の年数教育に関する職についていればよいのですから、教育関係者にとっては決して難しい資格ではなく、教員であれば時期が来れば全員が取得することとなるものです。しかし、資格といっても、医師や弁護士等と異なり個人で校長をするわけにはいかず、必ず学校という組織の中において校長にならなければなりませんから、問題は資格があるかどうかではなく、校長・教頭としての能力があると学校の設置者等に認められ、校長等に就任させてもらえるか否かという点にあるのです。

近年改められたとはいえ、なお、日本の校長・教頭の資格は、教員を中心とする教育関係者にとっては存在しないに等しい低いハードルですが、一般社会の人間にとっては越えるのが難しいハードルとなっています。

[注15] 公立学校（公立大学法人が設置する大学を除く）においては、地方公務員に関する類似の欠格事由が、教員を含めた職員に対して適用される（地方公務員法第16条）。

2　大学の学長等の資格

大学の学長については、高潔な人格、高い学識、大学運営に関する識見を以ってその資格であるとしていますが（大学設置基準第13条の2、短期大学設置基準第22条の2。教育公務員特例法第3条第2項参照）、このように具体的に把握できず、計ることもできない要素は資格として扱うことは困難です。

高等専門学校の校長についても、同様の内容の資格と称されるものが存在しています（高等専門学校設置基準第10条の2）。

この他、大学において学長の仕事を助けるポストとして副学長を置く場合が有り（学校教育法第58条第2項・第4項）、又、学部の責任者として学部長を置くのが通常です（同条第2項・第5項）。これらの者については、上記のような内容の資格も定められていません。

第4節　大学・高等専門学校の教員の資格

高等教育機関に属する一条学校は、4年制大学、短期大学、高等専門学校です。これらの代表格である4年制大学を中心に、その教員の資格を見ていきます。

免許法により免許状の形で資格が定められているのは、初等中等学校の教員（教諭、講師、助教諭）、養護教諭、養護助教諭、栄養教諭です。これら以外の教員と校長の資格は、法律で定めるか文部科学大臣が定めることとなっていますが（学校教育法第8条）、教員の資格を定めている法律は現在のところ免許法以外には存在しません。初等中等学校の校長と教頭の資格は、文部科学大臣が定めています。

大学・高等専門学校の教員の資格も文部科学大臣が定めています。大学、高等専門学校の教員については、初等中等学校教員免許状の場合のように特定の勉学や経験を基本として機械的に、且つ、一律に資格の有無を定めることは困難です。こうしたことから、大学等の教員資格については、様々な場合を想定しその最大公約数を求める等必要最小限のレベルに条件を設定し、教員資格として要求することとなります。この点では初等中等学校の校長・教頭の資格と同じですが、両者には大きな違いが有ります。初等中等学校の校長・教頭の原則的資格（教員免許状の有無と種類、教育関係の職の在職年数）を満たしているかどうかは、設置者等が判断するまでもなく客観的に明らかです。

これに対して、大学教員の資格については、設置者の判断を待たずに客観的に明らかであると言える部分が少ないこと（設置者が判断して初めて資格を満たしていたことが明確になる部分が多いこと）、又、資格の有無についての判定は、教員を採用し・昇任させることと一体となっていることという特徴を持っています。

1　4年制大学教員の資格

大学教員の資格の有無は、最終的にはその教員の採用・昇任に際して大学の設置者が判断します。しかし、大学教員の資格の有無に関する判断基準は、その者の教育・研究の能力と研究業績に関するものが大きな部分を占めるため、設置者としての職務を行う学校法人の理事会、国立大学法人の学長、公立大学法人の理事長、公立大学を直接設置する都道府県・市町村の知事・市長が、単独で判断することは困難です。そこで、設置者の判断を助けるための仕組み・手続きが設けられることになります。教員の採用・昇任と離れて教員資格の有無を判断することは有りませんから、この仕組み・手続きは教員の採用・昇任について判断するためのものでもあります。

どのような仕組み・手続きにするかは、各設置者が大学運営の方針等を踏まえてそれぞれ適切と考える内容のものを定めることになります。しかし、国立大学と公立大学については、教員人事に関しある種の仕組み・手続きが強制されているため、その限りにおいて教員人事の方法や段取りが制約されるだけではなく、場合によっては適切な人事ができない等人事の内容自体についても大きな影響が生じています。

[国立大学法人における教員人事]
現在では、国立大学法人の教員人事は学長が行い、そのための仕組み・手続きは学長がその責任において定めることとなっています。ただし、国立大学法人に置かれる教育研究評議会（学部長、研究科長等が中心メンバーである学内関係者のみからなる審議機関）が教員人事について審議することとなっており、学長が教員人事の仕組み・手続きを定め、或いはそれらを改める場合は、必ず教育研究評議会にそのことについて審議する機会を与えなければなりません（国立大学法人法第21条、同条第3項第4号）。なお、国立大学法人には、学外の者も加わったもう一つの審議機関（経営協議会。同法第20条）が有りますが、そこで教員人事が審議されることは有りません（同法第20条第4項）。教育研究評議会は、通常は個別の教員人事の審議を行わないと考えられますが、学長がそのように決定すれば、教育研究評議会が教員の個別人事について審議できるのは勿論のことです。

国立大学法人において教員の個別人事を具体的にどのような仕組み・手続きで行うかについての定めは無く、国立大学法人が自分に合った方法等を採用し、区々の状態になっているはずです。しかし実際は、国立大学法人の前身である国立大学が2004年まで用いていた教員人事の仕組み・手続きが有り、これは現在も都道府県・市が直営する公立大学で用いられていますが、これと同じ仕組み・手続きが国立大学法人となった現在においても通用していると推測することができます。それは具体的には、次のような仕組み・手続きです（旧条文とは2004年3月まで行われ

ていた教育公務員特例法の条文である。現在知事・市長が直轄する公立大学において行われている条文を現条文として示した)。
① 一般教員の人事や学部長・研究科長等の部局長の人事は、学長の申し出に基づいて文部科学大臣（公立大学であれば、知事又は市長）が行うこと（旧条文第10条、現条文第10条）
② 学長が文部科学大臣等に対して行う一般教員の人事の申し出は、教授会が決定した内容に従って行うこと（旧条文第4条第5項、現条文第3条第5項）
③ 学長が文部科学大臣等に対して行う学部長等の人事の申し出は、原則として教授会が決定した内容に従って行うこと（旧条文第4条第3項・第4項、現条文第3条第3項・第4項）

教授会は、重要事項を審議するための大学教員の組織であり、原則として教授が構成員となっており、国・公・私立を通じて大学に必ず置くべきものとされています（学校教育法第59条）。審議機関ですから、一般にはそこで何かを決めても拘束力は有りませんが、教育公務員特例法によって、国・公立大学においては、教員人事については学長を拘束し、結果的には設置者も拘束することから、教員人事は実質的に教授会が行っていることになります。そして、旧国立大学においては、教授会は学部、研究科、附置研究所等に置かれることになっていましたから（旧国立学校設置法第7条の4）、学部等が教員人事を決定していたことになります。部分を成すに過ぎない単位組織が勝手に人事を行うことになれば、そのメンバーに都合の良い人事が行われることは明らかです。現に1999年にはわざわざ、不適切な教員人事等を防ぐために学部長等が教授会に意見を述べることができるという規定を教育公務員特例法の中に設けました（旧条文第4条第6項、現条文第3条第6項）。しかし、その学部長等も教授会が選んでいるのですから（旧条文第4条第3項、現条文第3条第3項）、教授会が嫌がることを言うはずはありません。

ただし、旧国立大学時代にあっても、筑波大学はこのようなシステムの抱える問題を認識し、教員人事を全学的な特別の組織を設けて行うという努力をしていたことを忘れてはなりません（旧国立学校設置法第7条の12）。

現在は、国立大学法人については教育公務員特例法が適用されませんから、理屈としては、学長が自分の権限を使い悪い慣行を廃棄して、教員人事の合理的なシステムを作っている可能性も否定できませんが、国立大学の体質を考えると、その可能性は低いと考えられます[注16]。むしろ逆で、2004年までは、それでも国立大学の教員人事は形式的には文部科学大臣という部外者が行っていましたから教員人事をめ

[注16] 例えば、国立大学法人東京大学が定めている東京大学憲章Ⅱの14の後段、東京大学基本組織規則第9条第5項・第6項参照。これらの規定はインターネットでも公開されている。

ぐり緊張関係が存在していましたが、現在では大学関係者だけが関与する密室の行事になっており、且つ、親方日の丸で外部との関わりが極めて薄い国立大学法人という入れ物の中の出来事であることを考えると、今後不適切な教員人事の積み重ねが国立大学の致命傷になるのではないかと危惧されます。

以上を要約すれば、国立大学法人の学長は、学部長等の人事についての実質的権限を持たないと指摘しましたが（第1章第4節1.1.2）、教授等の一般の教員についてさえも実質的な人事権を持たないことを認識しなければなりません。

[知事・市長が直轄する公立大学の教員人事]
知事・市長が直轄する公立大学の教員人事には、教育公務員特例法が適用されることから、上記の旧制度時代の国立大学と同じ問題を抱えています。即ち、「教授に任命する」等の辞令は知事・市長の名前で渡してはいますが、教員の採用・昇任を実質的に決定しているのは学部等の教授会です。

[公立大学法人における教員人事]
システム、問題点等を含めて、国立大学法人と同じですが、次の点は国立大学法人と異なります。
① 公立大学法人のトップは学長ではなく理事長であり、学長以外の者も理事長になることができる（地方独立行政法人法第12条、第13条、第71条第1項）。学長が理事長になる場合においては国立大学法人と同じことになるので、知事・市長が公立大学法人の申し出に基づき理事長を任命し（同法第71条第2項）、理事長が教員人事を行うこととなる（同法第20条）。
② 学長以外の者が理事長になる場合は、知事・市長が自らの判断により理事長を任命し（地方独立行政法人法第71条第8項）、理事長は大学の学長選考機関の審議結果に基づいて学長を任命し（同法第71条第5項）、学長の申し出に基づき学部長や教員を任命する（同法第73条）こととされている。
③ 国立大学法人の教育研究評議会に当たる審議機関を置くこととなっているが、その具体的な構成員と審議事項は定められていないので、理事長が教員人事の仕組み・手続きを定め、或いは、それを改める場合に、国立大学法人の場合よりも弾力的な扱いが可能である（地方独立行政法人法第77条第3項・第4項）。

[私立大学における教員人事]
私立大学については、国・公立大学におけるような非合理的な教員人事システムの採用を強制されることもなく、各私立大学は、基本的な運営方針、大学の置かれている状況、時代の要求等を踏まえて、その大学に最適な教員人事システムを採り、個別人事を行うことができます。したがって、私立大学における教員人事の仕組み

や手続きは、各学校法人ごとにかなり異なると推測されます。そうは言っても、基本的には、理事会や担当理事が教員人事に関する最終的なイニシアチブをしっかり確保していると考えられますが、文部科学省が国立大学の教員人事システムを最善としてその採用を私立大学に推奨しているのであれば、そのような人事をしている私立大学も有り得ます。

日本には、何事についても国立大学がお手本になるという考えが存在しますが、国立大学がお手本になり得たとしたらそれは遥か昔のことであり、現在はそのような状態ではなく、特に教員人事を始めとする国立大学の基本的なシステムは全くお手本になり得ず、むしろ避けなければならない不適切な事例として反面教師の役割を果たす立場にあります。このような国立大学が破綻していないのは、大量の税金の投入により安い授業料の設定と多数の教員の確保が可能であること、昔の実績・信用の残り香等によるのであり、このような条件を持たない私立大学がそのような愚行を犯せば遠くない時期に屋台骨が傾くことになります。

例えば、1人の教員を採用することは定年までの雇用を考えると数億円の買い物となること、機械であれば性能が落ちる等から不用になればその時点で買い替え或いは廃棄できるが、教員についてはそれができないこと等から、教員の採用・昇任に当たっては、そのような分野の教員が今後も必要かを見極め、公募等によりできるだけ多くの候補を検討し、利害関係のない者が能力を見極める等詳細に検討のうえ設置者に理解を求め、最終的に設置者が判断して採用するのが当たり前です。私立大学における教員人事のシステムにおいては、必要に応じてこうした対応をすることが可能です。しかし、国立大学においては、教員人事についてほとんど審査能力を持たない教授会が判断するため、特定の教員の言い分がそのまま教授会を通り、教授会の判断を学長は否定できないことになっていますから、それがそのまま大学の意思決定となってしまいます。

このような国立大学の人事システムでは、現在在職する教員の都合が決定的に重視され、その国立大学内に代弁者を持たない新しい学問への対応が致命的に遅れてしまいます。分子生物学への対応、コンピュータ・ソフト関係への対応がそうでしたし、現在も総合的な科学としての脳科学への対応がそうなりつつあります。こうした問題が生じるたびに、国立大学は常に国の対応の遅れを指摘するという手段で誤魔化してきましたが、不用な学問を温存するため新しい学問に人的な資源を振り向けようとせず、自分たちの身分の安全を確保するため大学として必要なこのような大所・高所からの判断を行う機能まで圧殺している日本の国立大学教員の身勝手さが真の原因です。

1.1　大学教員の資格の基本構造

2007年4月から、大学が教員として必ず置かなければならないのは、教授だけであ

り、原則として置くべきとされているのが准教授、助教で、その他に教員として講師を置くことができます（学校教育法第58条第1項・第2項。2007年3月以前は、教授、助教授（新制度では准教授）、助手が必ず置くべき教員であった）。このように、現在の制度において教員の中心は教授であり、助手は教員として位置を失ったと考えられます。

平成16年度における本務教員数を職名別に見ると、教授が64,137人、助教授が37,722人、講師が19,975人、助手が36,711人で、総数158,545人です（平成16年度学校教員統計調査報告書による）。又、年齢別に本務教員の数を見た場合に最も多くの人数が分布している10年間はどこかと言えば、教授が54歳から63歳、助教授が39歳から48歳、講師が35歳から44歳、助手が30歳から39歳となっています（平成16年度学校教員統計調査報告書による）。以上からも、従来の制度においては、助手から講師又は助教授、講師から助教授、助教授から教授という道筋が仄かに見えています。

従来の制度においては、助手の資格は4年制大学卒業程度であり、教育能力や研究実績は要求されていません（2007年の改正前の大学設置基準第17条。現在も同じである）。助教授の資格の中には、「助手の経歴の有る者」が含まれており、助手の経歴があれば助教授の資格が有ることになっていました（同基準第15条第2号）。又、講師の資格の中に「助教授となることができる者」が含まれていました（同基準第16条第1号）。このように、教育能力の審査を受ける必要は有るものの（同基準第15条、第16条）、助手の経歴があれば講師・助教授になることができました。更に、教授の資格の中には「助教授又は専任講師の経歴のある者」が含まれていました（同基準第14条第4号）。このように、従前の日本における大学教員の資格自体が、教員歴を積み重ねることによって助手、（講師）、助教授、教授と昇任していく基本構造を組み込んでいるということと、助手の資格は学士でありさえすればよいというものであることを認識した上で、統計資料から見る限りこの基本構造こそ日本における大学教員の資格制度の中心と考えられるということを踏まえて、具体的な資格の内容を見ていくこととします。

1.2 教授・准教授・助教の資格の構造

教授・准教授・助教については、職務は同じですが（学生の教育・研究の指導、自分の研究。学校教育法第58条第6項乃至第8項）、要求される資格が異なっています。一つは教育上・研究上・実務上の知識・能力・実績に関する要件（以下、「実績等の要件」と言う）であり、他の一つは教育の能力に関する要件です。実績等の要件については、これが特に優れた者が教授、優れた者が准教授、相応の程度の者が助教であるとされています（学校教育法第58条第6項乃至第8項）。教育能力については、教授・准教授・助教共に大学教育を担当するに相応しい能力を持つこと

が必要とされています（大学設置基準第14条、第15条、第16条の2）。
講師については、教授・准教授の仕事（学生の教育・研究指導、自分の研究）と似た内容であり、資格は教授・准教授と同じ要件であるか、特殊な専攻分野について大学において教育を担当できる能力を持っているかです。
このうち、実績等に関する要件は次に述べるように或る程度具体的な内容のものとなっています。

1.2.1　教授の資格要件

実績等に関する教授の資格要件は、次の通りです（大学設置基準第14条）。
- 博士の学位を持ち、研究業績の有る者（第1号）
- 上記の者と同程度の研究業績の有る者（第2号）
- 4年制大学の教授、准教授、専任講師の経歴の有る者（第4号。第1条第1項参照）
- 専門職学位を持ち、その分野に関する実務上の業績の有る者（第3号）
- 芸術、体育等については、特殊な技能に秀でている者（第5号）
- 専攻分野について、特に優れた知識・経験を持つ者（第6号）

これは、大きく二つに分けられます。
一つは、主として大学の世界の中で訓練を受けて経験を積んだ者（いわゆる「大学人」と呼ばれる人々）に当てはめられる基準であり、他の一つは、主として大学外の世界で訓練を受け経験を積んだ者（いわゆる「社会人」と言われる人々）に当てはめられる基準です。上に掲げている資格のうち、始めの三つは大学人についての基準であり、終わりの三つは社会人についての基準であると言うこともできます。
大学人の基準は、博士の学位と研究業績が基本となっています（第1号）。博士の学位の有無は簡単に調べられますし（博士の学位を授与した大学がその旨及び博士論文の要旨等を公表しているし、併せて、文部科学省に授与の報告をしている。学位規則第8条、第12条）、研究業績については、論文、著書等に基づいて判断されることとなりますが、どのような内容、レベル、分量のものが必要かについては、定められていませんから、それを各大学で判断しなければなりません。
又、博士の学位を持たない者でも上に述べた者と同程度の研究業績があれば、教授の資格があるとされています（第2号）。これは、博士の学位の有無だけではなく、研究業績の内容と質も重視することを意味します。更に、人文・社会系においては多くの博士課程が存在するにもかかわらず博士の学位を授与しないため博士号所持者が極めて少なく、実態として博士でないということで教授の道を閉ざすわけにはいかないことによると考えられます。
又、4年制大学において専任講師、准教授、教授の経験が有る者は、教授の資格が有るとされています（第4号）。従前は助手をしていれば講師又は助教授の資格が有り、そして講師又は助教授をしていれば教授の資格が有るのですから、助手から

第3章　教員の品質の確保

出発して大学の教員としての在職年数と教育能力の審査だけで、実績等の要件を実質的に審査されることも無いまま、助手、（講師）、助教授、教授と昇任することを保障するシステムとなっていました。現在は、助手から出発することは困難になりましたが、助教から出発して同様な形で教授に到達することができるシステムになっています。

多くの大学教員は若い頃から助手等として大学に入りますから、多くの日本の大学教員が正しくこの年功序列的ルートでそのキャリアを形成してきたのです。この場合を除いては、「研究業績の有る者（第1号、第2号）」「専攻分野に関する実務上の業績を有する者（第3号）」「特殊な技能に秀でていると認められる者（第5号）」「専攻分野について特に優れた知識及び経験を有すると認められる者（第6号）」とされ、業績又は知識・経験・技能について厳しく評価されることとされているのに対し、この年功序列的ルート（第4号）は大学教員としての在職年数のみが要求されるだけです。

もっとも、この年功序列的なルートにおいても昇任に当たっては前述した教育能力の審査を受けることが必要です。しかし、教育能力というのも曖昧な概念である上、日本の大学教員は同じ大学で講師になり、准教授になり、教授になるという場合が多いと言われ、且つ、教授会という審査能力の乏しい機関が審査することから、年功序列的ルートに乗っている大学教員については昇任の際に必要な教育能力の審査は形式的なものであると考えられます。それでも、昇任する場合に今まで在職した大学と別の大学に行くのであれば、即ち、同じ大学内では昇任できないという慣行が日本の大学に成立していれば、その大学が余所者の昇任の是非を厳しく審査するでしょうから、このことによる弊害は大きな問題になりませんが、これが同一大学内における年功序列的昇進の慣行と結び付いた場合は日本の大学教育に大きな損害を与えかねません。大学教員の質を確保するための方策としては、教員の資格をいじっても埒は明かず、同一大学内の昇格を避けるという慣行を成立させることが実際的と考えられます。

この年功序列的ルートの具体的内容は大学によって違うでしょうが、基本的には、例えば助手を5年経験すれば講師の資格が生じ、講師を5年経験すれば准教授の資格が生じ、准教授を10年経験すれば教授の資格が生じるという類のもので、これに加えて、学士、修士、博士という学歴の違いに応じてこれらの年数を増減するという調整を加えるというものでありましょう。それでは、研究業績を重視する最初の二つの資格要件は何かと言えば、大学人以外の者で学問的な業績の有る者を受け入れるときに利用する場合が有り得ることと、年齢不相応の研究業績を上げてしまった教員が現れた場合に利用することが有り得るという程度で、したがって、これらの途は大学教員の資格としては本筋ではないと考えられます。

社会人の基準は、大学教員としての経歴を持たず上記の年功序列的ルートの恩恵に

浴することができない上、論文や著書等の形で研究業績を公表することが難しい一般社会の専門家（官庁や企業に所属する専門家や研究者、公認会計士や弁護士、芸術家等）を想定して、それらの者が教授として大学に入ることが有り得ることをルールとして認めるとともにその場合の要件を定めたものです。その専攻分野について特に優れた知識と経験を持つか（第6号）、芸術等について特殊な技能に秀でているか（第5号）が要件ですが、その具体的な判断基準は示されておらず、大学で判断しなくてはなりません。

又、専門職大学院を修了して取得する学位である専門職学位（2006年の時点では、修士（専門職）と法務博士。学校教育法第68条の2第1項、学位規則第5条の2・第5条の3）を持ち、実務上の業績が有る者は教授の資格が有ることになりましたが（第3号）、日本においては専門職学位自体最近作られたものであることもあり、未だ実績として現れていません（平成16年度学校教員統計調査報告書による）。

大学人と一般社会人を分けましたが、一般社会人であっても論文の公表や学会での発表等が奨励されている環境にある者は、大学人の基準で判断を受けることとなるでしょうし、他方、そのような環境にない者は、上記の一般社会人の基準がなければ教授になる可能性はほとんど有りません。いずれの基準で教授の資格を判断するにせよ、別に教育の能力について判断を受けなければならないことについては、前述の通りです。教育能力の審査に当たって、大学人の物差しをそのまま使うことが不適切であれば、工夫する必要が有ります。

一般社会人のための資格要件の内容は、一般社会における活動の経験であり、或いは、その結果としての業績・知識ですから、必ずしも直ちに大学における教育に結び付けられる内容・形態になっていない場合が多いと考えられます。したがって、受け入れようとする大学は大学教員としての教育能力の審査という観点からもその点を十分見極めるとともに、受け入れるのであればそうした点への配慮も必要です。

1.2.2 准教授の資格要件

准教授に関する実績等の要件は、次の通りです（大学設置基準第15条）。

- 教授の資格要件を満たす者（第1号）
- 4年制大学の助教（これに準ずる職員を含む）の経歴が有る者（第2号）
- 修士の学位又は専門職学位を持つ者（第3号）
- 研究所等に在職し、研究上の業績が有る者（第4号）
- 専攻分野について、優れた知識・経験を持つ者（第5号）

この場合、教授の資格要件を満たす者（第1号）の中には4年制大学の専任講師と芸術・体育等について特殊な技能に秀でている者も含まれていること（同基準第14条第4号、第5号）、修士の学位を持つ者の中には、当然修士より上位の学位である博士の学位を持つ者が含まれること（同基準第15条第3号）に注意する必要が

有ります。

1.3 講師の資格
実績に関する講師の資格要件は、基本的に、教授又は助教授の資格要件を満たす者とされています（大学設置基準第16条第1号）。これにより、助教として在職していれば講師の資格が生じます（同基準第15条第2号）。又、特殊な専攻分野については、学歴、資格、実績等を云々しないで、教育能力があれば講師の資格が有るとしています（同基準第16条第2号）。いずれにおいても、大学教育を担当する能力の審査が要求されています。

教授又は准教授の資格要件を満たしているのに何故講師であるのかは、二つの理由が考えられます。一つは、特定の科目の教育のみを担当する非常勤的な教員としての講師であり、他の一つは、准教授の手前の教員としての講師です。したがって、特殊な専攻分野の教育を担当する講師を除き、一般の専任講師は准教授の手前の段階にある講師と考えられます。

1.4 助手の資格
日本において助手は教授・助教授と共に大学に必ず置くべき職員とされてきました（2007年の改正前の学校教育法第58条第1項）。専任の大学教員158,545人中36,711人が助手であり、この数は助教授の数とほぼ同じです。年齢区分で見た場合、30歳から39歳までが最も多く22,580人であり、29歳以下が4,399人、40歳以上も9,732人（うち50歳以上が2,141人）です（平成16年度学校教員統計調査報告書による）。

1.4.1 これまでの助手制度
助手の資格は、学士の学位を有することであり、教育能力も研究等の実績も求められていません（大学設置基準第17条）。この助手の資格は変わっていませんが、その職務と立場が大きく変わりました。

一般的には、これまで助手は教員の卵として学生の教育を担当できないものの教員の範疇に入ると考えられてきました。一方、実績等の要件が大学の教員としては不十分であることやその職務が教授・助教授の職務を助けるとのみ規定されていた（2007年の改正前の学校教育法第58条第8項）ことから、制度としては教授等の雑用係としての助手という者も存在することが可能でした。例えば、教員であれば学生の教育を担当しなければ意味が有りませんが、上記のように助手のうち40歳を過ぎても助手のままである者が4分の1を占め、50歳を過ぎた助手も2,000人を超えており、これらの者は教員としての実質を備えられないまま教員としての仕事をしないで教授・助教授の雑用係として長期間在職していることになります。このようなことが行われ続けているのは、曖昧な性格の職である助手というポストを設け、

しかも必置としている制度にあることは、多くの者が指摘してきたところです。これを改めるとすれば、助手の制度を廃止し、助手が持っている学生としての側面については大学院博士課程を内容の有る教育研究指導ができる体制を備えたものにするとともに奨学金制度を充実し、他方、研究者としての側面については受け入れ大学等に迷惑をかけない程度の研究費もセットにしたフェローシップを充実することです。又、教授・助教授の雑用係としての側面については今までが異常であったことを明確にし、以後は教授等が自分で雑用を処理すべきです。

1.4.2 新しい助手制度

2007年4月から大学教員に関する制度が変わりましたが、この制度改正は助手制度の改正のために行われたものと言ってよく、助手の職務や位置付けが大きく変わりました。即ち、助手という名前は残りますが、助手の経歴が大学教員の資格の対象からはずされたことにより教員の卵という性格は無くなり（大学設置基準第15条乃至第16条の2。即ち、助手の経歴が有っても准教授・講師になれず、助教にもなれない）、その職務も「教育研究の円滑な実施に必要な業務」とされました（学校教育法第58条第9項）。助手が大学教員のスタートでなくなることと歩調を合わせて、大学教員のスタートは新たに設けられる助教となりました（大学設置基準第15条第2号、第16条第1号。助教の経歴は、准教授・講師となる資格の一つとされている）。

1.4.3 助教

助教は助手に代わって大学教員のスタートの役割を果たしますが、従来及び現在の助手と異なり、一人前の教員であり、学生を教育し、研究を指導し、自身も研究を行います（学校教育法第58条第8項）。したがってそれに相応しい知識能力を持った者でなければならず（同項）、原則として修士以上の学位を持ち、大学における教育を担当する能力を備えていなければなりません（大学設置基準第16条の2）。
助教というポストをこのようなものにすることにはそれなりの意味は有るのでしょうが、助手が教員のスタートでなくなった状態で、それでは助教になるにはどこで何をすればよいのかという問いに対する回答を用意しておく必要が有ります。大学教職員のポストの中にはこの回答となり得るものは有りません。強いて挙げれば新制度の助手をそのようなものとして利用することですが、これをすれば今回の改正は従来のシステムに助教というわけの分からない教員の種別を加えただけであり、失敗に終わります。現に、准教授の資格の一つに大学において助教に準じる職員としての経歴の有る者が挙げられており（大学設置基準第15条第2号。第16条第1号、第16条の2第1号参照）、助手がこれに含まれると判断する大学が現れれば、従前と変わらないこととなってしまいます。

なお、大学の教員について国・公・私立を問わず任期を設けることができますが、任期をつける場合において、一般的には、計画期間が定められた研究等一定期間行

われることが明らかな教育研究に参加する場合に限り任期の付与が可能とされているのに対し、大学教員の卵としての助手についてだけは設置者が自由に任期を付けることが可能とされてきました（大学の教員等の任期に関する法律（平成9年法律第82号）第3条乃至第5条。助手については2007年の改正前の同法第4条第1項第2号）。現在はこのような任期を付けることができるのは助教に対してだけです（同法第4条第1項第2号）。

1.5 大学院担当教員の資格

4年制大学の教員としては、教授、准教授、講師、助教があるだけで、大学院教授や、学部教授等という者が存在するわけでは有りません。

現在の制度では基本的に、学部に所属して学部の教育を担当している教員が、大学院の教育も担当することとなっていますから（大学院設置基準第8条第2項。第9条の2参照）、学部の教員の資格が大学院の教員の資格でもあります。そして、学部の教員の資格については、これまで述べてきた通りです。

ただし、大学院を担当する教員の中には、大学院教育を担当するに相応しい高度の（博士課程を担当する場合は極めて高度の）教育研究上の指導能力を持つと認められる者が所定の数存在しなければならないこととなっています（大学院設置基準第9条）。更に、こうした指導能力が有ると判断されるためには、然るべき内容を備えた実績、即ち、研究業績、専攻分野についての知識・経験、或いは、芸術・体育等についての技術・技能が要求され、年功序列的に大学教員になったためこれらの実績を持たない大学教員にはこの資格が無いこととされています（同基準第9条）。

なお、芸術・体育等について高度の技術・技能を持つ者は修士課程の担当はできますが（同基準第9条第1号ハ）、博士課程の担当は認められていません（同基準第9条第2号）。これは、芸術・体育等の実技を中心とする大学院は、修士課程は作れるが、博士課程は作れないという想定に基づくものと推測されます。

通常の場合、その教員が高度の（或いは極めて高度の）教育研究上の指導能力が有るかどうかは最終的には各設置者が判断することとなりますが、大学院（研究科・専攻）の新設の場合には、文部科学大臣がこれらの設置認可の審査において、教員一人一人について判定することとなります。その結果そのような教員が必要数揃っていると判断された場合に、大学院（研究科・専攻）の設置が認められることとなります。これは、形式上は、大学院設置の条件を定めたものであって、教員の資格を定めたものとは言えませんが、実態的には、申請した各教員について審査の結果が分かり、その結果に応じて大学が受け入れることのできる学生の種類と数にも結び付いていることから、一種の大学院担当教員の資格と言っても差し支えない状態にあります。

2　短期大学教員の資格

短期大学は、修業年限が2年又は3年の大学のことですから（学校教育法第69条の2）、その教員の資格は、4年制大学の教員の資格と基本的に同じ構造・内容です（学校教育法第58条、短期大学設置基準第23条乃至第26条）。したがって、短期大学は4年制大学が抱える各種の問題と同じ問題を抱えてもいます。4年制大学の教員資格と二、三異なった点もありますが、この相違は実態上の大きな差異を生ずるような本質的な相違ではなく、短期大学という条件に教員資格を合わせるものと言えます。

基本的な問題は、4年制大学の教員資格との関係です。4年制大学では原則として短期大学の教員としての経歴は評価されませんが、短期大学においては4年制大学の教員の経歴がそのまま評価されます。具体的には、例えば4年制大学では、准教授の経歴があれば教育能力を審査の上教授に昇任させる途が有りますが（大学設置基準第14条第4号）、この場合、短期大学の准教授の経歴は（教授の経歴でさえ）評価の対象外です（同基準第1条第1項）。これに対して、短期大学においては、4年制大学の場合と同様に准教授の経歴が有れば教育能力を審査の上教授に昇任させる途が有りますが（短期大学設置基準第23条第5号）、4年制大学の准教授（専任講師も）の経歴は十分その対象となります（同条同号における大学の定義）。又、4年制大学では准教授の資格に位置付けられているもの（研究所等に在職し研究上の業績が有る者。大学設置基準第15条第4号）が、短期大学においては教授の資格とされている例もあります（短期大学設置基準第23条第6号）。

なお2007年4月から、助手を中心として短期大学の教員の種類・資格等について、4年制大学と歩調を合わせて、同様の改正が実施されました。

3　高等専門学校教員の資格

高等専門学校は、年数的には、高等学校に相当する3年間と短期大学に相当する2年間の計5年間（商船に関する学科は5年半）からなる学校ですから（学校教育法第70条の4、第70条の5）、初等中等学校の要素と高等教育機関の要素の両方を持っていますが、その卒業生は4年制大学への編入学が可能なことをはじめとして、短期大学の卒業生と同じ処遇を受けています（学校教育法第70条の9）。教員についても、基本的に短期大学の教員と同じレベルの者として扱われており、その名称も、教授、准教授、講師、助教とされています（学校教育法第70条の7）。それぞれの資格も、短期大学の教員の資格と基本的に同じであり、したがって大学教員の資格ともほぼ同じです（高等専門学校設置基準第11条乃至第14条）。

ただし、明らかに異なっていることとして、高等専門学校の目的は教育であり、研究という要素は必須とはされていないことから（学校教育法第70条の2）、教員の

資格としても研究業績は求められていません(例えば、教授の資格の1番目は、博士の学位を持っていることとされ、研究上の業績は求められていない(高等専門学校設置基準第11条第1号))。これに対して短期大学においては、教授の資格の1番目は、博士の学位を持ち、且つ、研究上の業績のあるものとされています(短期大学設置基準第23条第1号))。しかし、雇用する側が研究業績を要求すること、或いは、研究業績の高い者を優先して採用すること等は自由ですから、その実態面において条文の規定ほどの差が存在するとは考えられません。この他、高等専門学校に特有の必要から、講師の資格として、高等学校の教諭の経験があり、且つ、相応の教育能力を持っている者(高等専門学校設置基準第13条第2号)が加わっています。なお、短期大学と高等専門学校は、相互に、相手の学校における教員の経験を自分のところにおける教員の経験と同等のものとして取り扱っています(高等専門学校設置基準第11条第2号、第12条第2号。短期大学設置基準第23条第4号、第24条第2号)。

なお2007年から、助手を中心として高等専門学校の教員の種類・資格等について、4年制大学と歩調を合わせて、同様の改正が実施されました。

第4章
学校教育における量の確保

　第2章と第3章では、学校教育の質を確保するために、どのような仕組みが設けられているか、その仕組みはどのように運用されているか等について述べてきました。学校教育においては、質の問題と並んで量の確保の問題が重要です。ここで問題としている学校教育の量とは、一つは、学校教育の供給量の問題であり、もう一つは、実際に学校教育を受けている人数の問題です。端的に言えば、学校の収容力の問題と学校教育への就学率・進学率の問題です。
　ところで、学校教育における量と質は完全に異なった事柄ではなく、密接に関係した表裏一体の事柄です。例えば、小学校・中学校の校舎の面積を子供一人につき1㎡増やすとします。これは教育の物的環境の改善であり、教育の質の大きな改善ですが、小学生・中学生合わせて約1,100万人ですから1,100万㎡の校舎面積の増加を意味し、単価を20万円とすれば総額2.2兆円の支出を意味します。又、教育における人的環境の改善の目玉として30人学級が挙げられていますが、小学校・中学校の学級編制の基準を30人とすれば約10万人の教員が必要になると言われ、教員の人件費の単価を1,000万円とすれば、毎年1兆円の支出となります。このように、学校教育において質の問題は量の問題と分かち難く結び付いており、学校教育の質の改善は、これまでも量の問題という実体を備えた質の問題として対処されてきました。
　別の角度からこの関係を見る事例として、大学入学年齢である18歳人口の増減に伴う問題への対応を挙げることができます。1970年代後半の18歳人口は150万人台で落ち着いていましたが、その後は増加を続け1992年に205万人となりピークに達し、その後は一転減少に転じて2000年に151万人と1970年代の規模も下回る見通しでした。増加する50万人の40％が大学に進学するとしても、その入り口だけで20万人分（4年制大学で対処するとすれば、80万人分）の収容力を増加させなければなりませんが、ピークが過ぎた後は学生数が元に戻るので、そのために増やした校舎、教員、校地等が不要になります。しかし、不要になってもキャンパス内の校舎は売れず、教員も解雇できません。校舎はまだ使い道がありますが、教員はど

うしようもありません。このような事態において、当時の文部省は大学の質を確保するためのものである設置基準を緩和する（引き下げる）という方法で対応することとし、1984年に大学設置基準・短期大学設置基準の改正を行いました。即ち、この期間内のみに限定した収容定員の増加に伴う校地と教員の増については、校地については増加しなくとも良いこととし、教員については兼任教員による対応でよいこととしました（大学設置基準附則第4項乃至第6項、短期大学設置基準附則第5項乃至第7項）。

上記のことや、第2次世界対戦終了後間もない時代の小学校等における1クラス60人を超える生徒数の学級、教室が足らずに行った2部授業・3部授業、校舎の整備の目途が立たず自殺された町村長等を考えるまでも無く、学校教育における量の確保の問題は、平素は意識されることが少ないのですが、ひとたび問題が生じた場合には大変深刻であり、したがって、学校教育に関する仕組みは、このような事態を避けるために量の確保のためのシステムを組み入れていると考えられます。これに比べて単なる質の確保は贅沢に属する問題であり、第2章・第3章で質の確保という観点から説明したシステムも、その根底には学校教育の量の確保を前提とした上でのものです。

第2章・第3章との重複を避けながら、以下においては、学校教育の量の確保に関して重要な意味を持つ事項を採り上げることとします。

第1節　子供の数

学校教育は、基本的に、社会に巣立つ前の段階に在って教育を受けることに専念できる子供を教育するという性格のものですから、その量の問題を考えるに当たって子供の数がどうなるかが重要な意味を持ちます。特に日本は、学校教育は子供に限るという性格が極端に強いことから、尚更子供の数が意味を持ちます。

日本の人口は、人口動態統計[注17]が開始された1899年（当時の人口は約4,340万人）以降においては、第2次世界大戦終了の年である1945年を除いて一貫して上昇してきましたが、2005年又は2006年をピーク（約1億2,770万人）に減少に転じ、以後は減少の一途を辿ると推計されています（例えば、厚生省大臣官房統計情報部編「人口動態統計（上巻。平成10年版を使用）」の付録の表、国立社会保障・人口問題研究所編集「日本の将来推計人口（平成14年1月推計）」の中位推計等）。この「日本の将来推計人口」に拠れば、2050年の人口は、中位推計で1億60万人、低位推計で9,200万人、2100年の人口は、中位の参考推計で6,410万人、低位の参考推

[注17] 市町村が把握している出生・死亡等の人口の動態に関する数字を、1年を単位に全国的に取りまとめたものである。1898年の戸籍法の制定を契機に開始された。

計で4,650万人です。

1 出生数と学校

学校教育にとって重要なのは、総人口よりも出生数です。まず、現在に至るまでの出生数がどのようなものであったかを見ます。その後に、これからの出生数がどうなるかの推計を見ることにします。

1.1 これまでの出生数
1.1.1 出生数の変動
上記の「人口動態統計」によれば、1899年の出生数は約139万人で、その後緩やかに増加して1940年代前半には約220万人になっていました。1945年に第2次世界大戦が終わり、出生数は約270万人弱にまで高まりましたが（これが団塊の世代と呼ばれる）、1950年以降は減少を始め1961年には約159万人となり、ほぼ10年の間に110万人の減少を見るという極端な変動を経験しました。この間の出生数で注意を要することは、乳児死亡数（1歳未満での死亡）の多さです。即ち、1899年から1939年の間の年間乳児死亡数は最低の20万人と最高の34万人の間を行き来し、1940年から1947年の間でも19万人から21万人で、1948年に大きく低下して16万人となって以後着実に減少し、1998年には4,380人となりました。1950年における5歳ごとの年齢区分による死亡者数を見ても、死亡者総数の904,876人中、0歳から4歳が最も多く222,903人で死亡者全体の約4分の1を占め、次に多いのが70歳から74歳の84,089人ですから、乳幼児にとってはいかに厳しい時代であったかが分かります。即ち、この時代においては、出生数が6年後にそのまま小学校1年生の人数になるのではなく、出生数から20万人から30数万人を差し引いた数が6年後の小学校1年生の人数になるのです。

これに対して、現在では、出生数が6年後にそのまま小学校1年生の人数になると考えても大きな間違いにはなりません。

1961年に159万人となった後、団塊の世代が出産適齢期を迎えたことから出生数は増加を始め、1971年から1974年がいずれも200万人を超えて出生数の第2のピークとなり（1973年が最多で209万人）、その後は減少の傾向が止まることなく、現在の出生数は約110万人となっています（以上「人口動態統計」による）。この第2のピークが18年後に大学に押し寄せ、臨時の措置として設置基準を低下させて収容力を増加させたことについては、本章の冒頭で述べたところです。

1.1.2 変動への対応
日本の出生数は、第2次世界大戦までは緩やかな上昇が基調であり、激しい変動は有りませんでしたが、世界大戦終了後は、10年ほどの期間で約270万人から約160万人まで低下し、その後210万人まで上昇した後、低下の一途を辿って現在の110

万人に至っています。

この出生数の変動は、6年後には義務教育に、15年後には高等学校に、18年後には大学に到達して、国や都道府県・市町村の対応を促します。即ち、1940年代後半における出生数の第1のピークは、1950年代の中盤から義務教育に到達し、1960年代中盤には高等学校に、1960年代後半には大学に及びました。又、1970年代前半における出生数の第2のピークは、1970年代後半に義務教育に到達し、1980年代後半には高等学校に、1990年代前半には大学に及びました。その対応は、義務教育と義務教育以外では異なるものとなりました。

[小学校、中学校における変動]
小学校と中学校は義務教育であり、特に公立は該当者はすべて受け入れるという原則ですから、収容力の確保をすべてに優先させる対応となります。小学校・中学校においては、資金・資源の枯渇等の戦後における混乱に加えて、中学校の義務教育化を始めとする学校制度の変更が生徒数変動の第1のピーク（1947年から1949年の出生者）と重なり、教育の質を顧みる余裕は有りませんでした。ピークが過ぎると生徒数が減り、それまでの基準からすれば教室や教員数に余裕が生じますが、それまでの基準が応急的なものであり、内容も低きに過ぎたことから、本格的な基準を作り、教育の質を適切なレベルに近づけるためにその余裕を振り向けるという対応となります。例えば、学級編制の基準等を定めた義務標準法が制定されたのは、第1のピークへの対応が或る程度進んだ1958年のことであり、校舎等の建設に対して国が補助するに当たっての基準となる面積等を定めた義務教育諸学校施設費国庫負担法の制定も同じ年です。

公立小学校・中学校における第2のピークへの対応は、既に存在している上記の基準に従いつつ、必要な予算を措置して収容力を増加し、ピークが過ぎて生徒数が減ったときにも教員数等をそのまま減らすのではなく、生じた余裕を基準を引き上げることに用いて教育の質の改善に使いました。例えば、1980年に義務標準法が改正され、いわゆる40人学級が実施されましたが、これは、ピークが過ぎた後の生徒数の減少を織り込んで財政負担を可能な限り抑制した長期的年次計画が作成され、その計画に従って1980年から1991年にかけて逐次実施されたものです。

このように、小学校・中学校については、ピーク時の収容力を最優先で確保するとともに、その後の生徒減少期に生じた余裕を教育の質の改善に使い、教育条件を欧米諸国の水準に近づけてきました。

こうした状況は、生徒数が激しく減少していても公立学校の教員数の変動が緩やかなことや、校舎面積がほとんど減少しないことからも窺えます（平成18年度文部科学統計要覧参照）。

[高等学校における変動]
高等学校は義務教育に近いといっても、それは国民の意識や社会実態等の事実上の話であって、制度としては義務教育ではありません。義務教育であればためらいも無く全員を収容するように学校施設を増設しますが、義務教育ではない高等学校においては、生徒数のピークに対する対応の内容も一義的に明確に定まるものではありません。

しかし、結果的には、高等学校における生徒数の変動に関する対応の原則は極めて明確であったと言うことができます。高等学校の進学率の推移を見ると、生徒数の激しい変動が嘘のように、1947年の新学校制度の発足以後一貫して着実に上昇しているのです。生徒数が急激に増加している時期にも高等学校進学率は着実に上昇し、生徒数が急激に減少している時期にもその上昇は急激ではなく着実なものでした（この状況を見るには、平成18年版文部科学統計要覧が適当である。以下の高等学校に関する記述における数字は、本書からのものである）。例えば、第1のピークが到達した1961〜1965年における高等学校進学率の状況を見ると、それぞれ、62.3％、64.0％、66.8％、69.3％、70.7％と極めて着実であり、一方、生徒数の減少期に入った引き続く5年間の状況を見ても、上昇率の伸びは最大の年でも2.7％であり、収容力に余裕が生じていることを考えると極めて穏当な伸びと言えます。こうした進学率の着実な伸びは、後述するように、あらかじめ計画されたものというよりも、国民の堅実で強固な進学意欲が地方政治等を動かし自ずとこうした結果をもたらしたものと考えます。

なお、第2のピークである1980年代後半においては、既に高等学校への進学率が94％に達し頭打ちとなっていた時代であり、いわば高等学校が義務教育化していることから、生徒数の変動が進学率に影響を与える時代ではなくなっていました。逆に、90％を遥かに超える高等学校への進学率は、義務教育の場合と同様に、出生数の変動がほぼそのまま高等学校在学者の変動となって現れることを意味しています。

実際に高等学校在学者数の推移を見ると、1952年の234万人が1962年の328万人と10年間で94万人増加し、更にこれが1965年には507万人となり1962年からの3年間で実に179万人増加しました。その直後から減少に転じ、1972年に415万人となった後再び増加し始め1989年に564万人となり、1972年からの17年間で149万人の増加となりました。これ以後は減少の一途を辿り、2004年における高等学校の生徒数は372万人であり、15年間で192万人の減少となっています。

次に、このような生徒数の変動に誰が対処したかを考えてみることにします。

[初等中等学校における対応の主体]
義務教育における生徒数の変動については、当然のこととして、国と都道府県・市

町村が協力して税金を財源として公立学校の収容力を拡充することで対処しています。
高等学校についてもこのような公的な部門の役割が大きな比重を占めていますが、これ以外の要素が存在しています。そこでまず、第1のピークを含む10年間の状況を1955年と1965年の数字を用いて検討します。1955年における高等学校の在学者は259万人で、そのうち、公立が207万人、私立が51万人でしたが、1965年における在学者は507万人で、そのうち、公立が340万人、私立が167万人でした。公立が133万人、私立が116万人増加しており、増加の絶対数は公立のほうが多いものの、私立高等学校の規模が51万人から167万人と3倍以上の拡大を見ていることに注意しなければなりません。私立高等学校にこうした行動をとらせたのは行政の指導等ではなく、国民の強固で堅実な進学意欲であったと考えられます。
第2のピークの時期に含まれる1990年についてみると、高等学校の在学者は562万人で、そのうち、公立が400万人、私立が161万人でした。私立の在学者は第1のピークである1965年のそれよりも少ないのに対して、公立の在学者は60万人多くなっており、第2のピークに関する対応については公立の努力が大きかったと言えます。
更に、2004年の状況を見ると、高等学校の在学者は372万人で、そのうち、公立が261万人、私立が110万人であり、1990年と比べると公立が139万人、私立が51万人減少しており、公立高等学校は第2のピークへの対応への寄与が大きかった分減少幅が大きくなっています。これは、自らの経営努力で生き残りを図る私立と、国民・住民の税金で維持される公立という存立基盤の相違によるものであり、ピークの後には生徒数の果てしない減少のみが予想される生徒数の一時的増加に対する対応において、こうした違いが公・私立の間に生ずるのは当然のことです。

[大学における対応の主体]
大学は義務教育から遠い存在であり、日本の社会においては、大学入学を目指して努力したが不合格となり入学できなかったということが当たり前のこととして受け止められていました。現に、高等学校を卒業して直ちに大学に入学できる者が必ずしも多数派ではなく、高等学校卒業の年の入学試験に合格できず、1年又は2年予備校に通った後合格して大学に入学する者が多かったのです。これに対して、進学を希望したのに多くの者が中学校を卒業した年に高等学校に入学できないという状態が生じていたとしたら、日本の社会はそれを容認しなかったであろうと考えられます。
更に、日本における大学入学の実態は、学ぼうとする内容の勉強ができるかという観点で大学を選ぶのではなく、社会に出るに当たり、或いは、社会に出た後に、少しでも有利になるようにという観点で大学を選んでいました。そのため、東京大学、

慶應義塾大学、早稲田大学等の特定の有力大学に入学志望者が集中し、しかもこれらの大学を志望する者はそうした理由で大学を決めているため、他の大学に合格しても入学しないで翌年再びその志望大学の試験を受けるという強い傾向が有りました。新しい大学を増やしてもこのような人たちには意味が無いのであり、彼らの意向に沿うとすれば、不可能なことではありますが、東京大学や慶應義塾大学を増やすしかありません。

以上のような状態でしたから、進学率を一定の水準に維持する、或いは、高等学校の場合のようにこれまでの進学率の伸びを維持するという方針の下に大学の収容力を拡充する可能性は有りませんでした。しかし、何もしないで済ますには出生数の変動の幅が大きすぎ、基本的方向としては大学の収容力を拡充する努力が為されました。

新しい学校制度が発足して以後、4年制大学の在学者は、横ばい状況が続いた1979年から1985年の7年間を除き、常に増加を続けてきましたが、新制大学の制度が安定した1950年代後半以降において、4年制大学在学者の増加の程度が顕著であった時期が2回認められます。

第1の時期は、1960年から1975年に至る時期であり、15年間で在学者は63万人から173万人と110万人増加し、2.7倍の増加となっています（平成18年版文部科学統計要覧による。以下、この「大学」における記述において同じ）。1960年代後半は18歳人口がピークを迎えた時期です。この間、国立大学は72校が81校へと9校増加しましたが、私立大学は140校から305校へと165校増加し、倍以上の校数となりました。在学者数も、国立が19万人から36万人へとほぼ倍増し、私立も40万人から133万人へと3倍以上の増加となっています。収容力の増加について、国も大いに努力しましたが、大半は私立大学が引き受けていたことが分かります。

第2の時期は、1985年から2000年に至る時期であり、15年間で在学者が185万人から274万人と89万人増加しています。1990年代前半は18歳人口が第2のピークを迎えた時期です。この間、国立大学の在学者は、45万人から62万人と17万人増加し、私立大学の在学者も134万人から201万人へと67万人増加しています。第1のピークの時には全く寄与が無かった公立大学が、この第2のピークにおいては5万人であった収容力を10万人へと倍増させています。前述のように設置基準が緩和され学生定員の増加についての負担が大きく軽減されたこともあり、この第2のピークへの対応においても私立が最大の寄与をしているのではありますが、国立・公立という税金で維持されている学校の努力が目立つ点においては、前述した高等学校の場合と類似しています。

4年制大学への進学率の推移を見ると、1955年の7.9％を出発点として、基調としては確実に増加の傾向にあります。この点では高等学校と同じですが、異なっているのは、高等学校の進学率は15歳人口の増減に関わらず常にほぼ同じペースで増

加していたのに対して、大学進学率は1960年代後半、1990年代前半という18歳人口のピークの時期に向けては進学率がほとんど上がらない、或いは、減少するという状態が続き、ピークが過ぎ18歳人口が減少する時期に大学進学率が上昇するという経過を辿ってきています。最近では、1976年（進学率27.3％）から1990年（進学率24.6％）の間は減少又は横ばいが続いた後、1993年から着実な上昇が続き、2005年の進学率は44.2％に達しています。なお、4年制大学への進学率はこの通りですが、4年制大学と短期大学を合わせた数字で最近の状況を見ると、1999年に大学・短期大学進学率が49.1％に達して以後は明確に頭打ちになっていました。それにもかかわらず4年制大学への進学率が上昇するということは、少なからぬ数の短期大学が廃校となる等その学生数がその分だけ減少していることを意味しています。ちなみに、1995年に49万9千人であった短期大学の在学者は2005年には21万9千人であり、10年間で半分以下になっています。

なお、2004年、2005年の大学・短期大学進学率はそれぞれ、49.9％、51.5％と上昇して50％の壁を破っており、今後の動向が注目されます。

1.2　将来の出生数と学校
1.2.1　出生数の動向とその影響

1947年に新しい学校制度が発足した後、出生数の変動が学校教育に大きな影響を与えた様子を見てきました。今後も出生数が一定数で推移する見通しは無く、その変動が学校教育に影響を与えることになります。しかし、今後予想されている変動はこれまで述べてきたような変動とは性格が異なります。即ち、これまで述べてきたうち、1945年以前の出生数は細かい増減はあるもののほぼ一貫して上昇を続けました。これに対して、1945年以後これまでの出生数は、激しい増加と減少を2度繰り返しました。現在は、1970年代後半から始まった出生数の減少の局面におり、今後も出生数は減少を続けると推計されています。

したがって、これからの変動は、出生数の果てしない減少という変動です。出生数の減少という変動は、それが増加する場合と異なり、学校の収容力の拡充という大きな社会的負担を伴うことは有りませんが、不用になった学校の教員や施設等の処分、更に、そうした処分を避けるため、できるだけ不用を出さないようにする工夫が問題になります。従来は、生徒数の減少に伴い生じた余裕を用いて、初等中等学校教育の質の向上を図ってきましたが、教育条件が欧米諸国と比べても問題の無いところにまで来ており、これ以上の改善はその効果の確かさ等十分な根拠の有るものでなければなりません。又、近年行われた教育条件の改善は、その効果が疑わしいばかりでなく、予算の獲得までは大きな効果があると主張するものの、予算が措置された後はフォローもしないのが実態であり、実際に教育条件の改善によって効果が生じているかの検証が全く行われていないと考えられます。更に、現在の状況

は、個々の教員が行う授業の内容を始めとする教育の本質的な部分に関する改善無しにいかに教育条件だけを改善しても効果が無いという状況にまで至っていると考えられます。こうした状況を総合すると、これまでのように生徒の減少により生じた余裕をそのまま教育条件の改善に振り向けるという対応は有り得ません。

初等中等学校は、出生数の変動が生徒数の変動とほぼ直結しているため、これまで二度に亘り生徒数の急激な増加と併せて生徒数の急激な減少を経験してきましたし、こうした変動を利用して教育条件を改善してきたという経過が有ります。これからの対応はこれまでとは違ったものとなります。

これに対して大学は、出生数と学生数が直結するとは言えない状況に有ることから、長期的には上昇傾向にあった進学率を利用して、収容力の無理の無い拡大を行うことと併せて、基本的には上昇傾向に有る進学率を、一時的に停滞させ或いは低下させて18歳人口のピークに対応するという方法で対処してきたと言えます。その結果、総体としての4年制大学は、在学者の減少を経験することなく今日に至っています。18歳人口が、その第2のピークを過ぎ、止め処のない減少を続けている最近の4年制大学への進学率を見ると、1992年の26.4％が2005年の44.2％へと、12年間で16％の増加となっています。同様の例は、第1のピークの影響で1966年に11.8％であった進学率がその後18歳人口が大幅に減少した1975年に27.2％に達したという例が有ります。なお、この27.2％という進学率については、その後1992年までの16年間における進学率はこれを上回ることは有りませんでした（以上の数字も、平成18年版文部科学統計要覧による）。

大学が今後においてもこのような方法を採り続けるためには大学進学率の上昇が必要ですが、前述のように、短期大学も含めた大学・短期大学進学率が、この2005年に初めて50％を超えるまでは、1999年以降ずっと50％弱で頭打ちを続けてきたことを考えると、4年制大学の在学者数も遠くない将来に減少の局面に入る可能性が有ります。

或いは、当分の間進学率の上昇が続くとした場合、それは、これまで以上に様々な意欲・興味・関心と素質・能力を持った学生が入学してくることを意味しており、日本の大学がこうした多様な学生に満足を与えられるほどの高い教育能力を持っているかが問われることになります。こうした大学の教育能力の高低が、いずれはやってくる大学在学者の絶対数の減少を早めるか、遅らせるかの違いを生むことになります。しかし出生数の減少が続く限り、大学がいかに努力をしても、いずれの日にか大学在学者の絶対数の減少は始まるのです。

1.2.2 出生数の推計

日本の将来の人口については、国立社会保障・人口問題研究所が推計を行っており、最近の推計は2002年1月（その前は1997年1月）の推計です。推計は、合計特殊出生率（1人の女性が一生の間に何人の子供を生むかということ）を高位、中位、低

位の3種類仮定し、それぞれを用いて将来の日本の人口を推計するものです。したがって、日本の将来人口の推計には基本的には3種類の数字が存在していますが、一般に、実態に近い合計特殊出生率を用いている中位の推計の数字が使われています。中位推計において用いられている合計特殊出生率は1.39ですが、これの最近の実態は1.25であり、更に低いものです。しかし、実態に近いのは中位推計ですから、以下においては断りが無い限り中位推計の数字を用いることとします。

現在、1年間に生まれる子供の数は約110万人程度ですが、今後この数字は一貫して減少を続け、2025年の出生数は86万3千人、2050年は66万7千人と推計されています。更に、2100年には48万9千人と推計されています。2100年の出生数は現在の半分にも満たないものです。

参考のため、低位推計（合計特殊出生率を1.10と仮定）による数字を示すと、2025年の出生数は68万2千人、2050年は43万5千人、2100年は34万3千人と推計されています。

1.2.3 将来の学校規模

将来の学校規模を推計するには、出生数以外にも、その時点の学校体系がどうなっているか、大学等への進学率がどうなっているかが分からなければ不可能です。実際は、将来の学校体系も進学率も分かりませんから、まともな推計はできません。しかし、我々が将来の事を知ろうとするのは純粋に将来に興味があるからではなく、将来を知ることで現在をどうするかを考えるためです。そうであるなら、現在のまま推移したら将来はどうなるかを知ることはあながち無意味とは言えないことから、学校体系は現在のまま推移するものとし、高等学校への進学率は100％（2004年においては、通信制課程を含めて97.5％）、4年制大学への進学率は50％（2005年においては、44.2％）と仮定して、将来の学校規模を推計してみました（表2.4.1）。

表2.4.1　将来の学校の在学者数　　　　　　　　　　　　　　　　　　　　（単位：千人）

区　分	2005年	2025年	2050年	2100年
小　学　校	7,197	5,738	4,413	3,385
中　学　校	3,626	3,062	2,327	1,697
高　等　学　校	3,605	3,197	2,402	1,706
大　　　学	2,508	2,260	1,664	1,150

備考：1　2005年の数字は、平成18年版文部科学統計要覧によるものであり、実数である。
　　　2　2005年の高等学校の数字は全日制と定時制の生徒数であり、大学の数字は学部の学生数である。
　　　3　2025年と2050年の数字は、国立社会保障・人口問題研究所編集の「日本の将来推計人口（平成14年1月推計）」の表1-1-12中（26）と（51）を用い、該当する年齢（例えば、小学校であれば6歳から11歳まで）の人数を足し合わせたものである。
　　　4　2100年の数字は、上記「日本の将来推計人口」の表2-1-7を用い、該当する年（例えば、小学校であれば2089年から2094年まで）に生まれた者の出生数を足し合わせたものである。論理的には多少不正確であるが、若年者の死亡率が極端に高くなる等が無い限り、大勢には影響が無いと考えられる。

第2節　義務教育における量の確保

日本に住む日本人である親には、6歳から15歳までの子供に学校教育を受けさせる義務が課されており、この義務の違反には刑罰（10万円以下の罰金。学校教育法第91条）が科されます（日本国憲法第26条第2項、学校教育法第22条・第39条第1項）。親が、違反に対する刑罰を伴ったこの義務を免れるためには、市町村教育委員会に願い出て、この義務を猶予又は免除してもらわなければなりません（学校教育法第23条・第39条第3項、同法施行規則第42条・第55条）。2005年にこの義務の猶予・免除を受けている子供は2,436人で、これは、該当する年齢の子供1万人当たりで2人ということです。

親がこの義務を履行するには、小学校、中学校、特別支援学校の小学部・中学部、中等教育学校の前期課程のいずれかに就学させなければならず、他に方法は有りません（学校教育法第22条、第39条第1項）。当然のこととして、これらの学校の整備については国が最終的に責任を持たなければなりません。

以上のように、国にとって義務教育に関する量の確保の問題には、子供を確実に就学させる問題と、必要量の学校を整備する問題の二つが有ります。

1　就学の確保

日本においては、義務教育は一条学校における勉学と完全にイコールとなっており、これ以外のもの、例えば親が直接教育する、家庭において家庭教師に就いて勉強する、或いは、インターナショナル・スクールや外国人学校で勉強する等は、義務教育の履行とは認められていません。したがって、一条学校に就学できない場合は、すべて就学の猶予・免除という取り扱いとなります。このため、14歳・15歳の子供を含めて少年に対する矯正教育を行う収容施設である少年院（義務教育に関係するのは、主として初等少年院である。少年院法（昭和23年法律第169号）第1条、第2条第2項）において行われる義務教育に準じた教科教育は、義務教育と同等なものと扱われながら（同法第5条第2項・第3項）、その教育を受けている子供は就学の猶予・免除が必要となります。この場合、本当に就学の猶予・免除が行われているとすれば、在籍する中学校から卒業証書が出されることは有り得ません。なお、児童養護施設、児童自立支援施設等の児童福祉施設は、少年院と異なり、原則として子供を閉じ込めて拘束するものではなく（例外として、少年法（昭和23年法律第168号）第6条第3項・第18条第2項、児童福祉法（昭和22年法律第164号）第27条第3項等参照）、それらの施設に入所中の子供は原則として一条学校へ就学させることになります（児童福祉法第48条）。

このように、日本において義務教育への就学を確保することとは、一条学校に入学

させ、入学した一条学校に通学させ続けることに尽きます。

1.1 市町村教育委員会の役割
そのことを端的に定めた条文は無いものの、制度の内容を見れば、義務教育に関する就学の確保の第1次的な責任は明らかに市町村の教育委員会にあります。
具体的には、該当する子供の把握に始まり、就学前の健康診断の実施、就学の通知、未就学者や長期欠席者に対する就学の督促、義務教育修了者の把握の他、経済的に困難な家庭に対する就学の援助の実施も市町村教育委員会が行っています。以下、市町村教育委員会の仕事を中心に、就学の確保のシステムについて述べます。

1.1.1 該当する子供の把握
市町村には、住民等からの様々な届出を通じて個人に関する多くの情報が集積されています。こうした情報の集積のうち主要なものは、住所地の市町村が作成している住民票（住民基本台帳法（昭和42年法律第81号）第7条等）と、本籍地の市町村が作成している戸籍（戸籍法（昭和23年法律第224号）第6条、第13条等）が有ります。学校への就学に必要とされる情報は住所地におけるものですから、住民票の情報が使われます。住民票を世帯（住居と生計を共にする者の集まりを言う）ごとにまとめて作成したものが住民基本台帳ですが（住民基本台帳法第5条、第6条）、市町村教育委員会はこの住民基本台帳を土台にして市町村長の協力も得て、翌年小学校に入学する子供も含めた義務教育に該当する子供の名簿を作成します（この名簿を「学齢簿」と言う。学校教育法施行令第1条乃至第4条）。
学齢簿に記載される主要な情報は、次のものです（学校教育法施行令第1条第4項、同法施行規則第30条）。
- 子供の氏名・住所・生年月日・性別
- 保護者の氏名・住所・子供との関係
- 就学する学校（その市町村以外が設置する学校も含む）の名称、入学・卒業等の年月日
- 就学の督促、猶予・免除等

1.1.2 就学前の健康診断
市町村教育委員会は、翌年小学校に入学する者に対する健康診断を11月末までに行い、その結果に基づいて、治療の勧告等を行うほか、必要に応じ就学の猶予・免除、特別支援学校への入学を指導する等します（学校保健法第4条・第5条・第10条第2項、同法施行令（昭和33年政令第174号）第1条乃至第4条）。このうち、特別支援学校に入学させるか否かの判断は、政令で定められている基準（学校教育法施行令第22条の3。例えば、視覚障害については両眼の視力が原則0.3未満、聴覚障害については両耳の聴力が原則60デシベル以上の者のうち、器具等を利用して

も文字、話し声等の認識が著しく困難な者とされている）に照らして行われますが、この基準に該当しても、特別の事情が存在していて小学校で教育できると市町村教育委員会が判断した場合には小学校に入学させます（同施行令第5条第1項第2号。このような者を「認定就学者」と呼びます）。

市町村教育委員会が、子供を特別支援学校に入学させるという、又は、認定就学者として扱うという最終的判断を行う場合には、医学等の専門家の意見を聴くこととされています（学校教育法施行令第18条の2）。このようにして特別支援学校入学者が確定すると、市町村教育委員会は、入学の前年の12月末までに都道府県教育委員会にそれらの者の氏名を通知し、併せてその学齢簿の写しを送付します（同施行令第11条）。

1.1.3　入学の通知

入学する年の1月末までに、小学校に入学する者に対しては市町村教育委員会から、特別支援学校に入学する者に対しては都道府県教育委員会から、いつ、どの学校に入学するようにとの通知が行われます（学校教育法施行令第5条、第14条）。それと同時に、市町村教育委員会は小学校の校長に対して、都道府県教育委員会は特別支援学校の校長に対して（併せてその生徒の住所地の市町村教育委員会に対して）、いつ、どういう生徒が入学するという通知を行います（同施行令第7条、第15条）。この場合、市町村教育委員会が入学すべき学校を指定するに当たり、管内を幾つかの地域に分け、その地域に住む子供は同じ学校に入学し、他の地域の子供は他の地域の学校に入学することとしていますが、このように入学と結び付いた地域区分を学区と言います。小学校・中学校の学区については、法令の定めは有りませんが、市町村が複数の小学校を設置している場合は必ず学区が設けられ、その運用が極めて一律で杓子定規であることが問題になっています。全員の就学ということだけを重要とし、その他の要素を排除している現在の就学のシステムが抱える問題点です。私立学校や国立大学の附属学校に入学する等して、市町村教育委員会が指定した小学校に入学せず、又は、都道府県教育委員会が指定した特別支援学校に入学しない場合には、私立学校の入学許可証等入学の確実性を証明する書類を添えて、それぞれ、市町村教育委員会に届け出し、又は、市町村教育委員会を経由して都道府県教育委員会に届け出ます（同施行令第9条、第17条）。

以上のように、子供が住んでいる市町村の教育委員会は、該当するすべての子供についてどこの学校に在学することになるかを把握していることになります。

1.1.4　就学・出席の確保

［転学、中途退学、卒業等］

すべての子供が然るべき一条学校に入学した後においても、それらの子供が適切に教育を受け続けるようにすることが必要です。例えば、引っ越す等により子供の住所に変更が生じた場合には、新たな住所地の市町村教育委員会（特別支援学校につ

いては、市町村教育委員会の通知を受けて都道府県教育委員会）が、新たに入学すべき公立学校を指定することとなります（学校教育法施行令第3条、第4条、第6条第1号、第13条、第14条）。

又、義務教育段階の私立学校、国立大学の附属学校、中等教育学校（前期課程）、市町村立の特別支援学校等の校長は、義務教育段階の子供が中途退学した場合には、その子供の住所地の市町村教育委員会（特別支援学校においては、子供の住所地の市町村教育委員会を通じて都道府県教育委員会）に通知し、通知を受けた教育委員会は、新たに入学すべき学校を指定します（学校教育法施行令第6条第4号、第10条、第14条、第18条）。

更に、義務教育段階の学校の校長は、国・公・私立を問わず、学年終了後速やかに、卒業者や修了者の氏名を、生徒の住所地の市町村教育委員会に通知することとなっています（学校教育法施行令第19条）。様々な市町村から子供が通学している私立学校等にとっては面倒な作業ですが、市町村教育委員会は、私立学校等に在学している子供を含めてそこに住むすべての子供について、小学校を卒業したか、中学校を卒業したか等を把握できます。

[出席の確保]
学校に入学しても、欠席してばかりでは意味が有りません。これについても責任を持って対応するのは市町村教育委員会です。即ち、義務教育段階の学校の校長は、義務教育段階の生徒の出席状況を常に明らかにしておかなければならず（学校教育法施行令第19条、同法施行規則第12条の4）、生徒が理由無く7日以上連続して休んだ場合等には、生徒の住所地の市町村教育委員会にそのことを通知します（学校教育法施行令第20条）。市町村教育委員会は、この通知を受けた場合等において生徒の親に対して生徒の出席を督促し（同施行令第21条）、この督促に従わない場合は、最終的には刑罰が科されることになります。

義務教育段階の子供であって、然るべき理由が無いのに年間30日以上休んでいるいわゆる「不登校」の生徒が約19万1千人存在します（平成18年版文部科学統計要覧による）。「不登校」の大部分は理由無く連続して7日以上休んだ場合に該当しますが、上記の手続きの対象にしているかは不明です。しかし、少なくとも刑罰に関しては、親の責任を問うことは困難であると考えます。子供に登校を強制することはできませんし、仮に強制力を以って登校させたとしても学校教育を拒否していることに変わりがなければ登校しても意味あることはできません。親に対してこのような無意味なことを強要することのほうが問題です。市町村教育委員会の出席の督促とそれに従わない場合の罰則は、親が子供の就学や出席を妨げ、怠っている場合のものです。

不登校の最大の問題は、国も親も義務教育の義務を果たしていないという点にあり

ます。親については上記のとおりですが、国も就学の確保のためのシステムを設けた以上多数の子供を就学させられないことに責任を負わねばなりません。しかし、現在の義務教育制度のままでは就学義務の猶予・免除以外には親も国もこの義務違反の状態を抜け出す術が無いばかりか、学校教育の世界でそうした子供のために行えることが何も無いという状態を是認する結果を招いています。端的に言えば、学校に来ない子供については、教育として何もすることが無い、どこにでもいって好きなことをしろと言っているのです。更にはっきり言えば、日本においては学校に来ないというのは子供失格・人間失格であり、それによって生じる結果はすべて子供や親の責任であると言っているのに等しいのです。確かにそういう側面も有るでしょうが、現在の義務教育制度にも大きな責任が有ると言えます。

不登校に関する現在の義務教育制度の大きな問題は、一条学校への就学以外の方法による義務の履行を一切認めていないことです。義務教育は一条学校で行うという原則は大切に維持すべきですが、それ以外は一切有り得ないとする原則は根拠が有るとは思えませんし、それ以外の形態で行われた教育を完全に無視しなければならないこととなり、文部科学省や教育委員会が不登校に積極的に対応することを不可能にしています。例えば、前述の少年院における教育も中学校の校長が適切と判断する内容・運用であれば中学校の教育として認めればよいと考えます。実際は、少年院の子供は就学の猶予・免除を受けることとされ、少年院の長が発行する教科の修了証明書を以って中学校の卒業証書の代わりとすることにしています（少年院法第5条）。

どうしても子供を家庭やインターナショナル・スクール、外国人学校等で教育する必要が有るのであれば、小学校の校長等による監督の下に学校教育として認めればよいのであり、同様の仕方で、不登校の子供に対するそうした学校以外の場での教育も学校教育であると正面から認めればよいのです。なお、不登校への本当の対処は、学歴偏重の打破、教育内容の精選を始めとする学校教育の中心的な部分を改める以外には有り得ません。

［退学・停学の禁止と出席停止］
学校の秩序を乱し、或いは、重大な義務違反を犯した生徒を退学させ、停学とすることは、学校として止むを得ないところであり、学校教育法もこれを否定していません（学校教育法第11条、同法施行規則第13条第2項）。しかし、義務教育においては、義務教育の趣旨等に鑑み、原則として退学と停学は禁止されています（学校教育法施行規則第13条第3項、第4項）。ただし、義務教育とは言っても次の学校は生徒を退学させることができます。

① 私立学校と国立大学の附属学校……退学となった者を公立学校が必ず受け入れるからである。

② 公立の中等教育学校（前期課程）・併設型中学校……上記と同じ理由である。しかし、都道府県立の小学校・中学校、市町村立の特別支援学校が退学を禁止されていることとの整合性を欠く。

一方、停学が、国・公・私立や学校種を問わずすべての義務教育学校で禁止されている理由は、退学であれば上記のように公立学校で教育を受けられますが、停学であれば期間が限定されるにしてもその間は教育を受ける方法が無いことによるものです。なお、義務教育段階の生徒については、廊下に立たせる等により罰として短時間授業から排除することも許されないとする政府部内の解釈が有り（昭和23年12月22日調査2発18号　法務調査意見長官回答）、こうした考えに従えば、義務教育における停学はもっての他ということになります。

しかし、授業を妨害し、他の生徒を傷つける等その生徒のためにクラスの教育が成り立たないという状況も有り得ます。このような状況を正して秩序を回復するために行う教室からの一時的排除については上記回答も容認しており（罰として行うことは許されない）、又、同様な観点から行う出席停止という名目の実質的な停学（ただし、懲戒や罰として行うという要素が有ってはならない）も学校教育法は許容しています。

この出席停止の措置は、小学校と中学校に限り認められており、義務教育段階の学校ではあっても中等教育学校（前期課程）と特別支援学校には許されていません（学校教育法第26条、第40条）。このうち中等教育学校は、生徒を退学させることはできますが、停学は認められていませんし、公立の特別支援学校は退学も停学も認められていません（同法施行規則第13条第3項・第4項）。したがって、中等教育学校は、そのような生徒に対し、個々の行為ごとに一時的に教室から排除するか、退学させることになりますし、公立の特別支援学校は教室からの一時的な廃除で対応することとなります。いずれにせよ、出席停止に関しこれらの学校を別扱いする合理的な理由は有りません。退学が可能であれば出席停止は不要という理屈は、乱暴であり、採り得ないと考えます。

又、出席停止は、校長ではなく、市町村教育委員会が生徒の親に対して命令することとなっていますが（学校教育法第26条第1項）、この場合設置者としての立場に立つのか、就学・出席の確保を行う機関としての立場に立つのかが不明確です。前者であるとすればこの措置は市町村立学校のみの措置となり、後者であるとすれば、就学・出席の督促（出席停止の場合は出席の抑制。学校教育法第22条第2項、同法施行令第19条乃至第21条参照）と同様に、国・公・私立を通じて全学校に共通の措置となります。ただし、後者の場合は設置者との関係を明確にする必要が有ります。

一条学校以外での義務教育の履行を一切認めないシステムを採用していながら、一

定期間一条学校から生徒を排除することを正当化できるのかということが問題です。この問題が有るからこそ市町村立の小学校・中学校でしか出席停止の措置が取れない等の中途半端な対応になると考えられます。出席停止期間中も勉強できる方途を講じるとしてはいますが（学校教育法第26条第4項）、一条学校以外におけるそうした勉強は現在の制度上では義務教育の履行として何の意味も持たない勉強なのです。

1.1.5　就学のための経済的援助

義務教育については、これを無償とするという原則により（日本国憲法第26条第2項。児童の権利に関する条約第28条第1（a）等参照）、国立・公立の一条学校における義務教育段階の子供全員（正確に言えば6歳から15歳までの義務教育該当年齢の子供に限る）について授業料が無償とされ（教育基本法第4条第2項、学校教育法第6条・第22条第1項・第39条第1項）、更に、義務教育を無償にするという趣旨を尊重して、私立も含めた一条学校において義務教育段階の子供全員が使用する教科書を無償にしています（義務教育諸学校の教科用図書の無償措置に関する法律第3条、第5条）。授業料・教科書が無償とされていることにより、義務教育を受けるための主要な経済的負担が消えましたが、学用品や修学旅行の費用等の義務教育を受けるための無視できない額の必要経費が存在しています。理屈としては、これらの経費が負担できない親は、就学猶予・免除を願い出るほかありません。

[市町村が行う就学援助]
実際は、就学猶予・免除は病弱・発育不全等の者に対して行われ、経済的理由による就学困難は就学猶予・免除の事由になりません。その代わり、その市町村の住民が抱えている義務教育への就学上の経済的困難に対しては、市町村が必要な援助を行うこととしています（学校教育法第25条）。市町村が経済的理由により義務教育への就学が困難な子供のために、学用品、通学のための交通費、修学旅行費を支給した場合には、文部科学省がその2分の1をその市町村に対して補助することとしています（就学困難な児童及び生徒に係る就学奨励についての国の援助に関する法律（昭和31年法律第40号。以下、「就学奨励法」という）、同法施行令（昭和31年政令第87号））。

他方、子供に義務教育を受けさせることは国民の義務ですから、その義務が果たせないほどの経済的困窮は当然国による一般的な援助の対象となるものであり（日本国憲法第25条）、実際に、義務教育に伴って必要な学用品、通学用品、給食費等は生活保護法（昭和25年法律第144号）による生活保護の対象となっています（第11条第1項第2号、第13条、第32条等）。両者は、教育と福祉、教育委員会所管と首長部局所管という違いはあるものの、対象となる者（生活保護法第6条第2項の「要保護者」が対象）と、対象となる経費（経費については、生活保護法のほうが

より網羅的である）は基本的に同じです（両者の重複支給は無いようにはなっている。就学奨励法第2条）。両者の違いは、生活保護が、原則として申請に基づき、世帯を単位として、援助の必要が厳格に認定されるのに対して（生活保護法第1章）、就学奨励法においては緩やかにこの認定を運用する余地が有るという点です。又、生活保護法においては保護を受ける者の生活レベルが受けない者の生活レベルを上回ることは許容できないと考えられますが（第8条第2項）、就学奨励法は、そうした原則を認めつつ、ノートが買えない、修学旅行に行けない等といった実際の教育上の支障に対処する要素が強いと考えられます。論理的には、生活保護法で統一的に対処すべきものと考えられます。

[都道府県が行う就学援助]
市町村が行う上記の就学援助は、就学についての経済的困難を抱えているその市町村に住む義務教育段階の子供を対象として行うものであり、特別支援学校に就学している子供も対象としています。一方、都道府県は、多少これと異なった観点から、同じような内容の就学のための経済的援助を特別支援学校の生徒に対して行っていることから、ここで述べておくこととします。

都道府県は、その都道府県に存在する特別支援学校の生徒に対し、その学校の設置者が誰であるか、その生徒が県内の生徒か県外の生徒かに関係せず、特別支援学校への就学に必要な経費を支給します（特別支援学校への就学奨励に関する法律（昭和29年法律第144号）第2条第1項）。対象となる者は、幼稚部は除かれますが高等部を含めたすべての生徒であって義務教育段階に限定されず、又、生活保護の基準を上回る者も対象となり（そのような者については、支給される金額は減額される）、更に、帰省のための本人と付添い人の旅費、寄宿舎居住費等の特別支援学校に固有の経費も対象となります（同法第2条第1項、同法施行令（昭和29年政令第157号）第1条・第2条）。なお、都道府県が支出した経費の2分の1に相当する額を、文部科学省が都道府県に補助します（同法第4条）。こうした内容を考えると、特別支援学校については、高等部の生徒は勿論のこと義務教育段階の生徒に関しても、市町村が行っている上記の就学援助は使われず、都道府県が行うこの就学援助が使われていると推測されます。

1.2　都道府県教育委員会の役割
義務教育における就学の確保の分野にあっては、主役は市町村教育委員会であって、都道府県教育委員会は、市町村教育委員会が特別支援学校で教育を受けるのが適当と判定した子供を、自分の設置する特別支援学校に受け入れて教育するという役割を果たしています。具体的には、入学の前年の末までに各市町村教育委員会から該当する子供の氏名と学齢簿の写しが送付されてきますが（学校教育法施行令第11

条)、都道府県教育委員会はこれに基づいて翌年の1月中に該当者に対して何月何日にどこの特別支援学校に就学するかを通知するとともに、各特別支援学校と各市町村教育委員会にもその情報を通知します(同施行令第14条、第15条)。一方、都道府県立の特別支援学校においてさえも、理由無く長期欠席している生徒がいる場合に校長がそのことを通知する相手はその子供の住所地の市町村教育委員会であり(同施行令第20条)、子供を出席させるよう親に督促するのもその市町村教育委員会であり(同施行令第21条)、生徒が小学部又は中学部の課程を無事に修了したことを校長から通知する相手も市町村教育委員会なのです(同施行令第22条)。

このように、都道府県は義務教育段階の子供のために特別支援学校を設置し、運営するという役割を果たしていますが、これらの学校の生徒についても、その就学の確保のための基本的な事務は市町村教育委員会が行っているのです。

2 義務教育のための学校の整備

十分な収容力を備えた小学校と中学校を設置することは、市町村に課された義務です(学校教育法第29条、第40条)。十分な収容力を備えた特別支援学校の小学部・中学部を設置することは、都道府県に課された義務です(同法第74条)。中等教育学校については、その前期課程は中学校と同等の課程であり、義務教育段階の課程ですが、学校としては高等学校と同等の部分も持ち(学校教育法第4章の2)、入学は許可制であって(学校教育法施行規則第65条の7)、該当者はすべて受け入れるという義務教育のための学校とは性格を異にしていることから、誰に対しても設置の義務は課されていません。

日本においては、通常の義務教育学校は市町村が設置し、それ以外の初等中等学校は都道府県が設置するという考えが定着しています。旧制度においても、ほぼ同様の役割分担となっており、義務教育である小学校は市町村が、中等学校(中学校、高等女学校、実業学校等)は都道府県が設置していました(旧小学校令(明治33年勅令第344号)第6条、旧中学校令(明治32年勅令第28号)第2条、旧国民学校令第24条、旧中等学校令第3条等)。

学校を設置するということは、施設等の物的条件を整備することだけに止まらず、その学校を運営し、その経費を負担することも意味しています(学校教育法第5条)。したがって、学校の設置を義務付けることは、都道府県・市町村に毎年毎年多額の経費を負担させる結果になります。即ち、1872年に日本の学校制度が発足した当初は、公立学校における義務教育についても徴収した授業料で経費をまかなうという考えでしたが(学制(明治5年文部省布達第13号)第93章乃至第95章、旧小学校令(明治19年勅令第14号)第6条・第8条、旧小学校令(明治23年勅令第215号)第44条)、1900年に改正された小学校令において小学校における義務教育が無償となり(明治33年の旧小学校令第57条)、以後、公立の義務教育学校における経費は

原則として税金で賄うこととなります。授業料を徴収する高等学校や幼稚園においても、公立学校は収支が相償うことは無く、その償わない部分の経費は設置者である市町村又は都道府県が税金の中から負担します。

都道府県・市町村がこうした財政負担に耐えられなければ、学校設置の義務は履行されず、教育の質を維持するための基準も守られません。特に、規模・内容等が区々な市町村にはこの心配が強く有りましたし、1947年に新しい学校制度がスタートして間もない頃は地方財政のシステムの整備充実が図られていないという事情もあり、学校の整備や教育の質の向上を確実に行うには国自身又は都道府県が経費の負担の責任を持つのが適当であると判断されても止むを得ない状況でした。

学校教育に要する経費のうち他を圧して最大なものは教職員の人件費であり、平均的な姿としては、校舎等建築費の約10倍の額になります。したがって、義務教育の経費負担の問題は教職員の人件費の負担、特に市町村立学校教職員の人件費の負担をどうするかという問題とイコールです。

2.1 市町村立義務教育学校等教職員の給与費の負担

現在の日本のシステムは、市町村が設置する小学校、中学校、中等教育学校の前期課程、特別支援学校の教職員の人件費は都道府県が負担することとしています（市町村立学校職員給与負担法第1条）。したがって、市町村立初等中等学校のうち、市町村が人件費を負担する学校は、高等学校（中等教育学校の後期課程を含む。同法第2条参照）と幼稚園です。高等学校については、公立高等学校4,093校中において市町村立は253校で1割にも達せず、幼稚園は公立幼稚園の大部分が市町村立ではあるが、公立は全幼稚園児の5分の1を占めるに過ぎず、いずれの場合においても主要な存在とは言えません。都道府県は、市町村立の小学校と中学校の人件費を負担したことにより、公立の小学校と中学校、公立の特別支援学校、都道府県立の高等学校という日本の初等中等学校の中心を為している学校の人件費をすべて負担する結果となっています。このように、日本の初等中等学校（幼稚園を除く）は、その中核部分の学校の人件費を都道府県が負担することにより安定したものとなっていますが、その代償として、都道府県の予算において教育関係の予算が占める割合が大変高くなり、常に1位の座を争うという結果になっています（各年度の地方財政白書（自治省又は総務省編）参照）。これに対して、義務教育の人件費の負担を免れた市町村においては、教育費は民生費の半分程度で収まっています（同上）。義務教育の人件費を都道府県が負担するにせよ、市町村が負担するにせよ、無理の無い負担を可能にするような財政の仕組みが必要になり、それが地方交付税交付金制度です。即ち、各都道府県、各市町村について、人口や産業の状況等の客観的な条件に基づき、必要な経費がいくらで（基準財政需要額）、入ってくる税金その他の収入がいくらか（基準財政収入額）をそれぞれ計算し、不足する金額が国から地

方交付税交付金として交付されるという仕組みです(地方交付税法第10条)。この基準財政需要額の中に、学校教育の経費が適切な内容で計算されていれば、公立学校の設置・運営に関して財政面の保障が与えられたと言えます。そして、この基準財政需要額の計算に当たっては、前述の義務標準法・高校標準法が使われることになります(地方交付税法第12条第2項表)。都道府県・市町村の財源の不足を補うよう国から交付される金額は、ルールに従い厳密に計算して積み上げられたものですが、これは金額の算定のための積算であって、その使いみちを拘束するものではありません。したがって、基準財政需要額の計算の中に適切に教育費が盛り込まれていても、最終的に都道府県や市町村がその通り支出してくれる保障は有りません。計算以下の金額しか教育にかけてくれないかもしれませんし、計算以上の金額を教育にかけてくれるかもしれません。たとえ計算以下の金額であっても、これをけしからんと言うのは筋違いであり、地方自治の原則に従って、それぞれの都道府県、市町村の住民が判断し決めるべきことなのです。

ここで、小学校と中学校について、公立学校の経費の状況を示すと表2.4.2の通りです(数字は、文部科学省作成の平成16年度地方教育費調査報告書による)。

表2.4.2 平成15会計年度公立学校の経費状況 (単位:百万円)

区　分	小学校	中学校
消費的支出	5,384,973	2,936,597
(うち人件費)	(4,749,686)	(2,545,172)
資本的支出	632,091	338,016
(うち建築費)	(516,644)	(277,404)
債務償還費	453,810	307,765
合計	6,470,874	3,582,378

教職員の人件費は、小学校と中学校のいずれにおいても、経費の総額の7割を占めており、これについで大きな比重を占めるものは校舎等の建築費ですが、それでも経費の総額の1割にも満たない額です。経費の計算の基礎は員数と単価であり、教職員の人件費の計算もこの二つの要素から成り立っています。即ち、一つは人件費の単価、他の一つは教職員の人数です。

2.1.1 教員の給与の単価

公立学校の教職員は地方公務員ですから、その給与額は都道府県、市町村が一般の地方公務員の給与と同様に人事委員会の勧告等を踏まえて条例で定めるものです。この場合、地方公務員が不当に高い給与を受ければ、本来の仕事に使う金が目減りしてしまいますから、地方公務員の給与の単価は国家公務員の給与等を物差しにして妥当なレベルに止めるべきこととされています(地方公務員法第3章第3節)。

ところで、公立の義務教育学校には優秀な教員を確保する必要が有るという理屈で、1974年に、公立の義務教育学校の教員については一般の地方公務員よりも高い給与を支給すべきとする法律が制定されました。「学校教育の水準の維持向上のための教育職員の人材確保に関する特別措置法（昭和49年法律第2号。以下、「人材確保法」と言う）」がこれです。人材確保法は、義務教育学校の教員の給与について、一般の公務員よりも高い給与水準としなければならないという一般的な建前を定めるとともに（第3条）、国立の義務教育学校の教員給与について、人事院がこの趣旨に沿って教員の給与の単価を引き上げる勧告を直ちに行うよう求めました（2004年の改正前の人材確保法第4条及び同附則第3項）。これに基づき行われた数回に亘る人事院勧告に従って、国立の義務教育学校の教員給与水準は引き上げられ、その引き上げの幅は20％余りにのぼると言われています。国立学校の教員の給与が引き上げられれば、上述のシステムにより、公立学校の教員の給与もそれに歩調を合わせて引き上げられることとなります。その後、この引き上げ分は目減りしていると言われていますが、現在でも、義務教育学校の教員の給与は一般公務員の給与より或る程度高い水準にあります。

ところで、国立の義務教育学校は、原則として国立大学に付属していますが、その国立大学は付属する義務教育学校とともに2004年から独立行政法人の一種である国立大学法人になりました。国立という名前は残ったものの、国立大学法人の設置する学校の教員は公務員ではなく、その給与も法律で定めるのではなく、それぞれの国立大学法人が自らの判断で定めることとなりました。国立の一条学校はすべて国立大学法人が設置しているので、法律で定める国家公務員の給与の中には、国立の一条学校の教員給与は存在しないこととなりますし、人事院の勧告も有り得ないこととなります。そのため、このような事態に対応した人材確保法の改正が行われ、現在では、義務教育学校の教員の給与は一般の公務員よりも優遇されなければならないという一般原則（人材確保法第3条）を定めただけの法律となっています。

公立学校の教員給与の物差しとなる国立学校の教員の法定給与表が存在しなくなったことが直ちに公立学校教員の給与水準に大きな変動をもたらすとは考えられませんが、公立義務教育学校の教員に関する給与水準を決定するシステムの大きな変更ですから、長期的にその影響を注視する必要が有ります。

2.1.2 教員の人数

教員の人数については、学校の基本的な教育条件の一つであることから、設置基準の中で必要な教員数が示されています。公立学校もこの設置基準の定めに拘束されますが、公立学校の教員数は、前述のように、設置基準よりも少し高いレベルで、より詳細な計算方法に基づいて法律（義務標準法、高校標準法）によって標準となる教員数が定められています。設置基準を下回る教員配置をした場合には、都道府県教育委員会から設置基準を下回らないようにせよとの命令を受けることが有り得

ますが（学校教育法第14条）、標準法を下回る教員配置をしても行政指導を受ける程度です。その意味では標準法の強制力は形式的には小さいのですが、標準法に従った教員配置をしていれば確実にその財源が保障されるという効果があることから、ほとんどの場合において公立学校の教員配置は標準法に従って行われており、実質的な強制力は大きいと言えます。ここで「財源が保障される」というのは、地方交付税交付金のシステムにおいて、都道府県、市町村の必要経費としての教員給与費を算定する際に、標準法に従って教員数の計算がされるという意味です。

実際に教員数を計算する場合、基本的には生徒数が基礎となりますが、日本の場合は、設置基準においても、標準法においても、教員数が直結するのは生徒数ではなく、クラス数です。即ち、その学校に生徒が何人いるかで教員数を計算するのではなく、その学校が何クラスであるかによって教員数を計算します。クラス数は、クラス・サイズをどうするかによって変わってきます。同じ1,000人の生徒数の学校であっても、クラス・サイズを40人にするか20人にするかで、25クラスになるか、50クラスになるかという違いになります。これに教員数が直結すれば、教員数が倍になるかどうかという問題になります。日本において、公立学校のクラス・サイズの問題に大きな焦点が当たる隠された原因は、この教員数の増員にあることを忘れてはいけません。

設置基準も、又、標準法も、同学年の子供で編成される（単式学級）場合の小学校、中学校、高等学校（通信制を除く）のクラス・サイズを、いずれも40人としています（義務標準法第3条第2項、高校標準法第6条、小学校設置基準第4条、中学校設置基準第4条、高等学校設置基準第7条）。この場合、義務教育学校の大部分を占める市町村立の小学校・中学校のクラス・サイズには、特別の性質が有ることに注意する必要が有ります。公立の高等学校や、義務教育学校でも国立又は私立の小学校・中学校は、入学する子供を選抜することができますが、市町村立の小学校・中学校はその地区に住む該当年齢の子供をすべて受け入れなければなりません（学校教育法第29条、第40条）。国立・私立の小学校等は入学者を選抜することにより、定員として決めた人数以上は受け入れないことができることから、1クラス40人という規模を容易に維持できます。しかし、市町村立義務教育学校は該当者全員を受け入れることから、クラス・サイズは様々になってしまいます。41人の該当者がいる場合に1人余分だから他の学校に行けとは言えませんし、1人しか該当者がいないからといって学校を閉鎖するわけにもいきません。そこで、41人の場合は、20人と21人の2クラスにし、1人の場合には他の学年の子供と同じクラスに入れ（複式学級）、他の学年の子供がいなければ最悪の場合生徒1人だけの学校として教育をしなければなりません。公立学校については、標準法の基準上は40人がクラス・サイズとなっていても、実際のクラス・サイズは1人から40人までの間に広く分布しているということです。

例えば、平成15年度の公立学校の状況を見ると（文部科学省作成の平成17年度学校基本調査報告書による）、公立小学校の学級数は全部で272,661学級あり、そのうち、複式学級が6,414学級、単式学級が242,581学級であり、残りの2万余りの学級はいわゆる特殊学級です。同じ資料により、公立小学校の単式学級について、1クラスの生徒数別にこれを見ると、表2.4.3の通りです。

表2.4.3　公立小学校の生徒数別学級数

生徒数の規模	学級数
31～35人	75,300
26～30人	64,124
36～40人	40,306
21～25人	32,857

26人から35人の学級が過半を占めていることが分かりますが、この他、生徒数20人以下の学級が29,836学級、生徒数41人以上の学級が158学級存在しています。
市町村立中学校は、小学校に比べて小規模校も少なくなること等から、40人に近いクラス・サイズの学級が多くなりますが、基本的な状況は小学校の場合と同じです。
このようにしてクラス・サイズの基準が定まると、その学校のクラス数も学年ごとに自動的に定まります。このようにして定まったクラス数に応じて、その学校に配置される教員数も決まってきます。
例えば、小学校と中学校の場合、設置基準は、最低限のラインとしては、クラス数以上の専任教員（養護教員・栄養教諭は含まない。以下、この2.1.2において同じ）がいればよいこととしていますが（小学校設置基準第6条第1項、中学校設置基準第6条第1項）、標準法はそれ以上の手厚い配置を標準としています。具体的には、18学級の学校を考えた場合、設置基準では小学校、中学校それぞれ18人以上の専任教員がいればよいこととなりますが、標準法では、小学校については最低でも23人の専任教員、中学校については最低でも30人の専任教員を配置することとしています（義務標準法第6条、第6条の2、第7条第1項第1号・第3号）。
以上は義務標準法により配置される最低数であり、この他にも、例えばチーム・ティーチングを実施する等の特別の必要が有る学校については、所定の数の教員が加配されます（同法第7条第2項。第18条参照）。公立学校の専任教員数は、以上のような方式に基づいて算定されますが、その結果として、2005年5月1日現在の公立学校の専任教員数は、小学校387,672人、中学校223,202人、高等学校（通信制は含まない）185,435人となっています（文部科学省作成の平成17年度学校基本調査報告書による）。

なお、教員数の算定について述べてきましたが、義務標準法は、養護教員、事務職員、栄養教諭を含む学校栄養職員の必要数の算定方法も定めています（同法第8条、第8条の2、第9条）。又、高校標準法も、ほぼ同じような方式で、教員、養護教員、事務職員等の必要数の算定方法を定めています。

ここで、各国の公立学校について、教員一人当たりの生徒数（PT比）を比較してみると、国によって学校制度も違い、教員の実態も違うので、完全に正確な比較は困難ですが、それでもどういう傾向であるかは十分把握できます。以下に掲げる数字は、すべて文部科学省作成の『教育指標の国際比較』（平成14年版）によるものです。

小学校については、日本（2001年）19.0、アメリカ合衆国（1998年）18.0、イギリス（1999年）22.7、ドイツ（1999年）18.1、フランス（1998年）19.1です。

中等学校については、日本（2001年）中学校16.1、高等学校14.4、中学校・高等学校合計15.3、アメリカ合衆国14.2、イギリス16.6、ドイツ15.0、フランス12.6です。日本の数字は自慢できる数字ではありませんが、悪い数字でもなく、養護教員や非常勤教員を含まないかなり厳しい数字を母数にしていることを考えると、日本の公立学校の専任教員数は、欧米レベルにあると言えます。

他方、日本の公立学校のクラス・サイズは大きすぎるという指摘が教員関係を中心として数多くなされており、これをベースとして30人学級の実現というスローガンが掲げられています。確かに、欧米諸国に比べ、日本の公立学校のクラス・サイズは、実態としても、学級編成の基準としても、大きいのは事実です。しかし、上記のように、クラス・サイズの縮小は日本の現行制度を前提とすれば教員増に直結するものであり、このスローガンは教員の増員という要求を言い換えたものに過ぎません。その証拠は、もしクラス・サイズの縮小のプライオリティー（優先度）がそれほど高いのであれば、日本の公立学校は、既に欧米諸国並みの教員配置を行っているのですから、現在の専任教員数のままで欧米諸国並みのクラス・サイズを実現できるはずであり、30人学級の実現を要望している政党や教員集団は、教員増無しの30人学級の実現の方向を真剣に模索するはずです。しかし実態は、その気配は毛筋ほども無く、子供の幸せをスローガンに自分たちの労働を楽にしようとする魂胆が丸見えです。逆の言い方をすれば、30人学級が実現できるだけの専任教員数が有りながら、40人学級のままでいる現在の日本の公立学校に関する教員配置のシステムは、無駄が多すぎることを示しています。

日本におけるクラス・サイズの縮小に関して問題になるもう一つのことは、これまでのクラス・サイズ縮小の経緯です。日本は、これまで、50人学級、45人学級、40人学級と段階を踏んで、クラス・サイズを縮小してきました。縮小が行われるその都度、クラス・サイズを縮小すれば公立学校の教育は目を見張るほど良くなるし、子供たちも格段に幸せになる、だから教員を増員してでもクラス・サイズを縮

小する必要があるのだと言われてきました。結果が示すとおり、何一つ目に見えて良くなっていないばかりか、むしろ、顕著に悪化しています。こうした経緯を考えるならば、30人学級の実現を主張する者は誰でも、この過去の実績という問題についても、国民に説明しなければなりません。そればかりではなく、例えば、習熟度別の授業が実施できるようにするための増員として、或いはチーム・ティーチングの実施のための増員として教員を配置したのに、教育現場において全く似ても似つかない目的のためにその増員が使われていたといった類の事例の頻発について、教育委員会と公立学校の教員集団は、国民に対してその事実の真実を明らかにして、誰がこの責任を取るかを含めて説明しなければなりません。

2.1.3 都道府県の給与費負担により生じる問題

都道府県は幼稚園と高等学校を除いた市町村立学校の教職員の人件費を負担していますが（市町村立学校職員給与負担法第1条）、これらの教職員については市町村の教職員でありながら都道府県が採用、昇進、転勤等の人事権を行使することになっています（地教行法第37条）。市町村立学校の教員は、人事に関することは都道府県教育委員会から、学校の運営等に関することは市町村教育委員会から、それぞれ指示・命令を受けることとなります。

[誰も責任を取れない制度]
都道府県教育委員会は人事権を持っていても、学校は市町村の学校ですから人事を行う重要なポイントである学校の運営の適正化については責任を持てず、他方、市町村は市町村で学校の運営に責任を持ちながら最も大切な教員の人事を行うことができません。市町村立の義務教育学校の教員を、その給与を負担している都道府県の職員にすれば少しはスッキリしますが、そのようにしたとしても都道府県の職員が市町村立の学校で仕事をしているということでの変則的な状態が残ります（フランス、ドイツの初等中等学校の教員は、給与を支払っている国または州の職員となっており、この形態と言える）。

義務教育学校の教員給与に関わる財政システムをどうするのが最も適当かについては様々な議論が有ると思いますが、少なくとも最も自然な姿は、現在行われている公立高等学校のシステムであると言うことはできます。即ち、設置者が給与を含めて全経費を負担し、自ら人事権を行使するという制度です（アメリカ合衆国やイギリスも、原則として、公立学校の設置者が学校の経費をすべて負担し、人事権も持つ制度である）。教育に関する都道府県、市町村の権限を大きくし、一定の限界内ではあっても、その判断でその設置する学校について自由に最善の教育を追い求めることができるようにするためには、財政システムとしては高等学校方式を採ることが絶対の条件と言えます。

[教育改革との関係]
現行システムのままでは、例えば、いわゆるチャーター・スクール（市町村等が、生徒の学力向上を始めとする一定の具体的な達成目標とその期限を示して、一定の金額で、民間機関と契約して、特定の公立学校の運営を包括的に委託する方式）のシステムを採用しようとする場合に、都道府県は自分の学校ではないので論理的に不可能であり、市町村は主要な経費である人件費の財源が無いので財政的に不可能であり、実施できる者がどこにもいないということになります。

又、学校バウチャー（学校に通う年齢の子供に学費の支払いに関する引き換え券（voucher）を渡し、生徒からそれを受け取った学校は原則として無償で生徒を教育する代わりに、その引換券を市町村なり都道府県に提出して、相応の金額を受け取る）を採用する場合も、同様の理由で実現不可能です。なお、この学校バウチャーは、公立学校については学区制の廃止とセットになるものであることと、私立学校にも適用すべきであることに注意しなければなりません。

又、イギリスの公立学校について実施が定着しつつある、予算の使用、教員の採用等の基本的な権限を各学校の学校理事会の裁量に委ねる方式も、同様の理由で、日本の現行のシステムでは実現不可能です。

[指定都市の問題]
都道府県が給与を払っている市町村立学校の教職員（以下この2.1.3において、「県費負担教職員」という）については、その定数、給与の単価・勤務時間等の労働条件、任免・懲戒の手続きや基準等も、市町村ではなく、都道府県の条例で定めます（地教行法第41条第1項、第42条、第43条第3項）。そして、県費負担教職員の市町村ごと・学校種ごとの定数も、都道府県教育委員会が定めます（同法第41条第2項）。こうした一連の措置を伴いながら、その枠内において都道府県が県費負担教職員の人事権を行使しています。

以上のシステムが基本ですが、指定都市が設置する学校の県費負担教職員については、本来の原則通りに指定都市が人事権を行使することとされています（地教行法第58条第1項）。その結果、指定都市は、都道府県が定めた定数の範囲内で、自身では給与を支払わずに教職員を採用して職務上・人事上の監督を行いながら労働させることができることとなり、都道府県は給与を負担するのみで、教職員の職務に関する監督は勿論のこと、人事上の監督もできません。自分のところで働いている者の人事権を持たないというのも変ですが、給与を支払わない職員によって学校を運営するのも正常ではありません。

又、市町村の職員を都道府県が任命等することの不自然さは、市町村を超えた転勤の場合にも現れます。同じ都道府県内でAという町の学校からBという町の学校に転勤させるには、現在在職しているAという町の職員の身分を奪わなければならず、

免職という行為が必要です。公務員の免職は、懲戒処分による場合は勿論、この場合のように分限処分として行われるときも甚だ芳しくない色彩を帯びていますが、それでも敢えてそうした手段を採らないと人事が行えないのです（地教行法第40条）。指定都市の学校から同じ都道府県内に在る他の市町村の学校に転勤させる場合は、指定都市の教育委員会が免職にした教員を都道府県教育委員会が採用することになります。

[市町村立の高等学校と中等教育学校に関する問題]
市町村立の高等学校であっても、定時制課程の教員の給与は都道府県が負担することとされており（市町村立学校職員給与負担法第2条）、したがって、その任命権は都道府県が行使することとなります（地教行法第37条第1項）。この場合、その高等学校に同時に全日制課程が置かれていれば（学校教育法第44条第1項）、同一高等学校でありながら、校長と全日制課程の教員は市町村が任命等を行い、定時制課程の教員は都道府県が任命等を行うこととなります（平成17年度学校基本調査報告書に拠れば、全日制と定時制を併置している市立高等学校が29校存在している。この中に指定都市以外の市が設置する高等学校が含まれていれば、こうした事態が生じる）。

同様の事態は、市町村立の中等教育学校が定時制以外の後期課程を置く場合にも生じます（上記報告書に拠れば、市町村立の中等教育学校は未だ存在しない）。更に、市町村立高等学校定時制課程の職員間でも、都道府県が給与を負担するのは授業を担当する本来の教員だけであって、養護教員、栄養教諭、事務職員等の給与は市町村が負担するので、同じ問題が生じます。

このうち、市町村立中等教育学校に関しては、上記の場合には市町村が一括して人事権を行使することとしており（地教行法第61条第1項）、その結果、都道府県が人事権を行使する市町村立中等教育学校は後期課程として定時制課程しか置かないものに限られます。なお、上記報告書に拠れば、現在国立、府県立、私立で計19校の中等教育学校が存在していますが、このうち定時制の後期課程を持つものが私立に1校だけ存在しています。

2.2　文部科学省による義務教育関係経費の一部負担
このことはルールとして存在しているものではありませんし、そうすべきという理屈も有りませんが、事実として少なからぬ事項について行われています。
国民に教育の義務を課しているのは都道府県や市町村ではなく国ですから、義務教育が適切に実施されるようにする最終的な責任が国にあることは確かです。この国の責任を具体的にどのように果たしてゆくかについては、色々な選択肢が有り得るところであって、これでなければならないとして一義的に決まるものではありませ

ん。

日本においては、学校の設置・運営とその費用の負担の義務を都道府県・市町村に課しましたが、国が直接に学校を設置・運営しても一向に構わないところであり、且つ、そうすることも決して不可能ではありません。例えば、1872年の学制が描いた構想（学制第1章乃至第6章）を、3段階の構造を持つ国の出先機関により小学校から大学までの学校を国が直接に設置・運営すると考えれば、国の直接実施も有り得ることが理解できます。現に、フランスのシステムはこうした要素をかなり持っていると考えられます（例えば、文部省編『諸外国の教育行財政制度』の74頁から87頁）。

義務教育の実施について直接の責任を課された都道府県・市町村に対して、財政面において国がどのように責任を果たすかについても選択肢は様々ですが、日本においては、地方交付税制度を中心とする地方財政のシステムが、学校教育を含めて都道府県・市町村の活動の財源を保障しています。この場合、幼稚園を除く公立の初等中等学校については、前述のように教職員の配置の基準を定めた法律に従って所要経費の額を計算することとなっており、学校教育の財源の確保に大きな役割を果たしています。

したがって、この基本的な地方財政のシステムにより、初等中等教育に関して財政面において国が果たすべき責任は履行されたと考えられます。現に、ほぼ義務教育化している高等学校は、このシステムだけで円滑に運営されています。

しかし、義務教育に関しては、こうした地方財政のシステムによる措置だけではなく、主要な経費については都道府県・市町村が支出する経費の一部を文部科学省が直接補助するということをしています。都道府県・市町村の収入は、地方税等の自前の収入、補助金等の形で入る国からのお金、地方交付税交付金の三つが主要なものです。地方財政のシステムとしては、国（文部科学省）からの補助金が減れば、その分だけ地方交付税交付金が増えるという仕組みになっています。文部科学省からのお金も地方交付税交付金も出所は同じ国なのですが、文部科学省のお金は、貰う手続き、使い道、使った後の報告等極めて厳格で煩瑣な規制の対象となりますし、文部科学省の裁量に属する部分については陳情もしなければなりませんし、陳情をすれば反対給付も求められます。したがって、都道府県・市町村としては、負担が少なく自由度が大きいが確実性では劣るほうを採るか、目に見える形で計算通りの金額が確実に手に入るが自由度がなく負担も大きいほうを採るかという選択になります。地方財政のシステムの信頼性に問題がある頃は文部科学省の補助金が好まれ、補助金という形でなければ学級編制基準の引き下げを始めとする教育条件の改善について都道府県・市町村は二の足を踏んだと考えられます。しかし、地方財政システムが整備されると、文部科学省の補助金の持つ短所が目につくようになります。

2.2.1 義務教育費国庫負担金

義務教育費国庫負担金は、都道府県が支出する義務教育関係の教職員の給与費について、その一部を文部科学省が補助するシステムです。

[概要]
市町村立の学校については、小学校、中学校、中等教育学校の前期課程、特別支援学校の小学部・中学部の教職員の給与費が対象となります。したがって、特別支援学校の高等部・幼稚部と高等学校・中等教育学校後期課程に置かれる定時制課程の教員の給与費については、都道府県が負担するよう義務付けられていますが（市町村立学校職員給与負担法第1条、第2条）、義務教育費国庫負担金の対象とならず、都道府県が単独で負担することとなります（義務教育費国庫負担法第2条第1号）。ちなみに、特別支援学校については、町村立の学校は存在せず、市立の学校が117校存在しています（平成17年度学校基本調査報告書による）。又、定時制課程を持つ市町村立の高等学校は81校で、そのうち全日制の課程を持たない定時制の過程のみの高等学校は52校です（上記報告書に拠る）。

都道府県立の学校については、特別支援学校の小学部・中学部、中等教育学校の前期課程、併設型中学校（学校教育法第51条の10）の教職員の給与費は対象となりますが、小学校や通常の中学校を都道府県が設置しても、その教職員については義務教育費国庫負担金の対象となりません（義務教育費国庫負担法第2条第2号）。上記報告書に拠れば、都道府県立の小学校・中学校は、現在存在していません。

[国の補助の限度]
国が補助するのは、都道府県が実際に支払っている給与の金額です（義務教育費国庫負担法第2条）。即ち、義務標準法よりも少ない人数を雇い、基準以下の給与単価を支払っている場合は、実支出額に見合った国の補助となります。

一方、基準以上の人数を雇い、基準以上の給与を支払っても、基準を超える部分については国の補助の対象になりません（義務教育費国庫負担法第2条但し書き。限度政令）。都道府県は、それが基準を超える人数であり、したがって国から給与費が支給されず都道府県の単独負担となることを知りながら、基準を超過して教員を雇います。

[国の補助の割合]
義務教育の教職員の給与費については、都道府県が支出する額の半分を国が補助することとしてきた（2006年の改正前の義務教育費国庫負担法第2条）ことにより、国と都道府県は同額を負担することとなっていました。こうした状態が長く続きましたが、都道府県は、義務教育費国庫負担金を始めとして国が都道府県に直接支出

しているお金を原則として廃止し、その分の金額を、通常の形態である地方交付税交付金として補填するのではなく、現在国に入っている税金の一部を地方に入る税金に転換することで補填することを求めました。しかし、義務教育費国庫負担金については、道府県の意向は文部科学省によって（財務省によってではない）拒否され、2006年から、これまで2分の1であった国の負担割合を3分の1に減らすという決着となりました。しかし、問題の本質は金額ではないのであり、国の負担割合がたとえ百分の一であっても、義務教育費国庫負担金の制度が存続する限り都道府県が受ける規制は変わらないのであり、国の直接負担分をゼロにしなければ意味が無いのです。

一方、義務教育費国庫負担金は、都道府県に確実な財源を与えることにより、義務教育の実施に関する役割を都道府県が確実に果たせるよう財政面から保障しようとするものであって、当の都道府県が要らないといっているのに貰えと強要することは、常識的には有り得ないことです。それをするということは、現在では義務教育費国庫負担金は財源の保障という意味を失い、文部科学省の意向を実現するための単なる道具になってしまったことを意味します。したがって、都道府県が2を負担し国が1を負担するという結果となり財源の保障という本来の意味を大幅に失っても、又、都道府県がそれを嫌悪しても、制度を存続させるという発想になると考えられます。

これまで見てきたように、今後は子供の数は減る一方であり、又、PT比も良い加減のところにきて配置基準の改善による教員数の大幅増も考えられないことから、教員数も今後減少し続けると考えられます。したがって、義務教育の教員給与に関して今後都道府県に過大な負担がかかる事態が生じることは考えにくい状況です。こうした状況に在りながら、教員給与費の直接補助に固執する意味が有るか疑問です。

[旧養護学校について]

従前のシステムにおいて、盲学校・聾学校に比べて、養護学校は対象となる生徒数が桁違いに多く、教育の内容・方法等についても手探りのところが多い等から、義務教育となるのが大幅に遅れました。即ち、盲学校・聾学校は、新しい学校制度が発足した翌年の1948年から年を追って学校設置と就学が義務化されていきましたが、養護学校について設置と就学が義務化されたのは、その約30年後の1979年からでした（学校教育法附則第93条とそれに基づく各政令）。しかし、養護学校については、義務化される以前においても、国は旧公立養護学校整備特別措置法（昭和31年法律第152号）を作って義務教育と変わりがない財政負担を行い、実質的に教育の機会均等を実現するとともに、義務化に向けての養護学校の整備を図ってきました。

こうした経緯を経てきたことから、義務教育に関する文部科学省の補助は、養護学校以外の公立学校については義務教育費国庫負担法と義務施設法に基づいて行われているのに対して、公立養護学校の小学部・中学部に関する文部科学省の補助（具体的には、教職員の給与費と校舎等の建築費に対する補助）は、養護学校が義務化された後においても2006年3月までは上記の旧公立養護学校整備特別措置法に基づいて行われてきましたが、現在は義務教育のための基本的な国庫補助システムを定めた義務教育費国庫負担法と義務施設法に統合されています。

2.2.2　校舎等の建築費の補助

校舎等の建築費については、教職員の給与費のように市町村立学校についても都道府県が経費を負担するという特例は無く、すべてその学校の設置者が負担しますから、制度としても分かりやすいものです。人件費と異なり、建築費は、特定の年度に多額の需要が発生する等平準化が困難な経費であり、必要額をあらかじめ基準財政需要額に計上しておくことも困難です。

都道府県・市町村が建築事業を行う場合には借金をして資金を調達し（地方財政法第5条第5号。この借金を「地方債」といい、借金をすることを「起債」という）、その元利償還に要する経費がいわゆる「地方財政計画」に算入されることを通じて地方交付税交付金制度の中で財源が保証されています（地方財政法第5条の3第4項、地方交付税法第7条第2号ハ）。即ち、都道府県・市町村は、校舎等を建築し、或いは、校地を購入する場合には、総務大臣又は都道府県知事の同意等を得て長期で返済する資金を借り入れ、毎年それを返済してゆきます（地方財政法第5条の3等）。この毎年の返済額について地方交付税交付金制度で財源が保証されていることにより、結果的に建築費の財源が保証されていることになります。

公立高等学校の校舎等の建築は全面的にこのシステムによって行われています。又、公立義務教育学校の校舎等の建築も基本的にこのシステムに基づいて行われます。具体的には、公立義務教育学校に関しては、校舎等の建築費について文部科学省がその2分の1を直接補助しており（義務施設法第3条）、都道府県・市町村は自己負担分について借金をすることになります。ただし、その借金は国の直接補助が無い場合の半分の額で済んでおり、その意味ではそれなりの役割を果たしています。

全面的に起債に頼って建築費を調達している公立高等学校について、校舎等の整備に関して特段の問題が生じていないことから見ても、公立義務教育学校の建築費について文部科学省の直接補助を廃止しても財政的な面では大きな問題は生じないと考えられます。

しかし、例えば、財政状況が極めて悪い市町村については起債が厳しく制限されることは当然ですが、起債が認められず必要な校舎が建築できない、或いは、無理をして校舎を建築するため償還財源が保障されない起債をする等の状況も想定できるところです。

子供の数の減少が続くことを考えると、公立学校の校舎等の整備に関する需要が急増することは考えられず、教育上の必要に対する適切な配慮の措置が地方財政のシステムにおいて可能であるなら、文部科学省の直接補助は廃止してもよいと考えられます。
なお、義務施設法による建築費補助制度の内容は、次の通りです。
① 公立の小学校、中学校、中等教育学校前期課程、特別支援学校の小学部・中学部の校舎、屋内運動場、寄宿舎の新築・増築、改築が対象となる（第2条、第3条）。
② 補助率は、改築の場合の3分の1を除き、2分の1である（第3条第1項）。
③ 学級数等に応じて補助の対象となる面積と工事の単価が定められており、その範囲内で補助が行われる（第3条第1項、第5条乃至第8条、同法施行令）。

2.2.3 その他の補助

義務教育学校への就学奨励のための措置については前述しましたが、この場合も文部科学省がその経費の2分の1を市町村又は都道府県に対して直接補助しています（就学奨励法第2条、就学奨励法施行令第1条第1項、第2条第1項、第3条第1項、特別支援学校への就学奨励に関する法律第4条）。
又、へき地における義務教育を滞りなく実施するため、都道府県・市町村が教員住宅を建て、スクールバスを購入し、教職員にへき地手当を支給する等した場合には、文部科学省がその2分の1を補助することとしています（へき地教育振興法第6条）。
以上の他に、義務教育の実施の確保というよりも、義務教育を含めた初等中等学校における教育の質の向上を目的として、理科教育の設備や産業教育の施設・設備の整備等のために、文部科学省がその経費の2分の1を都道府県・市町村等に補助していることは前述の通りです。

第3節　義務教育以外の学校における量の確保

義務教育については、国民に就学の義務を課したことに伴い、国、都道府県・市町村は就学を確保するための様々な措置を講じることになります。その内容は、上記の通りです。
義務教育以外の学校についても、義務教育の場合とは違ったやり方ではありますが、国、都道府県・市町村は就学を確保するための努力を行っています。

1　学校教育の役割

学校教育は、社会や国民が必要とする教育のうち基本的なものを、国が最終的に責任を持って学校という形態で提供するシステムですから、社会の維持・発展という

観点から社会や国にとって、又、自分の将来を左右するものとして国民個人にとって、それぞれ重要な意味を持っています。

そのうち、義務教育はすべての国民が然るべき年齢のときに受ける教育という性格を持った学校教育ですが、それは学校教育の一部分に過ぎません。義務教育以外の学校教育はすべての国民が受けるものではありませんが、社会や国にとって必要な教育であることには変わりは無く、多くの国民にとっても直接的に必要な教育です。国民の必要とする基本的な教育を体系化したものである学校教育については、義務教育以外の学校であっても国は、国民の必要とするところに応じて就学の確保や教育施設の整備等に努力する必要が有ります。

又、国際人権規約A規約（第13条2、第14条）と児童の権利に関する条約（第28条1）は、更に具体的に、義務教育以外の学校についても、意欲と能力のある者が就学できるようにする最終的な責任が国に在ることを明らかにしています。日本国は、この両条約を締結していますから、条約上も義務教育ではない学校における就学の確保や学校の整備等について努力する義務を負っているのです。

1872年の学制の公布以来今日まで、日本の政府が学校教育を重要視して、就学の確保や学校の整備に積極的であったことは確かです。国が国民の強い就学意欲を押さえ込むということは、これまで有りませんでした。実際にも、身分や経済状態等によって就学が制度的に左右されるようなことは、1945年以前における女性の大学進学（その前段階の中等教育と旧制高等学校に問題が有ったことに注意する必要がある）の問題を別にすれば、日本には存在しませんでした。

以上のような経緯と背景を背負いながら、義務教育以外の学校における量の確保のために実際にどのような事が為されているかを見た場合、義務教育以外の学校においては全員が学校に入るという前提が存在しませんから、義務教育において全員を学校に入れるために設けられている様々な措置（就学の義務、就学義務違反への罰則、就学の督促、授業料の無償、教科書の無償、就学援助費、退学・停学の懲戒処分の禁止、都道府県による市町村立学校教職員の給与費の負担、文部科学省による都道府県・市町村に対する主要経費の直接補助等）は、義務教育以外の学校には原則として存在しません。

2　就学の機会の確保

義務教育以外の学校は、入りたい者が入るということが原則であり、入りたくない者や入れない者を入れるための努力は要求されていません。義務教育においては、物理的な就学困難に対してはスクールバス等の交通手段の整備、寄宿舎の設置、場合によっては僅か数人の子供のために一つの学校を設置・運営する等により対処し、経済的困難に対しては必要な資金等を与えて、全員を就学させています。義務教育以外の学校については、こうしたことは行われません。そのほか、公立の義務教育

学校は対象者全員を受け入れなければなりませんが、義務教育でない公立学校においては、入学希望者に対して選抜を行った結果として、或いは、予定した人数以上であることにより、入学希望者を入学させないことが一般的に行われています。

こうした基調は有るものの、現代において義務教育以外の学校は、国民が将来の成功を目指す上において大きな役割を果たすことが多く、こうした将来の成功のチャンスを閉ざさないようにするためには、生徒の能力という問題は有るが、希望する者は全員受け入れることが基本的な方向となっています。日本においてもこの方向が大勢であることは、高等学校への進学率が97％を超え、大学・短期大学への進学率が50％を超えていることに端的に現れています。

この場合、経済的理由で進学を断念する者が無いようにすることが特に肝要です。多くの者が進学する中で、経済的理由という勉学とは無関係な、且つ、誰にでも起こりうる一般的な理由で意欲を持ちながら進学できない者が生ずることは正義に反しますし、社会全体の立場から見ても、学校教育において養成している様々な専門能力を持った人材の供給が、経済的理由で優秀な学生が就学できないため滞れば禍根を残すことになります。

国際的には、義務教育ではない中等教育（日本で言えば高等学校）についてもすべての者に機会が与えられる一般的に利用可能なシステムであることが求められていますし、大学を中心とする高等教育についても能力に応じてすべての者に均等の機会が与えられるよう求められています（国際人権規約A規約第12条2（b）・（c）、児童の権利に関する条約第28条1（b）・（c））。そのための具体的な措置として、国際人権規約A規約は、中等教育と高等教育について特に無償制の漸進的導入を例として挙げるとともに、締約国が奨学金制度を設立するよう求めていますし（第12条2（b）・（c）・（e））、児童の権利に関する条約は、中等教育のみについて無償制の導入と就学援助費の支給を例として挙げています（第28条1（b））。

日本は、明治以来、国としても、社会としても、意欲と能力の有る者には就学の機会を与えるという原則を大切にしてきました。民間にも各種の奨学制度が存在しているほか、国が疲弊し敗色濃厚となった1944年に国レベルの本格的な奨学制度を作ったことにも、その心意気が現れています。

以上のように、義務教育以外の学校における就学の確保とは、経済的な側面において就学を容易にすることが中心となること、その方法として授業料を無償化し、奨学金制度を整備すること等が考えられています。就学の意思が無い者を無理に就学させることはしないが、就学の意思が有る者が経済的理由で就学を断念することが無いようにし、実質的にすべての者に平等の教育機会が与えられるようにすること、即ち平等な就学の機会の確保が求められることになります。

2.1 大学への就学

日本の大学は、私立大学は勿論のこと、国立・公立大学も授業料を徴収します。アメリカの公立大学（アメリカでは、教育は州の仕事であり、国立大学は無い）は授業料を徴収しますが、ヨーロッパの大学（基本的に、国立か州立である）は授業料を徴収せず無償です（イギリスは、近年比較的低額の授業料を徴収している。程度の差は有るものの、ヨーロッパ大陸の国においても大学教育の有償化の動きが見られる。平成14年版『教育指標の国際比較』68～70頁参照）。このように、国際人権規約A規約が定めている高等教育の無償という発想は、ヨーロッパにおいては不思議なことではないのです。ちなみに、上記の資料により大学（短期大学は含まない）の授業料の平均額を見ると、日本は国立が49万7千円、私立が80万円、アメリカは州立総合大学が48万7千円、同4年制大学が39万9千円、私立総合大学が249万1千円、私立4年制大学が173万7千円です。

日本において、国の奨学制度は1944年に作られたものがその骨組みを維持しつつ今日まで続いています。現在この奨学制度を運用している者は、日本学生支援機構という名の独立行政法人です。それ以前においては、特殊法人である日本育英会が奨学制度を運営していましたが、2004年に日本学生支援機構に業務を移管しました。

日本における国の奨学制度の特徴は、将来返還が求められる貸与制の奨学金であり、給与制の奨学金を持っていないことです。又、成績の良い学生を対象としていて、学生であれば誰でも借りられるというものではありません。

奨学金は、無利息のものと利息付きのものが有り、いずれも経済的な困難を抱え、且つ、一定レベル以上の成績の学生に貸与されますが、無利息の奨学金は特に優れた学生に貸与されます（独立行政法人日本学生支援機構法（平成15年法律第94号。以下この第3節において、「機構法」と言う）第14条）。貸与する資金の財源は借入金であり、その中には国からの無利息の借入金も含まれます（機構法第19条、第22条第1項）。国は、日本学生支援機構が奨学金の財源とするために行う借り入れについて債務保証をすることができます（機構法第20条）。

日本育英会時代には、学校の教員となれば返還が免除されるという給与制的な面も存在していましたが（旧日本育英会法（昭和59年法律第64号）第24条。特に、1998年の改正以前の第24条）、現在は、死亡と障害という止むを得ない場合と、無利息奨学金を貸与された大学院生が特に優れた業績を挙げた場合に限られています（機構法第15条第3項、第16条）。日本学生支援機構が無利息奨学金の返還を免除した場合には、国は日本学生支援機構に対してその分の貸付金の返還を免除します（機構法第22条第2項）。

ヨーロッパの大学においては、給与制の奨学金が行われてきましたが、最近イギリスやドイツは貸与制の奨学金を取り入れています（平成14年版『教育指標の国際

比較』71頁・72頁）。ヨーロッパにおいては、大学の授業料が無料又は低額であることを併せ考えると、大学への就学の機会を確保することに、ヨーロッパの国が大きな意義を認めていることが分かります。

アメリカには、形態等が異なる幾つかの奨学金が有り、その中には給与制のものも有れば、貸与制のものも有ります（上記資料）。

国・公立大学でも授業料を徴収し、私立大学のシェアが4分の3（アメリカは4分の1）を占め、国の奨学金は貸与制のみでそれを受給するには成績による制約が有るという日本の状態は、上記の先進国中、大学への就学について最も冷淡な態度を採っている国と言えます。ヨーロッパの国も大学に関する考え方を多少変えてきているという趨勢を見ても、このことの良し悪しは簡単には言うべきでなく、その結論を出すためには別途検討する必要が有ると考えますが、日本が客観的にこういう国であることは理解しておかなければなりません。なお、この問題を考える場合、日本においては国が私立大学に対して経常費助成を行っており、私立大学の教育条件の維持・向上と共に、授業料の抑制にも役立っているということを考慮する必要が有ります。

人件費を含む経常費を対象とした国による私立大学等に対する補助の実施は1972年に遡り、現在は私立学校振興助成法に基づく補助として実施されています（第4条）。この補助は、人件費を中心とする経費の激しい上昇が続き、学園紛争の頻発により授業料等の引き上げが困難となる中で急速に悪化した私立学校の経営を健全化し、教育条件の維持向上と学生の経済的負担の軽減を図ろうとしたものです（同法第1条）。

2.2 高等学校への就学

日本の高等学校進学率は98％に達しようかという状態であり、実態としては、義務教育になっていると言えます。しかし、実際に義務教育にすることとなれば、就学が強制されるとともに、教育内容の画一化、退学・停学の禁止、無償の問題と絡んで都道府県立高等学校の増設と私立高等学校の整理又はバウチャー制度の採用等の問題が生じます。

現在、日本の公立高等学校は授業料を徴収していますが、アメリカやヨーロッパの公立高等学校は無償です（このことについては、例えば、文部科学省『諸外国の教育行財政制度』の「Ⅱ　教育財政制度」参照）。前述のように、国際人権規約A規約に加えて児童の権利に関する条約も中等教育の無償に言及しており、国際的には義務教育ではない中等教育も無償が常識となっていると考えたほうが良いでしょう。高等学校の生徒に対しては、旧日本育英会が奨学金を支給していましたが、日本学生支援機構は高等教育機関の学生を対象として奨学金の支給を行うこととなり、高等学校の生徒が対象から外れました（機構法第3条、第13条第1項第1号）。日本育

英会が高等学校の生徒に対する奨学金の支給の仕事を都道府県の協力を得て行ってきたというこれまでの経緯等を考えると、各都道府県が高等学校生の奨学事業を行うこととなると思われます。しかし、直ちに都道府県の新しいシステムが動き出せるとは限らず、実際は、当分の間は日本学生支援機構が高等学校の生徒に対する奨学金の支給を行うこととなっています（機構法附則第14条）。なお、高等学校生への奨学金は、無利息の貸与金です（同条）。

公立高等学校でも授業料を徴収していること、私立の高等学校の比重が3割と高いこと（文部科学省の「子供の学習費調査（平成16年度）」に拠れば、私立高等学校の授業料の額は公立高等学校の授業料の約3倍である）、奨学金も貸与だけであり、支給のシステムも暫定的であることからも、大学の場合と同様に、就学の確保に国は冷淡であると言えます。なお、都道府県が私立高等学校に対してかなりの金額の経常費補助を行っていることに注意しなければなりません。

2.3 幼稚園への就学

幼稚園は、在園する子供の数が減少を続けているだけではなく、就園率自体が1993年以来減少を続けています（平成18年版文部科学統計要覧に拠る）。その主要な原因は保育所に入所する子供が増加を続けていることによるものです。保育所のほうを選択する住民が増加していることを端的に示しているのは市町村立幼稚園の園児数の減少が際立っていることです（上記資料、厚生労働省「社会福祉施設等調査報告」に拠る）。即ち、教育だけを行う幼稚園よりも、子供の面倒見も併せ行う保育所のほうを必要とする国民が増加していることを意味します。現在はまだ幼稚園を選択する者のほうが多いのですが、いずれ逆転することも考えられます。第2部の冒頭で指摘した通り、文部科学省は一般的・普遍的な性格の教育を所管する機関であり、こうした事態は問題です。幼稚園と保育所を統合した上で保育所における教育の部分を文部科学省の管轄下に置くか、3歳児以上の保育を文部科学省が引き受けるかすべきでしょう。

なお、2006年10月から「認定こども園」というシステムが発足しました。これは、知事の認定を受けて一定の形態の下で、幼稚園が3歳以上の子供の保育を行い、保育所が3歳以上の子供に対して幼稚園教育を行うことを認めるものです（就学前の子どもに関する教育、保育等の総合的な提供の推進に関する法律（平成18年法律第77号）第3条乃至第5条。以下、「認定こども園法」と言う）。基本的にこれまでの幼稚園・保育所の実態を変えるものではなく、要は、それぞれの場合に応じた財政援助が得られるというところに有ります（同法第12条乃至第15条）。

これまで見てきたように、義務教育については就学を確保するために様々な措置を講じて丁寧に対応していますが、義務教育以外については、国が優秀な生徒に対する貸与制の奨学金を設けて運営し、又、学校教育の大きな部分を任せている私立学

校に対して国・都道府県が経常費助成を行うという措置を採り、就学の機会はこれにより確保されているとし、それでも就学しないのは挙げて国民の責任としています。このことは幼稚園についても例外ではなく、私立幼稚園が圧倒的に多く（公立の園児数の約4倍）、公立幼稚園が保育料を徴収する（年間約7万6千円で私立幼稚園の約3分の1の金額である。「子供の学習費調査（平成16年度）」による）という事情は、高等学校や大学と共通です。こうした中で、都道府県・市町村が就園に必要な経費の一部を幼児の親に対して所得段階に応じて補助する（就園奨励費補助金。なお、私立幼稚園児の就園奨励の補助は、都道府県ではなく市町村が行う）とともに、都道府県が私立幼稚園に対する経常費補助を行っています。就園奨励費補助金は貸与ではなく、返還の必要は有りません。なお、就園奨励費の補助は法律に基づくものではなく、予算だけに基づいて行われています。

2.4 教育を受ける権利

以上のように、義務教育以外においては、大学については勿論のこと国・公立の初等中等学校でさえ相当の額の授業料を徴収し、経常費助成を受けてもなお高額な授業料を徴収せざるを得ない私立学校の占める割合が格段に大きく、奨学制度は優秀な生徒を対象とした貸与制の奨学金のみである等、義務教育以外の学校への就学については、就学の機会がすべての者に提供されていると言える最低限の措置が講じられているに止まっています。欧米主要国と比べてみた場合、就学のための措置の手厚さという面から見れば、日本の措置は最低のレベルです（前記『諸外国の教育行財政制度』参照）。このことの善悪や利害得失を即断することはできませんが、日本の大学の国際的評価の低さ、小学校以外の学校についての一般的評価の低さ、子供の勉強嫌い、学力低下、大学生の質の低下等々、日本の学校教育について指摘されている根の深い問題に関わりは無いのであろうかを注意深く研究する必要が有りますし、人口減少局面に入り、同じことについて競争させるよりも、個人の能力・特徴を伸ばすことが何よりも重要になってくるとすれば、競争に基礎を置いた個人の就学努力にあまりに多くを頼っているこれまでのシステムに固執し続けてよいかという問題が有りますし、子供を生み・育てやすい環境ということを考えるのであれば子供を持つ個人にとって負担の大きいこうしたシステムを維持するかどうかについての判断も避けて通れない問題です。

基本的には、教育を受ける権利に関し、どこまでを自助努力の範囲とするかについて哲学の有る国民的合意を作る作業無しには、この問題への対応はできません。

3 学校の整備

義務教育以外の学校については、現在では設置義務が課されているものは無く、どうしてもその学校を整備することが必要な場合には国が自ら設置するしかありませ

ん。現に、大学については国が自ら設置してきましたし、現在も国立学校と呼ばれている大学を中心とする学校は、形式は別にして国が実質的には設置し、整備しています。この他、学校の整備については旧制度時代の分担が暗黙裡に引き継がれています。実際に、初等中等学校の場合は、旧制度の学校の大半は同じ設置者のまま新制度の学校に切り替わっており、設置者に関する旧制度の分担も新制度に引き継がれました。即ち、義務教育学校は市町村、中等教育学校は都道府県というのが設置者に関する旧制度の分担でしたが（旧国民学校令第24条、旧幼稚園令（大正15年勅令第74号）第2条、旧中等学校令第3条等）、新制度においても小学校・中学校が義務教育とされ市町村に設置義務が課され、旧制の中学校等は基本的に後期中等教育の機関として都道府県立の高等学校に転換しました。特に、高等学校については、2001年の改正前の高校標準法は、その第3条において「公立の高等学校は、都道府県が設置するものとする」として、都道府県が主として設置・運営の責任を負う者であることを明らかにしました。この条文は2001年に削除され現在は存在していませんが、既に十分な量の高等学校が整備されているうえ、生徒数も減少の一途を辿る見込みであることから今後大規模な整備の必要は考えられず、したがってこれにより大きな支障が生ずるとは考えられません。

3.1 大学の整備

1872年の学制が構想した近代的学校制度は、江戸時代の学校を転換して、或いは、発展させて学校を作るという考えは無く、教育内容を含めて欧米の学校制度に倣った学校を日本の国内に新たに整備していこうとするものでした。したがって、学校の設置・運営の基盤が無い状態で、すべて一から始めなくてはなりませんでした。小学校については、規模も小さく、寺子屋の施設や教員等を便宜的に利用することもできましたが、それでも、教員養成のシステムを構築し、教育内容を定め、教材を用意する等各種の作業を必要とし、軌道に乗るには相当の年数が必要でした。
大学についても事情は同じでしたが、規模が大きく、複雑な上に国内で教員を確保することが不可能であり（大学の教員は大学で養成するしかない）、入学すべき生徒もいない（その卒業生が大学に入学することとなる中学校が整備されていない）等から、直ちに設置することはできず、1877年になって最初の大学として法・文・理・医の4学部からなる東京大学が設置されました。当時民間や県には大学を設置・運営する力は無く、東京大学は必然的に国が設置・運営を行いました。その20年後の1897年に京都帝国大学が2校目の大学として、更にその10年後の1907年に3校目の東北帝国大学が、それぞれ国により設置されました。このように、当初は、学問の各主要分野に係る学部・大学院を備えた総合大学を国が設置・運営するという形で大学の整備が行われてきましたが、1918年の旧大学令により、公・私立の大学の存在が公認されるとともに、単科大学の設置も許容されました（同令第

2条第1項但し書き、第4条乃至第8条)。

現在は、私立大学が全体の4分の3を占め、一方、国立大学は私立ほどではないが相当高額の授業料を徴収するとともに国の直営を外れて国立大学法人の設置・運営する大学になる等私立化が進んでいます。その結果、今後日本の大学を整備する必要が生じた場合、国は直轄学校の整備という直接的な手段を持たないこととなりました。

国立大学が校舎等の施設を整備するには、附属病院の整備又は大学の移転という財源が見込める特別の場合を除いて(その場合にも、文部科学大臣の認可と文部科学大臣による財務大臣への協議が必要である)、毎年の予算において国からそれに当てる資金を貰わなければならず、私立大学のように銀行から借金をして、年数をかけて返済していくという方法は取れません(国立大学法人法第33条第1項、第34条、第36条第2号、同法施行令(平成15年政令第478号)第8条)。なお、民間等からそのための寄付を貰うことで校舎等を整備することも可能ですが、こうした寄付は稀にしか有り得ないでしょう。相当額の授業料を徴収するものの国立大学の運営は基本的には毎年国から交付される資金に依存しているのです。

私立大学は、銀行から借り入れて後年度に返済してゆくことになりますが、これに対する国の財政支援は有りません。特殊法人である日本私立学校振興・共済事業団が私立学校における施設整備のための融資も行い(日本私立学校振興・共済事業団法(平成9年法律第48号)第23条第1項第2号)、文部科学省もその利子負担の軽減のため若干の援助を行っていますが、金利の低い、金余りの状況で特別の機関による私立学校のための融資の必要性は高くないと考えられます。

私立大学の運営については、国は経常費に対する補助金を支出しています。この補助金は教育・研究のための経常的経費であればそれ以上は使途を問題としないものであり、その意味では地方交付税交付金と似ていますが、経費の一部を補助するものであって、地方交付税交付金や国立大学の運営費交付金のように支出と収入の差額を埋めるという考えは全く有りません。2002年度における私立大学の経常費の支出は3兆2千億円余りで、これに対する経常費補助金は予算ベースで3,200億円ですから、約1割を補助していることになります。経常費補助金は使途の限定こそ無いものの、補助を受ける私立大学に学校法人会計基準に従った経理処理・財務書類の提出等が義務付けられるとともに、学生の定員超過に対する是正命令と予算の変更や役員の解職の勧告を受けることとされ(私立学校振興助成法第12条乃至第14条)、更に、補助金の取扱要領において、学生から徴収する寄付金の取り扱いが適正を欠く大学が補助対象から外される等の文部科学省の裁量に拠る事実上の規制も受けることになります。この経常費補助金は、私立大学の自主性に対する脅威とならないように運用するという観点から、文部科学省が直接に私立大学に補助を行うのではなく、私立学校振興・共済事業団に補助金の総額を渡し、同事業団が個別に

審査を行った上で個々の大学に同事業団が補助金を交付するという仕組みを採っています（日本私立学校振興・共済事業団法第23条第1項第1号、同法施行令（平成9年政令第354号）第1条、同法施行規則（平成9年文部省令第41号）第1条。私立学校振興助成法第11条参照）。

3.2 高等学校の整備

前述のように、高等学校の設置・運営は都道府県の役割と考えられてきましたし、現に高等学校は都道府県立が中心となっています。公立高等学校の施設の整備については、原則として都道府県が単独で行うことになりますが、起債による財源の手当と、起債の返還に関する地方交付税による財源の手当が基盤となります。又、その運営費については、高校標準法による教職員数の確保が財政的に裏打ちされていることについても前述しました。

高等学校についても、私立の比重が約3割であり、私立を抜きに高等学校の整備を語れません。私立高等学校は知事部局が所管し、経常費助成や設置認可を始めとする監督を行っており、同じ都道府県が行うものではあっても都道府県立高等学校の設置・運営を行う教育委員会とは別組織です。しかし、高等学校の整備方針のような両者に関係する重要な問題については、一本化された基本方針が必要と考えます。私立の初等中等学校に対する経常費助成は各都道府県が行いますが、文部科学省が都道府県にその一部の資金を補助しています（私立学校振興助成法第9条参照）。そもそも都道府県立の高等学校の運営についてすら国が補助をしていないのに、都道府県が行っている私立学校の運営に対する補助に国がわざわざ重ねて補助をするのか、理屈においても実益においても理解に苦しむところです。又、日本私立学校振興・共済事業団は、私立大学だけではなく、私立の初等中等学校における施設の整備等に対する融資も行っています（日本私立学校振興・共済事業団法第23条第1項第2号）。

3.3 幼稚園の整備

公立幼稚園の設置・運営については従来から市町村の役目と考えられており（旧幼稚園令第2条）、現に、都道府県立幼稚園は5校存在するだけです（平成17年度学校基本調査報告書による）。又、公立幼稚園は全体の20％を占めるに過ぎず、80％は私立です（同報告書により、生徒数による比重である）。公立幼稚園の園児数の減少（園数も減少しているがそのペースはより緩やかである）が激しいことについては、前述しました。公立の幼稚園の設置・運営についての財政措置は高等学校と同じですが、ただ、運営費については高校標準法に該当するものが無く、算定の基礎にも教職員数が無い等から、高等学校ほどしっかりした保証にはなっていないと言われています（地方交付税法第11条等参照）。

私立幼稚園に対しては、都道府県からの経常費助成の他に、文部科学省からの校舎の建築費の補助（補助率は3分の1）が有ります。
　私立幼稚園については、その整備を考えるに際して、設置者の問題が生じてきます。幼稚園は、特別支援学校と並んで、学校法人以外の者も設置できるという経過措置が設けられています（学校教育法附則第102条第1項）。私立の盲・聾・養護学校14校はすべて学校法人立と推測されますが、幼稚園は学校法人立7,254園の他に個人立や宗教法人立等が1,100園存在しています（平成17年度学校基本調査報告書による）。学校法人については、学校の設置・運営事業のみを行うものであり、又、蓄積された資産が教育事業以外に流出し個人に帰属することは有り得ないと考えられており（私立学校法第30条第3項、第51条）、このことが私学助成の実施において大きな支えの一つになってきたという経緯が有りますし、又、国としても学校法人制度を設けて学校法人を原則とした以上それを外れるものを学校法人と同様に優遇することはできません。こうしたことから、私立学校振興助成法は経常費補助を始めとする私学助成の対象を学校法人が設置する学校に限っています。しかし、以上のような幼稚園の実態に鑑みて当分の間は学校法人立以外の学校に補助できるとした上で、その場合には5年以内に学校法人に転換するようにする等の経過措置を講じています（私立学校振興助成法附則第2条。私立学校法第59条、附則第12項参照）。私立幼稚園への助成については、常にこの設置者の問題が付き纏うことに注意する必要が有ります。なお、認定こども園を構成する幼稚園を社会福祉法人が設置している場合には、その幼稚園について経常費補助を受けても学校法人に転換する必要はないこととされています（認定こども園法第15条）。

第5章
学校の運営

ここまで、国が教育内容を定め、学校体系を定め、学校の設置基準を作成し、教員資格制度を設け、必要な量の生徒・学校の確保等の方策を講じている状況を見てきました。これらは、その違反に対する罰則の存在、学校設置の認可等の国・都道府県による監督、学校の設置・運営に関する各種の財政措置の運用、以上の措置を背景とした行政指導等の総合的な運用によって、その実施が確保されています。

これを国民の側から見れば、違反等に対する刑罰や大きな不利益等を伴う厳しい規制ということになりますが、学校教育のシステムを維持するためには基本的に必要なものと言えます。ただし、こうした規制はすべて法律に具体的な根拠を持つことが必要であり、又、規制したほうが安心だからといった理由で規制をすべきではありません。設置された後の一条学校の運営については、教育内容、設置基準、教員資格等に関する規制が遵守されていれば、それ以上のことについては基本的に設置者に委ねるべきです。自分が設置した学校を自分の考えに従って運営するのは当然のことだからです。

学校の運営について国等が規制を行わないことが原則ですが、全く規制をしないということではありません。現に、学校における体罰の禁止を定め（学校教育法第11条但し書き）、学校における健康診断の実施を定める（同法第12条）等しています。この場合これらの規制は、設置者が自由に運営するのが当然であるのものを国が規制するのですから、必要最小限の規制でなければなりません。

第1節　教育基本法

教育基本法は、全11条の短い条文からなり、制定以来60年以上改正されたことがなく、付属の政省令を一切持たないという変わった法律です。教育の基本原理・基本原則を定めたものと言われていますが、教員や行政官等教育に携わる者の心構えを示したものと考えることができます。

1 教育勅語と教育基本法

教育に関しては旧制度においてもこの種の文書が存在しており、その代表が1890年のいわゆる教育勅語です。教育勅語は当時の日本の主権者であった天皇の意思を公に表示した文書であり、勅語という名称になっていますが一般的な分類でいう詔勅のうちの詔書に当たると考えられ（大日本帝国憲法第55条第2項、旧公式令（明治40年勅令第6号）第1条参照。いずれも教育勅語の作成時には施行されていなかったことに注意する必要が有る）、法規ではないことから教育勅語自体に国民を拘束する力は有りません。その内容は国民が従うべき道徳律を天皇制の神話と結び付けながら提示したものであり、この種のことについて最も有効にその普及が図れる学校教育の場を想定して作成されていることから、「教育に関する勅語（教育勅語）」の名称となっています。

国民に対する拘束力が無かったにもかかわらず、今日も教育勅語が話題になるのは、修身等の教科において教育勅語の趣旨に沿った授業が行われた（旧小学校令施行規則（明治33年文部省令第14号）第2条、旧国民学校令施行規則第1条第1号、第2条、第3条）ことの他、学校において事有るごとに大々的にこれを読み上げ、且つ、これを印刷した紙を丁重に取り扱うよう国が取り扱いの詳細まで定めて学校に厳しく強制したことにより、その印象が多くの者に強く染み付いていることによります。

教育勅語の作成は、旧大日本帝国憲法の制定・実施、国会の開設（1890年）を控え、今後国民がより一層民主的な政体を選択する方向に進まないようにするために、為政者が考え出した対応策[注18]の一つであると考えられていますが、教育勅語を作成した者が非難されるべきであるなら、学校に対して上記のような強制を行った者はそれ以上に非難されなければなりません。

教育基本法が制定・実施された1947年3月31日は、翌4月1日から学校教育法による新しい学校制度が発足し、又その翌月の5月3日には前年に作成された日本国憲法が実施されることになっていました。これまで学校の運営のバックボーンとなってきた教育勅語は用をなさない状態になっていましたが、日本国憲法が実施されれば、誰の目にもそれがはっきりしてしまいます（日本国憲法前文参照）。手続きに従って容易に改正・廃止ができる法規とは異なり、一般的な内容の詔勅の類は撤回等が難しく、特に教育勅語は天皇の親署（サイン）と御璽（印）は有るものの、内閣総理大臣や文部大臣の副署（サイン）等は無く、行政の関与なしに天皇自らが作成した体裁となっていますから、行政がそれを撤回等することは難しく、又、その当時における立場等から天皇自身がそれを撤回等することも困難でした。新しいバ

[注18] 例えば、『岡義武著作集』（編集委員は篠原一、三谷太一郎。岩波書店刊行）第1巻第2章第4節、第6節

ックボーンを持たないまま、教育勅語も撤回等の手続きがとられない状態で5月3日を迎える自信が無かったのか、或いは、最高権力者の御墨付きを貰って教育行政を行ってきたこれまでの体質から、それに代わるものとしての新しい教育勅語を必要としたと考えられます。水戸黄門のテレビ映画に現れる印籠のように、教育勅語に代わって注19)、新しい教育を護る切り札を作るのが教育基本法制定の趣旨であり、このことは文部大臣が国会で行った提案理由説明の中で、又、文部大臣が発した趣旨説明の訓令（昭和22年文部省訓令第4号）の中で、「教育の基本理念と基本原則」を作ることが教育基本法の目的としていることからも明らかです。

このような経緯を経て、天皇に代わって今度は国会という新しい日本における国権の最高機関が教育関係者の道徳律を作成してしまいました。物理学の法則を国会で決めたところで意味が無いように、教育関係者に対象を絞ったとしても、真理とか道徳的善悪等を法律で定めるようなことをすべきではありません。なお、当時の衆議院には見識を持った代議士がおられ、教育の基本原理や基本原則といったものは学者が議論すべき事柄であって、国会で法律にすべき事柄ではないとして教育基本法の制定に最後まで強硬に反対されていました。

教育勅語については、教育基本法が制定された後にもその存在が問題視され続ける結果となり、1948年の6月には、衆議院と参議院がそれぞれ、教育勅語の無効を確認し・宣言する趣旨の決議までせざるを得ませんでした。この場合、いずれの決議も、教育基本法が制定され教育勅語が不要になったことを、決議を行う主要な根拠としていました。

このように、内容は異なるものの、教育基本法も教育勅語と同根のものであり、学校運営等における道徳律（精神的規範）として、同様な役割を果たすよう期待されていることを示しています。客観的に見て教育勅語は、天皇を頂点とする目上の者への服従と、天皇の権力の淵源とされた神話を事実と考えるよう強要するという内容ゆえに、民主制を否定し、合理的な思考を禁じ、無謀な命令を正当化すること等を可能にした結果、政党を解党（1940年7月～10月）させて民主制の基礎を無にし、大勢の兵士と国民に玉砕と特攻という名の自殺を強要し、300万人を超える国民に非業の死をもたらし、国と国民の資産が灰燼に帰し、領土を失うという結末に至る歴史の流れを後押しした大きな要素の一つでした。

それ自体は拘束力を持たない教育勅語が、その内容ゆえに意図的に利用され国の破局を後押ししたことを考えると、教育関係者の心構えを示したに過ぎないとはいえ、教育勅語と同根の教育基本法がどのような内容であるかは忽せにすることができません。

注19) この間の事情は、例えば、文部省作成の『学制80年史』第7章第5節（505～511頁）、第6節（516～518頁）に垣間見ることができる。

2 教育基本法の内容

教育基本法に期待した効果は、日本国憲法下における教育の基本原理・基本原則を簡明な形で示すことにより、基本的な価値観が大きく変わる中で教育に関して生じる様々な考え方を大筋で整理し、教育現場の混乱を最小限度に止め、学校の運営等を円滑に行いたいということに尽きます。したがって、教育基本法は日本国憲法を下敷きにしつつ、憲法の条文と関連づけた内容の条文を作成することに最大の意を用いています。

又、教育基本法は、学校教育の基本を定めた学校教育法と、双子の兄弟の如く同時並行的に作成され、制定・施行されたことから、幾つかの事項については学校教育法の導入的規定を置くことが可能であり、現に置いています。

2.1 日本国憲法と教育基本法

教育基本法の中心的な内容は、日本国憲法の趣旨・内容を教育に当てはめたもので、敗戦後の価値観が激しく変動する時代において、新しい教育に関する考え方を分かりやすく示しています。しかし、教育に関する考え方も含めて物事に関する考え方は人により時代により異なるものです。法律でそれを固定することによって異なる考えを排除し、或いは、特定の考えを押し付ける結果となります。これは、個人の尊重に基礎を置き、内心の絶対的な自由等を定めた日本国憲法の精神に抵触する可能性が高いと言えます。こうした各人の価値観と密着した事項は、施政方針演説や政策的文書のような議論の対象となりうる形で示し、それに基づく個々の措置を含めて時々の国民の判断と選択に委ねるべきものです。

なお、前文が存在しますが、省略します。

2.1.1 教育の目的と方針

常識としては、教育の目的とは何か、どういう方針で教育を進めるべきかは、まさしく各人の価値観に関わることで、人によっても、時代によっても、政府によってもその考え方は異なるものであり、様々な考え方が有ってその間で切磋琢磨が行われることこそが肝要であって、一つの考え方に統一する必要も無いし、統一する実益も有りません。

［教育の目的］
教育の目的は、従前のものとは全く異なったものでなくてはなりません。具体的には、教育勅語に示された儒教的道徳を強要したこれまでの教育に対しては教育の目的は人格の完成を目指すところにあるとし、「一旦緩急アレバ義勇公ニ奉ジ（勇んで戦争に赴け）」と教えていたことに対しては「平和的な国家及び社会の形成者」である国民を育成するとしました（教育基本法第1条）。更に、育成するのは「真

理と正義を愛し、個人の価値をたっとび、勤労と責任を重んじ、自主的精神に満ちた心身ともに健康な国民」であるとし、日本国憲法が定めている価値を適当にちりばめてはいます（日本国憲法第9条（平和）、第13条（個人の尊重）、第23条（学問の自由）、第27条（勤労の権利・義務）等）。しかし、日本国憲法の精神を本当に尊重するのであれば、国にとって都合の良い人間を作るという国の思惑を基軸にして教育の目的を考えてはならず、教育を受ける子供にとって最もよいことは何かを基軸として考えなければなりません（日本国憲法第13条、第26条第1項参照）。現に、児童の権利に関する条約は、教育が児童の人格[注20]、才能、精神的・身体的能力を可能な最大限度まで発達させることを指向すべきことが基本であるとしており（第29条1（a））、子供の利益を第一としています。

教育基本法は、「人格の完成を目指し」、「国家及び社会の形成者としての国民の育成を期して」教育が行われるべきとしていますが、到達目標・結果が特定されていて国民を一つの型にはめる教育を想起させます。日本においては、人格とはその人間の精神的価値の総体を表し、あの人は「人格者である」「人格に問題が有る」等のように人間の格付け・評価に日常的に用いられてきた極めて曖昧な言葉であり、「人格の完成」が儒教的道徳を高度に体現している「人格者」となることを基本的に指向していることは明らかです。

又、「人格」の別の捉え方は、人格の完成に繋がる教育とは教養的な内容の教育を意味するとし、職業教育等の実際的な教育を蔑視し、普通教育の強制や普通教育の非合理的な優遇を行う等に繋がることについては、この第2部の冒頭で指摘しました。ただし、こうした蔑視や優遇は教育基本法のこの条文に基づいて行われているわけではなく、上記のような考え方が上記のような蔑視や優遇を生み、この条文も生んだと考えるべきです。

更に、国家・社会の一員になる者を育てるという観点を中心として教育の目的を考えれば、社会人の卵という観点が不当に強調されて、子供の人権が抑圧されることは目に見えています。現に日本の公立学校において、子供の人権を侵害する非合理的な内容の「校則」なるものが、秩序の名の下に山のように作成されてきました。このように、真面目に議論をすれば大きな問題を抱えたこの規定は、教育勅語に示された価値観との対比で議論されるばかりであって、日本国憲法の基本的価値観との対比で議論されることは有りませんでした。

［教育の方針］
教育基本法第2条は、以上述べてきた教育の目的をどのようにして実現するかを定めています。

[注20] 文意としても、「個性」と訳すべきである。

現行制度下においてこの答えは簡単であり、国が都道府県・市町村と役割分担し、私学の協力を得て学校教育を実施し、社会教育を奨励するということに尽きます。しかし、教育基本法は、教育の目的はあらゆる機会に、あらゆる場所において実現されなければならないということと、そのためには文化の発展と創造に貢献しなければならないと答えました。デルファイの神託紛いのこの文章を解釈するつもりは有りませんが、少なくとも学校教育についてはこの条文の内容を限定しておかなければなりません。即ち、学校教育においては、教室における対面授業を中心とした主として昼間における濃密な教育が中心ですが、この条文はこれを否定するものではないし、又、土曜・日曜・祭日を問わず、年間通して毎日24時間開校することを求めているものでもないということをはっきりさせておかなければなりません。他方、教育基本法は教育関係者の心構えを定めたものであるということから考えられる素直な解釈は、この条文は教育関係者に対してその一挙手一投足をすべて教育と観念して常に子供や一般国民の模範となるように求めたものと解釈することですが、これは条文の文言から飛躍しすぎており不適当です。

次に、教育の目的をこうした方針に従って実現するには文化の創造・発展に貢献するように努力することが必要であるとしています。しかし、文化の創造・発展のための努力は、大学における研究を除けば教育の世界では微々たるものであり、文化の創造・発展に貢献するための努力を直接教育に結び付けることができる根拠は存在しません。間接的に教育を文化の創造・発展と結び付けるのであれば、豊かな創造力や文化的素養を持った国民を育成するということを通じて、教育が文化の創造・発展に貢献するという論理であり、そういう趣旨であるならばそのように書かなければならないのであり、現在の条文からこうした趣旨を読み取らせるのは乱暴このうえないことです。

又、条文中の「学問の自由を尊重し」「実際生活に即し」「自発的精神を養い」「自他の敬愛と協力」という文言を、文章を構成する要素として無理なく理解することは困難です。

以上のように、この第1条・第2条は内容が漠然としており、特に第2条は論理的な脈絡もつけられない文章となっています。そのため、これらの条文を現実の出来事に適用することは難しいと考えられます。これらの文章は、1946年に内閣総理大臣の諮問機関として設けられた教育刷新委員会（旧教育刷新委員会官制（昭和21年勅令第373号）第1条）が行った第1回建議（1946年12月）の文章をほぼそのまま法文化したものであり、文章のまずさは教育刷新委員会の委員の責任です。

2.1.2 教育における平等

教育基本法第3条第1項は、日本国憲法の「国民は、能力に応じて等しく教育を受ける権利を有する（第26条第1項）」とする条文と、「国民は、人種、信条、性別、

社会的身分又は門地により、差別されない」とする法の下の平等に関する条文（第14条第1項）を教育における平等の確保という観点で繋ぎ合わせて一つの条文にしたものです。又、第3条第2項は、上記の教育を受ける権利（第26条第1項）を具体化するため奨学の措置について定めたものですが、この第2項については学校教育法と関係する条文ですから、次の2において述べます。

第1項は、「国民は、ひとしく、その能力に応じて教育をを受ける機会を与えられなければならず、人種、信条、性別、社会的身分、経済的地位、門地によって、教育上差別されない」とし、教育を受ける機会が平等でなければならないこと、経済的地位による差別も行われるべきでないことを明示しました。

しかし、教育を受ける機会の平等や経済的地位による教育上の差別の禁止が意味するのは、貧乏人は受験させない、入学させない等を禁じるものであって、受験料が高額で受験できない、授業料が高額で入学できない等を規制するものではありません。学費が払えない者をどうするかという問題は、教育における平等に関する問題ではなく、教育を受ける権利の保障の問題であり、それは本条の第2項や日本国憲法第26条第1項が扱っています。教育における経済的困難の問題を平等という観点で扱っても効果は無く、教育を受ける権利の保障という観点に立って取り組まなければなりません。

当時の日本の教育において平等が問題になるとすれば、男女による不平等の問題です。日本の教育関係者は基本的に子供を差別することを嫌い、教育における平等に真面目に対応してきましたが、女性の大学進学が不可能とされていたこと等女性に対する教育上の差別が堂々と制度化されていました。具体的には、相当規模の小学校の3年生以上においては男女別に学級を編成することとなっていましたし（旧国民学校令施行規則第51条、旧小学校令施行規則第31条等）、中学校レベルにおいては男子が旧制中学校で、女子が高等女学校で教育を受け、更に、その上の旧制の高等学校と大学は女子を排除していました。したがって、必要なことは、男女共学を認めた教育基本法第5条の趣旨を含めて教育における男女の平等を具体的に定めることであって、憲法の二番煎じで実効も無い第1項の規定を作ることではなかったはずです。

2.1.3 教員の身分等

私立学校の教員を含めて一条学校の教員は全体の奉仕者であるとし、心して職務に励まなければならないとしています（教育基本法第6条第2項前段）。そして、全体の奉仕者である教員の身分は尊重され、適正な処遇がなされなければならないとしています（同項後段）。

［全体の奉仕者］
「全体の奉仕者」が日本国憲法の公務員に関する規定（第15条第2項）を念頭に置

いたものであることは明らかで、現に、内容的に教育基本法の作成の基となった1946年12月の教育刷新委員会第1回建議において、教育基本法に盛り込む事項のひとつとして教員の身分を挙げ（「一　教育の理念及び教育基本法に関すること」の四の8）、且つ、「三　私立学校に関すること」の4において、学校法人に関する法律を制定する場合には私立学校の教職員を法令によって公務に従事する職員とみなすよう求めています。更に、1947年4月の第3回建議事項の中でも、私立学校の教員を含めて教員はすべて特殊の公務員とするという考えに固執し続けています（「六　教員の身分及び職能団体に関すること」の二の1・2）。

教育関係者を独り尊しとするこの企てが実現しなかったことは周知の結末ですが、現在は、国立学校の教職員と公立大学法人が設置する公立大学の教職員も公務員ではなくなりました（通則法第2条第2項、地方独立行政法人法第2条第2項・第68条第1項。国立大学法人法第19条参照）。最終的には国民なり、住民が雇い、監視し、場合によっては罷免もできるものであり、かつ、雇い主である国民や住民が共通的に必要とする事項を処理する公務員を全体の奉仕者とすることは可能ですが、国立大学法人・公立大学法人・学校法人等が雇用している教職員についてはそのような実態は無く、全体の奉仕者ということはできません。仮に、これらの者を全体の奉仕者と呼ぶとすれば、世の中に存在する適法な職業に従事する者すべてが全体の奉仕者であることになり、この条文は、教員は適法な職業に従事する労働者であると言っているに過ぎないことになります。

これほどまでに全体の奉仕者に拘った理由は、教育基本法を制定した動機と同じもの、即ち御墨付きを得て教育を枠にはめたいということであり、この場合は全体の奉仕者という立場を与えて公務員扱いとすれば、教員が過激な言動は採りにくくなり、教員の言動をコントロールしやすくなると考えたことによると思われます。

全体の奉仕者としたことでどのような結果が生じるかは自動的に決まるものではなく、別途の定めが必要です。日本国憲法において全体の奉仕者とされた公務員については、全体の奉仕者であるとされたことが、公務員の政治的自由の制限と労働基本権の制限の根拠となったと考えられています。教員については、公務員ではないのに全体の奉仕者とされた私立学校等の教員が政治的行為を制限され、労働基本権を制限される事態にはなっていません。ただし、私立学校等を含めた義務教育学校の教員（養護教員や栄養教諭は含まない）に対して、日教組等の教職員組合を通じて、政治的に偏向した教育（特定の政党や政治的団体を支持させ、或いは、これに反対させる教育を言う）をするように働きかけた者に刑罰（1年以下の懲役）を科すことになっています（義務教育諸学校における教育の政治的中立の確保に関する臨時措置法（昭和29年法律第157号）第3条・第4条。以下、「政治的中立確保法」と言う）。政治的中立確保法は義務教育学校の教員が偏向教育を行うことを罰するものではなく、義務教育学校の教員に偏向教育を行うように教員組合を利用して働

きかけることを罰するものですが、公務員ではない私立学校等の教員に対する働きかけまで対象としたこの法律は、教育基本法においてすべての一条学校教員を全体の奉仕者として位置付け（第6条第2項）、その延長上の原則として一条学校の政治的中立を定める（第8条第2項）ということが行われていなければ、成り立たなかったと考えられます。

[教員の身分・処遇]
教員の身分・処遇についても、これだけではいかなる結果も生じるものではなく、結果を生じるためには別の定めを待たなければなりません。
教員の身分の尊重については特別の定めは無いまま、一般論に止まっています。常識的にも、教員だけについてその身分を尊重する理由は有りません。なお、国・公立大学の教員の人事について定めていた教育公務員特例法は、教員の身分の尊重という趣旨ではなく、教員を教育に関して無理解な世俗の権力（端的に言えば、国民・住民が選んだ内閣と知事・市長）から身分的に護るという趣旨です。現在この法律は公立大学（公立大学法人が設置するものを除く）の教員に適用されているだけです。
教員の処遇の適正を図ることについては、義務教育学校の教員に関しては、人材確保法により一般公務員よりも2割程度高い給与水準が定められていましたが、現在は基本原則が規定されているだけとなり（同法第3条）、文部科学省が義務教育費国庫負担制度等の財政措置を通じた間接的な方法で関与しているに過ぎません（同法附則第2項）。
その他、産休を取る女子教職員の代替をする教職員を採用するよう義務付けた女子教職員の出産に際しての補助教職員の確保に関する法律（昭和30年法律第125号）、公立の初等中等学校の教員に給料の4％相当の教職調整額を支給する代わりに、時間外勤務手当と休日勤務手当を支払わないことを定めた公立の義務教育学校等の教育職員の給与等に関する特別措置法（昭和46年法律第77号）、へき地学校に勤務する公立義務教育学校の教職員に対するへき地手当支給を定めたへき地教育振興法も教員の処遇の適正を図ったものとも言えます。もっとも、これらの法律自身は教育基本法を受けて制定するものであるとは規定していません。

2.1.4　政治教育

教育基本法は、国民に政治に関する基礎的・一般的な知識を与えることが大事であるとする一方（第8条第1項）、一条学校においては特定の政党を支持し、或いは、これに反対する政治教育・政治活動をしてはならない（第2項）としています。次の2.1.5で述べる通り、日本国憲法は国が宗教的に厳しく中立の立場に立つことを求めましたが、政治的な中立を国に求めることはしていません。国は政治によって運営されるのであり、政治的な中立を国に求めることはできないからです。そうで

あるのに、教育基本法が私立学校も含めて政治的中立を要求した根拠は、第6条が教員を全体の奉仕者としたということを手掛かりとしたとしか考えられません。
ところで、日本国憲法においては「全て公務員は、全体の奉仕者であって、一部の奉仕者でない」とされ、国会議員のように選挙で選ばれた公務員も、選挙で選ばれた公務員が選んだ一般の公務員も全体の奉仕者であることには変わりないとしています。例えば、国民の投票で在職の可否が決まるからという理由で最高裁判所の裁判官は全体の奉仕者でないとする者はいないと考えられます。同様に、特定の主張を掲げて立候補し国民の投票で当選した議員も全体の奉仕者です。国民がその者を議員に選んだのは、その主張が自分を含めより多くの者にとって良いことであると考えたからであり、そこにはその者が議員になって私利・私欲を追求することを是認する趣旨はありません。議員を全体の奉仕者と考えるのであれば、全体の奉仕者であることが即政治的中立を要求されたことにはならず、したがって、全体の奉仕者とされたことを以って私立学校等まで含めて教員が政治的中立を要求されることにもならないはずです。勿論、一条学校は明確な目的を持った教育施設ですから、権力闘争である政治に巻き込まれることは不適当ですが、その判断は設置者が行えばよいことであり、私立学校も含めて国民が本来的に持っている政治的な自由を奪う必要は有りません。
この条文も、このままでは具体的な効果を生じませんが、現実には、政治的中立確保法を制定する根拠を与えました。現に、政治的中立確保法はその第1条において、教育基本法の精神に基づき制定するものであることを明記しています。
なお、政治に関して基礎的、一般的な知識・素養を与えるための教育は、社会科や公民科を中心にして行われています（学校教育法第18条第2号、同法施行規則第24条第1項、小学校学習指導要領第2章第2節第1・第2中第6学年の1の(2)・2の(2)・3の(2)等参照）。

2.1.5 宗教教育

教育における宗教の扱いについては、異なる宗教への寛容と多くの人々が信仰を持っているという事実を受け入れるべきことを定めるとともに（教育基本法第9条第1項）、国・公立の学校は特定の宗教のための宗教教育や宗教活動を行ってはならないとしています（第2項）。
日本国憲法は宗教に関して、信教の自由（第20条第1項前段）の他に思想・良心の自由（第19条）、集会・結社・表現の自由（第21条）を定め、紛れることのない形で丁寧に信教の自由を保障しています。又、宗教上の行事等への参加を強制されないことも保障していますし（第20条第2項）、特定の宗教を信じているから、或いは、信じていないからという理由で差別されることも有りません（第14条第1項）。以上に加えて、日本国憲法は政教分離を原則としています。まず、宗教団体は国から特権を受け、或いは、政治上の権力を行使してはならないとして特定の宗教が国

と結び付かないようにし（第20条第1項後段）、更に、国・都道府県・市町村等が宗教教育を始めとする宗教活動を行うことを禁止しています（第20条第3項）。加えて、国・都道府県・市町村等の公的な機関は、資金を含めて公的な資産を宗教団体等に利用させ、或いは、それらに対して支出してはならないとしています（第89条）。旧憲法も信教の自由を認めていましたが（大日本帝国憲法第28条。ただし、社会の安全や秩序を乱さず、兵役等の国民としての義務が妨害されない範囲においてである）、この政教分離の原則は、神社が国の施設とされて天皇がその最高の祭主であるという形で天皇制国家と神社神道が結び付いていた結果、特定の思想・信条・宗教的儀式の強要等多くの弊害を生じた60年前までの日本の状況に対する反省に立つもので、日本国憲法になって初めて採用された原則です。なお、旧大日本帝国憲法下においても、公立学校等について宗教的中立を確保するという原則が無かったわけではありませんが（例えば、一般ノ教育ヲシテ宗教外ニ特立セシムルノ件（明治32年文部省訓令第12号））、一方、神社神道は宗教ではないという扱いでした。

敗戦後占領軍の指示により、神社神道が宗教であるとされるとともに、神社神道と国・都道府県・市町村との結び尽きが断ち切られました（1945年12月15日の日本政府に対する覚書）。そして、日本国憲法が採用した政教分離の原則により国・公立学校における宗教教育を始めとする宗教活動が禁止されたばかりではなく、公民館、図書館等の国・公立の社会教育施設やその他のすべての公的な施設における宗教的活動、公務員の公的活動としての宗教的な活動も禁止されることになりました。これに対して教育基本法は、学校に限って宗教活動の禁止を定めているものであり、国・都道府県・市町村が設置するその他の教育施設における宗教的活動、教育関係のすべての公務員が行う宗教的な活動も禁止されていることを明らかにしていません。それが公的施設であるから宗教的活動が禁止されるのであって、それが教育であるから、或いは、学校だから宗教的活動が禁止されるのではありません。又、それが公務員の行う宗教活動であるから禁止されるのであって、教員が行う宗教的活動であるから禁止されるのではありません。

私立学校における宗教教育は学校法人の信教の自由に照らして認められなければなりませんし、実際に認められています（免許法第4条第5項・第9条第1項カッコ書き、学校教育法施行規則第24条第2項等参照）が、日本の私立学校が公的性格を持っていることを考えると生徒の信教の自由等との調整が必要です。

なお、国立大学法人は国と別人格の法人ですが、本条については国として扱われ、宗教活動は行えません（国立大学法人法第37条第1項、同法施行令第22条第1項第2号）。公立大学法人についても同様に、本条については都道府県又は市町村とみなされます（地方独立行政法人法第94条第2項、同法施行令（平成15年政令第486号）第13条第1項第1号）。更に、放送大学学園は学校法人であり（放送大学学園

法第3条)、その設置する放送大学は私立大学ですが(学校教育法第2条第2項)、放送大学にも本条の宗教教育等の禁止が適用されます(放送大学学園法第18条)。これらはいずれも、国・都道府県・市町村の組織ではありませんが、国等が財政的に支えているものである以上は国・公立の施設と同様に扱われることとなります。その意味で、法律の規定は存在しなくとも、独立行政法人日本学生支援機構が設置・運営している教育施設も同様の扱いになると考えられます(独立行政法人日本学生支援機構法第13条第1項第5号)。

2.2 学校教育法と教育基本法

学校教育法も教育基本法と同様に1946年12月の教育刷新委員会第1回建議の内容に基づいて作成され、両法とも時を同じくして国会に提出されて審議され、成立し、教育基本法は1947年3月31日に法律第25号として公布、実施され、学校教育法は同日に法律第26号として公布され、翌4月1日に実施されました。こうした経緯からも、両法はセットで作成され、実施されたものであることが分かります。この両法を審議・成立させた衆議院は3月31日に解散しており、旧大日本帝国憲法下の最後の帝国議会となりました(同年5月3日には日本国憲法が実施され、新しい国会が組織される)。

2.2.1 奨学の義務

教育基本法第3条第2項は、教育を受ける権利を実質的に保障するため、国と地方公共団体に対して経済的理由により就学困難な者に対する就学の援助措置を講じるように求めています。この規定は、単なる原理・原則を定めたものではなく、国・都道府県・市町村に奨学の義務を課すものであり、意味のある規定です。しかし事実は、国は既に大学生等に対する奨学金のシステムを設けて運用していましたし(旧日本育英会法)、経済的理由により就学困難な義務教育段階の子供については、学校教育法が市町村に対して就学援助を行う義務を課すこととしていました(第25条、第40条)。即ち、国や市町村が行う奨学事業について、この規定により何か新しいことが生じたということはなく、仮にこの規定が存在しなくとも、学校教育法と旧日本育英会法に基づき同じことが行われていました。

実益があるかどうかではなく国の姿勢や施策の方向を示しているところが重要であるというのであれば、こうした規定を持ちながら、日本の奨学のシステムが欧米諸国に比較して最も厳しい内容となっているという第4章で指摘した現実を考えるべきです。

2.2.2 義務教育

義務教育に関し、期間を9年とし(教育基本法第4条第1項)、国・公立学校で授業料を徴収しない(第2項)ことを定めています。具体的な内容の規定ですが、学校教育法は、例えば6歳から15歳というようにより具体的に同じことを定めています

（第6条、第22条、第39条）。したがって、具体的な内容の規定になっていますが、無くとも支障の生じない規定です。

2.2.3 一条学校の設置者

学校を設置できるのが誰かについては学校教育法が定めており、一条学校については国、地方公共団体、学校法人のみが設置できるとしています（第2条第1項）。教育基本法も同じことを定めていますが、制定時には学校法人のシステムは存在しなかったことから、単に「法律で定める法人」としていたものが、その後教育基本法の改正が無かったためそのままになっています。

財団法人・社団法人以外の法人の種類を設けるには新しい法律を作る必要が有り（民法第33条）、私立学校の設置者については財団法人・社団法人以外の特別の法人とすることが教育刷新委員会の第1回建議に示されていました。したがって、教育基本法における「法律に定める法人」という文言の意図するところは、一条学校設置のための法人に関する法律を近々作成するということでした。しかし、学校法人について定めた私立学校法を制定した際にも教育基本法の改正は行いませんでした。

学校教育法は、幼稚園と盲・聾・養護学校については当分の間は学校法人以外の者でも設置できる（附則第102条）こととしており、又、国立大学法人は国立大学等を、国立高等専門学校機構は国立高等専門学校を、公立大学法人は公立大学を設置できる（第2条）こととしています。教育基本法の条文から、こうした多様な一条学校の設置者が存在することを読み取ることはできません。

2.3 その他

2.3.1 社会教育

国と都道府県・市町村は社会教育を奨励し（教育基本法第7条第1項）、図書館・博物館・公民館の設置、学校施設の利用その他様々な方法で社会教育を盛んにすべきである（第2項）としています。この内容を具体化した法律として社会教育法が、2年後の1949年に作成・実施されました。社会教育法は第1条において、「教育基本法の精神に則り」社会教育に関する国・都道府県・市町村の任務を明らかにするため制定するのであるとしています。

この教育基本法第7条も教育刷新委員会の建議に基づき盛り込まれたものですが、実質的にこの建議の下敷きになったものは、前年の1946年3月に作成された米国教育使節団報告書の成人教育に関する部分です。報告書には公民館に関する記述が無いということを除いては、この報告書の内容がこの条文に盛り込まれています。

なお、「社会教育」という肩見出しでありながら、家庭教育にも言及していることを問題視する者もいます。

2.3.2 教育行政

教育基本法の中で最も問題になってきたのは、教育行政という見出しを持つ第10条です。その内容は、教育は「不当な支配に服することなく」、「国民全体に対して直接責任を負って行われる」べきこと（第1項）、及び、教育行政は、「教育の目的を遂行するに必要な諸条件の整備確立を目標として行われなければならない」こと（第2項）を定めています。

まず明確にしておかなければならないことは、国民全体に対して直接責任を負う形で教育を行うことは絶対に有り得ないということです。教育も行政である以上内閣の仕事の一部であり、その内閣は第一次的に国会に責任を負います。日本国憲法下において、国の行政が直接国民に対して責任を負う術は無いのです。都道府県・市町村において教育委員会が行う行政も、個別・具体の業務において指示・監督を受けないものの、基本的な枠組みとしては知事・市町村長と議会に対する責任が問われるものです。ただし、知事や市町村長が行う公立大学の設置者としての行政と私立の初等中等学校の所轄庁としての行政は、直接住民に対して責任を負って行われていると言えないこともありません。なお、この規定が意図しているのが一般の行政担当者や国・公立学校教員のことであるとすれば、その者が従うべきなのは法律と上司の命令であることは今更言うまでもありません（国家公務員法第98条第1項、地方公務員法第32条）。

又、教育が不当な支配に服することは、特に学校教育においては実際上の問題として有り得ません。学校教育については、国・都道府県・市町村の規制・監督が厳しく行われており、且つ、国・都道府県・市町村は国民・住民が主権者であることから、国民・住民が或ることを不当な支配と考えるのであれば国民・住民がそれを改めるからです。このように、学校教育については、公的機関の規制・監督に加え主権者たる国民・住民の監視と主権の行使という防止と是正の手段が有り、実際上不当な支配はほとんど有り得ず、万が一不当な支配が生じた場合は以上の手段で対応しなければなりません。又、違法な事態は最終的に裁判で是正できます。

以上のことを承認するのであれば、この条文は、教育は子供のために行われるものであるから子供の福祉なり利益を第一として行うべきであること（第1項。児童の権利に関する条約第3条1参照）、教育条件の整備は極めて重要であり、且つ、行政に待つところが大きいのであるから行政は全力でこれに取り組むべきであること（第2項）という趣旨の規定と考えるべきものです。

しかしながら、公立学校の教員組合等は、第1項でいう「不当な支配」は国の指示等を始め教育委員会、校長、教頭といった上司からの一般教員に対する指示、命令等がこれに当たるとしました。その根拠は、教育基本法が教育は国民全体に対して直接責任を負って行われるべきとしているが、これができるのは教員だけであり、そうした教員に対して行われる教職員組合以外からの指示等はすべて不当な支配に

当たるとするものです。ここで絶対に見過ごしてはならないことは、この主張は日本国憲法に従い組織された中央と地方の政府による適法な指示等を否定していることです。これは論理的にも、又、実際に行われたことを見ても、実質的に日本国憲法を否定し、民主主義を廃止しようとするものでした。この世界に共産主義を実現するためには何をしても許されるという世界観を持って、国民としての良心の呵責も無しに、民主制を採用し非共産主義国である日本の基本的な社会秩序を混乱させ、あわよくば破壊してしまおうとする一連の行動の一環でした。これは正しく自分の国を他国に売り渡す売国的行為です。日本の公立学校の教員組合がこうした行為に加担したことは、客観的な事実です。彼らも民主主義を標榜しましたが、彼らの言う民主主義とは全国民による選挙で選出された代表による権力の行使ではなく、共産主義者の中から共産主義者によって選ばれた一握りのエリート（それもソ連の眼鏡に適うことが絶対条件である）による権力の行使を意味していました。

以上の事態は日本だけに特有のことではなく、アメリカ以外の多くの非共産主義国でも同じ状況があり、西ヨーロッパの諸国や日本等の非共産主義国を混乱させ、弱体化させるために旧ソ連の指導により全世界的に行われたものであると考えられています[注21]。

第2項に関しては、公立学校の教員組合等は、教育行政の権限の範囲は基本的に物的条件の整備に限られるとし、行政がそれ以外の事を行った場合には本来の権限外の行為であり、特に教育内容は国等が規制を加えることは違法であり、正に「不当な支配」であるとしました。例えば、教育委員会が教員について勤務評定を行うこと、文部省が教育委員会の協力を得て全国一斉学力調査を行うことは、物的条件の整備ではないから本来の権限を外れることであって、不当な支配の典型でありました。教科書検定や拘束力を持つ学習指導要領の制定も不当な支配でした。不当な支配は実力で阻止すべきであり、それが正義に適っているというのが公立学校の教員組合等の論理であり、ピケや暴力、集団による吊るし上げ等実力を用いて妨害活動をしました。彼らは絶対的に正しく、裁判所が彼らは正しくないという判決を下した場合は裁判所が間違っていると主張しました。公立学校の教員は、現在においてもこうした独善的な団体のメンバーが多数を占めているのです。

教員組合の行動の根底は上述のようなものですが、直接目的とするところのものは国や都道府県・市町村の公的な施設の中でソ連の意に沿った共産主義教育を行うことでした。それについては成功したとまでは言えませんが、教室から国民・住民の目を締め出すことには成功したと言えます。

[注21] 例えば、『ジョージ・F・ケナン回顧録』（読売新聞社）の付録のC「1946年2月22日のモスクワからの電報（抜粋）」

2.3.3 法令の制定

教育基本法第11条は、教育基本法が定めている事項を実施するために適当な法令が制定されるべきとしています。法令としては政令又は省令という教育基本法の下位の法規と、法律という教育基本法と同格の法規が有ります。

政令・省令については、教育基本法を実施するために権利義務の実体に関係しない手続き等を定めるものと、教育基本法の具体的な委任に基づき罰則も含めて権利義務の実体に関係したことまで定めるものとが有り得ます（日本国憲法第73条第6号、内閣法第11条、国家行政組織法第12条）。この第11条が罰則や権利義務に関わる規定の制定まで含めて委任をしているとは考えられませんし、そうかといって教育関係者の心構えを定めた抽象的な内容の教育基本法には定めるべき具体的な手続き等は存在せず、結局、法令とは言っているものの教育基本法に附属する政令・省令は存在しえず、現に存在していません。したがって、何か意味が有るとすれば、法律ということになります。

学校教育法との関係は前述しましたが、学校教育法が教育基本法を実施するために何かを規定したというよりも、学校教育法で規定した事項のうち幾つかのものについて教育基本法が見出し的な規定を作成したに過ぎません。又、他の法律との関係においても、教育基本法との関係はそれぞれの法律が決めることであり、本条の規定で法律が制定されることは有りません。

現に、教育基本法を実施するために制定された法律は無く、僅かに昭和20年代（1945年から1954年）に「教育基本法の精神にのっとり（則り）」制定された理科教育振興法、産業教育振興法、定通法、社会教育法と、「教育基本法の精神に基づき」制定された政治的中立確保法が存在するくらいです（いずれも各法律の第1条）。なお、臨時教育審議会も「教育基本法の精神にのっとり」制定された臨時教育審議会設置法（昭和59年法律第65号。第1条）に基づき設立されました。これらの法律は、政治的中立確保法を除き、内容的に法律で定めることが不可欠とされるものではありませんし、いずれの法律も教育基本法の趣旨を踏まえたものではあっても、それを実施するためのものではありません。又、これらの法律は、政治的中立確保法を除けば、教育基本法が無くても十分成り立つ内容のものです。

一方、本節2.1において述べたように教育基本法には日本国憲法の規定を教育に引き写した条文が有り、そうした条文は憲法の内容に適合する限りにおいて憲法を後ろに背負っていることから、その限りにおいてその条文に反する法律は制定できないことになります。しかし、それは教育基本法の効力ではなく、日本国憲法の効力です。教育基本法が本来的に日本国憲法に準ずるという性格を持っているのではなく、憲法を引き写している条文が憲法の内容に適合する一定の範囲において憲法の余光を受けているに過ぎません。

3　教育基本法の改正

　これまで教育基本法は、日本社会の秩序を混乱させ、破壊する行為を正当化する根拠に用いられ、逆に、そうした行為を規制する法律を制定する根拠として用いられました。このように正反対の価値観の双方から際どい形で利用されるということこそ、教育基本法の性格を示しています。悪用しようとすればいかようにも悪用できるという法律は危険であり、国民は厳重にその使われ方を監視しなければなりません。更に、法律という形式を採った以上当然改正も有り得ますし、改正には良い方向の改正も有れば、悪い方向の改正も有ります。

　教育基本法の特徴の一つに、これまで改正されたことが無いということが挙げられます。これほど世の中が変わっても改正の必要が生じなかったということは、本来的な法律としての働きをしていないことを意味します。それは本来法律に馴染まない教育の基本原理とか基本原則とか言われるものを定めたことによるものですが、将来この法律が立法や行政において、それぞれの国民が持つ基本的な価値観を規制する方向に働いてくれば、直ちに思想・良心の自由、信教の自由、表現の自由等の侵害という問題を生じます。

　教育基本法が今日までこのような視点からの議論を免れてきたのは、抽象的な内容であり直接教育基本法に基づいて具体的な行為が行われることがなかったことと、日本国憲法の価値観を直接・間接に背負っているという評価が流布されていることから、教育基本法＝日本国憲法に対する違反という議論は数多く為されても、日本国憲法に違反する教育基本法という議論は有りませんでした。しかし、これは日本国憲法に違反する教育基本法という議論が有り得ないことを示すものではなく、今後教育基本法に基づく具体的な行為が為される場合には、個人の価値観にかかわる内容を多量に含む法律であるだけに、教育基本法の違憲の問題が発生する可能性は高いと言えます。

　2006年8月現在、教育基本法を改正するための法律が衆議院に提案され継続審査になっています。その内容は、意味不明な幾つかの条文（現在の第2条、第6条第2項、第10条）を削除し、書き直すとともに、生涯学習、障害児教育、大学、私立学校、家庭教育、幼児教育、学校・家庭・地域の連携に関する理念的規定を新設し、国・都道府県・市町村による教育に関する基本的な計画の策定に関する規定を新設し、男女共学に関する規定（現在の第5条）を削除するものです。

　この改正の問題点は、教育は人格の完成を目指し国家・社会の形成者たる国民を育成するという国の都合に基づく教育を行うという姿勢、及び、特定の価値観を強制する傾向が強くなっていることです（改正案の第1条、2条、第3条、第5条第2項、第6条第2項、第9条第1項、第10条第1項、第11条、第13条）。又、経緯的にも重要な意味を持ち、現在の教育基本法において唯一実質的な権利に関わる条文である

男女共学の規定を削除したことも、後日に禍根を残す恐れが有ります。教育の方法を定めたとされる第2条（改正法も第2条）、全体の奉仕者について定めた第6条第2項（改正法では第9条第1項）、教育行政は物的条件の整備に限るという議論を生んだ第10条第2項（改正法では第16条）等の御粗末な条文を削除・書き直したことは評価できますが、不当な支配という観念（新しい条文の文意としては、「不当な支配」とは教員組合、父兄等によってなされる法令の規定に基づかない干渉等を指し、これまで流布されてきた見解とは逆転していることに注意する必要が有る）を維持していること（第10条第1項。改正法では第16条第1項）は不適当です。又、基本的に法律に適さない精神論等が中心であるということも改まっておらず、特に今回大量に新設された規定は大部分がこの種のものです。

全体として、現在及び将来の教育の改善に寄与するところが無い改正と言えます。

第2節　学校運営に関する規制

教育基本法は法律としての意味は希薄で、政治的意味合いが大きい法律であると言うことができます。したがって、具体の教育を直接規制はしないものの、基本的な教育の在り方を左右するために使われる可能性は否定できません。教育に関してこうした政治的法律を持つことの是非の判断は国民が行わなければならず、その判断のもたらす結果は国民が甘受しなければなりません。

以下においては、こうした心構え的な規制ではなく、学校運営に関する具体的な規制を取り上げることとしますが、法律で規定するまでもないと思われる当然のことを定めているもの、従来の規定をよく考えないで引き継いだもの、強制すべきではないことを強制しているもの等問題の有る条文が多いのが実態です。

1　学校の運営と経費の負担

学校教育法第5条は、学校を運営し、そのために必要な経費を支払う責任は、その学校を設置した者にあるという当然の原則を定めたものです。このうち、経費負担に関する部分が、設置者負担主義の原則です。わざわざ法律で定めるまでもない事柄であるという議論は有り得ますが、この原則が間違っているという議論は無いと思われます。ただ、市町村長の中には、義務教育学校の運営は市町村が行うべき仕事であろうかという疑問を持つ向きがあるのも事実です。特にそれらの卒業生の多くが都会に出てしまってその市町村にはほとんど残らないという事態との関連で、こうした疑問が提出されます。しかし、この疑問は、学校を誰が運営すべきかという問題ではなく、それ以前の学校を誰が設置すべきかという問題です。又、チャーター・スクールは、学校の設置者以外の者がその学校を運営するという形態であり、この方式を採用する場合には、学校の運営に関する本原則を調整する必要が有りま

す。
現在この原則の例外をなしているのは、市町村立の義務教育学校の教職員給与費を都道府県が負担するシステムであり、そして、そうした市町村の教職員の人事権を都道府県が行使するシステムです。

2　授業料等の徴収

学校教育法第6条は、学校教育を提供する対価として授業料を徴収できること、国立と公立の義務教育学校では授業料を徴収できないことを定めています。前段は当然のことであり、この条文があるから授業料を徴収できるというものではありません。又、後段は日本国憲法が定めている義務教育の無償を具体化したものです。
授業料が無償化されても、義務教育にはその他の出費が伴うことは、経済的に困難な者に対する就学援助が市町村の義務とされていることからも分かります。そこで、憲法が求めているのは、授業料の無償化だけか、授業料以外の支出も無償化する必要があるのかが裁判で争われました。結局、授業料の無償化までが国の義務であり、それ以上のこと（教科書代等の授業料以外の経費を無償にするかしないか）は政治が対応すべき政策判断の問題とされました（1964年2月26日最高裁判所判決）。前述の通り義務教育学校の教科書は国・公・私立を通じて無償化されていますが、この措置は憲法の定める義務教育の無償と直結するものではなく、将来これを有償化しても、その政策の当否についての議論は生じるでしょうが、義務教育の無償に関わる憲法違反の問題はこの判決によって既に整理がついているという扱いになります（事態の変化等による判例の変更は有り得る）。この場合、経済的な困難の無い者は自費で購入するが、経済的に困難な者に対しては市町村等が就学援助で対応することになるので、結局は、一部の者を援助するか、全員を援助するかという政策の問題でもあります。ただし、義務教育の無償という原則が有る以上、授業料についてはこうした議論は封じられています。
このように、入学・就学ということ自体に関してお金を徴収することは義務教育の無償と相容れません。施設・設備充実費も資本的支出に対応する教育提供の対価と考えられることから、国・公立の義務教育学校においては徴収できないものと考えられます。
義務教育学校以外であれば、国立・公立の学校でも学費を徴収することが可能であり、現に日本においては相当の額の学費を徴収していますが、欧米では義務教育でない公立の中等学校も学費を徴収せず、一般にヨーロッパでは大半を占めている国立・州立大学は学費を徴収せず、その上、渡し切りの奨学金の支給が主流をなしていることは前述しました。
学校教育法のこの規定は、義務教育学校以外の学校では授業料を徴収しなければならないという趣旨までは含んでいません。高等学校は現在ではほとんどの子供が進

学しており、幼稚園も贅沢品ではなく保育所と合わせて必需品となっています。これらを無償化しても、特定の階層を優遇し、或いは、冷遇する結果にはならず、社会的な不公正の問題は生じないでしょう。

授業料の無償は国立と公立の義務教育学校に限られ、私立の義務教育学校は授業料を徴収しています。日本国憲法の趣旨からすれば、就学を担保している公立学校だけを無償化すればよいとも考えられ、その場合は、国立学校の無償化は、政策として行われていることになります。しかし、政策として考えるなら、国立の義務教育学校は選ばれた生徒だけを入学させる等存在理由が曖昧であり、廃止しないのであれば、国民の税金を使ってこのような学校だけを無償にしておくのは公正ではなく、又、私立は無償にしなくてもよいというのは政府の勝手な思い込みの可能性があり、国立と私立の両方を有償化又は無償化しなければ首尾一貫しないと考えられます。実際的には、前述の学校バウチャーの方式を使えば、私立を含めた義務教育の実質的な無償化は可能であると考えられます。又、初等中等学校全体の実質的な無償化も、この方式を基礎として考えるのであれば、比較的に問題なく実施できると考えられます。

なお、公立の中等教育学校前期課程と併設型中学校は、入学者の選抜を行っており(学校教育法施行規則第65条の7、第65条の14)、誰でも入学できる学校ではないのですが、公立の義務教育学校として授業料を徴収できないことになっています(学校教育法第6条但し書き)。

3　私立学校の校長の届出

私立学校は、校長が決まった場合や校長が変わった場合には、履歴書を添えて、大学と高等専門学校は文部科学大臣に、高等学校以下の学校は都道府県知事に届け出なければなりません(学校教育法第10条、同法施行規則第14条)。

このようにする目的、必要性が不明確であり、何よりも、私立学校に限っていることの理由が説明できません。この種のことが、私立学校について必要であるなら、少なくとも都道府県教育委員会が任命権を持たない市町村立の初等中等学校、公立の大学・高等専門学校、初等中等教育段階の国立学校についても必要であるはずです。

後述するように、この条文は旧私立学校令(明治32年勅令第359号)の規定(第3条)を、許可を届出に変更して無定見に引き継いだものです。

4　生徒・教職員の健康の保持・増進

学校の設置者が生徒・教職員の安全と健康に配慮しなければならないことは当然であり、例えば、施設・設備について生徒の健康上、安全上適切なものであることが要求されている等、このことに関する一般的な指針が教育関係の法令に盛り込まれ

ています（小学校設置基準第7条等）。
　特に、生徒・教職員の健康の保持・増進については、別途そのための法律を制定し、その法律に従って健康診断を行うこと等を定めています（学校教育法第12条）。これが、学校保健法であり、その主な内容は次の通りです。
① 　市町村の教育委員会は、翌年の4月から小学校に入学することとなる子供の健康診断を、10月又は11月の然るべき日に実施しなければならない（第4条、同法施行令第1条）。この結果を主要な材料として、就学猶予又は免除、特別支援学校への入学の判断が行われるが、勿論子供の疾病の治療等に関する一般的な助言も行われる（第5条）。なお、本健康診断の実施は市町村の義務であるが、子供に受診させることを親の義務とはしていない。
② 　この就学前の健康診断において対象となる項目は、栄養状態、脊柱と胸郭、視力・聴力、眼、耳鼻咽頭、皮膚、歯・口腔、その他（知能の検査を含む）である（同法施行令第2条、同法施行規則（昭和33年文部省令第18号）第1条第10号）。
③ 　生徒と教職員のための健康診断を、毎年4月から6月までの間に行う定期健康診断を含めて少なくとも年1回は行うようにしなければならない（第6条乃至第9条、同法施行規則第3条）。
④ 　生徒に対する上記の定期健康診断の対象項目は、就学前の健康診断の対象項目に、身長・体重・座高、結核、心臓、尿、寄生虫が加わり、知能の検査が削除されたものである（同法施行規則第4条）。
⑤ 　伝染病の予防のため必要がある場合は、校長は生徒を出席停止にし、設置者は臨時に休校や学級の閉鎖等を行える（第12条、第13条）。
⑥ 　都道府県の教育委員会に学校保健技師を、各学校に学校医を、大学以外の各学校に学校歯科医、学校薬剤師を置く（第15条、第16条）。なお、原則として学校保健技師以外は非常勤であるが、公立学校の学校医、学校歯科医、学校薬剤師がその職務を行う過程で負傷し、病気に罹り、障害が残り、死亡するという事態が生じたときは、その公立学校の設置者は適切な補償をしなければならない（公立学校の学校医、学校歯科医、学校薬剤師の公務災害補償に関する法律（昭和32年法律第143号））。
⑦ 　学校には保健室を設ける（第19条）。
⑧ 　幼稚園から大学までのすべての一条学校に適用される他、専修学校にも適用がある（第22条）。
⑨ 　これらの義務の違反に対する罰則は無い。

　日本の社会における医療サービスが十分でなく、子供の栄養状態も悪いという時代においては、学校独自で生徒・教職員の健康を保持・増進するためのシステムを持つことには、意味が有りました。現在はそのような状態ではなく、全国一律にこの

ようなことを定める必要が有るのか疑問無しとしません。
又、教職員の健康の保持については、学校保健法の定めを待つまでも無く、社会における健康の保持増進のための一般的なシステムが機能しています（労働安全衛生法（昭和47年法律第57号）第7章、労働安全衛生規則（昭和47年労働省令第31号）第6章、地方公務員法第42条等）。

5 学校教育と社会教育の協力

5.1 社会教育団体等の教育能力の活用

2000年に、幼稚園を除く初等中等学校における教育において体験的な学習活動を重視すべきことと、これに伴い社会教育関係団体等との連携を確保すべきことが定められました（学校教育法第18条の2、第40条、第51条の9第1項、第76条）。学校教育における体験的な学習活動の重視は特定の者の考えであり得ても、法律を以って一律に全国の全学校・全生徒に強制すべき事柄ではありません。そのような考えを持った学校や教員がそうすればよいだけのことで、それ以外のことが重要と考える学校や教員はそれ以外のことを重視して教育を行うべきです。本来この種のことは学校や教員の判断が尊重されるべき事柄であって、法律による強制ですから従わざるを得ませんが、服従が形だけのことになるのは明らかです。法律で規定しても間違いは間違いであり、例えば、「野球においてバットは短く握ること」が正しいのは一部の場合であって、このことを法律で定めたとしてもすべての場合において正しい命題に変身するものではありません。

学校教育が社会教育団体等の教育機能を活用するように求められたことに対応して、社会教育行政に対しても、学校教育との連携・家庭教育への援助について配慮することが求められました（社会教育法第3条第2項）。

5.2 社会教育への協力・貢献

一条学校については、国・公・私立に関係なく、社会教育の施設を附置し、社会教育その他の公共的な目的のためにその施設を利用させることが可能とされているほか（学校教育法第85条）、大学については公開講座の施設を設けることができる等とされています（同法第69条）。そのうち特に税金で維持されている国・公立学校は、社会教育に積極的に協力することが期待されているのです（社会教育法第44条、第48条に加えて、国立大学法人法第22条第1項第4号参照）。

具体的には、国立及び公立の学校は、その学校施設を社会教育のために利用したいという者に対して教育上支障のない限り協力するべきとされ、又、国・地方公共団体の求めに応じて公開講座を開設するよう努力しなければなりません（社会教育法第44条乃至第48条）。これは、国民及び住民の税金で維持されている教育機関という立場に伴う責務と考えられます。実態は、国・公立の学校は外部の者による施設

利用を好まない傾向が有り、初等中等学校が公開講座を行うこともほとんど見られません。
なお、公的な施設をその目的・用途を妨げない範囲で外部の者に使用させることについては、宗教等の問題を除けば（日本国憲法第20条、第89条、国家公務員法第102条第1項、地方公務員法第36条第2項等参照）、特に問題は有りません（国有財産法第18条第3項、地方自治法第238条の4第4項）。

6　学校給食の実施

市町村教育委員会、都道府県教育委員会、学校法人、国立大学法人等は、その設置する義務教育学校について学校給食を実施するように努力しなければなりません（学校給食法第4条）。努力義務であることから実施しないという対応も有り得ますが、ミルクだけの給食等を含めて何らかの形で給食を行っている学校は、小学校で約97％、中学校で約85％となっています（平成18年版文部科学統計要覧による）。生徒には、学校給食を受ける義務は有りませんから、給食実施校の生徒・父兄が給食を拒否しても問題は生じません。給食は教育の一環と言われています（同法第2条、第3条第1項）。しかし、そうであるなら、全員が設置者の支給する同じ内容の食事をすることが何故教育なのか、家庭が調理し或いは生徒が購入した食事では何故教育にならないのか説明しなければなりません。安全以外の面でも食を安易に規制しようとする考え方は異様です。2005年には、国民の食に関する健全な判断力を養い、生涯に亘って健全な食生活を実現するようにするための法律すら出現しました（教育基本法ならぬ食育基本法（平成17年法律第63号））。

給食を実施する場合、それぞれの学校で食事を作る方法のほかに、共同調理場を設けて複数の学校の食事を作り各学校に配送する方法が有ります（学校給食法第5条の2）。学校や共同調理場で作らずに外部に委託することもできます。

給食費は原則として父兄が負担しますが、施設・設備の維持・整備に要する経費と給食に携わる職員の人件費は学校の設置者等が負担することとされています（学校給食法第6条、同法施行令第2条）。全国一律でこのようなルールを適用する理由も必要も無く、学校の設置者に任せるべき事柄です。特に、私立学校に適用することは財源的に無意味です。なお、経済的な困難を抱えた生徒に公立学校の設置者が給食費の補助をした場合には、原則として、国はその2分の1を補助します（同法第6条の2、第7条第2項）。

公立又は私立の義務教育学校が学校給食のための施設・設備を整備する場合は、国がその経費の2分の1を補助します（学校給食法第7条第1項、同法施行令第3条）。市町村立義務教育学校に置かれる栄養教諭・学校栄養士（同法第5条の3）の給与は都道府県が負担し（その一部を国が負担）、調理員等の人件費は市町村が負担します（市町村立学校職員給与負担法第1条、義務教育費国庫負担法第2条）。

第3節　学校教育の秩序を確保するための規制

学校教育における教育の質を確保するための規制とは言えないが、学校における教育に直接関係する規制があり、学校教育の秩序を維持する働きをしていると考えられます。

日本は、近代的な学校制度の整備に着手してから130年、小学校の就学率が100％近いものとなってからでも100年以上が経過し、学校が社会に十分馴染んだ存在となっているのに、なおこのような規制が多数存在しています。そして、これらの規制の中には、学年の始期のように法律の根拠がないまま文部科学省限りで定めてしまっている重要なルールも有りますし、行政指導とも言えないような曖昧な性格のルールも有ります。

これらの主要なものを示すと、次の通りです。

1　生徒等への懲戒

幼稚園以外の学校の校長・教員は、在学する生徒に対して懲戒を加えることができるが、体罰は許されないこととされています（学校教育法第11条）。ここでいう懲戒のうち、叱責する、教室の後ろ等に立たせておく、居残りで書き取りをさせる等の事実上の懲戒は各教員が行いますが、生徒の身分等に影響する退学、停学、訓告は教員個人が行うべきことではなく学校として行うべきことであり、具体的には校長が行うこととしています（同法施行規則第13条第2項）。しかし、生徒と学校の関係を大きく変更することとなる退学或いは停学については設置者が行うとする考えも有り得るところであり、これを否定し校長に限定してしまうことには問題が有ります。

1.1　体罰について

大学を含めて学校は治外法権を持つものではなく、学校内においても一般社会で行われている法律がそのまま適用されることを忘れてはなりません。しかし、学校外で大人が子供を殴れば犯罪になるのを承知しているのに（刑法第208条等）、学校内では教員が子供を殴ることはかまわないと考えている教員が少なくありません。それは、自分は親と類似の立場（民法第822条第1項）にあるとし、或いは、親もそれを許しているという意識が有ると考えられます。しかし、養育をせずに親と同じ立場を主張するのはおこがましいことであり、又、仮に親がそれを許しても他人が親の代わりに殴ることは許されません。又、昔は生徒を殴ることができ、そのため良い子に育ったという口実も使われますが、昔も体罰が禁止されており（教育令（明治12年太政官布告第40号）第46条に始まり第2次大戦中の旧国民学校令第20

条まで)、体罰が横行していたとすれば、当時の社会と学校の無法ぶりを示すにすぎません。良い子に育てるためであれば犯罪行為であっても許容されるという理屈は有り得ませんし、それ以前にあまりにも独り善がりな考えであって、教育者の発想とは思えません。

更に注意すべきことは、懲戒として行ったことでも節度を超えるものであれば体罰となり得ることです。長時間の起立、酷寒の場所等厳しい条件の中での起立等がこれです。更に、節度を超えて長時間の居残りを命じた場合には体罰に該当するだけでは済まず犯罪となり、監禁罪が成立するという行政実例が存在するように(昭和23年12月22日法務調査意見長官回答(法務庁調査2発18号)の第1問の答4)、節度を超えた懲戒が犯罪となる場合さえ有るのです。これは行政の見解ですから、裁判所の判断がそうなるとは限りませんが、それは両様に言えることです。行政がだめと言ったものが裁判で良いとされることもあれば、行政が良いと言ったものが裁判でだめとされることがあるということです。自らには厳しく考えるべきことです。体罰を禁止した規定の違反に対する刑罰は無く(学校教育法第9章参照)、したがって、体罰が即座に犯罪となるものでは有りません。体罰により子供に怪我をさせ傷害の罪(刑法第204条等)で逮捕される場合のように、刑法等により刑罰の対象とされている行為だけが犯罪となりますが、それでも体罰の大部分は暴行罪(刑法第208条。2年以下の懲役であり、初犯であれば執行猶予のつく可能性が高いが、社会人としての経歴に大きな傷を負うことになる)に該当すると考えられます。

犯罪となる体罰は勿論のこと、犯罪とならない体罰も明白に禁止された行為であり、違法な行為ですから、設置者が体罰を加えた教員に対してきちんと免職、停職等の懲戒処分を行うことが必要です。いつまでも体罰の事例が減らないことは、体罰が行われても校長・教員が隠してしまい(国・公立学校においてはこのこと自体が違法な行為となりうる。刑事訴訟法(昭和23年法律第131号)第239条第2項)、表面に現れたものについても設置者等がきちんと処分をしないことが大きな原因です。体罰により損害を蒙った者は、原則として設置者に対して損害の補償を請求することとなります(民法第715条、国家賠償法第1条)。損害を補償した設置者は、実際に体罰を加えた教員に対して然るべき額を設置者に支払うよう要求することができます(民法第715条第3項、国家賠償法第1条第2項)。

体罰や節度を超えた懲戒であって犯罪に該当するものの被害者は教員を告訴することができますし(刑事訴訟法第230条)、被害者以外の者も教員の犯罪を告発できます(同法第239条第2項)。なお、過失傷害罪(刑法第209条)のように、犯罪であっても被害者が告訴しないと犯罪として採り上げることができないもの(親告罪)も存在しています。

1.2　退学と停学

退学と停学は、教育を受ける権利を否定する要素を持っていますから、真に止むを得ない場合に限り、且つ、重大な不利益処分を行う場合に採るべき手続きを踏んだ上で行うべきものです。特に、校長が行う教育的観点からの退学、停学については、事実の認定や評価が主観的なものに多くを依存していることから、慎重な判断と生徒の言い分を的確に聴取する等正義に適った事実の認定・評価を担保する手続きが必要です（児童の権利に関する条約第12条参照）。

教員が行う事実行為としての懲戒や校長が行う訓告は、それを行うことによって生徒の行動が改善する可能性が有りますが、教育を受けられない期間を作ることとなる停学についてはそのような効果は薄く、学校から追い出す結果となる退学には教育的な効果は期待できません。したがって退学と停学は、その生徒についての教育的な効果を狙ったものとしてではなく、その学校の教育の秩序を保つための止むを得ない制裁措置として考えるべきものです。

文部科学大臣は退学の事由を、性行不良、学力劣等、常習的な遅刻・欠席、学校の秩序を乱す等生徒としての義務を果たさないことという4つに限定しています（学校教育法施行規則第13条第3項）。退学となる事由として、この他に学費の不払いが考えられますが、これを教育上の必要に基づく懲戒事由とは考えにくく、契約の履行の問題と考えるべきものと思われます。そうであれば、その対応は校長ではなく、設置者が行うことになります。

第4章第2節1.1.4で述べたように、公立の義務教育学校では原則として子供を退学させることはできません（学校教育法施行規則第13条第3項）。

停学は、国・公・私立を問わず義務教育学校では行うことができません（学校教育法規則第13条第2項）。これは、義務教育でありながら、停学中の学校では授業を受けられず、さりとて在学していない別の学校に行って授業を受けることもできないことになるからです。そして、日本においては、一条学校における授業以外の義務教育の手段を認めていないからです。

2　義務教育学校における出席停止

国・公・私立を通じて義務教育学校においては子供を停学にすることはできませんし、在学している子供を教育の場から排除することはできないと考えられています。例えば、前掲した法務調査意見長官の回答でも、義務教育において懲戒行為として教室内で起立させることは是認できるが、教室に入れない等授業から排除することは許されないとしています。しかし、他の子供・教員等を傷つけ、学校の建物等を壊し、授業を妨害する等の行為を繰り返す等、他の子供の教育を妨げる子供については、このような原則を貫くことはできません。上記の回答でも、このような子供に対しては、他の子供の正常な教育を確保するために事実行為として教室から排除

することも許されるとしていますし、制度としても、市町村教育委員会がその保護者に対してその子供の出席停止を命じて、授業から排除できることとしています（学校教育法第26条第1項）。これは大きな不利益を与える命令ですから、市町村教育委員会は、事前に保護者の意見をよく聞いた上で決定することとし、出席停止にする場合には、その理由と期間を明記した文書を保護者に交付しなければなりません（同条第2項）。なお、出席停止の命令を受けても登校してきた子供に対しては、校内や教室に入れないようにするしかありません。

出席停止は学校の秩序維持のため認められているものであり懲戒処分ではありませんが、そのことを除けば停学と同じですから、義務教育以外の学校においては停学の措置で対応することとなります。

子供を出席停止にする場合としては、前述した伝染病に罹っている等の子供に対して行う伝染病の予防のための措置が有ります（学校保健法第12条）。この出席停止は懲戒のニュアンスを全く持たず、義務教育学校も含めて幼稚園から大学までのすべての学校種と専修学校に適用され（同法第22条）、又、公立だけではなく、国立・私立の学校も対象となります。出席停止の命令は、各学校の校長が行いますが、対象となる伝染病の種類とその種類ごとの出席停止期間の基準が省令で定められています（学校保健法施行規則第19条、第20条）。例えば、伝染病の種類としては、エボラ出血熱、コレラ等の罹る場合は少ないが罹ると危険性の高いものから、インフルエンザ、はしか等の比較的よく罹るものまで対象とされ、出席停止の期間としては、インフルエンザの場合であれば解熱後2日までが一応の基準とされています。出席停止を命じる場合には、その理由と期間を明示して保護者又は本人（高等学校以上の場合）に指示することとされています（学校保健法施行令第5条）。当然、校長は設置者にも出席停止にした旨の報告をしなければなりません（同施行令第6条）。

更に、伝染病の予防のために必要であれば、学校全体、或いは、特定の学年や学級を臨時休業することができますが、この決定は校長ではなく設置者が行わなければなりません（学校保健法第13条）。

伝染病予防のために行われる出席停止の場合も、臨時休業の場合も、その学校の設置者はその旨を保健所に連絡しなければなりません（学校保健法第20条、同法施行令第10条）。

3 学年、学期等

3.1 学年

学年の設定が学校ごとにばらばらでは確かに不便であり、少なくとも日本国内の一条学校ではほぼ同じ時期に始まるようにすることが適当です。その場合、学校の教育活動の基本的な枠組みであり、全学校が従うべきものですから法律で定めるべき

ですが、実際は文部科学省令（学校教育法施行規則）で定められています。法律で定めておらず、文部科学大臣がこれを定める法律上の根拠も無い以上、これを学校に強制することはできませんし、これに従わない学校を不認可にする等、違反に対する不利益処分も行うことはできないと考えられます（行政手続法第32条第2項）。
学年は4月1日に始まり、翌年の3月31日で終わりますが、修業年限が3年を超える高等学校の定時制の課程については、最終学年を4月1日から同年の9月30日までとすることも可能です（学校教育法施行規則第44条、第55条、第65条第1項及び第2項、第65条の10第1項及び第3項、第72条第1項、第72条の7、第73条の16第1項、第77条）。なお、専修学校については、各学校ごとに学年を設定することとされています（同規則第77条の6）。
国・公・私立を問わず、又、学校種を問わず、すべての一条学校は、4月に入学して何年か後の3月に卒業し、この間、4月に新しい学年が始まり翌年3月にその学年を修了し翌4月にその上級の学年に進級して又新しい学年が始まるというように、4月に始まり3月に終わるという形で教育活動を組み立てています。唯一の例外が、上述の3年半とか4年半という修業年限を持つ高等学校の定時制課程であり、この場合は、最後の学年は9月に終わる半年間の学年になります。
学年に従って4月に入学し、3月に卒業するのが入学・卒業の原則ですが、高等学校と大学においては、学期の区分に従いながら、学年の途中で入学させ、或いは、卒業させることができます（学校教育法施行規則第65条第3項、第72条第2項）。ただし、高等学校に編入学する場合はこの意味の時期が問われることはなく、いつでも可能です（同規則第65条第3項カッコ書き）。

3.2 学期、長期休業日等

前述のように、学年ごと、教科ごとに授業内容と授業時間が全国一律に定められており、学年の始まりと終わりも全国一律に定められていれば、学校教育の内容・レベルと秩序の確保は十分可能と考えられるところですが、実際は、学校の運営について更に細かい規制がなされています。

3.2.1 学期、休業日の内容

［公立の初等中等学校の休業日等］
大学を除く公立学校については、学期と夏休み等の長期休業日に関しては、設置者である都道府県・市町村の教育委員会が定めることとされ（学校教育法施行令第29条）、又、長期休業日以外の休業日については国が一律に定めており、祝日と土曜日及び日曜日としています（学校教育法施行規則第47条第1号、第2号、第55条、第65条、第65条の10、第72条の7、第73条の16第1項、第77条。公立学校の土曜休業の根拠と言われている）。したがって、大学を除く公立学校は、学期と休業日については国と都道府県・市町村がすべてを決めてしまっており、学校自身の判断

で定める必要の有る事項は存在しません。

[その他の学校の休業日等]
大学を除く私立学校についての学期、休業日は各学校の学則で定めることとされているだけであり、土曜を休業日にするという拘束も受けません（学校教育法施行規則第47条の2、第55条、第65条第1項、第65条の10第1項、第72条の7、第73条の16第1項、第77条。第4条第1項第1号参照）。
国立学校の学期、休業日については何の規定も有りませんから、国立大学法人の学長が、教育研究協議会の審議を経て決定することとなりますが、学内の特定の機関に決定を委ねることも有り得ます（国立大学法人法第11条第1項、第21条第3項第9号）。国立大学において学則を作成することは明定されていますが、学期・休業日が必ずそこに記載されるかは不確かであり、附属学校については学則が作成されるかも明らかでありません（同法第2条第8項、第21条第3項第3号）。
公立・私立の大学についても特段の規定は無く、設置者が自ら、又は、設置者の判断で然るべき者が定めることとなりますが、その結果は学則に記載しなければなりません（学校教育法施行規則第4条第1項第1号）。

3.2.2 学期・休業日に関する規定の意味
学期・休業日について特別の規定が無い以上、設置者が自ら定め、或いは、学校をして定めさせる等、設置者の判断で定めることになるのは当然のことですから、現在の学期・休業日に関する規定のうち唯一意味を持っているのは、公立学校は祝日と土曜・日曜が休業日であるという規定だけです（学校教育法施行規則第47条。公立学校における学校5日制の根拠と言われているが、法律に根拠を持たないこの規定が根拠たり得るかは疑問である）。又、端的に条文に現れてはいませんが、学期を勉学の単位とし、その間に長期休業日をはさみ、年間35週の授業日を確保するという、学年に関する更に細かいサイクルを定める結果となっています。いずれにせよ、このようなことを強制するのであれば、政令・省令のレベルでなく、法律のレベルで規定する必要が有りますし、特に公立学校との関係では学校の休業日を定義することも必要であると考えます（地方自治法第4条の2参照）。

4 学校の運営システム

国は、学校に置かれる重要な職員の種類と業務について定めるだけではなく（学校教育法第28条、第58条等）、学校を運営するための体制についても定めています。

4.1 主任等
学校運営において、誰かが学校内の連絡・調整等の役割を果たす必要が有ります。誰がどういう役割を果たすかは、最終的には設置者が決めるべきことです。

現在の日本の学校では、学校運営におけるこのような役割を校務分掌（校長が行う学校運営の仕事（校務と言う。学校教育法第28条第3項）の一部を校長の指示を受けながら分担するという意味である）と称し、幼稚園を除いたすべての初等中等学校について、校務分掌の在り方を全国一律に国が定めています（学校教育法施行規則第22条の2乃至第22条の4、第22条の6、第52条の2、第52条の3、第55条、第56条の2、第65条第1項、第65条の10第1項・第3項、第72条の3、第73条の4、第73条の16第1項・第4項・第5項）。その内容は次の通りです。
- 小学校……教務主任、学年主任、保健主事
- 中学校……上記に加えて生徒指導主事と進路指導主事
- 高等学校……中学校の主任等に加えて学科主任と農場長
- 中等教育学校……中学校と高等学校を合わせたもの
- 特別支援学校……小学校から高等学校までを合わせたものに加えて寮務主任

なお、旧国立学校については、設置者である国がこれらの他に研究主任と教育実習主任を置き、又、舎監を主任等として位置付けていましたが（旧国立学校設置法施行規則第26条の2第2項、同条第1項別表第9の2）、現在は、これらは各国立大学法人が決定することとなっています。同様に、公・私立については、上記の規定を踏まえて、設置者である各教育委員会又は各学校法人が具体的にそれぞれの学校に置く主任等の種類を決定することとなります。

これらは校長が執り行っている学校運営の一端としての役割ですから、当然のこととして校長が教員に対して主任等を依頼しますが、学校運営の最終的な責任を持つ設置者が依頼してもかまいません。この場合、市町村立の義務教育学校においては、人事権者である都道府県教育委員会ではなく、設置者である市町村教育委員会が依頼することとなります。人事の問題ではなく、学校運営の問題だからです。又、校長等の依頼とはいっても形式は命令ですから、最終的な依頼にたいして拒否すれば、上司の命令の拒否として懲戒処分の対象となる他、場合によっては教員としての能力に欠ける者として分限処分の対象となります。それは、学校運営に必要な役割を果たせない或いは果たす気持ちも無い教員は、教員として子供の教育に携わる適格性が有ると言えるか疑問であるからです。

主任等は教諭（保健主事は、養護教諭でもよい）であり、本来の仕事は子供の教育であって、その傍ら主任等としての仕事を果たします。したがって主任に対しては、その負担に見合って他の業務の負担を軽減する必要が有ります。

一方、主任等には主任手当が支給されており、その額は旧制度の国立学校においては月額5,000円（日額200円）程度です。公立学校においても、これに倣っています。又、私立学校においては、主任手当については各学校法人が定めることとなります。

4.2 教授会と職員会議

　教員が会議を開いてはならない、或いは、会議を開かなくてはならないといったことを国が一律に定める必要は考えられません。

4.2.1 大学の教授会

大学については、教授会を置かなければならないこととし、重要事項は教授会の審議を必要とするとともに、教授会には准教授等の教授以外の職員を加えることもできることとしています（学校教育法第59条）。この場合教授会と言う以上、少なくともその組織に所属するすべての教授がメンバーとなる会議であると考えられます。1995年に至り、国は、教授会が何から何まで自分で決める必要は無く、代議員会や専門委員会を設けてそこに決定を任せても構わないという規定を作りました（学校教育法施行規則第66条の2）。この規定は、これまで代議員会等を設けられなかったのがこれによって設けられるようになったということではなく、これまでも可能であったことをわざわざ明記して注意喚起したに過ぎません。しかし問題の根本は、こうした審議の方法等の技術的な問題ではなく、教授全員が加わった会議ですべての重要事項を審議することを強要したことにあります。これによって、少なくとも重要事項は教授会で審議しなければ決定できないこととなり、決定権を持たない審議機関に過ぎない教授会が結果的に決定権を行使することとなっているのです。教授が集まって決めたことが学部に所属する者を一般的に拘束するという理屈は考えられません。そもそも教授はそのような責任を取れる立場にはありませんし、これまでに教授会の決定に抗議した教授はいても、自分がメンバーである教授会が行った決定に責任を取った教授はいません。教授たちが集まって決めたことが拘束力を持ち得るとすれば、それは本来個々の教授たちが持っている権限の中に在る事項だけのはずです。そうであるとすれば、教授たちが集まって相談するか・しないかは、教授たちに任せておけば済む話で、法律で強制する筋合いのものではありません。

自分たちの利害が絡む事項をすべて重要事項であるとすれば、責任を問われることなくごり押しや抵抗ができます。教授たちの利害に反することは行えず、教授たちが望むことだけが絶えず要求されるのが大学ということになります。大学における大抵の問題は教授たちの利害に絡みますから、常に教授会を開いていなければなりませんし、教授会の中で利害が対立する問題は決めることができないこととなります。

一方、旧制度の国立学校については、1999年になって、教授会は学部や研究所等ごとに置くこと、教授会の審議事項は学部の教育課程の編成、学生の入退学等の各学部・研究所等の教育・研究に係る重要事項であること、大学としての重要事項は大学に置かれる運営諮問会議（数人の学外委員で構成）や評議会（学長、学部長、研究所長等で構成。現在の国立大学法人で言えば教育研究評議会）の審議事項であ

ること、教授会の主宰者は学部長等その組織の長であること等を初めて明らかにしました（旧国立学校設置法第7条の2乃至第7条の7）。いずれも当然のことですが、基本的な問題の解決にはなっていません。

これまで主として国立大学を中心に述べてきましたが、教授会は、国・公・私立を問わず、各大学に置かなければなりません（学校教育法第59条）。私立大学において国・公立大学ほどは教授会の問題が深刻化しないのは、私立においてはでたらめをすれば大学が衰退してしまうという背景の他に、理事会という明確な権限・責任を与えられた大学の設置・運営に当たる主体が確立しており教授会等の暴走を抑えていることと、教員人事に関する権限を教授会に与えている教育公務員特例法が私立大学に対しては適用されないことによると考えます。
現在、国立大学法人の学長は、制度上は監事を除くすべての役職員の人事権を持っています（国立大学法人法第11条第1項、第13条第1項等）。しかし、第3章第4節1等で指摘したように一般教員の人事は実質的に学部が決め、学部長等も学部等が選挙して決め、学部長等が就任することとなっている教育研究評議会の主要メンバーと経営協議会の学内メンバーの多くもそれによって自動的に定まり、経営協議会の学外メンバーの選定についてもこのようにして選ばれている教育研究評議会の意見を聴かなければなりません。理事も主として学内から選ぶこととされている（同法第14条）ことから、主として学内の組織の長やその経験者から選ばざるを得ません。結局、学長の持つ実質的な人事権は、せいぜい事務職員に限られます。
又、国立大学法人の学長は人事以外についても決定権を持つ建前になっていますが、これまた役員会、経営協議会、教育研究評議会が大学の重要事項を審議することとなっており（国立大学法人法第11条第2項、第20条、第21条）、これに加えて教授会が重要事項を審議することになります（学校教育法第59条）。
このように国立大学法人は、学長が形式的に全権限を持ちながらその権限が実質的に行使できないように仕組まれており（公立大学法人も同じ）、社会が国立大学に対して何を求めても、事態がどうしようもないものになり全教員が何とかしないと身が持たないぞという気にならない限り、大学としての行動をとることは有り得ない構造になっています。端的に言えば、日本の大学には大学としての統治能力が徹底的に欠如しており、且つ、そのようなものとして運営することが常識となっています。
学長を全教員による選挙で選んでも何の問題も生じないのは、このように学長は何もしない、むしろ学長に何かをされては困るという前提で大学制度が作られ、運営されているからであり、選挙においてもそのような学長に相応しい者が選ばれています。全教員による選挙で選ばれた学長を前提とする以上は、その学長には有能さを求めることはできません。教員全員による選挙は、教員の利害を護る教員の代表

を選んでいるのであって、国民が期待している社会の求めに応えて大学教育を高める有能な学長を選んでいるものではないからです。それでも世間向けに、大学教育の充実＝予算獲得という図式を描いて、予算獲得の努力と、予算を増やせという要求を行っていることを以って良い学長のふりをしますが、これが限度です。学長選出以外のシステムもこうした前提を踏まえていますから、仮に国立大学の学長選出の方法を変えて有能な学長を選んでみても、人事権は無い、実質的な決定権も無い等の状況で何もできません。

4.2.2 初等中等学校の職員会議

授業をすべき時間に会議を開く等の学校の運営を妨げる非常識な会議であれば別ですが、学校において、教員を集めて会議を開いてはならないという決まりは有りません。逆に、教員を集めて会議を開かなければならないという決まりは、大学の教授会以外には有りません。したがって、高等専門学校と初等中等学校は、学校運営の一環としての教員の会議（「職員会議」と呼ぶこととする）を持つか持たないか、どのような持ち方をするか等は、設置者が何かを決めていない限り、校長に任されていることになります。即ち、これらの学校の設置者或いは校長は、職員会議を開くも開かないも自由な状態にあります。

ところが、2000年に、学校教育法施行規則の中に「初等中等学校には、設置者の定めに従って、職員会議を置くことができる」という規定が設けられました（第23条の2、第55条、第65条第1項、第65条の10第1項、第73条の16第1項、第77条）。この条文が無いときにも設置者が定めるところに従って職員会議を置くことが可能でしたから、この条文ができても何も新しい状態が生じることはありません。そして同時に、「職員会議は、校長が円滑に職務を行うことができるようにするためのものである」「職員会議の主宰者は、校長である」という規定も設けられました。学校運営の一環としての会議であれば校長が主催し、校務の円滑な実施のために行われることは当然のことであって言うまでもないことです。この規定は内容面では何も問題は無いものの、法律に基づかないで設けられているということで問題です。したがって、強制力は有りませんが、内容自体も上記のように何かを強制するものではありません。しかし、同じ内容を設置者が強制力を持たせる形で定めれば、その設置・運営する学校においてはその規定は強制力の有るものとなります。同じ類のものとして、主任制度の問題が有ります。主任制度を定めているのも省令（学校教育法施行規則第22条の2乃至第22条の6等）であり、それを定める根拠となる法律が存在しないことから、強制力の有る規定とは言えません。したがって、現在の主任制度はこれらの規定で動いているのではなく、公立学校等の設置者がこれらの規定を善しとしてそれぞれ主任制度を設け、実際に教員に主任を命じ、又は、校長が教員に主任を命じることにより、この制度は動いているのです。しかも、主任の場合は主任手当を支給していますから、実質を持った制度となり得たものです。

主任手当の支給の根拠は、旧制度の国立初等中等学校の教員に対して人事院規則において主任手当（正確には、特殊勤務手当の一種としての教育業務連絡指導手当）を支給する旨及びその金額を規定し（人事院規則9-30）、公立学校については、国立に倣う形で義務教育費国庫負担金の対象としていることだけです。国庫負担金の対象となっていても、それが直ちに支給の義務を負わせるものではなく、ましてや、主任制度の採用を義務付けるものではありません。基本は、各設置者が省令の定めと同じ内容の主任制度を採用しているという事実にあるのです。

こうした規定は、設置者にそのような制度の採用を促すという意味のものであり、強制力は無く、一種の行政指導的なものと言えます。そうしたものであるのに、法規の形式を採ることによって関係者に強制力のあるものと思わせ、その制度の普及を進めようとするものであり、教育担当のセクションの行動としては眉を顰めざるをえません。又、設置者に任せるべきものを任せず、更に無理に全国一律のシステムとすることにより多くの弊害をもたらしていることについても、認識する必要が有ります。

しかし、何故このように無理なことが行われているか、その理由を考えることが必要です。

主任制度も、職員会議も初等中等学校の問題であり、且つ、国立学校においても、私立学校においても問題になっていないものであるにもかかわらず、公立学校ではこれまで大問題とされ、実態としては現在でも片付いてはいない問題であるということです。主任制度も職員会議も、公立学校の教職員組合の行動に密接に関係しているのです。日教組等は、自分たちが唯一正しい教育理論を持っている者であると主張し、教育内容を始めとして公立学校の運営に至るまで自分たちの思い通りにしようとしています。又、極端な者は、教育制度を含めた日本の社会秩序を故意に混乱させ、破壊して日本を弱体化させ、自分たちが正義と考える政体を実現しようと意図しています。学校を混乱させ、自分たちの思い通りにするためには、学校運営の責任者である校長がその役目を果たせないようにするしかありません。

具体的には、校長が仕事を命じても従わないことを正当化するために、校長ではなく職員会議こそが学校運営の中心であり、物事を決める立場にあると主張しているのです。しかし、この場合の職員会議は校長が主催するものではなく、学校運営を円滑にするためのものでもなく、多くの教員の意思という形だけを整えることで無法な要求を校長に飲ませる手段に過ぎません。これは学校運営の一環としての職員会議ではないのですから、その決定と称するものは、校長はもとより一般教員も拘束しない無意味な紙屑です。こうした職員会議は組合の指令に基づく組合活動に過ぎないと考えるべきではないかと思われます。したがって、勤務時間中にこの種の会議を行うなど言語道断ですし、設置者においても組合活動のルールに照らした対応を行うようにすることが必要です。

校長が仕事をしていく上において学校運営の役割の一端を教員に分担させる必要が有りますが、校長が円滑に学校を運営できないようにすることが公立学校の教職員組合の目標ですから、この校務の分担を受け入れるはずが無いのです。これが主任制度の問題の核心です。現在においても、公立学校の教員は主任手当の受け取りを拒否するという子供じみたことまで行っています（給料の一部として支給されるので受け取り自体を拒否するのは困難であることから、支給された主任手当てを拠出して積み立てるという形態になる）。その意味するところは「無償で（主任手当を貰わなくとも）主任の仕事を引き受けます」ということではなく、校長に命じられて主任の仕事を行うということ自体を拒否するということであり、主任手当を拠出することで校長の命令を拒否した証としているのです。

このような背景が有るからこそ、公立学校の教職員組合が、職員会議の権限を主張するとともに、主任制度に反対し、現在でも抵抗を続けているのです。このような組合に、教育委員会がきちんと対応できるようにするために無理を重ねて作られた規定が、現在実施されている主任制度に関する規定であり、最近作られた職員会議に関する規定なのです。なお、念のために言えば、日本の民主制度においては、国民・住民による選挙で選ばれた正当な中央と地方の政府が公立学校の教育についての最終的な責任と権限を持つものであり、国民の代表ではない教職員組合がこれらについての権限を持つことは有り得ないことです。

4.3 外部機関

職員会議に関する規定は学校という組織の内部における対処を改善しようとしたものですが、そもそも、こうした規定がうまく機能するような学校であればこうした規定が無くても充実した学校教育が行われるでしょう。そうでない学校ではこうしたものを置いたところで効果はなく、むしろ実態を隠蔽し、無駄な希望をつながせるだけで、かえって問題解決の邪魔になるだけです。そこで、学校という組織の外にある力を使って公立学校の運営の改善を図るという考えが生じてきます。

4.3.1 初等中等学校の学校評議員

学校評議員も、2000年に職員会議の条文と一緒に学校教育法施行規則の中に設けられた規定（第23条の3、第55条、第65条第1項、第65条の10第1項、第73条の16第1項、第77条）によって定められた制度であり、職員会議の制度と同様に初等中等学校を対象としています。法律に根拠を持たないことから、評議員の設置を強制するものではなく、又、手続き、内容等を限定するものでもありません。そうかといって、この規定により初めて評議員を置けることとなったというものでもありません。省令の形を採ってはいても法律の根拠を持たず、内容的にも拘束力は無いことから、一種の行政指導的なものと考えられますが、省令の形式を採るのは誤解を与え、適正な方法ではありません。

この規定が定めている学校評議員とは、校長に対してその学校の運営の良し悪しについて意見を述べてくれる人たちのことで、設置者（例えば、公立学校であれば教育委員会）が校外の者で適当と思われる人を校長の推薦に基づいて依頼することを想定しています。ただし、こうしたことは、この規定が作られる前も行うことができましたし、今後もこれ以外の形で行うこともできます（ただし、学校運営に関する意思決定は校長の権限であり、現行制度では校長に代わって学校評議員がこの仕事を行うことはできない）。

無理をしてこの制度を定めた理由は、公立学校の運営が社会から遊離して閉鎖的、独善的に行われているという強い批判がある[注22]ことに鑑みて、そうした事態を改善する方法の一つとして考えられたものです。しかし、学校評議員の性格は、校長に対して意見を述べるだけで、自分の述べた意見について何の責任も負わず、したがって、校長もこれらの意見に拘束されません。もし、これらの意見を参考に行ったことについては校長の責任を問わない、或いは、校長の責任を軽減するという慣行が生まれるならば、無責任な学校運営が蔓延します。いずれにせよ、このような制度に多くを期待することはできません。

現在の公立学校の運営を改善するには、チャーター・スクールのシステム、学校バウチャーのシステム等の採用による公立学校の民営化等の思い切った対応が必要です。過疎地に在る等により民営化が困難なため現在のシステムを維持するのであれば、父兄や地域住民が各教員の授業を頻繁に参観すること、校長・教頭が各教員の授業を頻繁に見て指導すること、設置者である教育委員会の指導主事等が然るべき頻度で各教員の授業を見て、学校に指導・助言することの三つが不可欠です。授業を妨げてはいけませんが、授業参観日以外には自分の子供の授業、納税者として維持している地域の公立学校の授業を見ることができないということは、教員の無能力や不適切な授業が公になってしまう等学校の授業に後ろ暗いところが有るからとしか考えられません。又、これによって公立初等中等学校の異様な学校運営が住民の前に白日の下に晒されることへの恐怖が有ると考えられます。

更に、公立学校を民営化するにせよ・しないにせよ、公立学校について教員の授業を外部の専門家が見て把握し、評価するシステムが全く存在しません。教育行政部局と一線を画する教育評価の部局が必要です。特に、文部科学大臣が作成した教育内容に問題が有る場合には、文部科学省からは問題点の指摘や改善方策等は提出されてこないと考えられますから、身分を保証した上で文部科学省とは別の組織（例えば、内閣府）に教育の専門家を置き、公正な立場で全国津々浦々の学校を見させて、現在の教育内容の問題点を把握し、教員の能力を把握し、学校運営の問題点を

[注22] 例えば、1984〜1987年に内閣総理大臣の諮問機関として置かれていた臨時教育審議会の各答申に見られる。

把握し、それらを整理して結果を国民に提供するとともに、教育内容を中心として学校教育の改善の方向を提言するというシステムが必要になります。

学校評議員等の制度でお茶を濁すのではなく、例えば「公立学校の教員は父兄、住民、校長、指導主事等が授業を参観等することを如何なる形であれ妨害してはならない」旨を教育公務員特例法（公立の初等中等学校の教員は、少なくとも現在は全員が公務員である）に規定することと、上記のようないわゆる国の視学制度を設けることを検討すべきです。

なお、英国の公立学校の運営については、父兄、地域、行政、教職員（以上の順番は、代表として入る人数の多い順である）の代表者と校長からなる学校理事会が各学校に置かれていて、それぞれ、その学校の予算を作成し、教育課程を編成し、教員数を決定し、校長、教員の人事等を行うものであり（文部省編『諸外国の教育行財政制度』による）、校長の求めに応じて校長に意見を述べるという日本の学校評議員とは、その性格が全く異なっています。

4.3.2　公立学校の学校運営協議会

2004年に地方教育行政の組織及び運営に関する法律を改正して設けた機関であり、その根拠法（地教行法第4章第3節）からも推測できるように大学以外の公立学校に設ける協議会です。

具体的には、都道府県・市町村の教育委員会は、自分が設置・運営している学校のうちから必要に応じて特定の学校を指定し、その学校に学校運営協議会を置くことができます（地教行法第47条の5第1項）。教育委員会は、その都道府県・市町村の住民、その学校の父兄等から協議会のメンバーを選んで、任命し、その学校の運営に関することを協議してもらいます（同条第1項、第2項）。協議会として意見がまとまった場合には、教育委員会や校長にその意見を提出しますが、人事に関する意見のうち任用に関するもの（例えば、「特定の教員を転出させ、教育について情熱と能力を持った中堅教員を人事異動により3名以上転入させる。」等）は、任命権者としての教育委員会に提出することとされており（したがって、一般の市町村立小学校、中学校等の教職員人事については、設置者である市町村教育委員会にではなく、都道府県教育委員会に意見を提出することとなる）、この任用に関する意見の提出を受けた教育委員会に対しては、その意見を尊重する義務が課されています（同条第4項乃至第6項）。こうしたこともあるので、市町村教育委員会が学校運営協議会を置くために学校を指定するに当たって、その学校に県費負担教職員がいる場合には、都道府県教育委員会との事前協議が必要とされています（同条第8項）。

又、この学校運営協議会が設置された学校の校長は、教育課程の編成を始めとする学校運営の基本方針を作成して学校運営協議会の承認を受けなければなりません（同条第3項）。

協議会の事務局に関する規定が有りませんから、その学校が事務局機能を提供する

ことになると考えられますが、学校運営に問題の有る学校に協議会を置くのであるとすればそのような学校にそのような役割を求めるのは無理であって、逆説的ですが、そのような役割を果たせるような学校であれば既に運営に問題の有る学校ではないはずです。

協議会にはその学校の運営の実態を調査する権限が明記されていませんし、実際に個別の授業を始めとする学校運営の実態を納得できるまで調査しようとした場合に、教育委員会と校長がどこまでも協力してくれるという保障も有りません。これ又逆説的な言い方になりますが、徹底的な調査に協力してくれる教育委員会と校長なら、その学校は問題の有る学校ではないのです。そうかといって、実態を把握しないで述べた意見にどれほどの価値が有るか疑問ですし、理屈を言うだけの協議会を置く意味が有るかも疑問です。

この問題においても現れましたが、公立の初等中等学校をめぐる問題には、授業を中心として学校教育の実態が国民の目からひた隠しにされ、教員以外の大人の目には触れないようになっているという問題が常に付き纏っています。隠しているのが教員であり、隠している理由は自分の授業に後ろ暗いことが有るからです。後ろ暗いことの中には、前述のような日本国憲法が定めている民主主義を否定する教育を行っていることも有りますが、このようなことをしている教員は多数とは思えません。ソ連共産党が復活することに賭けているこうした確信犯は稀であって、多くの場合は自分の授業に自信を持てない教員が批判を恐れて徒党を為していると考えられます。こうした一般教員の心理を確信犯の教員が上手に操っていると見ることもできます。

教員は隠すべきでないことを隠しているという点で非難されるべきですが、その行っている授業に自信が持てないということについてどこまで教員の責任を問うべきかについては、別の角度からの検討が必要です。

教員が授業に自信が持てない原因の一つは、日本の社会において教育に関する異様な思い込み・期待が幅を利かせ、それが訂正されずに放置されていることです。教育は教員だけで成り立つものではなく子供との関係で成り立つもので、教育の成果が上がらないことについて教員だけに責任を押し付けるのは不公平です。人間の能力は様々であり、学校教育が扱う知的能力は人間の知的能力のほんの一部をなす能力に過ぎず、この種の知的能力の発揮を得意としない子供も多数存在すること（有史以来の極めて長い期間を人間は学校と無縁で過ごしてきたが、その期間においても今日と同様に多くの素晴らしい人間が存在していた。又、エジソンやアインシュタイン等その知的能力を伸ばす上で学校が何の役にも立たず、むしろ邪魔になった知的な巨人は少なくない等）、学校教育を得意としない子供に学校教育を得意とする子供と同じ成果を要求することは、同じゴルフをするという理由ですべてのゴルファーにタイガー・ウッズと同じショットやスコアーを要求すること以上に非合理

的なことであり、非現実的なことであることを理解しなければなりません。又、自分が分数の割り算を理解できなかったことは棚に上げて自分の子供を含めてすべての子供はそれを理解できるのが当然であるとし、同様に、誰でも努力すれば何事でも理解でき、最高の能力を身につけられるものであり、したがって教員が上手に教えればすべての子供はすべてを理解でき、最高の知的能力を身につけられるといった夢物語を、国民は捨てるべきです。

以上の認識無しに授業を評価された場合、授業について批判を免れることのできる教員はいません。文部科学省や教育委員会を含めてこのような誤った評価を正してくれる機能が社会に無い以上、授業を国民の目から隠そうとする気持ちは分からないわけではありませんが、問題は隠したことから始まっているのであり、隠したことにより国民が誤った認識を持ち、隠され続けて訂正される術が無いまま益々その認識の誤りがエスカレートしているのです。このまま隠しつづければ破局に至ることは目に見えています。

5 その他

以上の他にも、指導要録の作成、学年の修了・卒業の認定、卒業証書の授与、備えるべき書類、留学の許可、他校の単位の履修等多くのことが省令の形式で定められていますが、その多くは法律に根拠を持ちません。内容的には妥当なものが多く本質的な問題ではないものの、省令の形式で定めるものは法律に根拠を持つものに限るべきであり、その他は行政指導として別の形式にすべきです。万が一それでは困るものが有れば、法律で定めるべきです。

第6章
日本の学校制度維持の枠組み

これまで見てきたように、日本の学校教育においては、教育内容、学校体系、設置基準、教員資格、就学の確保、ある種の学校運営等について国がその内容を定め、日本全国で一律に実施されるようにしています。国が定めている内容は、詳細なところまで定めているものも有れば基本的な部分だけを定めているものも有り、厳密な定め方をしているものも有れば大まかな定め方をしているものも有ります。どのような定め方をしていても、これらの定めはそのとおり行われることが期待されているものであり、更に法律で定めている以上は、原則として、その通りに行われるようにするための措置を含んでいます。本章においては、こうした学校教育に関する規制を実効あるものとしている仕組みに焦点を絞って、その内容を整理することにします。

例えば、義務教育段階の子供を登校させない親がいる場合に、子供を就学させる確実な方法は、そうする権限を与えられた教育委員会の職員が毎日子供を迎えに行き、親の抵抗を排除して子供を学校に連れてくることです。しかし、こうした方法は、百数十年の歴史しかない義務教育を理由として、子供にとっては遥かに根源的で大切な親子の関係を危険にさらしかねません。実力を用いて法律の定めていることをその通りに実現する方法は、結果を得るという点では望ましいことではあっても、人間としての基本的権利や人間どうしの基本的な繋がりを傷つけかねず、実行も難しい等から極めて限られた場合にしか認められていません。

[実力の行使による目的の達成]
こうしたことから、教育関係においては、公立学校の施設が学校教育以外の目的で占拠されている場合に、返還を求めたが拒まれたときに、拒んだ者を実力を用いて排除することができるというシステムが唯一の実力行使です（学校施設の確保に関する政令（昭和24年政令第34号。いわゆるポツダム政令であり、政令として定められたが現在は法律として扱われ、したがって、その改正も法律を以って行われる）第21条）。この法律は、敗戦による混乱した社会状況下で必要とされたものであり

現在も有効な法律ですが、実態としては、現在はその出番が有りません。しかし、阪神淡路の大地震後において多くの公立学校が長期間に亘り避難所として用いられたことから見ても分かる通り、社会が大きく混乱したとき等には、この法律が働く場合も有りそうです。
教育において問題になるのは、お金や物の返還、施設の明け渡しといった実力の行使によって達成可能な事柄は稀であることから、基本的に実力の行使以外の方法を考えることが必要になります。

[刑罰による間接的な強制]
上記の義務教育の就学を確保する実際の方法としては、市町村の教育委員会が親に対して就学させるように督促し、応じない場合は学校教育法が定めている罰則（第91条）に該当するとして告発して検察官に起訴してもらい、裁判により10万円以下の罰金を科してもらうこととなります。しかし、罰金を科すことは就学させるための手段に過ぎず、これによって目的とする就学が確保されることになるとは限りません。このように、刑罰はそれを実際に科すことが目的ではなく、就学の確保という目的を実現させるため親に義務を果たすように間接的に強制するための手段なのです。

[国・都道府県による監督]
教育にも幾つかの刑罰が設けられていますが、刑罰も教育には不似合いなところが有ります。そこで、国（文部科学大臣）と都道府県（知事と教育委員会）による学校に対する監督に頼るところが大きくなります。具体的には、設置等の認可、変更命令、閉鎖命令が監督の手段ですが、各種の届出も事実上そうした役割を果たしています。こうした監督は、国立学校と都道府県立の初等中等学校には適用が有りませんし、私立学校に対してはこのような学校に対する監督に加えて学校法人に対する監督が行われ、その中においては上記の学校に対する監督と実質的に重複する学校設置等の認可に関わる監督も行われています。又、国立学校に対する上記のような監督は、法律で各国立大学の設置と名称を定めていることと（国立大学法人法第4条第2項別表第1）、文部科学省令で附属の初等中等学校と専修学校の設置と名称を定めている（同法施行規則第4条第1項別表第2、第5条別表第4）だけであり、これ以外の監督は有りません。
実際の状況を見ると、監督は設置等の認可と各種の届出の形態で行われており、変更命令・閉鎖命令が発せられることはほとんど有りません。即ち、何か問題が生じた場合は、報告を求め、稀には実地の調査を行い、これらの結果を踏まえて行政指導を行うというパターンが大部分です。これは、変更命令を出しても、それを履行させる手段は無く、事が重大な場合は変更命令の不履行を以って閉鎖命令を出すこ

とが可能と考えられますが、その閉鎖命令には形式上・実際上の問題が付き纏っています。又、変更命令の最後の支えは閉鎖命令によって一条学校の地位を奪うことですが、しかし、これは目的ではなく、目的としているのは学校が変更命令に従う等して事態が改善されることです。こうしたことから行政指導が多用され、変更命令等が発せられることが無いのです。

[行政指導の実効性の確保]
行政指導は強制力を持ちませんから、別の要素と組み合わせて強制力を獲得しようとします。その一つが補助金等の財政措置であり、学校教育の分野においても、国立学校・公立学校・私立学校のそれぞれに対して、法律に基づき、或いは、単なる予算措置として極めて多種多様な補助金等が設けられ、運用されています。このように、こうした補助金等は貰う側の要請によるというよりも、出す側の必要に基づいて作られているという要素が有りますから、貰う側が廃止してほしいと言っているのに文部科学省は出し続けたいと言うといった国の見識を疑う事態も生じています。

他の一つが、設置等の認可を拡大して、細かい内部組織の設置・廃止・変更や学校の規模の変更等まで対象とすることです。将来認可申請を行うことになる可能性が高く、その際は関係する教育組織だけでなく全教育組織が審査されるということであれば、学校は常日頃から自主規制するようになりますし、行政指導にも注意を払います。しかし、細かいことを監督の対象とすればするほど、学校の意欲を低下させ、自発的な努力を抑圧し、学校教育を衰退させることになります。

補助金等にせよ、設置等の認可にせよ、本来の目的と内容を持ち、そのために行われるべきものであって、行政指導の実効性を確保するための手段とすることは基本的に不適当です。

[学校の評価]
学校教育についてその水準の維持・向上等を目指して様々な措置を講じ、行政指導を重ねても、日本の学校教育が問題を生じ、むしろ衰退していく様相さえ呈し始めていることに対して、もっと教育の核心部分を行政がコントロールしなければならないと考えても不思議ではありません。これまでのように教育内容、学校制度、校地・校舎の面積、教員数、設備の内容、授業科目等をどうこう言ってみても、学校教育は良くならないどころか悪くなるようにすら見えることへの焦りが、このような発想に繋がっていると考えられます。

学校教育の成果は、生徒と教員を中心とする学校の意欲と努力の総体として現れるとすれば、行政がこれをコントロールするには各学校についてその状況を把握して、その改善を指導するということになります。しかし、各学校の意欲と努力を把握す

る方法も有りませんし、それをコントロールする道具も有りませんし、何よりも行政には本来そのようなことを行う能力は備わっていません。

企業であれば、生産額、販売額、利益、資産、負債等の結果として表れた数字でかなりのところまで各企業の活動の実態を判断できますし、結果も業績の良し悪しとして端的に現れます。社会も、これらに基づいて評価を下します。各学校の活動をこのように端的に表すものは有りませんが、各国民はそれぞれ自分なりの判断をし、評価を下しています。

学校について表れる数字や通り一遍の分析は各学校の意欲と努力の実態について多くを語りません。そうであるなら、把握したいと考えている者が、自分の問題意識に従って各学校の状況を把握しなければなりません。しかし、文部科学省は、学校の教育活動の実態を自分の目で見て、自分の頭で整理して、自分の責任で把握する気が無いように見受けられます。結局、文部科学大臣が行ったことは、各大学がそれぞれ自分の状況を把握して評価しなさいということであり、次に行ったのがその自己評価を公表しなさいということであり、現在は、自己評価の公表に加えて文部科学大臣が認証した機関に少なくとも7年に1回は評価してもらいなさいということです（学校教育法第69条の3第1項、第2項、同法施行令第40条）。なお、このいわゆる第3者評価の結果は公表されるとともに、文部科学大臣に報告されることになっています（学校教育法第69条の4第4項）。

しかし、各大学が特定の機関の評価を受けて結果が公表され、文部科学大臣に報告されてもそれだけのことです。その評価を利用する視点を欠いた評価は単なる読み物であり、役には立ちません。一般的評価を行う公正中立な機関として国の認証を受けた機関が、こうした視点を持てるはずが有りません。むしろ、子供の進学先として選ぶにはどの大学が有利か等の視点から民間が行っている評価のほうが、遥かに利用価値が有ります。

又、視点を欠いたこうした評価を国が国立大学の運営費交付金、私立大学の経常費補助金の配分に利用し設置等の認可に利用するのであれば、本来国の責任で判断しなければならない部分を、このことに関して責任の無い評価機関の評価で代替することになり、それは責任の回避に他なりません。同じことが、国立大学法人の中期目標の達成状況に関する評価において大学評価・学位授与機構が行った一般的な評価を尊重することとしていることについても言えます（国立大学法人法第35条）。

第1節　学校教育と刑罰

ルールを強制するための分かりやすい方法は、その違反行為を刑罰の対象とすることですが、教育の世界では、その性格上、刑罰によって物事を片付けることが難しく、又、刑罰を以って阻止しなければならないほどの害悪というものも生じ難い状

況があるため、刑罰の対象となる行為は少ないのが実態です。しかし、皆無ではなく、学校教育に固有の幾つかの行為については、以下のように刑罰を以って臨んでいます。

なお、学校教育に固有のこうした刑罰の他に、学校という場にも一般社会において行われている犯罪と刑罰に関するルールが、何ら変更を受けることなく同じ内容で同じように行われていることを忘れてはなりません。学校であっても生徒を殺せば殺人である（刑法第199条）ように、学校であっても生徒を殴れば暴行等に該当します（同法第208条等）。場所が学校であるから、殴るのが教員であるから、殴られるのが生徒であるから殴ってもよいという理屈は有り得ません。このような行為を正当行為として認めるのであれば（同法第35条）、学校は教育の場ではなく、刑務所等のように暴力を裏付けとして支配が行われる場であり、そのようなところに義務教育と称して子供を入れる義務を国民に課すのは以ての外です。犯罪と刑罰に関して学校と一般社会で扱いに違いが有るとすれば、学校の構成員である生徒の多くが、罪を犯しても刑罰を科されない（13歳以下。刑法第41条）、死刑にならない（14歳から17歳。児童の権利に関する条約第37条（a）、少年法第51条第1項）、少年法の適用を受ける（19歳以下。少年法第2条第1項）等の属性を持っていることだけです。

1　義務教育への就学の確保

子供が義務教育を受けることを妨げる行為については、刑罰の対象としています。これらの行為は一般に成人によって行われますが、子供の福祉を害する刑事事件であることから、その裁判は家庭裁判所が行います（少年法第37条第1項第5号）。

1.1　子供の保護者による違反行為

義務教育段階にある子供の保護者が子供を就学させていない場合、或いは、引き続き7日間以上登校させていない旨の学校の校長からの通知を受けた場合には、市町村の教育委員会はその保護者に子供を出席させるよう督促することになっていますが（学校教育法第22条第2項、同法施行令第19条乃至第21条）、この督促を受けてもなお子供を登校させない保護者は10万円以下の罰金の対象になります（学校教育法第91条）。

罰金を科しても改善されない場合は、状況によっては親権の剥奪（民法第834条）、児童福祉施設による保護・養護等子供の幸福を基本に行政組織の垣根を越えて対応を検討しなければならないと考えます。なお、日本の義務教育の基礎には問題が有り必ずしも自明と言えないルールで行われていますから、一条学校に就学させていないことをもって親としての監護・教育の義務を果たしていないと即断すべきではありません。

1.2 子供を使用する者による違反行為

義務教育段階の子供を使用している者が、登校して勉学することができないような労働のさせ方で子供を働かせている場合には、10万円以下の罰金の対象となります（学校教育法第16条、第90条）。家業に使用している場合は、使用者としての前に何よりも親の立場が問われるべきであり、上記1.1の問題となります。

家計のために子供を長時間に亘る労働に出し、使用者も手頃な労働力として雇うといった昔なら有り得た典型的な事例であれば明白にこれに該当すると言えますが、現在においては、学校に行くという条件を満たしながら子供がどれだけ働けるかという角度からの問題となっています。義務教育段階の子供とはいっても、家計を助けるためや小遣いを稼ぐためにアルバイトをし、又、芸能的な技量を磨き、自分の技量を示そうとして対価を得て芸能活動をすること等を否定する根拠を見出せません。義務教育からの要請であっても、人間のこうした基本的必要や欲求を全面的に妨げることはできません。働く必要や働きたいという欲求と義務教育からの要請をどう均衡させるかという問題になります。

このことに端的に応えているものとして、年少者の労働について定めている労働基準法（昭和22年法律第49号）があります。日本国憲法は児童の酷使を禁じており（第27条第3項）、労働基準法も18歳未満の労働者を苛酷な労働から保護する措置を講じています。その中で、義務教育該当年齢以下の子供の労働は原則として禁止されており、例外として、工場労働・重い肉体労働・危険な労働・子供に相応しくない労働を除いた軽易な労働については、保護者の同意書と校長の修学に支障が無い旨の証明書の備え付け、労働基準監督署長の許可を受けていること等を条件に、13歳以上の義務教育該当年齢の子供を修学時間（授業開始から授業終了までの時間から昼休み等の休憩時間を除いたものを言う）外に使用できることとなっています（労働基準法第56条、第57条第2項前段）。又、映画製作と演劇の事業の場合だけは、同様の条件により、13歳未満の子供も使用できます（労働基準法第56条第2項後段）。なお、これらにより子供を使用する場合の労働時間については、就学時間と労働時間を通算して週40時間、1日7時間とされています（労働基準法第60条第2項）。又、深夜に（原則として午後8時から午前5時までを言う）18歳未満の子供を労働させることもできません（労働基準法第61条第1項、第2項、第5項）。これらの規定の違反は、1年以下の懲役又は50万円以下の罰金、或いは、6ヵ月以下の懲役又は30万円以下の罰金が科されます（労働基準法第118条第1項、第119条第1号）。労働基準法のこの罰則に関する裁判も、家庭裁判所において行われます（少年法第37条第1項第3号）。

労働基準法のこれらの規定が今後とも実質的に維持されるのであれば、学校教育法第90条の規定が働く余地は少ないと考えられます。

2 学校体系の維持

幼稚園から大学までの一条学校の体系を維持することは、現在の学校制度を成り立たせる要となっています。罰則も、そのための役割の一端を担っています。

2.1 学校の名称使用の禁止

一条学校でない教育施設は一条学校の名称と大学院という名称を使用することが禁止されており、その違反には10万円以下の罰金が科されます（学校教育法第83条の2第1項、第92条）。

しかし、飲食店等のように明らかに教育施設とは言えないものが一条学校の名前を使用することまでは対象としていません。なお、当然のことながら、一条学校以外の教育施設であっても、防衛大学校のように他の法律でこれらの名称を用いることを定めている場合は、適法にその名称を使用できます。

こうした規定を設ける理由は、名称の上であっても一条学校とそれ以外の教育施設の区別を明確にし、学校体系をめぐる混乱を防ぐということです。

なお、学校の名称に関する使用禁止には、この他に、専修学校に関して、「専修学校」「高等専修学校」「専門学校」の名称の使用の禁止があり、上記と同様の罰則が科されます（学校教育法第83条の2第2項、第92条）。専修学校は一条学校ではありませんが、近年一条学校との制度上の連絡が行われつつあることについては、既に述べました。

2.2 閉鎖命令への違反

一条学校について、法令違反、監督官庁の変更命令等への違反、6ヵ月以上授業を休止していることのいずれかの事由がある場合には、監督官庁はその学校の閉鎖を命じることができますが、この閉鎖命令への違反に対して6ヵ月以下の懲役又は禁錮、或いは、20万円以下の罰金が科されます（学校教育法第13条、第89条）。

学校の閉鎖を命じるのが閉鎖命令ですから、命令を受けた学校は学校を閉鎖しなければなりません。しかし、そのために何をしなければならないかについては、次のような幾つかの考え方が有り得ます。

① 特段の行為は要求されていないと考える。即ち、閉鎖命令によりその一条学校は閉鎖され一条学校としての立場を失ったのであり、仮に学校が継続されても最早それは一条学校ではなく、事実上の教育施設に過ぎない。学校法人に対する解散命令により学校法人がそのまま解散になるのと同じ仕組みである（私立学校法第50条第1項第6号、第62条第1項）。ただし、この場合には本罰則は不要になり、空振りになる。

② 学校を閉鎖するための手続きを行うことが求められていると考える。具体的に

は、生徒の身の振り方を決める等処理の目途をつけて学校の廃止の認可を申請する。しかし、学校設置の認可を取り消せば済むものを学校廃止の申請をさせるということになると、一条学校の存続をいつまでも認めることになりかねない。
③ 学校としての活動を廃止することまで求められていると考える。即ち、事実上の教育施設として存続することさえ認められないことから、教員を解雇し、生徒を退学させる必要が有る。しかし、一条学校としての地位を奪うことに加えて、教育活動自体までも禁止する合理的理由があるとは考えられない。教育活動自体の禁止は、人間が原始の昔から行ってきた、そして、動物でさえ行っているともいわれる基本的な活動を禁止することであり、不可能と考えるべきである。学校としての教育活動は、風俗営業、古物営業、質屋営業、旅館業、警備業等のような社会秩序を維持するために営業の停止等の方法で規制しなければならない活動と同列に論じることはできない。教育活動は、オウムの教育版のような極端なケースを想定すれば別だが、基本的に人間とその社会に危害をもたらすものではなく、教育に関し、極端なケースへの対応が必要であれば、治安対策や消費者保護対策等の角度から、その具体的必要に対応して個別に立法すべきであって、教育活動自体の禁止を意味する閉鎖命令という形態で一般制度化することはできない。

以上のような考えが有り得るのですが、どの考え方をとっても理屈や他の条文との整合性等の面で、問題が残ります。学校制度を機能させるために何が必要かということから言えば、一条学校については、必要があれば将来に向けて認可を取り消す等して一条学校の地位を奪うことで十分であると考えます。大学の資格を失った学校に多くの学生が行くことはないと考えられ、それでも多くの学生が集まるということであればその施設が立派な教育をしている可能性が高く、それはそれで結構なことであり、少なくとも社会にとってマイナスになることではありません。しかし、実際問題として、在校生のことを考えればこの認可の取り消し等でさえ行うことは困難です。なお、この意味での閉鎖命令であれば、罰則を置く必要も無く、一条学校に関する学校教育法第89条は不要です。
この閉鎖命令は、専修学校・各種学校にも適用されるようになっているほか、専修学校・各種学校について特に顕著に現れる問題を含んでいることから、ここで専修学校・各種学校に対する閉鎖命令を取り上げることとします。

2.3 専修学校・各種学校に対する閉鎖命令

国が責任を持って実施を保障すべき教育は、一条学校という学校体系により行われていますが、学校というものは一条学校に限られるものではなく、現に一条学校ではない学校が数多く存在しています。こうした学校に対しては、行政目的と直結した学校を除き、国は特別の責任や関心を持つ理由は有りませんが、こうした学校も

社会や国民が必要とし、有益と考えられることから、できる範囲で奨励するという対応をしています（社会教育法第3条第1項参照）。こうした学校のうち、文部科学省の守備範囲内に在る比較的規模が大きく、教育内容も充実した学校が、専修学校と各種学校です。専修学校と言い、各種学校と言っても一条学校ではなく、その教育内容や設置・運営に国が関与する必要は無いのですが、実際には、一条学校に似た規制がかかっています。それは、一条学校ではないが充実した内容の学校であるとの公的な御墨付きを欲しがった学校側の思惑なのか、すべての学校形態に規制をかけることで学校と名がつくものは何でもかんでも守備範囲内に確保したいという文部科学省の思惑なのかは定かでは在りませんが、現実には、専修学校・各種学校については、その設置・廃止等について都道府県の認可を必要としているとともに（学校教育法第82条の8第1項、第83条第2項）、変更命令（私立の専修学校・各種学校を除く）と閉鎖命令の対象にもなっています（学校教育法第82条の11第1項、第83条第2項、私立学校法第5条・第64条第1項）。閉鎖命令の違反に対する罰則も、一条学校と同様です（学校教育法第89条）。即ち、閉鎖命令については、一条学校と同じ問題を抱えていることになります。

例えば各種学校について見た場合、1年間の課程で680時間という授業の基準（各種学校規程第4条）、最低でも115.7㎡という校舎の基準（同規程第10条）を割り込んで改善の見込みが無い場合に、各種学校の認可を取り消して公認されてはいない事実上の学校とすれば済むにもかかわらず、教育活動自体まで止めなければならないことになります。各種学校の認可が取り消され、各種学校ではない事実上の学校として授業を続けることを不都合とする理由は無いはずです。専修学校についても、事情は全く同じです。そして、専修学校・各種学校の認可を受けていない学校は、例えば、カルチャー・スクールや学習塾等日本の社会に数多く存在しているのです。更に、専修学校・各種学校の認可を受けていない学校に対して、都道府県が専修学校・各種学校の設置の認可を受けるよう命じることができることとされており、この命令に従わない学校と、命令に従って設置の認可を申請したが認可されなかった学校に対しては、教育自体を止めるように命じることができることとされています（学校教育法第84条）。この教育自体を止めなさいという命令に従わない場合には、閉鎖命令への違反と同じ、6ヵ月以下の懲役又は20万円以下の罰金が科されます（同法第89条）。

以上のことは、日本においては学校（教員と生徒がいる教育施設）という形態によって教育を行う場合は、すべて文部科学省のコントロールを受けており、国が不適当な教育を行っていると判断すれば、一条学校や専修学校・各種学校の地位を奪うだけでなく、その教育自体を廃絶させることができ、これに逆らえば懲役を含む刑罰が科されるということを意味しています。この規定も、私立学校令から受け継いだもので、現実に適用することは難しいと考えます。

3 教員免許制度の維持

教員免許制度が行われている初等中等学校については、教員免許に関する基本的事項の違反に対しては、刑罰が科されます。同じ初等中等学校であっても、免許制度の対象とならない校長、教頭等の教職員に対しては、その資格に関して刑罰が関係することは有りません。又、高等教育の教員資格についても、刑罰は関係しません。

3.1 教員免許状の不正な授与

免許状を授与できる要件を欠いていることを知りながら免許状を授与した者には、1年以下の懲役又は50万円以下の罰金が科されます（免許法第21条第1項第1号）。書類の偽造等により不正に免許状の授与等を受けた者にも、同じ刑罰が適用されます（同法第21条第2項）。

教員免許状の授与は、大学等が発行する幾つかの証明書に基づいて行われますが、事実を知りながら修得単位等について虚偽の内容の証明書を発行した大学等の関係者、教員として経歴等について虚偽の証明書を発行した雇用者としての学校関係者についても、上記と同じ刑罰が科されます（免許法第21条第1項第2号）。

3.2 無資格教員の採用

相当の免許状を持っていないことを知りながらその者を教員に雇用した者、相当の免許状を持たないのに教員に雇用された者には、いずれも、30万円以下の罰金が科されます（免許法第22条）。この場合、相当の免許状とはどこまでを言うかについては、学校種と職名までで、中学校、高等学校における教科は含まれないと考えます。それは、教員の雇用は一般に学校種と職名までを特定して行われており、担当教科の問題は学校運営の要素が強いということにあります。そもそも、免許法附則第2項は都道府県教育委員会の許可を得るという手続きを踏むことにより免許外教科も担任できることになっているのですから、この許可を受けずに免許外教科を担当していることは単なる手続きミスであると考えることもできます。このように考えると、教科別の免許状とは何であるかという疑問が生じますが、免許状制度で適切に対応できる事柄の範囲というものがあるはずであり、教科を適切に担当させる問題は学校運営の問題とするほうが自然ではないかと考えます。又、2007年から実施された特別支援学校のシステムにおける、特別支援学校教員免許状に記載される教育領域については、教科よりも更に緩い規制と考えるべきです。

以上のように、教員免許制度は教員免許状の授与と教員免許状の種別に応じた教員としての雇用の2点について罰則を設けていますが、有資格教員による教育のシステムを守るための要点を押さえた明確な内容の罰則であり、免許外教科の担当の問題を除けば、大きな問題は有りません。なお、過失も罰することにはなっていませ

んから、故意が有る場合のみに罰されることになります。

4　その他の刑罰

本章の冒頭で触れた学校施設の確保に関する政令は、教育関係においては唯一実力を用いた強制退去の措置が認められていることに加えて、学校施設を返還するよう命じられたにもかかわらず返還を拒む等した者には3年以下の懲役又は5万円以下の罰金が科され、立ち入り検査を妨害する等した者に対しても6ヵ月以下の懲役又は2万円以下の罰金が科されます（同法第29条乃至第31条）。

以上の他にも、違反に対して刑罰を科すこととしている学校教育関係の法律は幾つか存在しますが、その大部分は、放送大学学園等の特別の法律が適用される学校法人・特殊法人、国立大学法人等の独立行政法人、義務教育教科書の発行者等が、文部科学大臣の命令に反して求められた報告をしない場合や立ち入り検査を妨害した場合等における罰金を中心とする刑罰であり、いずれも、すべての省庁を通じてこうした法人に一般的に科されている刑罰です。

第2節　刑罰以外の間接的な手段による強制

学校教育に関しては現在多くの規制が有り、このうち教員免許制度は刑罰によって効果的に担保されているものの、それ以外の分野においてはこれらの規制の履行を確保する有効な手段が極めて少ない状態に在ります。このような中で、学校の閉鎖命令と、閉鎖命令の違反に対する刑罰がほとんど唯一の最終的な強制手段ですが、閉鎖命令自体が要件、効果等が曖昧であり、事柄としても問題が多く、その違反に対する刑罰を含めてどれだけ有効に適用できるものか不明です。それにもかかわらず、学校教育に関する規制は相当程度厳格に守られていると言えます。その理由は、有効に適用できるか明らかでない規定ではあっても、存在することによってそれ相応の抑制力を発揮していること、又、規制の内容も学制以来の積み重ねにより国民に馴染んできたものが多い等により国民の強い反対を呼ぶものが少ないことの他に、学校体系を構成する一条学校についてその設置等が認可制となっていることが大きな重石となっていること、国が負担金、補助金等の財政上の手段を用いて規制を守るようにコントロールすることが可能であることも、大いに貢献しています。本節では、このようなコントロールの手段としての学校に関する設置認可等のシステムと、財政措置のシステムについて述べます。

1　学校設置認可等のシステム

一条学校の設置には、国又は都道府県の認可が必要です。認可を受けなければ一条学校になることができません。一条学校にならないとそこを卒業しても上級の学校

への入学資格が得られませんから、その学校が国民の教育需要を満たす素晴らしい教育をしているような場合は別として、一般的には生徒が集まらず学校として成り立ちません。

一条学校のうち幼稚園だけは、上級学校への入学資格と関係しない学校ですから、父兄に対する援助も含めた財政援助を得ることを考慮に入れなければ、一条学校の認可を得るメリットは有りません。現に、そこが一条学校の幼稚園かどうかを気にしない親も少なくありませんし、幼稚園と保育所の違いを気にかけない親も珍しくありません。この点で、幼稚園・専修学校・各種学校は、学校制度上は似通った立場に立っています。

大学は学校体系の頂点にありますが、上級学校への入学を考える必要が無いことから、学校体系外の大学レベルの教育施設を作っても、実績、社会の評価等が高ければ、学位授与が行えなくとも、一条学校ではないことによる大きな不利益は無いはずです。なお、日本では基本的に大学だけが学位授与権を持っていますが（学校教育法第68条の2第1項乃至第3項）、防衛大学校のように一条学校ではないが法律により設置等されている教育施設であって大学レベルの教育を行うものについては、独立行政法人大学評価・学位授与機構が各卒業生について審査を行った上でその卒業生に対して学位を授与することとしています（同法第68条の2第4項第2号、学位規則第6条第2項）。

1.1 設置等の認可の仕組み

一条学校を設置する場合には、大学と高等専門学校については文部科学大臣の、初等中等学校については都道府県の認可を受けなければなりません（学校教育法第4条）。認可を受けなければ、一条学校にはなれませんから、その卒業生（幼稚園と大学の卒業生を除く）は上級の一条学校に進学できませんし、その学校は「小学校」「大学」といった一条学校の名称も使えません。又、一条学校に与えられる国や都道府県からの補助等の公的な財政援助もほとんど受けられませんし、一条学校が受けている税制上の優遇措置も原則として受けられません。したがって、一条学校の設置を目指す者にとっては、認可が得られるかどうかは重要な問題です。

1.1.1 認可の対象となる行為

学校の設置のほか、学校の廃止と設置者の変更が認可の対象となっています。

学校の廃止は、学校を無くすという設置者の意思の追認であり、切実な問題ではありませんが、学校の存在にけじめをつけるため、又、在学者の処遇が適正に行われることを確認するためにも、意味があることです。

設置者の変更とは、学校自体は同一性を持って存続するが、それを設置・運営する者が代わることを言い、例えば、ある学校法人から別の学校法人に学校が移管される場合等です。

認可の対象となる行為は学校の設置・廃止・設置者の変更だけではなく、学校内部の教育組織に関する設置・廃止等も認可の対象となります。更に、通信教育の開設、私立学校の生徒定員の増減等も認可の対象となっています。
この認可のシステムの問題点は、認可の必要性と設置者によって大きく異なる制度です。
例えば、大学についてみれば、国が認可等によりコントロールしているのは次の事項です。
① 国立大学法人が設置するもの……大学の設置・廃止
② 都道府県・市が設置するもの……大学・学部・大学院・研究科・研究科に置かれる専攻（その課程の変更も含む）の設置・廃止、通信教育の開設
③ 学校法人が設置するもの……大学・学部・学部の学科・大学院・研究科・研究科に置かれる専攻（その課程の変更も含む）の設置・廃止、通信教育の開設、学生定員の増減

大学の設置者である国立大学法人、都道府県・市、学校法人に対する国の監督は実質的に同じ程度ですが、その公共性について言えば都道府県・市が格段に高いと言えます。初等中等学校についての監督庁（設置者としての都道府県教育委員会を含む）による監督と公共性についても同様な状況に在ります。しかるに、認可の内容にこのように大きな差異が存在することは、制度における均衡という観点で問題であるとともに、不必要な監督が大量に存在するか、或いは、必要な監督がなされていないことを意味すると考えます。
例えば、認証機関による評価が義務付けられている大学と高等専門学校については、認可を学校の設置・廃止と大学院の設置・廃止に限る等の思い切った整理をすることが考えられます。
公立の初等中等学校については、国・都道府県による一般的な指導・助言で十分であり、更に、これらの学校については住民によるコントロールが行われていることを考えると、変更命令・閉鎖命令も廃止することが考えられます。
一方、私立の初等中等学校については、父母を中心とする社会による強い評価と監視が存在し、子供の数の減少が止まる兆しが無いという背景の下で、学校として自発的な自己評価・改革を行うよう動機付けられていることから、学校の設置・廃止の認可、罰則の無い閉鎖命令は残すとしても、それ以外は廃止しても基本的に不都合は生じないと考えられます。現在の私立学校に真に必要なものは、監督ではなく支援と適切な助言ではないかと思われます。

1.1.2 認可の対象となる学校
認可の対象となっている学校を学校数から見ると、次の通りです。
① 幼稚園は指定都市立を除く市町村立幼稚園と私立幼稚園が対象となる。したが

って、幼稚園の大半が認可の対象となる。ちなみに、全14,117園中国立は49園、都道府県立は5園であり、指定都市立と考えられる幼稚園は447園である（平成17年度学校基本調査報告書による。以下も、同じ）。
② 小学校、中学校は私立学校のみが対象となる。したがって、大部分の小学校・中学校が認可の対象とならない。ちなみに、小学校全23,169校中私立は179校であり、中学校全11,060校中私立は700校である。
③ 高等学校は市町村立高等学校と私立高等学校が対象となる。ちなみに、全5,331校中市町村立は251校、私立は1,314校である。即ち、約7割の高等学校が認可の対象とならない。
④ 4年制大学は公立（都道府県立・市町村立・公立大学法人立）と私立が対象となる。ちなみに、全702校中公立は76校、私立は526校である。即ち、9割弱が認可の対象となる。
⑤ 短期大学は公立と私立が対象となる。ちなみに、全525校中公立は49校、私立は462校である。即ち、大部分が認可の対象となる。
⑥ 高等専門学校は公立と私立が対象となる。ちなみに、全63校中公立は5校、私立は3校である。したがって、9割弱が認可の対象とならない。
⑦ 特別支援学校（統計の対象となった時点では盲・聾・養護学校）は市町村立と私立が対象となる。ちなみに、全1,047校中市立（町村立は無い）は114校、私立は15校である。即ち、9割弱が認可の対象とならない。

　認可の対象となる学校が多数を占めている学校種は、大学と幼稚園です。幼稚園は一条学校ですが、直近上位の学校である小学校の入学資格と関係が無く、修業年限・入学資格も極めて弾力的で、学年の修了・卒業の認定や卒業証書の授与も要求されず、教育内容も極めて概括的に定められ、教科書も無い等学校体系との結びつきが薄い学校です。大学も一条学校ですが、学校体系がそこで終わることもあって、多様な学校の存在がそれほど問題にならないところです。こうした中で特に4年制大学については、学校数では少ないものの生徒数では全体の4分の1を占める国立大学を国が維持しており、この部分を以って日本の大学の実質的な部分と考えてきました。しかし、そのような実質が失われるにつれ国立大学を再生させる新しい方法が求められ、現在は第三者評価が試みられています。国立大学に対しては、主として財政的つながりに頼るコントロールを行っていますが、実効のあるコントロールの手段としては法律を改正して国立大学を廃止する方法しか有りません。
　認可の対象となる学校が少ないのは幼稚園を除く初等中等学校ですが、この部分は実質的に都道府県がカバーしています。即ち、高等学校と特別支援学校は都道府県立が主流となっており、小学校・中学校は市町村立ではあるものの、その経費の大半を占める教職員の給与費を都道府県が負担し、人事権も握っています。文部科学

省は、この給与費を含めて義務教育に要する経費の一部を負担し、基準財政需要額の算定基礎として高等学校の教員等の配置基準を定めることによって実際の影響力の確保を図っています。したがってこの領域は、設置者行政と人事・財政を背景とした行政指導の領域です。

1.1.3 学校の設置・運営と認可

認可の対象となる学校について認可の対象となる行為を見れば、認可による規制は教育組織の変更と学生・生徒の収容力の拡大に対して、特に強く働いていると考えられます。学部や学科の新設のように新しい教育組織を設けること、既存の組織を変革して新しい組織に生まれ変わらせることが認可の対象となっています。又、認可の基準として重要な役割を果たしているものが各学校種ごとに設けられている設置基準ですが、そこで数量的に示されている部分は生徒数に応じて増減することとされており、生徒数が増加する場合には従来規模の基準ではなく増加した生徒数に見合った基準をクリアしていなければなりません。教育組織の変更の場合も、収容力の増加の場合も、その組織だけで考えることはできず、既存の組織も含めて学校全体、キャンパス全体で考えることとなります。認可を受けようとする組織の条件を良くするために、既存の組織を弱体化させることを認めるわけにはいかないからです。一般に組織が大きく、複数の内部組織を持つ高等学校、大学等、或いは、成長過程にある私立の学校は、学校を最初に設置した後も認可を受ける必要が生じる場合が多く、その場合には既存の組織も勘案した審査が行われることとなり、そのため、多くの学校はこれまで述べてきた各般の規制を多かれ少なかれ絶えず意識することとなります。

1.1.4 大学・高等専門学校に対する認可制度の緩和

2002年の法律改正により、大学・高等専門学校についてこれまで述べてきた認可の原則を若干緩和しています。即ち、次の場合には、公立・私立の大学・等専門学校は認可を受ける必要はなく、届出を以って足りるとしています（学校教育法第4条第2項、同法施行令第23条の2第1項）。

① 4年制大学・大学院について、既存の学部・研究科と同じ分野の学部・研究科を設置する場合（研究科の設置は、学位の種類を同じくするものであることが必要）
② 短期大学について、既存の学科と同じ分野の学科を設置する場合
③ 学部、研究科、短期大学の学科を廃止する場合
④ 私立4年制大学の学部について、既存の学科と同じ分野の学科を設置する場合（学部に学科を設置することが認可の対象になっているのは私立大学だけである。学部の設置を届出制にするなら、学科の設置の届出制も必然である）
⑤ 大学院について、既存の研究科の専攻と同じ分野の専攻を設置する場合及び既存の専攻と学位の種類を同じくするものに専攻を変更する場合（研究科を届出制

にするなら、専攻の届出制も必然である）
⑥　高等専門学校について、既存の学科と同じ分野の学科を設置する場合
⑦　4年制大学の通信教育について、その大学の既存の通信教育と同じ分野・同じ学位の種類の通信教育を開設する場合
⑧　短期大学の通信教育について、その短期大学の既存の通信教育と同じ分野の通信教育を開設する場合
⑨　私立の大学・高等専門学校の学則については収容定員に係る部分の変更が認可の対象となっているが（私立学校以外は認可の対象となっていない）、そのうち収容定員の総数の増加を伴わない場合
⑩　私立大学の通信教育について、収容定員の変更に伴う学則の変更のうち、収容定員の総数の増加を伴わない場合（私立学校以外は認可の対象となっていない）

これらを見ると、公立・私立の学校、特に私立の大学・高等専門学校が新しいことを行い、規模を拡大しようとするとすべて認可が必要となる状況が分かります。そのうちの若干部分を緩和したものが上記のリストですが、例えば、同じ分野の学部を複数設置する大学や同じ分野の学科を複数設置する短期大学は一般的ではありません。これが意味を持つのは、いわゆる学部等の改組といわれる場合であり、既存の学部等を廃止して（上記のリストに有るように、学部、研究科、短期大学の学科の廃止も届出制になった）同じ分野の新しい学部等を設置する場合に、原則として届出だけで行えることです。又、改組を届出にするのであれば、収容定員に関する認可制も緩和しなければならず（本体の学部等の改組が届出で済むのに、それに伴う定員の変動が認可になるのでは本末転倒である）、結果的には総数の増加を伴わないものに限定して届出制としています。
上記のリストを診ると大幅な緩和が行われたように見えますが、主として改組という限定された場合に関する緩和に過ぎません。そもそも既存の組織のリニューアルまで認可の対象としていたこと自体が誤りであるとも言えます。しかも、その改組等が届出で済むことか認可の対象となることかの判断は、入ってくる学生のことを考えれば大学としては大事を取って事前に文部科学省の意向を踏まえることとなりますから、結局は文部科学大臣の判断に待つところが大きく、したがって、改組に限ってみても、私立大学等が自由に活動できる範囲が大きく広がったわけでもないのです。具体的には、この届出は改組等を行う年の前年の12月末までに行う必要があり、届出を受けた文部科学大臣は、内容が設置基準を満たしていない等法令に適合していないと判断したときは、届出日から60日以内であればその事態を改善するための措置を採るよう命じることができます（学校教育法第4条第3項、大学の設置等の認可の申請手続き等に関する規則（平成3年文部省令第46号）第2条第7項・第8項、第3条第3項・第4項、第4条第7項・第8項等）。

この措置の命令は、次の1.2で述べる変更の命令等と異なり、従わなくとも、閉鎖命令には直接繋がることはないと考えられますが、無認可で設置された教育組織ができたり（学部等の設置は無効になります）、施設・設備、授業等に関して法令違反の状態となったりすれば（措置の命令に反することによってこうした状態になるのではなく、教育関係の法律等に照らしてそうなるのであり、その認定は最終的には裁判によることになる）、1.2の変更命令、組織の廃止等の命令、閉鎖命令、罰則の適用等それぞれに応じた対応が採られることとなります。

1.2　変更命令等

学校が、施設・設備、授業等に関する法律の規定、法律に根拠を持つ政令、省令の規定等に違反する場合には、大学・高等専門学校については文部科学大臣が、市町村立の初等中等学校については都道府県教育委員会が、そのような事態を引き起こしている事項を変更するよう命令等することができます。この変更の命令等については命令違反に対する罰則がなく、そうかといって他に強制する手段がないことから、最終的には閉鎖命令（学校教育法第13条）によって強制することとなりますが、閉鎖命令は前述したように問題が多いシステムであるので、どれだけ実効性があるのかは疑問です。

1.2.1　文部科学大臣による変更命令等

公・私立の大学・高等専門学校が施設・設備、授業等に関する法律の規定又は法律に根拠を持つ政令・省令等の規定に違反しているときは、文部科学大臣はその大学・高等専門学校に対して違反状態を改めるために必要な措置を採るよう勧告することができ、勧告に対応して必要な措置が講じられない場合はそのような違法状態を改めるよう命じることができ、この命令にもかかわらず事態が改善しないときはそのような違法状態にある組織の廃止を命じることができます（学校教育法第15条第1項乃至第3項）。学校の閉鎖命令（第13条）と同様に、この組織の廃止命令が何を意味するのかは明確でありません。組織の廃止の手続きを行うように命じたものと考えるならば、このシステムには罰則がなく、この組織の廃止命令を強制する方法としては、学校全体の閉鎖を命じる前述の閉鎖命令を出すこととなります。しかし、これだけの手順を踏んでも閉鎖命令自体に問題点が多く、問題の組織以外の組織も閉鎖することとなることもあり、これによってどれだけのことができるか不明です。こうしたことを考えると、この場合の廃止命令は、その組織の設置認可の取消しと同じ効果を持ち、廃止命令を受けたその組織はその時点で一条学校の組織ではなくなると考えるべきです。なお、従来は、私立学校に対する変更命令は私立学校法（第5条）により大学を含めてすべての私立学校に対する適用が排除されてきましたが、2002年に新たにこのシステムが作られ、その際私立学校法による適用排除も行わなかったことから、これによって私立学校の中で大学・高等専門学

校が初めて変更命令の対象となりました。

又、これらの勧告、命令を発するに際して必要がある場合には、文部科学大臣はその学校に対して報告や資料の提出を求めることができます（学校教育法第15条第4項）。

1.2.2　都道府県教育委員会による変更命令

市町村立の初等中等学校が、施設・設備、授業等について法律の規定又は法律に根拠を持つ政令、省令等の規定又は都道府県教育委員会が定めた規程に違反しているときには、都道府県教育委員会が現在の状態を変更し、適法な状態を確保するよう命令を出します（学校教育法第14条）。この命令を強制するためには、最終的には閉鎖命令によることとなりますが、これには上記のように問題があるほか、市町村が設置の義務を負っている市町村立の小学校と中学校については閉鎖命令を出すことはできません（学校教育法第13条、第4条第1項第2号）。

私立の初等中等学校については、私立学校法により、この変更命令を定めた学校教育法第14条は適用しないこととされています（私立学校法第5条、第2条第3項、附則第12項）。なお、上述の改善の勧告、変更命令、組織の廃止の命令という学校教育法第15条のシステムは、大学・高等専門学校を対象とするものであり、初等中等学校は対象としていません。したがって、形式的には、私立の初等中等学校については、変更命令や改善勧告無しに、いきなり閉鎖命令が発せられることとなります。

2　学校に対する財政措置

学校を設置するにも、又、設置した学校を運営するにも、多額の資金が必要です。これらの資金を負担するのは設置者であり（学校教育法第5条）、学校は設置者から与えられるこれらの資金を原動力として運営されています。設置者が必要な資金を確保できない学校は十分な教育・研究活動が難しいことになります。そして、設置者が必要な資金を確保できても、その学校又は学校の或る教育組織の活動に不満を持つ場合には、その活動には資金を与えないこととなります。学校の設置・運営の責任は設置者にあり、納得できない活動は抑制し、或いは廃止等するのは、設置者の義務であるからです。このように、設置者は資金の配分を通じて学校をコントロールします。

他の一つは、国や都道府県等が、他の者が設置する学校の設置・運営のための資金を援助することがあります。この場合は、相手は本来的には資金援助を行う必要がない他人ですから、援助は明確な目的、内容のものでなければなりませんし、しかもこれらの資金は国民の税金を原資にしていることもあって、援助された資金の使途、それによる効果等について厳しい監視が行われるのは当然のことです。これらの資金は、補助金、負担金、交付金等の名前で呼ばれ、学術研究を進めるために研

究用装置を購入する、僻地の子供のためにスクールバスを購入する等のように目的・対象が極めて限定的なものから、地方公共団体が必要な事務を等しく行えるよう必要な金額を補塡するもの等のように極めて一般的なシステムとして国の仕組みの基礎部分を形作っているものまで、多様な内容となっています。どのような資金であれ、それを必要としている学校や学校の教育組織にとって、その資金の獲得は重大事ですが、一般的な目的の資金で金額の大きなものや、その資金が獲得できなければ新しい事業を行えないもの等については、その獲得に最大限の努力を払わざるをえません。そして、資金を支出するほうも、良い教育・研究が行われているところや行われる可能性が高いところに手厚く援助しようとします。この決定を公正に、客観的に行おうとすれば、これまで述べてきた規制を遵守している学校のほうを、規制を満たしていない学校よりも優遇することになります。具体的には、数量的に把握できる学生・生徒数、専任教員数、校地・校舎の面積、設備の整備状況等を分析するとともに、必要に応じて論文数等の規制に関係しない他の資料も加味します。

いずれの場合においても、資金の配分を通じて、規制を遵守させるような力が働く世界が形成されているのです。

2.1 国立学校

国立学校の設置者は、国ではなくなり、現在では国立大学法人になっています。旧制度の国立学校は文部科学省の中に置かれている一つの組織でしたから、国立大学の意向は踏まえたものの、個々の国立大学の予算を国が作成し、資金はその使途の細部に至るまで最終的には国が決定し、把握していました。

現在では、国が作成するのは各国立大学法人に資金をいくら交付するかという予算であって、個々の国立大学の予算は国ではなく各国立大学法人が作成しますし、一旦国から国立大学法人に渡るとその資金は国の資金ではなくなり、渡された国立大学法人の資金となります。したがって、国から或る金額の資金を受け取った国立大学法人は国がどのような根拠でその金額を積算しているかに拘束されることなくその資金を使用できるはずです。しかし、前述のように、国立大学に必要な資金の過半は国から交付されるものですから、国から各国立大学法人に交付される資金については、国がその金額をはじき出した根拠にとらわれずに使用できるという原則であるとしても、国の意向は無視できるものではありません。

一方、法人化された国立大学に対しては、何が私立大学と違うのかという問いかけが常に発せられています。私立大学も設置基準を満たしていますから、この点には国立大学の存在理由を見出すことができません。又、教育に関して私立大学を凌駕するような目立った成果も現れてはいません。このような状態のままでは、それほど遠くない将来には現在のような国立大学は存在できなくなります。そこで、国の

監督下で個々の国立大学を専門的な評価機関が評価するシステムが導入されました。このシステムにより国立大学が活性化し、レベルアップすることが可能と考えたものと思われます。当分の間は、日本の国立大学の存在理由はこの第三者評価の実施に懸かっていることとなります。しかし、日本の国立大学が政府の努力にもかかわらず活性化せず、レベルアップもできないのは、大学運営のシステムの基本に問題が有り、この点は国立大学法人になっても全く変わっていません。

日本における国と国立大学との関係は国が毎年多額の資金を交付するというだけの関係、辛うじて金で繋がっているだけの関係と言っても誤りではありません。

大学以外の国立学校のうち初等中等学校については、国立大学法人が設置する大学の付属学校の形で国立大学法人が設置しますが（国立大学法人法第23条）、高等専門学校については、独立行政法人国立高等専門学校機構という一つの独立行政法人が、56校の国立高等専門学校を設置し、運営しています（独立行政法人国立高等専門学校機構法第1条乃至第3条）。

国立高等専門学校機構の理事長は文部科学大臣が自らの判断で任免しますし、各国立高等専門学校の校長を始めとする教員の任免も、理事長の判断のみによって行えることとなっています（独立行政法人通則法第20条、第23条、第26条）。

中期目標の設定とその実施の結果の評価、評価に基づいて具体的な措置を講じることについても、文部科学大臣と評価委員会が、その責任により実施することになっており、又、大学と同様に認証評価機関による評価が義務付けられていますが、これを中期目標に関する評価とは切り離しており、中期目標に関する評価を曖昧にする要素を排除しています（独立行政法人通則法第29条乃至第35条、学校教育法第70条の10、第69条の3）。

各国立高等専門学校の予算は国立高等専門学校機構が作成し、予算に従って資金を使用することも機構が行います。この意味では旧制度の時代と類似していますが、その主体が国から独立行政法人である機構に代わった点で基本的に違う形態です。不足する財源を国に依存し、その額も多額であるという点では国立大学法人と同じですが、56校の経費がひとくくりになっているのですから、遣り繰りの余地は大きいと言えます。

2.2 公立学校

公立学校は、初等中等学校と高等専門学校については都道府県・市町村が直接設置することとなりますが、大学については、都道府県等が直接設置する従来型の公立大学と、地方独立行政法人法に定める公立大学法人が設置する公立大学の2種類が存在することとなります（学校教育法第2条、地方独立行政法人法第21条第2号、第7章）。

都道府県・市町村が直接に設置する学校については、各都道府県・市町村の組織の

一部として、都道府県・市町村がその予算を作成し、予算に従って資金を支出することとなります。これは、従来の国立学校と同じです。

公立大学法人が設置する公立大学は、国立大学法人の場合と基本的に同じであって、財政的には都道府県等に大きく依存し、都道府県等は公立大学法人に対してその設立時等に必要な財産の出資を行うとともに、毎年、運営に要する金額をその都道府県等の予算に計上し、計上したその金額を公立大学法人に交付することとなります（地方独立行政法人法第6条、第42条等）。そして、公立大学法人の予算は、この交付金を主要な財源としながら各公立大学法人が作成することとなります。しかし、国立大学法人の場合と同様に、公立大学法人も、経費に当てるため一定の金額を援助してもらうという形態ではなく、不足する金額を都道府県等から援助してもらうというものであり、結果的にも公立大学法人の財源の大半は都道府県等からのこの交付金です。

2.3 私立学校

私立学校の設置者である学校法人とその設置する学校との関係は、基本的に、国立大学法人とその設置する国立学校、公立大学法人とその設置する公立大学、都道府県・市町村とその設置する公立学校との関係と同じです。即ち、その設置する学校を運営し、その経費を負担することとなります。しかし、その具体的なシステムを見れば、私立学校と国・公立学校のシステムでは、大きく異なっています。それは、国・公立学校は不足するお金は税金で賄ってもらえるのに対して、私立学校は設置者である学校法人が必要なすべてのお金を調達しなければならないところに起因します。

その結果、国・公立学校は、内閣や都道府県知事・市長村長が議会の賛成を得て作成する予算に大きく依存していますが、私立学校は国、都道府県・市町村の予算に依存する度合いが格段に小さい状態にあります。国立学校・公立学校の設置者には経営についての観念が極めて乏しいのに対して、学校法人は経営の観念無くしては存在できません。

国等の予算への依存度が高いということは、設置者である国立大学法人・公立大学法人の財政面における自主性が低いことを意味するとともに、教育・研究面の必要に基づく思い切った措置がとりにくいこと、世の中に通りのよい事項については必要が無いのに予算を措置しがちなこと等を意味しています。

これに対して、学校法人では、不必要な予算を認めることができるほどの財政的な余裕は有りませんし、必要な事項に思い切って予算を投入しなければ、忽ち競争から脱落してしまいます。

国・公立学校は税金を原資とすることで安い授業料で（義務教育は無償）、且つ、良い条件で教育を行えることが保証されていますから、国（公）立大学法人は予算

の使用を考えていれば済むのですが、私立学校を設置する学校法人はこのような状況にはありません。更に、長期的に学校教育の対象となる学生・生徒の数が減少の一途をたどることが確実な情勢の中で、魅力のある、有効な教育を行えるような学校作りをし、学校経営をしなければ、その私立学校は遠からず確実に消滅してしまうことから、学校法人については、いかにして財源を確保し、長期的な視野も持ちながら確保した資金を最も有効な形で使い、その際役に立たない既存の組織・施設は躊躇せず廃止し、教員を含め意欲や能力の無い者は辞めてもらう等の負の側面におけるものも含めて、経営者としての努力が強く求められています。

2.3.1 経常費助成

私立学校は国・都道府県から何の資金援助も受けていないかと言えば、私立の大学・高等専門学校は国から、私立の初等中等学校は都道府県知事から、毎年少なからぬ額の補助金を受けています。この補助金の中心をなすのは私立学校の経常費に対する補助金で、私立学校に対する補助金の額の大半を占めています。経常費の補助と言っても、経費と収入を比べて不足する額を補填するという趣旨のものではなく、必要な経費は私立学校の設置者である学校法人が負担するという原則は堅く維持しつつ、それに若干の補助をすることによって私立学校の経営の安定、教育・研究条件の向上、学生・生徒の経済的負担の軽減という効果を確保できるという観点から、収入と支出についての積算を行うこと無しに（足りない額を補助するということではない）、大学の規模・内容等に応じて、一定額を国・都道府県が学校法人に補助しているものです（私立学校振興助成法第1条、第4条、第9条）。この私立学校に対する経常費助成は、毎年3,000億円を超える規模で行われていますが、収入と支出を比べて不足する額を国が補填している国立学校に対する国の財政支援の額は、学生数は私立学校の3分の1に過ぎないにもかかわらず、私立大学に対する補助の約5倍に上っています。乱暴な対比ですが、同じ規模の大学を取り上げた場合、国立大学は私立大学の約15倍の資金を国から受け取っている勘定になり、両者の間には財政支援の趣旨・内容に基本的な違いが有ることが分かります。

各私立大学に対する経常費補助は、国立大学の場合と異なり、原則として、専任教員数、学生数等の基本的な教育・研究条件に基づいて補助金の額を計算しますが（私立学校振興助成法第4条第2項、同法施行令（昭和51年政令第289号）第2条、第3条）、定員に比べて過大に学生を受け入れ、逆に入学者が定員を大きく割り込む等教育・研究や経営に問題を抱える大学については、その内容に応じて減額することとしています（私立学校振興助成法第5条、第6条）。補助金の支出を通じて規制を遵守させ、国の意向を尊重させる等の代表的な事例です。このような方法で各大学に交付される額が算定される補助金ですから、その使途は特定されておらず教育・研究に関する活動に自由に使用することができます。もっとも、教育・研究に係る経常的経費という大枠が存在しますし、又、2分の1以内という補助率も存在

しますから（私立学校振興助成法第4条）、理屈の上では、その大学が使った教育・研究に係る経常費の2分の1以上に当たる額の経常費補助を受けた場合には、2分の1を超える額は不適正な使途に使われたものとして不正の指摘を受けることとなります。しかし、経常費助成の対象となる経費は、専任教職員の給与費を始めとして教育・研究に関する主要な経費はすべて含まれていることから（私立学校振興助成法第4条第2項、同法施行令第1条）、私立学校が支出する教育、研究に係る経常費の額は多額に昇るのに対して、国からの経常費補助ははるかに少額であるのが現状であり、現実にはこのようなことは起こり得ません。具体的には、平成14年度に私立の4年制大学が支出した消費的支出（経常費とほぼ一致すると考えてよい。土地・建物・機械等の購入は資本的支出、借金の元本の返済は債務償還支出として、消費的支出に含まれない）の額は、約3兆2,300億円であり、管理経費の1,900億円を除外しても、3兆円を超えています（金額は、平成17年版文部科学統計要覧による）。私立大学の経常費支出の額が変わらないものとして、国が限度一杯の補助をするとすれば約1兆5千億円の経常費補助を行うこととなりますが、これは現在国が国立大学に支出している金額とほぼ同じです。しかし、実際はこの限度額の5分の1程度の補助を行っているのであり、私立大学の支出する経常費のほぼ1割程度を補助していることになります。

以上が経常費補助の原則的な内容であり、問題を抱える学校と完成年度に達していない学校（私立学校振興助成法第6条後段）は、補助金を減額されたり、補助を受けられないことはあるものの、補助を必要とするすべての私立学校は原則として経常費補助を受けることができ、その金額とあいまって、私学助成の基幹の役割を果たしていますが、この中に若干趣旨・内容を異にする部分を含んでいます。それは、優れた教育・研究活動を行う私立大学に対しては、基準よりも多い額の経常費補助を行うことができることとしている（私立学校振興助成法第7条）ものであり、この増額に充当される金額を特別助成と称しています。そして、経常費助成の増額は、このところは専らこの特別助成を増額することによって行われています。確かに、どのような大学にも多くの入学希望者が有った時代には、特に優れた教育・研究活動を行う大学を支援するにはこのような補助の仕組みも必要ですが、入学希望者が短期的にも長期的にも確実に減少しつづける時代においては、それぞれの学校法人・私立大学がその存亡を賭けて教育・研究活動を魅力の有る有効なものとするための努力を競っているのですから、その能力も無いのに国が大学の教育・研究活動を評価し、良心的な者よりも要領の良い者が得をするような結果を招くよりも、学校法人の判断で自由に教育・研究活動に使える本来の経常費補助の部分を充実するほうが有効ではないかと考えます。

以上、文部科学大臣が行う私立大学に対する経常費補助を中心に述べてきましたが、私立の高等専門学校（平成16年現在3校で、学生数は2,296人である。平成17年版

文部科学統計要覧による）に対する経常費補助もこれに含まれます。

私立の初等中等学校に対する経常費補助は都道府県知事が行いますが、国はこのような経常費補助を行う都道府県に対して、その財源の一部を補助金として交付しています（私立学校振興助成法第9条）。この国の補助金は、金額的にも都道府県が行う経常費補助のごく一部に当たるものに過ぎず、内容から見てもこのような形で国が補助する意味は無いにもかかわらず、なお存続しています。

2.3.2 学校法人会計基準

国や都道府県が私立学校の校舎の建築に補助金を出した場合に、その補助金が適正に使われたかを確認するには、所定の面積の校舎がその学校法人のものとして建設され、その代金も学校法人から所定の時期に然るべき者に支払われていることを、現地に行って実際に現物を確認し、登記を調べ、帳簿、証拠書類を調査する等によって確認することができます。機械等の物品の購入に補助金を支出した場合も基本的に同様です。

これに対して経常費補助は、特定の具体的な物や人についていくら支出するということではなく、人件費を含む経常的な経費に当ててくださいと言って一定の金額を補助しているものですから、実質的には使途も限定されていません。このような補助金についても適正に使用されていることを確認することは必要ですが、それは通常のやり方では極めて難しいことであり、確認の仕方によっては、学校法人に不必要な負担をかけてしまうことにもなります。実際には、次のようなシステムを整備することにより、経常費補助を受けた学校法人が経常費補助金を適正に使用したことを確認しています。

① 学校法人全体の会計を対象として、それを外部の者が理解できる内容にすること。そのためには、私立学校の会計処理が、国民が周知の合理的な基準によって行われるようにすること（私立学校振興助成法第14条第1項）。

② 上記の基準に従って処理された結果に従って毎年所定の会計書類を作成し、収支予算書とともに文部科学大臣又は都道府県知事に届け出ること（私立学校振興助成法第14条第2項）。

③ 上記の会計書類が真実な内容を表していることを確認するために、文部科学大臣又は都道府県知事に提出するこれらの会計書類には公認会計士の監査報告書を添付すること（私立学校振興助成法第14条第3項）。

経常費補助金を受ける学校法人の会計処理の基準として定められたものが、学校法人会計基準（昭和46年文部省令第18号）です。私立学校振興助成法の作成が1975年（昭和50年）であるのに、学校法人会計基準の作成が1971年であるのが気にかかるところですが、私立学校に対する人件費を含む経常費補助は1971年に既に始まっており、会計処理等のそのために必要な規定は私立学校法の中に定められてい

ました。
学校法人会計基準の定める会計処理の要点は、次の通りです。
① 複式簿記の原則によるとともに、真実性、明瞭性、継続性を原則とし、企業会計原則とも同じ土俵に立つものであること（同基準第4条）。
② 企業は株主に配当を行うし、税金を払うものであり、そのために利益を計算することが極めて重要であるが、学校法人はこれらを行わず、このような形の利益の計算は意味がないことから、損益計算を行わないこと。しかし、学校法人においても収入・支出のバランスを取ることは重要であり、そのため消費収支の計算を行うこと（同基準第4条第3号、第3章）。この消費収支計算書が、企業会計の損益計算書に当たること。
③ 企業会計の「資本」に当たるものを「基本金」とし、基本金の金額は、学校の運営に必要不可欠な校地・校舎等の固定資産、運転資金、教育・研究のための基金等の額に見合う金額のうち、現に基本金に組み入れている金額を言うこと（同基準第29条、第30条第1項。私立学校法第25条参照）。このうち、固定資産に係る基本金については、帰属収入（借入金のように負債となる収入を除いた自前の収入）でこれらを取得した限度において組み入れ、その後は帰属収入で借入金を返済した時点でその金額を組み入れること（同基準第30条第3項）。その年に行った基本金組み入れの金額に相当する金額は、消費収支計算の収入から控除するため、その分消費収支計算における収入の金額が減少し、収支のバランスが悪くなること（同基準第29条）。
④ 複式簿記で記帳し、減価償却を行い、発生主義を採用し、消費収支計算を行いバランス・シート（貸借対照表。同基準第4条第3号、第4章）を作成する等企業会計と同じベースの会計処理を行う中で、学校についてはすべての収入支出を計上する形の予算による統制が行われていること、経常費補助による多額の補助が行われること、経緯的にも学校関係においては現金の収支に親しんできたこと等から、学校法人については、すべての収入支出の内容と現金の動きをつまびらかにする会計書類を作成することとし、資金収支の計算を行うこととしていること（同基準第4条第1号、第2章）。具体的には、その年度におけるすべての現金の収入と支出の額を記載する他、その年度の活動に対応する収入と支出ではあるがその年度には現金の受け取り又は支払いが行われなかったもの（前期末における前受け金と前払い金、当期末における未収入金と未払い金）の額を記載すること（同基準第7条）。この場合、現金の収入と支出の額を明確にするため、前期末前受け金と当期末未収入金は控除科目として（その金額をマイナスする科目として）収入の部に記載し、前期末前払い金と当期末未払い金は控除科目として支出の部に記載すること（同基準第11条）。

2.3.3 助成に伴う監督権限の強化

経常費補助を受けた学校法人が上記のような会計処理に関する義務を負うこと、経常費補助を含めて国から補助金を受けた学校法人がその補助金を不適正に使用した場合には補助金の返還を命じられることがあること等（補助金等に係る予算の執行の適正化に関する法律）、公のお金を貰うことに伴いその適正な使用に関する義務を負い、規制を受けることは当然のことですが、これに止まらず、監督庁の権限を強化するという方法で、補助を受けた学校法人に対して規制がかけられています。即ち、経常費補助を含めて何らかの補助を国・都道府県から受けた学校法人に対して、国・都道府県は次のような特別の権限を持ちます（私立学校振興助成法第12条乃至第13条）。

① 入学定員を著しく超えて入学させている場合に、その是正を命じること（私立学校振興助成法第12条第2号）。これについては、私立学校振興助成法第5条、第6条の規定に従い補助金を減額し、又は、交付しなければ済むことである。既に交付した補助金については、返還等の措置が可能である（補助金等に係る予算の執行の適正化に関する法律第4章）。これの違反に対する罰則は無い。

② 不適切な予算についてその変更を勧告すること（私立学校振興助成法第12条第3号）。上記と同様に、補助金の減額、不交付で済むことである。又、勧告は行政指導の一種と考えられ、そもそも強制になじまない（行政手続法第2条第6号、第4章参照）。

③ 役員が法令違反等を犯した場合にその解職の勧告をすること（私立学校振興助成法第12条第4号）。上記と同様に、補助金の減額、不交付で済むことであり、又、勧告は行政指導である。

④ 補助に関し必要がある場合には、立ち入り検査等を行えること（私立学校振興助成法第12条第1号）。補助を受けた学校法人に対しては、既に、補助金等に係る予算の執行の適正化に関する法律により立ち入り検査等を実施できることになっており、これを妨害等した者は刑罰（3万円以下の罰金）の対象となる（第23条、第31条第3号）。したがって、これと別に立ち入り検査等を認める必要は無いことに加えて、私立学校振興助成法のこの規定には立ち入り検査等を妨害等した者に対する罰則も無い。

以上のように、国・都道府県に与えられたこれらの権限は、厳密に考えればそれほど大きな意味を持っていません。又、会計処理に係る事柄は、原則として、経常費補助を受ける学校法人に義務を課す性格のものであって、国・都道府県に権限を与える性格のものでは有りません。したがって、これらの関係については、補助金を不正に受けたり、使用すれば、返還を命じられ、懲役（最高で5年）を含む刑罰の対象となる（補助金等に係る予算の執行の適正化に関する法律第29条乃至第33条）

等のそれに応じた国・都道府県の関与を招くことは有りますが、補助を受けたことにより国・都道府県の節度を超えた干渉を招く要素は無いと言えます（補助金等に係る予算の執行の適正化に関する法律第24条参照）。補助に関し、国・都道府県の不当な関与が心配されるとすれば、それは補助自体の中に有ると言えます。私立学校にとって最も重要な補助金である経常費補助について見れば、各大学への配分額に関して、積算の方法、減額の対象となる行為等をかなり具体的に定めていますが（私立学校振興助成法第4条乃至第7条、同法施行令第1条乃至第3条）、それでも各大学への配分額の決定について国には相当程度の裁量の余地が有ります。各学校法人にとって経常費補助は極めて重要な位置を占めており、強大な力を持った国がその配分に関して裁量権を行使することにより、学校法人に対して節度を超えて不当に干渉することは十分有り得ることです。こうしたことから、国の予算に計上された経常費補助金は国が直接配分を行うのではなく、いわゆる特殊法人である日本私立学校振興・共済事業団にそのまま交付し、同事業団は自らの責任で自らの判断に基づき、交付を受けた経常費補助金の配分を決定して、各学校法人に補助します（私立学校振興助成法第11条、日本私立学校振興・共済事業団法第23条第1項第1号、同法施行令第1条、同法施行規則第1条。補助金等に係る予算の執行の適正化に関する法律第2条第4項第1号・第5項・第6項、第3条第2項等参照）。同事業団は、上記の経常費補助を中心とする私学助成に関する事業と、私立学校の教職員に関する長期・短期の共済事業の二つを行いますが、私学助成の事業については、事業の実施に関する文部科学大臣の一般的な監督・命令の対象から除いています（日本私立学校振興・共済事業団法第42条）。

第7章
専修学校と各種学校

第2部 学校教育の仕組みと運営

　ここまでで、日本の学校教育の仕組みと運営がどうなっているかを述べてきました。それは、一条学校という体系化され、規格化された教育施設において行われる教育であり、教育内容から運営の基本に至るまで、国が直接的・間接的に責任を負いながら行われているものでありました。
　専修学校・各種学校は学校という形態を採ってはいますが、体系に組み込まれた学校ではなく、本来的に国はそこでの教育について責任を持つ立場には在りません。専修学校・各種学校は一条学校ではなく、そこでの教育は、学校教育に類する教育ではあっても学校教育そのものではないのです（学校教育法第1条、第83条第1項）。したがって、教育を学校教育と社会教育という観点で分類するならば、専修学校・各種学校における教育は社会教育に入るべきものですが（社会教育法第2条）、社会教育法は専修学校・各種学校について何一つ述べていません。社会教育を行っているものの、学校という形態を採っていることから、その形態を重視してすべて学校教育法で規定することにしたものと考えられます。
　日本においては、学校で行われる教育は学校教育であり、博物館等の社会教育施設で行われる教育は社会教育であるという思い込みが強烈です。しかし、一条学校は学校教育を行うことが主要な任務ですが、その教育能力を生かして生徒以外の者に対して教育を行うこと（社会教育になる。社会教育法第2条）は当然のことですし、又、社会教育施設がその教育能力を生かして一条学校の生徒に対してその教員の了解の下で一条学校の授業として評価される授業を行うことも禁止されるべきではありません。学校教育として行われるから学校教育なのであり、学校が行うから学校教育なのではないことは、大学等の公開講座を考えれば明らかです。又、社会教育施設が行うから社会教育なのではなく、学校教育以外の教育として行われるから社会教育なのです。
　学校という形態で行われる教育であっても、学校教育以外の教育として行われれば、それは社会教育です。専修学校・各種学校は、学校教育以外の教育を行う学校ですからその行う教育は社会教育であり、したがってこれらを社会教育施設と呼ぶこと

ができます。
しかし、以上の論理は必ずしも常識になっているとは言えず、常識としては、専修学校・各種学校は教員と生徒が所属する教育施設、即ち学校であり、学校で行われる教育は学校教育であるという論理であると考えられます。こうした常識に適うことから、専修学校・各種学校について学校教育法で規定することができたものと考えられます。

第1節　専修学校・各種学校の内容

専修学校・各種学校は、一条学校以外の学校のうち、施設・教員・生徒数が或る程度以上の規模であり、或る程度のまとまりをもった教育が行われているものです。即ち、一条学校以外の学校のうち比較的程度が良いものが専修学校・各種学校であると言えます。程度が良いと言っても、例えば各種学校の場合は普通の戸建て住宅や広めのマンションの室程度の建物面積（115.7㎡）でよいのですから（各種学校規程第10条第1項）、ささやかなものです。
一条学校以外の学校についても社会的に信用のできる教育施設であることが容易に見分けられるようにするためのシステムを社会が望んでいるという前提に立つのであれば、その学校が信用できるものであることを保証する上で必要な限度で規制し、その学校に対する最大限の制裁がこの保証を撤回することであるような制度であるべきです。この意味で、認可申請の強制（学校教育法第84条、第89条）と違反に対する刑罰を伴う閉鎖命令（同法第82条の11第1項、第83条第2項、第89条）は不適当です。

1　経緯

1.1　各種学校の成立

明治時代の前半（学制・教育令の時代）は別にして、戦前の学校制度は、社会において必要とされる学校について学校種ごとに勅令を制定して（例えば旧小学校令、旧大学令等）、その内容を定めるというものでしたから、どれにも該当しない学校である各種学校についてはこうした勅令が定められることは有りませんでした（この種の勅令が或る種の各種学校について定められれば、その学校は各種学校でなくなる）。このことはいわば当時の一条校であるこれらの学校以外の学校が存在していなかったことを意味するものではありません。ただ、存在してはいても今日の各種学校のように制度上の立場が認められ、或いは、一定のレベルの学校として公認されたということではなく、治安維持等の観点から都道府県知事による監督の対象とされていたに過ぎませんでした（旧私立学校令第1条、第2条、第9条乃至第13条等）。

新しい学校制度において、一条学校以外の学校のうち、一定の要件を満たすものが各種学校とされ、そのうち、私立と市町村立の各種学校については都道府県の監督を受けることとされました。この都道府県の監督の内容は、日本国憲法や新しい学校制度の原則との整合性を吟味することなく戦前行われていた内容をほぼそのまま取り入れたものでした。それでも流石に、「安寧秩序ヲ紊乱シ又ハ風俗ヲ壊乱スルノ虞アルトキ」には学校の閉鎖を命じる（旧私立学校令第10条第2号）という条項だけは引き継ぐことができませんでした。

ちなみに、私立学校令が定めていた、各種学校を含めた私立の学校に対する監督と罰則の概要を整理すると、次の通りです。

① 原則として都道府県知事が監督（第1条）
② 私立学校の設置は認可が、廃止と設置者の変更は届け出が必要（第2条）
③ 校長の任命は認可が必要（第3条）。認可を受けずに校長になり、或いは、校長に任命すれば罰金（第14条）
④ 教員免許状を持たない教員は教員としての認可等を受ける必要（第5条乃至第7条）。認可を受けずに教員となり、或いは、教員に任命すれば罰金（第14条）
⑤ 設備・授業等について教育上有害と認めたときは変更命令（第9条）
⑥ 法令違反・安寧秩序の紊乱又は風俗を壊乱する虞・6ヵ月以上の授業不実施・変更命令違反に対しては学校の閉鎖命令（第10条）。閉鎖命令に従わず私立学校を継続すれば罰金（第13条）
⑦ 学校形態の教育を行う者に対する学校設置の認可申請の命令（第11条）。この命令に従わず認可申請を行わないと罰金（第13条）

思想自体を見張り、取り締まり、弾圧した第2次世界大戦以前の日本国家であるからこそ存在し得た学校の監督システムが、目立ちすぎるとして削除された僅かな部分を除いてそのまま現在の制度に乗り移っているのが分かります。

1.2　専修学校の成立

一定の要件を満たす学校として各種学校の制度が成立して以後、学校制度としてのメリットは無いものの、認可という一種の公的な御墨付きを得ることによる社会的信用という事実上のメリットや、生徒に対する学割の取り扱い、学校に対する或る種の税制上等の優遇措置といった学校制度外のメリットもあり、各種学校は1948年の1,405校が、1960年には8,089校になり、暫くはその規模を維持していました（平成18年版文部科学統計要覧による）。

公的なお墨付きとは言っても前述のように各種学校のレベルは高い評価を得るにはほど遠いものであり、各種学校であることにより得られるメリットもそれに応じたものにならざるを得ません。そこで、各種学校の中でレベルの高い学校が、高いレ

ベルの基準に対応した各種学校の類型を設けることを求めました。この要求が1975年に実現し、専修学校の制度が発足しました。当然のこととして、各種学校の中から大量の学校が専修学校に転換しました。1975年に7,956校であった各種学校は、10年後の1985年には4,300校になっており、2005年現在では1,830校になっています（平成18年版文部科学統計要覧による）。これに対して1975年には1校も存在していなかった専修学校は、1985年には3,015校になっており、2005年現在は3,439校です（同上）。

各種学校も、専修学校も、共に一条学校でないという基本的な性格を共有する学校です。一条学校でない学校のうち、レベル的に比較的程度がよいものが各種学校であり、各種学校のうち比較的程度のよいものが専修学校となっていると考えてください。ただし、これは一般論としてであり、程度が高い非一条学校でも専修学校・各種学校になっていないことは、制度的に十分に有り得るからです。

なお、各種学校の名称は学校制度上使用が禁止されていませんが、専修学校の名称は専修学校以外の者が使用すれば刑罰の対象となります（学校教育法第83条の2第2項、第92条。各種学校規程第13条参照）。

2　専修学校・各種学校の内容

一条学校以外の学校であって或る程度の規模を持つものがすべて専修学校・各種学校になれるわけではありません。防衛大学校のように法律に基づき各省庁が設置する学校と、職業訓練校や保育所のように各省庁の行政目的を遂行するための施設として法律に基づき設置される学校については、それぞれの法律において教育施設としての制度上の立場が確立しており、更に別の学校制度を適用する必要も、実益も無いことから、専修学校・各種学校から除いています（学校教育法第82条の2、第83条第1項）。

又、外国人学校（日本に居住する外国人のための学校）は、専修学校となることはできないこととしていますが、これは専修学校の制度を外国人学校も含み得るような大まかな制度として整備するのではなく、或る程度細かい内容も含んだ制度としたいという政策的判断によるものと考えられます。このことは、外国人学校が日本において学校としての制度上の地位を得ようとする場合には各種学校となることができるという趣旨を含んでいると考えられます（学校教育法第82条の2、第83条第1項）。

2.1　教育内容

一条学校とは異なり、教育内容を定めるのは各学校の自由です。そうは言っても、禁止されている薬品を使う等規制に触れる行為を行った場合は、規制をしている法律に従った制裁が科されます。

ただし、専修学校・各種学校は文部科学省の守備範囲内における学校ですから、文部科学省が所管している教育の範囲内に在るものでなければならず、普遍的・一般的な価値を求めるという要素が必要であるという主張が存在します。具体的に言えば、文部科学省が認めている学校である以上、教育内容に小学校・中学校・高等学校の普通科で教えるような内容（「普通教育」と言っている）を或る程度含んでいることが必要であるとするものです。例えば、自動車教習所は一条学校もかなわない大変しっかりした教育を行っていますが、普通教育の要素は無いと一般に考えられており、この点から、自動車教習所が運転免許取得のための教育ということだけで各種学校になることに難色を示すのです。この第2部の冒頭で指摘した通り、「普通教育」という曖昧な概念を重視し、制度上これに特別の価値を与えるようなことはすべきでありません。普通教育とは学校教育のうちの基礎的な部分で、幼稚園教育と義務教育がこれに当たるぐらいに割り切るべきです。現在のような概念の普通教育を重視すれば、特定の知識や能力を身につけることを目指してカリキュラムを合理的なものにすればするほど、「（普通）教育」とは言えなくなるという結果をもたらします。

専修学校は、職業又は実際生活に必要な能力を育成し、又は、教養の向上を図ることが教育の目的とされていますが（学校教育法第82条の2）、これに該当しない教育を考えるのは難しいことであり、上述した自動車運転免許取得のための教育さえこれに含まれます。

教えるべき教科の種類は定めがなく、自由であり、当然学習指導要領やそれに類するものも有りませんし、教科書の使用義務は無く、教科書を用いる場合も何を教科書として使うかは自由です。

2.2 教育内容以外

教育内容が自由であることは、入学資格もこうでなくてはならないという決まりが無いことを意味します。即ち、どういう入学資格にするかは各設置者が自由に決めることとなっています。

教育内容が自由であることは、修業年限も長短あることを意味していますし、卒業の要件も当然様々であり、いずれも設置者が自由に決めることになります。

又、教育内容が様々ですから、そこで行われる教育の内容やレベル等を定型化することはできず、国が教員資格を一律に決めることは不可能であり、教員としての資格があるか否かは教員を採用する立場に在る設置者が自分の責任で判断しなくてはなりません。

更に、誰でも都道府県の認可を受けて専修学校・各種学校を設置することができることとなっています。設置者別の学校数は、表2.7.1及び表2.7.2のとおりです（平成17年度学校基本調査報告書による）。

表2.7.1 設置者別専修学校・各種学校数

区分	国立	公立	私立	計
専修学校	13	201	3,225	3,439
各種学校		16	1,814	1,830
計	13	217	5,039	5,269

表2.7.2 私立専修学校・各種学校の設置者別学校数

区分	学校法人	準学校法人	財団法人	社団法人	その他法人	個人
専修学校	752	1,324	155	274	301	419
各種学校	105	277	118	127	88	1,099
計	857	1,601	273	401	389	1,518

9割以上が私立であり、特に各種学校の場合は99％以上の学校が私立です。
又、専修学校では、6割以上の学校が学校法人立か準学校法人立であり、個人立は13％に過ぎませんが、各種学校では、個人立の学校が6割を超え、学校法人立と準学校法人立の学校は21％に止まっています。

3 専修学校・各種学校の要件

教育内容が自由であることから、入学資格、修業年限、卒業の要件等を定めるのも原則として各学校の自由であると言いましたが、一方、一般論として一条学校以外の学校のうち程度のよいものを各種学校とし、各種学校のうち程度のよいものを専修学校としたことから、専修学校・各種学校としての最低限の要件は国が決めています。

3.1 各種学校の要件

各種学校の要件は一条学校以外の教育施設であることと学校教育に類する教育を行うものであることだけであり、実質的な要件は省令で定められています（学校教育法第83条第1項、第3項）。この場合、専修学校の要件を満たす学校は各種学校ではなく専修学校となるべきこととしています（同法第83条第1項カッコ書き。学校教育法等の一部を改正する法律（昭和50年法律第59号）附則第2条第3項参照）。各種学校の修業年限は3月以上（原則は1年以上であるが、最低3月あればよいこととされている）、授業時間は年間で680時間以上（修業年限3月の場合は170時間以上。なお、これらの数字が開設されている授業の時間数か、卒業するために履修すべき授業時間数かが明確でない。専修学校の授業時間数についても、同様である）とされています（各種学校規程第3条、第4条）。

3.2 専修学校の要件

専修学校については、修業年限は1年以上（学校教育法第82条の2第1号）、年間授業時間数は800時間以上（同条第2号、専修学校設置基準第5条）、それと、常時40人以上の生徒がいる（学校教育法第82条の2第3号）ことが必要です。確かに、各種学校よりレベルが高くなっていますが、その差はそれほど大きくはありません。既存の各種学校がかなり容易に専修学校に転換できるような要件であったからこそ、かって約8,000校存在していた各種学校が現在の1,830校にまで減少することが可能であったのです。

4　専修学校・各種学校の設置基準

上記のように、専修学校と各種学校は学校としての要件が異なりますから、設置基準の内容も異なったものとなります。

これまで述べてきたことからも推測できるように、各種学校の設置基準は専修学校のそれと比べて簡単なものとなっています。

4.1　各種学校の設置基準

設置基準に関しての重要な事項としては、校舎面積と教員数があります。

校舎面積は、115.7 ㎡と生徒数×2.31 ㎡で計算した結果を比べて、いずれか多いほうの面積が必要とされています（各種学校規程第10条）。

教員数については生徒数に応じた教員数ということだけで、具体的な基準が示されていませんが、最低でも3人は必要とされています（各種学校規程第8条第1項）。

4.2　専修学校の設置基準

各種学校についても、内部的な教育組織が有ることが想定されていますが（各種学校規程第6条、第8条等）、どのような内部組織にし、それをどのように扱うかは設置者に委ねられています。これに対して専修学校については、高等学校や大学と同様に、内部的な教育組織の内容と扱いが法律で定められ、設置基準等においても重要な役割を担っています。

4.2.1　専修学校の教育組織

［課程］

専修学校には、中学校卒業程度の者に対して教育を行う高等課程、高等学校卒業程度の者に対して教育を行う専門課程、これら以外の課程である一般課程のいずれかの課程を置くことになっています（学校教育法第82条の3）。これらの課程の意味を入学資格による差異と考えてはなりません。それは、日本においては全員が中学校卒業であり、9割以上が高等学校卒業と考えてよいのですから、学校体系外に在って入学資格が意味を為さない専修学校において、ごく僅かの例外的な者を排除す

るための課程を設けても意味が無いからです。
高等課程は、教育内容が高等学校程度の知的能力を求めている課程であり、専門課程は、教育内容が大学程度の知的能力を求めている課程であり、一般課程は、芸術、スポーツ、趣味、実技等の学校的知的能力にはこだわらない課程です。
高等課程を置く専修学校は高等専修学校という名前を使うことができ、専門課程を置く専修学校は専門学校の名前を使うことができ、それ以外の者がこれらの名前を使用できないように違反に対する刑罰の適用によって護られています（学校教育法第82条の4、第83条の2第2項、第92条）。

[学科]
課程という生徒の学歴を基礎とした教育組織の他に、教育の対象となる分野に応じた教育組織として学科を設けることとなっています（専修学校設置基準第3条等）。即ち、機械科、電気科、化学科等のように教育の分野による組織であり、高等課程の機械科というように課程と学科という異なる観点から教育組織が作られています。これは、観点は違いますが、全日制普通科といった高等学校の教育組織と似た組織となっています。

4.2.2　設置基準
専修学校の校舎面積、教員数は、生徒数に応じた計算方法が定められており、確かに各種学校よりも具体的で精密になっています（学校教育法第82条の6、専修学校設置基準第17条別表第1・第24条別表第2）。
内容的には、例えば一般課程のみの1学科で生徒数40人の専修学校を想定した場合、校舎面積は130㎡（別表第2イ）で各種学校と大差は有りませんが、教員数の3人（別表第1）は専任であるのが原則ですから（同基準第17条第2項）、各種学校に比べてかなり厳しいと考えられます。なお、既存の各種学校が一定期間内に専修学校になる場合は、専任教員数と校舎面積の基準を緩和する措置が講じられました（専修学校設置基準附則第2項、第4項）。

5　専修学校・各種学校の教員資格

専修学校・各種学校の教員に対しては、免許法は適用されず、教員免許制度は有りません（免許法第2条第1項、第3条等）。
専修学校・各種学校の教員の資格については、専修学校の教員はその担当する教育に関する専門的知識・技能について文部科学大臣が資格を定めることとされ（学校教育法第82条の7第3項）、又、各種学校については教員資格も含めて必要なことがあれば文部科学大臣が定めることとされ（同法第83条第3項）、それぞれ、専修学校設置基準と各種学校規程（どちらも文部科学大臣が制定する文部科学省令）で

定められています。

5.1　各種学校の教員資格
各種学校の教員は、担当教科に関して専門的な知識・技術等を持つ者でなければならないとするに止まり、具体的なことには一切言及していません（各種学校規程第8条第2項）。これは設置者の判断に委ねていることを意味しますが、そもそも各種学校の教員資格については上記の包括的な委任規定しか存在しておらず、文部科学大臣が具体的な資格を定めることが予定されていないと言えます。

5.2　専修学校の教員資格
専修学校の教員資格に関して文部科学大臣が定めるのは、担当する教育に関する専門的な知識・技術等についての資格です（学校教育法第82条の7第3項）。
例えば、専門課程の教員資格の一つとして、専門課程を卒業した後、学校、工場等で関係する業務に従事し、その期間が専門課程での勉学の期間と合わせて6年以上になる者を挙げています（専修学校設置基準第18条第1号）。この他に、修士の学位を持っている者や2年以上高等学校の教諭として勤務した者等が挙げられた後、これらと同等以上の能力が有ると認められる者も専門課程の教員資格が有るとされています（同基準第18条）。
又、高等課程の教員資格の場合は、上記の期間が4年となり、学士の学位を持つ者も資格がある等とした上で、これらと同等以上の能力のが有ると認められる者も資格が有るとされています（専修学校設置基準第19条）。
更に、一般課程の場合は、高等教育レベルである専門課程の卒業ではなく、高等学校卒業後関係する業務に4年以上従事した者が挙げられているように（専修学校設置基準第20条第2号）、教員資格から見ると、専門課程、高等課程、一般課程という教育レベルの序列が存在しています。
このように、文部科学大臣が定めた知識・技術等に関する資格においても例示された要件に該当しないが実力は十分に有るという者を排除しておらず（専修学校設置基準第18条第6号、第19条第5号、第20条第3号）、更に、教育能力や持っている知識・技術等の質といった教員として重要な事柄ではあるが定型化できないものについては無理をして規定しないでその判断を設置者に委ねています。各種学校より程度がよいといっても、専修学校は一条学校ではありませんから、規制はできるだけ避けて設置者の判断に委ねるようにすべきです。

第2節　専修学校・各種学校に対する監督等

専修学校・各種学校に対する監督の内容等は、基本的に初等中等学校に対する監督

と同じです。この場合、専修学校と各種学校では、専修学校には課程と学科という定型化された教育組織が有るのに、各種学校には定型化された教育組織が無いということによる相違が生じることになります。

専修学校・各種学校に対する監督は、都道府県が行います。具体的には、市町村立の専修学校・各種学校については都道府県教育委員会が、私立の専修学校・各種学校については都道府県知事が、それぞれ監督にあたります（学校教育法第82条の8第1項、第82条の9、82条の11第1項、第83条第2項）。初等中等学校の場合と同様に、国立の専修学校については監督庁による監督は行われず（文部科学大臣が、設置・廃止を決定する。国立大学法人法第23条、同法施行規則第5条別表第4）、都道府県立の専修学校・各種学校については設置者としての都道府県教育委員会の監督が行われることとなります。

以下は、私立と市町村立の専修学校・各種学校に関して述べるものです。

1　設置等の認可

専修学校・各種学校の設置・廃止と設置者の変更は認可を受けなければならず、更に、専修学校の場合は、目的の変更と課程（専門課程、高等課程、一般課程）の設置・廃止も認可が必要です（学校教育法第82条の8第1項、第83条第2項。第4条第1項参照）。又、私立の各種学校については、生徒の定員に関する学則の規定を変更する場合にも都道府県知事の認可が必要です（学校教育法第83条第2項、同法施行令第23条第10号）。

各種学校については、目的・名称・位置の変更、分校の設置・廃止、学則の変更（私立各種学校はこれらの他に基本財産の取得・処分等が加わる）が届出の対象とされているところであり（学校教育法施行令第26条の2、第27条の3）、簡易な学校であるにしては監督が極めて大袈裟です。なお、上記の届出義務についても、これを各種学校に課すことができる法律上の根拠は存在していないと考えられ、したがって、この義務の違反を理由に不利益な取り扱いをした場合には問題が生じると考えられます。

なお、専修学校も、名称・位置・学則の変更の他に、分校の設置・廃止と私立専修学校の基本財産の取得・処分等が届出事項とされていますが、これらは明確な法律上の根拠に基づいています（学校教育法第82条の9、同法施行令第24条の3）。しかし、これらの届出が本当に必要なものであるかについては吟味されなければなりません。

2　変更命令

都道府県（市町村立専修学校・各種学校に対しては教育委員会、私立専修学校・各種学校に対しては知事）は、学校教育に関する法令の規定に違反している場合に変

更を命じることができます（学校教育法第82条の11第1項、第83条第2項。同法第14条参照）。ただし、私立の専修学校・各種学校については、私立の初等中等学校の場合と同様に変更命令を出すことはできません（私立学校法第64条第1項。同法第5条参照）。

変更命令に違反すれば、刑罰を伴った閉鎖命令が出されます（学校教育法第13条第2号、第89条）。

3　閉鎖命令

閉鎖命令は、上記の変更命令の違反（市町村立のみ）、法令違反、6ヵ月以上授業を行わないことに対して出される命令であり（学校教育法第13条）、この命令に従わない場合は刑罰（6ヵ月以下の懲役・禁錮、又は、20万円以下に罰金）の対象となります（第89条）。専修学校・各種学校の地位を剥奪すれば十分であり、それ以上のことを行う必要が無いことについては前述しました。

4　学校設置の認可申請の勧告、教育の停止命令

専修学校・各種学校になっていない学校に対して1ヵ月以内に専修学校・各種学校の設置認可を申請するよう勧告し（学校教育法第84条第1項）、従わない場合、又は、不認可の場合には教育自体の停止を命じ（同条第2項）、この命令に従わない場合には上記と同じ刑罰を科すものです（同法第89条）。この勧告・命令は専修学校・各種学校になっていない学校に対して行われるものですから、これは専修学校・各種学校に対する監督ではなく、専修学校・各種学校のシステムを利用して、世の中で広く行われている学校形態の教育自体を規制しようとしているものです。即ち、施設・教員・生徒がセットになった形態で行う教育であるからという理由だけで、その教育を規制することができるとするものであり、教育すること自体を禁止するものです。前述のように、このようなことが許されるとは考えられません。一条学校・専修学校・各種学校に対する閉鎖命令に関する条文がそうであるように、一条学校・専修学校・各種学校以外の学校として世の中に広く行われている学校という形態を採って行われる教育に対する規制を定めた学校教育法第84条とその違反に対する刑罰を定めた同法第89条の規定も、対象を市町村が行う学校形態の教育にまで拡大した上で、旧私立学校令の規定（第11条、第13条）を引き継いだものであることは明らかです。

5　その他

専修学校・各種学校は一条学校ではないにもかかわらず、監督・規制に関しては一条学校と同様に、事細かに定められています。最後に、これまで述べた以外の主な監督・規制について触れることとします。

5.1 校長と教員

一条学校には校長と相当数の教員を置かなければなりませんが（学校教育法第7条）、専修学校・各種学校も同様で（同法第82条の7第1項、第83条第2項）、設置基準において必要とされる教員数が具体的に定められていることは前述のとおりです。一条学校の場合と同様に（学校教育法第9条）、専修学校・各種学校の校長・教員については欠格条項が適用されます（同法第82条の11第1項、第83条第2項）。公立の専修学校・各種学校の校長・教員については、地方公務員であることから既に類似の欠格条項の対象となっており（地方公務員法第16条）、これに加えて、私立の専修学校・各種学校の校長・教員までも欠格条項の対象にすることは教育基本法の趣旨（第6条第2項）からしても行き過ぎです。どうしてもこうした条文を作りたいのであれば、国立大学法人が設置する専修学校・各種学校の校長・教員について定めるだけで十分です。

規定の内容自体も問題が有り、専修学校・各種学校の校長・教員が懲戒免職されたときや専修学校・各種学校の校長・教員が重大な法令違反や非行を犯した場合は公立の一条学校の校長・教員にさえなれますが、一条学校の校長・教員がこのようなことをした場合には私立の専修学校・各種学校の教員になることすらできません（学校教育法第9条第3号、第4号）。

学校教育法第9条の校長・教員に関する欠格条項も、対象を国・公立学校にも拡大した上で、旧私立学校令の規定（第4条）を、ほぼそのまま引き継いだものです。私立の専修学校・各種学校の校長の就任・変更を届け出なければならないのも一条学校と同様であり、これが不適切であることは前述の通りですが、この規定も旧私立学校令の規定（第3条第1項）を、「認可」を「届け出」にした上で引き継いだものです。

5.2 懲戒

一条学校の場合と同様に、体罰は禁止されること、退学は一定の重大な事由が有るときに行うものであること、退学・停学・訓告は校長が行うこととされています（学校教育法第82条の11第1項・第83条第2項、同法施行規則第77条の11・第78条。同法第11条、同法施行規則第13条参照）。

5.3 健康診断等

専修学校は、生徒と職員の健康診断を行わなければなりません（学校教育法第82条の11第1項、学校保健法第22条。学校教育法第12条参照）。各種学校については、学校制度上ではそうした義務は有りませんが、労働安全衛生法上、医師による教職員の健康診断を行う義務を負っています（第66条第1項、労働安全衛生規則第43条、第44条等）。

第3部

社会教育の仕組みと運営

学校教育は国による厳しい規制・監督を受ける限定された教育であり、世の中には学校教育に該当しない教育が数多く存在しています。日本では、個人が個人を教育するといった個人ベースで行われる教育ではない教育、即ち「組織的な教育」のうち、学校教育以外のものを「社会教育」と呼んでいます（社会教育法第2条）。個人ベースで行われる教育の典型は、家庭において親が子供に対して行う教育としての家庭教育ですから、日本においては、教育を学校教育、社会教育、家庭教育の三つに分けるのが通常です。

学校教育と社会教育は、組織的な教育を行うということでは同じ土俵に立っていますが、学校教育は社会教育ではないという点で、又、社会教育は学校教育ではないという点で、完全に対象とする活動を分けて、それが重複しないようにしています（社会教育法第2条）。具体的には、「学校教育」とは一条学校が行う教育活動のうち、学生・生徒を対象とするもの（更に正確に言えば、「その学校の教育課程として行われる教育活動」である。同条）を言います。一条学校で行われる教育活動であっても、公開講座のように学生・生徒を対象とするものではないものは、学校教育ではないことになり、必然的に社会教育ということになります（同法第48条参照）。又、一条学校が行う通信教育であってもその学校の正規の学生・生徒となっている者を対象として行う教育は学校教育であり、そうでない者を対象とする教育は社会教育です（社会教育法第7章参照）。そして、一条学校ではない専修学校又は各種学校で行われる教育は、これらの学校が一条学校ではないことから、学校という形態で行われる教育でありながら、学校教育ではなく社会教育に分類されることになります。専修学校・各種学校における教育について定めているのは学校教育法であり、特に専修学校については、一条学校と同程度に詳しい内容を定めていることを考えるとこれらを社会教育とすることには釈然としない部分が有ります。しかし、実態としても、国が都道府県・市町村の協力を得て専修学校・各種学校を整備するようなことは行われていませんし、これらの学校は基本的に学校体系の中に入っておらず（第2部でも述べた通り、専修学校の一部には大学等の一条学校との連携措置が講じられているものもあるが、これは原則ではなく例外である）、教育内容の規制が無い等一条学校とは基本的に異なった扱いがされています。なお、文部科学省においては、専修学校と各種学校を扱っている部局は社会教育も扱う生涯学習政策局であるのに対して、一条学校については、初等中等学校は初等中等教育局が、大学と高等専門学校は高等教育局が扱うこととされています（文部科学省組織令第4条第12号乃至第14号、第5条、第6条）。もっとも、このことが直ちに専修学校と各種学校が社会教育の範囲に属する根拠であることを意味してはいません。それは、生涯学習の機関という側面を重視した結果である可能性があり、類似のものとして放送大学学園（一条学校である放送大学を設置する学校法人である）に関することを、高等教育局ではなく生涯学習政策局が扱うこととなっている例が有り

ますし（同令第4条第28号、第6条第1項第20号）、又、生涯学習政策局の中で、専修学校、各種学校及び放送大学学園を扱うのは、社会教育を扱う社会教育課ではなく、生涯学習推進課です（同令第29条第3号乃至第5号・第11号、第30条）。

以上述べたように、一条学校の教育課程として行われる教育活動を学校教育とし、学校教育以外の組織的な教育活動を社会教育と定義していますが、公開講座のように一条学校が行う教育活動であっても社会教育に属するものが存在すること、学校教育法で一条学校と同程度・同内容の規制を受けることとされた専修学校でさえも一条学校の体系外に置かれ、そこで行われる教育は社会教育に分類しなければならないこと等から推測できるように、学校教育・社会教育の概念は人為的であり、普遍性を持っていないことに注意すべきです。

こうしたことはあるものの、日本においてはこうした社会教育を国・都道府県・市町村が奨励すべきものとして、その基本的な仕組みと運営について法律で定めています。したがって、この第3部も、日本の教育関係の法律が何を定めているかの記述でもあります。

第1章
社会教育の仕組み

我々は学校教育については明確なイメージを持つことができますが、社会教育についての明確なイメージ、特にトータルな姿としての社会教育のイメージを持つことは極めて困難です。これは多くの者が指摘しているように、日本において学校教育以外の組織的教育を社会教育としたため、多種多様なあらゆる組織的な教育を含むことになり、積極的な特徴を備えた一つの全体像を思い浮かべることができないのです。

第2部第5章第1節2.3.1で述べたように、日本においては、社会教育を推進するに当たって市町村を始めとする公的な組織が中心的な役割を果たすように期待されていますが、現実に一つの組織が多種多様なすべての社会教育を取り上げて、実施し、奨励することは不可能です。そこで、都道府県・市町村等は、実施し、奨励する社会教育をできるだけ一般的なものにしようとします。

社会教育施設についてみると、社会教育施設としては新参者である公民館はあらゆる内容の学習活動に利用できる汎用的な施設です。又、青少年のための教育施設は利用者を青少年に限定しても、内容を団体訓練とか自然体験以上には絞り込めません。女性教育施設は男女共同参画社会という観点以上に教育活動を限定することはできません。このように一般的・総花的な教育活動を行うものとなってしまうことから、これらの施設に専任の教員を置くことは困難であり、結局は、社会教育施設は自身では教員を置かず、自前の教育能力を持たない存在となります。

講演・学級・講座等の内容についてみても、どうしても普遍的・教養的な内容のものになりますし、多くの分野を満遍なく取り上げることになります。

こうしたことの結果として、日本全国同じような内容の施設が設けられ、同じ講師が多数の市町村等で同じ教養的・普遍的内容の話をする等全国で同じような教育活動が行われることになります。更にそれが行き過ぎて、国が基準として示したものが、市町村における学習需要等の実態に関わらずその通り実施され、無駄な施設が作られ、効果の無い事業が実施される等が起こりがちです。

第1節　日本の社会教育の姿

1　社会教育の性格

組織的に行われる教育の中で、学校教育と社会教育についてより本質的な区別があるとすれば、学校か学校でないかではなく、一条学校かそれ以外かということです。一条学校かそれ以外かの差は、突き詰めれば、その内容の教育が行われることに国が責任を持っているか、いないかということになります。その内容の教育が確実に、効果的に行われるようにするためには、教育内容を国がコントロールするとともに、公的な組織が分担して教育機関を整備・運営し、教育条件に関する基準、教員資格等を国が定める等多くの規制を設け、個々の教育機関の基本的な活動を国等が監督をすることとなります。又、国はこうした学校体系が機能し維持されるように財政的な仕組みを整えるとともに、そのための資金の提供も行います。

これに対して、教育の内容について国が責任を持たない教育、即ち一条学校が行う教育以外の教育については、原則としてこのようなことはありません。社会教育についても、基本的に国等が規制・監督を行い、特別の財政システムを設け、多額の資金を提供することも有りません。これを無関心と言うとすれば、国は社会教育に無関心です。それは社会教育の性格からそうなるのであり、当然のこととして受け入れなければなりません。

一方、学校教育以外の教育であっても、国等の公的機関が必要と考えるものが有れば国等が関与することが有り得るのは当然のことです。常識としてはその場合には、例えば義務教育のみで終わった者にその継続的な教育の機会を与える、成人に対して最新の体系的知見に立った教育の機会を与える等特定の目的・内容を持ったものとして取り上げられ、その目的・内容に照らして必要性・効果等が評価され、国等が関与して実施することの是非が社会的に厳しく吟味されるはずです。

これに対して現在の日本において行われていることは、学校教育以外であっても教育は重要であり、特に組織的な教育は国・都道府県・市町村が中心となって、実施し、奨励しなければならないという一般論をまずルール化して、何をやるかはこのルールに従って考えろと言っているのです。すべての教育は社会的に重要だ、学校教育以外の組織的教育は公的組織が関与して奨励すべきだという命題は、こうした一般的なルールを設けること自体の適否を含めて社会的にしっかりした吟味を受けておらず、内容も曖昧です。十分な社会的認知を受けていない不確かな一般論の上に成り立っている日本の社会教育は、「どうすべきという議論」だけが先行して、現実が伴わないものになりがちです。

日本において社会教育は、学校教育のように国が教育内容等を規制し、監督する教

育ではないという枠組みを前提としながら、国・都道府県・市町村が積極的な役割を果たすべきものとされました。具体的には、法律を以って国、都道府県・市町村に対して社会教育を自ら実施することを含めて社会教育の奨励に努め、国民が実際生活に即した文化的教養を高めることができる環境の醸成に努力することを求めているのです（社会教育法第3条第1項）。学校教育を含めて取り組まなくてはならない多くの課題を抱えている国・都道府県・市町村に対して、内容も限定せずに闇雲に組織的教育活動を奨励するよう求めることは乱暴であり、その実効性も疑問ですが、制度としては、国・都道府県・市町村は、自ら社会教育事業を行い、或いは、他人が社会教育事業を行うことを奨励するよう求められたのです。

事の始まりは、1947年に制定された教育基本法が、国等に対して家庭教育・社会教育を奨励すべきこと、社会教育施設の設置、社会教育のために学校施設を利用すること等の努力を求めたことです（同法第7条）。教育基本法のこの規定を作る原動力となったものは、日本の新しい教育制度の基礎となった第1次米国教育使節団報告書（1946年3月31日）であり、そこでは、民主主義に基づいた政治運営の能力を高めるという視点から、第1に、PTA活動・夜学による成人教育・公開講座・学校施設の開放等により学校も成人教育に関して大きな役割を果たせること、第2に、公立図書館の増設の必要、第3に、各種の団体が座談会・討論会を催し国民の啓蒙を図るべきことを提言しています。又、後日、戦後教育改革の実施状況の評価を行った第2次訪日アメリカ教育使節団報告書（1950年9月22日）は、社会教育を担当する熟練した指導者の不足、無内容な計画、あまりにも少ない補助という当時の日本の実態を厳しく指摘し、日本の社会教育において有能な指導者、役に立つ資料、まともな計画が必要であること、第1次使節団の指摘にもかかわらず図書館が増設されていないこと、少なすぎる博物館を増設する必要があることを指摘しています。この二つの報告書は、当時の日本においては、公的機関や地域社会が、学校教育以外のところにも教育の需要を見出し、必要に応じてこれらの需要が満たされるようにバック・アップするという意欲が乏しく、そのような経験も無く、人材も養成されていないこと等を示しています。僅かに明治の初めから設置の努力が続けられてきた図書館と博物館が、社会教育を推し進めるための道具として存在していましたが、二つの報告書が指摘しているように、これらの施設でさえ量的にも質的にも極めて不十分な状態にありました。確かに、それ以前にも図書館・博物館以外の社会教育の活動も行われていましたが、確たる内容を持ち得ない社会教育の性格もあって、その多くは次第に戦争に向けて国民の思想・活動をコントロールするために用いられる部分が増加し[注1]、敗戦後においては全く使い物にならない状態になっていました。

[注1] 例えば、J・E・トーマス著『日本社会教育小史』（青木書店）の第2章

以上は、当時の日本において社会教育の基盤そのものが極めて貧弱であること、社会教育を支える国民の価値観も確立していないことを示しています。こうした当時の状況と第1次米国教育使節団報告書の上に教育基本法の規定が作られ（1947年）、この教育基本法の条文を受けて社会教育法が、社会教育に関する国・都道府県・市町村の役割と仕事の内容等を定めるという経緯を辿りました（社会教育法はその第1条で、「教育基本法の精神に則り」社会教育法を作成するものであると述べている）。

教育使節団の提言は明らかに民主主義の理解と定着のための成人に対する教育という限定された目的・内容の教育を対象として考えていましたが、制度として出来上がったものは国・都道府県・市町村に対して一般的な組織的教育の奨励を求めるものとなっていました。制度の運用の如何にも左右されますが、現在のようなやり方は社会教育にとって必ずしも良い結果をもたらすとは限らないことを理解する必要が有ります。

2　社会教育の姿

学校教育は、国・都道府県・市町村・学校法人が、その設置する学校において学校に所属する有資格教員により学校に所属する生徒に対して、国が定めた内容・分量の教育を行います。これに対して、こうした限定や規制が無いのが社会教育ですから、多様な内容、多様な形態で多様な場所で行われ、捉えどころが有りません。そこで、社会教育の実施について中心的な役割を果たしており、且つ、我々に最も身近な公的組織である市町村を中心として、具体的に社会教育の行われている状況を整理します。

2.1　講座・学級の開催

社会教育においても、教室において講師が受講者に講義等を行うという形態が有力です。比較的少数の者を対象に或る程度継続的に行われるものは学級とか講座と呼ばれ、多数の者を対象に数時間程度行われるものは講演と呼ばれています。これらを開催することが市町村の社会教育に関する大きな事業の一つです（第2章第1節3.2.1参照）。市町村がこの講座・学級等を開催する場合に、自分が設置運営している公民館の施設を使うことが少なくありませんが、学校・文化会館等の公的施設やホテル等の民間施設を使うこともあります。どの施設を使おうがその市町村が行う講座・学級等であることに変わりは有りません。

以上は教育委員会事務局（社会教育課等）が自ら講座等を開催する場合を念頭において述べましたが、教育委員会が設置・運営している公民館が講座・学級を開催する場合も多く（社会教育法第22条第1号、第2号）、又、博物館を始めとする公民館以外の社会教育施設が講座・学級等を開催することも珍しくなく（博物館法第3

条第7号)、更に、教育委員会がその設置・運営している初等中等学校に講座を開設するように要求することもできます（社会教育法第48条第1項)。これらは、それぞれ異なった事業に見えますが、大きな立場で考えればすべてその市町村の教育委員会が開催した講座・学級等であり、これらの間に本質的な違いは有りません。学校教育の場合は、例えば小学校の教育は小学校だけが行えるのであって、これを教育委員会自らが行い、或いは、中学校・高等学校等他の教育施設が行うことはできませんし、その学校以外の場所で教育が行われることも稀です。

こうした講座・学級等の授業を担当するのは、教育委員会の職員（教育委員会事務局の職員だけではなく、市町村立公民館の職員、博物館の職員、学校の教員等も教育委員会の職員である）ではありません。教育委員会の事務局、公民館、博物館、学校等には、こうした講座・学級の授業を担当する職員が置かれていないからです。したがって、教育委員会の事務局、公民館、博物館、初等中等学校等が講座・学級等を開催する場合には、その都度外部の者に講師を依頼しなければなりません。教育委員会の事務局等に置かれている社会教育主事と呼ばれる専門職員は社会教育関係者に専門的・技術的な助言と指導を行う事務職員であって教員ではありませんし（社会教育法第9条の3第1項)、公民館に置かれているのは主事という事務職員であり（同法第27条第1項、第3項)、博物館の学芸員は研究者（博物館法第4条第3項、第4項）ですが教員ではありません。又、初等中等学校の教員は検定済み教科書を教える能力は有りますが、住民が興味を持っている多様な内容を教える能力は有りません。

以上のように、教育委員会等が行う講座・学級等の開催の事業は、場所を確保し、講師を手配し、住民の出席を勧誘する等が教育委員会や公民館等の主要な仕事内容です。

2.2 社会教育施設の設置・運営

市町村が行うもう一つの大きな事業として、社会教育のための施設（社会教育施設）の設置・運営が有ります。学校教育を行うには学校が不可欠であり、学校以外は学校教育を行えませんでしたが、社会教育については教育委員会の事務局が自ら講座等を開設しているように、社会教育は社会教育施設が無くとも行えますし、又、「教育施設」と言っても実際に授業を行う講師等の教員が置かれておらず教育能力がほとんど無いのが社会教育施設なのです。したがって、社会教育施設とされているものは、博物館[注2]を除いては、基本的に場所貸し業であり、施設・設備を住民

[注2] 博物館（美術館）と称していても、国立新美術館（六本木)、東京都美術館（上野）のように、専ら場所貸しを行うだけのものが存在している。これらは博物館法上の博物館と言えるか疑問である。

に利用させるだけの文字通りの「施設」に過ぎません。博物館が場所貸し業に陥ることから免れているのは、博物館が研究機能を備え、その研究を支える学芸員が置かれ、その成果が展示という機能を通じて国民と繋がっているという点にあります。ただ、制度的には、展示という機能を除けば博物館には教育機能が要求されておらず、したがって、展示以外の教育機能を持っている博物館があれば、それは設置者である市町村、博物館、学芸員等のサービスなのです。市町村がその設置・運営している博物館の教育機能を本格的に拡大しようとするなら、それに適した学芸員の確保等その要員や施設設備等について配慮する必要が有ります。

以上のように、市町村が設置・運営する社会教育施設は基本的に場所貸し業ですが、それでも、市町村には様々な社会教育施設が設置されています。

一つの類型は、法律でその内容・運営が定められている公民館・図書館・博物館です。設置義務は課されていませんが、文部科学省による指導、財政措置やこれらの施設関係の団体等による陳情等により公民館を中心に設置が進んでいます。

それ以外の社会教育施設として、青年の家・少年自然の家等の青少年教育施設、女性教育会館等の女性教育施設、文化会館等の文化施設が設置されています。競技場・体育館・プール等のスポーツ施設等も設置が進んでいます。

以上述べたことからも分かる通り、国・都道府県・市町村が行う実質的な社会教育活動は、講座・学級・講演会の開催と、社会教育施設の設置・運営なのです。その他の活動も存在しますが、補助金の支出、法人等の監督、社会教育関係者の研修、情報提供等のサービス等です。

第2節　国のシステムとしての社会教育の構造

社会教育は、教育内容等について限定・規制が無く、国民がその意のままに行うことができるものですが、国・都道府県・市町村が社会教育を奨励する努力義務を負ったことにより、国のシステムとしての性格も持つことになりました。国のシステムと言っても、社会教育については教育内容等について限定・規制が無いという性格に変わりは無く、したがって学校教育とは基本的に異なったシステムになっています。

社会教育については、その性格上、規制という方法は有効ではありません。何をどのようにしても構わない分野では、規制のしようが無いからです。しかし、専修学校・各種学校を見ても分かる通り、規制が成立しないわけではありません。社会教育において、どのような理由による、どのような規制が行われているかを見ておくことが必要です。

次に、日本の社会教育において国・都道府県・市町村が大きな働きをすることになっていますが、そのような働きを期待することとなれば、それらの間における役割

分担・連携関係やそれぞれにおける体制の整備等が問題となります。
社会教育法、図書館法、博物館法が定めている日本の社会教育のシステムは、以上の二つの課題に対する回答と言うことができます。

1 社会教育における規制

基本的に、社会教育を進める上でこうでなければならないとしてそれ以外のものを禁止し、除外する等の必要は有りません。社会教育における規制が有るとすれば、それは当事者が進んで規制を受け入れる場合に成立するという性格のものにならざるを得ません。

当事者が進んで規制を受け入れるには、それに引き合うだけのメリットが有り、規制の内容もそれほど負担にならないものであることが必要です。この場合、メリットとして考えられることは、主として経済的利益と社会的評価です。

1.1 経済的利益

経済的利益と社会的評価は二者択一のものではありませんし、必ずしも明確に分けられない場合が有ります。

直接的に経済上の利益を与える典型的な方法は、補助金です。補助金を与えることを基礎として規制を設けて、補助金が欲しい者にその規制を守らせるという方式が、日本の社会教育に関する規制の中心をなしてきました。このことから、日本の社会教育における規制は、次の二つの特徴を持つことになります。

第1は、公の支配に属しない教育の事業については国・都道府県・市町村等の公的機関は補助等をしてはならないとする日本国憲法第89条が社会教育に関しても適用されます。公の支配が行われている国・都道府県・市町村が自ら実施する社会教育の事業は公の支配に属していますが、民間が行う社会教育は本来的に規制に馴染まないため公の支配に属する事業ではなく、したがって、民間の行う社会教育の事業については、国等による補助金の供与と、それと引き換えの規制は不可能ということになります。したがって、社会教育における補助金の支出は、国が都道府県・市町村に対して行うもの、都道府県が市町村に対して行うもののみが可能であり、したがって、これによる規制も都道府県・市町村のみが対象となります。

具体的には、社会教育法・図書館法・博物館法は、国の都道府県・市町村に対する補助について定めていますが（社会教育法第35条、図書館法第20条、博物館法第24条）、民間に対する補助については何も定めていないばかりか、図書館法はわざわざ私立図書館に対しては補助してはならない旨を定めています（第26条）。又、国・都道府県・市町村は民間の社会教育関係の団体に対して不当に統制的な支配を行い、或いは、事業に干渉してはならないとしています（社会教育法第12条）。そして、文部科学大臣が公民館・図書館について設けた設置・運営上の基準を守る努

力義務を公立に限定し（社会教育法第23条の2第2項、図書館法第18条）、公立の図書館・博物館に限りその入館料を規制しています（図書館法第17条・第28条、博物館法第23条）。

同じ図書館・博物館でありながら公立についてのみ規制をかけていることは、公立については補助を行うことを前提にした上で補助を受ける以上は規制を受け入れるべきとの論理が有ると考えられます。

なお、社会教育法は民間の社会教育関係団体に対して国等が補助する場合の手続きについて定めていますが（第13条）、後述のように、これはその団体が年次総会を開催するための経費のような教育活動そのものではない事務的な事業に対して補助するものであり、中核をなす教育活動に対する補助ではありません。即ち、社会教育団体に対して補助をしているが、補助の対象としているのは日本国憲法第89条でいう教育の事業ではなく、唯の事務的事業であり、この補助金を貫っても本体の社会教育活動が規制されることは無いという論理になります（社会教育法第12条参照）。

第2は、実質的に規制が可能なものは都道府県・市町村だけであるからといって、その事業は都道府県・市町村しかできないとすることは不可能であり、民間でもできるようにしておく必要が有ります。例えば、図書館・博物館は公立以外には認めないとするのは実態にも合わず、理屈も立ちません。したがって、民間の事業も認めざるを得ませんが、補助も規制もできない事業をどのように公認するかという問題が生じます。実際は、設置者を規制できる場合に限り、民間の事業を都道府県・市町村の事業と同類の事業として認めることとしています。

具体的には、原則として財団法人・社団法人が行う事業である場合に限り、公民館・図書館・博物館として認めているのです（社会教育法第21条第2項、図書館法第2条第1項、博物館法第2条第1項、同法施行令（昭和27年政令第47号）第1条）。財団法人・社団法人の設立許可やその後の監督は原則として都道府県教育委員会が行うものであり、このことを通じて相当程度コントロールできるからです。

以上のように、民間が行う事業も含めて法律で規定していますが、その中心は都道府県・市町村が行う事業であり、且つ、都道府県・市町村が行う事業について補助金の支出を基礎として規制を設けるというのが日本の社会教育の基本的な姿です。

更に、補助金を受けた場合には、補助の条件に縛られることとなります。例えば、館長が司書の資格を持っていない場合は公立図書館の建設費を補助しないということになれば、適任者を差し置いて司書資格を持った者を図書館長にすることになりますし、蔵書数に応じた数の司書がいないと補助しないということになれば、無駄を承知で司書の頭数を揃えることになります。現在では社会教育施設に対するこの種の国の補助金は無くなりましたので、補助条件による規制も無くなりました。し

かし例えば、特定の条件に合った私立博物館を税制上優遇するといった形を変えた補助金による規制は存在しています。
都道府県・市町村に対しては、現在講座開設等の特定の事業に対する補助は行われていますが、公立の社会教育施設の建設に対する補助は無くなりました。したがって、公立の社会教育施設に対して課されている規制は、経済的利益という大前提を欠いたものとなっています。

1.2 社会的評価

社会的評価を得るために、甘んじて規制を受け入れる場合が有ります。しかし、必ずしも国等から公認されれば実益の有る形で社会的評価が高まるというものでもありません。例えば、公認図書館と公認されていない図書館が有っても、利用者が公認・非公認という基準で本を借りる図書館を選ぶことはなく、図書館にとっても公認されることによるメリットも有りません。公民館も同様です。これらの施設については、公立の施設に補助金を出すか・出さないかという形の差別化は有り得ても、公認するか・しないかという形で差別化することは、事実上有り得ません。
しかし、博物館については、比較的充実した展示を見せてくれる等或る程度のレベルにある博物館か・そうではないのかは、利用者にとっても意味を持っていますし、博物館にとっても差別化して優位を確保するということで意味を持っています。したがって、博物館に関するシステムについては、公立博物館の補助という要素以外に、博物館の登録（博物館法第2条第2項、第2章）と指定（同法第29条）という要素が加わってきます。
施設ではなく、教育活動自体についてもこの種の規制が行われることが有ります。例えば、社会教育である通信教育は自由に誰でも行うことができますが、学校又は財団法人・社団法人が行うものについては、文部科学大臣の認定を申請することができます（社会教育法第51条。認定を申請しなくても何の支障もない）。この認定を受けた通信教育については、文部科学大臣は必要な措置を採るよう命じることができる等の監督の権限を持つことになります（同法第55条乃至第57条）。
社会教育において、社会的評価を得るための最も厳しい規制・監督は、専修学校・各種学校に対するものです。第2部第7章で述べた通り、これらの学校については設置・廃止・設置者の変更等が都道府県の認可を必要としていますし、変更命令・閉鎖命令の対象にもなります（もっとも、私立は変更命令の対象になっていない。学校教育法第82条の8第1項・第82条の11第1項・第83条第2項、私立学校法第64条第1項）。こうした規制・監督を受けていることから、少なくとも準学校法人が設置する専修学校・各種学校は、都道府県等の公的機関から経常費助成以外の助成を受けることができる程度には公の支配に属していると考えられていますし、税制上の優遇を受け、通学定期等の割引の対象となる等の経済的実益が伴う場合も有

ります（日本国憲法第89条、私立学校振興助成法第16条）。このことは、民間が行うものであっても、公の支配に属すると言える社会教育の事業が有り得ないわけではないことを意味しています。少なくとも、民間が行う社会教育はすべて公の支配に属しない教育の事業であると考えてはならないことを示しています。

1.3 規制にとらわれない社会教育

これまで述べてきたように、社会教育における規制は当事者が求めたことによる規制であって、当事者が求めなければ原則として何ら規制を受けることなく、規制の対象となっている事業を行うことができます。これが日本の社会教育における規制の大原則です。

即ち、法律で定められている社会教育施設であっても類似施設を自由に設置することができ、或いは、認定制度が有る事業についても認定を受けないままで事業を行うことが許容されるということです。

例えば、図書館を資料センター等として、公民館を地区センター等として設置すれば（社会教育法第42条、図書館法第29条参照）、図書館・公民館の規制はかかりません。更に言えば図書館・公民館の名称の使用は自由ですから、図書館の名前のまま、公民館の名前のまま類似施設として設置することさえ可能ではないかと考えられます（なお、地方自治法第2条第16項、第17項参照）。公立である公民館・図書館については、補助金も無くなった現在では公民館・図書館であることによるメリットも無く、公民館・図書館であることを公認するシステムも有りませんから、公民館である・図書館であることによって規制するということは不可能なはずであり、それを規制しようとするから混乱するのであって、現在の規制を廃止するか、参考的なものにすべきです。

登録・指定の制度が有る博物館についても、基本は同じです。登録・指定という行政による一種の公認のシステムは有りますが、登録・指定を受けなくとも資料を収集し・保管し・展示することは自由であり、博物館という名前も使えます。理屈としては名称の使用を制限することは考えられますが、そうしても社会に特段のメリットは無く、したがって考えられることは、登録・指定を受けていない者が登録・指定を受けたかのような表示を行うことを禁止することぐらいです。

以上述べた公民館・図書館・博物館は法律において定められた施設ですが、それでさえこうした形の規制しか有り得ませんから、法律で定められていない青少年教育施設等のその他の施設については、補助金を貰わない限り外部からの規制は有りません。

2 国・都道府県・市町村の役割分担とその体制

前述のように、国・都道府県・市町村の役割は、社会教育の事業を自ら実施し、或

いは、他人が行う社会教育の事業を様々な形で援助する等して奨励することです（教育基本法第7条、社会教育法第3条第1項）。このように国・都道府県・市町村の行う活動は類型的には同じものとなりますが、基本的に、市町村はその市町村の住民を対象とし、都道府県は市町村の区域を越えて広い範囲の住民を対象とし、国は都道府県の範囲を超えて広い範囲の国民を対象としてこうした活動を行います。これらの活動の中で市町村の行う活動が基本となることは、社会教育法がまず市町村の行う社会教育活動を定めた後（第5条）、それを踏まえて都道府県の行う活動を定め（第6条）、国の活動については都道府県・市町村に対して補助できるという規定（第4条）しか置いていないことからも窺えます。なお、公民館は市町村固有の施設とされ都道府県には存在しないことになっていること、都道府県に特に期待される活動として社会教育関係者に対する研修の実施、市町村を含めて社会教育関係者に対する指導、市町村との連絡に関することが有ることに注意してください（社会教育法第6条）。

2.1 国・都道府県・市町村の関係

第1部で述べた通り、国、都道府県、市町村は、それぞれ人格を持った存在であり、基本的に対等の関係にあります。国であるからといって当然に都道府県・市町村に指示し、命令する等ができるものではありません。国が都道府県・市町村の活動を制約するには、法律でその旨を定めていなければなりません。

そうは言っても、都道府県・市町村は法律に違反してはならず、法律に違反する行為は無効とされています（地方自治法第2条第16項・第17項。地教行法第25条参照）。こうした法律違反の行為や、著しく適正を書き、且つ、明らかに公益を害していると認められる行為については、国は都道府県・市町村に対してその是正を要求することができ（市町村に対しては原則として都道府県を通じて間接的に行うこととなる）、この是正の要求があった場合は、都道府県・市町村は必要な措置を講じなければなりません（地方自治法第245条の5）。しかし、この是正の要求に不服のある都道府県・市町村は、総務省に置かれる国地方係争処理委員会に審査の申し出を行うことができ、最終的には高等裁判所に訴えることができます（同法第250条の7乃至第251条の5）。都道府県と市町村の関係も基本的に同じこととなります（同法第246条の6、第251条の2乃至第252条）。

社会教育については、その性格上、国が都道府県・市町村の活動を制約しなければならない状況は無く、社会教育関係の法律も国が都道府県・市町村に命令し、監督することを認める規定を持っていません。都道府県と市町村の関係も、基本的に同じです。

以前は、都道府県・市町村の仕事のうち相当な部分は都道府県・市町村が国の出先機関として処理しているもの（いわゆる「機関委任事務」）であるとされ、機関委

任事務については、都道府県・市町村は国の指揮監督を受けることとされ、法令等に違反するような処理がなされた場合は高等裁判所の判決を貰って国が自らその仕事を行うことができることとなっていました（いわゆる「地方分権一括法」による2000年の改正前の地方自治法（以下、「旧地方自治法」と言う）第148条第2項・第3項、第150条、第151条の2）。これは、都道府県と市町村の関係についても同様です。そして、都道府県・市町村が行う社会教育の仕事に関しても、都道府県教育委員会が行う私立の公民館・図書館・博物館に対する指導・助言と博物館の登録・指定が機関委任事務とされていました（旧地方自治法第180条の8第2項別表第3中二の（七）乃至（九））。

2000年の改正により、機関委任事務の考えは無くなり、実質的にそれに当たるものとして「法定受託事務」という類型が設けられましたが、その対象は厳しく絞られており、社会教育関係は入っていません（地方自治法第2条第9項・第10項別表第1）。したがって、社会教育における、国、都道府県、市町村の一般的な関係は、命令・服従や監督という関係ではなく、指導・助言を基礎とした連携・協力の関係と言うことができます。

2.2 社会教育の所管は教育委員会

第1部で述べた通り、都道府県・市町村においては住民の選挙で選ばれた知事・市町村長が仕事を行うべきものであって、委員会を設けてそれ以外の者が仕事を行うことは例外的な方式です。学校教育については、専門性が高く、国により全国的に画一化された部分が多い等から、委員会方式として首長部局から切り離して処理することに理由が無いわけではありませんが、こうした条件を持たない社会教育についても、教育委員会が処理することとしています（社会教育法第5条・第6条、地教行法第23条・第24条。社会教育法第7条、第8条参照）。これは、都道府県・市町村において、教育に関する仕事は教育委員会に処理させるという考えに基づくというよりも、文部省が処理する仕事は教育委員会に処理させるということであろうと考えられます（地教行法第23条第13号乃至第15号参照）。後述するように、教育委員会の仕事とされている社会教育・スポーツ・文化等の分野（地方自治法第180条の8）については、知事部局・市町村長部局との競合が生じています。

教育委員会制度を維持するのであれば、仕事の範囲を初等中等学校の設置者としての仕事に限定することを検討する必要が有ります。

2.3 都道府県・市町村の体制に関する規制

国は、都道府県・市町村が社会教育の奨励に努力するべきことを定めるだけに止まらず、その主体となる教育委員会の体制、教育委員会が設置・運営する社会教育施設の体制についても規制を試みています。

2.3.1 教育委員会の体制

教育委員会の事務局に、社会教育関係者に対して専門的技術的な指導助言を行う社会教育主事を置くこととしています（社会教育法第9条の2、第9条の3）。又、教育委員会は、社会教育に関して助言等をしてもらうために、社会教育委員を委嘱できることとなっています（同法第15条乃至第18条）。

[社会教育主事]

日本に社会教育主事が現れたのは1920年であり、教育改革について審議した内閣総理大臣直属の臨時教育会議（旧臨時教育会議官制（大正6年勅令第152号）により設置された）の答申（1918年12月24日の答申の三）に基づいて行われた文部省の指導により、都道府県に社会教育に関する事務の責任者を置いたことに始まります。この時の社会教育主事とは専ら社会教育を担当する専任の事務職員であって、特別の教育・訓練を受けた専門家ではありませんでした。

社会教育法は社会教育主事のシステムを市町村にまで拡大して受け継いだことになります。しかし、社会教育法においては、社会教育主事を課長・課長補佐・係長等とは異なった職員とし、社会教育関係者に対する指導助言を行う専門家として位置付け（第9条の3）、その資格までも定める（第9条の4）等、それまでの社会教育主事とは異なった性格の職員としました。

確かに、社会教育に関する指導助言の中には一般の職員では難しいものも有り得ますが、それは、素質の有る者を見つけてきてOJT（職場における教育・訓練）で育てていけば済むことです。素質の有る者とは、教育能力が有って、柔軟な考え方ができる者であり、典型的には学校の教員のうち該当する者がこれに当たりますが、学校の教員に限るものではなく、一般の職員の中にも適任の者を見出すことができます。なお、教育能力が必要とされるのは、実際に講義等による教育をするからではなく（社会教育主事の仕事は指導助言であって、実際に授業等を行うことではない）、教育とは何かということを十分理解していることが必要であるからです。したがって、大学で社会教育に関する科目を24単位修得して社会教育主事の資格を得て教育委員会の職員に採用してもらい、経験を積んで社会教育主事になるという道も有りますが、実際には、適任と考えられる教員出身者等に講習で9単位を修得するという方法で資格を取得してもらい社会教育主事に任命しています（社会教育法第9条の4、社会教育主事講習等規程（昭和26年文部省令第12号）第3条、第11条）。なお、学校教育における専門的教育職員である指導主事には（地教行法第19条第1項乃至第4項。教育公務員特例法第2条第5項参照）、こうした資格は要求されていません。又、旧地方自治法においては、社会教育主事は必ず資格を持った者を社会教育主事という名前で置いておかなければなりませんでしたが、現在は、この規定は有りません（旧地方自治法第180条の8第3項別表第6中二）。

[社会教育委員]

社会教育委員も、1932年に文部省の指導によって市町村に置かれることになったものです。社会教育は強制という方法を採るのが難しいことから、国民の協力を幅広く取り付ける必要があり、その一つの方法として相当数の者を社会教育委員に任命して社会教育の推進に一役買ってもらうこととしたものです。このシステムは、その対象を都道府県にまで拡大して、現在の社会教育法にそのまま受け継がれています。

社会教育委員は、教育委員会から諮問があった場合は会議を開いて意見を述べあうことも有りますが（社会教育法第17条第1項第2号）、合議体ではありません。これ以外の主な仕事は、社会教育に関する計画の立案、教育委員会に出席して意見を述べること、更に市町村の社会教育委員の場合に限り、市町村教育委員会の指示に従い青少年教育に関し指導助言することです（同法第17条）。

社会教育委員は、教育関係者・学識経験者の中から教育委員会が委嘱するものであり（社会教育法第15条第2項）、非常勤と考えられ（地方自治法第174条第4項参照）、必ず置かなければならないものではありません（社会教育法第15条第1項）。

2.3.2　社会教育施設の体制

法律で定めている公立の社会教育施設については、その体制までも国が定めています。

[公民館]

公民館については、専任であるかどうかは問いませんが館長を必ず置くことが必要であり、又、主事等の職員を置くことができるとしています（社会教育法第27条）。館長や主事について特別の資格は要求されていません。

公民館には公民館運営審議会を置くことができるとし、その委員は教育関係者・学識経験者の中から市町村教育委員会が委嘱するとしています（社会教育法第29条乃至第31条）。

[図書館]

公立図書館については、専任であるかどうかを問いませんが館長を必ず置くことが必要であり、その他教育委員会が必要と認める司書、事務職員、技術職員を置くこととなっています（図書館法第13条）。このうち司書については特別の資格が要求されています（図書館法第4条）。

公立図書館には、図書館協議会を置くことができることとされ、その委員は教育関係者・学識経験者の中から教育委員会が委嘱することとしています（図書館法第14条乃至第16条）。

[博物館]

博物館には、館長と専門的職員である学芸員を置くことが必要です（博物館法第4条）。館長には特別の資格は要求されていませんが、学芸員については特別の資格が要求されています（同法第5条）。又、公立博物館については、公民館運営審議会・図書館協議会と同じような内容の博物館協議会を置くことができることとされています（同法第20条乃至第22条）。

基本的に、博物館は、入場者数（国・公立の博物館も基本的に有料である。博物館法第23条但し書き）や展示という行為を中心に社会の厳しい評価に晒される仕組みが有ることに加えて、本質的に調査研究機能が求められている点において（同法第2条第1項）、施設・設備貸しを行う施設である公民館・図書館とは異なっています。本質的に、展示や調査研究の機能を支える専門的職員が必要とされる施設であり、そのような職員を置き、そのような職員が活動の大きな部分を実質的にも支えているからこそ、公民館や図書館とは異なった性格の施設となっているのです。ただし、専門的職員の資格の定め方については、4年制大学において博物館に関する概論を始め経営・資料・情報等に関する科目を12単位修得すれば資格が得られることとなっていますが（同法第5条第1項第1号、同法施行規則（昭和30年文部省令第24号）第1条）、実際に必要なのは、美術、歴史、考古、生物等の学問を修めた専門的な素養の有る者であって、上記のような科目は本質的なものではありません。専門的職員（学芸員に限ってよいかは、検討すべきである）は必要ですが、こうした資格の定め方は適当では有りません。専門的職員の資格をどう定めるかは、設置者や博物館団体が博物館の活動方針・その分野の実態等を踏まえ、適切に判断すればよいことです。

以上のように、国は、都道府県・市町村が設置する社会教育施設のうち公民館・図書館・博物館については法律で施設の運営体制を含めてその内容を定めています。ただ、一条学校と異なり、これらの施設については設置義務を課すことはなく、設置認可のシステムは無く、同種の施設の設置・運営も自由であり、これらの名称の使用も禁止されていないというように、緩やかな意味合いのものであることを認識すべきです。ただ、国はその設置・運営の基準を定めることができ、専門的職員の設置とその資格を定めていることから、補助金の運用の際に不必要な職員を置かされ、不適切な館長人事を行う等不適切な強制が行われることが有りました。現在でも、図書館の司書を始めとする専門的職員の設置と資格については大きな問題を抱えています。

なお、社会教育法は都道府県・市町村の仕事の一つに青年の家の設置・運営を挙げていますが（第5条第4号、第6条）、その体制や内容については何も定めていません。したがって、その設置・運営等に関していかなる規制も無いことになります。

少年自然の家、女性教育会館等の上記以外の社会教育施設については、社会教育関係の法律に名前すら登場しません。したがって、これらの社会教育施設についての規制も有りません。青年の家を含めて、規制の無いことによる不都合は何も無く、むしろ、地域の必要、実態等に応じた適切な設置・運営を可能にしていると考えられます。

第3節　社会教育と規制

社会教育は規制を受けないと言っても、それはあらゆる規制を受けないという意味ではなく、社会教育であるということによって特別に課される規制は存在しないという意味です。社会教育も一般国民が服する規制に服します。例えば、ボイラーを使用している、一般人が多数出入りする等の属性を持つものに適用される規制は、そのような属性を持つ社会教育や社会教育施設にも適用されます。

社会教育であるということ自体によっては何も規制を受けないということは、社会教育であるということによって何かを規制する理由が無いからであり、それは、社会教育で行われている教育の内容について国が関与しないからです。学校教育における規制は、教育内容に国が関与せざるを得ないことから行われているのであり、一定の内容・レベル・分量の教育が確実に提供されるようにするには、多くの規制を必要とするのです。

社会教育全体を通じる規制は有りませんが、前述のように個別の活動や施設については、経済的な利益や社会的評価を求めて自発的に服する規制が有ります。規制が有る場合はその理由を見定めることが必要です。又、社会教育に関する規制が有るとすれば、それについては必ず法律にその根拠がなければなりません。社会教育に関する法律としては、社会教育だけを対象とする法律のほか、その一部で社会教育についても定めている法律が有ります。社会教育だけを対象とする法律としては、1949年に制定された前述の社会教育法、1950年に制定された図書館法、1951年に制定された博物館法の3本が有ります。

社会教育にも関係する法律の代表は学校教育法であり、学校教育と社会教育の連携（第18条の2等）、大学・高等専門学校の公開講座（第69条、第70条の10）、社会教育に関して学校が機能面、施設面で活用されるべきこと（第85条）、専修学校・各種学校の内容・監督等（第82条の2乃至第84条）について定めています。

ところで、学校教育については、学校がその学生・生徒に対して行う一定の形態の教育活動についてだけを考えていれば済みましたが、社会教育については、原則としてすべての組織的な教育が対象となりますから、様々な主体が様々な場所で行う教育活動、様々な形態で行われる教育活動、様々な人を対象に行われる教育活動が含まれます。これらすべての社会教育の活動を通じる規制は有りません。これが何

を意味するかと言えば、社会教育に分類されただけでは特別の効果は生じないということです。

これに対して学校教育は、学校教育に分類された場合（実態的には一条学校になった場合）には、教育内容、教員資格、設置基準、設置者の限定、公的機関からの監督等の規制が直ちに及んできますし、他方、学校教育であることにより、学校の名称の使用独占、上級学校への進学資格の取得等のメリットが生じます。

このように、学校教育であることについては様々な面で意味があることですが、社会教育であることは、それだけでは、何の意味も無いことです。社会教育であることに加えて、公立の施設であることとか、公的な認定を受けた通信教育であることといった他の要素を備えた場合に、その要素に対応して規制等の措置が加えられることとなり、若干のメリットが生じるのです。

以上からも推測できるように、社会教育に関する法律は、社会教育一般について定めているのではなく、社会教育のうち特定の事項を個別に取り上げてそれぞれ必要なことを定めているのです。

以下、どのようなことがどのように取り上げられているかについて述べますが、社会教育のうち、具体性があって最も分かりやすいものは社会教育施設ですから、まず、社会教育施設について述べます。

1　社会教育施設

法律が定めている社会教育施設は、図書館、博物館、公民館の三つです。

1.1　図書館

図書館の行っていることがどうして組織的な教育と言えるか気にはなりますが、社会教育法は「図書館と博物館は、社会教育のための機関」とし、「図書館と博物館については別途法律で定める」としており、議論の余地の無いこととして図書館が社会教育施設であることになっています（第9条）。このことにより一方、学校教育のために設けられている大学図書館や学校図書館等は、この規定を受けて作られた図書館法上の「図書館」の範囲から外れることとなります。

学校については、教育を受けたのが一条学校かそうでないかでは大きな違いが生じますが、図書館の本を読むことと図書館以外の本を読むこと、或いは、図書館で本を読むことと図書館以外の場所で本を読むことでは、本を読むことの価値に何の違いも生じません。こうしたことからも分かるように、それが図書館であるか図書館でないかは、基本的には意味を持ちません。そのため、図書館を作るには、学校の設置とは異なり、誰からの認可、承認も必要なく、届出の必要すら有りません。図書館と言う名前も、誰でも、どのような施設にも自由に付けられることとなっています。

もし、図書館の設置には認可が必要であり、認可された図書館以外は図書館という名前を使ってはならないということにするのであれば、法律でそのように定めなければなりません。幸いなことに現在のところ、日本の図書館法はそこまで異常な法律ではありません。

1.1.1 図書館の定義

図書館法は、社会教育施設としての図書館について、所蔵する図書等の資料を一般公衆の利用に供する施設と定義しています（第2条）。そして、図書館には、都道府県・市町村が設置する図書館（公立学校に付属する図書館を除く）と、日本赤十字社と民法の定める社団法人・財団法人が設置する図書館が有り、前者を公立図書館と呼び、後者を私立図書館と呼ぶこととしています（同条）。したがって、学校の図書館以外では、国立国会図書館、企業等が設けている図書館等も、図書館法の対象外です。

図書館法上の図書館と同種の施設は何人でも設置できる（第29条第1項）としていますが、元々、図書館の設置・運営、名称の使用は自由（使用することも、使用しないことも）ですから、この条文はそのことを確認したに過ぎません。即ち、一条学校も専修学校も、そして各種学校ですら、そういう種類の学校であることに意味があり、したがってそれがどういう種類の学校であるかを定める制度上の意味があり、又、公的機関の認可の有無でその学校が本当にそのようなものであることを確認できます。これに対して、図書館法上の図書館については、図書館であることによる制度上の意味やメリットは有りませんし、定義に照らして図書館に該当することを確認する方法も有りません。公立図書館でさえ、都道府県・市町村が条例上図書館とした施設が図書館であるというだけのことです。

1.1.2 司書

図書館法は、図書館に置かれる専門的職員である司書（司書補）について定めています（第4条乃至第6条）。司書の資格として求められていることは、短期大学又は高等専門学校卒業以上の学歴と所定の科目・単位の修得です（同法第5条第1項第1号）。この科目・単位は、大学が文部科学大臣から委嘱を受けて行う講習で修得することが必要であり、必修が12科目・18単位、選択が5科目（各1単位）のうちから2科目、合わせて14科目20単位を修得することとなっています（同法第6条、図書館法施行規則（昭和25年文部省令第27号）第4条。）。この20単位は大部分が図書館に関する科目であり、実習も有りません。大学は、この講習の修了者に修了証書を与え、その氏名をその講習を委嘱した文部科学大臣に報告することとなっています（同規則第8条）。

講習で資格を得る以外に、大学（短期大学を含む）在学中に図書館に関する科目を履修して大学を卒業することによっても、司書の資格が得られます（図書館法第5条第1項第2号）が、履修する科目の内容・単位数は定められていません。法律等

の内容から推測すれば、司書資格を取得するための講習と同じ科目・単位を大学において履修することによって司書資格を取得できるというシステムと考えられます（同法施行規則第4条第2項参照）。

図書館法は、図書館に置かれる専門職員を司書と言うこととし（第4条）、その資格も定め（第5条、第6条）、司書だけが図書館の専門的職員であるとされたため、図書館に司書以外の専門的職員を置くことが不可能になっています。日本の図書館における司書とは、書籍等に記されている内容についてではなく、物品としての書籍等を管理する事務職員であり、普通の事務職員との差は、物品としての書籍を扱うか扱わないかだけです（図書館法自体も「図書館の専門的事務に従事する」としています。第4条第2項）。そもそもの間違いは、大学で本来の勉強の片手間に科目・単位を修得したに過ぎない者を専門的職員とし、それを資格としていることです。社会教育関係の専門的職員とその資格はすべてこうした類のものです。現在においては、書籍は大事に扱うべきものではありますが貴重品ではなく、物品としての書籍を扱うだけの者を特に事務職員と区別すべき理由は有りませんし、そのような書籍を扱っているからといって、全国一律の制度として、他の職員と異なる資格を要求し、或いは、異なる処遇を与える必要も有りません。

要するに、現在のような司書制度は有害無益であり、書籍の内容に関する専門的職員を始めとして設置者の判断に従って必要とする職員を置けるようにすべきです。

1.1.3　公立図書館に対する支援

図書館法は、公立図書館に対する国の支援について定めています。

国の支援の一つは、独立行政法人国立印刷局（昔の大蔵省印刷局）が作成する政府刊行物について、各都道府県立図書館に対して2部提供することとしていることです（図書館法第9条第1項）。

他の一つは、公立図書館の建築費、図書等の設備の整備費について補助できるとするものです（図書館法第20条、第23条、同法施行令（昭和34年政令第158号））。現在、この補助は行われていません。

1.1.4　公立図書館の設置

公立図書館は都道府県・市町村が自由に設置でき、名称使用の制限も無いことから、図書館であることをどのように確認することができるかという問題が有ります。これについては、公立図書館の設置に関することは都道府県・市町村の条例で定めることとしている（図書館法第10条）ので、その都道府県・市町村の公報等の公的な資料で確認することができます（地方自治法第16条第4項参照）。即ち、都道府県・市町村が、条例によって図書館として設置したものが図書館になると割り切るしかありません。

なお、都道府県・市町村は公の施設の設置・運営に関することを条例で定めなければならないという一般原則が有り（地方自治法第244条の2第1項）、公立図書館は

その定義により公の施設に該当する(同法第244条第1項、図書館法第2条)ことから、図書館法のこの条文は不可欠なものではありません。

1.1.5 公立図書館の設置・運営の基準

このように条例で設置するにしても、その施設をどのような図書館とするかはその都道府県・市町村の判断に任されていますから、様々な内容、レベルの公立図書館が存在することが可能です。それがどのような図書館であれ、それぞれ有益な活動をしているのであり、その有益さの程度を国が判断する必要は有りませんし、判断できませんから、様々な内容・レベルの公立図書館の存在を当たり前のことと考えなければならないのです。

一方、文部科学大臣は公立図書館の望ましい基準を定めることとされています(図書館法第18条)。これまで述べてきた図書館の基本的な性格からも推測できるように、この基準は、都道府県・市町村を拘束するものではなく、都道府県・市町村は、この基準に照らしてどう判断されるかにかかわらず、公立図書館を設置し、運営することができます。この基準は、永らく制定されないできましたが、2001年に至って、「公立図書館の設置及び運営上の望ましい基準(平成13年文部科学省告示第132号)」として、同年7月18日から実施されています。

それ以前は、公立図書館の建築費等の補助が実施されていて、且つ、実態上その補助が図書館を建築する都道府県・市町村に対し大きな意味を持っていた時期が長く続いていました。この補助を受けるための最低基準が別途定められており(2000年の改正前の図書館法第19条、2000年の改正前の図書館法施行規則第2章)、実質的にはこれが公立図書館の基準として機能してきました。このような形で、補助金というシステムを通じることにより、文部科学省の考える適切な基準を事実上押し付けることができましたが、この押し付け自体が図書館の性格からして不適切であったばかりでなく、基準の内容自体も不適切であったため、常に問題を抱えていました。

現在は、国の建築費等の補助は無くなり補助金を通じた事実上の強制という手段が失われたことから、上述のように、補助の基準としての公立図書館の基準が廃止され、それに代わってこれまで定めてこなかった一般的な公立図書館の基準を急遽定めるということになりました。したがって、2001年に制定された基準の内容は、図書館の所要面積、所要職員数等を定めていた従来型の設置基準的なものではなく、運営に関する理想の基準という性格の、一般的、方針的なものとなっています。

しかし、この基準にも基本的な問題が有り、公立図書館にとって本当に有益なものとしたいのであれば、再検討が必要です。そのような問題を二つほど挙げるとすれば、この基準が全公立図書館を文部科学省が理想と考える唯一の型に入れ込もうとしていることと、図書という物品を扱う事務職員に過ぎない現在の司書の性格を理解しようとせず、館長について司書資格を要求していることです。

公立と言っても、図書館は図書館であり、これを一つの型にはめ込む必要性も無ければ、はめ込むことにより害だけが生じ、実益は何も無いことを認める必要が有ります。これを認めれば、基準というのは、考えられる主な運営の型（身近な図書館、本格的な図書館、司書を置かない図書館、大部分の仕事をボランティアが行う図書館、経営をすべて外部委託した図書館、閲覧室も図書資料も持たないデジタル図書館等）に応じてどのような具体的な運営が考えられるかを、そのランニングコストとともに示すものになるのではないかと思います。

又、司書資格を持つ者の中に館長の適任者がいることは確かですが、司書資格を持たない者の中にもその何百万倍の人数の適任者が存在しているのも事実です。この事実に目を瞑るのは理屈も無く唯ひたすら司書の既得権（従来の補助基準の時代には館長が司書の資格を持たなければ補助が貰えなかった。2000年改正前の図書館法第13条第3項）を死守しようとしているとしか考えられません。そうは言っても公立図書館の館長については、現在の基準は館長が司書資格を有する者であることが望ましいとトーンダウンしていることに加え補助金も存在せず、強制の要素は薄くなりました（公立図書館の設置及び運営上の基準二（八）②、三（七））。

1.1.6 図書館に置かれる職員等

図書館に必ず館長を置くこととしていますが、館長以外にどのような職員を置くかは都道府県・市町村が判断することとしています（図書館法第13条）。ただし、講習等で20単位を修得して採用される現在の司書以外には、図書館に専門的職員を置けないことになっていることは致命的な欠陥です。

なお、公立図書館には、条例で定めるところにより図書館協議会という館長の諮問機関を置けることとなっており、その委員は教育関係者等の中から、その都道府県・市町村の教育委員会が任命することとなっています（図書館法第14条乃至第16条）。この協議会の設置は任意である（同法第14条第1項）とともに、この協議会と違った形の館長の諮問機関を異なった手続き、内容、名称等のものとして自由に設置できるはずであることから、これらの条文がどれだけの形式的、実質的意味を持つか疑問です。

しかし、任意設置ではあるにせよ、選出範囲が限定された者に公立図書館という公の施設の運営に関して特別の地位を与えていることは、問題です。

1.1.7 入館料

公立図書館は、入館料等として図書等の利用の対価を徴収してはならないこととしています（図書館法第17条）。公立図書館が利用料を徴収しないという原則は事柄としては妥当なものですが、国がそれを強制する理由は有りません。無料にするかどうかは、公立図書館を設置している都道府県・市町村が決めるべきことであり、万が一どこかの自治体が公立図書館の利用を有料としても、民主制の原則に照らして問題は有りません（地方自治法第228条第1項参照）。少なくとも、住民が設置し

た施設の利用の仕方を住民が決められないこととしている現在の図書館法の規定よりも、公立図書館の利用料の徴収を定めたその条例のほうが、格段に罪が軽いと言えます。公立図書館の利用の無料化が絶対的な原則ではないことは、戦前においては有料が可能とされていたこと（旧図書館令（明治32年勅令第429号）第7条）、現在も私立図書館は有料で構わないこと（図書館法第28条）からも言えることです。なお、1994年のユネスコ公共図書館宣言（Public Library Manifesto）も、無料化を原則としていますが、それを絶対の原則とはしていません（同宣言の「財政、法令、ネットワーク」に関する部分）。

1.1.8 私立図書館

私立図書館については、上記のように利用料の徴収ができる旨を法律で定めています（図書館法第28条）。私立図書館は、この規定が無くとも利用料を徴収できます。又、国、都道府県・市町村は、私立図書館の事業に干渉できないこと、補助金を私立図書館に出すことができないことを定めています（同法第26条）。干渉できると法律で書かなければ他人に干渉できないのであり、私立図書館に干渉できると法律で書いていないのにこのような条文を設ける必要は有りません。実際問題としては、図書館を設置する社団法人・財団法人は、国・都道府県による業務の監督を受けることとされておりこの条文との関係が問題となりますが、このことについては、博物館の登録・指定のところで多少詳しく述べることとします。

又、日本国憲法第89条に鑑み国等が私立図書館に補助金を出せないこととしています（図書館法第26条）。日本国憲法第89条は改正の対象として名指しされることの多い条文ですが、現在一般に受け入れられている解釈は、その教育事業がどれだけ国・都道府県・市町村のコントロールを受けているかを見て、主要な部分がこれらによる公的なコントロールの下にあれば、公の支配に属すると考えることができるとするものです。この考えに従えば、これまで見てきたように厳しい規制下にある学校教育は公的なコントロール下に有ると言えることから公の支配に属する教育の事業であり、したがって、私立学校に対する国等の補助は憲法に適合することとなります。専修学校は、一条学校ではありませんが、教育内容を除いては一条学校とほぼ同じような規制を受けており、一条学校と同様に公の支配に属すると考えてよいと思います。各種学校については、その教育を公の支配に属するものとするのは、かなり問題が有ります。これに対して、現在行われている専修学校、各種学校以外の社会教育については、国・都道府県・市町村が自ら行うものを除いては、基本的に国等が規制する必要も無いものであり、現実に規制をしておらず、国、都道府県、市町村によるコントロールはほとんど及んでいないことを考えれば、これらは基本的に日本国憲法89条にいう公の支配に属さない教育の事業と考えざるを得ません。したがって、現在の憲法の下では、公の支配に属するとは言えない私立の図書館に対して国、都道府県・市町村が補助することはできないのです（2.3参照）。

私立図書館に対して、都道府県が、調査等のため必要な報告を求めることができ、又、求めに応じて、指導、助言ができることとされています（図書館法第25条）。しかし、私立図書館が求められた報告をせず、嘘の報告をしても罰則はなく、都道府県が私立図書館から求められているにもかかわらず指導、助言をしなくとも義務違反ではなく、又、都道府県が求められていないのに指導、助言をすることも禁じられてはいません。

1.1.9 図書館法の意義

これまで述べてきたように、図書館法の大部分の条文は、それが有ることによって特別の状態を作り出しているものではなく、それが無くなったとしても現状が変わることのない、そうした性格のものです。例えば、その規定が無くともできることをわざわざ「……することができる」と規定する数多くの条文と、例えば、公立図書館の条例による設置（同法第10条）や私立図書館への公的な補助の禁止（同法第23条）のように憲法や他の法律で別に決まっていることを繰り返して規定する条文です。

もし図書館法が無くなった場合に、それにより現状が制度的に変わるとすれば、次の三つが考えられます。ただし、その対象となるのは図書館法上の図書館に限っての話であることに注意してください。例えば、都道府県・市町村が図書館と同じ機能を果たす資料センターという施設を作っている場合、その施設については図書館法が適用されていませんから、図書館法が無くなっても何も変わりません。

一つは、国立印刷局が作成する政府の刊行物が都道府県立図書館に配布される制度的な保障が無くなります（図書館法第9条第1項）。他の一つは、公立図書館が入館料を徴収することが可能になります（同法第17条）。最後の一つは、図書館に司書以外の専門的な職員を置くことが可能になります（同法第4条）。

第1の政府刊行物の配布については、現在でも配布を強制する条文とはなっておらず、国が配布しなければそれまでであり、又、配布されないならば図書館がお金を出して買えばよいだけですから、実質的に大したことではありませんが、都道府県立図書館に関する制度の内容が変わることは確かです。

第2の公立図書館における入館料の徴収は、お金を徴収したいと住民の代表たる議会が判断する以上入館料を徴収しても問題は無いのであり、一律にそれを否定する現在の条文は無くしたほうが良いと考えられます。なお、この条文が無くとも大抵の自治体は入館の無料を継続すると推測でき、すべての公立図書館が無料を継続することさえ考えられますが、その場合でも制度の変更であることは確かです。

第3の司書に関する条文が抱える問題の中核は、図書館に置かれる専門的職員を現在日本の図書館に置かれている司書に限定し、それ以外の専門的職員の設置を排除していること、その結果として日本の図書館には本当の専門的職員が置けなくなっていることであり、実態として日本の図書館における最大の弊害となっています。

以上のように図書館法を廃止しても何も問題を生じないばかりか、むしろ図書館というシステムの合理化に貢献することになります。しかし、日本の社会の実態においては、図書館法は必ずしも無意味な法律ではありません。法制化が疑問視されるような当たり前の内容ではあっても、図書館の役割、設置と運営に関する標準を示したことで図書館の標準的な姿を日本の社会の中に作り上げ、国民が図書館について考え、対応する手がかりを与えてくれたことを否定できません。望むべくは、国がこのような法律を作るまでもなく、社会に本当に役立っている図書館が普及し、定着し、多様で柔軟な設置、運営のルールも自然に確立しているという姿ですが、日本の社会はこのようなことが実現するほどの実力も持たず、民度も高くはないということを事実として謙虚に受け止める必要が有ります。図書館法は、その内容に適切でない部分があった、又は、社会の変化に応じて適切にその内容を変えられなかったため、不適切なところが生じてしまったのです。したがって、必要な改正は急がなくてはなりませんが、法律に代わるべき図書館に関するルールが十分に成立していないまま図書館法自体を廃止することは、あれこれをよく考えて行う必要が有ります。

なお、昔の図書館制度を知るために、旧図書館令が何を定めていたかを現在の制度に置き直して記すと、次の通りです。

① 都道府県・市町村と私人は、学校への附設を含めて、図書館を設置できること（第1条、第3条、第4条）
② 公立図書館の設置・廃止は文部科学大臣の認可、私立図書館の設置・廃止は文部科学大臣への届出が必要なこと（第5条）
③ 公立図書館の館長と事務職員は知事が任免し、これらの者の待遇は、それぞれ、公立高等学校（当時は中学校）の教員又は事務職員に対応したものとすること（第6条）
④ 公立図書館は使用料を徴収できること（第7条）

1.2 博物館

博物館は、図書館と同様に、明治の初期に欧米のシステムを手本として国が最初の施設を作り、その後、公立・私立の施設も作られ普及していきました。最初の施設は、両者とも1872年に形を成し、施設としては一体のものとして湯島の聖堂の傍らに作られています。このように、日本の国民にも図書館とともに明治の早い時期から馴染み深い施設となっていました。

博物館と図書館は、いずれも所蔵している資料を一般公衆の利用に供するものであり、相通じる性格の施設です。異なる点は、利用に供する資料が、書籍を中心とする複製物が中心である図書館に対して、博物館は図書以外のものが中心をなす実物（或いは模型）であること、利用の方法が、利用者が読むこと（閲覧）が中心とな

る図書館に対して、博物館は展示したものを利用者に見せることが中心となることです。又、博物館については、資料を利用に供するに当たっては単なる見世物として行うのではなく教育的な配慮を持って行うべきことと、博物館の業務として資料に関する調査研究を行うべきことが要求されており（以上、博物館法第2条第1項。図書館法第2条第1項参照）、研究機関としての性格も持っています。このような違いは有るものの、博物館と図書館は、資料を一般公衆の利用に供するという基本的な性格が同じであることと、同じ文部科学省の所管の施設として同じような歴史を辿ってきたこと等から、共に社会教育機関として位置づけられるとともに、個別の法律で内容等を定めることとされ（社会教育法第9条）、結果的に博物館法は図書館法に1年遅れて作られました。こうしたことから推測できるように、博物館法の本質的な部分は、図書館法と瓜二つと言っても良いと思います。

例えば、博物館を設置するのに誰からの認可も許可も要らず、自分の作った博物館に自由に博物館と言う名前をつけることができますが、これは図書館について述べたことと同様です。しかし、図書館と違うところは、博物館には公的な認知とも言うべきシステムが有ることです。それは、一つは都道府県の教育委員会に博物館として登録するという方法であり、もう一つは、国又は都道府県教育委員会に、上記の登録博物館に劣らない施設（「博物館相当施設」と呼んでいる）として指定してもらう方法です。

登録は、都道府県・市町村が設置する博物館（「公立博物館」と呼ぶ）の他、社団法人・財団法人、宗教法人、日本赤十字社、日本放送協会（NHK）が設置する博物館（これらの法人が設置する博物館を「私立博物館」と呼ぶ）のみが受けることができます（博物館法第2条第1項、第2項、第10条）。

上記以外の博物館（具体的には、上野に在る「国立博物館」「科学博物館」「西洋美術館」のような国・独立行政法人が設置する博物館や、「玉川大学教育博物館」のような学校法人が設置する博物館等）は、登録を受けることはできず、したがって、公的な認知を受けるには博物館相当施設としての指定を受ける途しか有りません。この場合、国又は独立行政法人が設置するものは文部科学大臣から、その他のものは都道府県教育委員会から、それぞれ指定を受けることとなります（博物館法第29条）。ただし、博物館法上の博物館とは登録を受けた博物館だけを言い（同法第2条第1項）、指定を受けても博物館相当施設になるだけであって、博物館法上の博物館になるわけではありません。

このように、登録又は指定という方法によって博物館として、或いは、博物館に相当する施設として公的に認知を受けられるシステムは存在しますが、登録や指定を受けなくとも誰でも博物館を作ることができ、博物館と名乗ることも自由であるということには変わりは有りません。その結果、世の中には登録又は指定を受けずに博物館を名乗るものも多数存在しており、その中には内容の充実した博物館も少な

くないのです。このような状況ですから、公的認知を受けた場合に、社会からある程度の評価が得られるという事実上のメリットは有りますが、制度的なメリットと言えるようなものは有りません（正確に言えば、都道府県教育委員会から指導・助言が得られるようにはなりますが、これをメリットと考える博物館は少ないでしょう。博物館法第27条第2項、第29条）。
以下、博物館法の内容について述べることとします。

1.2.1 博物館の定義

博物館であることによって特別の規制を負うことはなく、又、博物館であることによって特別の地位が与えられることも優遇されることも無く、更に、公的に認知された登録博物館や相当施設の指定を受けた博物館でさえ、制度上、登録も指定も受けていない博物館と何も異なることがないこと、誰でも自由に博物館が作れ、博物館という名前を使えることを考えると、博物館を定義する実益は無いと言えます。定義する実益は無いのですが、博物館法は、資料を展示等して、教育的配慮の下に一般公衆の利用に供すること、資料に関する調査研究を行うことを博物館の要件としています（博物館法第2条）。又、前述のように、博物館法上の博物館の設置者を、都道府県・市町村と、社団法人・財団法人・宗教法人・日本赤十字社・日本放送協会に限っていますが、これら以外の者が設置するものであっても、博物館相当施設の指定を受けることができますし、登録も指定も受けずに設置し、博物館を名乗るのも自由です。

博物館の資料には限定が無く、生物も含まれています（博物館法第2条第1項において、資料の「保管」という行為の中には「育成」という行為も含まれるとしている）。したがって、歴史博物館、美術館、民俗博物館、産業博物館、自然史博物館、科学博物館等の多種多様な博物館だけではなく、動物園、水族館、植物園等が博物館の仲間に加わることとなります。

博物館も、図書館と同様に、社会教育法により社会教育のための機関とされ（第9条）、又、資料を「一般公衆の利用に供する」という定義から社会に対する公開が前提となっています。大学の中には博物館を附置しているものが珍しくありません。大学に附属されている博物館は、勿論大学の教育・研究のために設置されているのですが、四六時中大学の教育・研究に使われているものではなく、展示という資料の管理が容易で、且つ、資料の傷みも少ない方法での利用が中心であることから、利用を学内の者だけに留めず、一般に公開している博物館も有ります。そのような博物館は、学校教育のための機関という基本の性格は変わらないものの、社会教育のための機関という一面を持っていることも確かですし、社会教育施設の要件である社会への公開という前提も満たしています。こうしたことから、大学に附置されている博物館であっても、博物館相当施設の指定を受けているものも有り、筆者の所属していた玉川大学の博物館もその一つです。

こうしたことは、一つの機関が学校教育の機関と社会教育の機関の二面を持っていることを示しているだけでなく、一つの機関が行う一つの活動が学校教育と社会教育の二面を持つことも示しています。なお、学校教育のための機関が社会教育のための機関の性格を併せ持つことについては、地域への開放等を行っている大学図書館についても同じことが言えますが、図書館には相当施設の指定に当たるシステムが無いため、問題が博物館の場合ほどには端的になりません。

1.2.2 学芸員

博物館に置かれる専門的な職員である学芸員は、図書館の司書と異なり、博物館に必ず置かなければならない職員とされています（博物館法第4条第3項）。その職務内容は、調査研究も含めて博物館の本来的な活動の専門的な部分を行うこととされています（同法第4条第4項）。実態としても、資料の学術面に関する調査研究、資料の維持・保存等に関する調査研究を始め、来館者への説明、図録・報告書等の作成、講習会等の主催等その処理には相当高度な知識と修練を要する相当量の業務が日常的にも、長期的にも存在しており（同法第3条）、博物館館運営における中心的職員は学芸員であると言えます。

学芸員の資格は、所定の科目・単位を修得して4年制大学を卒業することですが（博物館法第5条第1項第1号、同法施行規則第1条）、博物館とその業務の多様性等に鑑み、学士号取得者等について筆記試験と口述試験を行いその合格者に資格を認める試験認定、修士号取得者等についてその学識と業績を審査の上合格者に資格を認める無試験認定のシステムが有ります（博物館法第5条第1項第3号、同法施行規則第2章）。資格取得のため要求されている科目は博物館に関する技術的な科目であり、学芸員に期待する能力の核心から離れた周辺的なもので、必要の有無等の判断・対処を博物館の設置者に任せるべきものです。ただ、若干の救いは、社会教育主事の24単位、司書の20単位に比べて、学芸員の場合は12単位でよく、その中には3単位の実習を含んでいることです。そうは言ってもこのような資格であるため、適任者を見つけてその人を採用しようとする際に不要な科目・単位を修得させなければならないことになる等、むしろ博物館の専門的職員の円滑な採用・養成を妨げる要素すら有ります。資格を撤廃して適任者の採用を設置者に任せるか、国が定めるとしてもせいぜい拘束力のない参考的な資格とすべきですし、その場合にはこの種の科目ではない本当に必要な素養を示すべきです。

確かに、博物館の設置、名称の使用は自由であるとともに、博物館の登録や指定を受けなくとも支障が生じない場合が多いのですが、登録や指定を受けたいと考える博物館にとっては学芸員の有資格者の確保は不可欠であり、その意味では学芸員資格はかなりの拘束力を持っています。登録や指定を受けるために、博物館についての若干の知識は持っているが学芸員として必要な知識・能力を持たない者を、学芸員の有資格者の頭数をそろえるためだけに採用する事態が生じているとしたら極め

て問題です。その博物館の良し悪しに関する判断は、学芸員資格保持者が存在するかではなく、その館が必要とする知識と能力を持った専門家が存在するかということで行うべきです。

1.2.3 登録と指定

博物館の登録は申請に基づいて行われるものであって、申請を受けた都道府県教育委員会は登録の要件に照らして審査の上、要件を満たしていると判断した博物館を登録します（博物館法第10条乃至第12条）。登録の要件は、申請した博物館が十分な博物館資料を所蔵していること、学芸員等の必要な職員がいること、土地、建物を持っていること、年150日以上開館していることです（同法第12条）。登録博物館が、後日天災等以外の事由でこの要件を欠くに至ったときは、都道府県教育委員会は速やかに登録を取り消さなければなりません（同法第14条）。

博物館相当施設の指定も申請に基づいて行われ、十分な博物館資料及び専用の施設・設備の保有、学芸員に相当する職員がいること、公開、年間100日以上の開館が指定の要件です（博物館法第29条、同法施行規則第18条・第19条）。この要件を満たす博物館を指定しますが、指定を受けた博物館が後日この要件を欠くに至ったときは、文部科学大臣又は都道府県教育委員会は指定を取り消すこととしています（同規則第24条）。

税金の負担を軽減するため遺産を寄付して博物館を設置・運営する財団法人を設立する場合が有ります。この場合には、博物館の登録の成否が、法人の設立（都道府県等の認可が必要）の可否と税の減免の可否に直接繋がることになり、通常の場合とは異なった意味を持つことになります。税金については、博物館の登録と税は直結すべきものではなく、税については税務当局の責任で別途判断すべきであり、税務上から必要とされる要素を登録の審査の要素として加えることも適当ではありません。博物館を含めて社会教育施設については、誰でも自由に設置し、自由に運営することが基本原則であり、公的な認知の有無によって非課税措置の対象にし、又は、対象にしないとすることは、この原則を事実上否定し、特定の教育的な要求を強制する結果となります。

私立博物館に対しては、上記の登録に関することを除き、国・都道府県による博物館法に基づく規制・監督は有りませんが、私立博物館を設置する社団法人・財団法人に対しては、法人の業務に対する監督という全法人に共通する監督が民法に基づいて行われます。即ち、主務官庁（事業が都道府県をまたがる法人については文部科学大臣、一つの都道府県内に収まる法人については、その都道府県教育委員会）から、その設置する博物館に関する業務について命令を受け、検査を受ける等の監督を受けることとなります（民法第67条・第84条第3号乃至第4号、公益法人に係る主務官庁の権限に属する事務の処理等に関する政令（平成4年政令第161号）第1条第1項）。社団法人・財団法人が設置する図書館についても事情は同じですが、

国・都道府県は「私立図書館の事業に干渉を加えてはならない（図書館法第26条）」とされているので、その限りで図書館を設置する社団法人・財団法人に対する主務官庁による監督は制限されることとなります。しかし、図書館を設置する場合に限ってこのように監督を制限する理由は見当たらず、問題を抱えた規定です。

なお、博物館についてはこのような規定はなく、主務官庁の監督は原則通り私立の博物館の設置者である財団法人等に及びます。

1.2.4　公立博物館への支援

公立博物館とは、定義により、都道府県・市町村が設置する博物館であって都道府県教育委員会に申請して博物館の登録を受けたものということになります（博物館法第2条第1項、第2項）。しかし、博物館は誰でも自由に設置することができ、博物館の名前も自由に使えますから、実態としては公立博物館であっても、都道府県教育委員会の登録を受けずに指定を受けて博物館相当施設となっているものもあれば、登録も指定も受けず統計上は博物館類似施設として現れてくるものもあります。文部科学省の平成14年度社会教育調査報告書により公立の博物館の状況を見ると、登録博物館493館（これだけが博物館法上の公立博物館である。これと財団法人・宗教法人等が設置する私立の登録博物館326館を合わせた819館が博物館法上の博物館である）、指定を受けて博物館相当施設となっている博物館115館（博物館法上は博物館相当施設であって博物館ではない。この他に、国立と私立の博物館相当施設が186館存在する）、登録も指定も受けていないで博物館類似施設に分類されている博物館3,184館（当然博物館法上の博物館ではない。この他に、国立と私立の博物館類似施設が1,059館存在する）となっています。

公立の登録博物館については、公立図書館の場合と同様に、条例で設置すべきこと（博物館法第18条）、館長の諮問機関として博物館協議会を設けることができること（同法第20条乃至第22条）、国は、公立博物館について、その建築に要する経費と資料の整備に要する経費を補助できること（同法第24条、第26条、同法施行令第2条）を定めています。現在ではこのような補助は行われていないということも含めて、これらの規定の意味等は公立図書館について述べたところと同じです。登録博物館以外の公立の博物館については、これらの規定は適用されませんが、これらの博物館についても、公の施設である以上は条例で設置しなければならないこと（地方自治法第244条の2第1項）、博物館法上の根拠は無くとも博物館にその意思があれば博物館協議会と同様の諮問機関を置くことができること、現在は公立の登録博物館に対する補助が廃止されていること等を考えると、登録博物館か否かによる相違は無いと言えます。

入館料は無料を原則としていますが、維持費・運営費として徴収することも可能とされていて（博物館法第23条）、徴収ができないとされている公立図書館（図書館法第17条）とは異なっています。前記社会教育調査報告書によれば、活動中の公

立登録博物館489館の8割に当たる391館が入館料を取っており、既に原則の意味は無くなっています。図書館についても同じ趣旨のことを述べましたが、都道府県・市町村の施設の利用料について、単なる「べき論」以外の根拠も無く、財源措置を講じることもしないで、国が一律にルールを決めていることが間違いなのです。それは、その施設を設置・運営している都道府県・市町村（最終的には住民ということになる）が決めるべき事柄です。

図書館については公立図書館の望ましい基準を国が作るとしていた（図書館法第18条）ことに対して、博物館については、公立・私立かかわり無しに博物館の望ましい基準を国が作ることとしています（博物館法第8条）。しかし、実際に作られているのは「公立博物館の設置及び運営上の望ましい基準（平成15年文部科学省告示第113号）」です。

私立博物館については、「私立博物館における青少年に対する学習機会の充実に関する基準（平成9年文部省告示第54号）」が定められていますが、これは、青少年の博物館利用の促進という観点からの極めて限定された内容であるとともに、学校教育も所管している教育委員会が設置・運営している公立博物館こそこのようなことをすべきであるのに、その対象を私立博物館に限っているという本末転倒した基準です。しかし、私立の登録博物館がこの基準を満たすと税の優遇を受けられる特定公益増進法人となることが可能となりますし（所得税法施行令（昭和40年政令第96号）第217条第1項第3号カ、所得税法施行規則（昭和40年大蔵省令第11号）第40条の8第2項等）、一方、文部科学大臣も、この基準を満たしている私立博物館の名前を官報で告示するとともに、その名簿を作成することとしています（上記基準第4条）。この基準は、開館日数を年間250日以上とする等具体的、強制的な要素を持ち、博物館法が想定している博物館の基準（博物館法第8条[注3]）とは懸け離れた内容の異質な性格のものであり、税金の優遇を受けるための特別の基準です。

公立博物館については、教育委員会が所管するとしていますが（博物館法第19条）、公立の教育機関の所管については地教行法でも同趣旨のことを定めています（第30条、第32条）。なお、公立博物館の所管に関することとして、首長部局の所管する博物館については博物館相当施設の指定をしてはならないという指導を文部科学省が行っていましたが（指導であって強制力は無い）、最近はこの指導を改めています。

1.2.5 私立博物館

私立博物館については、都道府県教育委員会が報告を求め、或いは、その求めに応じて指導・助言を行うことができるという、権利義務にかかわりの無い規定を置く

[注3] 本告示第1条は博物館法第8条に基づく旨を定めているが、税の優遇を名目にした特殊の規準であり、博物館の健全な発達を図るものと言えるか疑問である。

のみです（博物館法第27条）。図書館の場合のように、国等は補助することができない、業務に干渉はできないということ（図書館法第26条）を規定してはいません。規定していなくとも、日本国憲法の定めにより補助はできず、干渉できると法律で定めていない限り干渉はできません。社団法人・財団法人が設置する博物館については、登録・指定の有無にかかわらず主務官庁による事業の監督が行われること（民法第67条）については、登録・指定のところで述べました。

1.3 公民館

公民館は、戦後に現れた社会教育施設ですが、その数は、図書館や博物館より一桁多く、普及という面ではこれらを凌駕しています。図書館、博物館と同様に、公民館も法律でその設置や運営等について定めており、それを定めているのが社会教育法です。社会教育法は、公民館に関して規定している内容や規定の分量（全57条中の23条）から見ると、「公民館法」と呼ぶこともできます。図書館や博物館と異なり捉えどころの無い施設ですから、まずその実態を紹介します。

1.3.1 公民館の実態

社会教育法が定めている公民館とは、市町村の住民が利用する教育・文化・スポーツ・レクリエーション用の集会施設を意味しています（社会教育法第20条乃至第22条）。

平成14年度社会教育調査報告書によれば、公民館については本館と称されるものが11,354館、分館と称されるものが6,593館、計17,947館の公民館が存在しており、日本の市町村の91％が公民館を設置しています。約1万8千という公民館の数は、日本の公立小学校の数（平成16年において23,160校。平成17年度文部科学統計要覧による）と公立中学校の数（同10,317校）の間にあります。これは、都市部は公立中学校の学区に1館、町村部は公立小学校の学区に1館を目安に公民館を設置するという文部科学省の指導と対応しています（1960年2月4日文部省社会教育局長通知）。又、館長を含めて専任職員は12,915人であり、その他に兼任と非常勤の職員が約4万人いて、公民館はこれらの職員で運営されています。専任職員の大部分は本館に置かれ、分館に置かれる専任職員は377人に過ぎません。更に、本館の中にも、一般の公民館の中心となる中央館というものが有り（上記調査では2,253館。中央館以外の本館は「地区館」と呼ばれ、9,101館である）、多くの専任職員はこの中央館に配置されているものと推測されます。

このように、人的な要素を持った施設であり、公民館の活動として自らも学級・講座や集会を開催しますが、施設を利用させることが中心になっています。例えば、公民館が主催又は共催した集会の参加者は約2,400万人、公民館が実施した学級・講座の参加者は約1,100万人ですが、それ以外で利用した者が約2億300万人（うち団体による利用者が約1億8,300万人）です（平成14年度社会教育調査報告書によ

る。以下において挙げる数字も、特に断りの無い限りすべて同報告書によるものである）。

施設の面積を見ると、本館では330㎡から1,000㎡のものが多く（全体の約6割弱）、分館では250㎡未満のものが多く（全体の約6割）、大規模な施設ではありません。施設の内容は、事務室・管理室は別にして、大部分の公民館が持っているのが会議室・講義室であり、以下、実験実習室、図書室、談話室、ホールが一般的なものであり、体育館・講堂、視聴覚室、展示室は1割から2割の公民館が保有しています。又、8割以上の公民館が日曜日にも開館しており、年間250日以上開館しているものも約8割有ります。大抵の公民館は、午前8時から10時の間に開館し、午後9時から11時の間に閉館します。

1.3.2 公民館の定義

性格的には、公民館は図書館・博物館と同じ類の施設です。誰でも公民館を作れますし、誰でも公民館の名称を使うことができます。補助制度の無くなった現在では、公民館であることによって、制度的にメリットを受けることも有りません。図書館と同様に公民館については、登録等により公的な認知を得るシステムも有りません。社会教育法で定めている公民館とは、市町村又は社団法人・財団法人が公民館であるとして設置したものです（社会教育法第21条）。公民館として設けたものかどうかは、公立であれば条例で設置します（同法第24条）から、その条文によって確認できますし、社団法人・財団法人は公民館の設置を主たる目的として設立されることとなっていますから（同法第21条第2項）、設立の許可を行う都道府県教育委員会が承知しています。又、定款・寄付行為にも公民館を設置することが明記されているはずです。要するに、市町村が条例により公民館として設置するもの、社団法人・財団法人が都道府県教育委員会の関与の下に設置するものが社会教育法で言う公民館です。しかし、このようにして社会教育法上の公民館になってもメリットは無く、一方、地区会館等として実質的に公民館を作る等他の方法で公民館を作ることは自由ですし、個人が作った施設に公民館という名前をつける等公民館の名前を使うことも自由です。特に社団法人・財団法人の設置する公民館は、公民館であることによって幾つかの厳しい規制を受けることとなるので、公民館になる意味は全く無いと言えます。法人が設置する公民館が有り得るとすれば、その設置運営の経費を都道府県・市町村が丸抱えしているものと推測され、そうでないものが有るとすれば極めて特殊な事情を抱えるものと考えられます。実際に、法人立公民館は、神奈川県、岐阜県、大阪府に計11館存在するだけです。

公民館には、館長が置かれるほか、主事その他の職員を置くことができます。主事とは市町村等で普通の事務を行う職員を指しており、公民館については専門的な職務を行う職員を置くことは想定されていません。もっとも、これは公民館には専門的な職員を置いてはならないとしているものではなく、そうすることが有効である

と考えるのであれば、その設置者は公民館に社会教育主事や教員その他の専門家を置くためのポストを作ることができます。しかし、実際は、公民館には専門的職員を必要とするような仕事が無いこと、兼任や非常勤を含めても職員が少ないこと等の事情から、その施設を住民に利用させることが公民館の中心業務となっています。又、公民館が開催し、実施している集会や学級・講座も外部の人材に依頼して行っているものであって、公民館はせいぜいそのコーディネイトをしているものであること、そのコーディネイト自体も地域の関係者等部外者の大きな協力の下に行われているであろうことは、容易に想像がつくことです。

1.3.3 公民館に対する規制

図書館と博物館については、公立と私立に分け、公立については補助を行うということを梃子にしての規制を行い、私立については不干渉という態度を採っていますが、公民館については、公立・私立という概念を設けず、市町村立公民館も法人立公民館（上述のように、実態は11館しかない）も、補助に関することと宗教に関することを除き原則として同じ扱いとしています。

即ち、公民館は、市町村立・法人立を問わず、営利事業に関与してはならず、特定の政党・政治家について偏った関与をしてはならず、又、市町村立公民館は特定の宗教・宗派等を支援してはならないこととされており（社会教育法第23条）、その違反に対しては市町村（公立公民館の場合）又は都道府県（法人立公民館の場合）の教育委員会が、事業や行為の停止を命ずることができ（同法第40条）、この停止命令に違反した者に対しては、1年以下の懲役又は3万円以下の罰金が科されます（同法第41条）。この規制は、抽象的な心構えの問題ではなく刑罰で担保された具体的なものであり、次のような問題点を抱えています。

① この規制の対象が社会教育法上の公民館だけであり、社会教育法上の公民館ではない公民館類似施設を始めとして、女性教育会館等類似の社会教育関係の施設等には適用されない。逆に言えば、公民館であるということで公民館に限ってこの種の規制をかける理由が存在するとは考えられない。

② 社会教育法上の公民館であるかないかは条例等に公民館であると書くか書かないかだけとすれば、このような規制をかけることは適当とは言えない。

③ 市町村立公民館又はその職員については、日本国憲法（第20条、第89条等）、地方自治法（第238条の4、第244条第3項等）、地方公務員法（第36条、第38条等）等において、宗教的中立、公務員の政治行為の制限や営利事業からの隔離等が定められており、市町村やその職員はこうしたことを行ってはならないことになっている。又、公民館は市町村教育委員会の組織の一部であって、その職員は市町村教育委員会の職員であり、市町村教育委員会は他人事のように停止命令を発するまでも無く、直接に指揮命令し、規律維持のための人事上の措置を採るべきである。

④ 法人立の公民館については、このような規制をかける理由を見出すことは困難であり、不当である。又、前述した法人の主務官庁としての都道府県教育委員会の監督を適切に行えば十分目的を達することができる（公民館については、都道府県教育委員会の干渉を禁止する図書館法第26条に相当する規定は無い）。

敗戦前において、特に1930年代以降において国等の公的機関が関与して行われた社会教育は、専ら戦争に向かって国民の思想・活動を統制するためのものでした。このような反省が強く残っていた1950年当時において、平和、民主主義、人権の尊重は別として、社会教育において特定の考え方を国民に吹き込むことは心して避けるべきであると考えたとしても不思議ではありません。そうした考えに立って公民館を見た場合、最も危険度が高いものとして公民館の政治的利用と営利的な利用が浮かび、この二つを規制できなければ公民館は普及しないと考えたものと推測されます。罰則も含めてこの規制が文言どおり働くことができるかは疑問が有りますが、公民館を政治や営利から遠ざけることができたのは確かです。公民館のような施設を核とした社会教育の土壌がなかった日本に、社会教育の普及をもたらした公民館というシステムの実績は評価されてよいものであり、この規制もこれに一役買ってきたことは確かです。他方、これには、公民館の利用範囲を狭め、狭い殻に閉じ込めてしまうという側面が有ることも否定できず、そのことが更に、教育・文化・体育・レクリエーションに用途を限定したこのような集会施設が果たして必要かという疑問を呼び起こすことにも繋がります。

公民館についても、文部科学大臣が設置・運営上必要な基準を定めることとなっています（社会教育法第23条の2第1項）。現在の基準は2003年に作成されたもので（公民館の設置及び運営に関する基準（平成15年文部省告示第112号））、必要面積、施設設備の内容等を具体的に、且つ、詳細に定めていた旧基準と異なり、図書館・博物館の基準と同様に抽象的・包括的な内容に止められています。

又、2000年に改正される前の社会教育法では、公民館には館長の諮問機関として公民館運営審議会を置かなければならないこととしていた上、公民館の設置者が館長を任命するにあたっては事前にこの審議会の意見を聴かなければならないこととしていましたが（2000年の改正前の社会教育法第28条第2項、第29条）、改正により公民館運営審議会の設置は任意とされ、館長人事についての意見を聴く必要も無くなりました（社会教育法第28条、第29条）。いずれも、市町村（最終的には市町村の住民）が決めるべきことを、国が全国一律に特定のやり方を強要したものであり、特に館長人事については民主主義を曲解し間違った措置を強要してきた責任は大です。又、公民館運営審議会については任意設置となりはしましたが、公の施設の運営に関して限定された範囲から選ばれた特定の人間の意見を偏重するという基本的な問題が有ります。

1.3.4　公民館への補助

公立の図書館・博物館と同様に、市町村立公民館についても国が建築費と設備費を補助できることとされていますが（社会教育法第35条、第38条、同法施行令（昭和24年政令第280号）第2条）、現在ではこの補助は行われていません。法人の設置する公民館については、補助に関する規定は有りませんが、私立博物館と同様に（私立図書館については、法律で補助できない旨が定められている）、日本国憲法の規定（第89条）に鑑み国等の公的機関が補助することはできないと考えられます。この意味で、もし、法人が設置している11の公民館が市町村等の公的機関からの補助を受けているとすれば、問題です。

市町村は公民館の維持・運営のため基金を設け、特別会計を設けることができることとされていますが（社会教育法第33条、第34条）、実際にこれらを設けるためには、その市町村の条例でその旨を定めることとなります（地方自治法第209条、第241条）。又、公民館の施設の利用料については定められていないことから、市町村の方針で徴収することもできるし、無料とすることもできますが、社会教育法が特別会計に言及していることから、徴収することを前提としているものと考えられます。

1.4　その他の社会教育施設
1.4.1　多様な施設

法律によってその体制・設置・運営等が定められている図書館、博物館、公民館以外にも、数多くの社会教育施設が存在しています。

平成14年度社会教育調査報告書によれば、公立の青少年教育施設（少年自然の家、青年の家、児童文化センター等）が1,305施設、女性教育施設が196施設（うち社団法人・財団法人立が102施設。他は公立）、一般の利用に供されている体育施設（陸上競技場、プール、体育館、ゴルフ場、スキー・スノーボード場、海水浴場等）が64,135施設（うち公立が47,321施設で、その9割以上が市町村立である）、文化会館が1,832施設（9割以上が公立である）、それぞれ作られています。又、専従の職員と固定した教室を持つカルチャーセンターが、フィットネスクラブ等のスポーツ目的のものをのぞいて、693施設存在しています。社会教育は、学校教育以外のすべての組織的な教育を言いますから（社会教育法第2条）、社会教育のための施設はこれら以外にも様々なものが存在するはずです。

1.4.2　法律施設との相違

図書館、博物館、公民館については、社会教育に関するそれぞれの法律（図書館法、博物館法、社会教育法）が、体制・運営等について定めていますが、それ以外の社会教育施設については、社会教育関係の法律は何も定めていません。ところで、一条学校として法律で定められている学校と、一条学校ではない学校とでは極めて大

きな差が生じました。社会教育施設でも、法律で定められている図書館、博物館、公民館と、法律で定められていない青少年教育施設や女性教育施設とでは、大きな差が生じるのでしょうか。

第一に考えられるのは補助の有無ですが、法律施設については確かに法律中に国がこれらの施設に対して補助できるとする規定が有りますが、現在では国の補助は行われておらず、又、法律の規定は無くとも予算に計上すれば青少年教育施設等に対しても補助を行うことができますから、この点での違いは有りません。

第2は、名称の独占使用のような制度的なメリットの有無ですが、これまで述べてきたように、図書館法上の図書館のような法律上の施設に該当しても、更に、登録・指定という公的な認知を得た博物館に対してさえも、特別の制度的なメリットは認められていません。

第3に、社会的な信用という事実上のメリットの有無ですが、社会的な信用についてみても、例えば図書館法上の図書館と法律の根拠のない青少年教育施設で差が有るとは考えられません。更に、博物館については、登録・指定という方法により公的な認知を受けるシステムが有り、登録・指定を受けた博物館は内容が相当程度充実していると言えますが、世の中にはその博物館が登録博物館か、指定博物館か、或いは博物館類似施設かを気にする人はいません。

法律で定められている図書館、博物館、公民館と、そうではない青少年教育施設等の間に差が無いのですから、図書館法上の図書館とそれ以外の図書館(図書館同種施設。図書館法第29条)、登録博物館とそれ以外の博物館、社会教育法上の公民館とそれ以外の公民館(公民館類似施設。社会教育法第42条)の間には、差が無いのは当たり前です。

一方、法律施設であるということで様々な条件等が要求されることにより、無駄な施設を作り、住民のニーズに合った運営ができず、本当に必要な専門的職員を置けず、本当は必要の無い職員を置き、適任な者を差し置いて館長を任命する等の不都合が生じます。こうした点では、法律の無い青少年教育施設等には、全国一律に不必要な機能や不必要な職員を持つことを強制されることは無く、役に立たない資格の取得が強制されることも無い等の大きな長所が有ります。

1.5 社会教育施設の設置・運営

ここで、法律施設とその他の社会教育施設を通じて、社会教育施設の設置・運営についての法律の規制を整理すれば、次の通りです。

① 法律上の施設としての図書館・博物館・公民館を設置できる公的機関は、都道府県又は市町村である。ただし、公民館については、市町村のみが設置でき、都道府県が公民館を設置してもそれは社会教育法上の公民館ではない。東京国立博物館や国立西洋美術館は独立行政法人(独立行政法人国立博物館・独立行政法人

国立美術館）が設置・運営しているものであるから博物館法上の博物館ではなく、国（国会）が設置・運営している国会図書館も図書館法上の図書館ではない。社会教育を推進する上で重要なことは、都道府県・市町村が社会教育の実施等において中核的な役割を果たしてくれることであり、その一環として都道府県・市町村に内容の整った博物館・図書館・公民館を作ってもらうことが重要であった。このような狙いに沿って、法律において、都道府県・市町村が設置・運営する博物館・図書館・公民館について一定レベルを確保するために体制・職員、施設設備等に関する基準を設定・運用し、補助金を梃子にしてその実効性を確保しようとした。社会教育は画一化に馴染まないことに加え、この基準の内容が問題を抱えていたため、これらの施設を画一化し、国が適切と考えるレベルを確保するという試みは現実として破綻している。しかし、社会教育に関する専門的職員の設置とその資格、図書館等の運営に関する諮問会議の設置等を定めた規定が残存しており、その扱いをどうするかが今後の課題として残されている。

② 法律上の施設を都道府県立・市町村立に限定して民間施設を排除することは、官尊民卑として国民の批判を受けるであろうし、私立の図書館を認めてきたという経緯（旧図書館令第3条）等から、民間にもその設置を認めることとしたが、社団法人と財団法人にだけ法律上の施設の設置・運営を認めるという原則を採用した。ただし、博物館・図書館については従来からの実績が有り、それを踏まえて、博物館にあっては宗教法人・日本赤十字社・日本法送協会（NHK）の設置する博物館を（博物館法第2条第1項、同法施行令第1条）、図書館にあっては日本赤十字社の設置する図書館を、それぞれ法律上の施設に加えている（図書館法第2条第1項）。

③ 法律施設と言っても、誰でも自由に作れ、名称も自由に使え、法律上の施設であることの制度上のメリットも無い。公的認知のシステムを持つ博物館においてさえ、この状態は変わらない。こうした状態においては、それが法律上の施設であることをどのように確認したらよいかのほうが問題になる。

④ 公立の法律上の施設は、それぞれの法律で条例により設置することが求められているが（図書館法第10条、博物館法第18条、社会教育法第24条）、地方自治法で都道府県・市町村が設置する公の施設は条例で設置しなければならないこととされているので、法律上の施設ではない、或いは、法律施設ではない公立の社会教育施設も、それが一般住民の利用に供されている公の施設であれば必ず条例で設置しているはずである（第244条の2）。なお、この場合の公の施設は、館長が必置である等の人的な要素を持つものだけでなく、競技場等のように人的な要素を持たないことも有り得る施設も含まれる。

⑤ 公立の公民館は営利事業を禁止されているが（社会教育法第23条第1項第1号）、そもそも都道府県・市町村の目的や性格から（地方自治法第1条の2第1項、第2

条第14項等)、その組織が営利事業を行うことは不可能であり、そして公民館も市町村の組織の一部である。したがって、青年の家等の法律施設ではない公立の社会教育施設においても、営利事業を行うことはできない。なお、営利とは「財産上の利益を目的として活動すること」(広辞苑)であり、料金の徴収が即営利になるものではない。現に、懲役を含む罰則まで設けて営利事業を禁じている公民館においても、利用料を徴収している館が多いのである。なお、利用料を徴収するか・しないか、徴収する場合でも料金をどう設定し、どのような利用を減免対象にするか等は本来その市町村が決めるべきことである(地方自治法第225条、第228条)。

⑥　現実には、公立図書館のみは利用料の徴収が禁止されているので(図書館法第17条)、都道府県・市町村の意向にかかわらず、徴収することは困難である。国・公立の幼稚園、高等学校、大学等が授業料等を徴収しているのに、何故公立図書館が入館料を徴収できないのか、その理由を論理的に説明できるか疑問である。又、公立の登録博物館は、原則として利用料を徴収できないが、例外的にランニングコストに当てるための料金の徴収が可能とされていて(博物館法第23条)、現実には489館中391館が利用料を徴収しており、原則が崩れている。

⑦　法人立の公民館にも営利事業の禁止が適用されているが(社会教育法第23条第1項第1号)、確かに公民館を設置する社団法人・財団法人は公益を目的とするものであるから営利事業を禁止するのは当然のことのように見える。しかし、これでは学校法人や社会福祉法人には認められている収益事業を公民館が行う余地は無い。

⑧　公民館が自ら営利事業を行うことが禁止されていることに加えて、営利事業を支援してもならないことになっている(社会教育法第23条第1項第1号)。営利事業の支援に当たる行為としては様々な態様が有り得るが、一律にこれは良いこれは悪いという線引きをすることは困難である。営利事業であるかどうかは、その事業の主体で判断することとなり、具体的には、会社かどうか、商売や事業を行っている者かどうか等で判断することとなる。したがって、公民館の施設を、会社、商店・農家等の個人営業者等に利用させたり、これらの者の名前を施設に貼ったり、博物館のミュージアム・ショップに当たる形でこれらの者に施設の使用を許可する等は、原則として行うべきではない。

公民館以外の公立の社会教育施設については特段の規定が無いことから、一般原則の範囲内で行動すればよいこととなる。即ち、営利事業に関し注意しなければならないことは、地方公務員でいる間は勤務時間の内外を問わず、営利企業を経営し、その役員等となり、報酬を得て営利企業等の仕事をすることが、禁止されていることである(地方公務員法第38条)。違反に対する刑罰は無いものの、違反した場合は懲戒処分を受けることを覚悟しなければならない。又、賄賂的なも

のにも細心の注意を払う必要が有る（刑法第197条等）。要は、「全体の奉仕者として公共の利益のため勤務し、全力を挙げて職務の遂行に専念する」ことである（地方公務員法第30条）。なお、ミュージアム・ショップのようにこれらの施設を営利企業等の他の者に使用させることはその施設限りで行うことはできず、都道府県・市町村の教育委員会（又は首長）が使用を許可することが必要である（地方自治法第238条の4）。営利事業に関して注意すべきことはこの程度であり、その他は施設の目的・業務に照らして判断すればよい。なお、施設の一般的な利用については、住民の利用を原則として拒めないこと、差別的な取り扱いをしてはならないという規制が存在すること（地方自治法第244条）に注意する必要がある。

なお、法人立の公民館にも営利企業の支援を禁止しているが、公益法人として活動している限り、その必要が有るとは考えられない。

⑨　公民館の政治的中立の確保に関する規定（社会教育法第23条第1項第2号）は公民館だけにしか適用されないが、公民館以外の公立の社会教育施設にあっても地方公務員法によりその職員に対して政治的行為に関する厳しい制限が課されており、当然この制限は、市町村立公民館職員には勿論のこと、公民館以外の公立社会教育施設の職員にも及んでいる。具体的には、地方公務員は、政治的団体の結成に関与し、その役員になり、政治的団体に加わるよう或いは加わらないよう勧誘し、特定の政治的団体・内閣等或いは特定の人等を支持し又は反対する目的で政治的行為（選挙等における投票の勧誘、署名運動、寄付金等の募集、公的な資材・資金の利用等）を行うことが禁止されている（地方公務員法第36条）。社会教育法は、まず教育委員会が政治的中立に反する行為を行った公民館にその行為の停止を求め、この停止命令に違反した者を刑罰の対象とするという仕組みを採っている（第40条、第41条）のに対し、地方公務員法は行ってはならない政治的行為を具体的に特定しており、その行為をした者を刑罰の対象とはせず、単に懲戒処分の対象としている（第27条第3項、第29条第1項第1号、第36条）。教育委員会の指揮命令下にある公立公民館については社会教育法のこのようなシステムを用いなくとも十分コントロールできること、政治活動が一般の地方公務員よりも厳しく規制されている公立学校の教員でさえ、禁じられている政治的行為を行った場合でも刑罰の対象とはなっていないこと（教育公務員特例法第18条）等を考えると、政治的中立の確保に関する社会教育法の一連の規定が果たしてまともに適用できるかは疑問である。又、法人立の公民館へのこれらの規定の適用については、尚更に問題がある。

⑩　公立の公民館についてのみ宗教的中立の確保の規定（社会教育法第23条第2項）があるが、公民館以外のすべての公立施設（当然社会教育施設を含む）についても、日本国憲法により、宗教的な中立が確保されなければならない（日本国憲法

第20条、第89条)。日本国憲法は当然公立公民館にも適用されるが、この場合において、社会教育法が憲法の規定以上のことを要求しているとすればそのこと自体が問題となるものであり、又、憲法の規定以下のことしか要求していないとすればその要求していない部分については不十分ということとなる。

⑪　公立の図書館、博物館、公民館については、いずれも文部科学大臣が設置・運営に関する基準を定めることとなっている（図書館法第18条、博物館法第8条、社会教育法第23条の2）。当然のことながらこれらの基準はいずれも、これを満たさないことによる制度的デメリットはなく、満たすことによる制度的メリットもない。公立の社会教育施設に対する建設費の補助が行われていたときには、これらの基準を満たしているか・いないかが補助の対象とするか・しないかの判断基準となり、少なくとも公立の施設については意味を持っていたが、補助の無くなった現在ではこのような意味を失っている。博物館については登録・指定のシステムがあるので、その際の参考に使えそうだし、現に使っているという側面があるが、肝心の登録・指定自体の制度的なメリットが薄い。ただし、博物館については、私人が法人を設立してまで設置するメリットも無く、そうした実態もほとんど無い図書館（2,742館中私立は28館）や公民館（17,947館中法人立は11館）と違い、私人がそのコレクションを公開するために法人を設立して博物館を設置するという需要が相当にあり、現に登録博物館819館のうち295館が財団法人・社団法人立である（他に私立の登録博物館は31館である）。財団法人・社団法人立の登録博物館の設置は、税制上の優遇措置との関係から、当事者にとって重要な意味を持つことがあり、この場合には当事者にとって基準が意味を持っている。しかし、文部科学大臣が定めるこれらの基準は、最近の改正で、いずれも従来の定量的・画一的な内容を改めて大綱化・弾力化されていることに注意しなければならない（したがって、実態としての拘束力は弱くなっている）。

⑫　博物館の登録・指定の基準については、博物館法第12条、同法施行規則第19条で定めている登録・指定の要件の他、別に文部省が都道府県教育委員会に示した参考としての審査基準等（1952年5月23日社会教育局長通知、1971年6月5日社会教育局長通知）が存在している。これらは、都道府県教育委員会に対して参考としての意味を持つことは確かであるが、拘束力が有るかは疑問である。

⑬　公立の図書館・博物館・公民館（公民館に限っては法人立も含めて規定されている）については、館長の諮問機関の設置を定めているが（図書館法第14条乃至第16条、博物館法第20条乃至第22条、社会教育法第29条乃至第31条）、いずれもその設置は任意であり、且つ、設置する場合には条例で規定することが必要とされている。したがって、法律で定めていても設置されるとは限らず、逆に法律で定めていなくとも教育委員会の付属機関として同様のものを設置することも可能である（地方自治法第138条の4第3項、第202条の3。例えば、東京都立多

摩社会教育会館条例（昭和43年東京都条例第41号）第13条乃至第19条）。公立図書館等の活動の良し悪しについて責任を負うのは教育委員会であり、館長等の責任を追及することが必要であれば、教育委員会が人事やその他の与えられている権限によって行うべきである。したがって、責任を負う立場にある教育委員会が諮問機関を置いて意見等を貰ってより良い行政の参考とするということが原則であり、住民に対する責任という点では間接的な立場にある館長の諮問機関を法律で定めることは適切でなく、公立社会教育施設の運営に関する責任の所在を不明確にするものである。館長もアドバイスを得たいという場合も有り得るが、それは教育委員会の諮問機関であっても可能であり（例えば、上記の事例も含めて東京都の教育委員会はそのように対応しているものと見受けられる）、又、懇談会の開催経費を予算に計上する等して事実上然るべき人の意見を聴く等の方法も有り得るが（例えば、神奈川県教育委員会の附属機関等の設置及び運営の基準に関する要綱（1995年9月5日教育長通知）第2条第2項、第7条）、いずれにせよ現在のような法律の規定を置くべきでなく、設置者に任せるべきである。

⑭　法律上の施設である私立の図書館・博物館、法人立の公民館の設置は、一条学校のような認可制度が無いという意味では自由である。ただし、私立博物館は都道府県教育委員会による登録を受けなければ博物館法上の博物館にはなれないし、又、法律上の施設となるには3者とも、法人として寄付行為等の制定・改正を行うことが必要であるが、それには都道府県教育委員会等主務官庁の認可が必要とされている。

こうした法律上の施設の行う活動に国等が干渉できる場合は、公民館が営利に関係する事業、特定の政党を利する等の事業を行ったとき都道府県教育委員会が法人立公民館にその事業等の停止を命じることである（社会教育法第40条）。この命令の違反に対しては刑罰が科される（同法第41条）。この他には、私立の図書館と博物館について都道府県教育委員会が指導資料の作成等のため必要な報告を求めることができるとする規定があるが（図書館法第25条第1項、博物館法第27条第1項）、その違反に対する罰則は無く、強制する手段も無いことから、干渉と言うよりもお願いと言うべき性格のものである。なお、私立図書館については、法律で国等が私立図書館の事業に干渉してはならないと定めてしまったため（図書館法第26条）、一般的な制度として社団法人・財団法人の主務官庁（図書館を設置する法人については、通常は都道府県教育委員会）に認められている監督上の権限（民法第67条）まで制限されてしまっていることについては、既に述べたところである。

⑮　法律上の施設ではない、或いは、法律施設ではない公立の社会教育施設は多数存在している。登録を受けていない都道府県立・市町村立の博物館のような法律自身がその存在を認めている法律施設の類似施設（社会教育法第42条、図書館

法第29条。博物館法第29条参照）、青少年教育施設、女性教育施設、スポーツ施設等が有る。これらの施設については、公立であるということによる共通的な規制（条例による設置、宗教的中立、政治的行為の禁止、営利事業からの隔離等）は当然存在するが、社会教育関係の法律による設置・運営に関する規制は無く、その限りで設置・運営は自由である。

⑯　民間が設置・運営する社会教育施設であって前述の法律施設以外のものは極めて多彩である。登録を受けていない社団法人・財団法人立博物館、個人や企業が設置・運営している博物館・図書館・公民館、青少年教育施設・婦人教育施設・スポーツ施設・文化施設、カルチャーセンター等の学校形態の社会教育施設等がある。これらの施設については、社会教育関係の法律の規制が無いのは勿論のこと、公立であることによる規制も無く、その設置・運営は、極めて自由に行える。

⑰　登録博物館・博物館相当施設の指定を受けた博物館は、公的な認知を受けていることに伴う義務を果たさなければならない。即ち、施設・設備・人員等の登録要件等を維持するほか、大きな変更が有る場合はそれを届け出ることが義務付けられている（博物館法第13条乃至第15条、同法施行規則第21条乃至第24条）。この義務の違反に対する最終的なペナルティーは、登録・指定の取消しである（博物館法第14条、同法施行規則第24条）。

2　社会教育関係団体

社会教育関係団体（法人である必要は無い）とは、その団体の行っている主要な事業が社会教育関係の事業である団体を言いますが、国、都道府県・市町村、独立行政法人等は、含まれていません（社会教育法第10条）。要するに、公の支配に属さない民間の社会教育団体を指しています。

法律上の施設である図書館、博物館、公民館を設置している財団法人・社団法人は当然社会教育関係団体ですし、法律施設以外の民間社会教育施設を設置する法人や団体も社会教育関係団体です。又、ボーイ又はガールスカウトのように社会教育施設を設置・運営するのではないが、社会教育関係の事業を行っているという民間団体も社会教育団体です。地域的な団体か全国的な団体かを問いませんし、団体を構成員とする団体も含まれます。

私立の法律上の社会教育施設は、すべて法人が設置しており、それらの法人は公の支配に属しているとは考えられませんから、社会教育関係団体について定めた規定はそれらのすべての法人と設置する施設にそのまま適用になります。又、これ以外の私立の社会教育施設も基本的には公の支配に属していない団体が設置しているでしょうから、この規定が適用になります。したがって、私立の社会教育施設について考える際は、社会教育関係団体に関する規定も併せ考えることが必要です。

社会教育団体という概念を設ける理由は、国・都道府県・市町村がこれらの団体と

関係を持つ道筋を作ることに有ります。そもそもが、その定義からして「公の支配に属しない団体（社会教育法第10条）」ですから、国等が命令・監督等を行えるはずは無く、その社会教育事業に対する公金の支出もできません（日本国憲法第89条）。したがって、両者の関係は話し合いによって形成していくべきものであって、法律に馴染まないものです。

2.1　国等と社会教育関係団体の関係
国・都道府県・市町村は社会教育関係団体に対して不当な支配を及ぼし、又は、その事業に干渉してはならないとしています（社会教育法第12条）。したがって、この規定も私立図書館についての規定（図書館法第26条）と同じ問題点を抱えています。具体的には、財団法人・社団法人である社会教育関係団体について、その法人の主務官庁が本来的に持っている監督上の権限を制限することとなってしまうということです。社会教育関係団体や私立図書館は、治外法権を与えられているわけではないのであり、安易にその事業に対する一般的な不干渉を定めることは独善の謗りを免れず、不適当です。
この規定が存在することにより、法律上の施設である私立博物館・法人立公民館は勿論のこと、すべての私立の社会教育施設は私立図書館と同じ扱いを受けることになります（逆の言い方をすれば、図書館法第26条は無くともよいことになる）。
特に気掛かりであるのは、公の支配に属しない団体であっても、その行う事業が公の支配に属することが有り得ることまで否定しているように見えることです。社会的評価を求めて社会教育関係団体が自らの意思で任意の規制に服することが有り得ることは、第2節1.2で指摘したところです。
なお、国等により不当な支配を及ぼされた団体は定義により社会教育法にいう社会教育団体ではなくなるはずであることを指摘しておきます。

2.2　社会教育関係団体に対する報告の要求等
私立の図書館と博物館の場合（図書館法第25条第1項、博物館法第27条第1項）と同様に、国、都道府県教育委員会は社会教育関係団体に対して、指導資料の作成等のため報告を求めることができることとしていますが（社会教育法第14条）、当然のこととして報告しないことに対する罰則やこれを強制する手段が無いことも、私立図書館等の場合と同じです。
又、法律上の施設である私立の図書館・博物館、法人立の公民館の場合と同様に（図書館法第25条第2項、博物館法第27条第2項、社会教育法第39条）、国等は社会教育関係団体の求めに応じて助言等を与えることができるとしています（社会教育法第11条第1項）。求められて国等が助言することを怪しからんと言う者はいないでしょうし、又、不要として拒否すればそれまでですが、求めが無くとも国等は

助言等することができます。

2.3 社会教育関係団体に対する補助

日本国憲法第89条は、宗教団体に対して公金を支出することを禁じるとともに、公の支配に属さない教育等の事業についても同様のことを禁じています。そこで、公金を支出できる公の支配に属する教育の事業とは何かが問題となります。

まず、国立・公立の学校、国又は都道府県・市町村が行う社会教育は、その主体が国民や住民の支配下にある国と都道府県・市町村ですから、その行う教育は紛れも無く公の支配に属する教育です。そうであるからこそ、日本国憲法第89条の下で、公金を使って国立学校や公立学校を設置し・運営することができ、国が公立学校の教員の給与費や校舎の建築費等を都道府県・市町村に補助することができ、更に、地方交付税交付金の中に教育関係の部分を含めることが可能になっているのです。
次に、私立学校を始めとして民間団体が行う教育の事業が公の支配に属する教育の事業に当たるかということが問題になります。公の支配に属する教育とは国と都道府県・市町村が行う事業だけという主張が有りますが、これに従えば、私立学校は対象外ですし、国立大学法人が設置している現在の国立学校と公立大学法人が設置する公立大学も対象外ということになります。確かに、学校法人や社団法人・財団法人その他の民間団体が公の支配に属しているとは言い難いのは事実ですが、憲法が教育の事業について求めているのは、実施主体が公の支配に属することではなく、その事業が公の支配に属していることであると考えられています。現実の国の立法及び行政におけるこの問題の取り扱い方としては、少なくとも一条学校については、国による厳しい規制と国・都道府県の監督の下に教育が行われていることから、そこでの教育は設置者の如何にかかわらず公の支配に属する教育の事業であるとしています（例えば、私立学校振興助成法本則の各条、附則第2条第2項）。又、学校法人と準学校法人が設置する専修学校・各種学校における教育も、ほぼ同様の理由で、公の支配に属する教育の事業と考えられています（例えば、同法第10条、第16条）。
一方、社会教育関係団体が行う上記以外の社会教育については、実態として公の支配に属する事業と言える要素は無く、したがって、公の支配に属しない事業と考えられており、国等による補助はできないこととされています。こうした考えに基づき、前述のように私立図書館については、わざわざ国等の補助を否定する条文（図書館法第26条）を設けているところです（1.1.8参照）。
ところで、社会教育関係団体が行う教育の事業には補助できないということは受け入れるしかないが、社会教育関係団体が行う事業がすべて教育の事業に当たるとは言えないのではないか、そうだとすれば、社会教育関係団体が行う事業のうち教育以外の事業に補助することは可能なはずであり、その場合、教育の事業の範囲を極端に狭く解釈すれば、実質的に社会教育関係団体が行う社会教育の事業に補助する

ことと大差ない結果となるという論理が成立します。結局、1959年にこの論理に基づく社会教育法の改正が行われ、その結果が社会教育法第13条として残っています。具体的には、学校教育における授業に相当するような教育行為のみが社会教育における教育の事業に当たるものであり、したがって、社会教育における機関紙や資料の作成配布、図書館や博物館の事業、競技会やレクリエーション大会の開催等は教育の事業に当たらないとする内閣の見解が示されました（1957年2月22日内閣法制局第1部長から文部省社会教育局長への回答）。この考えに立って社会教育関係団体に対する補助が行われることとなりましたが、社会教育法には正面から補助できる旨を規定しないで、国が補助を行う場合は中央教育審議会（生涯学習分科会。社会教育法施行令第1条の2、中央教育審議会令（平成12年政令第280号）第5条第1項）の意見を聴いて、都道府県・市町村が補助を行う場合は社会教育委員の意見を聴いて行うことを定めているだけです（社会教育法第13条）。

社会教育関係団体が行う事業のうち中核となる事業については補助できないが、中核事業を支援する周辺事業は補助できるという論理は奇妙です。又、図書館・博物館の本来事業である資料の収集、保存、閲覧、展示が教育の事業でないというのであれば、図書館・博物館を社会教育のための機関（社会教育法第9条第1項）とすることは無理であり、又、これらの施設の目的、定義等に関する規定（図書館法第1条、第2条、第26条、博物館法第1条、第2条）も改める必要が有ります。更に、都道府県・市町村が補助する場合に社会教育委員の意見を聞くことを求めていることは、任意設置の社会教育委員の性格に反するものであり、不適切です。

3 一条学校（国・公立学校）

一条学校は学校教育のための機関ですが、その恵まれた教育用の施設・設備と高い教育能力を学校教育以外でそれを必要とする分野で役立てることは、望ましいことです。既に述べたところですが、現に学校教育に関する法律である学校教育法自身が、一条学校に社会教育に関する施設を附置し或いは一条学校の施設を社会教育等のために利用させることができるということ（第85条）、大学等に公開講座の施設を設けることができること（第69条、第70条の10）を、国・公・私立を通じるものとして定めています。

特に国・公立の一条学校は国民・住民の税金で設置され維持されているものであり、学校教育以外の分野においても、国民・住民が必要とする教育等があれば積極的に協力すべきでありましょう。こうした考えから、社会教育法においても、国・公立の一条学校に対して、学校施設を社会教育のために利用させること、及び、一般人のために講座を開設することを求めています。

3.1 学校施設の利用

社会教育法は、国立・公立の一条学校の施設を社会教育のために利用させるよう努力する義務を設置者に課し、利用の手続きを定めています（第44条乃至第47条）。利用の手続きについては、一条学校の施設を社会教育のために利用するには設置者の許可が必要であること、設置者は学校長の意見を聴いた上で利用を許可すること、一時的利用については学校長に許可の権限を与えてもよいことを定めています。

学校施設を社会教育に利用させることはいわゆる努力義務であって、強制を前提としていません。

3.2 講座の開設

文部科学大臣、都道府県知事・市町村長、教育委員会は、その設置・運営する国・公立の一条学校に対して、講座の開設を求めることができることとしています（社会教育法第48条）。この場合、小学校、中学校を含めて大学以外の学校も対象としています。自分が設置・運営し・維持している学校に設置者等が必要と考えることを要求できるのは当たり前のことですが、社会教育の講座の開設は一条学校の本来の目的事業に入っていませんから、その意味ではこの規定の存在理由は有ります。

4　私立の一条学校

社会教育法は、私立学校については触れていませんが、私立学校も社会教育のための施設を学校に附置し又学校の施設を社会教育等のために利用させることができますし（学校教育法第85条）、社会教育法は学校施設の社会教育への利用についての国・公立学校の努力義務を定めているだけですから、やる気がなければそれまでであり、結局は私立と国・公立ということによる違いは有りません。

講座についても同様であり、そのようにしたければ学校法人の理事会はその設置する私立学校に講座を開くよう求めますし、その場合には講座の開催に必要な経費は学校法人の予算に計上されますから、国・公立学校と違いは有りません。

5　専修学校・各種学校

社会教育法は、専修学校・各種学校に触れていませんし、学校教育法が定める社会教育への学校施設の利用等は一条学校を対象としています。しかし、専修学校・各種学校について社会教育のための施設の附置、社会教育のための学校施設の利用、一般人のための講座の開催を禁止する理由は有りませんし、そのような規定も存在しませんから、この点に関しては一条学校と同様に考えるべきです。

社会教育法は、学校施設の社会教育への利用に関して国・公立の専修学校・各種学校について触れていませんが、国・公立の専修学校・各種学校を設置・運営等する者がそれらの学校に対して公開講座の開催を含めて必要と考えることを要求するの

は当たり前のことです。
以上のように、学校施設の社会教育への利用と学校による一般人のための講座の開催について、社会教育法が対象としている国・公立の一条学校と、社会教育法が対象としていない専修学校・各種学校及び私立の一条学校の間に、実質的な違いは勿論のこと制度的な違いも有りません。

6　民間の社会教育事業に対する国等の関与

民間において主として社会教育事業を行う団体である社会教育関係団体は、社会教育という観点からの国等による特別の規制や監督を受けない（それどころか、国等による不当な支配と干渉を禁じる社会教育法第12条という条文まで存在する）ことについては、既に述べたところです。ただし、これらの団体が法律上の施設である図書館・博物館・公民館を設置している場合は、それぞれの法律の内容に従って規制・監督を受けますが、公民館を除いては実質的にその事業の運営に関する規制・監督は無いに等しく、又、法人立公民館に関する規制・監督も内容に問題が多く、そのまま適用できるか疑問があることについても既に述べました。更に、法律上の施設である図書館・博物館・公民館を設置する事業を除いては、民間団体は社会教育であるということによる国等からの規制・監督を受けることなく、進んで規制を求めない限り社会教育関係の事業を自由に行うことができます。

このことは、民間の社会教育事業が国等と完全に無関係であることを意味してはいません。例えば、社会教育の中核的な事業はだめだが周辺の事業については、国等が社会教育関係団体に対して補助することが可能であるという理解に立って現在もこれらに対する国等による補助が行われています。補助金を貰えば、その限りにおいて国等からの一定の規制・監督を受けることとなります。この場合、補助金を貰うことが義務付けられているわけではなく、貰えば規制・監督を受けることを承知の上でその者の自発的意思で貰っているのですから、規制・監督を受けるのは止むを得ません。

又、国等が或る者が行う社会教育事業を認定するという形態で関与してくる場合が有ります。認定は強制的要素を持ってはなりませんが、認定を受けることでどのような結果が生じるかは、認定に関するそれぞれのシステムの内容によって変わってきますし、そのシステムも、法律に基づいて作られているものもあり、法律に基づかないで作られているものもあります。

6.1　社会通信教育の認定

第2部で述べたとおり、一条学校のうち高等学校（中等教育学校の後期課程を含む）と大学は、その高等学校・大学の学生・生徒に対する教育を通信という手段により行うことができ（学校教育法第45条第1項、第2項、第51条の9第1項、第52条の

2、第54条、第66条の2、第69条の2第6項)、通信による教育によりその学校の教育課程を履修した者は、高等学校又は大学(大学院)の卒業(修了)が認められ学位等も授与されます。一条学校の教育課程を履修させるこのような通信教育は学校教育そのものであり、社会教育ではありません。

一方、社会教育を通信の方法で行うことも可能であり、現に様々な社会教育が通信により行われています。勿論、これらの通信により行われる社会教育(以下「社会通信教育」という)については、規制は有りませんし(社会教育法第50条第2項参照)、国等の監督も有りません。しかし、このうち学校又は社団法人・財団法人が行う通信教育については、教材等を受講者に送付してその解答、添削指導等を行うもので、修業期間3月以上で専任の指導者を置く等一定の基準を満たすものについては、申請に基づいて文部科学大臣の認定が与えられます(社会教育法第50条、第51条、社会通信教育規程(昭和37年文部省令第18号)、社会通信教育基準(昭和37年文部省告示第134号))。この認定を受ける制度的なメリットは郵便料金の面で有利になるということだけであり(第4種郵便の扱いとなる。郵便法(昭和22年法律第165号)第26条第1項第1号)、その他に、社会的信用が高まるという事実上のメリットが有ります。こうしたメリットを重視して認定を受けるということであれば、組織、人員、体制等を国の認定を受けるに相応しいものに整備するほか、教材の内容(宗教的・政治的中立が要求される等。社会通信教育基準第1の3等)や指導の方法(月1回以上の添削指導、質疑応答等。同基準第5の3、第5の4等)等についての国の基準を受け入れなければなりません。又、法令・文部科学大臣の命令(社会教育法第56条)についての違反は、最終的には認定の取り消しということになります(社会教育法第57条)。

学校、社団法人・財団法人以外の者については、それらの者が行う社会通信教育を認定する法律上のシステムが有りませんから、認定無しで社会通信教育を行うこととなります。又、学校、社団法人・財団法人であっても、認定のメリットが少ないと判断すれば、認定を受けずに社会通信教育を行うこととなります。認定の事実上のメリットである認定を受けることで得られる社会的な信用も、それが重視されるか・されないかは時代やその事業の内容・実績等によって異なります。

この認定という行為は、少なくとも、認定の対象が信用できるものであることを国が保証した結果となります。そして、認定を受けることでどのような制度的なメリットが生じるかは、認定社会通信教育における郵便料金の優遇のように、法律で決まります。ところで、認定による制度的なメリットも無く、認定が国民の権利を制限する結果(例えば、認定を受けた者だけが社会通信教育を行うことができる等)にも繋がらないといった類の単なる認定については、法律の根拠無しに行うことができると考えられています。社会教育にもこのような認定のシステムが存在しています。

6.2 技能審査事業の認定等

法人等の団体（個人が行っているものは対象とならない）が、毎年1回以上の頻度で、且つ、全国的な規模で、人の知識・技能等のレベルを審査し、証明する事業を行っている場合に、これらの団体からの申請に基づき文部科学大臣がその行っている技能審査事業を認定するシステムが作られています。団体がこの認定を受けずに技能審査事業を行っても全く問題はなく、又、技能審査事業の認定を受けても制度的メリットも無いという性格の認定であり、その事業について事実上の社会的な信用を得る手段の一つとしての役割しか持っていません。このような性格のものであることから、認定についての法律上の根拠は設けられておらず、文部科学大臣の責任で行っている行為ということになります。なお、この認定に関するルールは文部科学省令の形で定められていることから、認定社会通信教育のようにこの認定にも法律の根拠が有ると誤解しかねないことに注意する必要が有ります。

文部科学大臣が認定している技能審査事業は、青少年及び成人の学習活動に係る知識・技能審査事業の認定に関する規則（平成12年文部省令第25号）に従って認定している一般的な技能審査事業（例えば、英語・漢字等の能力、珠算の能力、アマチュアを対象とした囲碁・将棋の能力、和・洋裁に関する能力等多様なものが対象となり得る）と、スポーツ指導者の知識・技能審査事業の認定に関する規程（平成12年文部省令第26号）に従って認定しているスポーツ指導者（スポーツを行う能力ではなく、スポーツを行う者を指導する能力である。スポーツを行う能力の審査事業は、上記の一般的な技能審査事業が対象としているものと思われる）に関する技能審査事業とが有ります。

文部科学大臣は、申請してきた団体の組織、人員、体制、その事業の内容の詳細等を審査して認定しますが、認定後に重要な部分を変更する場合は当然文部科学大臣の承認を得ることが必要ですし、団体がルール違反を行い、命令を聴かない等があれば認定を取り消すことも必要です。いずれにせよ文部科学大臣が与えることができる最も重いペナルティーは、既に与えた認定を取り消すことに尽きます。

なお、認定を受けてもその旨を社会に対して表示できなければ認定の効果は無に等しいことから、その事業を行う際に「文部科学大臣認定」と表示するのは当然のことです。

技能審査事業の認定ではありませんが、同じような性格のものとして、教育映画審査規程（昭和29年文部省令第22号）という省令に従って、製作者等からの申請に基づき映画・ビデオ等について文部科学大臣が審査し、教育上価値が高いものを「文部科学省選定」とし、そのうち特に優れたものを「文部科学省特別選定」とするシステムが現在も動いています。映画等を選定すれば事は終わることから後日それを取り消す等の必要が無いという点を除いては、技能審査事業と同じものです。以上と同じような性格のもので、法律の根拠も無く、又、省令で定めているもので

もない国の行為が少なからず存在します（国民の権利・義務に関わるものではないので、そうすることには問題が無い）。例えば、優れた活動をした公民館を表彰すること、有意義な事業の実施について文部科学省や文化庁が後援すること（後援名義と称している）等がこれです。

最後に、国が行う認定等の行為について注意すべきことを挙げれば、次のとおりです。

まず、国の認定等にどれだけ信頼性が有るかという問題が有ります。国が行うことが最高だ、最も正しい、権威がある等ということが成立するのはどういう分野かといえば、立法、司法、行政の分野に限られるはずであり、学問、芸術、技術等国の運営とは関係の無い分野における価値の判断については、国であるからということで自分の判断の正当性、優秀性、無謬性等を、主張する根拠は有りません。それでは、通信教育、知識・技能、教育上の価値、優れた活動、有意義な事業等について、国が何を審査し、どういう立場で認定等を行っているのでしょうか。国にとって有利な事があるとすれば人とお金を使って綿密な調査ができることですが、これによって特に作業が進むと考えられるのは、事業とそれを行う団体がどのぐらい信用できるかということです。一方、どれほど綿密に調査しても、その通信教育が国民にとってどれほど有益であるか、そうした知識・技能が国民にとってどれだけ有益であるか、その映画の教育上の価値がどれほどか、その公民館の活動がどれほど優れているか、後援名義を与える事業がどれだけの社会的な意味を持つか等については、権威ある判定をすることはできないはずです。例えば、教育映画の審査は、教育上の価値で選んでいるのではなく、教育上支障が無いという観点から審査しているのです（上記教育映画等審査規程第4条、第5条参照）。

第2に、法律に根拠の無い認定のシステムは社会的信用を得るという目的で認定を受けたい者が申請するという前提で、且つ、そのようなシステムとして、作られています。そうであるからこそ法律の根拠が無くとも、その認定制度が成立するのです。しかし、このような認定を別のシステムが利用してそのシステムにおける特典を与えるということが有り得ます。例えば、認定社会通信教育は認定制度上のメリットは有りませんが、郵便制度上のメリットが有ります。この場合は法律により国民の合意の下にそのような制度として作られていますし、認定を受ける側もそのようなシステムとして認定を受けるかどうかを考えますから問題は無いと思います。しかし、例えば、社会的信用を得るだけのための任意のシステムにおけるものとして受けた認定を根拠として税金を優遇するとしたら、認定を受けていない者との関係において、極めて不適正な結果をもたらすこととなります。そして、任意のシステムという本質をゆがめて、その認定のシステムを事実上強制力のあるシステムにしてしまうことになります。これは、法律の根拠無しに国民の権利を制約する等の結果を生じることとなります。

第3の問題としては、法律の根拠が無いということは、各省限りで行えるということであり、各省の間で調整が行われていないということも意味し、各省で同じような内容の認定事業が重複して実施等される可能性が有ることを示しています。
第4は、省令は、法律・政令を実施するため、又は、法律政令の特別の委任に基づいて、作成するものであり（国家行政組織法第12条）、そのいずれにも当たらない内容を省令の形式を用いて規定することは、国民に誤解を与えるという点から不適切です。

第2章
社会教育の運営

第1章において、社会教育の制度と社会教育施設を始めとして実際に社会教育を提供している者について説明しました。
このうち、国・都道府県・市町村における社会教育のための行政組織等については、実際の社会教育の実施という局面と結び付けながら、更に具体的に説明する必要が有ります。
学校教育は一条学校という形態でしか提供できないものであり、国、都道府県・市町村も学校教育を提供するためには、国立・公立の一条学校を作り、それらの学校を通して教育を提供する以外には途が無いのです。そして、一条学校については教育内容を含めて多くの事柄が規制され定型化されていますから、制度に従って学校の仕組みと運営について述べれば、社会で行われている学校教育の基本的な内容をほぼ説明したことになります。一方、社会教育においては、誰が、誰を対象として、どういう手段・方法で、どのような内容で、いつ教育を提供しようとも、それが国民の学習需要に適切に応えるものであれば評価されます。したがって、文部科学省、教育委員会、図書館、博物館、公民館等の社会教育に関する体制や業務について説明しても、実際に行われている社会教育について説明したことにはならないのです。社会教育について説明するには、制度として説明できる部分は僅かであり、多くは実態がどうなっているかというという観点からの説明が必要になります。
又、社会教育の対象はすべての住民と言えますが、これは確たる対象が無いという意味でもあり、確たる需要が無いということも意味します。したがって、国・都道府県・市町村が社会教育について何もしなくとも、大半の国民・住民は問題としないと考えられます。このことは、社会教育についての取り組みの内容やレベルが各都道府県・市町村で大きく異なることを意味します。又、法律上の施設である図書館・博物館・公民館でさえ原則として自由な内容で、自由に設置できるものですが、これら以外にも様々な社会教育施設が自由に作られています。このように、制度に現れた都道府県・市町村の社会教育に関する体制・業務、社会教育施設等について説明しても、社会教育の実際の姿を説明したことにはなりません。

この第2章は、社会教育の実施という視点から、行政の現実と社会教育の実態等を扱うものですが、まず、社会教育に関する行政を採り上げます。

第1節　社会教育に関する行政の組織と業務

文部科学省において社会教育を扱う局は生涯学習政策局（文部科学省組織令第4条）であり、その他に、スポーツと青少年教育を中心とする業務を扱うスポーツ・青少年局（同令第10条）、文化に関する事業を扱う文化庁（同令第2章第2節第1款）が存在しています。又、都道府県・市町村においては、社会教育に関する仕事は学校教育に関する仕事と同様に教育委員会が行うこととなっています（地教行法第23条等、地方自治法第180条の8）。各都道府県・市町村で異なりますが、一般的には、社会教育のための組織として、都道府県教育委員会の事務局には社会教育を扱う課とスポーツを扱う課の二つの課を置き、市町村教育委員会の事務局には学校教育に関する部門と社会教育に関する部門を置いています。

1　社会教育に関する文部科学省の組織とその運営

文部科学省が行う社会教育関係の主要な業務としては、社会教育を盛んにするための企画・立案・援助・助言（文部科学省設置法第4条第32号、第76号、第81号）、社会教育のための補助（同条第33号、第77号、第82号）、社会教育関係の事業の実施（同条第84号）、関係機関・関係者に対する専門的・技術的な指導・助言（同条第93号、第94号）が有ります。又、文部科学省には国立教育政策研究所が置かれ教育政策の調査研究を行っていますが（文部科学省組織令第89条第1項）、社会教育に関しては生涯学習政策研究部と社会教育実践研究センターという部局が置かれています（国立教育政策研究所組織規則（平成13年文部科学省令第3号））。更に、社会教育関係の文部科学省所管の独立行政法人として、国立青少年教育振興機構（旧オリンピック記念青少年総合センター、旧国立青年の家、旧国立少年自然の家）、国立女性教育会館、国立科学博物館、国立美術館、国立博物館、日本スポーツ振興センター（旧国立競技場）、日本芸術文化振興会（旧国立劇場）が、それぞれ同名の法律により独立行政法人として設立されていますが、いずれも、それぞれの施設の運営を中心とする仕事を行っています。

文部科学省は、社会教育に関して、主として企画・立案・指導・助言の機能、必要な場合には民間団体、都道府県・市町村に対して補助金を支出する機能、社会教育施設の運営を行う独立行政法人を所管する官庁としての機能を果たしていると言うことができます。

2　社会教育に関する教育委員会の組織とその運営

都道府県・市町村における社会教育関係の行政は、教育委員会が行います。学校教育に関する行政の場合は、その設置している公立大学に関する仕事は知事や市長が行い、私立学校の監督や補助等についても知事が行っていますが（地教行法第24条第1号、第2号）、社会教育に関する行政の場合は基本的にすべてを教育委員会が行います。ただし、条例を作成して議会に提案すること、予算を作成し執行すること、財産を取得し・処分すること、契約を締結すること等は、知事や市町村長の権限であって、教育委員会が行うことではありません（地方自治法第2条第1項・第149条・第180条の6、地教行法第23条・第24条・第28条等）。

このような前提の上で、社会教育に関する行政はすべて教育委員会が行うという建前になっていますが、知事や市町村長部局が、講演・講座等に当たる教育事業を行い、或いは、博物館、図書館、スポーツ施設、文化施設を直接設置・運営することが必ずしも珍しくはない状態です。それは、学校教育以外の組織的教育は誰でも自由に行えるものであり、又、社会教育施設の性格からその設置についての認可等のシステムが無く、名称の使用の禁止もないことから、博物館であるか・博物館でないかでさえも見分けがつかず、又、見分ける実益も無いことから、こうした性格の施設や事業の所管を云々する基礎が薄弱であるということがあります。又、社会教育行政については学校教育行政のような専門性が存在しないこと、施設の設置等について裁量の余地が極めて大きくいわゆる政治判断がそれを決めることとなること等の事情も有ります。又、社会教育も教育であるという単純な理由によって広範囲で、且つ、茫漠としている社会教育のすべてを教育委員会の守備範囲に入れている現在の制度自体にも問題が有ります。

こうした状況の一端を示しているのが、「博物館に相当する施設の指定の取り扱いについて」の1998年4月17日付文部省生涯学習局長通知であり、従来首長部局が所管している公立博物館については博物館相当施設の指定をしてはいけないと指示してきた態度をこの日を以って改めて、首長部局が所管する公立博物館でも博物館相当施設として指定できるとしたものです（なお、この時代には、機関委任事務という概念があり、博物館相当施設の指定は機関委任事務とされ、国が都道府県教育委員会に指示命令できた（旧地方自治法第148条第2項別表第3中の二の（九））。現在においては、機関委任事務の概念は存在せず、又、この事務は法定受託事務（地方自治法第2条第10項別表第1）にも該当しない）。このように、社会教育行政については、首長部局と教育委員会との間にそれぞれの守備範囲をめぐって緊張関係が存在することに注意する必要が有ります。

更に、講座・学級といった形態で行われる教育事業について見ると、首長部局やその設置する保健所、福祉施設等でも盛んに行われており、教育委員会が行うものと

の差異を見出すことは不可能です。

以上のような状況は有るものの、都道府県・市町村における社会教育行政は、学校教育行政と共に、教育委員会が行っています。教育委員会は、首長が議会の同意を得て任命する5人（都道府県・指定都市は6人、町村は3人の場合も有り得る）の非常勤の教育委員で構成される合議体で（地教行法第3条、第4条、第11条第4項）、物事は多数決で決められ（同法第13条第3項）、その決定したことを実施させる等のため事務局を持ち（同法第18条）、事務局のトップとして教育委員会が委員のうちの1人を選んで教育長に任命し（同法第16条、第17条、第20条）、事務局の職員は教育長の推薦により教育委員会が任命します（同法第19条第1項、第2項、第7項）。

教育委員会は、学校（大学を除く）、図書館、博物館、公民館等の教育機関を設置・運営していますが（同法第23条第1号、第30条）、これらの教育機関の職員も教育長の推薦により教育委員会が任命します（同法第34条）。

社会教育に関する行政組織もこの枠組みの中にあり、事務局に置かれている社会教育課やスポーツ課等の職員が教育委員会の決定に従い、教育長の指揮監督の下に仕事をし、又、公民館等の教育機関が設置条例・教育委員会規則、教育委員会の指示等に従い運営を行うということが基本であり、ここまでは学校教育の場合と同じですが、社会教育については、このような枠組みに加えて特別な仕組みを法律によって設けています。

2.1 社会教育委員

2.1.1 社会教育委員の立場と役割

都道府県・市町村の教育委員会は、教育関係者又は学識経験者を社会教育委員に任命することができます。

建前としては、社会教育委員は単独で活動するものであり教育委員会のような合議体ではありませんし、その活動として他者に何かを強制することもありません。

社会教育委員の仕事は、社会教育に関して教育委員会に助言することであり、教育委員会から求められた事項について教育委員会に意見を述べる方法と、教育委員会から求められなくとも社会教育に関する計画を立案して教育委員会に提出する方法が有ります。又、教育委員会の許可があれば、教育委員会に出席して意見を述べることもできます。更に、市町村の社会教育委員は、その教育委員会が指定した青少年教育に関する特定の事項について、青少年団体等の社会教育関係者に指導・助言することができます（以上、社会教育法第17条）。

社会教育委員は必ず置かなければならないものではなく、置いた場合も常勤の職員ではないと考えられます。社会教育委員が会議を開催して意見を取りまとめる場合も想定されてはいますが（社会教育法第13条、第17条第1項第2号）、このように

して会議としての意見等が取りまとめられたとしても、その意見等には拘束力が有りません。都道府県・市町村が社会教育に関し何かを決定し、その決定が拘束力を持つものとしては、合議体としての教育委員会の決定が有るだけです。教育委員は学校教育について決定するために任命されているのではなく、社会教育も含めた教育について決定するために任命されているのです（地教行法第23条第1号、第12号、第13号、第16号等）。

2.1.2 社会教育委員の実態

平成14年度社会教育調査報告書により社会教育委員の実態を見ると、次の通りです。

① 社会教育委員は必置のポストではないが、47都道府県のすべてに置かれており、又、3,270の市町村教育委員会のうち3,183が社会教育委員を置いており、大部分の市町村も社会教育委員を置いていると言える。

② 1都道府県当たりの委員数は約17人であり、1市町村当たりの委員数は約11人である。なお、社会教育委員の定数、任期等は条例で定めることとなっているが（社会教育法第18条）、例えば、東京都は20人以内で2年（東京都社会教育委員の設置に関する条例第2条、第3条）、神奈川県は16人で2年となっている（神奈川県社会教育委員の定数及び任期に関する条例）。

③ 市町村の社会教育委員のうち約4分の1は、教育委員会から青少年教育に関する事項の指導・助言も行うよう求められている。

④ 社会教育委員の会議の開催は、都道府県にあっては年間平均約3回、市町村にあっても年間平均約3回である。

2.1.3 社会教育委員の意味

教育に関しては、教育委員会が物事を決めて実施するものであり、そのため教育委員会はその事務局の職員に命令し、公立の学校、社会教育施設等に命令し、傘下のすべての職員を任免し、懲戒する等といった執行機関の役割を果たしているのに対して、社会教育委員は教育委員会に助言をする立場にあります。

社会教育委員の仕事は社会教育全般に亘ります。このように広い守備範囲は、社会教育に関する教育委員会の守備範囲と全く同一範囲です。これでは、教育委員会は学校教育行政の執行機関であって、社会教育行政の執行機関は形式的には教育委員会とせざるを得ないが、意思決定という実質的部分は社会教育委員が行いしたがって社会教育行政の執行機関は実質的には社会教育委員だと主張しているのに等しいのです。この議論を更に突き詰めれば、学校教育委員会と社会教育委員会の二つの行政委員会を作るべきであるという主張になります。もし、社会教育委員の存在が正当化できるのであれば、より専門的であり、仕事量も多い学校教育を担当する学校教育委員も設置すべきでしょう。

教育委員は、住民の選挙で選ばれた首長が、住民が選挙した議員が構成する議会の賛成を得て任命しているものであり、又、住民は教育委員の解職を請求することもできる（地教行法第8条）等、間接的とは言え住民のコントロールの下にあります。これに対して、社会教育委員は教育関係者と学識経験者という特定の人間の中から教育委員会が選んだ者に過ぎず、住民を代表せず、住民のコントロールも及ばないのであり、こうした者が社会教育行政を取り仕切り、或いは、社会教育行政に不当に大きな影響を与えるとすれば、地方自治の原則に照らしても、民主制の原則に照らしても極めて不当なことであり、更に言えば、教育基本法第10条第1項の精神にもそむくものです。このような状況を造っているのは社会教育法であるということを忘れてはなりません。

正常な在り方としては、責任を負うべき者が責任を負える形で行政を行えばよいのであり、具体的には、教育委員会が自分の責任と判断で、社会教育課、スポーツ課等の職員を指揮・命令し、社会教育施設に適切な指示を与えて、社会教育行政を行えばよいだけです。関係者の意見が聴きたければ教育委員会が責任を取れる仕組みや方法を教育委員会が考えるべきです。任意設置としてはいますが全国一律に社会教育委員の設置・委員の選出の範囲・職務等を定めていることは、不必要に各教育委員会を拘束するものです。更に第1章第3節の2.3で指摘した通り、教育委員会が社会教育関係団体に補助金を支出する場合は社会教育委員の意見を聴かなければならないことにしており（社会教育法第13条）、社会教育委員の任意設置の原則を堂々と踏みにじっています。

もし、社会教育委員は年3回程度の会議に参加するだけで、実質的には社会教育行政に大きな影響を与えていないと言うのであれば、尚更に法律で全国一律の仕組みを定める理由は無く、助言のシステムを設けるか・設けないかを含めて各都道府県・市町村に委ねるべきです。

2.2 社会教育主事

2.2.1 社会教育主事の立場と役割

社会教育主事は、都道府県・市町村の教育委員会事務局に置かれた常勤の職員（稀ではあるが、非常勤の者も存在する）であり（社会教育法第9条の2）、教育委員会事務局の他の職員たちと同じ立場にあります。したがって、事務局の他の職員と同様に、教育長の推薦により教育委員会が任命するものであり、教育委員会、教育長の指揮監督の下に仕事を行います（地教行法第17条第1項、第19条第1項・第2項・第7項、第20条）。しかし、社会教育主事の採用・昇任の方法は教育委員会事務局の一般職員の場合とは違い、競争試験によって不特定多数の中から選抜する必要はなく、且つ、その都道府県・市町村の一般公務員の人事を扱う人事委員会ではなく、教育長が採用・昇任に当たっての選考を行います（教育公務員特例法第2条

第5項、第15条)。この点では、後述する指導主事や公立の初等中等学校の教員と同じです（教育公務員特例法第11条参照）。

社会教育主事の仕事は、社会教育関係者に専門的・技術的な指導・助言をすることです（社会教育法第9条の3）。社会教育主事は、教育委員会の指揮・命令の下に指導・助言を行うものですから、教育委員会が行えない行為は社会教育主事も行うことはできませんし、教育委員会が行える行為であっても命令・監督は行えません（社会教育法第9条の3第1項但し書き）。専門的・技術的な指導・助言といっても、教育委員会、教育長の指揮監督下に行うものであり、配属されている課の課長の命令を受けますし、係りとか班にも属していれば、係長なり班長の命令を受けます。又、組織の一員ですから、命じられれば専門的・技術的な指導・助言以外の仕事もしなければなりません。この場合、命令・監督の仕事は他のポストに併任して行うしかありません。

教諭でなければ学校で子供を教えることができませんが、教育委員会として社会教育に関する専門的・技術的な指導・助言を行うことは社会教育主事以外の職員が行っても構いませんし、まともな行政をするつもりであれば社会教育主事でなくとも必要に応じてこうした指導・助言を行わなければなりません。社会教育に関する専門的・技術的な指導・助言と言うといかにも専門性が有るように見えますが、学校教育以外のすべての組織的教育という多種多様で広範囲な教育についての行政に、専門性が存在するはずは有りません。言葉の使いようで仮に専門性が有るということになったとしても、そうした専門性は誰でも或る程度の経験によって容易に身につけられる類のものであり、この程度の専門性はすべての行政の分野にごろごろ転がっています。社会教育に関し関係者が必要とする指導・助言をする機能は教育委員会には必要なものですが、その機能をどのような方法で、誰が行うか等は各都道府県・市町村に任せるべきなのです。常識的には、社会教育課等に指導、助言、相談等に関する係やポストを作れば、社会教育主事を置く必要は有りません。

社会教育主事のポストを設けた場合、そのポストに採用される職員は社会教育主事の資格を持っていなければなりません。社会教育主事の資格は、原則として、学歴は短期大学卒業以上で、大学において又は大学等が行う社会教育主事の講習において、所定の科目単位を修得していること（大学において資格を取得する場合は4科目24単位以上、講習において資格を取得する場合は4科目9単位以上）、社会教育の経験が有ること（大学において資格を取得する場合は1年以上、講習で資格を取得する場合は3年以上）が必要です（社会教育法第9条の4、第9条の5、社会教育主事講習等規程第3条、第11条）。生涯学習概論、社会教育計画等からなるこれらの科目・単位は、基本的にすべて教養的な内容の科目であり、これらの科目を履修したとしても社会教育主事の仕事に直接役立つものではありません。

社会教育主事に似た立場のものとしては、学校教育の分野において教育課程等の専

門的事項の指導を担当とする「指導主事」が置かれています（地教行法第19条第1項乃至第3項）。指導主事は、規制・監督等により精巧に組み立てられた学校教育という限定され、専門化された世界での指導という明確に内容等を確定できる仕事を担当しながら、その資格は、教育に関する識見と教育課程をはじめとする学校教育に関する専門的事項についての教養と経験という抽象的な要件だけであって、科目・単位の修得等を要求していません。更に、公立学校の教員の場合は公立学校の教員であることがそのまま指導主事の資格として認められています（同法第19条第4項）。要するに、主として初等中等学校の教員のうち、学校教育に関する指導能力の高い者を指導主事に任命しているのであり、考え方としても、或いは、実態からしても、合理的な仕組みです。

社会教育主事についても初等中等学校の教員からの採用を視野に入れており、5年以上教員をしている者は、3年以上の社会教育に関する経験が無くとも、社会教育主事の講習を受ければ社会教育主事の資格が得られることとなっています（社会教育法第9条の4第2号、「社会教育に関係のある職及び社会教育に関係のある事業における業務であって、社会教育主事として必要な知識又は技能の修得に資するもの並びに教育に関する職の指定（平成8年文部省告示第148号）」の三）。この講習の内容は教養的なものであり、その中身も学問として確立しているものでもありません。又、社会教育主事の仕事の内容等が精密に分析され、仕事に必要な知識・技術・能力を講義によって修得できるところまでしっかり教育の体系が組み立てられているかと言えば、そのような作業に取り掛かってさえいないという状況です。はっきり言えば、社会教育主事として仕事をしていく上で直接役に立たない一般教養としての知識の習得を資格取得の要件としているのです。これによって、1日8時間を学習に使ったとしても10週間を要する分量の学習を職員に課し、無益な努力を強要しているのです。はっきり言えば、実際的な内容の研修又はオリエンテーションを行えば済むし、そのほうがより有効です。各都道府県で行うには、該当者が少ない、研修を行える人材がいないということであれば、国が行えばよいのです。文部科学省には、本節1で述べたように社会教育に関する部門を持った教育政策研究所が有ります。

社会教育関係の職に就く資格としては他に司書と学芸員が有りますが、第2部第1章第3節1.2.4で述べたように、これらも大学における本来の勉強の片手間に教養的な内容の講義を受けることによって資格を取得するというシステムであり、半端でない分量の不要な勉強を強要するという重大な問題を抱えています。

2.2.2 社会教育主事の実態

平成14年度社会教育調査報告書により、都道府県教育委員会における社会教育主事の実態を見ると、次の通りです。

① 47都道府県のうち社会教育主事を置いているものが46、そのうち複数の社会

教育主事を置いているものが43である。社会教育主事は必ず置かなければならないものであるが、置かないことによるペナルティーはなく、置くことを強制する手段もない。又、理屈としても、実態としても、指導・助言等の役割を果たす係を置き、或いは、然るべき職員がその役割を果たしている等であれば十分であり、敢えて社会教育主事を置く必要もない。後に述べるように、市町村ではかなりの数の教育委員会が社会教育主事を置いていない。

② 専任の社会教育主事は771人で、1都道府県当たり約16人である。多いように見えるが、社会教育関係の行政に携わる職員の仕事は多かれ少なかれ指導・助言等に関係するものであり、又、前述のように社会教育主事が指導・助言以外の仕事をしても構わないことから、使い方次第でその数は多くも少なくもなる。

③ 課長が社会教育主事も兼ねている場合があり、その数は15人で、上記の771人の中に含まれていると考えられる。社会教育関係の課長の人数は156人であるから、約1割の課長が社会教育主事も兼ねていることとなる。

④ 社会教育主事補（社会教育主事の見習い、或いは、部下。社会教育法第9条の2第2項、第9条の3第2項）がいるのは7都道府県で、その数は46人である。

⑤ 都道府県の職員の身分を持ち、給与を都道府県から受けている社会教育主事であるが、その都道府県内の市町村教育委員会を仕事の場所とし、その市町村教育委員会の指揮監督下で市町村教育委員会の社会教育の仕事を行う派遣社会教育主事という職員が存在している。これは、市町村において社会教育主事を置くことが、財政的にも、又、人材の確保の点でも難しいとして、都道府県が社会教育主事を雇って市町村に派遣するシステムを作ったものである。現在一般に行われている人材派遣事業との違いは、都道府県が派遣先の市町村から派遣社会教育主事に支払う給与等の経費を徴収しないことである。この制度は法律には根拠がなく、当初は国が都道府県の必要とする経費の一部を負担するという予算上の措置を基礎として行われていたが、現在ではこの予算措置も無くなっている。派遣社会教育主事の数は、1,056人である。

⑥ 社会教育主事の守備範囲としては、狭い意味の社会教育と社会体育がある。専任の社会教育主事756人について見ると、社会教育担当が674人、社会体育担当が64人、両方担当が18人である。

次に、上記の報告書に従って市町村教育委員会における社会教育主事の実態を見ると、次の通りです。

① 市町村の教育委員会の数は3,270であるが、そのうち社会教育主事を置いているのは2,278で、約3分の1の市町村教育委員会は社会教育主事を置いていない。上記の派遣社会教育主事を考慮に入れると、社会教育主事を置いている市町村教育委員会は2,545で、2割強の市町村教育委員会が社会教育主事を置いていない。

予算・人材等の問題があるのは否定できないが、最も大きなことは社会教育主事というシステムの必要性・合理性の問題であると考えられる。このことは都道府県に関しても述べたところであり、したがって、社会教育主事を置いていない市町村の社会教育のレベルが低い・不活発等と即断することは間違いである。

② 市町村の専任社会教育主事の数は2,753人で、1教育委員会当たり約0.8人で、この他に千人余りの派遣社会教育主事がいるので、これを加えると計算の上では約1.2人となる。

③ 課長で社会教育主事を兼ねている者が245人おり、市町村の専任社会教育主事の1割近くは課長の兼任である。又、市町村の社会教育関係の課長は2,889人であるから、1割近くの課長が社会教育主事を兼ねていることとなる。

④ 社会教育主事補がいる市町村教育委員会は185で、専任の社会教育主事補は216人である。

⑤ 専任の社会教育主事2,523人についてその担当分野を見ると、社会教育担当が1,808人、社会体育担当が387人、両方担当が328人である。

2.2.3 社会教育主事の意味

社会教育主事は、1920年に都道府県知事に対する文部省の通知において県庁の学務課の中に社会教育主事を置くように求めたことに始まります。これは、現在の社会教育主事のような指導・助言等を担当する専門的職員を置くことを意味するものではなく、責任を持って社会教育全般を担当する責任の有る事務職員を置くこと、即ち、乱暴な言い方をすれば社会教育係を設置すること（その係長が社会教育主事）を求めたものです。なお、従来学校教育以外の組織的な教育を通俗教育と呼んでいましたが、この頃からは社会教育という言葉を用いるようになりました。

現在の社会教育主事についてのイメージは、指導・助言等を行う専門的職員というものです。即ち、社会教育の関係団体や関係者といつも連絡を取り合い、主な行事には常に顔を見せ、関係者等を組織して主催行事をプロデュースするといったところでしょうか。社会教育課には、例えば設置している社会教育施設に関する予算・人事等の管理的な仕事をしている職員も存在しており、それらの職員も専門的・技術的な指導・助言をしているはずですが社会教育主事のイメージとはほど遠い存在ですし、社会教育関係団体等への補助金を扱う職員についても同様です。結局、社会教育主事の仕事は、予算・人事・補助金交付・規制等のいわゆる管理的な仕事には手を染めず、専ら人間関係を築くこととその関係を利用して行政的に望ましい結果を得るということになると思います。

日本の行政組織は、予算・人事、補助金、許認可・届出、法律の運用・解釈等が中心となっています。しかし、社会教育においては、学校教育のように大量の管理事務は有りませんし、補助も教育そのものについては行えませんし（日本国憲法第

89条参照)、許認可等も極めて稀であり(都道府県教育委員会が行う博物館の登録・指定に関わるもの、法人立公民館に対する監督、社会教育関係の財団法人・社団法人の設立等の監督ぐらいである)、厳しい規制を含み解釈・運用が常に問題になるような法律も有りません。そこで、社会教育については、専門的な指導・助言というところに組織の存在理由を求め、社会教育主事という専門的職員の設置を考えついたものと推測できます。スタートとしては悪くなかったかもしれませんが、現在でも適切であるかは問題です。

社会教育主事は管理的な業務と離れた指導・助言等を行う者ですから、管理業務を中心とする普通の行政や職員とは異質なところが有ります。社会教育主事のまま定年まで仕事を続けようとすれば、給与・地位等の処遇の面で問題が生じます。処遇の面については割り切ったとしても、同じことを続けていく中で周囲の者の期待に応え続けられるようにするには大変な努力が必要です。一方、管理的業務も引き受ける等一般の職員と同じ仕事もし、普通の職員としての昇進を目指すとしても、主たる仕事である社会教育に関する指導・助言は狭い仕事であるため、社会教育課を超えた移動は困難であり、社会教育課の中での昇進となってしまい、限界が有ります。又、公立学校の教員から社会教育主事となった者が再び学校現場に戻れるかといえば、制度としては戻れますが、教員を社会教育主事の有力な供給源としたいのであれば、学校現場に戻った教員が給与や昇進等の面で社会教育主事の経験によって不利益を蒙らないよう細かいところまで制度を整備しておかなければなりません。又、教育といっても学校教育とは別の世界の教育(学校教育以外の組織的教育)ですから、長期間社会教育主事を続ける場合は再び学校教育の世界に戻ることが事実上難しいことになると考えられます。

同じ教員出身の専門的職員であっても、指導主事の場合は、授業から離れるという点では社会教育主事と同じマイナスの影響を受けますが、その活動の対象となるのは学校教育であることから、将来再び学校に戻る場合でもそのマイナスは相当程度カバーされますし、将来校長等の管理職を希望するのであれば行政を知ったことによるプラスの要素もあります。このような背景があることから、指導主事については学校現場からの供給と学校現場への復帰のサイクルが比較的円滑に機能しているのです。

社会教育主事については、学校とのこのようなサイクルは指導主事の場合のようには円滑に機能しませんし、そうかといって、社会教育の現場に供給源を見つけることは困難です。公民館に置かれる職員や図書館の司書は事務職員であり、社会教育に関する専門的・技術的指導等の能力を期待できません。又、博物館の学芸員は専門家ですが研究者に近いため、幅広い対象に指導・助言等することには向いていません。その他の社会教育施設の中には、ある程度の社会教育主事となり得るような知識・能力を持った職員がいるかもしれませんが、安定的な供給源にはなりません。

良い社会教育主事を真剣に探すのであれば、資格制度を廃止して教育委員会や首長部局の一般の職員や民間の社会教育関係団体職員等の中に適格者を求めるべきです。社会教育に関する指導・助言は社会教育主事以外の職員も行うことができますし、必要とされる指導・助言を行うことは職員の義務であるはずです。したがって、社会教育主事の行う指導・助言は、一般の職員が行わないようなもの、例えば、より内容に立ち入ったもの、より主観的なものとなると考えられます。このことは、社会教育主事の仕事の内容が独善に陥る等の危険をはらんでいることを意味します。この危険を避けるには、社会教育主事が仕事を行う場合に、常に上司の具体的で明確な了承があることを条件としてそれを行うこととする必要が有ります。社会教育の行政について冷静に考えてみた場合、ここまで立ち入った指導・助言を行政が行うべきか、それに見合った良い結果が得られているかを見つめ直す必要が有ります。普通の行政が最大限努力してできるところが指導・助言の限界と考えれば、社会教育関係の職員がそれぞれ必要な助言を行い、それ以上のことについては行政として踏み込まないことが正解ではないかと考えます。

3　社会教育に関する国、都道府県・市町村の仕事

社会教育に関して国等の公的な機関がどのような役割を果たすべきかについて、社会教育法は「国民が教養を高めることができるような環境を作り出すように努める」とし、そのための方法・手段として社会教育施設の設置・運営、集会の開催、資料の作成・頒布を例として挙げています（第3条第1項）。又、社会教育法の2年前に作られた教育基本法でも、これらの公的機関は家庭教育や社会教育を奨励すべきことと、そのための方法として図書館、博物館、公民館の設置と学校施設の利用を例として挙げています（第7条）。それぞれ言い方は違いますが、国、都道府県・市町村に対して社会教育に目を向けるよう求めています。

3.1　国が行う都道府県・市町村に対する補助

社会教育法は、都道府県・市町村に対する財政的な援助を国の重要な役割としています（第4条）。国による補助金の支出を想定したこのような考え方は、社会教育に関する主要な補助制度が廃止された現在では、意味が薄れています。現在社会教育に関して存在している国の都道府県・市町村に対する補助制度は、主に国が有益と判断した種類の集会の開催や事業（図書館等の学習拠点施設の情報化、家庭の教育力の活性化、生涯学習ボランティアコーディネイトシステムの整備、地域学習活動の活性化、青少年自然体験活動等）を実施する都道府県・市町村に対して、その必要経費の一部を補助するというものです。なお、都道府県・市町村行う事業にはこのように補助ができますが、社会教育団体等が行う公の支配に属さない教育の事業に対してはこの種の補助は難しいと考えられています（日本国憲法第89条）。

ちなみに、平成13年度に都道府県・市町村の教育委員会が社会教育のために使った金額は約2兆4,653億円ですが、その財源のうち国の補助金は627億円で、2.5％に過ぎません（文部科学省による平成14年度地方教育費調査報告書による）。なお、この年度に都道府県・市町村の教育委員会が教育のために使ったお金は18兆3,648億円ですから（公立大学と私学助成は首長部局が所管しているので、それらに関連する支出は含まれていない）、全体の約13％が社会教育関係のお金ということになります（上記報告書による）。

3.2 市町村教育委員会の仕事

市町村は、基礎的な地方公共団体であり、地方で処理すべき仕事は、広域的な仕事や規模・性質から市町村には不適当な仕事を除いて、原則として市町村が担当することとされています（地方自治法第2条第3項）。社会教育に関する仕事も、大半は市町村が行うことが適当な性格のものです。

社会教育法が類型的に示している市町村の事業は次の通りです（第5条）。

① 図書館、博物館、公民館、青年の家を始めとする社会教育施設の設置・管理（第3号、第4号）
② 社会教育に関する講座・集会の開催とその奨励（第5号乃至第11号）
③ 青少年に対する体験活動（ボランティア等の社会奉仕体験、自然体験等）の機会の提供とその奨励（第12号）
④ 資料の作成・頒布（第13号）
⑤ 設備・機材等（視聴覚教育・体育・レクリエーション用）の提供（第14号）
⑥ 民間団体に対する補助等の援助、情報の収集提供、調査研究、人事・予算等（第1号、第2号、第15号、第16号）

以下、これらのうち主なものについて具体的な内容を述べていくこととしますが、社会教育施設については前述したので、原則として触れないこととします。

3.2.1 集会・講座等の開催

平成14年度社会教育調査報告書によれば、2001年度に、市町村教育委員会は講演会等の集会を3万件程度開催し、これに700万人余りの住民が参加しています。1市町村当たりでは約10件、2,000人ということになります（以下の数字もこの報告書によるものである）。

同じ年度に、市町村教育委員会が開催した講座・学級の数は約16万2,000件で、その受講者は約800万人でした。開催した場所としては、公民館が最も多く約6万7,000件、次いで公民館以外の社会教育施設が3万5,000件であり、したがって、教育委員会が開催してはいても、場所としては6割以上が公民館を中心とする社会教育施設で開催されています。

集会、講座・学級は、教育委員会が自ら直接開催するものだけではありません。むしろ、社会教育施設が開催するもののほうが多くなります。その中でも、施設の目的からしても公民館が大きな役割を果たしています。

即ち、同じ年度に、公民館が開催した講演会等の集会は約16万件で、これに2,400万人余りの住民が参加しています（うち主催は、10万件で、その参加者は1,400万人）。この集会参加者を事業別に見ると、文化事業が約1,300万人、体育事業が約700万人、講演会等が約400万人です。

又、同じ年度に、公民館が開催した講座・学級の数は、約34万1,000件で、その受講者は約1,100万人でした。

講座・学級の内容を比較すると、公民館が開催した講座・学級は趣味・稽古事を中心とする教養の向上を内容とするものが圧倒的に多く、34万1,000件のうち20万1,000件（59％）がこれですが、教育委員会が開催した講座・学級16万2,000件のうち、趣味・稽古事を含む教養の向上を内容とするものは6万件（37％）でした。又、職業知識・技術の向上を内容とするものは、教育委員会開催のものが約3万9,000件、公民館が開催したものがその半分の約1万8,000件でした。要するに教育委員会と比べると、公民館が開催する講座・学級は教養関係が過半を占め職業・技術関係が少ないことが特徴ですが、これは、小学校又は中学校の学区という狭い領域をカバーする公民館の性格のしからしめるところです。

学校のように教員を持っていないことから、教育委員会も公民館もその組織自体には教育する能力が備わっていません。したがって、講演会等の集会の開催は勿論、講座・学級の開催・運営についても全面的に外部の組織なり人材に頼ることとなります。基本的に、それぞれの市町村がおかれている状況の中で協力を得られる組織・人材を踏まえて開催可能と判断されるプログラムのうち、参加者・受講者にアピールしそうなものを適宜開催しているものと考えられます。

集会や講座・学級の開催について教育委員会や公民館が頼むことのできる組織・人材は限定されており、すぐにマンネリに陥りますし、住民が望む学習とはかけ離れた内容のものしか提供できなくなります。社会教育の活性化が叫ばれ、そのために様々な提言や試みがされましたが、こうした従来の枠組みの中ではどうにもならないのは目に見えています。そこで、社会教育施設の運営を民間に委託することも試みられています。

集会や講座・学級についても、その実施を民間の社会教育事業者に委託する試みが始まっています。もともと、教育委員会や公民館等には教育能力が無く、集会や講座・学級については実質的に外部に実施を委託していましたから、この点では何も変わりは有りません。ただ、これまでは地元の熱意のある組織や人材、場合によっては社会教育関係団体等の非営利の事業者に委託していて、商売として教育事業を成り立たせているカルチャーセンター等の民間の営利事業者（端的に言えば社会教

育のプロフェッショナルである）には実施を委託したことは有りませんでした。それが、新たにこれらの営利事業者を実施の委託先に加えたことが目新しいのです。何故このような状態が続いていたのかと言えば、営利を目的とした事業は社会教育ではない、言い換えれば、社会教育は非営利、無料でなければならないという思い込みが罷り通っていた、或いは、現在でも罷り通っていることによるのです。これまでも指摘してきたところですが、現に、公民館の非営利性の確保（社会教育法第23条第1項第1号等）、公立図書館の入館料無料（図書館法第17条）、公立博物館の原則入館料無料（博物館法第23条）のように、法律の中にさえ社会教育は非営利であり無料でなければならないという迷信を後押しする条文が有ります。

現実には、2001年度において、市町村教育委員会が営利事業者に実施を委託した集会や講座・学級は、集会が432件（うち全部の実施の委託が58件）、講座・学級が17,700件（うち全部の実施の委託が6,418件）でした。

同様に、公民館が営利事業者に実施を委託した集会や講座・学級は、集会が620件（うち全部委託302件）、講座・学級が4,957件（うち全部委託1,938件）でした。

3.2.2 体験活動の機会の提供

社会教育法における市町村教育委員会の事務に関する例示の中に、「青少年に対する体験活動の機会の提供」が盛り込まれたのは、2001年のことです。このときには、学校教育における体験活動の充実、社会教育と学校教育の連携の確保についても新たに定められています（学校教育法第18条の2等、社会教育法第3条第2項）。勿論、この条文が無い時代にも少年自然の家等を設置して自然体験活動の機会を提供する等相当の努力が払われていました（少年自然の家を始めとする市町村立の青少年教育施設が、1,095施設存在する）。

新たにこれを法律中に例示することとしたのは、青少年に関して自然体験活動に加えて、ボランティアをはじめとする社会奉仕体験活動の必要性が世の中で強調されるようになってきたことによるものです。

社会奉仕体験活動については、市町村教育委員会は青少年に対してこのような機会を提供できる施設をほとんど持ってないことから、その果たせる役割は直接に体験活動の機会を提供することではなく、首長部局と協議して青少年がこのような体験活動を行える場を確保し、そこで行う体験活動の基本的なルールを作ることにあると考えられます。いずれにせよ、青少年の社会奉仕体験活動について、社会教育がどのような役割を果たし、どれだけの実績が作れるかは今後の取り組みにかかっています。

3.2.3 社会教育関係団体への補助

2001年度に市町村教育委員会が補助した社会教育関係団体の数は、46,235団体です。前述のように、社会教育関係団体は公の支配に属しない団体と考えられることから、都道府県・市町村もこれらの団体に対して補助金等の公金を支出することが禁じら

れています（日本国憲法第89条）。しかし、これらの団体が行う事業であっても、教育の事業に該当しないものについては公金の支出は可能との行政の解釈があることから、市町村は教育の事業に該当しないと判断した事業のうち適当なものに補助をしているものと考えられます。

社会教育関係団体の事業はすべて教育の事業として捉えることも可能であるように、これを区分することは極めて難しいことから、教育の事業に該当するか否かの判断が適切に行われていない可能性も有り得ます。

3.2.4 指導者等の研修

研修は後に述べる通り道府県の事務としては例示されていますが（社会教育法第6条第2号）、市町村の事務としては例示されていません。しかし、社会教育関係者の研修は多くの市町村において行われています。例えば、2001年度において市町村教育委員会が行った社会教育関係者の研修は約7,100件であり、そのうち約1,400件が社会教育主事等の行政職員、約1,900件が公民館主事等の社会教育施設の職員、約3,800件が社会教育関係団体等の職員をそれぞれ対象とするものでした。これらの研修の参加者は合わせて約22万4,000人でした。

3.2.5 情報提供

平成14年度社会教育調査報告書によれば、社会教育に関して住民に対して情報を提供する方法は、その市町村の広報誌への掲載、ポスター・パンフレットの作成・配布が一般的であり大部分の市町村教育委員会が行っています。又、半分程度の教育委員会はマスメディアを利用しましたし、ホーム・ページの開設・利用等パソコンを用いる情報提供を行った市町村は3分の1程度でした。

公民館等の社会教育施設における住民に対する情報提供は、教育委員会の場合とほぼ似たような傾向ですが、これらの施設の多くは機関紙的なものを持っていて、それによる情報提供が大きな役割を果たしています。

3.3 都道府県教育委員会の仕事

社会教育の実施において、基礎的な地方公共団体である市町村の教育委員会が中心的な役割を果たしますが、広域的な地方公共団体である都道府県の教育委員会も広域に亘る仕事、規模・性質上市町村には不向きな仕事、市町村に係る連絡調整の仕事等を含めて社会教育の多様な仕事を行っています（地方自治法第2条第5項、第6項）。

具体的には、市町村教育委員会の場合と同様に、社会教育法が都道府県教育委員会の社会教育に関する仕事を例示しています（第6条）。その一つは、市町村教育委員会と同種類の仕事であり、もう一つは市町村教育委員会には必ずしも適しない種類の仕事です。

市町村教育委員会の仕事と同種類のものは、原則としてすべて都道府県教育委員会

も行えることとなっています。例えば、市町村の仕事の一つに図書館の設置・運営が有りますが、都道府県も図書館を設置・運営します。同じ図書館ですから図書の収集・整理・保存・公衆利用という機能は同じですが、その役割と規模・内容には大きな相違が有ります。都道府県立図書館は、都道府県民という大きな利用母体を想定して大きな施設を持ち、幅広く多くの図書等を収集等しますが、市町村立図書館は市町村民という比較的小さな需要を想定しそれほど大きくない施設を持ち、基本的に一般的な内容の図書等を収集等します。両者の厳密な境界線は必ずしもはっきりしてはいませんが、他の社会教育施設の設置・運営についても同様の状況にあります。ただし、公民館は比較的狭い地域の住民の集会・学習施設であるという性格から社会教育法においては市町村が設置するものを公民館としているため、形式的には都道府県立の公民館は有り得ませんが、実質的には都道府県が公民館を設置したからといって違法ではありません。

なお、都道府県が都道府県民のための広域的な集会・学習の施設を設置・運営することは十分考えられます。

又、都道府県教育委員会にとっても集会や講座・学級の開催は重要な仕事です。その場合も、基本的に、全県的な集会や、十分な数の受講者が得られない等のために市町村では開催することが難しいより専門性の高い講座・学級を、開催することとなると考えられます。

更に、都道府県が青少年に対して体験活動の機会を提供することも有り得ますし、社会教育関係団体に対して補助をすることも珍しいことではありません。

このように同じ種類の仕事については、まずは市町村で行うことを基礎としつつ、都道府県と市町村の仕事の性格に従って、それぞれに相応しい役割を果たすようにしなければなりません。

社会教育法は、このような市町村と重複する仕事の他に、一般に都道府県教育委員会が処理することとなると考えられる次のような仕事を例示しています（第6条）。

① 公民館・図書館の設置・運営に関する指導と調査（第1号）。
② 社会教育関係者の研修のための施設の設置・運営、研修の実施（第2号）。市町村においても社会教育関係者の研修が実施されていることについては既に述べた。
③ 市町村教育委員会との連絡（第4号）
④ 法律により都道府県教育委員会の権限とされたもの（第5号）。例えば、法人の設置する公民館に対する事業又は行為の停止命令（社会教育法第40条）、博物館の登録（博物館法第2章）、博物館相当施設の指定（同法第29条）、社会教育に関する社団法人・財団法人の設立許可（民法第34条、公益法人に係る主務官庁の権限に属する事務の処理等に関する政令第1条第3項）等

3.3.1 社会教育施設の設置・運営

常識的には、都道府県立の図書館、博物館等の社会教育施設は教育委員会が設置・運営していると考えますし、競技場等の体育施設や文化会館等の文化施設についても同様に考えられます（地教行法第32条等、地方自治法第180条の8）。しかし、こうした施設で知事が設置・運営しているものが少なからず存在しています。前述した首長部局が設置・運営している博物館相当施設に関する指定の問題はその一端を示すものです。

平成14年度地方教育費調査報告書によれば、2001年度に都道府県教育委員会が支出した社会教育関係のお金は約3,920億円ですが（うち社会教育施設関係の経費は、約3,080億円）でしたが、この年度に知事部局が支出した体育施設・青少年施設・女性関連施設、文化会館等の生涯学習関連施設の経費は、約2,380億円でした。体育施設については知事部局と教育委員会の支出金額がほぼ拮抗している他、特に、女性関連施設と文化会館については、知事部局の支出が教育委員会の支出を圧倒的に引き離しています。

このような傾向は、市町村にも見られるものと推測できますが、それを示す全国的な資料は有りません。

具体的な設置状況については、例えば、博物館についてみると、市町村立の博物館を含めて公立博物館は608館存在しますが、うち57館は首長部局が設置・運営するものです（平成14年度社会教育調査報告書による。以下同じ）。特に博物館相当施設は、首長部局52館、教育委員会63館と勢力伯仲の状況であり、登録博物館493館の中にも首長部局が設置・運営するものが5館存在しています。又、公立の博物館類似施設3,184館中961館は首長部局が設置・運営するものです。

図書館についての統計はありませんが、少数ではあるものの首長部局所管の公立図書館が存在しています。

都道府県立の体育施設については、1,053を教育委員会、2,184を知事部局が所管していますし、市町村立の体育施設については、29,437が教育委員会、14,657が首長部局で所管しています。

都道府県立の文化会館については、98館を知事部局、14館を教育委員会が所管し、市町村立の文化会館については、668館を首長部局、897館を教育委員会が所管しています。

3.3.2 集会・講座等の開催

市町村には公民館が存在し、公民館が多くの集会や講座・学級を開催していますが、都道府県には公民館や公民館に相当する施設は原則として存在しないことから、都道府県教育委員会が自らこれらを開催することとなります。社会教育主事の数は1都道府県当たり平均16人ではありますが、社会教育主事は教育能力を持つものではなく、したがって、都道府県教育委員会も教育能力は持っていませんから、集会

や講座・学級を自ら開催するとは言っても、然るべき人や団体に頼んで開催してもらうに過ぎません（例えば、民間営利事業者にも、集会で4件、講座学級で25件委託している）。しかも、市町村に比べれば住民との距離が遠い存在ですから、都道府県が開催する必要が有る集会や講座・学級というものが存在しないとは言い切れませんが、その数は少ないと考えられます。

実際には、平成13年度に都道府県教育委員会が開催した講演会等の集会は約1,000件であり、同じ年に市町村教育委員会が開催した集会の約3万件（他に公民館が開催したものが約16万件ある）という数に比べると格段に少ないのが分かります（平成14年度社会教育調査報告書による。以下に述べる数字についても同じ）。

又、都道府県教育委員会が開催した講座・学級は約5,000件ですが、市町村教育委員会が開催したものは約16万2,000件（他に公民館が開催したものが約34万1,000件ある）でした。

しかし、1都道府県当たりにしてみると集会は約20件、講座・学級は約110件であり、内容的には教養の向上と職業知識・技術の向上を内容とするものがそれぞれ約4割弱を占めています。都道府県教育委員会にとってこのように多数の集会や講座・学級を開催することが本当に必要なものであるか、効果が上がっているのか等疑問無しとしません。

3.3.3 体験活動の機会の提供

体験活動の機会の提供については、市町村について述べたことと基本的に同じです。特に社会奉仕体験活動については、都道府県において教育委員会と知事部局の間で基本的な協力の在り方についてのルールができていれば、市町村教育委員会や学校現場においての実際の活動が容易になります。

自然体験活動等については、少年自然の家や青年の家を中心とする教育委員会が所管する都道府県立の青少年教育施設が210施設存在しています。

3.3.4 社会教育関係団体への補助

2001年度において都道府県教委区委員会は、601の社会教育団体に対して補助をしました。その絶対数では市町村（約4万6千団体に補助している）には及びもつきませんが、1都道府県当たりでは約13団体に補助したことになります。勿論、全県に亘って活動する比較的大きな団体を対象としていると考えられます。

これらの補助には日本国憲法第89条に関する問題があることも、市町村の場合と同じです。

3.3.5 指導者等の研修

2001年度に都道府県教育委員会が行った研修は、1,526件で、参加者は約18万人でした。前述のように市町村も研修を行っており、件数・参加者共にはるかに都道府県よりも多い状況ですが、都道府県は社会教育主事等の行政職員に対する研修が比較的多く、市町村は公民館主事等の施設職員に対する研修が比較的多いという傾

向が見られます。しかし、両者とも、行政職員、施設職員、民間団体等職員を対象としてそれぞれの特徴に従って実施しています。

4　社会教育行政の実際

これまでは、都道府県・市町村の教育委員会における社会教育に関する行政組織とそれらが行っている活動について特徴的な内容を指摘してきましたが、ここではその組織と活動を総体として眺めることとします。

4.1　市町村教育委員会における社会教育行政

市町村教育委員会の組織と活動を見る場合に幾つかの観点がありますが、まずは財政の観点から眺め、次に人員等の観点から眺め、最後に幾つかの具体的な問題を考えてみることとします。

まず、市町村の全体的な姿をみると、平成15年版『地方財政白書』によれば、2001年度末（2002年3月31日）の市町村の数は3,223で、このうち市が672で残りの2,551が町村です（この他に東京都の23区がある）。2001年10月1日現在、東京都の23区を含む市部の人口は約1億人で、町村部の人口約2,700万人を大きく上回っています。1市当たりの平均人口は14万4,000人、1町村当たりの平均人口は約1万1,000人で、1市町村当たりの平均人口は約3万9,000人です（いずれも、上記白書による）。

4.1.1　財政から見た社会教育行政

市町村教育委員会における2001年度の社会教育関係の支出は、約2兆700億円であり（平均して1市町村当たり約7億円近いお金が毎年社会教育に使われていることになる）、その年度の都道府県教育委員会の社会教育関係支出が約3,900億円であったことから（1都道府県当たりでは約80億円）、社会教育行政の基本的な担い手が市町村教育委員会であることが財政面からも分かります（平成14年度地方教育費調査報告書による。以下同じ）。内容的には、体育施設関係約5,900億円、公民館関係約3,300億円、図書館関係約2,900億円、文化会館関係約1,800億円、博物館関係約1,700億円等となっています。このように、市町村の社会教育活動のための支出の大半は、市町村が設置する社会教育施設の建設・運営のためのものであり、市町村教育委員会自身が行った社会教育のための活動に対する支出は、約1,600億円でした。

別の資料になりますが、平成15年版『地方財政白書』によれば、2001年度の全市町村の支出総額は約51兆4,100億円で、うち教育関係（大学関係の経費等首長部局の教育関係経費を含んでいる）は約6兆400億円であり、金額的には第5位です（1位は民生費で10兆9,100億円）。教育関係のうち社会教育と保健体育を合わせて2兆6,800億円であり、学校教育費と匹敵しており、市町村の教育行政においては社会

教育が主要な分野であることが分かります。

4.1.2　人員等から見た社会教育行政

市町村教育委員会の事務局において社会教育及び体育を担当している職員は、専任職員が25,317人、兼任職員が4,578人、非常勤職員が5,759人、合計で35,654人です（平成14年度社会教育調査報告書による）。専任職員の中には2,523人の社会教育主事と1,056人の派遣社会教育主事が含まれていることは前述の通りです。これを1市町村当たりにすれば、専任の職員は8人弱で（社会教育主事又は派遣社会教育主事1人を含む）、兼任と非常勤を含めて11人弱ということになります。したがって、標準的な町村では社会教育及び体育だけで一つの課を作るということは難しいと考えられます。社会教育を含めて町村教育委員会のすべての仕事を一つの課で処理する場合も少なくないと考えられます。

例えば、同じ資料により課長の状況について見ると、市町村教育委員会の事務局において主として社会教育及び社会体育を担当する専任の課長は2,889人で、その内訳は社会教育を主として担当している課長が1,348人、社会教育と体育を主として担当している課長が899人、体育を主として担当している課長が642人です。この他に、他の課の課長等であって社会教育及び体育関係の課長の任務も行っている者が1,235人あります。又、専任の課長を市と町村に分けると、市教育委員会の課長が1,501人、町村教育委員会の課長が1,388人ですが、前述のように、市の数は東京都の23区を加えて695、町村の数は2,551ですから、平均的には、市には社会教育と体育を担当する専任の課長が2人程度いるのに対して、社会教育と体育を担当する専任の課長がいる町村は半分程度です。これは、専ら社会教育と体育を担当する課が有るかという問いへの答えとほぼ一致するはずです。

なお、市町村立社会教育施設の専任職員の状況は次の通りです。

- 公民館……12,907人
- 図書館……14,294人
- 博物館……5,888人（都道府県立博物館の専任職員数を含む）
- 博物館類似施設……7,859人（都道府県立博物館類似施設の専任職員数を含む）
- 青少年教育施設……2,528人
- 女性教育施設……170人

4.1.3　社会教育施設の運営の委託

市町村における社会教育行政の中心は社会教育施設の設置と運営が大きな比重を占め、その他は集会や講座・学級の開催等の行事と、補助金の支出を含めて社会教育関係団体との連絡・調整等が主なものと考えられます。

社会教育施設はその設置者が運営することとなりますが、首長部局で設置・運営する社会教育施設が多数存在していることについては前述したとおりです。それらの

社会教育施設の運営は当然のこととして首長部局が行います。これらの施設については、運営をするのが教育委員会事務局にせよ首長部局にせよ、多くの場合はそれらの職員が直接運営するのではなく、館長やその他の職員を置いて第一次的にはそれらの職員に運営させているのが通例です。こうしたやり方をせずに、例えば市町村立の体育館を使用する場合には教育委員会に申請して許可を貰って社会教育課の職員から鍵を受け取り、使用後は鍵を返却するというように教育委員会が直接運営する場合も有り得ます。

館長等の職員を置く方法と教育委員会が直接運営する方法以外にも、外部の適当な人や団体に運営を委託するという方法が有ります。その場合にも、掃除等のその施設の中心的な仕事ではない部分を委託するのか、図書の収集・整理・保存・一般の利用への提供という中心的な仕事を委託するのかという問題があります。掃除等の委託についてまで問題視している人も存在していますが、大切なことは中心的な仕事の委託です。この場合は、その社会教育施設は市町村が建設し、その市町村の公の施設として運営されるのですが、実際に運営を行っているのは民間の団体であるという形態になります。

公立の施設についてこのような運営の形態をとるのは、大きく言って二つの理由があると考えられます。それはサービスの向上と運営の効率化です。

日本の公務員は口では何と言おうとも、自分たちが住民の必要に合わせるのではなく、住民のほうが公務員の作った仕事やそのルール、公務員たちが持っている価値観や感情に合わせるべきだと考えており、仕事に関する効率の意識に欠け、逆に、部下の数が公務員の地位を表すとして不必要な仕事を作り、組織を大きくして、人員を膨張させます。

このように、公務員は住民に対するサービス業務には向いていません。公立社会教育施設の職員の業務内容は住民に対するサービス業務以外の何ものでもありませんが、その意識は公務員そのものです。社会教育施設は税金で建設して維持するのでなければ成り立たないものが多く、公立にせざるを得ないのですが、その実際上の運営は民間で行うことが可能であり、且つ、そのほうが格段に良いサービスが得られます。利用者である住民にとって、嫌々対応する公務員よりは喜んで対応してくれる民間職員のほうが良いに決まっています（レジ係を始めとするスーパーの店員が公務員になったらどうなるか想像されたい。又、宿泊施設等のサービスを中心とする半ば公的な施設の経営が、提供するサービスの内容・レベル等が悪いため客が呼べないで行き詰まったという嫌になるほど多数の例が報道されている）。

更に、日本の公務員は、終身雇用の下に年功序列の給与体系を採っており、このような公務員を社会教育施設のサービス業務に多数雇用した場合の運営は極めて非効率的なものとなり、多額の税金の無駄遣いが発生し住民に多大な損害を与えます。しかも、図書館に代表されるように一部の職員について資格制度を採り入れ、補助

金を背景として多数の司書等の雇用を国が強制してきたという歴史を考えると、公立の社会教育施設の運営を効率の観点から見直す必要が有ります。特に、図書館、公民館を始めとする施設・設備の利用を中心とする市町村立の社会教育施設の運営は、速やかにその中心業務を含めた運営について民間委託を進める必要が有ります。
具体的な例として、市町村立の体育施設については、総数約44,100施設のうち少なくとも約11,400施設はその市町村以外のものが運営をしています。運営主体として最も多いのは社団法人・財団法人で約8,100施設、その他の法人等が約3,100施設で、残りの若干数は他の地方公共団体に運営委託しているものです（平成14年度社会教育調査報告書による。以下同じ）。
市町村立の文化会館については、総数1,565施設のうち546施設は社団法人・財団法人が運営しており、63施設はその他の法人等が運営しています。その市町村自身が運営していると考えられるものは944施設で、残りの若干数は他の地方公共団体に運営委託しているものです。細かく見ると、教育委員会所管の文化会館は民間への運営委託の比率が低く（約16％）、首長部局所管の文化会館は民間への運営委託の比率が高い（約72％）という顕著な特徴があります。
図書館、博物館、公民館、青少年教育施設、女性教育施設等のその他の社会教育施設については、こうした資料が存在していません。
これらの施設のうち、図書館、公民館等の主として施設・設備を利用させるための施設については運営の民間委託を進めなければなりませんが、青少年教育施設、女性教育施設については教育活動を主としているものが有り得ますから、その目的と活動内容に即して考える必要があります。勿論、教育活動の引き受け手として民間に適当な団体が存在するのであれば、そうした施設であっても運営を民間委託することは十分有り得るところです。このような事情は、体育施設や文化会館についても同じであり、体育施設だから、文化会館だからといって一律に民間委託ということにはならず、その目的と活動内容を考えて対応する必要があります。しかし、形ばかりの教育活動を行うことで民間委託を阻止する施設が考えられますが、自分たちの安泰ばかり考えて住民の福祉は念頭にない者たちのための存在と成り果てたそうした施設は、むしろ廃止してしまうほうが住民の福祉に沿うことになります。
博物館については、研究という要素もあり、専門性も高いことから、一般的には運営の委託は難しいと考えられますが、運営の委託先として適当な団体等が存在すれば、委託は可能です。場所貸し専門の美術館も存在していますが、これらは運営を全面的に託すべきと考えます。
なお、公立社会教育施設の運営の委託先が公務員の天下り先である場合は、直営よりも更に負担が増え、サービスも低下することとなりますから、絶対に避けなければなりません。

4.1.4 社会教育施設の経費の内容

これまでも述べてきましたが、市町村立の社会教育施設に関する市町村教育委員会の支出（首長部局の支出は含まない。博物館は類似施設も含む）をまとめると、次の通りです（平成14年度地方教育費調査報告書による）。

- 公民館……3,274億円（消費的支出2,067億円、人件費1,104億円）
- 図書館……2,914億円（消費的支出1,884億円、人件費1,153億円）
- 博物館……1,705億円（消費的支出823億円、人件費296億円）
- 体育施設……5,886億円（消費的支出2,380億円、人件費393億円）
- 青少年教育施設……642億円（消費的支出432億円、人件費216億円）
- 女性教育施設……35億円（消費的支出27億円、人件費11億円）
- 文化会館……1,842億円（消費的支出698億円、人件費133億円）
- その他の施設……1,650億円（消費的支出674億円、人件費210億円）

消費的支出とは経常費のことであり、社会教育施設のランニングコストです。これ以外の支出は土地の購入、建築等の経費（資本的支出）と、資本的支出を賄うために行った借金（地方債）の返済（債務償還費）があります。

消費的支出の割合が高いということは、新しい施設の建設等が落ち着いた状態にあることを意味する傾向が有り、公民館（全支出の63％）、図書館（65％）、青少年教育施設（67％）、女性教育施設（77％）がこの範疇に入ります。逆に、体育施設と文化会館はそれぞれ40％、38％と消費的支出の割合が低く、相当程度の規模の拡大が行われていることを示していますが、全支出の48％が消費的支出である博物館もこれに近いと言えます。

消費的支出は削減することが難しい経費ですが、中でも人件費の削減は難しく、特に公務員については手厚い身分保障を勘案するとその削減は極めて困難です。消費的支出の中で人件費がどれほどの割合かを見ると、5割を超えている図書館（消費支出の61％）、公民館（53％）、青少年教育施設（50％）と、2割を下回っている体育施設（17％）と文化会館（19％）が両極端であり、博物館は36％と人件費の割合は低いほうに入ります。市町村にとって、住民の満足という効果に比べて過大な人件費を伴う施設の設置は好ましいものではなく、地方財政が悪化すればこの傾向はより強まるものと考えられます。

体育施設、文化会館の人件費の割合が低い理由には、それら施設は単純に施設を貸すものであり、その運営にはそれほど人手を要しないという性格が考えられますが、外部の団体等に委託している要素も有ると考えられます。

又、前述した通り、施設の運営の委託先としては社団法人・財団法人が多くを占めていますが、こうした公益法人は公務員の天下り先になりやすいことは周知の事実であり、そのような場合にはサービスの向上と運営の効率化という委託の目的は失

われることになります。単に運営の委託をすればよいというものではなく、委託先の組織・活動の具体的な内容を注視することが必要です。

4.1.5　図書館の問題

市町村立の社会教育施設の中で、前述のように消費支出に占める人件費の割合が最も大きなものは図書館ですが、人件費の絶対額が最も大きなものも図書館です。公立公民館は、約18,000館有り、約13,000人の専任職員がいますが、市町村立図書館は2,650館で、専任職員は14,294人（うち司書が6,186人）です。又、市町村教育委員会所管の体育施設は図書館の倍の支出額がありますが、人件費は図書館の人件費の3分の1です。学校のように当然に大きな人件費が必要となる施設も有りますが、市町村立図書館にはそのような要素は有りません。原因は司書という立場の不要な職員を作ったことにあるとしか考えられません。市町村立図書館の司書は長年勤務しても特別の素養や技能を身につけることも無く、そうかといってなまじ専門職という位置付けをされてしまったためその世界を飛び出して一般の職員となることも難しく、結局は最後まで司書であるしかありません。図書館にも司書に匹敵する数の事務職員がいます。彼らは図書館が無くなっても市町村のその他の事務で生きていけますが、司書は図書館が無くなればおしまいですから、当然の成り行きとして、図書館の存続を図るため、不要な仕事を住民の負担で次々と作り出します。例えば、多くの市町村立図書館では映画館紛い、レンタル・レコード店紛いの仕事を行っていますし、ビデオのレンタルまで行いかねません。注文に応じて本をコピーして郵送し、或いは、本をファックスすることにも手をつけるでしょう。これらは、半ば合法的に著作者等の権利を踏みにじりながら行われています。住民にとって不要で、住民の負担増となる仕事を作り出しては、他人の知的財産権を踏みにじりながら活動しているのが市町村立図書館の実態です。

そもそも大抵の町村には公民館が有り、そこには図書室が設けられていることも少なくありません。その図書室を充実し、ボランティアでは運営できない等の事情が有れば1名程度の職員を置いて、住民が希望する図書を購入し、閲覧・貸し出しに供するようにすれば十分なのです。

市町村立図書館が所蔵している図書は、271,704,198冊であるとされていますから（平成14年度社会教育調査報告書による）、平均すると1館当たり10万冊を超えるものとなります（同調査によると、市立では10万冊以上、町立では5万冊から10万冊、村立では1万冊から2万冊の蔵書を持つ図書館が最も多いこととなっている）。住民の希望にお構いなく、揃えるべきであると図書館が考える図書のリストに基づき、利用されない図書を多数購入等し（上記調査によると、市町村立図書館は、平均すると毎年1館当たり約7,000冊の図書を購入等している）、そのまま保存しているのではないかと疑わざるを得ません。市町村立の図書館に、需要の実態等を無視してほとんど利用されない図書をすべて揃えて保存するという役割まで求めること

は税金の無駄遣いであり、そのような役割は都道府県立の図書館や国立国会図書館に任せるべきです。このような運営の仕方をすることが、多数の図書館職員を置く口実になってしまうのです。市町村立図書館が収集・保存を真剣に考えなければならない資料があるとすれば、その市町村に密着した市町村史等の資料であり、長期的に見た場合には、その市町村に存在する公立学校等の資料も図書館が受け入れて保存することが適当であるかもしれません。又、その市町村の公文書館の役割を果たすことも可能かもしれません。いずれにしても、市町村の必要に立脚した合理的な内容・運営の図書館でなければなりません。

4.2　都道府県教育委員会における社会教育行政

都道府県については周知のことであるので多言を避けますが、47都道府県の中にも東京都のように1,200万人の人口を擁するところから鳥取県のように61万人程度の人口の県まであり、北海道の根室支庁管内の或る町よりも面積の小さな県もある等、同じ都道府県と言っても、市町村間ほどではないにしても、その置かれている状況は個々に大いに異なっていることに注意しなければなりません。財政面でも、東京都という不交付団体も存在する一方、財政力指数（簡単に言えば、その都道府県が必要とする支出を税金等の自前の収入でどの位賄えるかという数値である。0.3というのは、これが3割しかないことを示し、残りの7割を国が地方交付税として補完していることを示す）が0.3未満のところも15県存在する（平成14年版『地方財政白書』による）等、均質ではありません。

4.2.1　財政から見た社会教育行政

都道府県教育委員会が2001年度に支出した社会教育関係の経費は3,917億円で、その主な内容は次のとおりです（平成14年度地方教育費調査報告書による）。
- 図書館……459億円（消費的支出282億円、人件費178億円）
- 博物館……953億円（消費的支出462億円、人件費182億円）
- 体育施設……1,034億円（消費的支出278億円、人件費65億円）
- 青少年教育施設……331億円（消費的支出211億円、人件費107億円）
- 女性教育施設……2億円（消費的支出1.9億円、人件費0.6億円）
- 文化会館……117億円（消費的支出46億円、人件費4億円）
- その他の社会教育施設……178億円（消費的支出93億円、人件費40億円）
- 教育委員会の行事等経費……376億円（消費的支出364億円、人件費は含まず）

市町村の場合と同様に社会教育施設の建設・運営の経費が大半を占めていますが、その性格上公民館の経費は無く、体育施設の経費が最多の額であるが、博物館（類似施設を含む）の経費がそれと肩を並べているところが特徴的です。施設の種類別に経費の内容を見ても、前述した市町村の場合と同じ傾向を示しています。

4.2.2 人員等から見た社会教育行政

都道府県教育委員会事務局の専任職員の数は2,690人であり、市町村教育委員会の場合と異なり、規模が大きいこともあってか兼任の者（84人）と非常勤の者（244人）は少ない（平成14年度社会教育調査報告書による。以下同じ）。専任のうち756人は社会教育主事であり、一般の職員（課長を除く）は1,732人です。専任の課長は156人で、兼任の課長は11人です。

以上から推測すれば、標準的な規模の県の教育委員会には、専ら社会教育を担当する課が3課又は4課有り、それぞれの課には、専任の課長が置かれ、15人から20人程度の専任職員（社会教育主事はそのうち4人から6人程度で、社会教育主事を課に属させないところでは合計で17人程度）が在籍するという姿になります。しかし、例えば神奈川県のように大きな人口規模の県でも生涯学習文化財課とスポーツ課の2課を置くだけ（平成13年版神奈川県教育関係例規集による）という例も有るように、課の設置についてはそれほど一律にルール化できるものではありません。なお、東京都の教育委員会も、振興計画課（生涯学習）、社会教育課、文化課、スポーツ振興課の4課です（平成11年版東京都教育例規集による）。

以上の職員の他に、都道府県が給与を払って雇っていて、市町村の教育委員会に派遣してそこで勤務させる派遣社会教育主事と呼ばれる職員が1,056人存在しています。

4.2.3 社会教育施設の運営の委託

都道府県教育委員会の社会教育に関する仕事には、市町村教育委員会に対する指導・助言や、博物館の登録・指定、法人立公民館に対する事業停止命令等の権限の行使に当たる行為が存在しますが、前述のように、社会教育施設の設置・運営を中心に、集会や講座・学級の開催等の行事の実施、補助を含めて民間社会教育関係団体との連絡・調整等が主な仕事であるという点では、基本的には市町村教育委員会と同じ類の仕事をしていると言うことができます。

したがって、都道府県教育委員会にとっても、その設置・運営する社会教育施設の運営を外部に委託することは、重要な問題です。しかし、都道府県立と市町村立では、同じ図書館であっても、住民の多様な要求に対応して幅広く各種の書籍・雑誌等を収集して長期に亘って保存したり、その都道府県内の図書館館の連絡・調整の仕事を担当する等の役割・機能を持つ都道府県立図書館とそのような役割・機能を持たない市町村立図書館を、運営の委託に関して同日に論じることはできません。体育施設、文化会館等についても、全国的、国際的な催し等に対応した規模・レベルを維持する必要や、選手、実演家、指導者の養成等の機能を持つものも有るでしょうから、機械的には考えるべきではありませんが、可能な施設については積極的に運営の委託を勧めるべきでしょう。

体育施設と文化会館について運営の委託の状況を見ると（その他の施設については

統計が取られていない)、体育施設については、都道府県立の体育施設は3,237施設ありますが、このうち教育委員会が所管するものが1,057、知事部局が所管するものが2,184です(平成14年度社会教育調査報告書による。以下同じ)。このうち、社団法人・財団法人に運営を委託しているものが1,780施設、その他の法人等に委託しているものが246施設であり、合計で2,026施設(全体の63％)について民間に運営を委託しています。なお、都道府県が自分で運営しているのは666施設で、残りは市町村に運営を委託しています。

都道府県立文化会館は112館存在していますが、98館が知事部局所管のものであり、教育委員会所管は14館です。このうち88館は社団法人・財団法人に運営を委託しており、その他の法人等に運営を委託している2館と合わせて90館(全体の80％)が民間に運営を委託されています。都道府県が自分で運営しているものが19館であり、残りは市町村に運営を委託しています。

第3章
日本の社会教育の特質

これまで、日本の社会教育の仕組みがどのようになっているか、そしてそれがどのように運営されているかを見てきましたが、最後に、このような仕組みと運営の仕方を持つことによって日本の社会教育がどのような性質を持つことになったかを検討します。これは、次の三つの問題に集約できます。
第1は、学校教育以外の組織的な教育を一括して社会教育と名付け、ひとまとまりの単位として取り扱っていることです。
第2は、このような社会教育における国等の公的機関の関与に関する問題です。
第3は、学校教育と社会教育という概念を作りましたが、この両者がどのような関係にあるかという問題です。

第1節　社会教育という概念が抱えている問題

日本において組織的に行われる教育のうち学校教育以外のものを社会教育と定めましたが（社会教育法第2条）、これ自体には特に問題になる点は有りません。学校教育以外の組織的な教育について、それを呼ぶために名前を付ける必要が有るならば、名前を付けることに支障があるとは考えられないからです。又、その名前を「社会教育」としたことにも、大きな不都合は無いと考えられます。問題の核心は、このようにして名付けた社会教育に制度的にどのような意味を与え、役割を与えているかということです。
社会教育も教育の一部ですが、日本においては、教育自体にも制度上の意義付けが行われています。
前述のように、教育基本法は社会における教育の重要性を強調しています。具体的には、日本国憲法に基づく新しい日本の社会を建設し、世界にも貢献することは、教育の力にまたなければならないとし（教育基本法前文）、教育の普及徹底を求めています（同法前文、第2条）。教育基本法は更に、国・都道府県・市町村は、社会教育を奨励すべきであり、具体的には自ら社会教育施設の設置、学校施設の利用

を図る等により社会教育を実施し、奨励すべきであるとしています（第7条）。教育の重要性の強調を含めて教育基本法の趣旨は社会教育法に引き継がれていきます（社会教育法第1条）。

社会教育法も、社会教育を奨励し、盛んにするように努力することを国・都道府県・市町村の義務であるとするとともに、更に、前述したように社会教育施設の設置・運営、集会・講座・学級の開催等そのために行うべきことを具体的に例示しています（第3条第1項、第4条、第5条、第6条等）。社会教育法は同時に、社会教育を定義して、組織的な教育のうち学校教育を除くすべての教育としました。上述のように教育は重要という前提と学校教育だけではなく社会教育も重要という前提が出来上がっていますから、上記の定義により社会教育はすべて重要という原則が出来上がることとなります。

ところで、教育は重要である或いは重要でないということは一体何を意味しているかと言えば、国民に向かって教育は重要と思いなさいと言っているのであるとすれば、思想・信条の自由を始めとする内心の自由を保障した日本国憲法の精神に反することとなり、このような解釈は有り得ません。そうなると、国・都道府県・市町村に向かって、施策の優先順位として教育を上位に置くように求めているものと思われます。そもそも、社会教育の対象となる教育は体育・レクリエーションまで含んだ多種・多様な内容のものであり、公的機関の活動においてそれらに一律に高い優先順位を与えることは常識として考えられません。又、国・都道府県・市町村において、どのような事項に優先順位を与えるかは、それぞれのその時々の状況によって異なり一律に法律で指定はできないはずですし、それにもかかわらず恒久的な順位を指定すれば、弊害を生じます。

すべての社会教育が重要であるとしたことで、効果の薄い社会教育施設の設置、集会・講座・学級の開催等により、巨額の税金が浪費され、行政機関や社会教育施設等に作らなくても済む局・課・係等を作り、配置しなくとも済む職員を配置することになっているのではないかと疑われます。

学校教育以外のあらゆる組織的な教育は社会教育として皆同じように重要であるという発想は、特定の社会的な立場にある者等特定人に対象を絞って焦点を当てた教育プログラムを考えることを妨げることとなります。特に、国等の公的機関の場合は、教育の機会均等の原則に反することを恐れて、特定の者に焦点を当て、或いは特定の事項に絞った本格的な教育を考えようとはしません。例えば、社会教育施設の中にも、青少年教育施設、女性教育施設のように対象を絞った施設もありますが、青少年教育施設はいずれも青少年が自然体験活動を行うものか、集団（宿泊）訓練の体験活動を行うためのものであり、女性教育施設はいずれも女性の社会的地位の向上に関する活動を行うためのものであって、特定の型にはめ込まれた施設です。更に、これらの施設は一般的に教育機能或いは研究機能をほとんど持ちませんから、

通り一遍の簡単な教育プログラムを提供できれば良いほうで、活動のほとんどは施設貸しとそのための物的施設の管理です。
このように特定の者を対象とする場合もこの程度に止まるものであり、全国一律の一般的な内容の活動をするに止まります。
又、講座・学級であれば、例えば、高齢者を対象としたもの等対象を特定したものも少なくありませんが、高齢者であれば健康維持、生きがい等の一般的で同じ内容の話が全国いたるところで繰り返されています。一方で、高齢者を始めとして社会人の中には現在の日本の社会に部分的に適応できなくなっていると考えられる者が少なくありません。例えば、コンピュータを全く使えない人は珍しくありませんし、金を払えば犯罪がもみ消せたり裁判を免れたりできると考える多くの人が振り込め詐欺に引っかかる等の事例が多数にのぼっています。このような中においても社会教育は、せいぜいパソコンの初歩の初歩を教える程度であり、こうした事態に対して社会教育として実質的に対応する必要が有ると考えていません。特定の現実的な需要に対応するのは社会教育の仕事ではない、社会教育は一般的な需要に一般的に対応すること、したがって、社会教育の講座等は一般的な内容の教養的なものに限られるというのが、社会教育関係者の本音と思われます。
放送大学も、職業を持っている者、主婦等一般の大学におけるような形では勉学が困難な者に大学への就学の機会を与えていますが、それ以上のものではありません。即ち、こうした者に就学の機会を与えるためにテレビ等の放送という手段を用い、全国各地に勉学のための機能を備えた学習センターを作る等して授業を行っていますが、それらは通常では就学困難な者に大学の教育の機会を与えるための手段であり、放送大学の特徴はそこまでで、それ以上のこと、即ちこうした成人の需要に合った教育内容の授業を提供することは行っていません。したがって、そこで行われている教育は日本全国どこの大学でも行われている普通の一般的・教養的な授業だけです。
以上のように、日本の社会教育は特定の対象についてどのようにしてどのように教育するかという発想ではなく、国民一般にどのように一般的な内容の教育を与えるかという発想になっているのです。したがって、その市町村の事情がどうであれ、どの市町村も公民館・図書館等を持つように求められ、しかもそれらの施設はそこに置かれる職員を含めて国の示した規格に合う必要があり、或いは、同じような内容の講座・学級を数多く開催する等が要求されることとなるのです。これでは、学校教育の内容・手法の二番煎じでしかありません。
逆に言えば、特定の対象、特定の教育内容を示すことができないからこそ、学校教育以外のすべての組織的教育が重要だという言い方になってしまうのです。

第2節　社会教育における国等の関与

学校教育と比較すれば、社会教育に関する国等の関与の内容・程度は微々たるものですが、これまで述べてきたように、関与が無いわけではありませんし、微々たるものでも関与は関与ですからそれ相応の影響を与えます。ここでは、日本の社会教育の特徴という観点から、国等の関与を見ることとします。ここで、国等の関与というのは、国の都道府県・市町村に対する関与、都道府県の市町村に対する関与、国、都道府県・市町村の民間に対する関与を言います。

1　国・都道府県・市町村の間の関与

社会教育における関与の多くは、この公的機関の間における関与です。

1.1　都道府県・市町村に対する国の関与

社会教育において、国が都道府県・市町村に対して、命令し、指示し、許認可等の監督権限を用いるという形態の強制力を持った関与は存在しなくなりました。従前は、国と都道府県・市町村の間の関係には機関委任事務（国が自分の出張所を設ける代わりに都道府県・市町村を出張所として使って行う仕事と考えてください。前述のように、都道府県教育委員会が行う仕事のうち私立の図書館・博物館・公民館に対する指導・助言等の仕事、博物館の登録・指定の仕事が機関委任事務とされていました）という特別の仕事か存在し、この機関委任事務については国が指揮・監督の権限を持つとされていましたが、現在、機関委任事務は存在しません。
したがって、社会教育における国と都道府県・市町村との関係は、補助その他の支援、行政指導（指導・助言等）、情報の提供・収集、協力の依頼等を内容とする制度的な強制を伴わない関係と言えます。即ち、話し合いと納得に立った関係です。なお、補助等の財政支援を受ける場合はその補助の目的等に添って使用するよう指示されますが、図書館等の施設の建設費補助や派遣社会教育主事の設置費の補助が無くなった結果、現在行われている補助は国が振興したい分野の講座・学級の開催費等が中心であり、こうした補助は小額で使い勝手も悪く都道府県・市町村がぜひとも必要とするようなものではないことから、これらの補助等を梃子に国の考えを押し付けることはできないと考えられます。
又、社会教育関係の叙勲・褒章、表彰等のシステムがありますが、その運用における国の影響力は極めて限定的です。
社会教育における都道府県・市町村との関係で最近国が力を入れているように見受けられる分野は、現在どのような内容の社会教育が求められているかを国民に示すことであると思われます。例えば、青少年の奉仕体験・自然体験活動であり、子育

て等の家庭教育であり、デジタル化への対応であり、ボランティア活動等がそれです。
そうした上で、これらは現在国民が必要としている社会教育であるから、都道府県・市町村は力を入れなければならないとし、国のほうもこうした社会教育事業を行う都道府県・市町村には事業費の一部を補助するという筋書きです。しかし、このようなやり方には基本的な問題が有ります。
国として重視する社会教育というものが有り得ることは否定できませんが、それは都道府県・市町村が重視するものとはイコールではなく、国は都道府県・市町村について重視すべき社会教育を指定する立場にはありません。そのような事業を重視しているのは国ですから、これらの事業を補助金という手段で都道府県・市町村に行わせるのは本末転倒であり、国の事業として国自らが実施すべきものです。都道府県・市町村との共催事業とするのであれば、少なくとも、国が名前だけ貸すようなことは止め、実質的な共同事業者として国も実際に事業を実施し、経費についてもそれぞれが自分の事業の分を負担して行い、補助金等は支出すべきではありません。
又、現在社会教育に関して何が重要で、国等はそのために何をすべきか等が、有識者と呼ばれる文部科学省の外部の人間からなる審議会等によって作られていることも問題です。非常勤の委員からなる審議会等に対して国の方針にかかわる重大な決定の責任を問うことは、常識としても無理です。しかし、現実は、答申等の内容についての第一次的な責任は審議会等に有りと考えられていますし、その結果、審議会の答申等であるからといってその適否についての審査を素通りに近い形でパスさせて予算化・法案化等が行われています。例えば、高度に専門的・技術的な問題の中には全面的に外部の知恵を借りなければならないものも有ると考えられますが、その組織の中心的な仕事について外部の知恵を全面的に借りるのは、その組織が仕事をサボっているか、無能力かのいずれかです。
なお、2001年度における国から都道府県に対する社会教育関係の補助等は約24億円で（文化財保護関係を除く）、都道府県教育委員会の社会教育関係支出の総額3,451億円（文化財保護関係を除く）の0.7％で、大きな比重ではありません（平成14年度地方教育費調査報告書による。以下についても同じ）。又、同年度における国から市町村に対する社会教育関係の補助等は約320億円で（文化財保護関係を除く）、市町村教育委員会の社会教育関係の支出総額1兆9,536億円（文化財保護関係を除く）の1.6％で、大きな比重ではありません。
いずれにおいても、財源の面では日本における社会教育が国の補助等によって動いているものではなく、各都道府県・市町村の一般財源によって行われているものであることは確言できます。
しかし、こうした国の補助等の多くは、上記のように問題をはらむ形で作成され、

実施されている事業に関するものであることを忘れてはなりません。

1.2 市町村に対する都道府県の関与

国の場合と同様に、都道府県も市町村に対して社会教育に関して強制力を伴った形での関与はできません。したがって、補助金等の支出や指導・助言等が中心となった話し合いと相互の納得に立った関係です。ただし、市町村立の博物館に関しては、前述のように、都道府県教育委員会が博物館の登録又は指定を行い、又、それらの博物館が登録・指定の要件を欠くに至った場合等には、登録・指定の取り消しを行います（博物館法第2章、第29条、博物館法施行規則第3章）。このような関係は博物館に関してだけ存在しており、図書館等のその他の社会教育施設についてはこのような関係は存在しません。

2001年度において、都道府県が市町村に対して支出した社会教育関係の補助等は約298億円であり（文化財保護関係を除く）、市町村教育委員会の社会教育関係支出の総額1兆9,536億円（文化財保護関係を除く）の1.5％に当たります。したがって、社会教育の多くの事業を行っている市町村においても、それらの事業は基本的に各市町村の一般財源によって行われていることが分かります。補助の内容等は都道府県によって異なり、又、時代等によっても異なると考えられますが、全国的な統計資料は有りません。

ここで、指導・助言等について言えば、国や都道府県が市町村等に対して行う場合においても（行政手続法第4条第1項参照）、こうした指導・助言等には強制力は無く、指導・助言等に従わないことを理由として不利益な扱いをしてはならないこと等の諸原則（同法第2条第6号、第4章）は当然生きていると考えるべきであり、したがって、制度的にも又事実上も市町村等に対する国等の指導・助言その他の行政指導には強制力は無いと考えるべきものです。社会教育関係の法律には国・都道府県の市町村等に対する指導・助言等について定めたものは有りませんが、地教行法は、一般的に国と都道府県教育委員会が社会教育の振興その他の事由により市町村等に対して指導・助言等できることを定めています（第48条、第53条）。これについても、いかなる意味でも強制力は無いと考えるべきです。

2　民間に対する国等の関与

国・都道府県・市町村が民間の行う社会教育の活動に対してどのように関与しているかについては、社会教育制度の面、社会教育以外の制度の面、事実上の行為の面等から見ることが必要です。

2.1　社会教育制度としての関与

民間が行う社会教育の活動に対して、国・都道府県・市町村が社会教育の観点から

制度的に強制力を伴う関与を行うことは、私立の博物館と法人立の公民館に関するものを除いては存在しません。

前述のように、法人立の公民館が営利事業、特定の政党や特定の宗教のための事業等を行えば、都道府県教育委員会がそうした事業や行為の停止を命じることになっていますし、この停止命令の違反に対しては懲役を含む刑罰が設けられています（社会教育法第23条、第40条、第41条）。しかし、法人立の公民館は極めて少数であり、特に公民館のような事実上誰でも自由に設置できる集会施設にこのような命令をかけられるか疑問があることから、事実上この規定が使われることは無いと思われます。

私立の博物館については、社団法人・財団法人、宗教法人、日本法送協会と日本赤十字社が博物館法上の博物館を設置しようとすれば都道府県教育委員会に申請して登録を受けることが必要ですし、登録を受けた後は、一定の事実がある場合には都道府県教育委員会に届け出ること、登録の要件に適合しなくなれば登録が取り消されることとなります（博物館法第2章）。又、上記以外の者は登録を受けることはできない代わりに、独立行政法人が設置する博物館は文部科学大臣の指定を、私立大学付属の博物館等その他の法人等が設置する博物館は都道府県教育委員会の指定を受けることができます（博物館法第29条、博物館法施行規則第3章）。ただし、登録も指定も強制されるものではなく、且つ、登録・指定を受ける社会教育制度上のメリットは皆無であることから、立派な博物館でありながら、登録・指定を受けていないものが多数存在しています。

民間に対する何らかの強制を伴った社会教育制度上の関与は以上のものだけですが、これらは事実上有り得ない特殊ケースか、社会教育制度上の実益の無い登録、指定において行われる関与であり、本質的なものではありません。これは社会教育との性格からくる当然の帰結でもあります。

以上の他、博物館と公民館については文部科学大臣が設置・運営に関する基準を作成することとなっていますが、これ自体では強制力はありませんし、内容的にも抽象的なものです（博物館法第8条、社会教育法第23条の2。なお、図書館法第18条参照）。

2.2 社会教育以外の制度による関与

社会教育も、社会の中において行われる活動ですから、社会において行われているルールに縛られるのは当然のことです。それらのルールについて個々に説明する必要は無いのですが、国等の関与の観点から見過ごせないものが、社団法人・財団法人に対する監督の問題です。

2.2.1 社団法人・財団法人

これは、社会教育関係の社団法人・財団法人だけでなく、すべての社団法人・財団

法人に共通に適用されるルールですが、上述のように、社会教育については制度的な強制がほとんど存在しないシステムになっているにもかかわらず、社団法人・財団法人に対しては、国と都道府県教育委員会（民法第83条の3、公益法人に係る主務官庁の権限に属する事務の処理等に関する政令第1条第3項）が設立の許可とその取り消し（民法第34条、第71条）、業務の監督、命令等（民法第67条。これらへの違反や妨害に対しては同法第84条により過料が科される）を行うこととなっています。

社会教育関係の法律の適用を受ける私立の図書館・博物館、法人立の公民館は、制度的にその大部分が社団法人・財団法人が設置するものです（図書館法第2条、博物館法第2条、社会教育法第21条第2項）。そして、これらの施設の設置・運営については上記のように社会教育制度上の規制は極めて限定されたものとなっています。又、これらの施設を設置・運営する社団法人・財団法人以外にも、社会教育関係の社団法人・財団法人が実態として多数存在しています。こうした社団法人・財団法人を含めて社会教育関係団体に対しては、国・都道府県・市町村は統制的支配を及ぼし、或いは、その事業に干渉してはならないとされています（社会教育法第12条）。このように、社会教育の制度としては、民間に対して規制・監督をしないという建前を採りながら、社団法人・財団法人に対する設立許可とその取り消し、業務の監督等が行われているのです。したがって、社会教育における国・都道府県の民間に対する関与については、「原則として非干渉」という社会教育制度の建前を信じるのは一面的であり、社団法人・財団法人に対する規制を考慮しないならば、日本の社会教育における公的機関と民間の制度的な関係を正確に理解したことにはなりません。端的に言えば、日本の社会教育においては、社会教育法等の社会教育関係の法律に示されている建前とは異なり、社団法人・財団法人に対する規制を通じて、国・都道府県が民間の行う社会教育を監督することができるようになっていますし、現にこの制度による監督が行われているのが実態です。

2.2.2 税制上の優遇措置

又、税制を規制の手段に利用することも行われています。

そもそも、社団法人・財団法人の制度自体が、税の優遇措置と深く結びついており、それだからこそ、法人化するメリットがない社会教育においても、例えば自分の財産を寄付して博物館を建てようとする場合のように社団法人・財団法人となることを強く希望する者が存在することとなります。

こうした一般的な税制に加えて、税制上の優遇措置を与えることの引き換えとして社会教育の運営に特別の制約を加える場合があります。具体的には、私立博物館（即ち宗教法人又は社団法人・財団法人が設置している登録博物館のことである）について、青少年の教育という観点からみて望ましいと考えられる運営の基準が定められており（例えば年間250日以上の開館、週1日以上小・中学生を無料で受け

入れる等。私立博物館における青少年の学習機会の充実に関する基準)、この基準を満たしていることを確認してほしいと申し出てきた私立博物館については、文部科学大臣がそれを確認して官報に掲載し、該当博物館のリストを作成・公開するとともに都道府県教育委員会に送付しています。文部科学大臣がわざわざこのようなことまで行うのは、このリストに掲載されると税制上の優遇措置の対象となるからです。

2.2.3 補助金

以上の他にも、民間の社会教育関係団体が公的機関から協力の依頼を受ける等のことは珍しくはありませんし、公立の社会教育施設の利用や補助金を貰う等公的機関からの援助や便宜も受けています。

国等が民間の社会教育団体が行う教育事業には補助金を出すことは困難ですが、実際は公的機関も民間の社会教育関係団体の活動に対して補助を行っています。その補助は、こうした教育事業そのものに対する補助ではなく、全国大会の開催、機関紙の発行等の教育事業そのものとはいえない事業に対して補助しているものです。このように、民間に対しては、公的機関は社会教育の中心的な活動に対しては補助できず、その周辺の非教育活動に対する補助しか有りません。それでも、補助は補助であり、補助をしているという立場から民間団体の活動にある種の関与(その団体が期待している行動をしなければ補助を打ち切る等)が可能です。

最近、補助金という形態ではなく委託費という形態であれば公金を民間の社会教育活動に支出できるという考え方に立ち、そのような委託費が予算化されていますが、実質的には補助金との相違が曖昧である上、委託費であれば公の支配に属さない教育の事業に対し公金を支出することが許されるか疑問です。

以上のように、日本において公的機関と民間の社会教育団体との間には、社会教育の周辺的な活動に対する補助という形態で50年に及んで恒常的にお金を渡し・受け取るという関係が成立しているという事実を踏まえて、民間の社会教育活動に対する公的機関の関与の問題を考える必要が有ります。

2.2.4 新しい社団法人・財団法人制度

現在の法人のシステムは、非営利の法人のうち、公益目的の法人の設立等については民法が、公益目的でない法人の設立等については中間法人法(平成13年法律第49号)が、営利法人の設立等については会社法(平成17年法律第86号)が、定めています[注4]。これらの法律以外の法律で、公益法人・中間法人・営利法人に該当する法人の設立等を定めている例が多数存在していることにも注意する必要が有ります。例えば教育関係では、私立学校法が学校法人について、国立大学法人法が国

[注4] 2006年4月以前は、営利法人の設立等については主として商法(明治32年法律第48号)が定めていた。

立大学法人について、地方独立行政法人法が公立大学法人について定めています。又、教育関係以外では例えば、社会福祉法（昭和26年法律第45号）が社会福祉法人について、労働組合法（昭和24年法律第174号が）が法人である労働組合について定めています。

民法は公益法人として社団法人と財団法人の設立等について定めていますが、その公益性を審査して設立を許可し、以後の監督を行うのは事業が広域的な法人については各省庁、事業がその都道府県内に限られる法人については知事（ただし、教育委員会の所管事業を行う法人については、知事ではなく教育委員会である。したがって、社会教育関係の法人は教育委員会の所管である）が行うこととなっています（公益法人に係る主務官庁の権限に属する事務の処理等に関する政令第1条）。中間法人と営利法人についてはこうした許可という制度は無く、所定の要件を満たす団体が登記をすることによって成立することとなっています。

[一般社団法人・一般財団法人というシステム]
先般、公益法人と中間法人の制度を一つに纏めて新しい法人の制度を作るという大きな法律改正が行われ、遅くとも2009年から実施される（一般社団法人及び一般財団法人に関する法律（平成18年法律第48号。以下、「一般法人法」と言う）附則第1項）ことになっています。これによって、これまで民法によって設立されてきた財団法人・社団法人という公益法人は無くなり、一般財団法人・一般社団法人という非営利法人が出現します。一般財団法人・一般社団法人は公益性を必要とせず、したがって国・都道府県から設立の許可を受ける必要は無く、公証人から定款の認証を受けた上で、主たる事務所の所在地において設立の登記をすることによって法人が成立します（一般法人法第13条、第22条、第155条、第163条）。こうしたことから、法務大臣又は利害関係人の申し立てに基づいて裁判所が行う解散命令は有りますが（一般法人法第261条第1項）、それ以外には国・都道府県による監督めいたものは有りません。一般法人法の主な内容は次の通りです。

① 一般社団法人は、そのメンバー（「社員」と言う）が連名で定款を作成し、公証人の認証を受け、設立時理事等が設立手続を調査した後、その主たる事務所の所在地で設立登記を行うことで成立する（第10条等）。社員は、経費負担（例えば、会費の納入）の義務を負い、その総会（社員総会）が法人における最高の意思決定機関であり、理事、監事、会計監査人はここで選任する（第27条等）。必ず置かなければならないものとして理事が有り（第60条第1項）、法人の業務を執行し、又、法人を代表する（第76条等）。理事の他には、理事会、監事、会計監査人を置くことができる（第60条第2項）。

② 一般財団法人は、財産の寄付者である1人又は複数の設立者が定款を作成し（複数の設立者の場合は連名で定款を作成する）、公証人の認証を受けた後、申し

出た通りの財産を寄付し、設立時理事等がその状況等を調査した後、その主たる事務所の所在地で法人の設立登記を行うことで成立する（第152条等）。必ず置かなければならないのは評議員、評議員会、理事、理事会、監事であり、この他に会計監査人を置くことができる（第170条）。評議員会は一般社団法人の社員総会的な役割を与えられており、理事等の選任・解任、定款の変更、法人の存立に関すること等の決定を行う（第176条等）。審議はしても決定権を持たない学校法人に置かれる評議員・評議員会とは、基本的に性格が異なる。評議員の選任・解任の方法は定款で定めるが、その場合理事又は理事会が選任・解任するという方法は禁じられている（第153条第1項第8号、第3項第1号）。
③　一般社団法人・一般財団法人は、公益性は求められていないが（公益事業を行うことは否定されていない）、非営利性は求められている（第11条第2項、第153条第3項第2号等）。

[公益事業を行う一般社団法人・一般財団法人に対する公益認定のシステム]
公益目的の事業を行う一般社団法人・一般財団法人は、内閣総理大臣又は都道府県知事に対して公益認定を求めることができ、認定を受けた法人は公益社団法人・公益財団法人となります（公益社団法人及び公益財団法人の認定等に関する法律（平成18年法律第49号。以下、「認定法」と言う）第4条、第9条）。公益法人（公益社団法人・公益財団法人を言う。認定法第2条第3号）については、公益法人への寄付者を含めて、その所得については所得税・法人税・相続税の、その他については地方税等の減免等の措置を採ることとされています（認定法第58条）。認定法の主な内容は、次の通りです。
①　公益目的の事業（第2条第4号）を行う一般社団法人・一般財団法人は、内閣総理大臣又は都道府県知事の認定を受けて公益社団法人又は公益財団法人となることができる（第2条乃至第4条）。広域に亘る事業等を行う法人は内閣総理大臣が、その他の法人は法人の事務所が所在する都道府県の知事が所管する。
②　内閣総理大臣が認定等を行う場合には内閣府に置かれる公益認定等委員会に諮問し、知事が認定等を行う場合にはその都道府県に置かれるそのための審議会等に諮問しなければならない（第3章）。認定後の公益法人の監督を行うのも内閣総理大臣（具体的には、内閣府）、又は、知事である（第2章第3節）。これまでは、社会教育を含めて教育関係の公益法人に関する設立許可とその後の監督を文部科学大臣又は都道府県教育委員会が行ってきたが（民法第34条・第67条等、公益法人に係る主務官庁の権限に属する事務の処理等に関する政令第1条第3項・第3条）、以後は、公益法人に関する設立許可と監督はすべて内閣府と知事に移ることとなる。文部科学大臣・都道府県教育委員会が公益法人の監督等に関与する余地が有るとすれば許認可等を行う機関としてであり、博物館の登録と社

会通信教育の認定が該当しうるが（行政手続法第2条第3号）、「事業を行うに当たり法令上行政機関の許認可等を必要とする場合に限る」という要件に該当するかという点で疑問が有る（認定法第8条第1号等）。これらの登録と認定は、博物館法上の博物館と社会教育法上の認定社会通信教育を定義しただけであって、博物館の設置・社会通信教育の実施を規制するものではないからである。仮にこの要件に該当するとしても、意見を求められることが有る、或いは、意見を述べることができるというに止まる。

③　公益性を認定する際の要点は、主として公益事業を実施するものであって、そのために必要な財政的基礎と技術的能力を持ち、納税等の国民としての義務を果たし、特定の者に利益を与える等の不公正な運営を行わず、暴力団関係者等の関与等反社会的関係から断絶し、その事業を終えるに当たっては公益目的で累積されてきた資産を国・都道府県・市町村、他の公益法人、学校法人等の法人に贈与・帰属させる旨を定款で定めていることである（第5条、第6条）。

④　認定法は、一般社団法人及び一般財団法人に関する法律の実施の日と同じ日から実施されることになっており、遅くとも2009年には実施されることになる。

⑤　既存の社団法人・財団法人については、法律の施行後5年以内に内閣総理大臣、或いは、知事の認定を受けて、公益社団法人か公益財団法人になることができ（一般社団法人及び一般財団法人に関する法律及び公益社団法人及び公益財団法人の認定等に関する法律の施行に伴う関係法律の整備等に関する法律（平成18年法律第50号。以下、「整備法」と言う）第44条）、又、法律の施行後5年以内に内閣総理大臣、或いは、知事の認定を受けて一般社団法人・一般財団法人になることも可能である（整備法第45条）。既存の社団法人・財団法人が、いずれの認定を設けない場合は、法律の施行後5年がたった時点で解散したものとして扱われ、昔の主務官庁（文部科学大臣・都道府県教育委員会等）は登記所に解散の登記を行うよう依頼することになる（整備法第46条）。

⑥　現在、社会教育関係の法律において、公民館・図書館・博物館の設置者と認定社会通信教育の実施主体は、社団法人・財団法人であることが要求されているが、以後は、公益性の認定までは求めず、一般社団法人・一般財団法人であれば足りるという扱いとなる（整備法第262条、第264条、第267条）。

3　都道府県・市町村等の体制に関する規制

以上見てきたように、日本の社会教育において、国、都道府県、市町村、民間団体等の間における関係に関しては、細かい問題は存在するものの大きな障害となるような問題は存在しませんでした。したがって、現在の最も大きな社会教育に関する具体的な問題は、国が法律によって都道府県・市町村等の体制を定めていることです。これについてはここまでに詳しく述べてきたので繰り返しませんが、都道府

県・市町村等に任せるべきであるのに、国が全国一律にその体制を定めていること、具体的には、社会教育主事の設置と資格、社会教育委員の設置と職務、図書館の司書の設置と資格、博物館の学芸員の資格、公民館・図書館・博物館に置く諮問機関の設置・選任・職務を規定していること、或いは、その規定の内容が適切でないことが、問題の核心です。

第3節　社会教育と学校教育等

最後に、日本の社会教育の特徴を考えるに当たり、社会教育と社会教育以外の教育との関係という視点からも検討してみます。

1　文部科学省・教育委員会の教育とその他の教育

学校教育以外の組織的な教育は社会教育ですから（社会教育法第2条）、日本の社会において行われている学校教育以外の組織的な教育はすべて社会教育であるかと言えば、職業能力開発校（職業能力開発促進法（昭和44年法律第64号）第15条の6第1項第6号）等の職業能力の開発・向上を図るための教育機関、厚生労働大臣の指定する看護師養成所（保健師助産師看護師法第20条第2号）等の医療従事者資格を取得するための教育を行う教育機関を始めとする多くの教育機関は、各省庁・首長部局の行政の枠組みの中に在って、社会教育の枠組みの中には入っていませんし、又、知事部局・市町村長部局が開催する集会、講座・学級等も社会教育の枠組み外のものです。例えば、講座・学級の開催についてみると、2001年度に、知事部局が開催した講座・学級は15,372件、その参加者は1,246,017人であり、同じく、市町村長部局が開催した講座・学級は215,047件、その参加者は9,321,200人でした（平成14年度社会教育調査報告書による）。

論理の問題は別として事実の問題として、文部科学省又は教育委員会の守備範囲内に在る組織的な教育が社会教育であり、各省や首長部局の守備範囲内に在る組織的な教育は社会教育ではないのです。このように各省・各首長部局が具体的な必要に対処するための教育機関を設け、講座・学級等を開催していることと、学校教育以外の組織的な教育を社会教育としそれを押しなべて振興するという考え方でいることから、文部科学省・教育委員会の社会教育は、一般的、抽象的な教養教育と啓発教育ということになってしまうのであり、こうしたことから社会教育は全国どこでも同じような内容のものとして行われる結果となっています。

このように、日本の社会教育は、職業能力の開発や職業上の資格取得等に繋がる現実の生活上痛切に必要とされる部分に関する教育をほとんど欠いており、したがって、その内容は一般的・抽象的で、教養的な教育であるとともに、その性格としては公的機関による啓発教育という要素が極めて強い特殊な教育であることに注意し

なければなりません。
このような性格の教育も、情報伝達手段が貧弱であった時代にはある程度の必要性が有ったかもしれませんが、マスメディアが発達し、情報処理・伝達技術が発達・普及した今日においてどれほどの意義が有るのか深く疑問とするところです。

2　学校教育との関係

大学が公開講座を実施することからも分かるように一条学校であっても社会教育を行っていますし（社会教育法第48条、第51条第1項、学校教育法第69条、第85条）、又、高等学校と大学においては社会教育の分野の学習に対して自校の単位を授与することもできることとなっています（学校教育法施行規則第63条の4第2号・第3号、第65条の10第3項、大学設置基準第29条第1項と関連の告示）。

2.1　学校教育との連携

特に、2001年の社会教育法の改正では、国等の公的機関に対して社会教育と学校教育との連携を確保するように配慮することが求められています（社会教育法第3条第2項）。更に、社会教育関係者の間では、学社連携とか、学社融合といった言葉が流通しています。

繰り返しになりますが、特定の者が厳しい規制に従って行う一条学校の教育についてはそれが一条学校の教育であるか否かは重要な意味が有りますが、誰がどのように行っても良い社会教育についてはそれが社会教育であるか否かは意味が有りません。したがって、本来の教育に支障がなく、且つ、一条学校がそうしたいと思うのであれば、一条学校は誰に遠慮する必要もなく社会教育を行うでしょうし（ただし、認定社会通信教育を行い、博物館相当施設を設置するには、それなりの手続きが必要である）、一条学校に課された規制がそれを許すのであれば高等学校や大学が特定の社会教育の活動に自校の単位を授与するでしょう。そこに存在するのは、規制の範囲内で行いたいことを行うという一条学校側の論理だけであり、社会教育の側の論理は、それを論理と言えるとして、「誰でも好きなように行うことができる」ということだけです。こうしたことを考えると、学校教育と社会教育の連携を確保するということは、社会教育の論理に従って学校教育に注文を出してその内容や運営を変えさせるという意味は持っておらず、社会教育が学校教育に対してできる限りの便宜を与えるということになると予想されます。

このことは、適切な目的や原則無しに連携が行われるならば、学校教育が社会教育の分野にまで入り込み、一層肥大化することを意味します。その結果、学校教育という厳しい規制に支配される世界が拡大して、地域や家庭における子供たちの自由な活動や学習の世界が縮まることとなります。これは、学校が自分たちの手におえないことまで抱え込み、まともな教育ができなくなっている状況を一層悪化させ、

地域に返すべきものは地域に返し、家庭に返すべきものは家庭に返すことによって、学校教育の正常化を図るという方向（例えば、臨時教育審議会第2次答申第2部第1章第2節①参照）とは逆の方向です。社会教育は学校教育でないからこそ社会教育なのであり（社会教育法第2条）、学校教育以外の場に学校教育よりも魅力的な教育、或いは、学校教育には無い魅力を持った教育が存在して初めて、学校教育との意味有る連携ができるのです。又、社会教育がそのような状況であれば、まともな学校教育であれば他人に指示されるまでも無く社会教育と連携しようとするはずです。即ち、学校教育と連携するかどうかは完全に枝葉末節の話であって、問題の核心は、子供も含めて住民にとって魅力の有る社会教育が成立しているということなのです。

2.2 社会教育のための学校

日本の社会教育においては、社会教育を目的とする学校という概念は存在しないと考えられます。例えば、図書館、博物館、公民館、青少年教育施設、女性教育施設、体育施設、文化会館等の代表的な社会教育施設を思い浮かべても、物としての教育施設は持っていますが、そこに所属する教員と生徒を原則として欠いています。もっとも、青少年教育施設、女性教育施設、体育施設の中には、多少の教育能力を持った施設も存在し、又、博物館の学芸員の中には十分な教育能力を持つ者も存在していると考えられます。この意味で学校的な要素をもった社会教育施設も存在していますが、それは少数の施設における一部分の運営に止まっています。

社会教育の実施の形態として学校という形式が禁じられていると考えるべきではありません。放送大学を見ても分かることですが、現在の学校制度の下では、一条学校が本来の教育として社会教育を行うことは有り得ないことですが（社会教育法第2条）、一条学校以外の学校の教育と社会教育は両立するはずです。他省庁や首長部局、民間は、学校教育以外の教育を学校という形態で行っているのに、文部科学省と教育委員会の行う社会教育は学校という形態を採って行ってはならないという理屈は考えられません。勿論、国立・公立の専修学校や各種学校も存在していますが、そこで行われているのは医療従事者等の養成という一条学校教育の簡易な代替措置としての教育です。日本においては実態として、公的機関が実施する社会教育には学校という形態が全く存在しません。学校という形態を採ってまで教育機会を提供する必要がないのであれば、強いて社会教育のための学校を考える必要は有りませんが、しかし、日本における社会教育の需要のすべてが、集会、学級・講座といった一時的な対応で済む程度の軽微なものとは考えられません。結果的には、日本の社会教育は学校という形態で対応しなくとも済む程度の学習需要だけを、扱ってきたのかもしれません。

このような実態で推移してきたもう一つの理由は、一条学校の教育機会を拡充する

ことが大切で、この機会を十分に拡充すれば、後に残るのは比較的軽微な学習需要だけであり、学校形態を採るまでもないという考えによるのではないかと考えられます。別の角度から言えば、学校形態を採る必要の有る学習需要については、一条校の教育機会の拡充で対応するということです。確かに、定時制や通信制の高等学校、職業高等学校、通信により、或いは、夜間において授業を行う大学・大学院、放送大学（一条学校の性格を持つことは構わないが、基本的には社会教育の機関とすべきであったと考えられる）、大学への社会人入学等を始めとして、一条学校への成人等の受け入れに努力をしてきたことは認める必要が有ります。しかし、どのように一条学校への受け入れに関する物理的なハードルを低くしても、中国人孤児や外国人労働者に関する日本語教育を含む適応教育、情報化への主婦・高齢者等の適応教育等のように、強い規制のかかった一条学校の教育では十分な対応ができない学習需要が多数存在すると考えられます。こうした手軽な対応ができない類の学習需要については、結局は社会教育の課題として採り上げられることは無いというのが実態です。

日本の社会教育がカバーしているのは、教育機能を持たない社会教育施設でもカバーできる範囲内の学習需要、学校という形態を採らずに、集会、講座・学級等の形態の学習でカバーできる手軽で一般的な内容の、教養・啓発的な学習需要に限られているのです。

第4部

生涯学習社会の建設

現在の日本の教育において、「生涯学習」という言葉は特別の意味を与えられています。特別の意味を与えた者は1984年から1987年にかけて内閣総理大臣の諮問機関として活動した臨時教育審議会です。臨時教育審議会は日本の教育を抜本的に改革するための具体策について検討し、提言しましたが、提言の基礎としたのは「個性重視の原則」「生涯学習体系への移行」「変化への対応」という考え方でした。臨時教育審議会は、この三つの原則のうち「個性重視の原則」を最重要としつつ、日本の教育における最大の問題点である学歴偏重を打破するためには、生涯学習という観点に立って日本の教育を構築し直さなければならないとしました。「生涯学習体系への移行」とは、学歴偏重によって機能不全となっている現在の日本の教育を、生涯学習という観点から構築され、且つ、学歴偏重による弊害の無い教育体系に変換していくことを意味しています。

こうして、現在の日本の教育において、生涯学習の概念は学歴偏重の否定という意味が与えられています。しかし残念なことに、生涯学習にこのような意味を与えた臨時教育審議会自身も、このような生涯学習の具体的な姿を描くことはできませんでした。

したがって、現在我々が教育に関して行うべきことは、学歴偏重教育を可能な限り抑制するための絶え間のない努力と、少なからず非合理的な内容を持つ現在の教育制度を合理的なものに改正する努力です。この二つの努力を続けつつ、これからの世代の知恵と勇気に期待し、生涯学習社会の実現を待つことです。

第1章
学歴偏重と教育

第4部　生涯学習社会の建設

　学歴偏重が日本の教育を機能不全に陥らせているという意味は、子供に対する最も大切な教育の機能は、子供の個性を伸ばし、人生をよりよく生きていく上で役に立つ知識・能力を身に付けさせ、伸ばすことであるという前提に立ち、学歴偏重は教科書に載っている事柄を闇雲に暗記する競争自体を勉学の目的としてしまうことで、この大切な機能を妨げてしまうことを指します。この認識に立って現在の日本の教育を見ると学歴偏重の程度が節度を超えたものとなっていて、本来の教育の機能が大幅に阻害されていると考えざるを得ないというのが臨時教育審議会の判断でした。日本の教育制度とその運用が学歴偏重を助長し、或いは、それを利用しているという側面は有るにしても、日本の教育制度とその運用が直接に学歴偏重を惹き起こしているとは考えられません。学歴偏重は、日本社会という大きな組織が法律に基づかずに作り上げているシステムです。このようなシステムとしては、かってのアメリカにおいて行われていた黒人の差別、現在の日本で行われている女性の社会参加における差別や不公正な談合等が有ります。社会にとって必要なシステムであって正義に適ったものであればそのシステムを法律に基づいて設けるはずですから、日本社会に多大の影響を与えているものでありながら学歴偏重が法律に基づくものではないということは、多くの者にとって便利であり、慣れ親しんでいる等の理由から維持され続けているが、正義という観点からの問題を抱えたシステムであることを示しています。

　学歴偏重を是正するとすれば、基本的に社会において是正する以外には方法が無いことになり、現に臨時教育審議会も指定校制の廃止を始めとして教育界以外に対しても多くの提言を行っています。一方、学歴偏重は日本社会の問題であるとしても、それによる直接の影響は教育がその多くを引き受けているのですから、教育界も社会の問題として放置していてはならず、学歴偏重に対する教育界自身の対応を真剣に検討しなければなりません。

第1節　学歴偏重がもたらしているもの

学歴偏重の内容は時代によって異なっており[注1]、大学といえば東京大学しかなかった明治の半ば頃と現在では、学歴偏重の内容は同じではありません。
現在の学歴偏重は、主として就職時等における特定大学の偏重に由来するものです。偏重される大学か否かは、入学してくる学生の偏差値という受験技術の高低を示す点数の高さによって決められており、その大学の教育の実態等には関係が有りません。即ち、日本には規模の大きな受験産業が成立しており、模擬試験等を行って得たデータからそれぞれの子供について試験点数の偏差値を算出し（簡単に言えば、その子供の点数と標準となる点数との差を計算しそれを標準となる点数で割り、50を加える。その子供の受験用の能力が全受験生のどのあたりの位置にあるかを数字で示す手段と言える）、次の試験においてどの程度の順位になるかを推測する資料として受験指導に利用しています。
その大学がどれ位の偏差値で入学できるかということはデータとして公然と流布されており、したがって、大学は偏差値の高い生徒の獲得に血道を上げることとなります。具体的には高得点の者を入学させれば良いのですから、入学試験の点数が1点でも高い者を入学させます。又、すべての国・公立大学と相当数の私立大学は、入学希望者に大学入試センター試験という統一試験を課しており、これらの大学については入学した者がセンター試験においてどれ位の点数であったかが物差しになりますが、これも受験技術の高さを別の数字で表したに過ぎません。
大半の日本の学生とその親は大学を就職の手段としてしか考えていませんから、就職に少しでも有利と考える大学に入るために必死になっています。日本の大学は、このように必死になっている学生と親に対して、試験の点数以外の要素を合否の判断基準として示せるほどの識見や実績を持ち合わせていません。したがって、大学は入学の合否を試験の点数だけで決める以外の選択肢を持っておらず、これが状況を固定化しているのです。更に、日本の社会が行う大学の評価は入学試験の合格点数の高低に基づいていることから、大学が合否の判定に点数以外の要素を入れることによりこの点数が下がり、その結果その大学の評価が下がることを嫌うのは当然です。社会から偏重されている大学がこうした要素を取り入れるとしたら、一芸入学等のように当然そうした者は別枠として例外扱いをし、大学に対する評価の対象から外そうとするでしょう。
なお、点数だけで合否を決めることには情実による入学の蔓延を防ぐ効果も有るこ

[注1] 例えば、天野郁夫著『日本の教育システム……構造と変動』（東京大学出版会）のIIの5「学歴社会の構造」等

とに留意すべきです。

医学、歯学、薬学等特定の分野の学部に対する入学希望者の集中を学歴偏重と混同すべきではではありません。これらの学部は、特定の職業につくためのトレーニングを行っているものであり、そこで履修する科目は学問としての内容を持つとともに職業資格に直結するものです。社会はこれらの学部を偏重しているのではなく、これらの学部で行われているトレーニングを評価し、職業資格の取得を認めているのです。これらの職業は、計画的に人材養成を行っており養成機関である大学の入学者数も限定されますが、学部を卒業すれば国家試験を受け高い確率で資格が取得でき、就職も確実です。このようなことから、受け入れ規模に比し多数の入学希望者が存在することになっていますが、これらは学問に基づき、社会の必要に応じて教育を行っているのであって、学歴偏重の要素は有りません。

これに対して学歴偏重は、大学の教育の実態、学生の実際の能力等を無視し、大学の入り口に過ぎない入学者の受験技術の高さによって大学を評価し、その評価に従いその大学の学生を採用し、処遇するという非合理的なことをしているのです。こうしたやり方は、18歳の国民全員に学力試験を行いその点数を一生携帯させることとし、大学・大学院への入学、就職、結婚、昇進等の際に必要に応じて提示させるシステムを採っているのと変わりがありません。このようなあからさまなシステムを採れば、国民は逆に、学力試験の結果として現れている能力は、人間の持つ多様な能力の何億分の一かの能力についての指標であること、クイズで賞金を獲得するには有用であるかもしれないがそれ以外では役に立たないこと、大学での勉学にもほとんど役に立たないこと等を理解するでしょうし、まして、人間の価値の高低とは全く無縁のものであることも明白になります。

現在の日本の社会は、このようなあからさまなシステムを採ってはいないものの、実質的にはこれと同じことを行っていると言えます。

1　大学

これまで述べてきたように学歴偏重のシステムは大学を起点としていますが、その大学自身もこれによって大きな影響を受けています。

1.1　学歴偏重の論理

学歴偏重を根源で支えているのは就職における大学間の序列です。この序列は、入学志望者の大学選択のプライオリティーに結び付き、その結果が各大学に入学する者の受験技術の高低となって現れ、この現れ即ち入学者の偏差値が就職における大学間の序列を支えています。法律によって制度化されていなくとも、こうした自然の循環がこのシステムを安定した強固なものとしています。この基礎となっている就職における大学間の序列は、大学と官庁・企業等との間における実務的な関係に

おいて相互に都合がよい関係を求める中で形作られてきたと考えられます。こうして作られた学歴偏重のシステムは、受験技術を身につければ誰でも社会において有利な立場に立てるということであり、その意味では一見公平なシステムであることから、多くの国民から明示の、或いは、暗黙の承認を受けています。

しかし、このシステムを成り立たせている論理は、受験技術の高さ（しかも3年以上前のものである）を働き手としての有能さとイコールとすることです。確かに、相応の受験技術を身につけることができたということは、忍耐力等の何かの能力を表していますが、その能力はすべての企業等、又は、企業等のすべての職種にとって重要なものではなく、せいぜい、セールスマンや接客係には重要と考えられるものであるに過ぎません。

受験技術の高さと働き手としての有能さを、企業等の採用、昇進等におけるすべての分野、すべての場面で結びつけていることが問題の根本です。ごく一部の企業のごく一部の職種における結び付きであれば大きな問題は生じませんが、学歴偏重がすべての企業等を通じる基本原則ということになれば、大学や大学以外の一条学校、子を持つ親を始めとする多くの国民に大きな影響を及ぼすこととなります。確かに、学歴偏重と言っても、親の地位や財産といった本人にはどうしようもない事柄によって人生の大きな出来事が決められることに比べれば、遥かにましなシステムであり、常にこのことを忘れるべきではありませんが、受験技術（学力）という、人間にとって本質的なものではない、又、人間の能力のごく一部を表すものでしかないものによって、人生の不当に大きな部分が左右されることも、正義に適うものではありません。

偏差値や入学試験の点数といったものは、社会人となった後は勿論、入学後の大学においてさえも誰も気にしませんし、それらが問題になることも有りません。このことは、これらが人間にとって本質的な意味を持つものではなく、子供が大学に入るまでの間だけのもので、学歴偏重のシステムを機能させる道具に過ぎないという性格を、如実に示しています。

1.2　学歴偏重の成立

学歴偏重は、子供にとっては大きな努力を強要される原因となり、無いことが望ましいものですが、日本の社会で生きていく以上これから逃げることはできません。逃げれば、自分の将来の選択が限られたものになることを多くの子供が理解していると考えられます。しかし、未だ自分が当事者となっていない日本社会の仕組みや実態を理解していない子供にとって、こうした努力に合理的な必要性や意味を見出すのは困難であり、非合理的な強要、不条理なシステムと映るのは当然のことです。特に、過去の日本では使われていたが現在は使っておらず将来も絶対使うはずのない言葉や文法を覚え、年表や地図・図鑑・周期律表等を見、インターネットで調べ

ればたちどころに分かることを頭に詰め込み、教員自身が意味や関係を理解しないでしゃべっていることを理解しようとするといったことに遭遇する度にこうした思いを強くするはずです。

親というものは、子供が苦しんでいれば全力で庇い、場合によっては、その苦しみを与えている強大な相手と戦うことさえ有るものです。しかし、学歴偏重については、いかなる形であるにしても自身が通ってきた道ですから、子供にとってそれが何を意味するかを理解しています。学校における努力によって或る程度の将来の保証が得られ、その努力も情実等を離れ公平に評価されるものであることから、親のほうは、少なくとも学歴偏重を良いことではないが必要なもの、即ち必要悪程度には考えていると推測できます。

学歴偏重について、子供は受身であり、否定的ですが、親は、止むを得ないという意味ではあっても結果的には肯定的であり、子供に能動的な対応を求めます。登校拒否を始めとする学校への不適応の根底には、学歴偏重と、それをめぐる親と子の意識の相違が存在しているものと考えます。又、しつけ等と称して子供を虐待する事件も、学歴偏重を自身の経験としてきちんと消化できなかった親の偏頗な思い込みが根底に有るのではないかと、疑っています。そうであるとすれば、虐待される子供だけでなく虐待する親も哀れであり、遣り切れない思いがします。

他方、学歴社会の影響を過大に受け止めすぎるのも間違いであり、学歴社会の影響を受けない大きな分野が存在することを忘れてはなりません。

それは、例えば、芸術、芸能、スポーツ等の人を楽しませ、感動を与える才能が問われる分野です。「某有名大学を卒業した人の作品・活動は、他の者よりも素晴らしいはずだ」という論理が通用しない分野です。又、自己の責任で生産、流通、販売、サービス等の事業を行っている分野も、「某有名大学卒業者がキャベツを生産すればおいしくて安いキャベツができるはずだ」といった論理は通用しません。医学関係や法曹関係のように国家試験により与えられる専門的職業に関する国家資格の分野においても、「医学部の卒業者であるから受験を認める」のであって、「某有名大学の卒業者であるから受験を認める」という論理は有り得ません。なお、国家試験を行い、或いは、国家資格を作れば事柄が良いほうに向かうと安易に考えてはなりません。職業に対応する学問が成立していないのに大学での勉強を前提とした国家資格を作っても、学生に無用な難行苦行を強いるだけで、忍耐心を覚えさせるには役立つかもしれませんが、大学の教育としては極めて非合理的なものとなります。

実力や運を頼りに自分の才覚で人生を切り開いていく道を見つける人にも、学歴偏重は関係が有りません。例えば、某有名大学卒業という理由で選出してくれるほど日本の有権者が不見識だとは思いたくはありません。起業家として成功するかどうかは某有名大学卒業と無関係ですし、某有名大学を卒業したからといって競馬の予

想が的中し、パチンコで大当たりするものでもありません。

大学の教員は、研究能力・教育能力等実力のみが問題とされる世界であり、学歴偏重とは無縁の分野と考えられますが、日本の大学の実態は、その大学の卒業生がその大学の教員となり、大学院を持たず自校の教員を養成する機能を持たない大学には有力大学がその縄張りとして教員を送り込む等しており、極端な形の指定校制を採っていると言えます。日本の大学は、最も激しい学歴偏重が行われている舞台と言えます。

以上のように、実力が問題となる分野（大学の教育内容が職業と直結した分野を含む）においては、学歴偏重は意味を持ちません。

しかし、こうした要素を持たない多くの分野においては、大学の教育内容と職業が直結しておらず、したがって論理的には大学教育と企業等への就職の間に強い結びつきも無いことから、就職において大学と企業等との間に特別な関係は生じないはずです。しかし現実には、特定の大学が企業等への就職において優位に立つという学歴偏重の関係は、この領域において成立する結果となっています。

企業等が大学で受けた教育の内容や学生の実力等を問題にするのであれば、どこの大学を卒業したかは問題ではなくなりますから学歴偏重は薄れていくと考えられます。しかし、一般企業の一般的な仕事を行う者（以下、「サラリーマン」と言う）のための大学教育というものは成立していませんから、それを企業等に要求することはできません。こうした状態であるからこそ、大学の名前で学生の採用等を判断するという学歴偏重の仕組みが必要とされ、成立できたと言えます。

1.3　大学にとっての実益

大学にとって実益があるからこそ、学歴偏重のシステムは存続できるのです。入学試験のやり方を変えて受験技術を評価するのではなく、大学教育を受ける意欲と素質が有る学生を入学させ、きちんと教育をするということを続ければ、大学の努力だけでも学歴偏重は相当程度緩和できると考えられるのに、そのようなことは行われていません。

学歴偏重のシステムにおいては、学生は就職という観点から大学を選んでいるのですから、入学後は卒業するために大学に行くのであって、知的欲求に基づいて勉強をするために大学に行くのではありません。したがって、通り一遍の教育しか求めませんし、分かりやすく楽しければ（そうは言っても、大切なことである）授業にクレイムをつけることも有りませんし、分かりにくい内容の授業でも質問することも有りません。

企業等も、大学の教育内容は仕事に直結していませんから、大学の教育に対する厳しい要求を出すことも有りません。大学に対する企業等の評価は、教育・研究を中

心とするその大学の活動について行うものではなく、その大学に入学した者の入学試験の点数を他大学と比較して行っているのです。したがって、大学が本来の教育・研究を蔑ろにしても、その大学に対する入学希望者の評価は下がらず、企業等の評価も下がらないのです。

大学の本来の活動以外のことで評価が定まっているということは、大学の本来の活動は評価を免れているということであり、又、この評価はかなり固定的で容易には変わらないと推測できることから、評価の高い大学にとっては既得権的な意味を持っています。

大学の現在及び将来の学生と、その学生の送り出し先である企業等という大学にとってその生殺与奪の権を握っていると言っても過言でない者による評価・批判を免れていることは、学歴偏重のシステムから大学が得ている最大の実益です。これによって、大学が果たすべき最大の社会的使命である教育において、社会や学生の求めと異なった教育をしても厳しく批判されることもなく、果ては手抜き教育をし、最早役に立たない内容の教育をしても関係者から是正の圧力がかかることも有りません。又、大学の研究については、そもそも成果を求めるべきではないとされていますから、批判の対象となることは有り得ません。文部科学省が国立大学の教育研究や運営について批判すれば、学問の自由や大学の自治を侵害する行為として逆に批判されます。

一旦、入学者の受験技術の高低と就職を中心とした社会的評価の高低という関係が成立し循環を始めると、そこから抜け出すことは、高い評価を受けている大学にとってはリスクが大きすぎて困難であり、又、高い評価を受けていない大学もそれにより更に評価を下げる可能性を考えると躊躇することとなります。そして、上記のように学歴偏重は評価の高低にかかわらず大学にとって実益もあり、又、学歴偏重のシステムにおける序列は評価の高い大学には心地よいものですが、評価の低い大学にとっても自分の位置がその秩序のどこに在るかを把握でき、何事においてもその位置に見合った結果であれば学生、父兄等の関係者の納得を容易に得ることができるという便宜も有ります。

以上から言えることは、現在大学の側から学歴偏重が崩れる気配は無く、したがって、学歴偏重が崩れるとすれば企業等の側からであるということです。そうは言っても、少子化の影響は大学に深刻な影響を与え始めており、特に国に頼らず自らの力によって学校を維持している私立大学は、このままでは自分たちは消滅するか、良くいったとしても衰退するとして、別の原則に立った教育や大学運営を考えるようになるかもしれません。

例えば、真面目に大学で勉強をしたいと考えている者を入学させ、学生の勉学の進み具合を把握しつつ、個々の教員は勿論のこと大学としても真面目に学生の教育に取り組むという原則に基づいて大学の運営を行った場合、日本の社会がそれを評価

する可能性は低いと言わざるを得ませんが、或る時点で日本社会の考えが変わる可能性が無いものでもありません。仮に日本社会の評価が変わり、そのような大学運営が高く評価された場合その次に何が起こるかを推測してみると、可能性が高いストーリーは次のようなものになると考えます。
このような形であれ大学の評価が上がれば志望する学生が増え、受験技術に長けた受験者が増加し、そうした者を優先して入学させるようになり、そのような学生の希望に応えて卒業のためだけの手抜き教育を行うようになり、一般の大学と変わらない大学となるという結末です。この出来事の前と後で何が変わったかと言えば、その私立大学の学歴偏重における序列が上昇したことであり、これがその私立大学にとって極めて大事な出来事であることは疑いを入れませんが、日本の社会としてみた場合には、僅かにその私立大学の序列が変わったというだけで学歴偏重自体には何一つ変化が起こらなかったことになります。
こうしたことに陥らないようにするには、私立大学が新しい一歩を踏み出すときに、目的を明確にし、首尾一貫した方策を定めるとともに、誘惑に負けないように志を高く掲げることが必要です。特に、入学者の決定の手続き、方針等については、例えば、受験技術（学力）は普通の学生並みで良いこと、そうした者の中から、大学で行う活動に関する明確な目的をもっている者、将来の進路に関する明確な意志をもっている者、強い知的好奇心を持っている者、論理を追い続けることができる知的強靭さを持っている者、その他大学教育が有益と考えられる資質等を備えている者を入学させることといった類の可能な限り具体的なルールを固めておく必要があります。
国は近年、大学改革と称して少なからぬ制度改正を行っていますが、そのすべては学歴偏重を温存する前提の上に立つものです。こうした学歴偏重のシステムを前提として行われる改革は、大学教育の基本的な問題を改善することにはならないと考えます。

1.4 大学にとっての実害

学歴偏重は大学に対して何も害を与えていないと考えられます。この場合の大学とは大学の教職員と学生ということになりますが、教職員にとっては苦しい努力や本質的な批判等を免れさせてくれますからむしろ歓迎すべきことであり、学生も卒業のための型通りの勉強が標準になることから勉強の努力を軽減してくれるものとして歓迎します。
個々の大学を捉えればこのように言う他は有りませんが、社会が大学に期待している機能を妨げるという側面から考えるのであれば、学歴偏重は大学に対して幾つかの実害を与えていると言えます。
そうした実害の一つは、通り一遍の形式的な教育が主流となることによって大学に

おける教育と勉学の質と量が低下することです。現に、大学における遊びや交友関係等が学生にとって有益であったという話はよく耳にしますが、大学の教育が学生を新しい認識に導き、或いは、新しい世界を開くきっかけとなったといった類の話はほとんど耳にしません。大学教育のうち最も良質な部分はこうした機能を果たすものであり、この機能が有ることによって大学が活気を持ち、教員も教育を通じて研究上の示唆も得られるという目には見えないが大切な部分ですが、それが弱体化します。

第2は、人材の排除と勉学への努力の抑圧です。学歴偏重のシステムは、官僚や技術者を含めて大規模組織の非専門職（サラリーマン）に就職する際の大学の序列が中核になっています。大学にはサラリーマンになったとき多少は役に立つ科目はあるかもしれませんが、サラリーマンになるための学問といったものは存在しません。大学教育とサラリーマン養成は直結しないものであり、サラリーマンになるための大学の序列が合理性を持つはずが有りません。しかも、この序列は入学のときに既に定まっているものですから、入学後の勉学の努力で変えられるものではありません。これは、入学後の真面目な勉学の努力を無駄と評価させて抑圧し、放棄させる機能を持ちます。評価の高くない大学の学生が努力を放棄すれば、評価の高い大学の学生も努力する必要がなくなります。社会が大学に期待している機能に対する最も重大な実害は、この勉学の努力を抑圧することだと言えます。

以上のような実害の程度を具体的に表すことはできませんし、社会で行われているシステムはそれぞれ欠陥を抱えており多かれ少なかれそれによる損失を社会に与えていると考えられますが、しかし、教育機関において教育が阻害されるといったそのシステムの本質に関わる実害については、真剣に対応する必要が有ります。こうした事柄については、謙虚な心で実態を把握し、対策を立て、全力で実施する必要が有ります。

例えば、我々は一般に中国の社会を共産党員独裁国家の遅れた社会としてのみ見ますが、最も基本的な事柄である社会的活動における女性の地位について見た場合に日本よりも遥かに進んだ社会です。その帰結は、数字的には中国は日本の10倍の人口を持つ国ですが、人材という観点で比較するのであれば、実質的には20倍の人口を持つ国と考えるべきだということです。同様に、大学卒業者の人数や割合、質等が問題となるときには、堅実な判断を重視するなら、日本に関する数字は相当程度割り引いて考えるべきです。

2　企業等

日本の学校は4月に始まり3月に終わりますから、中学校、高等学校、大学の最高学年の生徒は3月に一斉に卒業し、そのうちの就職希望者が4月に一斉に就職します。就職の募集、申し込み、試験・面接、採用の内定等も歩調を合わせて前年（最

近ではもっと早まっていると言われている)から一斉に行われていますから、これらの卒業生は卒業の翌月である4月のウィークデイの初日から一斉に働き始めることになります。こうして就職した者の多くは、その職業人生のすべてをこうして就職した最初の企業等の範囲内で過ごしています。こうした状況は変わってきた、変わらざるを得ない等の指摘が有りましたが、今のところはまだ健在と言えます。多くの日本人の一生は、大学を始めとする学校から企業等へと、即ち、組織から組織に受け渡されることを中心として成り立っているのです。
決められた時期に行われる二つの出来事、即ち、学校という組織のうちのどれに所属するかということと、企業等という組織のうちのどれに所属するかということが、人生の最大の出来事なのです。失業を心配しなくてもよさそうな企業等に受け渡されることを希望するのは当然ですし、そのような可能性の高い大学に入学希望者が集中するのは当然のことです。

2.1 企業等にとっての実益

上記のように、規模の大きな企業等は毎年4月1日に相当数の大学卒業者を採用しますし、将来の安定度も高いことから学生の多くもそのような企業等への就職を希望します。こうした背景がある以上、これらの企業等が行う新規卒業者の採用行為が社会から注目を浴びるのは当然のことです。
サラリーマンになるための学問が存在しないのと同様に、仕事ぶりも見ないでサラリーマンとしての能力を判断できるような基準も存在していません。このような状態では、企業等が採用に関する適切な方針を持ちそれを堅持していないと、コネの圧力等によって戦力外の人材を終身雇用制の中で多数採用するような羽目にも陥りかねません。このように、サラリーマンの採用は、本質的には、個々の企業等の方針・基準で行うしかないものですが、社会の注目の下に多数の新卒者を採用することも考えると、一般的に通用し、且つ、分かりやすい何らかの基準等があれば大いに助かることは明らかです。これに該当するのが学歴偏重という入学者の成績による大学の序列に基づく基準であり、成績という人間の努力の結果を反映していることや成績という人間の能力の現れを反映しているという点において一見正当化され得るような外見を持っており、更に、その大学の全大学における順番という分かりやすい表現をとっていることから利用しやすい内容となっています。学歴偏重は非合理的ですが、現在のところ社会的にも或る程度通用するこれ以上に適切な採用に関する具体的基準を考え出すことは困難です。
学歴偏重は非合理的ではあっても採用に関する基準として機能することによって、それよりも遥かに恣意的で不適切な採用や人事への防波堤という役割を果たしていることを忘れるべきではありません。学歴偏重は、採用や人事の適切さを或る程度のレベルにおいて確保していると考えられます。学歴偏重が崩れた場合には、この

基準の消失による不適切な採用や人事の横行に注意する必要が有ります。
指定校制の廃止の要請等を受け、企業等は学歴偏重を表立って押し立てることはできなくなりましたが、学歴偏重が消失していないことは大学の序列が健在であることからも推測できます。又、日本の社会の一般的な考え方は学歴偏重を望ましいとは考えないものの、必要悪的なものとして消極的に是認するというものであると推測されます。したがって、企業等が行った採用や人事が学歴偏重の実質を持っていても、企業等の内外から是認されることとなり、又、社会の是認する方向で行われたものであることからそれ以上の説明は不要ということになります。消極的な是認ではあってもその結果についての是認が得られ、くだくだしい説明も行う必要が無いということは、小さくはない利点です。
更に、採用に当たって出身大学がどこかということが大きな比重を占めるということは、出身大学の把握という極めて簡単な作業によって採用に関する作業の大きな部分が終了したことを意味しますから、学歴偏重は採用の仕事を簡単にし、そのために使われるべき労力を大幅に省略することを可能にしています。

2.2 企業等にとっての実害

学歴偏重は個々の大学に実害を与えてはいないが、社会が大学に期待している機能を損なっているという意味では、実害を与えていると述べました。しかし、企業等に関しては同じ論法を使うことはできません。社会は企業等が行う職員の採用について多くの要求を出せる立場にはないからです。企業等の活動の成功・不成功はひとえに企業等がその責めを負うのであり、そうである以上、そのための大切な条件の一つである人的要素をどうするかということについては企業等の判断を尊重すべきであるからです。ただし、公務員については国民が雇い主ですから、社会が必要と考える規制をかけることができ、現に、公務員の採用に関して相当の規制をかけています。なお、民間企業に対しても、雇用における女性の差別を防ぐため、或いは、障害者の雇用促進のため採用に関して或る種の義務を課している場合が有りますが、法律に基づく義務であっても、その内容によっては義務を課される理由の無い者に義務を課しているとして問題を生じる可能性が有ります。
したがって、企業等については社会が企業等に期待している機能が学歴偏重によって損なわれるという問題は無く、問題が有るとすれば、学歴偏重により個々の企業等が何か実害を蒙ることが有るかということです。

2.2.1 学歴偏重の直接的な実害

サラリーマンになるための学問は無く、サラリーマン養成の学部等も無いのですから、どこの大学の学生はサラリーマンとして有能だとか無能だとかといった差異も有りません。したがって、有名大学の学生を多数採用したことによる実害というものは考えられません（それによる実益も考えられない）。

2.2.2 学歴偏重の間接的な実害

上記のように、有名大学の学生を多数採用したことが、論理的に、サラリーマンとしての能力の有る者を採用できないとか、能力の無い者を多数採用するということに繋がるものではなく、その意味で直接的な実害は無いのですが、間接的な実害も無いと言い切って良いかは疑問です。特に考えないといけないことは、学歴偏重の価値観を企業等の運営の中に持ち込んでいないかということです。その極端な形は、入社後においても職員の処遇が仕事の実績ではなく出身大学で決まるという人事のシステムが考えられますが、このようなことではその他の職員の努力を抑圧することとなり、企業等に実害を与えることとなります。

このようにあからさまではないが注意しなければならないこととして、決まりや規則を覚えて守っていればそれで良しとし、実際に物事と取り組み、改善し、解決する等の本来の努力を極力避けようとする気風が優越することです。それは、知識を意味も無く頭に詰め込み試験で引き出せるようにしておけば社会への門出において有利な立場に立てるというシステムの延長線上にあります。こうしたことになると、物事の処理の責任は、ババ抜きよろしく際限の無い押し付け合いとなり、最後に、貧乏くじを引いた犠牲者がすべてについての責任を引き被って形だけの責任を負ったこととし、現実には、本当に責任のあった者が誰も責任を負わずに済ませます。学歴偏重は、将来企業等の意思決定に参画するような幹部職員の採用等において問題となるものですから、こうした状況は企業の幹部において現れる性格のものです。このような組織は、こうした状況の積み重ねや企業等を取り巻く状況の変化への不適応等により、突然破局を迎えます。その場合、競争的な環境に在る民間企業においては破産等による企業の消滅や整理という結果となりますが、競争的な環境にはない公的な機関においては極めて曖昧な形で処理されます。

3 初等中等学校と学歴偏重

学歴偏重が大学以外の学校に与える影響については、二つの態様が有ります。

3.1 中卒、高卒、大卒

一つは、中学校卒業か、高等学校卒業か、大学卒業か等ということによる非合理的な差別の問題です。このような差別は高等学校が準義務教育化し、大学進学率も5割を超える現在では差別の意味を失いつつありますし、又、国家試験の受験資格のように公的機関が関わる非合理的な差別は改善もされてきています。しかし、学歴による差別が消失しているわけではありません。これまでにも指摘しましたが、教育の世界にはこの意味の学歴による差別が厳然として存在しています。

具体的には、初等中等教育の世界では、高等学校卒業（高卒）の学歴では、たとえその者が科学関係のノーベル賞を受賞していても日本においては絶対に高等学校の

教員になれませんし（免許法第5条第5項但し書き、同法施行規則第66条の2）、中学校卒業（中卒）では初等中等学校の教員にもなれません（免許法第5条第1項第2号・第2項但し書き・第5項、同法施行規則第66条）。

又、大学教員の世界では、教授は大学院博士課程を、準教授と助教は大学院修士課程を修了することが原則とされています（大学設置基準第14条第1号、第15条第3号、第16条の2第2号）。従来は、助手が大学教員としてのスタートの地位を保持していましたが、その地位を助教に譲ったと思われます（学校教育法第58条第8項、第9項、大学設置基準第15条第2号。2007年の改正前の大学設置基準第15条第2号参照）。

3.2 有名校等への進学希望の集中と受験教育

就職に有利な大学が有る場合に、その大学への入学希望が集中するのは当然であって、それを非難するほうに無理が有ります。就職に有利な大学に入学できる可能性が高い高等学校が有れば、その高等学校に入学希望が集中するのも当然です。就職に有利な大学に入学できる可能性が高い高等学校に入学できる可能性が高い中学校が有れば、その中学校に入学希望者が集中するのも当然です。

このようにサラリーマンになりやすい大学、その大学に入りやすい高等学校、その高等学校に入りやすい中学校といった具合に、サラリーマンを目指して大学から幼稚園までの学校教育の場に巨大な流れが形成されています。実態はこれよりも多少複雑ですが、大勢は、簡略化したこの図式通りに動いています。

3.2.1 専門的職業に関する問題

学歴偏重とは、サラリーマンという学問的な専門的訓練とは無縁であって、大学教育と結び付けられない職業を強いて大学教育に結び付けている実体の無い紐のようなものです。学歴偏重のポイントは、どの大学でもサラリーマンになるための教育を行っていないのに、サラリーマンになる際に特定の大学が有利になるという実体を欠いた虚構のシステムに国民が振り回されているところにあります。医学・歯学等のようにその専門的職業のための学問的・専門的訓練を大学で行っている分野については、大学の教育は職業に不可欠な知識や訓練を与えるものであって、それらを基に国家資格を取得してその職業に就くのであり、大学教育と職業は密接に関係しその間の関係は確かな実体の有るものであり、且つ、どの大学の学生だからその職業に就きやすいという要素は無く、学歴偏重とは無縁でいられるはずです。

しかし、入学希望者の集中という現象だけを捉えれば、学歴偏重によるそれと区別することは難しいと言えます。具体的には、これらは職業として人気が有ることに加えて、そのための教育に多額の経費が必要なことから学費が格段に安くて済むこととなる国・公立大学において入学のための競争が厳しくなります。

このように、表面的には区別が難しいのは事実ですが、内容は異なっています。

専門的職業の分野においても、どの大学で勉強したいという拘りは有るでしょうが、基本的にはその分野を勉強できるということが重要となります。大学で将来のための知識・能力を磨き、それを利用して資格を取得し、これらによって将来を切り開いていくことができます。これらの者にとっては、大学は自分が求める内容の勉強をするところなのです。

これに対してサラリーマンを目指す者は、そもそもサラリーマンになるための学問は無いのですから、どの大学に入学するかということだけが問題であり、何を勉強するかは重要ではありません。大学で身につけた知識・能力をサラリーマンという職業で利用できないことに加えて、サラリーマンになるための資格も無いことから、大学での勉強を利用して将来を切り開いていくことはできません。サラリーマンを目指す者にとっては、有名大学に在学していれば就職時に優遇されるということが大学の持つ唯一のメリットということになるのであり、したがって、その儚いメリットに異様なほど固執することにもなります。受験技術に自信の有る者は学問分野ではなく有名大学か否かということで大学を選び、就職で優遇されない大学には絶対に入学しようとはしませんし、特定大学の複数の学部を受験し、或いは、試験の日程によってA大学は法学部を、B大学は工学部を受験するということが当然の如くに行われます。日本の高等学校・中学校の教育は、こうした受験技術を磨くことです。

3.2.2　有名大学に入る道

有名な私立大学にあっては附属学校を持ち、附属学校から大学進学が容易な場合が有り、こうした場合には、親は幼稚園や小学校を含めた附属学校に入学させようと努力することとなります。しかし、有名大学に入る主たる経路は入学試験で良い点数を取ることです。そのため、日本の高等学校においては受験用の勉強が幅を利かすこととなります。

その場合、有名大学入学希望者を集めて受験用の教育を効率的に行っている高等学校に入学するのが合理的な選択であり、多くの者もそのように考えますから、このような意味での有名高等学校に入学希望者が集中するようになります。したがって、日本の中学校では、そのような高等学校を目指して受験用の勉強が幅広く行われることとなります。こうした有名高等学校は、私立に代表的なものが多いのは確かですが、国立大学の附属高等学校もあれば（高等学校から附属する国立大学に進学が容易という意味ではなく、附属している国立大学以外の有名大学への進学率が高いという意味である）、公立高等学校も有ります。

この場合に、私立高等学校が附属の中学校と一体となり6年間の受験教育を行うこととなると、その中学校に入学希望者が集中し、小学校においてそうした中学校を受験するための教育が行われることとなります。これが一部の私立学校に止まっている間は影響も限られた範囲に抑えられますが、大勢がその方向に向かった場合は、

小学校教育全体が受験教育になります。残念ながら、大勢はその方向に向かいつつあると考えられます。

それは、中等教育学校が受験教育を目指すと考えられること、公立の中等教育学校が増加する可能性が有ることから推測されるところです。平成17年度学校基本調査報告書によれば、2005年の中等教育学校の卒業生513人中大学等進学者は374人（学部366人、短期大学8人）であり、この状況は高等学校卒業生とは明らかに異なっています。未だ卒業生も少ない状況ですので即断は慎むべきですが、公立も含めて中等教育学校が受験のための学校になる可能性は高いと考えて、その影響を検討しておく必要が有ります。

公立の中等教育学校が受験教育を行うことになると、義務教育である中学校を有名大学進学者向けの中学校と、それ以外の生徒のための中学校に二分することとなります。少数の特別な私立学校が事実上そのような役割を演じているのとはわけが違い、社会のシステムとして2種類の中学校が出現することとなります。現在のドイツと似たシステムになりますが、ドイツのシステムは大学に行く者と行かない者にそれぞれ適した内容の教育を行うということ、それぞれの者を受け入れる社会の大きなシステムとも整合性を保っているものであることから、筋は通っています。しかし日本については、有名大学を目指す者とその他の者という中学校の区分を正当化できる理由と社会の実態を見出すことはできません。

国民がこのシステムを許容した場合には、小学校において広く受験教育が行われることとなります。国民がこれを許さない場合は、現在の学校制度の骨組みを崩さないとすれば中学校を廃止してすべてを中等教育学校にするしかないでしょう。この場合、義務教育の問題（後期課程も義務教育とするか、現行制度のように前期課程までを義務教育とするか、義務教育は小学校までとするか等）、無償の問題（義務教育が前期課程までとなった場合、中等教育学校という一つの学校の中に無償の生徒と有償の生徒が存在すること）等が生じますが、制度的に明らかに変わると考えられるのは、一般の市町村は小学校を設置・運営し、都道府県は中等教育学校を設置・運営するという、前期中等教育（現在の中学校教育）についての役割分担の変更です。

3.2.3 有名大学に入る方法（受験教育）

3.2.2で述べたように、有名大学に入る道は必ずしも一通りではありません。それらのどの道を通っても、厳しい選抜が付き纏います。幼稚園や小学校への入学の場合には知識の質・量を確認するようなものにはならないでしょうが、その他の学校への入学の場合は入学試験の点数で合否が決まります。その入学試験の内容は知識の量を試すものとならざるを得ません。知識の質を試すとなると、単一の正答が出るようにするため様々な条件、限定をつける等の必要が有り、或いは、採点が難しい論文・問答等の形態になってしまうからです。このように知識の量が問題である

場合には闇雲に暗記させればよく、その子供が無意味な努力にも耐えることができるのであれば、子供にすべての教科書を丸暗記させるのが手っ取り早い方法です。日本の社会として暗記力に優れたこういう子供が出現しても困ることは有りませんが、他方、現代は稗田阿礼の時代ではありませんから、こういう子供が1人もいなくても社会として痛痒を感じません。受験教育とは、基本的にはこうした暗記教育なのです。受験のためとしか言い様の無い知識のための知識を詰め込むことが、現在の日本の学校教育です。特に問題であるのは、こうした無意味な作業が上達したという理由があればその子供を優遇し、上達しないという理由があればその子供を軽視し・排除するということが学校全体に亘って一般的に是認されていることです。これは、非常識としか言い様の無い価値観を子供に強制しながら何の疑問も持たなかった敗戦前の教育関係者の姿を思い出させます。

以上のような状況ですから、有名大学に入るには、中国人の学生が試験前になると行っていると言われているようにとにかく何でもかんでも教科書を暗記することです。物理についてもそうですし、数学もその例外ではありません。この場合、事実を把握・整理する力、論理的な力、創造力等の能力は邪魔になるだけです。良い点数を取るためには、例えば、夏は暑く冬は寒いのは何故かを自分の頭で考えてはならないのであり（効率が悪い）、教科書の説明をそのまま覚えなければなりません。そのような知識は広がりも奥行きも持たない単なる記憶であって、入学試験とクイズ以外には役に立たないものです。何故このようなことのために学校に行かなければならないかと言えば、学校がサラリーマンとしての子供を選別する機能を果たしており、学校に行かなければ選抜の対象にすらならないからです。多くの者はこういう理由で義務教育後も学校に通っているのです。

なお、努力を重ねて有名高等学校に合格してもそれだけでは何の意味も無いのであり、入学後も暗記作業を続けて有名大学に合格して、初めて有名高等学校に合格した意味が有ったことになるのです。有名中学校の合格も受験勉強の新たな始まりに過ぎず、有名高等学校合格との違いは、受験勉強がその後6年続くか3年で終わるかの違いです。

3.2.4 受験教育の支柱

学歴偏重は、大学教育を、目的地である就職の前提となる卒業に到達するための一段階として必要最小限の形式的な努力をすればよいものとしてしまったように、初等中等教育を受験教育としてしまいました。受験教育可能にしているのは、以下の要素です。

第1は、詰め込む範囲が限られていることです。詰め込む範囲が限られていなければ当ても無く知識を詰め込まなければならず、それは人々を尻込みさせます。現在の日本において、入学試験の出題範囲について規制は無いものの、文部科学省は学習指導要領（教科書の内容はそれを踏まえて作られている）の範囲外から出題され

た試験問題を「難問・奇問」と称して指弾し、マスコミもその尻馬に乗って非難してきました。又、すべての国・公立大学と相当数の私立大学が利用している大学入試センター試験は、国が維持している独立行政法人が実施しており、文部科学省の方針に反することはできません（独立行政法人大学入試センター法（平成11年法律第166号）第12条第1項第1号、第2項）。科挙においては指定された中国古典の中から出題されたように[注2]、日本の入学試験は学習指導要領で定められた教育内容の範囲内で出題されているのであり、且つ、原則として普通教科しか対象となりません。そもそも、学習指導要領は初等中等学校の基本的な教育内容を定めたものであり、入学試験の出題範囲を限定するためのものではありません。入学試験は各学校が自分の学校に相応しいと考える生徒を見つけるために行うのですから、出題範囲を各学校に任せるべきであり、個々の大学が自分のところで勉学するのに相応しい学生を見出せるような内容の試験を実施することを妨げてはなりません。高等学校の教育の達成度を見たければ高等学校の成績を見れば十分であり、重ねて詰め込みの程度を見る必要は有りません。

第2は、知識の量を試した結果が点数で正確に表示できるということです。入学試験において問題の回答は正しいか正しくないかであり、正しいものに点を与えて最後にその点数を足し合わせて得点とします。そこには紛れるところが何も無いのであり、その意味では試験の結果は完全なものとして扱われることとなります。したがって、281点は280点よりも上位であり、したがって281点の者は合格だが、280点の者は不合格ということが、当然のこととして行われています。即ち、筆記試験の点数だけで、それも1点違いで合否を決定するというシステムで日本の入学試験は行われています。こうしたシステムは大学にとって或る意味では楽ですが、筆記試験の点数がすべてで、1点差が合否を分けますから、後に出題ミスや採点ミスが見つかった場合大騒ぎになりますし、選択した科目間に難易の隔たりが多少有る場合も大騒ぎになります。又、初等中等教育は、入学試験に合格するための教育を行っていますから、筆記試験がすべてで、しかも1点差で合否が分かれるということになれば、益々詰め込み教育に精を出すことになりますし、父兄や世間もこうした入学試験の実態を考えて詰め込み教育の強化を否定しません。こうして、詰め込みの程度だけで、すべてが決まっていくことになります。即ち、子供の能力のすべてがこの詰め込み度だけで評価されるだけでなく、子供の全人格もこの詰め込み度で評価されることとなります。そして、紛れることのない点数で表示される結果子供同士が比較され、或る子供は優遇され、或る子供は冷遇されて学校制度から排除され、親からも不当な扱いを受けます。

[注2] 基本的に、四書五経からの問題と、詩作又は作文である。例えば、宮崎市定著『科挙』（中央公論社）。

第3は、公正さの装いです。公表された出題範囲から一律に同じ問題が出題され、公正な手続き・方法で実施され、その点数のみによって評価され合否が決まるということは有る意味では確かに公正です。しかし、これによって、受験勉強（知識の詰め込み）という人間の能力のごく一部しか表さない些細な能力で大学教育を受ける意欲と素質を判断するという基本的な不公正を覆い隠すことはできません。幼い頃から器具を用いて首を長くし、或いは、下唇を大きくする等して、他人よりも少しでも首が長くなった者、下唇が大きくなった者を優遇する種族が存在するようですが、現在の日本の社会が行っている学歴偏重のシステムはこれに類するものです。中国社会でそれほど遠くない時代に行われていた纏足のシステムに類するものです。その社会にとってはこれらを合理化する理由が存在しているのでしょうが、節度を超えた日本の学歴偏重は人間の尊厳を踏みにじるシステムと化しており、とても肯定できるシステムではなく、特に不登校や中途退学等のように子供時代の人生における主要な活動の場から排除される子供が多数生じている事態は、異常とか言い様がありません。

第2節　学歴偏重の打破と生涯学習体系

学歴偏重はこれまで述べてきたように、法律によって制度が設けられているものではありません。学歴偏重を法律によって制度化しようとすれば、不当な差別を定めるものとして国民の反対を受けることとなります。法律上の制度ではないということは、法律によって学歴偏重を禁止し、或いは、歯止めをかけることが極めて難しいことを示しています。

即ち、第3部までに述べてきた内容はすべて法律を基礎とする教育の仕組みと運営の問題でしたが、これらの中には学歴偏重を強制するものや学歴偏重を助長するだけの役割しか果たさないものは含まれていません。したがって、法律を改正して現在の教育制度を改めても、学歴偏重の事態を改善する上で効果が無いことを意味します。効果があることを行おうとすれば、大学入学をすべて抽選にする、企業の行う学生の採用を抽選にする等全く新しいシステムを導入しなければなりませんが、これは個人の自由とその上に成り立っている社会の活動を危険なほどに抑圧することにもなりかねず、好ましくない別の問題を生み出す可能性が有ります。日本の社会に存在する学歴偏重は、立法や行政によってコントロールすることが困難なシステムと考えるべきものです。

これに対して学校教育は、法律によって設けられた制度として存在しており、法律を制定・改廃することで国がコントロールすることができます。第2部・第3部で述べたように、国は現に、学校教育のシステムを細かいところまで規制していますし、社会教育についても格段に低いレベルではありますがコントロールしています。

学校教育と社会教育を含む新しい学習体系である生涯学習体系についても、法律によって国がその制度を整備し、運営の基本を定める等により、国が必要に応じたコントロールをすることとなるでしょう。

上記において指摘したように、現在の学習（教育）体系に学歴偏重の直接の原因となるものが無いのに学歴偏重のシステムが成立しています。したがって、全く新しく生涯学習体系を構築した場合においてもこれと同様なことが起こらない保証は有りませんし、現在の教育体系の基礎の上に生涯学習体系を築くのであれば、学歴偏重も当然のこととして引き継いでしまうと考えるべきです。即ち、新しい生涯学習体系に移行したとしても、学歴偏重のシステムの成立は基本的に立法や行政ではコントロールできないと考えておくべきです。

1 生涯学習体系の内容

学歴偏重は既存の学習の体系を利用しているだけで体系そのものにはほとんど罪は無いのですから、新しい学習の体系を作ってもそれが直ちに、学歴偏重を打破する学習の体系を作ったことにはなりません。一方、学歴偏重に利用されないという観点から新しい学習の体系を考えることについては、学習の体系は基本的に教育内容・方法と学習の需要に基づいて構築されるものですから、こうした観点からの学習の体系は作成困難であり、仮に無理を承知で作成しても実用にはなりません。

こうしたことから、臨時教育審議会は、「生涯学習体系への移行」を提言しながら、学歴偏重を打破して得られる生涯学習体系がどのような体系であるかについては内容を示さずに終わっています。そうは言っても、臨時教育審議会が生涯学習体系の内容に全く触れていないということではありません。ただ、臨時教育審議会が示したその内容は、体系という言葉にそぐわない極めて断片的なものであって、それらを集めてみても体系の内容が見えてくるものではありません。

生涯学習体系に関する臨時教育審議会の答申[注3]に示されている各提言を整理して以下に示しますが、以上のことを踏まえてその内容を把握して頂きたいと思います。

1.1 一般的な内容の提言

臨時教育審議会は、生涯学習体系への移行に関する一般的内容の提言として、学校中心の考え方を脱却すること、人生の各段階における多様な質の高い学習機会を整備すること、社会人が学習できる方途を広く確保すること、家庭の教育力を回復すること、いつ・どこで学んだものであってもその成果が適切に評価されるようにす

[注3] 臨時教育審議会は、1984年9月に中曽根内閣総理大臣から諮問を受けて審議を開始し、1985年9月に最初の答申（第1次答申）を、1986年4月に基本的・網羅的な第2次答申を、1987年4月に第3次答申を、同年8月にこれまでの答申の要約的な最終答申（第4次答申）を行った。

ること、施設のインテリジェント化を進めること、町全体で生涯学習に取り組む体制を整備することを求めています。

1.1.1 評価の多元化（第3次答申第1章第1節）

学歴偏重は、学力と称する大学入学時における受験用の記憶力を極度に過大視することによって成立しています。したがって、人間の能力の評価をバランスの良いものにすることは学歴偏重の是正に繋がります。具体的には、学力を具体化しているのは有名大学を卒業したことであるとしてこれを過大視する愚を改め、能力の現れである資格の取得、表彰歴、職歴等の要素も重視すること、すべての分野でミスをしなかったことだけを評価する結果となる学力の評価とは異なる評価として長所や飛び抜けた能力を積極的に評価すること、凡庸の域を超える優れた能力・際立つ個性・異なる価値観を持つ人を受け入れ、育てていくことを提言しています。しかし、これらを強制的に実現する手段は無く、又、これらの提言の内容も一義的に定まるものではなく、明確さに欠けていて分かりにくいため自発的に多くの所で実行されるとは考えられません。

多元的な評価における手段の一つとして職業資格の果たす役割を高く評価しつつ、実態に即しなくなったものや意義の薄いものの廃止・改善を求めるとともに、資格が幅を利かし過ぎるいわゆる資格社会にも陥ってはならないとしています。又、国が関与している公的資格については、医師免許等を除き学歴を受験資格等としないよう求めています。職業資格が学歴偏重を是正する力を持つことは否定できませんが万能薬ではなく、特に学歴偏重の根源である大学卒業で就職するサラリーマンには、職業資格はほとんど役に立たないということ、サラリーマンに対する一般的な職業資格自体が存在しないこと等の事実を直視しなければなりません。

1.1.2 生涯学習の町づくり（第3次答申第1章第2節（1））

国等の公的機関が生涯学習に関して特色のある取り組みをしている市町村をモデル市町村に指定し、必要な援助を行うよう求めています。指定を受けるための生涯学習に関する取り組みとしては、多様な各種の学習機会の整備、官民を問わない学習関係施設の連携と協力、生涯学習の観点からの労働条件を含む各種社会基盤の整備という基礎的な取り組みに加えて、IT化等の先導的な試みが求められています。市町村やその住民は多数の切実な問題を抱えており、それらの者の目には効果の薄い単なる思い付きと映るでしょうし、学歴偏重の打破にも直接的には役立ちません。

1.1.3 施設のインテリジェント化（第3次答申第1章第2節（2））

教育は、教える者と学ぶ者の存在が基本となりますが、教育が行われる場（施設・設備）も無視することができません。特に社会教育においては、博物館を除いて教育・研究の機能を担う職員が存在しませんから、施設・設備の在り方が大きな関心を集めることとなります。更に、自発的な学習を重視するとすれば、自発的学習を容易にするような施設・設備を整備することが必要になります。

学校、社会教育施設を始めとする学習のための施設、設備を、より美しく、より快適で、より機能的なものにするというのがインテリジェント化の趣旨です。具体的には、情報の処理・通信に関する最新のシステムを整備し、施設の管理も高度化・効率化するとともに、自然や文化に配慮した環境と美しくゆとりのある空間を作り出し、更に、これらの施設・設備については24時間利用の実施を含めて地域の利用に幅広く開放するというものです。

これは大変結構な提言で文句のつけ様が有りませんが、市町村は厳しい財政の中で多くの切実な課題を抱えており、学習施設のインテリジェント化の優先度は最下位に近いものでしょう。高級ホテルのような贅沢な施設を備えた学習のための施設を市町村が設けても、どれだけの者が利用できるでしょうか。又、施設の整備と毎年の運営に要する経費を考えた場合にそのような施設を利用して非日常的な満足感が得られることに何の意味が有るでしょうか。こうした施設を作った首長と議会の議員に対して損害賠償を求めたいという住民も少なくないでしょう。

又、情報関係のシステムにしても、金を出せばシステムの整備はできますが、システムを運用する人間と、十分に利用する能力のある人間が必要ですし、何よりもそこに利用したい情報が存在しなければなりません。こうした本格的な情報システムを持つ学習施設は特別な施設であり、大部分の学習施設は普通の施設や住民と同じことを行っていれば良しとすべきです。即ち、パソコンを整備し、ホーム・ページを開設して、運営すること程度で良しとすべきです。図書や収蔵品等を管理するため必要なデータをデジタル化している場合が有りますが、これにより職員を減らせる場合は別としてそうでないのであれば、小さな市町村ではデジタル化の必要が無い場合も少なくないと考えられます。

以上がインテリジェント化の提言の内容と問題点ですが、この提言が現在でも意味が有るとすれば、学習施設を整備するに当たって環境にも配慮しつつ、可能な範囲で美しさ、快適さ、機能性を追求することが望ましいこと、閉鎖的にならないこと、世の中の情報化の動きに乗り遅れないようにすることを指摘している点です。こうした当たり前のことをわざわざ言うことは無いという指摘は有り得るところですが、これらが、現在でも心すべき点であることも確かです。なお、このインテリジェント化の提言も、学歴社会の打破に直接役立つものではありません。

1.2　企業・官公庁等に対する提言

学歴偏重の根源は、企業・官公庁等が行っているサラリーマンの採用とその後の人事管理のやり方にあることから、当然その根源の除去や改善が求められることになります。現に、臨時教育審議会は、学歴偏重の是正は、生涯学習社会の建設、学校教育の改革、企業・官公庁等における人事管理の改善という三つの方向から行わなければならないとしています（第1次答申第2部2(1)等）。

このうち生涯学習社会については、「いつどこで学んだか」では無く、「何をどれだけ学んだか」を評価する社会と定義されているだけで、それ以外のことは不明です。したがって、ここからは、生涯学習体系が実現したときの社会を生涯学習社会と呼ぶと理解しておくこと以上には意味有る事柄を引き出せません。ただし、上記の定義は何かを定義しているようであっても何も定義していないことを理解しておく必要が有ります。それは、学歴偏重は企業・官公庁がサラリーマンを採用・処遇するときに有名大学の学生を優遇するところに原因があるのですが、そのよって来るところはサラリーマンになるための学問が存在しないことから、大学で何をどれだけ学んだかでなく、偏差値が高い有名大学かどうかを判断基準としていることにあります。大学で何をどれだけ学んだかを採用等の人事における判断基準にできるのであれば、今日学歴偏重の問題は存在しないか、少なくとも今日のような極端な形にはなっていなかったと考えられます。大学で何をどれだけ学んだかが人事管理において役に立たないから学歴偏重社会になっているのに、生涯学習社会（学歴偏重社会ではない社会のことである）では何をどれだけ学んだかが評価されると言うだけでは何も始まらないのです。

なお、学校教育の改革については、次項の1.3で述べます。

1.2.1 採用・処遇等の人事管理の問題（第1次答申第3部第1節）

企業・官公庁等における人事は、必要な人材の確保という企業等の活動の基盤となる行為ですから、その方法・内容等について企業等の自主性が保証されるべきものです。もっとも、民間企業でさえ採用等の行為についても若干の制約が有るということは前述しました。こうしたことから、臨時教育審議会の提言の内容は、特に民間に対しては強制力を持たせることができず、お願いの領域に止まっています。

提言の核心は、サラリーマンの採用・処遇等は、有名大学の学生であるか否かではなくサラリーマンとしての能力に基づいて行ってほしいとするものですが、これは企業にとっても望ましいことですから容易にできるものであれば既にそうしているはずであり、特に採用においてはこれが極めて難しいからこそ学歴偏重の事態となっているのです。そこで、臨時教育審議会はこの核心的なものの他、その気になれば実行できそうな幾つかの具体的な方策を提言しています。有名大学の学生以外を門前払いにする指定校制の廃止、有名大学の学生について所定の時期よりも前に内定を出す青田買いを止めること、元気がよいとか機転が利く等の多様な観点から人材を採用すること、少なくとも採用後の処遇は能力中心主義で行うこと、高卒・大卒の区分による採用・処遇等の内容を合理的なものにすること等です。これらは、学歴偏重の核心を成すものではありませんが、実施されれば学歴偏重の是正の進展を促すものです。しかし、例えば指定校制を廃止しすべての大学に門戸を開いても採用の選考の結果が従来同様に有名大学優遇に終わるのであれば、事態は変わらないのです。立法や行政は、無理をすれば指定校制の廃止くらいはできるでしょうが、

企業等の選考の結果を規制することまではできません。

なお、臨時教育審議会は、企業等における学歴偏重の実態は父母等が考えているほど激しいものではなく、子供の将来に対する保険という観点から父母等が学校教育の世界において過度に有名校偏重を推し進めている傾向もあることを踏まえて、国等がこうしたことを含めた適切な情報を父母・教員等に提供すべきとしています。

1.2.2 社会の変化に対応した人事管理（第3次答申第1章第1節（3））

労働をめぐる環境を含め社会が急激に変化していますが、こうした変化に対応して企業等における人事も変わる必要が有ります。具体的には、各企業等が最も適切と判断したものに変えることになりますが、臨時教育審議会も、学歴偏重の是正の観点から注文を出しています。

その一つは、主として専門職・技術職をターゲットにして業界等を単位とした職業能力評価システムを作るというものです。確かに、有名大学出身ということで評価するよりも遥かに合理的で、学歴偏重の是正に役立ちます。しかし、いくら専門職・技術職に関するもので同じような条件を共有する同業団体等における評価であるといえ、各企業等の掛け値の無い需要に十分応えられる評価の内容が作れることが必要ですし、仮に作れるとしてもそれが容易に作れるものであるか、或いは、難しい場合においてもその困難を克服する努力を償って余りあるほどの有効な評価が可能になるものであることが必要です。学歴偏重の是正に役立つということだけでは社会は動きません。なお、資格ではなく称号ですが、「技術士」のシステムが作られていて文部科学省が運営しています（技術士法（昭和58年法律第25号）参照）。これが企業等の需要にマッチしたものであれば、企業等が職員の職業能力評価において技術士のシステムも利用することを通じて職業能力評価システムの一つとして有効に働くことが可能ですが、必ずしもそうはなっていないようです。

他の一つは、今後Off-JT（仕事を一時的に離れて行う教育訓練）の必要性が拡大するとして、職員が行ったOff-JTの成果を重視するように求めています。これは、大学等の卒業後に行った勉学も正当に評価されることや、これによって新しい途も開けることを意味し、学歴偏重の是正の意味に加えて生涯学習の趣旨にも沿っています。ただし、Off-JTであるから評価されるのではなく、評価できる成果をOff-JTで上げたからそのOff-JTが評価されるということを忘れてはなりません。良い成果を期待できる教育機会が全く存在しないのに、Off-JTが重要と言っても意味が有りません。社会人に対する有効な内容の教育プログラムを用意するということが先決であり、それができれば何も言わなくともOff-JTが進むでしょう。したがってこれは、企業の問題である以上に大学の問題なのです。その日本の大学においては、大学教員のOff-JTは外国の大学で行うことが望ましいというのが一般的ですから、それ以上に異質な存在である企業等の職員のOff-JTを引き受ける用意も能力も無いことが懸念されます。

1.3　大学に関する提言

学歴偏重の中心は大学を卒業して企業等に就職をするという部分にありますが、皮肉なことに、大学入学という形の大学の選択をした段階で既に競争が整理されていることからこの段階ではあまり目立たないものとなっています。これに対して大学入学の直前の段階では、就職における競争が整理されている分までも競争が加算される結果、言い換えれば有名大学に入れば就職において優遇されることとなり、就職への最も重要なステップとなっていることから、その競争は極めて激しいものとなります。しかも、大学という公的な性格を持つ機関であることから有名高等学校の生徒以外は受験を認めないといった形で競争を制限することもできません。そして、日本においては競争が激烈になると公平ということが極度に重視され、そうなると試験の点数以外の要素を合否の判断の要素に加えることすら憚られるようになります。こうして、有名大学の入学において試験の点数が極度に幅を利かしていることが高等学校等の教育を受験教育一辺倒にしているのです。

こうしたことから、大学に関して学歴偏重の是正のため第1に採り上げられることとなるのは大学入学試験ということとなります。

生涯学習は、少年から青年にかけての時代に学校でフルタイムかできるだけそれに近い形で学習できるようにすることのみを重視する考え方を改め、年齢、形態、場所等を問わず必要な学習が容易に行えるシステムを作り上げることです。この根底には、現在及び将来の社会において学校教育の役割は従来のままでは通用せず、学校教育の役割をその実力に合わせて新しく作り直す必要が有るという認識が存在します。例えば、臨時教育審議会は、教育において学校中心の考え方を改めることを求めています。即ち、青少年に対する学校教育は人生における基礎的な知識・能力を身につけるためのものであることを明確にし、卒業後において必要となる学習についてはそれに対応するシステムを、学校を含めて幅広く整備することを求めています。青少年に対する学校の役割が縮小しているのは、或いは、こうした実態に合わせて縮小が求められているのは、加速する科学技術の進歩、専門化し複雑化する社会、長寿化に伴う多様な生き方の模索等の中で出来合いの知識を教え、初歩的な能力を鍛錬する学校教育で身につけた知識・能力を以ってしては、充実した人生を送れないからです。社会人になった後に、世の中の進歩や自己の必要等に応じて真剣に学習することによって進歩・向上していくことが充実した人生の決め手であり、青少年に対する学校教育は、そうした学習の大切さ、学習の仕方、学習の習慣、学習の助けとなる基礎的な知識や能力等を身につけさせることが、その役割となります。極論すれば、たとえ大学院まで進学して博士号を取得したとしてもそこは未だ入り口であり、基礎の段階であって教育の体系として完結していません。このように、青少年に対する学校教育は教育の全般をカバーする自己完結的なものではなく、生涯学習という全体的な教育の体系の一部という位置付けです。

このように、生涯学習は、学歴偏重を演出している過度に大きく描かれた学校教育の姿を本来の有りの侭の大きさに引き戻す役割を果たすとともに、学校教育の名の下に無理なことを強制する非合理的な哲学を否定し、充実した人生を送るための基礎的な知識・能力を養うという常識的な観点から学校教育を合理的に扱えるようにするものであって、これによって或る種の事柄について学歴偏重を抑制・緩和する方策を採ることを可能にしてくれます。このことは大学にも当てはまることであり、したがって、大学における学歴偏重の是正に関する第2の領域として、生涯学習の観点からの諸方策が採り上げられることになります。ただし、生涯学習が学歴偏重の是正に意図的に寄与できるのはこの程度が限度であり、生涯学習のシステムを作ることが即学歴偏重の消滅に繋がるものではありません。

1.3.1　大学の入学試験（第1次答申第3部第2節）

教育において学歴偏重が目に見える形でその姿を現すのは、大学の入学試験であり、同時に学歴偏重の本質をまざまざと国民の前に晒します。学歴偏重の是正と言うと大学入試がまず槍玉に挙げられるのはこのためです。現に、国が学習指導要領で相当細かく内容を定めている高等学校の普通教科（国が検定を行っている教科書にその内容が具体化されている）の範囲から明確に正解が導き出せる問題を提出して正解を問うのですから、学校教育が教科書の内容を記憶する競争になるのは当然であり、更に、そのことが合否の判定において試験の点数以外の要素を勘案することを不公正とか恣意的として非難を浴びせる風潮を作り、この風潮が大学にいっそう試験の点数を絶対視させ、試験の点数の絶対視が記憶中心の受験教育に拍車をかけるというように大学入試が教育界における学歴偏重の悪循環の要になっていることを否定できません。

大学入学試験の改革は、記憶中心の受験教育が通用しない入学試験を行い、上記の悪循環を断ち切ることが中心となるはずです。「各大学はそれぞれ自由にして個性的な入学者選抜を行う」ということを真っ先に提言していることからすると、臨時教育審議会もそのように考えたと推測できます。ただ、その具体策は、各大学の入試担当部門の強化と、高等学校職業科の卒業生、帰国子女、社会人、障害を持つ者等に対する大学入学試験における特別選抜の実施又は改善だけであり、学歴偏重の是正というにはあまりにも内容の無いものでした。学歴偏重を是正し、高等学校以下の学校の受験教育を正常な教育に戻すのであれば、大学入学試験の出題は学習指導要領や教科書に囚われてはならないこと、記憶力中心の試験を続けるのであればその試験の点数は大学教育を受けるには明らかに問題がある生徒を排除するためにのみ用いるものであることの2点を抜きにしては成り立ちませんが、臨時教育審議会はどちらについても真正面から取り組むことをしませんでした。

臨時教育審議会がその代わりに精力を注いだものが共通テストのシステムでした。現在このテストは大学入試センター試験として行われているものであり、この試験

を利用するか否か、どの教科の試験を利用するか、どの程度利用するか等が各大学に任され、各大学の方針に従って自由に利用できるシステムとされていました。従来は、国・公立大学の入学希望者には全員に共通一次試験という共通の試験が課されていましたが、大学入試センター試験となったことにより、各国・公立大学の任意となるとともに、希望する私立大学にも利用が認められることとなりました。しかし、実態は、芸術系・体育系の国・公立大学・学部まで利用していることからも、国・公立大学は実質的に利用が強制されていると考えざるを得ず、又、問題の内容も学習指導要領の範囲内における記憶力中心の問題であり、以前の共通一次試験と本質的に変わりが無く、更に、相当数の私立大学が利用していることを考えると、大学入試センター試験は学歴偏重の問題を改善したのではなく、状況を更に悪化させたと言えます。確かに、臨時教育審議会は、共通テストに関して、「資格試験的な取り扱いや総点主義に限らない弾力的な利用等を積極的に図る」よう求めていますが、学歴偏重の中で、記憶力中心のテストとなると予想される共通テストのシステムを存置するのであれば、明らかに大学教育に相応しくない能力の生徒を排除するために行うという「資格試験的な扱い」は、検討事項ではなく絶対条件でなければなりません。

大学の入学については、上記のように学歴偏重の是正という観点から入学者選抜の在り方が検討されたほか、生涯学習の観点から入学資格の問題が検討されています。即ち、生涯学習体系においては、大学はゴールではなく通過点であるはずであり、そうであるとすれば、大学入学資格を直近下位の一条学校の卒業・修了者に限るといった形式に強く囚われるのは疑問であり、大学教育を受けるに相応しい意欲と能力を持つ者であれば、学歴の如何を問わず入学を認めても構わないはずです。こうした考えから、臨時教育審議会は、具体的に然るべき専修学校の高等課程卒業者等に大学入学資格を認めるよう求めましたが、第2部第1章第3節2.3.3で述べたように、これは実現しています。

1.3.2 学歴偏重に対する改善・抑制策

臨時教育審議会の任務は国民の期待から大きくずれてしまった教育を改革することであり、そこにおいては、教育の中核を成している学校教育の改革が中心となることは必然です。学校教育については様々な観点から様々な提言が行われましたが、その中には、特に生涯学習の観点から提言されたものがあり、そのうち大学関係は以下の通りです。大学についての提言はこの他にも多数存在しますが、ここでは取り上げません。それらの提言は日本の大学教育の問題点とその改善について検討したものであり、傾聴すべき内容を含んでいますが、学校教育の土台が学歴偏重で大きく歪んでいるままでどのような改革をしても、それはペンキの塗り替え、装飾の架け替え等の見た目を良くするという域を出ることはできず、真に便利で快適な住まいの建築にはほど遠い結果しかもたらさないと言えるからです。ここでは、臨時

教育審議会がこの土台を直すものとして採り上げたことだけを取り上げました。この考え方は、次の初等中等教育についても同じです。

[教育内容等の問題（第2次答申第2部第1章第1節③）]
臨時教育審議会は、大学が開設している科目は社会の要請から遊離している教育内容のものが多く、大学はこのことを含めて社会の要請に対して、例えば科学技術の発展等に対応した専門性の高い知識・技術を習得させる科目や社会に生じる様々な現象に対する幅広い問題解決能力や思考力の養成に資する科目への切り替え等の敏速な対応が採れる体制を備えることが必要であると指摘しています。こうした指摘が行われる背景には、学歴偏重のシステムにおいては学生が勉強するためではなく、卒業して就職するために入学することから、科目の内容が社会の実態や要請と遊離しているかどうかは問題にしないということがあります。そうは言っても学生が、極端に無内容なものや晦渋なもの、常識外れで実社会において受け入れられないもの等学生に明らかに不利となるものまで容認すると考えてはなりません。

この問題に関して気をつけなければならないことは、健全な常識に基づいて社会の要請と教育内容の関係を見るということです。例えば、夏目漱石の時代であれば格別のこと、21世紀の今日においては物理学の教育が社会の要請から遊離していると考える者は少ないと思われますが、数学や論理学を社会が必要としている学問とは考えない人は少なくないと思われます。当人の価値観にしか根拠を持たない教育が大学教育と称して行われていますが、そのような教員はこのことを捉えて、社会の要請から遊離しているという点では数学・論理学も同じであるとして、自分たちの存在を正当化します。しかし、数学・論理学は検証可能な論理の世界の厳しい学問であり、他の学問の基礎をなしており、コンピュータ・プログラムも本質的には数学・論理学です。

この提言を実現するための具体策は、「数学・論理学、生物を含む自然の法則・現象の解明とその結果の応用に関する学問の教育、高度な知識・技術を持つ者（小学校・幼稚園の教員を含む）の養成に関する教育は無条件で大学の教育として適当と認めるべきであるが、これら以外の教育は、教育内容と社会の要請の関係を厳しく審査の上で大学の教育として有意義かどうかを判断すべきである」ということになります。この場合、特に国・公立大学は、国等の公的セクションが維持していることに加えて、その意思決定の仕組みのため教員集団の意向で物事が決まってしまう等社会の要請が反映しない仕組みであることから、社会の要請との関係が明白でないこの種の分野の教育を行うべきではないと考えます。

[社会人の受け入れ（第2次答申第2部第1章第1節④）]
生涯学習社会においては、大学は教育のゴールではなく、通過点であり、大学等を

卒業して社会人になった後においても切実な学習需要が日常的に生じ、それらの学習需要に対処することが社会の責任とされることとなります。社会人の学習需要に対処する場合、高度な充実した教育能力という点で大学を凌げる者は存在せず、大学に大きな役割を果たしてもらう必要が有ります。臨時教育審議会も、こうした観点から、大学の社会人受け入れの充実に関し幾つかの提言を行っています。
日本の大学は既に、夜間において教育を行い、又、郵便システムを利用した通信教育を行っていましたし、更に、放送により教育を行う放送大学さえ設置されていました。勿論、一般社会人もこれらのシステムを利用して大学教育を受けることができますが、カリキュラム・教育内容は通常の大学のそれと変わりが無く、結局これらは社会人のためのシステムではなく、主として経済的な理由で通常の方法による大学への進学を諦めた高等学校生徒のためのシステムに過ぎませんでした。
一方、社会人が昼間にフルタイムの学生として勉強したいと考えた場合、日本の大学における入学の合否は入学試験の点数が絶対であり・すべてでしたから、記憶力中心の入学試験を一般の学生と同じ条件で受けて合格しなければならず、したがって、有名大学への入学のみならず、有名大学以外の大学への入学も極めて困難でした。仮にこうした困難を乗り越えて入学を果たしたとしても、高等学校を卒業したての子供と一緒に同じ内容の勉強をすることとなります。勿論、そうした子供と一緒に同じ勉強をしたいと思う社会人がいることを否定する必要は有りませんし、むしろ結構なこととしなければなりません。しかし、国等が生涯学習体系の整備において主として考慮すべき社会人とは、科学技術の進歩等状況の変化に適応するため、或いは、職業上の地位を向上させるため等の理由で切実に学習を必要としている国民のことであり、若者と共に学生生活を謳歌したいという者については、国等は結構なこととして推奨するだけで十分であり、それについては社会と大学に任せておけばよいのです。
以上のように、経済的な理由による進学困難への対応としての対策は存在していましたが、生涯学習体系においては最も肝心な大学に社会人学生を受け入れるための対策は存在していませんでした。
このようなことから、臨時教育審議会は、日本の大学に高等学校新規卒業者のための教育機関というこれまでの性格を脱して、「人生の初期だけでなく、いつでも学べる機関として機能していく」ことを求めるとともに、「専門的知識・技術の習得」を始めとする成人の学習ニーズに応えることを求めました。更に、日本の大学の実態を踏まえて、社会人学生に適した教育内容、評価方法等を工夫すること、社会人学生のための入学定員枠を設けること（これにより入学に際し一般学生との競合が無くなり、社会人に適した基準を設けて入学を認めることが可能になる）、大学院については夜間における授業の実施等の工夫、専門等によっては修業年限1年の修士課程を認めること、パートタイムの学生も認めること等の具体的な提言を行って

第1章 学歴偏重と教育

479

います。
　以上の提言が行われましたが、最も大切なことは、大学が社会人の学習需要にマッチした教育を提供できるかどうかにあります。物事を厳しく認識している社会人が無用なことをするはずはありませんし、又、日本の企業等は社員の教育訓練をOJT（仕事を通じての教育訓練）の形態等で行い大学の力を借りることは少ない実態から、大学が真に有効な教育をまず提供しない限り、企業等が大学をOff-JTの形態で利用するようにならないと考えられます。
　なお、生涯学習体系においては当然のことですが、大学以外の高等専門学校、高等学校、専修学校等も社会人の受け入れに努力すべきであるとされています。臨時教育審議会は触れませんでしたが、外国人も含めて特別の事情を抱えている成人に対して希望する場合に小学校・中学校の教育を行うシステムの整備も不可欠です。

1.4　初等中等教育に関する提言

　学歴偏重における大学と高等学校等の立場は相似たところが多いのですが、異なるところも存在します。それは、大学は学歴偏重の当事者ですが、高等学校等は影響を受ける関係者に過ぎないという立場の違いです。非現実的なことですが、大学が入学をすべて抽選で決めることとすれば、学歴偏重は解消し高等学校における受験教育も雲散霧消します。しかし、高等学校が入学を抽選制にしても、或いは、公立高等学校が小学区制をとっても、有名大学に入る強いメリットが存在する以上、そうして入学させた生徒に対して有名大学に入るための受験教育を行わざるを得ません。公立高等学校が受験教育を行わないこととした場合も、私立高等学校や塾がより多くの生徒を集めるという結果を生じるだけです。したがって、大学の入学者選抜の在り方を変えることは学歴偏重の改善や緩和に役立ち得ますが、高等学校の教育方針や入学者選抜の在り方を変えても、学歴偏重の改善・緩和には役立ちません。ただし、中学校以下の学校における受験教育の改善・緩和には役に立つと考えられます。

［高等学校の入学者選抜に関する提言（第3次答申第2章第2節(1)）］
　臨時教育審議会も、こうした観点から高等学校の入学者選抜の在り方について提言を行っています。その要点は、試験の点数と内申書の点数（内申書も各中学校で行っているテストの成績に基づき点数がつけられており、本質的な違いは無い）だけで合否を決めるのではなく、面接や論文を活用し、試験問題に学習指導要領に囚われない常識問題を加える等各高等学校の個性に合わせて選抜の方法や基準を工夫すべきであるというものです。
　しかし、有名大学への強烈な志向を考えれば、この程度の内容・方法の改善では焼け石に水であり、中学校における受験教育の改善を真剣に考えるのであれば、高等

学校が準義務教育化している実態を重く受け止め、高等学校の総合学科の整備を併せ考慮しながら公立高等学校における入学者選抜を実質的に廃止することを検討すべきでした。結果的には、そうした提言は行われず、逆に6年制中等学校のシステムが提言されました（第1次答申第3部第2節(2)②）。6年制中等学校は現在の中等教育学校として結実していますが、これは、公立高等学校における入学者選抜の廃止とは異なるものです。確かに、現在存在する公立の中学校と高等学校のすべてが中等教育学校になるのであれば、中学校段階から高等学校段階に移る際の入学試験は無くなり、受験勉強は不要になります。しかし、中等教育学校は公立義務教育学校の例外という性格を持っていますから基本的に一部の生徒が通う学校であり（学校教育法施行令第5条第3項等）、且つ、小学校から公立の中等教育学校に入学する場合も学力試験は行われないものの選抜が行われます（学校教育法第51条の9第1項、同法施行規則第65条の7）。したがって、公立の中等教育学校が進学校化した場合には、公立小学校においても内申書の点数等を良くするための受験勉強的なことが大々的に行われる等の弊害が生じることについては前述しました。

[生涯学習の観点からの初等中等教育に関する提言]
臨時教育審議会は、初等中等教育の改革に関する審議に最大の精力を注ぎました。その結果、初等中等教育の改革について多数の提言が行われましたが、その中には生涯学習の観点から提言されたものも若干は存在しています。
生涯学習の背景にある想定は、急速な科学技術の進歩や社会の変化により、既存の知識・技術や観念が次々陳腐化してゆき、人々は学校卒業後においても度々真剣に学習する必要に迫られるであろうということですから、義務教育を中心とする初等中等教育においては、役にも立たない瑣末な知識ではなく読み書き算数を始めとする基礎的・基本的な知識・能力や職業についての堅実な理解をしっかり身につけることと、必要な学習を自発的に行う上で必要とされる態度・能力を養うことが求められました（第2次答申第2部第1章第1節②等）。今日行われている学力低下の議論は、ゆとり教育の是正と称していますが、その本質はこの原則の放棄を求めるものです。
又、全日制高等学校は事実上義務教育終了直後の子供がフルタイムで勉強するところとなっていますが、人生のいつでも学べる機関となるようにする等1.3.2において大学について述べたと同様のことが求められています（第2次答申第2部第1章第1節④）。
市町村等と短期大学、高等学校、専修学校等が協力して地域住民に対する高等教育のコース等を提供することも提言しています（第2次答申第2部第1章第1節④なお書き）。

第1章　学歴偏重と教育

1.5　社会教育に関する提言

社会教育に関する国の関与は極めて限定的であり、社会教育に関して国に何かを求めても国の直営施設や直轄事業で無い限り確実な結果を期待することはできません。即ち、国ができることは、自ら直接に又は独立行政法人を通じて社会教育のための施設を設置・運営し、事業を実施すること、都道府県・市町村が行う社会教育施設の設置・運営や事業の実施を指導・助言や補助金の支出等の手段により奨励すること、民間が行う社会教育施設の設置・運営や事業の実施に関して求めに応じて行う指導・助言或いは財産的な便宜供与とならない方法による援助（日本国憲法第89条。都道府県・市町村と民間の関係においても同じ）を与えることです（社会教育法第3条第1項、第4条、第11条乃至第13条、地教行法第48条等）。

社会教育は、教育需要も定型化されていませんし、教育需要への対応も定型化されていません。僅かに、博物館・図書館・公民館と社会通信教育については、それぞれ奨励的な観点からの定型化がなされていますが、その定型に従って施設を設置・運営し、事業を実施しても良い社会教育を行っていることにはなりません。住民のニーズに真に適切に対応する施設であり、事業の実施であるか、即ち自分たちが払った税金で行うサービスとして自分たちに役に立ち評価できるものであるかということがすべてであって、定型に従っているかどうかには意味が有りません。したがって、登録や指定の制度を持つ博物館や認定制度を持つ社会通信教育についてさえ、社会は登録・指定や認定を受けているかどうかを問題にしておらず、ましてや図書館と公民館については定型が存在することすら気にしませんし、これら以外の社会教育関係の施設や事業は定型化自体がされていません。

即ち、社会教育はスポーツの競技と同様に結果がすべてであり、それは、勝敗を争うのではなく、住民の評価の獲得を競うものです。外部の者が施設の運営はこうしたほうがよいとか、事業の内容はああしたほうがよいとか指導・助言等しますが、個別的な助言はその他の多くの条件を無視しているので役に立たず、一般的な助言はその市町村等の個別的な条件を無視しているので役に立たず、要するにスポーツ評論家が或るプロ野球チームの成績を上げる方法を述べているのと同じ程度に役に立たない行為に終わるのです。

臨時教育審議会が生涯学習の観点から社会教育に関して行った提言の大半はこうした性格のものであり、その意味ではここで個々の提言を取り上げても仕方がありません。しかし、これらの提言の中にも考慮すべき内容のものが含まれていることから、そうした提言についてここで取り上げることとします。

1.5.1　生涯学習体系における学習需要への対応

臨時教育審議会は、学歴偏重の是正という観点から社会教育に焦点を当てることはしていません。しかし、学歴偏重の是正において社会教育が無関係ということではありません。例えば、学歴偏重を克服した生涯学習体系においては学校教育修了後

における学習の重要性が増大し、そのことへの対応が求められますが、学校教育以外の分野もそれを傍観していることは許されず、社会教育も応分にその重荷を背負わなければなりません。臨時教育審議会も、こうした観点から生涯学習体系における社会教育の在り方を採り上げています。

[社会教育における対応]
社会教育においては、その学習が学校教育のように定型化されていないことから、基本的にその学習成果に対して確かな社会的評価が与えられることは有りません。ただし、スポーツや芸術等の世界には、正式な競技会、展覧会等における入賞や記録、各種の表彰等による能力の評価が存在しますし、武道や華道・茶道或いは勝負ごと等の伝統の世界には、段・級等による全国的な能力の格付けや流派ごとに行われる能力の格付けがあります。これらスポーツ、芸術、伝統といった世界は趣味の要素が優越する世界であり、これらの能力により生計を維持できる者はごく少数です。これら以外の一般的な社会教育の学習においては、様々な職業資格を取得するという方法、いわゆる英検のような能力を実証する試験を受験する等の方法により、間接的にはなりますが学習成果について結果を示し、或いは、評価してもらうことが可能な場合が有ります。しかし、社会教育の多くの学習には、このような間接的な評価手段さえ有りません。生涯学習体系における社会教育において、どのような新たな学習が求められるかは定かではありませんが、そうした学習をしっかり評価しなければ、多くの者はそうした評価されない学習を敬遠することになります。その意味で、臨時教育審議会の提言のように、社会教育を始めとして学校教育以外における学習の評価の問題が生涯学習体系において重要であることは確かです。しかし、評価の前に考えるべきことは、国民が切実に必要としている学習需要を満たす教育を社会教育として提供できるかということです。趣味や教養、啓発といった余裕の有る人のための余裕の有る学習が社会教育ということであれば、現在でも盛んに行われている学習ですから、学習者の励みとなるよう、又、その学習成果や学習者を社会が活用できるよう、学習の成果をできるだけ評価するようにすることは、結構なことであり奨励すべきことです。しかし、生涯学習体系において切実に必要となる社会教育というものは、自分の職業的地位を上げ或いは保持するため、社会において別の新たなスタートをきるため、社会に適応してまともに生きてゆくため等その人の人生に大きな影響を与える学習です。現実には、こうした社会教育は現在ほとんど行われていませんから、社会教育における評価の問題の中核は評価をどのように行うかではなく、どのようにしたら評価される内容の社会教育を行えるかということなのです。

この観点から考えた場合、教育委員会自体は勿論のこと、社会教育施設にも教育能力が無いことに気づきます。社会教育主事は、社会教育についての行政的知識は持

っていますが、教員ではなく、事務職員です。社会教育施設を見ても、公民館の主事は正しく事務職員であり、図書館の司書は極めて狭い職務内容の事務職員であり、博物館の学芸員は研究者ですが教員とは言えず、その他の社会教育施設についても同様の状態です。要するに、博物館を除いて社会教育施設は施設・設備を利用させている場所貸し業です。これらの施設等も学級・講座の開設等をしていますから教育能力を持っているかのように見えますが、実態は外部の講師に依頼してその時だけ喋ってもらっているのであり、その外部の講師の人選も外部の者に依頼しています。教育能力を持たない以上こうするのは当然であり、且つ、趣味・教養・啓発等の比較的気楽な学習にはこのようなやり方で何ら差し支えは有りませんし、十分です。しかし、生涯学習体系における切実な学習需要に応えるには、この無責任なあなた任せの体制や方法では不可能です。こうした切実な学習需要に対応するのであれば、社会教育も自前の教育機能を持つことを検討する必要があります。どのような形で教育機能を持てばよいかは一概に言えませんが、臨時教育審議会も遠まわしに指摘しているように、成人教育のための短期大学・専門学校等を設置する（いわゆる、「コミュニティー・スクール」である）という方法が考えられます。日本の行政は、形を重視し、実績を軽視しますから、実績が上げられないのにやたらにコミュニティー・スクールを設置し、或いは、コミュニティー・スクールの形を良くするという理由で必要の無い教員をやたらに雇う等の無駄を大量に発生させる虞が極めて大きいことから、安易にコミュニティー・スクールの設置を云々するのは危険ですが、確実に効果が期待できる状況が存在し、且つ、良識も持ち合わせている市町村はこうした構想の実施を試みてもよいと考えられます。ただし、こうした試みが実現し、成功するためにも、短期大学や専修学校について教育内容を中心とした制度の思い切った弾力化、柔軟化等が必要です。その際には、放送大学は成人教育を目的とする機関であることを明らかにすべきです。なお、コミュニティー・スクールを設置すれば生涯学習体系における学習需要に応えられるようになるのではなく、そうした需要に応えられるような教育内容・体制等を備えた学校を設置して上手に運営するからそうした需要に応えられるのであるということを忘れてはなりません。

［学校における対応］
生涯学習体系における切実で本格的な学習需要に応える責任を問われているのは、社会教育に限りません。特に、最も充実した教育能力を持った教育機関である学校には、大きな期待が寄せられています。その中でも、大学は教育・研究の対象としている学問の普遍性、先端性とその教育能力とが相俟って、生涯学習体系において大きな役割を果たすよう求められています。しかし、現状は、そうした期待に応えて社会人の再教育等の機関として十分な役割を果たしているとは言えません。現在

行われている学歴偏重の入学試験のシステムにおいては、社会人が大学に入学することは至難の業であることから、臨時教育審議会も社会人については入学の特別枠を設け、試験の方法・内容等を工夫するよう提言したことについては前述しました。しかし、遥かに重要なことは社会人の学習需要に合った内容の教育を提供することであり、そのようなカリキュラムを構築できないのであれば、特別の枠を設けて社会人を受け入れる意味の大きな部分が失われてしまいます。即ち、若者と一緒に、若者と同じ勉強をしたいという者がいれば推奨されるべきですが、その場合は若者と同じ試験を受けて入学すべきです。日本の入学試験があまりにも特殊な状態にあり、実態として社会人がほぼ完全に締め出されていることから、こうした者についても入学の特別枠等の配慮を利用する必要があるのであって、本来は、こうした配慮は上記の社会人向けのカリキュラムによるコースを履修する者のために行われるべきものです。しかし、社会人に対し社会人に適した内容の教育を行っている大学は極めて稀であり、大学における生涯学習の典型としてマスコミ等が取り上げるのも、仕事から引退した者が大学に入り直して若者と共に勉強する姿です。即ち、一般人はもとより大学自身も、適齢期の若者に対する教育を社会人にも開放することが生涯学習体系における大学の役割と考えているのであって、日本の大学には社会人のニーズに対応した内容の教育を提供するという意識は薄く、そうする意欲や能力も乏しいと考えられます。

生涯学習体系における大学教育は、適齢期の若者である学生に対する教育と、社会人の学生に対する教育との2種類が有り、現行制度における概念としては両者共に学校教育ということになります（社会教育法第2条）。しかし両者は異なった教育であり、例えば、学校教育としての大学教育は前者のみを指し、後者は成人教育としての大学教育と呼ぶ等によって、その差異を意識する契機とすることも検討すべきです。

日本の高等学校の実態は、社会人が辛うじて入学できるのは定時制か通信制に限られています。特に、全日制の中でも普通科は、そこで行われているのは受験教育ですから、真面目な学習を望む社会人には無用なものであり、受験教育を改めない限り生涯学習体系における社会人受け入れについて全日制高等学校普通科はほとんどその役割を果たせません。そして、仮に現状において、大学入学を目指す社会人がいて全日制普通科へ入学して受験教育を受けることを希望しても、普通科のほうは社会人がクラスに加わることで雰囲気が乱されることを好まず、定時制なり通信制に入学すべきとして拒否すると考えられます。いずれにしても、日本の高等学校が社会人を適切に受け入れられるようになる可能性は薄いと考えられます。

専門学校（専門課程を持つ専修学校）は、これまでも様々な学習需要に対して柔軟に、巧みに対処しつつ公的な援助もあまり受けずに実力で生き残ってきたものであり、生涯学習体系における本格的な学習需要に対処する能力・意欲は他の教育機関

に比べて格段に高いのではないかと推測しています。しかし、一条学校の体系に入っていないということは大きな長所であるとともに、そこにおける学習の成果が評価されにくいというハンデも負っていることにもなります。生涯学習体系において専門学校が大きな役割を果たすためには、生涯学習体系における本格的学習需要に応じるという観点から見て教育能力が高いと評価できる或る種の専門学校を、教育・研究機関としては大学・大学院よりも上位に格付けする等の措置とともに、専門学校自身も更に実績と実力を積み重ねる必要があります。

[その他の対応]
日本においては、社会に出た後の教育訓練は、企業等がOJTの形態で行うものが大きな比重を占めています。日本の学校教育が生涯学習体系における本格的な学習需要に対応しない或いはできないということであれば、企業等がOJTの形態なり、外国の教育機関を利用するOff-JTの形態なりによって対処することになる可能性が高いと考えられます。しかし、終身雇用を中心とした雇用環境が変化した場合はこうした対処も放棄される可能性が有り、その場合は職業訓練校等の公的な職業能力の開発システムが従来の学校の役割も果たしつつ格段に大きな役割を引き受けるようになる必要が有ると考えられます。

1.5.2 教育から学習へ
教育と学習は、その行為をどちら側から見るかという話に過ぎず、事柄としては同じことです。例えば、博物館に行って展示を見る、図書館にいって調べ物をする等の個人学習と言われるものについては、学習という観点から考えるほうが明快であり便利ですが、博物館・図書館が社会教育施設とされているように、教育という観点から考えることも可能です。このように、「教育から学習へ」ということは単に見る方向の変更を意味するはずであり、これによって対象範囲が大きく変動することはないはずですが、日本においては、それは別の結果をもたらすこととなります。第2部の冒頭で述べたところですが、文部科学省以外の省庁でも、職員研修としてその職員の教育を行い、或いは、保育所の整備や職業訓練の実施等のように所管の行政として教育を扱っています。おおまかに言えば、文部科学省は人格の完成を目指す教育といった標語に代表される普遍的・一般的な目的を持つ教育を所管し、他の省庁はその行政目的に直結した教育を所管していると言えます。その結果、ややもすると、文部科学省においては普通教育と言われる一般教養的な教育が過度に重視される等の傾向が生じることになります。更に、教育とは文部科学省が所管するこうした教育だけを言うとして、他省庁の所管する教育については、教育とは言わないといった傾向が生じます。教育は高級な行為であり、文部科学省の専売特許というわけです。

一方、生涯学習体系において生じる本格的な学習需要について見た場合、上記

1.5.1で述べたように文部科学省の教育は頼りにならないこともあって、他省庁の教育が重要となり、他省庁の教育が中心となると考えざるを得ません。即ち、基本的に、文部科学省の学校教育は子供の教育であって社会人の教育ではなく、文部科学省の社会教育は教養・趣味・啓発のための教育（学校教育における普通教育の重視と同じような類のことである）であって、切実な必要に応じるための教育ではありませんし、そもそも本格的な学習需要に対応しようとしても、社会教育は自前の教育能力を持っていません。

こうして、生涯学習という観点に立つ以上、文部科学省の教育だけでは済ますことはできず全省庁に亘る教育の問題を考えることが必要になります。「教育から学習へ」ということは、教育という観点から見るか、学習という観点から見るかという問題ではなく、文部科学省の教育だけでは駄目で、各省庁の教育も含めて教育全体を考えるということを意味しているのです。したがって、当然のこととして、生涯学習という観点から問題に対処するには各省庁の連携・調整が必要になりますが、臨時教育審議会は、その場合に文部科学省が最も責任を持つ立場に在るのだから文部科学省が各方面に積極的に対応するよう求めています（第4次答申第4章第1節2(4)）。

以上のことから、生涯学習については、以下のような基本方針や仕組みが法律によって定められています。

① 生涯学習に関する学校教育、社会教育の施策は、職業能力の開発・向上のための施策、社会福祉に関する施策等の他省庁の関係施策と整合性を持ったものでなければならないこと（生涯学習の振興のための施策の推進体制等の整備に関する法律（以下、「生涯学習振興法」と言う）第2条）。
② 文部科学省に置かれる中央教育審議会の生涯学習分科会の委員を補佐する幹事（非常勤）は、各省の職員の内から任命すること（中央教育審議会令第5条第1項表、第7条）。
③ 都道府県に、知事又は教育委員会の諮問に応じ、生涯学習に関する施策の総合的な推進策を審議し、知事又は教育委員会に答申・建議する都道府県生涯学習審議会を置くこと（生涯学習振興法第10条）。
④ 都道府県教育委員会が生涯学習に関する事業を行う場合には、関係の機関・団体との連携に努めること（生涯学習振興法第3条第2項）。
⑤ 市町村も、生涯学習のために関係の機関・団体との連携・協力体制を整備すること（生涯学習振興法第11条）。
⑥ 都道府県は、関係市町村との協議を経た上で管内の一定の地域に関する地域生涯学習基本構想を作成することができること（生涯学習振興法第5条乃至第8条）。

関係の省庁が協力しながらこれまで未整理の施策を、国の施策として整合性を保ち

ながら進めていくことは難しいことであり、今後格段の工夫・努力が必要です。むしろ、首長が大きな指導力を持っていることから、都道府県・市町村のほうが施策の整合性を確保しやすいと考えられます。

1.5.3　家庭の教育力の回復（第 2 次答申第 2 部第 2 章）

臨時教育審議会は、教育改革の重要な分野として家庭における教育の問題を採り上げましたが、その問題意識は家庭の教育力が低下していること、そのため、家庭の教育力を回復することが必要であることの2点に尽きます。即ち、いじめ、校内暴力、少年非行等の問題は家庭における教育が十分その役割を果たしていないことが主要な原因の一つであるとするとともに、家庭がその役割を自覚することを基本としつつ、家庭・学校・社会の三者が一体となって家庭の教育力の回復に取り組むというものです。様々な対応措置について言及していますが、親に代わって子供を育て・教育する者は存在しませんから家庭教育は親の問題であり、親に対する措置にならざるを得ません。

世の中の親は、様々な状況の中で子供を産み、育て、教育しています。それは、生物として、人間として最大限の精力を使って行っているぎりぎりの活動です。そのやり方を不十分として非難することはその人の生き方そのものを非難することであり、安易に行うことは絶対に避けなければなりません。親の役割を他の者が代わることは困難であるのに、その親を非難し、否定することは子供から親を奪うことにもなりかねません。外部の者が何かを行うのであれば、それによって確実に親の活動の助けになることを、助けになるという効果以外を期待せずに行うことであり、そうすることによって良い子が育てられる等の理由の無い勝手な期待を懸けてはなりません。

臨時教育審議会は、すべての家庭で臨時教育審議会が考えるような内容の家庭教育を行わなければならないという独善的な前提でものを言っています。こうした考え方を採れば、弱い立場にある国民の生き方そのものを否定し、子供を教育するだけの能力が無い者としてその存在自体を否定することにもつながりかねません。日本の社会においてはこうした非難を受けた親が、「自分ができる精一杯をやっているのだ。とやかく言うな」と当たり前のように言い返せる風土が有りません。そうであるからこそ、臨時教育審議会のこうした無茶な提言も罷り通るのです。これでは、親は自分を責めるか、子供を責めるかであり、弱い者同士が自分自身を責め、或いは、互いを責め合うという全く不毛な状況を生み出すだけです。親が子供を虐待し、子供が親を殺すという現在の状況は、こうした不毛な関係が生んでいるのではないかと推測しています。臨時教育審議会の答申がこれにどれだけの影響を与えたかは不明ですが、子供の教育について親を責めるという風潮を後押ししたことは確かです。

親は子供を看護・教育する権利が有り、義務が有りますし、子供を傷つけ・殺す等

は犯罪です。これらの義務等の不履行・違反に対しては、厳しく非難し、防止の措置を採らなければなりません。しかし、基本的に責任の無い者の集まりである審議会が思いつきで、且つ、道徳的非難という立法の手続きを踏まないで済む形態で、人間の生存の根源に関わるこれらの義務・責任・禁止を加重し、或いは、範囲を拡大することは、極めて不適切な行為です。

2　生涯学習体系への移行

以上が、臨時教育審議会が生涯学習体系への移行に関して行った提言の概要です。その中には、不適切な内容のものも有りますが、おおむねは肯定してよい内容のものであり、少なくとも真剣に検討してみる価値は有るものです。しかし、その内容を更に具体的に見ると、生涯学習村や施設のインテリジェント化（第3次答申第1章第2節(1)・(2)）等のようにそうした試みをする者がいてもよいという程度のもの、大学の教育内容の改革（第2次答申第2部第1章第3節③、同第4章第1節①・②）や省庁間の連携の確保（第2次答申第2部第1章第2節⑦、第4次答申第4章第1節2(4)）等のように方向性ではなく具体化の方法が問題であるのに方向性だけ示したもの、6年制中等学校や大学入学のための共通テスト（第1次答申第3部第2節(1)・(2)②）等のように運用こそが問題であり運用を誤ればかえってマイナスとなるもの、社会人が必要とする教育内容の工夫（第2次答申第2部第1章第1節④（イ））や社員等に対する適切な能力評価（第3次答申第1章第1節(3)②）等のように当事者のやる気が問題で行政としての対応が困難であるもの等、その実行や効果が期待できないものが少なくありません。

そうは言っても、適切な内容で実行可能性もあり、実施されればそれに見合った効果が生じ関係する者が感謝するという有益な提言も数多くあることは事実です。ただ問題としては、こうした提言をすべて実行したとしても学歴偏重を解消することにはならないと考えられることであり、現実においても、こうした提言の多くはその後実施されましたが、学歴偏重の解消にはほど遠いのが現在の状況です。法律に基づく制度や制度の運用が学歴偏重になっているのではなく、日本の社会が既存の制度やその運用の実態に依存しながら関係者にとって都合が良いように作った事実上のシステムが学歴偏重です。このシステムが依存しているのは、大学における入学試験の制度と企業における人事であると考えられますから、ここを根本的に変えない限り、或いは、国民の価値観が根本的に変わる等日本の社会に大変動が起こらない限り、その解消はできません。臨時教育審議会は、キーポイントの一つであり、教育の面から学歴偏重を緩和できる唯一のものである大学入学試験のシステムを大きく変えようとしませんでしたから、その教育関係の提言をすべて実行したとしても学歴偏重の解消にならないのは、意外なことではなく、当然の帰結です。

臨時教育審議会の答申においては、生涯学習体系への移行は学歴偏重の解消と不可

第4部 生涯学習社会の建設

分のものとされていますから、学歴偏重を解消する目途の立たないままで生涯学習体系に移行することは想定されていません。その答申自体が、「学歴社会の弊害は、今日の教育・学習のシステムのみならず、社会慣行や人々の行動様式に深く根ざしていることから、生涯学習社会の建設を目指すなかで、長期的な視点に立って解決される面が大きい（第1次答申第3部第1節の冒頭）」とし、大学入試制度・企業等における人事の基本を維持する方針を当初から固めていました。問題の核心部分はいじらずに周辺部分をあれこれといじることで学歴偏重の解消の目途をつけようとしましたが、結局それは無理な試みでした。その結果、生涯学習体系への移行に向けての段取り・時期は勿論、生涯学習体系における教育制度がどのようなものであるかという概要さえ提示できないことになりました。臨時教育審議会が行った様々な提言は、学歴偏重の解消という核を失って、ばらばらの課題となるとともにばらばらに実施されることとなり、今日でもポツリ、ポツリと思い出したように実施されることがあります。例えば最近では、国立大学の法人化（第3次答申第3章第3節）と大学の第三者評価（第2次答申第2部第4章第1節(4)①）に関する国立大学法人法の制定と学校教育法（第69条の3乃至第69条の6等）の改正は2004年から実施されましたし、助手の職務・立場等（第3次答申第3章第2節(2)④）に関する学校教育法の改正（第58条第9項）は2007年から実施されました。

以上から言えることは、臨時教育審議会の言う「生涯学習体系への移行」は具体的な目標ではなく、日本の社会が大きく変わるときに、或いは、教育に関する様々な対応を採っているうちに、見えてくるかもしれない雲の中の目標であるということです。したがって、生涯学習体系の具体的な姿もそのときになるまで分からないのです。端的に言えば、生涯学習体系への移行は当面の指針になり得ないものであり、生涯学習体系の内容を詮索することは無駄な努力です。

臨時教育審議会が、学歴偏重を解消する途を見つけられないという自らの無力さを隠すために、生涯学習体系への移行という曖昧だがもっともらしさもある概念を使ったのであるにしても（少なくとも、結果としてはそうなっている）、生涯学習に関するその提言を意味が無いとして、否定してはなりません。それは、次の二つの理由によります。

第1は、臨時教育審議会は学歴偏重の解消に失敗しましたが、そうであるからといって、学歴偏重を肯定し、奨励すべきだということにはなりません。殺人を抑えるためにどんなに努力しても殺人が横行し続けているからといって、社会が殺人を肯定し、奨励すべきということにはならないのと同じことです。我々は今後とも、学歴偏重の非合理性と、それがボディーブローのように個々の国民と社会に損害を与え続けていることを、事有るごとに指摘し、非難し続けなくてはなりません。臨時教育審議会が行った指定校制の廃止等の提言を日本の社会が取り下げるようなことをしてはならないのです。

第2は、学歴偏重の解消とセットになった生涯学習体系への移行という考えを放棄しても、生涯学習の考え自体は現在においては必要で有益な考え方であり、これを放棄する必要は有りません。特に、文部科学省や教育委員会の教育だけでなく、他の省庁、首長部局や他の委員会の教育も合わせて調整をとりながら進んでいくという考えは今後とも不可欠ですし、学校も生涯学習の部品の一つでしかないという認識、及び、教育に関する不必要な規制を無くして意欲と能力に応じて誰でも学べ、学んだ内容に相応しい評価を受けるという原則等は維持されるべきです。

以上から言えることは、現在の日本の教育関して必要とされることは、学歴偏重を抑制する努力を続けることと、非合理的な教育制度を改善することです。

教育の改善・充実のために予算を措置し、新しいシステムを作り、整備する等の努力がこれまでも行われてきましたし、現在も行われていますが、その大部分は効果の期待できない、精一杯努力しているという格好をみせるためだけの施策であると言わざるを得ません。教育関係者は、学歴偏重の社会では真の教育の改善・充実は困難であることを実感しているはずであり、いじめ等に関する対策・第三者評価による大学教育の改善等の施策が、それらの問題の本質的な解決に繋がるものでないことを理解しているはずです。そういうことはないと言う者がいるのであれば、その者は初等中等教育が有名大学に入学することを目指した教科書暗記教育であり、大学教育が就職を前提とした卒業のための勉学という状態において、何をしたら教育の改善・充実を図ることができるか示さなければなりません。こうした状況では、教育の改善・充実は、科学的発見や社会の変化に合わせて教育内容を変える等必要・最低限の措置に止めるべきです。

これに対して、制度を合理的なものにすることは、制度の効果を高め、国民の無駄な努力・負担を解消するものであり、それによって時には誰かの正当ではない既得権を奪うことは有るかもしれませんが、基本的に社会にとって有益であり、望ましいことです。これまで見てきたように教育に関する制度にも、不合理なものが多々存在しますから、それらを速やかに合理的なものに改めることの必要度は高いと言えます。ただし、これまでも述べてきたように学歴偏重は教育制度がそうなっているから生じた問題ではありませんから、こうした制度の合理化をどれだけ積み重ねても、学歴偏重の解消にはならないことを、理解する必要が有ります。

合理性という点から見れば、多くの国民は、大学入学を勉強の努力に対応している試験の点数で決める方法のほうが、運だけで決まるくじ引きで決める方法よりも合理的であると考えるはずです。しかし、学歴偏重の解消という点からみれば、日本の大学の入学をくじ引きとして、それを断固維持することは有効です。具体的には、高等学校の卒業試験を実施し、その合格者、一定以上の点数を取った者等に大学入学資格を与えて、場合によっては地域性を加味しつつ、国立大学への入学はくじ引きとするという方法が考えられます。国民が考える大学入学に関する合理性とは、

希望する大学に入れるようにすべきということであろうと考えられます。しかし、専攻分野にも御構い無しに何としても東京大学にという希望を尊重する必要は有りませんし、専攻分野を重視するのであれば特定大学への固執を認める必要は無いはずです。臨時教育審議会は避けて通りましたが、大学入学における合理的制度が何であるかを新たな機会を設けて問い直してみることが必要です。なお、医者等の専門職の養成を行っている分野においては、前述したように学歴偏重とは無関係であることから、又、その性格上からも、国立大学ではあっても自らの方法で入学者を選抜することは当然のことです。

近年教育については多くの法律改正等が行われましたが、上記のような観点からこれらを見ると、その多くは、教育の改善・充実を旗印にするものであり、制度の合理化を図るものではなく、効果が期待できないまま、徒に新しいシステムを作り、或いは、システムを複雑にして国民に負担を強いるだけのものが多いと言わざるを得ません。勿論、大学の学部等の設置について既存の学部等の学位・分野と同じものであれば届出で済むこととした学校教育法の改正（2002年）等のように、制度の合理化を図る法改正も存在しています。

第2章
生涯学習社会の建設

現在においては、臨時教育審議会の言う生涯学習社会の建設はユートピアでしかありませんが、少しでも教育を良いものにするため、或いは、教育をこれ以上悪くしないため考えられる対処として、学歴偏重を抑制する努力と教育制度を合理化する努力が有ります。これらの努力をせずに成り行きに委ねて戦争・革命等の破局による社会の大変革を待つという方法も有りますが、それらの場合においてもそれまでに整備されてきた教育の量と質が基礎となって新しい時代の教育が始まっています。これは、事の当然であるとともに、例えば無から有を作ったと考えられている学制の制定（1872年）に始まる学校教育の整備においてさえも、その教育を支えたものは基本的に旧来の日本の伝統的な教育基盤で育った日本人の政治家・官僚・有識者・教員・生徒等の活動であったこと、新しい小学校も江戸時代のシステムであった寺子屋等の旧時代の教育機関に依存する実態[注4]が有ったこと等からも言えるところです。又、学校教育法の制定（1947年）を中心とする学校教育の整備は、個人の尊重を基本とした民主制と平和主義に従って教育制度を改めたものでしたが、その土台となったものは旧制度における教育でした。

臨時教育審議会は、1872年から行われたものを第1の教育改革、1947年を中心とするものを第2の教育改革、自分たちの提言に基づくものを第3の教育改革とし、第1と第2の改革が国家社会の大きな政治的変革に伴うものであったのに対し、第3の教育改革は平時の改革であるとしました（第4次答申の「始めに」等）。革命時の改革であれ平時の改革であれ、教育改革まで待ってもそこで土台とするのがそれまでに積み上げてきた教育の量と質であるとすれば、「時が来るまでは教育を良くならないのであるから、それまでは教育をよくするために真剣に努力をする必要は無い」のだという態度は適当とは言えません。

学歴偏重の抑制は、学歴偏重が社会に根ざしたものであって、法律制度の問題ではなく事実上のシステムであることから極めて対応が難しい問題であり、結局は国民

[注4] 例えば、土方苑子著『東京の近代小学校』（東京大学出版会）第2章

の良識で抑制するしかないと考えます。そして、これまでの歴史を見ても、我々日本人の良識は頼りなく、信用し難いということ、日本のマスコミも国民のこうした部分を増幅することに血眼になっているだけであって国民の良識以上に頼りなく、信用できないということに思いを致して謙虚な気持ちを持ち続け、子供の幸福を第1に考えて行動することが必要です。国民の良識が頼りなく、信用し難いことは、民主制の代表的な国であるアメリカでもマッカーシズム等の例が有るように日本だけの専売特許ではなく、多かれ少なかれすべての国と国民に付き纏うものでありながら、それでも事の最後は国民の良識によって決まっていくというところが人間の社会です。そこでは、活発で、闊達な言論の存在が国民の良識が賢い決定になるかそうでないかを分ける基本となると考えられますし、その場合におけるオピニオンリーダーの質・量が重要になりますが、いずれについても日本は進んだ国ではないというのが実態と考えられますから、謙虚に物事を考え、謙虚に対応しなければなりません。

例えば、学力低下が言われていますが、これが学歴偏重を堂々と別の言葉で言い換えたものであることは、火を見るよりも明らかです。学力低下の原因としてゆとり教育が非難されていますが、ゆとり教育の基礎は臨時教育審議会の提言であり、学歴偏重で毒された学校教育を正常化するための対応ですから、それを非難する意味は明白です。更に、学力低下の大合唱の御先棒を担いだ某大学の教授は、その授業科目に必要な数学の分野を高等学校で履修してこなかった学生が自分の授業を受けていることを以って学力低下としました。この問題は、その数学の科目を授業受講の要件として明示し、それが必修科目であれば学部・学科の入学要件とすることが本筋であって、或いは、その科目を高等学校で教えていないのであれば高等学校や文部科学省に教えるように求めるか自分の大学で教えるかであり、いずれの場合においても学力低下・ゆとり教育のせいにするのはこじつけです。そもそも日本においては、公立学校の授業を誰も見ておらず、全国的な学力テストも行われておらず、学力低下を云々することはできないはずです。それにもかかわらずというよりも、それを良いこととして、事実をきちんと整理せずに闇雲に学力低下を非難し、それと結び付けてゆとり教育を非難するというやり方は、マスコミが御先棒を担ぎ、扇動しているところも含めて、まるで矮小化されたマッカーシズム[注5]であり、文化大革命[注6]です。前者は共産主義者の国務省等への浸透を極端に過大視することによって成立し、後者は国の運営の中枢である行政・党（共産党）・軍（赤軍）における反革命的指向を極端に過大視することによって成立していました。前者は、中国の共産主義化を始めとする共産主義勢力の拡大という状況を背景に、20年近く

[注5] 1950年から始まる。例えば、『ジョージ・F・ケナン回顧録』（読売新聞社）下巻第9章
[注6] 1966年から本格化する。例えば、Jin Chongji 主編『周恩来伝』（岩波書店）、26～35頁

政権から離れていた共和党を土壌として生じ、後者は、現実と遊離した大躍進の失敗に学ぶことができなかった毛沢東がソビエトの国力の一時的な躍進に目を奪われた（或いはそのふりをした）ことを背景に、共産党内の勢力争いを土壌として生じたものです。同様に学力低下騒動は、子供の学力とその学力の低下を極端に過大視することにより成立しています。その背景をなしているのは、主として政治の失敗による経済を始めとする多くの分野における低迷・衰退であり、及び、国民感情を利用して事の是非を決めようとする傾向が強いために生じる日本の教育問題が持っている曖昧さです。そして、その土壌となっているのが学歴偏重社会であることは、容易に推測できます。

なお、これと反対の状況、即ち日本が右肩上がりの成長を続けていた時代には、その原因は教育が優れているからであるとまことしやかに主張していましたから、日本の低迷・衰退の原因は教育に在るとされても止むを得ません。しかし、両者とも、事実の裏づけを欠く主張に過ぎないということについては、しっかり認識しなければなりません。

現在、日本で騒がれている学力低下の「学力」とは、それが低いと人間として恥であるかのように言われ、人間が本来的に備えるべき能力であるという扱いを受けていますが、端的に言えば教科書を暗記した程度、よく言えば学習の到達度に過ぎません。勉強すべき時期にはしっかり勉強しなければなりませんし、その結果も出さなければなりませんが、学力に振り回され出したらそこで人間としての知的な成長は止まります。

学力低下を言いながら、学力調査の積み重ねが無い日本においては、子供の学力に関する信頼できる基礎データは皆無であり、その上、公立学校の授業の実態を教育委員会が把握していないばかりか、その学校の校長ですら把握しておらず、信頼できる国の教育専門家が教育の実態を把握し、分析・整理することすら行われていないのです。基礎データや実態の把握さえ行われていないまま学力低下が叫ばれ、学歴偏重教育の強化が行われようとしています。現在学力低下の証拠として引き合いに出されている主要なデータは、関係する国々の抽出された少数の子供たちに同じ問題を解かせてそのでき方を比較することですが、そもそもこのデータは、子供を誰がどのように選んだかも国民に明示されておらず、第三者である専門家による内容・方法等の吟味と信頼度に関する分析もきちんと行われていないものであり、且つ、その性格からしても基礎データとはなり得ないものです。子供の学習到達度についての国際比較は、教育が独善的にならないようにするためにも重要ですが、国の政策のレベルでこれをオリンピックよろしく子供に競わせることは絶対にしてはいけません。

数学や理科は本当に面白くて楽しい勉強ですから数学や理科についてこれまで鍛えてきた自分の力を知りたいという子供や、力を示したいという子供が競争するのを

妨げる必要は有りませんが、国同士が数学や理科の点数を子供に競争させることに一体何の意味が有るのですか。現在行われているものも順位を争うためではありませんし、順位自体に意味が有るわけでもありません。それは、自分の国の教育内容・方法等について特徴的な性質を把握し、今後に役立てるためです。確かに、あまりにでき方が酷い場合は、その他の学校についても調査し、事柄の信憑性を確認した上で、原因を探り、教育内容や方法等を検討して、必要が有れば改善を加える等して子供の理解度を上げていかなければなりません。その結果、順位は上がるでしょうが、順位を競争しているわけではないのです。

日本の場合はそれ以前の問題として、学力調査も行っておらず、公立学校の授業の実態もまともに把握していない等、誰一人学校教育の現実を把握していない状態で子供の学力低下を云々している不誠実な態度を厳しく糾弾しなければなりません。アインシュタインやマックスウェルがいることはその社会や世界の福祉を大きく前進させますが、国民が皆アインシュタインやマックスウェルになったらその社会や世界の存立に必要な無数の仕事が滞り、社会は破滅です。又、現在の社会は、技術者だけで動いているものではありません。国は自然科学者や技術者になる者のために充実した教育を提供しなければなりませんが、そうした教育は国が提供する教育のほんの一部であり、それ以外の教育を国はそれ以上にしっかりと提供しなければなりません。

こうした学力低下をめぐる様々な問題は、学歴偏重問題の根の深さ・幅の広さを示すものであり、その抑制を図ることの難しさの一端を示しています。

もう一つの努力の対象である教育制度の合理化も、決して易しい問題ではありません。それは新しい教育制度発足後60年以上に亘って実質的にそのままにされてきたことでも分かります。ただ、教育制度の問題は法律によってその内容が明確に定められていて分かりやすいということと、それを改める手続・方法が確定していることから、そのつもりになれば十分対処が可能です。

以下において具体的に教育制度の合理化の問題を取り上げますが、記述の便宜上これを、法律の有無の問題、法律の内容に関する問題、制度の原則に関する問題の三つに分けることとします。

第1節　法律の有無の問題

法律の有無といっても実際には、有ってはならないのに法律が有るとして問題になることは無く、問題になるのは、有るべきはずの法律が無いことです。有ってはならない法律が有るということは結果的に法律の内容の問題に帰着し、その問題については別途取り上げます。有るべきはずの法律が無いという問題は、法律が無いのに法律が有るかのように規制が行われているという問題と、法律は有るがその内容

が行われている規制の内容に比べて申し訳程度で不十分であるという問題が有ります。これ以外に立法論・政策論として、こういう法律を作成することが望ましいという議論については、第3節の制度の原則に関する問題として私見を述べることとします。

有るべき法律が無い、或いは有っても不十分な内容だという問題は、1947年以前の旧制度における教育に関する立法は国会を通さないまま、天皇が法律に相当する内容の勅令を制定する（大日本帝国憲法第9条）という形態で行われてきた[注7]ことにより教育行政に染み付いてしまった体質が現れたものです。実際にも、旧制度において学校教育関係の法律は義務教育等の教員給与費の一部を国が補助するための法律（旧義務教育費国庫負担法（昭和15年法律第22号）等）のみであり、その他はすべて勅令又は勅令に基づく省令でした。

勅令の形式による立法の具体的な仕組みは、文部大臣が内閣に対して教育に関する勅令の原案を提案し、内閣総理大臣が天皇の裁可を貰うというのが原則であり、そのうち重要なものについては枢密院の審議を受けましたが、すべて国民の代表である議会を通さずに処理されていました（旧公文式（明治19年勅令第1号）第2条、旧公式令第7条第2項・第3項、旧枢密院官制（明治21年勅令第22号）第6条第8号）。国会の立法権を排除するシステムを認めていない現在の政治体制においても（日本国憲法第41条）、教育に関しては行政府限りで事を行おうとする性向が残っているものと推測されます。

もっとも、法律で規定すべき事項を限定し、その法律事項についてさえも議会の承認を得て行政庁の作成する時限的な命令で規定することを認める等、議会の立法権限を大きく制限している現在のフランスにおいては、教育については、法律で規定するのは基本原則に限り、その基本原則の適用については行政庁の定める命令によることとしています（1958年10月4日の第5共和国憲法第34条第4項第3号、第37条、第38条）。それは、その憲法がこうした特異なシステムを採っていることによるからであり、現在の日本において通用する議論ではありません。

1　法律の規定を設けるべきもの

政令・省令は、法律の委任が無ければ義務を課し、権利を制限する規定を設けることができないとされています（内閣法第11条、国家行政組織法第12条第3項。日本国憲法第73条第6号参照）。したがって、法律の委任が無いのに権利を制限し義務を課している教育関係の政令・省令の規定が問題となります。ただし、そのよう

[注7] 緊急勅令（大日本帝国憲法第8条）を含めて勅令は法律の下位にあることから、勅令の制定が問題なのではなく、法律を制定しなかったことが問題なのである。教育については法律を制定しないという原則は明確な形では存在せず、有耶無耶の中で行われてきた。

な規定であっても、法律に規定を移してきちんとした規制とすべきものか、規制の形態は採っていても実質は規制ではなく、そうすることが望ましいという意味の規定と考えるべきか判断が難しいところがあります。ここでは、多くの国民に関係するものであって、正式にルール化することが社会にとってもプラスになると考えられるものを挙げることとします。

1.1 学年の始期と終期
学年という言葉は学校教育法（第22条等）に出てきますが、それが4月1日に始まり翌年の3月31日に終わるものであることは、省令において決められています（同法施行規則第44条等）。学年の始期・終期は、それにより入学・就職等の時期が決まるものであり、国民にとっても大いに関心が有る問題であるとともに、他国の状況との整合性、学校教育の効率化等の面から社会にとっても重要な問題です。現に、入学の時期の在り方については臨時教育審議会においても熱心に審議されたところです（第4次答申第4章第2節）。こうした基本的な問題を、立法府が関与しない形で行政庁だけで決定し、その決定が国民を拘束するという状態は適切ではありません。更に、法律が文部科学大臣に対してこうした規制を行うことを委任している条文も見出し難いところです。
こうしたことから、学年の始期・終期については法律で規定すべきです。

1.2 進級の認定
日本の学校教育制度として進級の認定は有りません。その代わりに、すべての学年に亘って学年を単位としてその学年の課程を修了したことを認定することが求められています（学校教育法施行規則第27条等）。又、学校を卒業するためには、例えば小学校であれば、1年から6年までのすべての学年の課程を修了していなければなりません（同規則第28条等）。即ち、進級の可否を決めるのではなく、落第していないことを認定し、落第してさえいなければ進級できるとするものです。この認定はそのための試験を行うのではなく平素の成績に基づいて行わなければなりませんし（同規則第27条等）、卒業の認定は各学年についての認定の累積ですから（同規則第28条等）、卒業認定のための試験も有りません。これが妥当と言えるかは議論が有るでしょうが、少なくとも義務教育については止むを得ないことであると考えます。しかし、当たり前に見えることや妥当なことであっても、それを国民に強制するのであれば法律にその旨を定めることが必要です。そして、この規定は必ずしも当たり前のこと、止むを得ないことだけを定めているものではなく、飛び級の禁止も定めていることになります。日本の学校体系は、この規定により飛び級は禁止されたという前提で作られています。このため、高等学校に2年間しか在学しない者を大学に入学させる場合に、その者が2年間で高等学校を卒業するというシス

テムをとることができず、高等学校を中退して大学に入学するというシステムにするしかありません（学校教育法第56条第2項、同法施行規則第69条の4）。又、日本や外国の正規の学校体系に属さない経路から日本の高等学校・大学に入学する場合には、高等学校については15歳以上、大学については18歳以上でないと入学ができないようにするため細かい注意を払うことになります（就学義務猶予免除者等の中学校卒業程度認定規則第3条・第8条第2項、学校教育法施行規則第69条第7号、高等学校卒業程度認定試験規則第3条・第8条第1項、外国において学校教育における12年の課程を修了した者に準ずる者を定める文部省告示、大学入学に関し高等学校を卒業した者と同等以上の学力があると認められる者の指定第20号乃至第23号）。

このように、飛び級を禁止した内容も持つ限りにおいては、学校教育法施行規則第27条等の規定は、法律の根拠が無いにもかかわらず実質的に拘束力を持った規定となっています。このような事項は、法律で規定する必要が有ります。

更に、この問題に対応する場合、年齢に応じてではなく、能力に応じて、ひとしく教育を受ける権利を有するとした日本国憲法（第26条第1項）の趣旨を踏まえる必要が有ります。学校教育において年齢に応じた対応の異なりが有るのは或る程度は止むを得ないところですが、年齢だけにとらわれることは国民の基本的な権利を蔑ろにする結果となります。

1.3　公立学校の休業日、学則の制定等

学校の休業日については定義が無いためその内容は必ずしも明らかではありませんが、規定の内容から推測すれば、生徒に対して学校としての教育活動を行わない日、端的にいえば授業の無い日を指すものと考えられます。国は設置者として旧制度の国立学校の休業日を定めることは可能でしたが（実際は文部科学省が国立学校の休業日を定めることはなく、各学校に委ねていた）、それ以外の学校の休業日を決定する権限は文部科学大臣に与えられていません。現在は国立学校においても、休業日は国立大学法人が定めます。それにもかかわらず、現在公立学校についてはその休業日を国が定めています。具体的には、大学以外の公立学校について祝日・日曜日・土曜日は全国一律の休業日とし（学校教育法施行規則第47条）、夏休み等の長期休業日を中心とするそれ以外の休業日は設置者である都道府県・市町村の教育委員会が定めるものとしています（学校教育法施行令第29条）。祝日・日曜日・土曜日を休業日とすることは当たり前のことのように思われますが、前述のように、当たり前のことであってもそれを強制するのであれば法律の根拠が必要ですし、土曜日を休業日とすることをめぐって熱い論争が行われたところであり、私立学校等においては現在でも土曜日を休業日としていないところも有ると聞いており、必ずしも当たり前とも言えないところです。国民の利害に関わり、国論を二分する教育問

題が文部科学省令の改正だけで処理できるようになっていたということは適切ではなく、全国の公立学校にこれを強制するのであれば、法律で規定すべきです。もし、法律で規定しないのであれば、この規定は拘束力が無いということを明確にすべきです。

なお、私立学校の休業日については学則で定めることとしていますが（学校教育法施行規則第47条の2等）、文部科学大臣がこのようなことを定めることができるとする法律上の根拠が有りません。それ以前に、学校には学則を作成する義務が有るとは考えられず、学則の存在を前提とすることは不適切です。学則の存在を前提とした規定はこの他にも存在し、それらの規定にも同じ問題が有ります。学則が関連したこれらのシステムを存続させるのであれば、学則の作成を法律上の義務として定めるべきです。

なお、公立学校については、都道府県・市町村が条例で休日を定めることとなっており、祝日・日曜日・土曜日・年末年始・沖縄県における慰霊の日のように総務大臣との事前協議を経て定めた特別の日のみが休日として定められています（地方自治法第4条の2）。これらの休日においては、各都道府県・市町村が全体として閉庁となり、職員についても休みとなりますが、これらの日に特定の部門（例えば、博物館等）が開館し、その職員については休みでなくなることを禁じる趣旨ではありません。

したがって、公立学校の夏休み等は休業日であり授業を行うことは有りませんが、生徒はいなくとも休日ではないので学校は開庁し、教職員は出勤しなければなりません。ただし、教員については、授業に支障が無い限り、校長の承認を受けて勤務場所を離れて研修を行えることとなっており（職務専念義務の免除と考えられる。教育公務員特例法第22条第2項）、実態としては、自宅研修等を行うのが一般的と考えられます。しかし、こうしたやり方は実態を反映してもいませんし、必ずしも合理的とは言えず、学校を完全に閉庁して、教職員はその間無給とする等学校の実態に相応しい方式を検討する必要が有ります。

1.4 届出

学校教育に限らず、国・都道府県・市町村が国民に対して一定の事項を届け出るように要求することは有り得ることです。一定の事項が生じた場合や生じる場合には、国民は定められたところに従って届け出ることになります。届け出るべきとされたことを届け出ないと、その者に対して所定の効果が生じない、刑罰や過料が科される、直接的な不利益は無い等いろいろな状況が生じます。届出をしなくとも特段の不利益が無い場合でも国民に届出という行為を強要することになりますから、法律によって届出の義務を課すべきです。

学校教育についても、多くの届出義務が定められています。そのうち、公・私立大

学の学部等や指定都市立幼稚園の設置の届出（学校教育法第4条第2項・第4項）、私立学校の校長の届出（同法第10条、第82条の11第1項、第83条第2項）、高等学校の広域通信制の課程の設置認可に関する文部科学大臣への届出（同法第45条第3項、第51条の9第1項）、大学の認証評価機関が評価基準を変更する場合等の届出（同法第69条の4第5項、第70条の10）、専修学校の名称変更等の届出（同法第82条の9）は法律で定められていますが、それ以外の多数の届出は政令・省令で定められており、法律の根拠が有りません（学校教育法施行令第25条乃至第27条の3、学校教育法施行規則第2条）。

教育関係のこれらの届出については、政令・省令で届出義務を課している場合は勿論のこと、法律で届出の義務を課している場合においても、その不履行については直接の不利益や制裁は有りません。ただし、公・私立大学の学部等の設置に関する届出は（学校教育法第4条第2項）、届け出た内容が不適切な場合には文部科学大臣が必要な措置を採るよう設置者に命じることができること（同条第3項）との関連を考えると、直接の不利益や制裁が無いとは言い切れません。もっとも、無理が有るのは届出に関して措置命令を発することであるとも考えられます（行政手続法第37条参照）。実際は、この学部等の設置に関する届出の真意は、届出が受理されて初めて届出が完了するのであり、届出が完了していなければ学部等の設置は認められないというものであろうと推測されます。これでは認可と何一つ変わらないのであり、ペテンです。

政令・省令による届出は原則として廃止すべきであり、どうしても必要なものが有れば法律で規定すべきです。又、法律による届出であっても客観的に必要性の薄いものは廃止すべきです。例えば、校長の届出制を設けるのであれば私立に限る理由は有りません。この届出は元を辿れば、旧私立学校令においては私立学校の校長は認可制が採られ（第3条）、校長・教員について不適当と思われる者には試験をしてその能力を確認すること等も有り得たのですが（第5条乃至第7条）、国・公・私立共通の校長・教員資格制度が整備された現在ではこのようなシステムは存在し得ないにもかかわらず、校長の認可制を届出制にして無批判に私立学校令の定めを引き継いでしまったものです。

なお、私立学校令の規定を安易に引き継いだものには、他にも閉鎖命令の罰則や専修学校・各種学校に対する認可申請命令等が有ります。

高等学校の広域通信制の課程に関する都道府県から文部科学大臣に対する届出も不要です（学校教育法第45条第3項、同法施行令第24条の2）。

2　法律の規定を充実すべきもの

現在の条文では肝心のことが定められていないため、国民の権利・義務に関する重要な教育問題について国会のコントロールが及ばないという状況になっているもの

が有ります。例えば、公立の義務教育学校では退学を認めない、義務教育学校では停学を認めないというルールは国会が作ったものではなく、内閣が作ったものでもなく、文部科学大臣限りで作ったルールであり、文部科学大臣の一存で変えることができます。文部科学大臣限りでこうしたことを決めているのは、法律がそうしてよいとしているからですが（学校教育法第11条）、義務教育からの排除に関するルールは国民としても、設置者としても、又、国としても重要な関心事ですから、法律で決めるようにすべきものです。このように、法律自身が大切なルールも含めて一切合切を行政が作るルールに委ねることを包括委任と言うとすれば、学校教育には包括委任と言えるものが目立ちます。

2.1 教育内容

初等中等学校においては、原則として、学年ごとに学習すべき教科・科目が指定され、更に、学年ごと、且つ、教科・科目ごとにその年間学習時間、その教育内容が全国一律に決められているばかりでなく、同様な形で道徳・特別活動・総合的学習の時間等を置くことと、それらの内容・時間数が定められています。これらが一つのモデルを示したものであって国民を拘束する力の無いものであればまだしも、基本的に国民を拘束する力が有ると考えられています。そうであるなら、少なくともその基本的な部分は法律で定めることが必要です。しかし実際には、「教科に関する事項は、文部科学大臣が定める（学校教育法第20条等）」という条文が有るだけであり、その結果、日本の初等中等学校の教育内容はすべて文部科学大臣の一存で決められ、変えられているのです。

教育内容に関する事項を文部科学大臣が定める場合に、基本的な事項は省令（学校教育法施行規則）で定め、その他の細かい部分については学習指導要領として定め、告示しています（同規則第25条等）。学校教育法の規定に基づき文部科学大臣が教科について定めている限りにおいては、省令であろうが、告示であろうが、或いは、その他の形式であろうが、その意味・効力に変わりは有りません。しかしながら、現在の法律は文部科学大臣が定めたものがどのような意味を持つかを定めておらず、定めたものが強制力を持つのか持たないのか、定めていることのうちどの部分が強制力を持つのか等が皆目分かりません。そのため例えば、政策論としても、定めるべきであるのは通常の意味における教科に限るという議論も十分有り得ますし、教科の内容は定めるべきだがその学年ごとの内容までは定めるべきではない、特定の教科の内容は定めるべきだが全教科の内容までは定めるべきではない、その教科の内容の主要部分は定めるべきだがその教科の内容をすべて定めるべきではない等の議論が有り得ます。現在言えることは、学習指導要領が定める内容が大綱的なものでなくてはならないこと、誤った知識や一方的な観念を子供に植え付ける内容のものや教師に対し一方的な理論や観念を生徒に教え込むことを強制するような点が含

まれているものは定められないことです（1976年5月21日の旭川学力テスト事件に関する最高裁判所判決参照）。

上記の疑問を解消するためにも、初等中等学校の教育内容に関する仕組みと運営の基本的な事項については法律で規定すべきです。

なお、国は、学習指導要領を始めとする現在の教育内容は審議会における審議を経て作成されており、その妥当性に問題は無いとしているように見受けられます。何度も指摘しているように、審議会において審議を行うのは文部科学大臣が選任した者であり、大部分が教育関係者であって、分野的にも、又、傾向的にも極めて偏っており、その審議結果の妥当性は全く保証されませんし、非常勤の職員という無責任な立場であることによってこれまでに唯の一度も結果についての責任を追及されたことが有りません。反ってその実態は、子供や一般国民の必要や考えをそっちのけにして、自分たちの既得権を守るためにその教科の存続や授業時間数の確保に血道を上げているに過ぎないといった指摘さえ有ります。

2.2 教科書の作成

幼稚園を除く初等中等学校においては教科書の使用が義務付けられており（学校教育法第21条第1項等）、その発行から供給までのシステムは法律で定められています（教科書の発行に関する臨時措置法、義務教育諸学校の教科用図書の無償措置に関する法律等）。略述すれば、教科書とその発行者が決まり、都道府県ごとに教科書展示会が開かれ、展示会を見た各市町村教育委員会から来年の必要数の報告が都道府県教育委員会に届き（国立・私立は各校長から報告）、都道府県はそれらと自分が設置する学校の分をまとめて来年の教科書必要数を文部科学大臣に報告し、文部科学大臣はそれを集計して各教科書発行者に来年発行すべき部数を指示し、各教科書発行者は必要部数を印刷して、各学校まで教科書を届けるというものです。なお、義務教育教科書は無償とされ基本的にこのシステムで供給されますが、市町村立の義務教育学校については複数の町村からなる郡、又は、市を最小単位とし（指定都市は区が最小単位）、単位内では同じ教科書を使うこととされる等教科書の採択方法が異なります。

これらの学校で使用する教科書は、原則として文部科学大臣の検定を受けて合格したものでなければなりません（学校教育法第21条等）。教科書の作成に関して法律が定めていることはこれだけであり、したがって、誰が検定を申請できるのか、いつ申請できるのか、合格の要件は何か、使われている教科書の内容を変えられるか等これ以外のすべてのルールは文部科学大臣限りで決められています。学校の教材として適切か否かを調べるのですから文部科学大臣のみの責任で処理するのは当たり前ではありますが、思想信条に関する問題がからむものが有ること、隣国との関係において文部科学大臣が整理するには荷の重い問題が有ること等を考えれば、基

本的なルールは国会が定めることが適当です。
特に、合格するための要件が何であるかについては、できるだけ具体的に規定すべきであり、中国・韓国等との関係についても文部科学大臣が整理するのではなく、国（国会）が整理すべきです。現時点では立法でも整理しきれないものが有るでしょうが、整理できる限りにおいて整理すべきです。又、整理できないものについては整理できないということに即した処理の仕方が有るはずです。日本がこの世界において、賢く、まともに生きていくつもりであれば、この程度の問題で躓くことは許されることではありません。

2.3　就学義務の履行の確保
就学義務の履行の確保については、法律は「就学義務に関する履行の督促等については政令で定める」という趣旨の規定（学校教育法第22条第2項、第39条第3項）を設けているだけです。政令は内閣が定めますから、文部科学大臣限りで定める省令とは大きく異なりますが、それでも、国民を代表する議員が開かれた場である国会において議論を行い、決定する法律とは異なり、行政機関限りで定めるものであるという点では省令と同じ性格です。
就学義務の履行を確保するため、市町村にその主要な責任があることとし、学齢簿の作成による該当者の把握、入学すべき小学校・中学校の指定（この過程で行われているのが学区制である）、都道府県への特別支援学校対象者の通知等の義務を市町村に課すとともに、都道府県や学校に対しても若干の義務を課しています。国民の権利を制限し、国民に義務を課すにはその実質的な内容を法律で定めるべきであるとすれば、就学義務の履行の確保についても基本的なところは法律で定める必要が有ります。
学校教育に関しては、教育委員会を文部科学省の出先機関視する傾向が有り、教育委員会との関係を文部科学省の内部問題と捉えているのではないかと思われます。

3　性格が曖昧な省令の規定

学校教育に関する省令の規定の中には、法律の根拠は無いが、その内容は国民に義務を課すものでもないという、性格のはっきりしない規定が有ります。その代表を二つ取り上げてみます。

3.1　学校評議員
校長への助言者的な役割を果たす者を学校に置くか、置くとしてどのような者を置くかは設置者が定めることです。又、事実上の助言を貰うのであれば、校長の判断で置くこともできるはずです。
学校教育法施行規則は、学校に学校評議員を置くことができること、校長の求めに

応じて学校運営に関して意見を述べることができること、校長の推薦に基づいて委嘱することを定めています（第23条の3等）。しかし、この規定が無くとも置けるものであり、これによって初めて置けることになったものではなく、この規定ができても置く必要は無く、置く場合であっても、学校アドバイザー等の別の名前とし、教育内容について意見を述べる等別の職務とし、校長の意向を聴かずに委嘱することとしても差し支えない等、何の拘束力も無いのです。

方向としては、内容の有る事柄に整理して法律で定めることとするか、それができないのであれば、この規定を廃止して、行政指導として懇切な指導を行うこととすべきです。

3.2 職員会議

各学校において、その職員が必要に応じて会議を開き、定期的に会議を開き、恒常的なものとして会議を開く等は十分考えられるところであり、これを規制するとすれば設置者が行うこととなります。

学校教育法施行規則は、設置者が定めるところにより、校長の職務執行の便宜のため、恒常的な会議として小学校等に職員会議を置くことができること、職員会議は校長が主宰することを定めています（第23条の2等）。学校の活動に関して物事を決定する責任と権限は、法令、条例・規則、教育委員会の規則や指示・命令等に反しない限り校長に有るということが曲げられる恐れが無い限り、設置者がこうした職員会議を規制する必要は有りませんし、規制しなければならない場合もその必要に応じて様々な内容・方法で設置者が規制することになり、いずれにしてもこの省令の規定に影響されるものではありません。

方向としては、内容の有る事柄に整理して法律で定めることとするか、それができないのであれば、この規定を廃止して、行政指導として懇切な指導を行うこととすべきです。

第2節　法律の内容の問題

教育関係の法律の多くは、法律で定めるべき事項は原則通り法律で定めており、最も問題の多い学校教育法においても過不足無く法律で定めている事項が少なくありません。この意味では問題の無いものであっても、内容の適否について大きな疑問を生じさせるものが存在しています。それについてはこれまでも個々に指摘してきましたが、ここでは特に実害が大きくその緊急な是正が必要と考えられるものに焦点を絞りました。

1 教員の免許

日本の初等中等学校における教員の資格制度は、校長・教頭を除いたすべての教員は教員免許状の所持が絶対の条件です。無資格教員さえ臨時免許状という教員免許状の所持が必要です。有資格教員の免許状（教諭免許状）は、2種、1種、専修の3クラスに分かれていますが、全国に亘って終身有効であり、所有している免許状のクラスにより給与等の処遇が違うということも有りません。それにもかかわらず3クラスに分かれているのは、学歴に対応しているからであり、1種は4年制大学を卒業して取得する学士の免許状、専修は修士の免許状、2種は短期大学を卒業して取得する短期大学士の免許状です。1種が標準的なものであり、2種しか持たない教員は1種に上進するよう努力する義務が課されていることからも窺えるように、2種は仮免許的な性格も持っています。

教諭免許状は、学校種ごとに分かれ、中学校・高等学校は更に教科ごとに分かれます。中学校において理科を担当する教員になるためには理科の教科の中学校教諭免許状を所持していなければなりませんし、その教員が数学や英語も教えるにはその他に数学と英語の中学校教諭免許状を所持していなければなりません。

教諭免許状は、大学で所定の単位を修得して卒業することによって取得します。修得すべき科目・単位数は、免許状の種類・段階ごとに全国一律に文部科学大臣が定めています。科目は大きく教職に関する専門科目（以下、「教職科目」と言う）と教科に関する専門科目に分かれます。

小学校と幼稚園の教員免許については、1人の教員が一つのクラスを担任してそのクラスのすべての教科・すべての領域の教育を1人で行いますから、大学における科目履修もすべての教科・領域に亘って行うことが必要です。国語、社会、算数、理科、音楽、図画工作、家庭、体育のすべての分野に関することを学ぶことは一般の学部では不可能ですから、小学校・幼稚園の教員になる者のための学部（通常は教育学部）に入学して必要な科目を履修することになります。医者になる人が医学部に入ってそのための勉強をするのと同じことです。

これに対して、中学校・高等学校の教員免許については、教員は例えば理科だけ、数学だけを教えれば良いのであり、したがって、大学においては物理なり、数学なりの分野だけを勉強すればよく、理学部の物理学科、理学部の数学科といった一般の学部の学生が専門の勉強に加えて若干の教職科目を履修して免許状を取得するものです。したがって、これらの教員を養成するために特別の学部は必要有りません。以上が、教員免許システムの概要ですが、二つの問題点を抱えています。

1.1 教員免許状のクラス

教員免許状のクラスは、効力やそれを持っている教員の処遇に差は無く、基本的に

必要の無いシステムです。免許状のクラスは学歴と大学等における修得単位に基づくものであり、教員としての能力・実績には無関係です。現場を預かる教育委員会等にしても大切なのは教員としての能力の向上であり、或いは、実績の積み重ねであって、大学や大学院における機械的な単位の収集ではないはずです。この大切なことを蔑ろにして、意味の無い格差を作り上げ、徒に現職教員に対して大学等で単位を取ることを求める根拠を提供し、正当化しているのが、この免許状のクラスの存在です。現職教員が大学の単位を修得すること自体は悪いことではありません。しかし、その人の必要に応じてなされるべきで、全国一律に何の科目を何単位以上といった規制をかけることは有害以外の何物でもありません。免許状のクラスを前提に行われる大学における単位の修得は必然的にこのようなことになります。これにより、無意味な勉強を強いるだけでなく、真に必要な勉強を行えないようにすることで多大の害悪を流しています。現職教員の資質向上は、大学等での合理性の有る科目履修を含めた教員研修の強化・充実に施策を統一し、これ以上の混乱を防止すべきです。

したがって、免許状のクラスは直ちに廃止しなければなりません。現在の1種免許状だけで十分であり、専修免許状は直ちに廃止し、2種免許状は仮免許状として期限を付すか、経過措置を置いて廃止するかのいずれかでよいと考えられます。

1.2　教職科目の廃止・縮小

教職科目の定義は有りませんが、免許法施行規則（第6条第1項表）がその内容を定めています。その内容は、次の通りです。

① 教職の意義等に関する科目（教職の意義及び教員の役割、教員の職務内容、進路選択に関する各種の機会の提供）
② 教育の基礎理論に関する科目（教育の理念・歴史・思想、子供の心身の発達・学習の過程、教育に関する社会的・制度的・経営的事項）
③ 教育課程・指導法に関する科目（教育課程の意義及び編成の方法、各教科・道徳・特別活動の指導法、教育方法・技術）
④ 生徒指導等に関する科目（生徒指導・教育相談・進路指導の理論及び方法）
⑤ 総合演習
⑥ 教育実習

これらを見て気づくのは、その多くが、教員になったときのオリエンテーションや研修で行ったほうがより的確、有効に教えられる実務的な科目、教養的な内容の科目等であり、全国一律に強制すべき内容ではないということです。しかも、これらの科目は教育実習を除きすべて講義により口先だけで済ませられる科目です。現在の教職科目のうち、大学で履修するよう全国一律で強制してよいと考えられるもの

はいわゆる教科教育法と教育実習だけです。教科教育法は、例えば大学で勉強した物理学の内容をそのまま中学校で教えるわけにはいかないことから、大学での勉学内容と中学校の教育内容の間に橋を架けるものですから、大学が教えるべきものであり教える必要が有るものです。又、教育実習で実際に教員の仕事を身近で体験しておくことは、教員になることを念頭において勉強するためにも重要です。

この二つの科目以外は全国一律で強制する意味や必要の無い科目であり、そうであれば教職に関する科目という概念は必要が有りません。教員を目指す者にいかなる科目を履修させるかは各設置者に任せるべきであり、この二つだけを履修させるか、教養的な内容の科目も履修させるか、実務的な科目も履修させるかは、各設置者が、設置する大学の理念や方針、教員に適任者がいるか等を考えて決定すればよいことです。

そして、決して忘れてはならないのは、教職科目は一般の学部の学生にとっては本来の勉強のための科目ではなく、教員の資格を取得するために本来の勉強に加えて修得する科目であるということです。

現実を見ると、小学校の教員については教員になるための専門の大学で勉強するものであること、全教科の指導法を履修しなければならないことから教職科目の単位が多くなるのは仕方がないというよりも、当然のことです。しかし、一般学部の学生が取得する中学校教諭の免許状について大学の1年分の勉強に当たる31単位の教職科目を要求していることは、極めて不適当です。これでは、大学の普通の在学年数で中学校教諭の免許状を取得できるのは教員養成学部の学生だけであり、一般学部の学生は中学校から締め出されるとともに、その教科について専門に勉強した学生が中学校から締め出され、小学校教員になりそこなったレベルの中学校教員が横行する結果となります。上述のように、教職専門科目の大半は全国一律に課すべきものとしては不要な科目であって、その教科の教育法と教育実習を適切に行えば十分です。本来10単位程度で済むところを、31単位にしているのです。

このような実態を考えれば、教職科目の廃止は直ちに行う必要がありますし、教科についての教育能力を高めるために中学校・高等学校の教諭免許状の取得については、教科に関する専門科目について例えば50単位以上といった中学校・高等学校の教員に相応しい単位数の修得を要求すべきです。

ただし、中学校・高等学校の教諭免許状は教科別になっていますから、教科によっては教員を確保できない事態が生じます。そのような教科については教職科目の単位数を半分程度にし、或いは、教職科目無しでも教諭免許状を授与するといった特例を設けています。教職科目を教科の指導法と教育実習に限ることにより事態は相当程度改善すると考えられますが、問題が完全に解消するとは必ずしも言い切れません。

現実の問題として、そのような事態に処するには、教員養成学部に対してそれら

の教科を中心とした中学校教諭免許状を取得させる教育組織を認めることが一つの有力な方法です。この場合、教員養成学部の教育内容による制約から、一般学部と同じ教育内容で学生を教育することは困難あり、得策でもないことから、教員免許の規準を別にすることが必要になります。具体的には、大量の教職科目と少量の教科に関する専門科目の修得により中学校教諭の免許状を取得するという教員養成学部向けの現在の免許基準が、新たに原則となるべき一般学部向けの新しい免許基準（大量の教科に関する専門科目と10単位程度の教科の指導法・教育実習）と並存することになります。

2 義務教育の範囲

日本において、親が子供を家庭教師により教育し、或いは、日本に在るインターナショナル・スクールで教育する等した場合、親は刑罰（罰金）の対象となってしまいます。運良く寛大な市町村教育委員会に当たった場合には、就学の猶予・免除の措置を採ってくれるかもしれません。しかし、家庭教師の下で、或いは、インターナショナル・スクールできちんと勉強をしても、その子供が受けた教育は日本の学校教育においては全く評価されません。例えば、就学猶予免除者等のための中学校卒業程度認定試験・高等学校卒業程度認定試験（以前の大検）を受けて合格しないと、それらの者が日本の高等学校・大学に入学する資格が無いのです。

義務教育の本質は、一条学校に入学させることではなく、適切な教育を受けさせることであるはずです。日本においては義務教育が即一条学校に入学させることとされ、子供を留学させる、外国に移住する等が選択肢になり得ない普通の親には、それ以外の道は完全に閉ざされています。病気等のために学校に入れることが不可能な子供を除き（就学猶予免除の対象）、6歳以上の子供を例外無しに全部一条学校に入れてしまうというやり方は、徴兵制のようなものであり、こうした一条学校においては、国家社会の形成者を育成するという発想（教育基本法第1条、学校教育法第36条第1号等）は有り得ても、児童の個性、才能、精神的・身体的能力をその可能な最大限度まで発達させるという発想（児童の権利に関する条約第29条1（a））は存在しません。こうしたやり方は、不必要に子供の権利と親の子供に対する権利を制約しており、問題です。

もう一つの問題は、一条学校では対応できない何万人、何十万人という子供が学校以外の形でまともな教育を受けることを困難にしていることです。この何万人、何十万人という子供の存在に制度的に対応するとすれば就学猶予免除をして一条学校から解放してあげるしかありませんが、日本社会は政府に対して、これほど多くの子供が未就学者となることを許さないと考えられます。そうなると一条学校の就学者としておかねばならず、一条学校以外の者がこれらの子供の教育を引き受けること、都道府県・市町村が一条学校以外の形でこれらの子供の教育を行うことを不可

能にします。それらの子供を一条学校では扱えないからこそ問題が生じているのであり、それにもかかわらず、一条学校でしか扱えないことにしているのは、日本の義務教育制度の基本が歪んでいるからです。又、こうした義務教育のシステムの下では、出席停止という措置は絶対に有り得ません。
乱に流れてはなりませんし、その子の教育のレベルが下がってはなりませんが、一条学校に入学させる以外の形による義務の履行を認めることが必要です。

3　社会教育の体制に関する規制の適正化

社会教育においては強い規制は存在していませんが、それでも、都道府県・市町村における行政の体制と、公立を中心とした社会教育施設における体制についての規制は、非合理的であり、実態と遊離している等むしろ社会教育の阻害要因となっています。社会教育主事・司書・学芸員の資格は廃止し、基本的に採用するほうに任せること、司書については設置の規定自体を削除すること、社会教育委員、図書館・博物館・公民館に置かれる運営審議会の規定を削除し、完全に設置者の判断に任せることが必要です。

第3節　制度の原則に関する問題

これまでは、日本の教育に関する法律・制度について問題と考える事項を指摘しました。それは端的に言えば、法律で規定しなければならないことについては法律で規定すること、法律で規定する場合も包括委任を避けて、具体的に、丁寧に法律に規定するとともに、法律に根拠のない事項を思い切って整理して政令・省令から削除し、それらは必要に応じて行政指導等で対応すべきこと、教員免許については専修・1種・2種というクラス制と教職科目を廃止等すべきこと、義務教育については一条学校入学以外の形態による義務の履行を認めるべきこと、社会教育における有害な規制を削除することでした。
しかし、日本の教育に関しては、これら以外に制度の基礎をなす原則に関する大きな問題が存在するのではないかと思われます。以下に掲げる問題には議論の余地が多く有ると考えられますが、看過できない基本問題ですから、未熟ではあっても問題を整理することとしました。

1　公立初等中等学校における授業の公開

初等中等教育において圧倒的に大きな比重を占めているのは公立学校であり、多くの国民が利用し、依存しているのが公立学校です。日本の公立学校の設置・運営の最終的な主体はその住民であることには疑いの余地は有りません。住民は常時公立学校の活動を把握し、チェックできなければなりません。そして、学校の活動の中

核は授業です。

日本においては、公立学校の授業については、授業参観と称して年1回程度の特定された日における短時間の公開授業が有る他は、外部の者がそれを見ることは絶対と言ってよいほど有り得ません。そうかと言って学校内部の者なら教員の授業を把握しているかと言えば、或る公立学校の校長が教室に行って授業を見たら教員の教育権を侵害したとしてその教員から訴えられ裁判になりました。現在、教員の授業を見る公立学校の校長は存在していないと思われます。設置者である教育委員会も、監督や任命権者の立場にある都道府県教育委員会も授業を見ていません。国の職員も公立学校の授業を見ていません。要するに教員本人以外は誰も公立学校の授業を見ていないのであり、したがって、教育に関して最も肝心なことを誰一人として把握しないまま、教育問題が議論され、施策が立案されているのです。

住民を含めてこれらの者が、いつなりとも、自由に公立学校の授業を見ることができる状態にならなければなりません。こうしたことに対応しない、或いは、対応できない校長・教員は校長・教員の資格の無い者であり、懲戒処分又は分限処分により対処しなければなりません。このように関係する者が授業を見る他に、日本で行われている教育について全国的に教育内容や授業の実態を把握し、問題点を探り、それらを公表するシステムが必要です。このシステムは教育内容を決めている文部科学大臣の傘下に置いては意味が有りませんし、馴れ合いが起こっても意味が失われますから、例えばこの組織を内閣府に置き、上級職員については文部科学省とも人事交流を行わないようにする等の対応が必要です。

以上のことを行うことにより公立学校の教育が直ちに改善できるものではありません。授業が公開され、適切に評価等されさえすれば教育も改善されるといった単純な関係ではないのです。しかし、学校教育の中核である授業が公開も・評価もされない状態が続けば、まさしくそれはブラックボックスです。学校で何が起こっているか、学校に対して講じた措置の結果がどうなったか等が分からない状態で、施策が講じられ、教育問題が論じられているのが、現在の日本の公立学校の姿です。こうした状態の公立学校においては、外部から、何が行われているかが分かるようにすることが何をおいても必要であり、それ無くしては、以後の改善措置も有り得ないと言えます。即ち、公開は公立学校の改善の必要条件であると言えます。しかし、それは以後の改善措置が相俟って初めて改善が実現するのであって、公開だけで公立学校がよくなるものではありません。公開は、十分条件ではないのです。

上記の内容の授業の公開が行えるのであれば公立学校にも生き延びるチャンスが生じますが、見通しは暗いと思われます。その場合には、その公立学校の運営を包括的に民間に委託するチャーター・スクールのシステムしか対応の方法は有りません。しかし、公立学校のチャーター・スクールを実現するためには、学校運営の財源を設置者である教育委員会に移し（当然市町村立学校の人事権も市町村に移る）、都

道府県教育委員会による設置認可等の監督権限を原則的に廃止する等の措置が必要になります。

又、チャーター・スクールのシステムを採るのであれば、宗教色が極めて薄い日本においては公立と私立の本質的な相違は無くなることから、少なくとも義務教育学校については併せて学校バウチャーのシステムも採用すべきであると考えます。

2　国の関与の政策的な限界

学校教育については国が責任を負っているのですから、学校教育の仕組み・運営の要所要所において国がルールを定め、認可や命令を行う等の形で関与してくるのは当然の成り行きです。この場合、第1部で述べたように、日本においては国を動かしているのは国民であり、都道府県・市町村を動かしているのも住民ですから、国の関与の問題は国という他人が行っていることではなく、日本人である自分が行っているものであると考えることが必要です。規制・監督を頭から否定して実施可能性の無い夢のような提案をして事足れりとし、或いは、規制・監督が無い場合の弊害を強調して国民の保守的感情を煽る等の無責任な対応は、日本における教育問題への対応に共通する弱さです。

学校教育に国の規制・監督が付き物であるわけではなく、江戸時代のように国が教育に責任を持たないときには、教育という観点からの規制・監督は必要が有りません。もっとも、そうした時代でも治安の維持や思想の統制等の観点から教育を規制・監督することは有り、更に、日本の旧制度の教育においてもこうした観点からの規制・監督が盛んに行われたこと、1945年以降になると国のそうした行動が厳しく批判されたことは、記憶に新しいところです。現在においては、思想の統制は絶対的に禁止されており、又、治安維持の観点からの規制・監督はその必要が生じた時点で具体的に立法するしかありませんが、その場合でも思想・表現等の自由を制約する内容の立法は極めて困難です。

学校教育に国が責任を持つ今日の時代においても、国の規制・監督は必然ではありません。国がとやかく言わなくても十分な内容・レベルの教育が十分な量で円滑に供給されているのであれば、規制・監督の必要は無いからです。学校教育について一切の規制・監督を行わないことは現実的に困難ですが、しかし要所だけを規制・監督して上手に教育を機能させている国も有り得れば、末端の細かいことまで厳重に規制・監督している国も有り得ます。学校教育に関する国による規制・監督については、すればするほどよいという原則は有りませんし、してはならないという原則も有りません。必要に応じて合理的な規制・監督を行うべきであるということは言えますし、規制や監督は可能であれば少ない方が良いということも言えます。

規制・監督をすれば、その点に関しては所定の効果を得られます。例えば、生徒数に応じた広さの教室は確保され、生徒数に応じた専任教員の数は確保できます。教

育内容の内容・レベル・分量も相当程度は確保できます。こうした規制・監督によって効果をコントロールできる事柄（以下「教育条件」と言う）が適切な状態にあることは意味の有ることですが、そうであるからといって日本の学校教育が適切に行われていることにはなりません。学校教育の中核はこうした教育条件ではなく、授業の営みを左右する教員の熱意・努力・技量であり、或いは、生徒の意欲・努力であると考えられます。これらは教育条件によって影響を受けますがその影響は決定的なものではなく、且つ、規制・監督によっては確保することが不可能なものです。仮に、こうしたものを国が規制・監督しようとすれば学校教育は破壊されてしまうと考えられます。

学校教育について国は責任を負っていますが、その中核的なところを国が直接規制・監督することはできず、教育条件を通じて或る程度のコントロールを及ぼすしかなく、しかもこの方法は思い通りに学校教育をコントロールできるということからほど遠いということを認識すべきです。ただし、設置者としての国は強力に国立学校をコントロールできますし、コントロールすべきであり、それが設置者としての務めです。これは、設置者の地位を去った後も国立学校の準設置者とも言うべき立場に在ることから、現在でも妥当する原則です。公立学校の設置者としての都道府県・市町村も同じ立場です。

以上は、教育条件についていくら細かく、厳重に規制・監督しても、学校教育の中核的部分に対する影響は限定的であり、決定的なものではないということです。そうであるとすれば、こうした中核的な部分の改善は基本的に設置者、学校・教員・生徒・父兄等の努力に全面的に委ねるべきであり、国の規制・監督がこれらの者の活動を大きく妨げる結果を来さないようにすべきです。したがって、学校教育における規制・監督は、社会の秩序が大きく混乱することを防止する程度に止め、教育の中核における努力については、基本的に設置者等の関係者の良識に任せるべきです。

2.1 初等・中等学校の教育内容への関与

初等中等学校の教育内容については、国が教科・科目（領域）の種類、教科ごと・学年ごとの授業時間数、教科ごと・学年ごとの教育内容を全国一律に定めています。これは、初等中等学校の全教科・科目について行われているだけではなく、教科以外の学校の活動についても同様な形態で時間数・活動内容を定めています。

教育内容を国が定めて、強制すること自体には問題が有りませんが、どのような根拠で国が教育内容を定めるかが問題です。子供の必要を考えていることは間違いないと思われますが、子供の必要は子供によって異なるもので最終的には親と子供の問題であり、国が決められることでは有りません。一方、現在の教育は国が責任を持って提供していることも事実であり、国の関与も否定できません。そうである以

上は、子供や親の必要と国の必要をほどよくバランスさせることを考えるべきです。このように考えると、全教科に亘り、全活動のすべての内容を国が決めている現状は極めて問題です。

現在の日本の制度は、全教科・全活動の全内容を国が国の必要で決め、設置者・親・子供の必要は完全に排除しています。国の必要から説明できるのは、国語、算数、理科、公民、英語等の外国語について国が教育内容を定めることぐらいまでで、すべてを国が定める現在のやり方を国の必要から説明することはできません。又、数学なら数学のすべての教育内容を国が決めていることにも同様の問題が有ります。子供の教育内容のすべてを国が決めるとすれば、国は子供にとって何が最善の教育かを見極める能力を持っていて、それに基づいて子供のために教育内容を決めたという理屈です。国は国にとって必要な教育が何かを判断し、決める能力を持っていますが、子供の最善の教育が何かを理解する能力は持ちませんし、それに伴う責任も取れません。それは行政機関の能力の範囲には無く、子供と親が大事な人生の一部で何を学ぶかをその将来を賭けて決定することの中にしか有りません。

子供は将来の日本社会の構成者であるから、好ましい社会人にするために国はすべての教育内容を決め全力で日本国民を育成しているのであるという理屈も有るかもしれません。これは、1945年以前において、男を良い兵隊とし、女をそうした男の良き伴侶とすることを目指して教育したという過去の蓄積も有り、現在も教育の目的を個人の能力の伸長に置かずに国家の構成者の育成に置く教育基本法等の法律も有ることから、常に見え隠れしている理屈です。これは、理屈の問題というよりも感情論の要素が大きく、再び1945年以前の教育に戻るつもりは無いと言って、きっぱり否定することが最善の対応です。

日本は明治維新以来、欧米の教育システムを手本に内容的に過去と断絶した新しい教育システムを国が主導して整備してきました。現在の教育システムもこうした流れの中で国が主導して整備してきたものですが、このことは、教育について今後も国が国の必要に基づいて何事であっても決めることができる、或いは、国が決めることが良いことであることを意味しません。国のこうしたイニシアティブの取り方が通用しない、必要でもない時代なのです。過去からのこの意味の惰性は早急に捨てる必要が有り、目的・手段の妥当性・効果をしっかり見定めた合理的な制度とその運営を求めていかなければなりません。

具体的には、教科の種類としては国語、算数、理科、社会、英語等の外国語だけを定め、その内容、授業時間数の規制は必要最小限とし、その他の教科については、設置者が判断して必要又は有益とする教科を設けることになります。この場合、国は必要が有れば、設けることが適当と考えられる教科の名称・内容等を参考として示すこととします。又、歴史の教科については、依然として自分のイデオロギーを主張する場として使いたいという誘惑を激しく掻き立てるという実態が解消してい

ないのであれば、従来同様国が教育内容に関与することも考える必要が有ります。高等学校についても同じことですが、これに加えて、合理的な基礎を持っていない普通教科という概念を捨て、選択必修という非合理的な規制を直ちに廃止して、設置者の判断に任せるべきです。

2.2 大学の制度・運営への国の関与

日本において大学に対する国の姿勢は極端にバランスを欠いています。即ち、国立大学に対してはその経費の大半を負担するため毎年膨大な国費を支出しながら指図らしい指図は一切行っていないのに対して、経常費の1割程度を補助している公・私立大学に対しては、学部・学科の新増設、定員の増減等まで認可を必要とする他、必要性も薄く国の気休めにしかなっていない各種の届出義務を法律の根拠も無しに政令・省令によって課しています。国立大学に指図することもできないのであれば、公・私立大学にはとてもものを言えるはずは無いと考えられるのに、実際は公・私立大学に対してだけは細部に亘って監督・規制しているのが実態です。国は設置者として国立大学が社会の求めに応えて適切に活動するよう厳しくチェックし、指図等するのが常識というものであり、本来的に設置者の創意・工夫を期待すべき公・私立大学に対してはできるだけ規制・監督を控えてその自由な発展を図ることが常識です。特に日本の私立大学は、大学教育の4分の3を引き受けるという現在の世界においても異例の立場に在ることを考えれば、国の国立大学に対する不適切な対応だけでなく、公・私立大学に対する不適切な対応も、確実に日本の社会に大きな痛手を与えます。

こうした国の異様な対応は、日本においては大学教育も含めて学校教育を国が主導してきたという経緯に基づいて形成された或る種の思い込み、具体的には教育においては国が中心となるべきとする謂れの無い思い込みに、基礎を置いています。その結果、国立大学は国の大学であるから疑いも無く本流の正当な大学であり、間違いも犯さないと考えられるのに対し、公・私立大学は正当性の無い厄介者の大学であって何をしでかすか分からないという認識となります。

2.2.1 国立大学の問題

国立大学は間違いを犯さないのですから規制・監督は不要であり、金だけ与えて自由放任するという政策になります。こうした国の態度を正当化するために使用されている論理が学問の自由から演繹できるとされている大学の自治という概念です。日本国憲法は「学問の自由は、これを保障する（第23条）」としていますが、これだけの条文から論理の当然として大学の自治を導くことができるとは、考え難いところです。

理屈はどうであるにせよ、現実は、国は国立大学法人と国立大学を有効にコントロールする手段を持っていないし、国立大学法人と国立大学をコントロールすべき立

場にある学長はそれ以上にその術を持っていないということです。国が持っている確かなコントロールの手段は国立大学法人法の第4条第2項別表第1から、その国立大学とそれを設置する法人の名前を削除することだけです。この手段は、大学紛争に対処するための最終手段とされたものと同じものです（大学の運営に関する臨時措置法[注8]（昭和44年法律第70号）第9条）。国立大学をコントロールする手段として大学の廃止しかないという極端な状態は問題であり、合理的・常識的で、社会の受け入れるところとなるコントロールのシステムを持たなければなりません。それは、他の独立行政法人と共通の基本ルールを受け入れることであり、その内容は以下の通りです（カッコ内は、国立大学法人法の関係する条文を示す）。

① 学長の選任・解任は、文部科学大臣の固有の権限とすること（第12条第1項、第17条第4項）。文部科学大臣が選んだからといって適任者が選ばれるものでもなく、大学が選挙で選ぶほうが適任者は得られるかもしれない。特に、最近の政治の状況を見ると国が不適任な学長を選ぶ可能性が高いとも考えられる。しかし、その学長を選んだこと・選ばなかったこと、解任したこと・しなかったことについて、文部科学大臣が国会と国民に責任を負うことができる。現在の国立大学が行っている教員等の選挙で学長を選ぶのは自分たちの代表を選ぶ方法であり、組織のポストに人を得るための方法ではなく、かつ、選んだ責任を誰も取れないものである。なお、文部科学大臣が適任者を選ぶのが難しいのであれば大学の意見を聴く等の工夫をすればよいのであり、ただし、どのような方法で選ぼうとも、大臣がその責任を負わねばならない。

② 中期目標の設定は文部科学大臣の固有の権限とすること（第30条第3項）。即ち、大学の意見を事実上聴いてもよいし、聴かなくともよい。いずれにしても、文部科学大臣の責任で設定する。

③ 中期目標の達成状況に関する評価を国立大学法人評価委員会の固有の権限とすること（第35条表）。大学評価・学位授与機構の評価を事実上参考としてもよいし、参考としなくともよい。

④ 国立学校に対する規制・監督の程度は、公・私立学校以下であってはならないこと（第23条等）。以上の措置を前提とすれば、国立学校に関する監督等を若干厳しくし、公・私立学校に関する監督等を大幅に緩和することが適切であると考えられる。

⑤ 国立大学法人の運営はその国立大学法人の固有の権限とすること（第2章第1節第2款）。上記の国が国立大学をコントロールできないという問題も重要であるが、学長が国立大学を統治する力が無いことが日本の国立大学における最大の問題であり、学長の統治能力を大幅に強化しなければならない。それには、役員

[注8] この法律は、1974年8月17日までに廃止すべきものとされている（附則第5項）。

会、経営協議会、教育研究評議会の規定を廃止し、教授会の規定も廃止し、これらやその他の機関等をどうするかを大学に委ねなければならない。これによって学長の統治能力が向上することは無いが、統治能力を向上させる上での大きな制度的障害を除去したことになり（十分条件ではない必要条件）、後は国立大学次第であり、これ以上は国ではどうしようもない。国立大学が自分を統治する能力を作り上げることができずに、その活動が相変わらず停滞するのであれば、その国立大学は速やかに廃止し、これによって生じる余力は私立大学等自分をコントロールできる大学の充実に用いる。このようにすれば今日国立大学が消失しても大きな社会的混乱は生じないし、長期的には国の施策として遥かに有効である。

最近の国の施策を見ていると、国自身がうっすらと問題の所在に気づいているようにも思われます。公・私立学校に対する監督がほんの僅か緩み、又、自己点検・自己評価結果の公表や第三者評価の実施は、いままで誰も踏み込まなかった国立大学の実態を垣間見せることになります。しかし、これでは事態は改善されません。国立大学の実体を把握し、その改善等を指示し、国立大学をコントロールするのは文部科学省の役割であり、文部科学省を措いては他に有りません。その役割を果せない、或いは、果たす気が無いという理由で外部や国立大学自身に任せても、上手くいくことは有り得ません。自分の目で実態を把握するとともに、必要とされる限り自分で国立大学をコントロールしなければ、いつまでたっても改革ごっこや問題を先送りすることから抜け出せないのです。

2.2.2 公・私立大学の問題

国は、国立大学に対する場合と180度異なり、公・私立大学に対しては性悪説に立ってその悪事を防ぐため、微に入り細を穿って規制・監督をします。大学教育においても、その中核は授業における教員の知的レベルの高さ、教育に関する熱意と修練等と学生の意欲と努力であって、これらは国がいくら細かく教育条件や学校運営を規制・監督しても十分にコントロールできないことは初等中等学校について述べたところですが、大学については一層その傾向が強まります。こうした効果の無いことは早く終わりにすべきです。このことの最大の問題は無駄なことをし、させていることではなく、公・私立大学を充実・発展させるという国にとっての真の課題を見失わせていることです。良い公立大学、良い私立大学が存在しているということは、日本の大きな財産だということを肝に銘じる必要が有ります。国立大学は国民の資産を利用していつでも、いくらでも作れますし、簡単に作れるというだけの意味しか有りません。良い公立大学・良い私立大学は作ろうとして簡単に作れるものではなく、又、国が国立大学を維持できなくなったときにも、健在でありうる大学です。そうであるとすれば、国の公・私立大学に対する態度は、些細な落ち度を探して制裁することではないはずであり、社会に大きな混乱を引き起こすようなこ

とは厳しく規制しても、原則は公・私立大学の自由に任せるようにすべきです。
具体的には、大学の設置認可は残すにしても、一旦大学が成立した後は学部等の設置は自由にすべきであり、学生定員の変更も自由とすべきです。現在、国立大学だけに止まらず公・私立大学も自己点検・評価とその結果の公表が義務とされ（学校教育法第69条の3第1項）、原則7年に1回は外部機関の評価を受け、その結果が公表されることになっています（同条第2項乃至第69条の5）。これに加えて国が公・私立大学に対して細かい規制・監督を行うことは完全な負担の重複であり、無駄もいいところです。点検・評価の内容に設置基準との関係を具体的に明記させれば、それが公表され、更に第三者機関に対しても設置基準との関係を審査させれば、国が細かい監督をする必要は無いのです。このことは一方、何を点検し・何をどのように評価するのかはっきりしないあやふやな現在の点検・評価システムに、一つの明確な役割を与えることにもなります。更に、大部分の公・私立大学は経常費補助金の交付を受けており、その面からの審査も有ります。以上に加えて国に対しては、問題が有ると考えられる公・私立大学に対して、報告・資料提出を求め、是正の勧告をし、是正を命じ、学部等の閉鎖を命じる権限が与えられているのです（学校教育法第15条）。

法令索引

（法律、政令（勅令）、省令を掲載し、条約及び告示は除外した）

日本国憲法
- 第7条 …… 21, 37
- 第9条 …… 274
- 第13条 …… 107, 274
- 第14条 …… 37, 276, 279
- 第15条 …… 12, 276
- 第19条 …… 279
- 第20条 …… 171, 279, 280, 292, 385, 392
- 第21条 …… 22, 92, 279
- 第22条 …… 37
- 第23条 …… 92, 274, 515
- 第25条 …… 44, 243
- 第26条 …… 70, 78, 91, 237, 243, 274, 275, 276, 499
- 第27条 …… 44, 274, 314
- 第30条 …… 13
- 第31条 …… 13
- 第41条 …… 13, 17, 497
- 第54条 …… 31
- 第56条 …… 13
- 第59条 …… 30
- 第60条 …… 31, 42
- 第61条 …… 31
- 第62条 …… 17
- 第63条 …… 17, 26
- 第65条 …… 17
- 第66条 …… 17, 24
- 第67条 …… 31
- 第68条 …… 24, 27
- 第69条 …… 31
- 第70条 …… 31, 48
- 第72条 …… 17, 27
- 第73条 …… 15, 40, 285, 497
- 第76条 …… 20, 28
- 第78条 …… 19
- 第79条 …… 19, 50
- 第80条 …… 19
- 第84条 …… 13
- 第89条 …… 39, 280, 292, 359, 360, 362, 374, 385, 387, 392, 395, 396, 414, 415, 419, 422, 482
- 第90条 …… 42
- 第91条 …… 17
- 第92条 …… 45
- 第93条 …… 46, 47
- 第94条 …… 47
- 第95条 …… 45, 50
- 第96条 …… 21, 22, 50

法律

医師法
- 第2条 …… 93
- 第11条 …… 93

一般社団法人及び一般財団法人に関する法律（一般法人法）
- 第10条 …… 441
- 第11条 …… 442
- 第13条 …… 441
- 第22条 …… 441
- 第27条 …… 441
- 第60条 …… 441
- 第76条 …… 441
- 第152条 …… 442
- 第153条 …… 442
- 第155条 …… 441
- 第163条 …… 441
- 第170条 …… 442
- 第176条 …… 442
- 第261条 …… 441
- 附則第1項 …… 441

一般社団法人及び一般財団法人に関する法律及び公益社団法人及び公益財団法人の認定等に関する法律の施行に伴う関係法律の整備等に関する法律（整備法）
- 第44条 …… 443
- 第45条 …… 443
- 第46条 …… 443
- 第262条 …… 443
- 第264条 …… 443
- 第267条 …… 443

学校給食法
- 第2条 …… 292
- 第3条 …… 292
- 第4条 …… 292

法令索引

　第5条の2 …………………………………292
　第5条の3 …………………159, 160, 207, 292
　第6条 ………………………………160, 292
　第6条の2 …………………………………292
　第7条 ………………………………………292
学校教育の水準の維持向上のための義務教育諸学校の教育職員の人材確保に関する特別措置法（人材確保法）
　第3条 ………………………………248, 278
　附則第2項 ……………………………………278
（2004年の改正前の）人材確保法
　第4条 ………………………………………248
　附則第3項 …………………………………248
学校教育法
　第1条 …………………………76, 97, 336
　第2条 ……………108, 114, 116, 281, 282, 328
　第3条 ………………………………………120
　第4条 ………136, 140, 141, 142, 144, 145, 146, 147, 148, 320, 323, 324, 326, 345, 501
　第5条 …………………………126, 245, 287, 326
　第6条の2 …………………91, 243, 282, 288, 289
　第7条 ………………………………163, 347
　第8条 ………………121, 158, 159, 163, 209, 213
　第9条 ………163, 164, 166, 167, 209, 211, 212, 347
　第10条 ……………………………289, 501
　第11条 …………………241, 270, 293, 347, 502
　第12条の2 ………………………270, 290, 347
　第13条 ………140, 141, 142, 149, 315, 325, 326, 346
　第14条 ………………141, 144, 149, 249, 326, 346
　第15条 ………140, 141, 142, 145, 149, 325, 326, 518
　第16条 ………………………………………314
　第17条 ………………………………………71
　第18条 …………………………69, 81, 279
　第18条の2 …………………………291, 368, 418
　第20条 ……………………80, 81, 87, 88, 502
　第21条 …………………………22, 80, 90, 91, 503
　第22条 ……………102, 103, 125, 237, 242, 243, 282, 313, 498, 504
　第23条 ……………………101, 103, 125, 237
　第25条 ………………………………243, 281
　第26条 ………………………242, 243, 296
　第27条 ………………………………………102
　第28条 ……………69, 128, 158, 160, 166, 206, 207, 208, 212, 298, 299
　第29条 ……………103, 106, 125, 236, 237, 245, 249
　第35条 ………………………………………71
　第36条 ……………………………………81, 509
　第38条 ………………………………………81
　第39条 …………101, 102, 103, 237, 243, 282, 504
　第40条 ……………90, 103, 106, 128, 160, 206, 207, 212, 242, 245, 249, 281, 291
　第41条 ………………………………………72
　第42条 ………………………………………81
　第43条 ……………………………………81, 122
　第44条 ………………………………………254
　第45条 ………………………122, 146, 147, 399, 501
　第45条の2 …………………………………70
　第47条 …………………………96, 98, 100, 102, 104
　第50条 ………………………………123, 160
　第51条 ………………………………………90
　第51条の3 …………………………………81
　第51条の6 …………………………………81
　第51条の7 …………………………………81
　第51条の9 ……………………90, 291, 399, 481, 501
　第51条の10 ………………………………256
　第52条 ………………………………92, 185
　第52条の2 …………………………147, 399
　第53条 ………………………………………134
　第54条 ………………………………147, 400
　第55条 ………………………………………134
　第56条 …………………96, 99, 100, 102, 104, 105, 499
　第58条 ……………161, 162, 209, 213, 218, 223, 225, 298, 464, 490
　第59条 …………………………111, 215, 300, 301
　第60条の2 …………………………145, 150
　第62条 ………………………………………135
　第65条 ………………………………98, 135
　第66条 ………………………………………135
　第66条の2 …………………………………400
　第67条 ………………………………………98
　第68条 ………………………………135, 137
　第68条の2 …………………………70, 182, 221, 320
　第69条 …………………………291, 368, 397, 445
　第69条の2 ………………92, 134, 147, 225, 400
　第69条の3 …………152, 153, 155, 312, 328, 490, 518
　第69条の4 …………………………153, 312, 501
　第69条の5 …………………………153, 518
　第69条の6 …………………………………490
　第70条 ………………………………………161
　第70条の2 …………………………………225
　第70条の4 …………………………………225
　第70条の5 …………………………………225
　第70条の7 ……………………………162, 225
　第70条の9 …………………………92, 96, 225
　第70条の10 …………145, 153, 328, 368, 397, 501
　第71条 ………………………………………81

第71条の2 …………………………97
第73条 ………………………………81
第73条の2 ……………………… 160
第73条の3 ……………………… 160
第74条 ……………… 106, 146, 245
第75条 ……………………… 97, 132
第76条 ……………… 90, 147, 291
第78条 ………………………………81
第79条 ………………………………81
第80条 …………………………… 102
第81条 …………………………… 160
第82条 …………………………… 160
第82条の2 …… 70, 77, 99, 339, 340, 342, 368
第82条の3 ……………………… 77, 342
第82条の4 ……………………… 77, 343
第82条の6 ……………………………343
第82条の7 ……………………… 343, 344, 347
第82条の8 ……………………… 317, 345, 361
第82条の9 ……………………… 345, 501
第82条の11 …… 317, 337, 345, 346, 347, 361, 501
第83条 ………… 70, 317, 336, 337, 339, 341, 343, 345, 346, 347, 361, 501
第83条の2 ……………………… 315, 339, 343
第84条 ……………………… 317, 337, 346, 368
第85条 ……………………… 291, 368, 397, 398, 445
第89条 ……………… 149, 315, 316, 317, 337, 346
第90条 …………………………… 314
第91条 ……………………… 237, 310, 313
第92条 ……………………… 315, 339, 343
附則第93条 …………………… 257
附則第101条の2 ……………… 114
附則第102条 ………… 117, 118, 269, 282
附則第103条 ……………… 128, 159
附則第107条 ………………… 84, 90
（2007年の改正前の）学校教育法
第58条 ……………………… 161, 222
第71条 ……………………………… 71
学校教育法等の一部を改正する法律（昭和50年法律第59号）
附則第2条 ……………………… 341
学校教育法等の一部を改正する法律（平成18年法律第80号）
附則第5条 ……………………… 180
学校施設の確保に関する政令（いわゆるポツダム政令）
第21条 …………………………… 309
第29条 …………………………… 319
第31条 …………………………… 319

学校図書館法
第7条 ……………………………… 34
学校保健法
第4条 ……………………… 238, 290
第5条 ……………………… 238, 290
第6条 …………………………… 290
第9条 …………………………… 290
第10条 ………………………… 238
第12条 ……………………… 290, 296, 347
第13条 ……………………… 290, 296
第15条 ………………………… 290
第16条 ……………………… 208, 290
第19条 ……………………… 206, 290
第20条 ……………………… 208, 296
第22条 ……………………… 290, 296, 347
義務教育諸学校等の施設費の国庫負担等に関する法律（義務施設法）
第2条 …………………………… 259
第3条 ……………… 126, 130, 258, 259
第5条 ……………………… 130, 259
第6条 …………………………… 130
第8条 …………………………… 259
第12条 ………………………… 126
義務教育諸学校における教育の政治的中立の確保に関する臨時措置法（政治的中立確保法）
第1条 …………………………… 285
第3条 …………………………… 277
第4条 …………………………… 277
義務教育諸学校の教科用図書の無償措置に関する法律（無償措置法）
第3条 ……………………… 92, 243
第5条 ……………………… 92, 243
第12条 ………………………… 92
第13条 ………………………… 92
第14条 ………………………… 92
第18条 ………………………… 92
第19条 ………………………… 92
第21条 ………………………… 92
第22条 ………………………… 92
義務教育費国庫負担法
第2条 ……………… 126, 127, 146, 160, 256, 292
（2006年の改正前の義務教育費国庫負担法）
第2条 …………………………… 256
教育基本法
第1条 ……………… 69, 70, 273, 275, 433, 509
第2条 ……………… 274, 275, 286, 287, 432
第3条 ……………… 275, 276, 281
第4条 ……………… 91, 243, 281

法令索引

521

法令索引

第5条 …………………………… 276, 286
第6条 …………… 276, 278, 279, 286, 287, 347
第7条 ………………… 282, 355, 363, 415, 433
第8条 …………………………… 29, 278
第9条 …………………………… 171, 279
第10条 ………………… 283, 286, 287, 409
第11条 ……………………………… 285

教育公務員特例法
第2条 ……………………… 139, 365, 409
第3条 ………………………… 213, 215
第10条 …………………… 119, 139, 215
第11条 ………………………………… 410
第15条 ………………………………… 410
第18条 ………………………………… 391
第22条 ………………………………… 500
第26条 ………………………………… 176

(2004年の改正前の) 教育公務員特例法
第4条 …………………………………… 215
第9条 …………………………………… 151
第10条 …………………………… 151, 215

教育職員免許法
第2条 ……… 158, 166, 169, 172, 199, 207, 343
第3条 ………… 83, 158, 159, 166, 167, 168,
　　　　　　 169, 172, 176, 177, 180, 343
第3条の2 ……………………………… 166
第4条 ………… 83, 158, 159, 167, 168, 170, 171,
　　　　　　 173, 199, 200, 206, 207, 208, 280
第4条の2 …………………………… 169, 173
第5条 ………………… 159, 166, 167, 168,
　　　　　　 182, 199, 206, 207, 464
第5条の2 ……………………………… 169
第6条 ……… 167, 175, 201, 202, 205, 206, 208
第9条 …………………… 167, 168, 171, 280
第9条の2 ……………………… 175, 182, 203
第10条 ………………………………… 164
第11条 ………………………………… 164
第16条の2 …………………………… 199
第16条の4 …………………………… 200
第16条の5 …………………………… 178
第17条 ………………………… 173, 199, 200
第17条の2 …………………………… 173
第17条の3 ……………………… 179, 182
第18条 ………………………………… 167
第21条 ……………………… 166, 207, 318
第22条 ……… 158, 166, 169, 176, 180, 181, 207, 318
附則第2項 …………………… 181, 182, 318
附則第11項 …………………………… 197
附則第15項 …………………… 179, 207
附則第16項 …………………… 180, 198, 205
附則第17項 …………………………… 180

(2002年の改正前の) 免許法
附則第3項 ……………………………… 178
附則第4項 ……………………………… 178

教育職員免許法施行法
第1条 …………………………………… 174
第2条 …………………………………… 174

教科書の発行に関する臨時措置法 (臨時措置法)
第2条 ………………………………… 80, 90
第3条 …………………………………… 90
第4条 …………………………………… 91
第5条 …………………………………… 91
第6条 …………………………………… 91
第7条 …………………………………… 91
第8条 …………………………………… 91
第10条 ………………………………… 91
第11条 ………………………………… 91

行政手続法
第2条 …………………… 38, 334, 437, 443
第4条 …………………………………… 437
第32条 …………………………… 38, 297
第37条 ………………………………… 501

刑事訴訟法
第230条 ………………………………… 294
第239条 ………………………………… 294

刑 法
第27条 ………………………………… 164
第34条の2 …………………………… 164
第35条 ………………………………… 313
第41条 ………………………………… 313
第197条 ………………………………… 391
第199条 ………………………………… 313
第204条 ………………………………… 294
第208条 ………………… 293, 294, 313
第209条 ………………………………… 294

公益社団法人の及び公益財団法人の認定等に関する法律 (認定法)
第2条 …………………………………… 442
第4条 …………………………………… 442
第5条 …………………………………… 443
第6条 …………………………………… 443
第8条 …………………………………… 443
第9条 …………………………………… 442
第58条 ………………………………… 442

高等学校の定時制教育及び通信教育振興法 (定通法)
第1条 …………………………………… 285

第3条 …………………………………34
公立義務教育諸学校の学級編成及び教職員定数
の標準に関する法律（義務標準法）
　　第1条 …………………………………127
　　第3条 ………………127, 133, 146, 249
　　第4条 …………………………………127
　　第5条 ……………………………127, 146
　　第6条 …………………………………250
　　第6条の2 …………………………128, 250
　　第7条 ……………………………128, 158, 250
　　第8条 ……………………………128, 159, 251
　　第8条の2 ………………………159, 207, 251
　　第9条 ……………………………………160, 251
　　第11条 …………………………………129
　　第13条の2 ……………………………207
　　第18条 …………………………………250
公立義務教育諸学校の学級編成及び教職員定数
の標準に関する法律等の一部を改正する法律
（昭和55年法律第57号）
　　附則第2項 ……………………………35
　　附則第4項 ……………………………35
公立義務教育諸学校の学級編成及び教職員定数
の標準に関する法律及び公立高等学校の設置、
適正配置及び教職員定数の標準に関する法律の
一部を改正する法律（平成5年法律第14号）
　　附則第4項 ……………………………35
　　附則第5項 ……………………………35
公立高等学校の適正配置及び教職員定数の標準
等に関する法律（高校標準法）
　　第4条 …………………………………146
　　第6条 ……………………………131, 249
　　第7条 …………………………………131
　　第9条 ……………………………131, 132
　　第14条 …………………………133, 146
　　第17条 …………………………………133
（2001年の改正前の）公立高等学校の設置、適
正配置及び教職員定数の標準等に関する法律
　　第3条 ……………………………106, 266
国籍法
　　第2条 ……………………………………6
国有財産法
　　第18条 …………………………………292
国立大学法人法
　　第2条 ……………………36, 109, 148, 298
　　第4条 ……………………36, 109, 140, 310
　　第5条 …………………………………36
　　第6条 …………………………110, 111, 117
　　第7条 …………………………………110

　　第9条 ……………………………113, 154
　　第10条 ……………………………110, 111
　　第11条 ……………………………110, 111, 298, 301
　　第12条 ……………………110, 111, 112, 118, 516
　　第13条 ……………………………112, 301
　　第14条 ……………………………112, 301
　　第15条 …………………………………110
　　第16条 …………………………………110
　　第17条 ……………………110, 112, 119, 516
　　第19条 …………………………………277
　　第20条 ……………………111, 112, 148, 214, 301
　　第21条 ……………………111, 112, 148, 214, 298, 301
　　第22条 ……………………………111, 291
　　第23条 …………………109, 114, 140, 328, 345, 516
　　第30条 ……………………………110, 112, 516
　　第31条 …………………………………112
　　第33条 ……………………………110, 267
　　第34条 …………………………………267
　　第35条 ……110, 111, 112, 113, 143, 154, 155, 312, 516
　　第36条 ……………………………110, 267
　　第37条 …………………………………280
　　第40条 …………………………………143
　　附則第9条 ……………………………110
戸籍法
　　第6条 …………………………………238
　　第13条 …………………………………238
国会法
　　第2条 …………………………………16
　　第10条 …………………………………16
　　第41条 ……………………………30, 42
　　第56条 …………………………………30
国家行政組織法
　　第2条 …………………………………25
　　第3条 …………………………………25
　　第5条 ……………………………25, 26
　　第7条 …………………………………26
　　第8条の2 ………………………………36
　　第11条 …………………………………30
　　第12条 ……………………40, 285, 403, 497
　　第16条 …………………………………28
　　第17条 …………………………………28
　　第18条 …………………………………29
国家公務員法
　　第2条 ……………………………27, 28
　　第33条 …………………………………28
　　第36条 …………………………………28
　　第37条 …………………………………28
　　第38条 …………………………………164

法令索引

第75条 …… 28
第96条 …… 28
第98条 …… 15, 28, 283
第102条 …… 292

国家賠償法
第1条 …… 294

財政法
第2条 …… 41
第4条 …… 42
第11条 …… 41
第17条 …… 19, 41
第18条 …… 41, 42
第19条 …… 19, 42
第41条 …… 54

裁判所法
第50条 …… 19

産業教育振興法
第1条 …… 285
第3条 …… 34

市町村立学校職員給与負担法
第1条 …… 107, 126, 127, 139, 146, 160, 246, 252, 256, 292
第2条 …… 139, 246, 254, 256

児童福祉法
第27条 …… 237
第48条 …… 237

司法試験法
第4条 …… 93

社会教育法
第1条 …… 282, 285, 356, 433
第2条 …… 74, 77, 78, 336, 351, 387, 432, 444, 446, 485
第3条 …… 291, 317, 355, 363, 415, 418, 433, 445, 482
第4条 …… 363, 415, 433, 482
第5条 …… 363, 364, 367, 416, 433
第6条 …… 363, 364, 367, 419, 420, 433
第7条 …… 364
第8条 …… 364
第9条 …… 369, 377, 378, 397
第9条の2 …… 59, 365, 409, 412
第9条の3 …… 357, 365, 410, 412
第9条の4 …… 365, 410, 411
第9条の5 …… 410
第10条 …… 394, 395
第11条 …… 395, 482
第12条 …… 359, 360, 395, 399, 439
第13条 …… 360, 397, 407, 409, 482
第14条 …… 395
第15条 …… 365, 366
第17条 …… 366, 407
第18条 …… 365, 408
第20条 …… 383
第21条 …… 360, 384, 439
第22条 …… 356, 383
第23条 …… 385, 389, 390, 391, 418, 438
第23条の2 …… 360, 386, 392, 438
第24条 …… 384, 389
第27条 …… 357, 366
第28条 …… 386
第29条 …… 366, 386, 392
第31条 …… 366, 392
第33条 …… 387
第34条 …… 387
第35条 …… 359, 387
第38条 …… 387
第39条 …… 395
第40条 …… 385, 391, 393, 420, 438
第41条 …… 385, 391, 393, 438
第42条 …… 362, 388, 393
第44条 …… 291, 398
第47条 …… 398
第48条 …… 77, 291, 351, 357, 398, 445
第50条 …… 400
第51条 …… 38, 361, 400, 445
第55条 …… 361
第56条 …… 400
第57条 …… 361, 400

（2000年の改正前の）社会教育法
第28条 …… 386
第29条 …… 386

就学困難な児童及び生徒に係る就学奨励についての国の援助に関する法律（就学奨励法）
第2条 …… 244, 259

就学前の子どもに関する教育、保育等の総合的な提供の推進に関する法律（認定こども園法）
第3条 …… 264
第5条 …… 264
第12条 …… 264
第15条 …… 264, 269

住民基本台帳法
第5条 …… 238
第6条 …… 238
第7条 …… 238

生涯学習の振興のための施策の推進体制等の整備に関する法律（生涯学習振興法）
　第2条 ……………………………………487
　第3条 ……………………………………487
　第5条 ………………………………34, 487
　第8条 ………………………………34, 487
　第10条 …………………………………487
　第11条 …………………………………487
小学校及び中学校の教諭の普通免許状授与に係る教育職員免許法の特例等に関する法律（教職特例法）
　第2条 ……………………………191, 196
少年院法
　第1条 ……………………………………237
　第2条 ……………………………………237
　第5条 ……………………………237, 241
少年法
　第2条 ……………………………………313
　第6条 ……………………………………237
　第18条 …………………………………237
　第37条 ……………………………313, 314
　第51条 …………………………………313
職業能力開発促進法
　第15条の6 ……………………………444
私立学校振興助成法
　第1条 ……………………………263, 330
　第4条 ………………151, 263, 330, 331, 335
　第5条 ……………………………330, 334
　第6条 …………………151, 330, 331, 334
　第7条 ……………………………331, 335
　第9条 ……………………………268, 330, 332
　第10条 …………………………………396
　第11条 …………………………268, 335
　第12条 …………………………267, 334
　第13条 …………………………………334
　第14条 ……………………………15, 267, 332
　第16条 …………………………362, 396
　附則第2条 ……………………269, 396
私立学校法
　第2条 ……………………………………326
　第3条 ……………………………………117
　第4条 ……………………………………117
　第5条 ……………………149, 317, 325, 326, 346
　第8条 ……………………………………150
　第25条 ……………………………117, 333
　第26条 …………………………………118
　第30条 ……………………………117, 118, 269
　第31条 …………………………………117

　第35条 …………………………………117
　第36条 …………………………………117
　第37条 …………………………………117
　第38条 …………………………………117
　第41条 …………………………………117
　第42条 …………………………………117
　第44条 …………………………………117
　第45条 …………………………………118
　第46条 …………………………………117
　第50条 ……………………149, 150, 315
　第51条 ……………………118, 150, 269
　第58条 …………………………………150
　第59条 …………………………………269
　第62条 ……………………………150, 315
　第64条 ……………………317, 346, 361
　附則第2項 …………………………117
　附則第9項 …………………………117
　附則第12項 …………………269, 326
スポーツ振興法
　第5条 ……………………………………34
生活保護法
　第6条 …………………………………243
　第8条 …………………………………244
　第11条 …………………………………243
　第13条 …………………………………243
　第32条 …………………………………243
大学の運営に関する臨時措置法
　第9条 …………………………………516
大学の教員等の任期に関する法律
　第3条 …………………………………224
　第4条 …………………………………224
　第5条 …………………………………224
地方教育行政の組織及び運営に関する法律（地教行法）
　第3条 …………………………58, 59, 61, 407
　第4条 …………………………58, 63, 407
　第5条 ……………………………………58
　第6条 ………………………………58, 59
　第7条 ……………………………………58
　第8条 ………………………………51, 58, 409
　第11条 ……………………………59, 407
　第12条 …………………………………59
　第13条 ……………………………59, 407
　第16条 ……………………………58, 59, 407
　第17条 ……………………………59, 407, 409
　第18条 …………………………407
　第19条 ……………………59, 365, 407, 409, 411
　第20条 ……………………………60, 407, 409

法令索引

第23条 …… 57, 58, 60, 364, 405, 406, 407, 408
第24条 …… 57, 114, 364, 406
第25条 …… 363
第28条 …… 58, 406
第29条 …… 58
第30条 …… 60, 382, 407
第32条 …… 57, 60, 114, 141, 382, 421
第34条 …… 60, 407
第37条 …… 107, 126, 139, 252, 254
第40条 …… 254
第41条 …… 253
第42条 …… 253
第43条 …… 253
第47条の5 …… 306
第48条 …… 38, 437, 482
第53条 …… 437
第58条 …… 107, 126, 253
第61条 …… 254
附則第2条 …… 66

地方交付税法
　第2条 …… 130
　第3条 …… 54, 130
　第7条 …… 258
　第10条 …… 54, 130, 247
　第11条 …… 130, 268
　第12条 …… 130, 247

地方公務員法
　第16条 …… 163, 164, 347
　第27条 …… 391
　第29条 …… 164, 391
　第30条 …… 391
　第32条 …… 283
　第36条 …… 292, 385, 391
　第38条 …… 385, 390
　第42条 …… 291

地方財政法
　第4条の2 …… 54
　第4条の4 …… 54
　第5条 …… 258
　第5条の3 …… 54, 258
　第5条の4 …… 54
　第10条 …… 54
　第10条の3 …… 54
　第11条 …… 54

地方自治法
　第1条の2 …… 389
　第2条 …… 45, 46, 117, 362, 363, 364, 389, 406, 416, 419
　第4条の2 …… 298, 500
　第5条 …… 46
　第6条 …… 46
　第7条の2 …… 45
　第8条 …… 52
　第10条 …… 46
　第14条 …… 47
　第16条 …… 371
　第17条 …… 46, 47
　第18条 …… 46
　第19条 …… 46, 47
　第74条 …… 50
　第75条 …… 51
　第76条 …… 51
　第78条 …… 51
　第80条 …… 51
　第81条 …… 51
　第83条 …… 51
　第86条 …… 51
　第87条 …… 51
　第90条 …… 47
　第91条 …… 52
　第94条 …… 52
　第96条 …… 47
　第98条 …… 50, 59
　第100条 …… 59
　第112条 …… 58
　第121条 …… 59
　第138条の3 …… 57
　第138条の4 …… 392
　第149条 …… 48, 58, 406
　第161条 …… 49
　第172条 …… 49
　第174条 …… 366
　第176条 …… 48
　第177条 …… 48
　第178条 …… 47
　第180条の5 …… 49, 50, 59
　第180条の6 …… 49, 57, 58, 406
　第180条の8 …… 57, 364, 405, 421
　第182条 …… 49
　第184条の2 …… 49
　第195条 …… 50
　第196条 …… 50
　第197条の2 …… 50
　第199条 …… 50
　第202条の3 …… 392
　第209条 …… 387

第225条 ……………………………390
　第228条 ……………………………373, 390
　第238条の4 …………………292, 385, 391
　第241条 ……………………………387
　第244条 ……………………………372, 385, 391
　第244条の2 ……………36, 37, 371, 381, 389
　第245条の5 ………………………363
　第246条の6 ………………………363
　第250条の7 ………………………363
　第251条の2 ………………………363
　第251条の5 ………………………363
　第252条 ……………………………363
（制定当初の）地方自治法
　第158条 ……………………………61
（2000年の改正前の）地方自治法（旧地方自治法）
　第148条 ……………………………364, 406
　第150条 ……………………………364
　第151条の2 ………………………364
　第180条の8 ………………………364, 365
（2003年の改正前の）地方自治法
　第158条 ……………………………48
地方独立行政法人法
　第2条 ………………………………277
　第5条 ………………………………117
　第6条 ………………………………115, 329
　第7条 ………………………………115
　第8条 ………………………………115
　第12条 ……………………………216
　第13条 ……………………………216
　第14条 ……………………………115
　第17条 ……………………………115
　第20条 ……………………………216
　第21条 ………………………36, 37, 114, 328
　第25条 ……………………………115
　第42条 ……………………………115, 329
　第68条 …………………………108, 114
　第70条 …………………………108, 114
　第71条 ……………………115, 116, 119, 216
　第73条 ……………………………115, 119, 216
　第75条 ……………………………115, 119
　第77条 ……………………………216
　第80条 ……………………………115
　第94条 ……………………………280
特別支援学校への就学奨励に関する法律
　第2条 ………………………………244
　第4条 ………………………………244, 259
独立行政法人国立高等専門学校機構法
　第1条 ………………………………328

　第3条 ……………………………113, 141, 328
独立行政法人大学入試センター法
　第12条 ……………………………468
独立行政法人大学評価・学位授与機構法
　第10条 ……………………………111, 154
　第14条 ……………………………154
　第15条 ……………………………154
独立行政法人通則法（通則法）
　第1条 ………………………………36
　第2条 ………………………………108, 277
　第3条 ………………………………109, 111
　第6条 ………………………………108, 117
　第8条 ………………………………109
　第12条 ……………………………109
　第20条 ……………………………109, 328
　第23条 ……………………………109, 328
　第26条 ……………………………112, 328
　第28条 ……………………………109, 328
　第29条 ……………………………109, 328
　第30条 ……………………………109
　第31条 ……………………………109, 113
　第32条 ……………………………109, 113
　第33条 ……………………………109
　第34条 ……………………………109, 113, 154
　第35条 ……………………………109, 113, 328
　第38条 ……………………………109
　第45条 ……………………………109
　第46条 ……………………………109, 110
　第48条 ……………………………109, 110
　第62条 ……………………………109
　第63条 ……………………………109
　第64条 ……………………………109
　第65条 ……………………………109, 143
　第67条 ……………………………109
　第71条 ……………………………143
独立行政法人日本学生支援機構法
　第3条 ………………………………263, 281
　第13条 ……………………………263, 281
　第14条 ……………………………262
　第15条 ……………………………262
　第16条 ……………………………262
　第19条 ……………………………262
　第20条 ……………………………262
　第22条 ……………………………262
　附則第14条 ………………………264
図書館法
　第1条 ………………………………397
　第2条 ………………360, 370, 372, 377, 389, 397, 439

法令索引

527

法令索引

　第4条 …………366, 367, 370, 371, 375
　第5条 …………………367, 370, 371
　第6条 ………………………370, 371
　第9条 ………………………371, 375
　第10条 …………………371, 375, 389
　第13条 ……………………366, 373
　第14条 …………………366, 373, 392
　第16条 …………………366, 373, 392
　第17条 …………360, 373, 375, 381, 390, 418
　第18条 …………360, 372, 382, 392, 438
　第20条 ………………………359, 371
　第23条 ………………………371, 375
　第25条 …………………375, 393, 395
　第26条 …………………359, 374, 381, 383,
　　　　　　　　　　　386, 393, 395, 396, 397
　第28条 ………………………360, 374
　第29条 …………362, 370, 388, 394
（2000年の改正前の）図書館法
　第13条 ………………………………373
　第19条 ………………………………372
内閣法
　第2条 …………………………………23
　第3条 …………………………………25
　第4条 ……………………23, 24, 25, 30
　第5条 ……………………………18, 30
　第6条 ……………………………27, 46
　第7条 …………………………………25
　第8条 …………………………………27
　第11条 ……………………40, 285, 497
　第12条 …………………………………25
　第13条 …………………………………27
　第14条 …………………………………25
　第20条 …………………………………27
日本私立学校振興・共済事業団法
　第23条 ………………267, 268, 335
　第42条 ……………………………335
博物館法
　第1条 ………………………………397
　第2条 …………………360, 361, 367, 377,
　　　　　　　　　378, 381, 389, 397, 439
　第3条 ……………………………357, 379
　第4条 ……………………………357, 367, 379
　第5条 ……………………………367, 379
　第8条 …………………………382, 392, 438
　第10条 …………………………377, 380
　第12条 …………………………380, 392
　第13条 ………………………………394
　第14条 …………………………380, 394

　第15条 ………………………………394
　第18条 ……………………………381, 389
　第19条 ………………………………382
　第20条 ……………………………367, 381, 392
　第22条 ……………………………367, 381, 392
　第23条 …………360, 367, 381, 390, 418
　第24条 ……………………………359, 381
　第26条 ………………………………381
　第27条 …………………378, 383, 393, 395
　第29条 …………361, 377, 378, 380, 394, 420, 437, 438
へき地教育振興法
　第6条 ………………………………259
放送大学学園法
　第3条 ……………………………108, 281
　第18条 ……………………………281
保健師助産師看護師法
　第2条 ………………………………207
　第5条 ………………………………207
　第7条 ……………………………94, 206
　第19条 ……………………………206
　第20条 ………………………………444
　第21条 ……………………………94, 206
　第35条 ………………………………208
　第37条 ………………………………208
　第44条の2 ………………………………208
補助金等に係る予算の執行の適正化に関する法律
　第2条 ……………………………33, 335
　第3条 ………………………………335
　第23条 ………………………………334
　第24条 ………………………………335
　第29条 ………………………………334
　第31条 ………………………………334
　第33条 ………………………………334
民　法
　第7条 ………………………………163
　第13条 ………………………………164
　第33条 ……………………………116, 282
　第34条 …………………116, 420, 439, 442
　第43条 …………………………………45
　第67条 …………………380, 383, 393, 439, 442
　第71条 ………………………………439
　第83条の3 ………………………………439
　第84条 ……………………………380, 439
　第715条 ………………………………294
　第820条 ………………………………107
　第822条 ………………………………293
　第834条 ………………………………313

文部科学省設置法
　　第3条 ……………………………… 26, 70
　　第4条 ……………………………… 26, 405
　　第5条 ……………………………… 26
　　第6条の2 ………………………… 26
(2004年の改正前の) 文部科学省設置法
　　第19条 …………………………… 36
郵便法
　　第26条 …………………………… 400
理科教育振興法
　　第1条 ……………………………… 285
　　第3条 ……………………………… 34
理学療法士及び作業療法士法
　　第3条 ……………………………… 201
　　第11条 …………………………… 201
臨時教育審議会法
　　第1条 ……………………………… 285
労働安全衛生法
　　第66条 …………………………… 347
労働基準法
　　第56条 …………………………… 314
　　第57条 …………………………… 314
　　第60条 …………………………… 314
　　第61条 …………………………… 314
　　第118条 ………………………… 314
　　第119条 ………………………… 314

政令

学校給食法施行令
　　第2条 ……………………………… 160, 292
　　第3条 ……………………………… 292
学校教育法施行令
　　第1条 ……………………………… 238
　　第3条 ……………………………… 240
　　第4条 ……………………………… 238, 240
　　第5条 ……………………………… 103, 239, 481
　　第6条 ……………………………… 240
　　第7条 ……………………………… 239
　　第9条 ……………………………… 239
　　第10条 …………………………… 240
　　第11条 …………………………… 239, 244
　　第13条 …………………………… 240
　　第14条 …………………………… 239, 240, 245
　　第15条 …………………………… 239, 245
　　第17条 …………………………… 239
　　第18条 …………………………… 240
　　第18条の2 …………………… 239

　　第19条 …………………………… 240, 242, 313
　　第20条 …………………………… 240, 245
　　第21条 …………………………… 240, 242, 245, 313
　　第22条 …………………………… 245
　　第22条の3 …………………… 238
　　第23条 …………………………… 136, 144, 145, 146, 147, 148, 345
　　第23条の2 …………………… 323
　　第24条 …………………………… 147
　　第24条の2 …………………… 501
　　第24条の3 …………………… 345
　　第25条 …………………………… 501
　　第26条の2 …………………… 345
　　第27条の3 …………………… 345, 501
　　第29条 …………………………… 297, 499
　　第40条 …………………………… 152, 153, 155, 312
　　第43条 …………………………… 145
学校保健法施行令
　　第1条 ……………………………… 238, 290
　　第2条 ……………………………… 290
　　第4条 ……………………………… 238
　　第5条 ……………………………… 296
　　第6条 ……………………………… 296
　　第10条 …………………………… 296
義務教育諸学校等の施設費の国庫負担等に関する法律施行令 (義務施設法施行令)
　　第7条 ……………………………… 130
　　第8条 ……………………………… 130
義務教育諸学校の教科用図書の無償措置に関する法律施行令
　　第14条 …………………………… 92
義務教育費国庫負担法第2条ただし書きの規定に基づき教職員の給与及び報酬等に要する経費の国庫負担額の最高限度を定める政令 (限度政令)
　　第1条 ……………………………… 127
　　第2条 ……………………………… 128
公益法人に係る主務官庁の権限に属する事務の処理等に関する政令
　　第1条 ……………………………… 380, 420, 439, 441, 442
　　第3条 ……………………………… 442
公立義務教育諸学校の学級編成及び教職員定数の標準に関する法律施行令 (義務標準法施行令)
　　第2条 ……………………………… 127
国立大学法人法施行令
　　第8条 ……………………………… 267
　　第22条 …………………………… 280
社会教育法施行令
　　第1条の2 …………………… 397
　　第2条 ……………………………… 387

529

法令索引

就学困難な児童及び生徒に係る就学奨励についての国の援助に関する法律施行令（就学奨励法施行令）
　第1条 …………………………………259
　第2条 …………………………………259
　第3条 …………………………………259

所得税法施行令
　第217条 ………………………………382

私立学校振興・共済事業団法施行令
　第1条 …………………………………335

私立学校振興助成法施行令
　第1条 ……………………………331, 335
　第2条 …………………………………330
　第3条 ……………………………330, 335

大学設置・学校法人審議会令
　第2条 …………………………………145
　第6条 …………………………………145

地方独立行政法人法施行令
　第13条 …………………………………280

中央教育審議会令
　第5条 ……………………………397, 487
　第7条 …………………………………487

特別支援学校への就学奨励に関する法律施行令
　第1条 …………………………………244
　第2条 …………………………………244

独立行政法人の組織、運営及び管理に係る共通的な事項に関する政令
　第1条 …………………………………113

日本私立学校振興・共済事業団法施行令
　第1条 ……………………………268, 335

博物館法施行令
　第1条 ……………………………360, 389
　第2条 …………………………………381

文部科学省組織令
　第4条 ………………………78, 351, 352, 405
　第5条 …………………………………351
　第6条 ……………………………351, 352
　第10条 …………………………………405
　第29条 …………………………………352
　第30条 …………………………………352
　第89条 …………………………………405

省令

学位規則
　第5条の2 …………………………135, 221
　第5条の3 ………………………………221
　第6条 …………………………………320

　第8条 …………………………………219
　第12条 …………………………………219

各種学校規程
　第3条 ……………………………77, 341
　第4条 …………………………77, 317, 341
　第6条 ……………………………77, 342
　第8条 ………………………77, 342, 344
　第10条 ……………………317, 337, 342
　第13条 …………………………………339

学校教育法施行規則
　第2条 …………………………………501
　第3条 …………………………………148
　第4条 ……………………147, 148, 298
　第6条 …………………………………148
　第7条の3 ………………………………148
　第7条の6 ………………………………148
　第8条 ……………158, 175, 176, 182, 210
　第9条 ………………………175, 176, 211
　第9条の2 …………158, 175, 176, 211, 212
　第10条 ……………………159, 175, 176, 182, 212
　第12条の4 ……………………………240
　第13条 ………………241, 242, 293, 295, 347
　第14条 …………………………………289
　第22条の2 ………………………299, 302
　第22条の4 ………………………208, 299
　第22条の6 ………………………299, 302
　第23条の2 ………………………302, 505
　第23条の3 ………………………304, 505
　第24条 …………………81, 82, 170, 279, 280
　第24条の2 …………………………82, 84
　第25条 ……………………………87, 502
　第27条 ……………………………102, 498
　第28条 ……………………………102, 498
　第30条 …………………………………238
　第42条 …………………………………237
　第43条 …………………………………103
　第44条 ……………………………297, 498
　第47条 ………………………297, 298, 499
　第47条の2 ………………………298, 500
　第48条の2 ……………………………159
　第49条 …………………………………160
　第52条の2 ……………………………299
　第52条の3 ……………………………299
　第53条 ……………………81, 83, 85, 170
　第54条 ……………………………79, 85
　第55条 ……………………102, 103, 170, 237, 297, 298, 299, 302, 304
　第56条の2 ……………………………299

第57条	72, 81, 83
第58条	84, 90
第60条	104
第63条	98, 100, 104
第63条の2	85, 86
第63条の4	445
第65条	102, 297, 298, 299, 302, 304
第65条の2	121
第65条の3	121, 123
第65条の4	87
第65条の5	82, 84, 87
第65条の7	245, 289, 481
第65条の10	102, 297, 298, 299, 302, 304, 445
第65条の14	289
第66条の2	300
第69条	98, 99, 100, 104, 105, 499
第69条の2	105
第69条の4	499
第69条の5	105
第70条	98
第70条の2	98
第71条の3	155
第71条の7	153
第71条の8	153
第72条	297
第72条の3	299
第72条の7	102, 297, 298
第73条	121
第73条の2	97
第73条の2の2	123
第73条の2の3	123, 133
第73条の2の4	84, 123, 172
第73条の3	160
第73条の4	299
第73条の5	121
第73条の7	81, 84, 172, 199
第73条の8	81, 172
第73条の9	81, 84, 172, 199
第73条の10	87
第73条の11	182
第73条の12	182
第73条の16	102, 103, 297, 298, 299, 302, 304
第76条	102
第77条	297, 298, 302, 304
第77条の6	297
第77条の11	347
第78条	347

（2002年の改正前の）学校教育法施行規則

第69条	105

学校法人会計基準

第4条	333
第7条	333
第11条	333
第29条	333
第30条	333

学校保健法施行規則

第1条	290
第3条	290
第4条	290
第19条	296
第20条	296

義務教育諸学校等の施設費の国庫負担等に関する法律施行規則（義務施設法施行規則）

第6条	126

教育映画審査規程

第4条	402
第5条	402

教育職員免許法施行規則（免許法施行規則）

第2条	191
第3条	193, 195
第4条	172, 195
第5条	193
第6条	187, 192, 193, 194, 195, 196, 197, 507
第6条の2	192, 195, 196
第7条	198
第11条	203, 204
第13条	204
第14条	203
第15条	205
第18条の2	205
第34条	201
第61条	201
第61条の4	199
第63条	173, 200
第63条の2	173, 199
第64条	200
第65条	200
第65条の2	199
第65条の5	199, 200
第65条の6	200
第65条の7	166
第66条	464
第66条の2	464

教員資格認定試験規程

第2条	200

法令索引

第4条 …… 200
第5条 …… 200
高等学校設置基準
　第1条 …… 121
　第5条 …… 72
　第6条 …… 72
　第7条 …… 122, 249
　第8条 …… 122
　第9条 …… 121, 123
　第10条 …… 123
　第13条 …… 121, 124
　第14条 …… 121, 124
　第15条 …… 124
　第16条 …… 121, 124
　第20条 …… 124
　第23条 …… 124
高等学校卒業程度認定試験規則
　第3条 …… 499
　第8条 …… 499
高等専門学校設置基準
　第5条 …… 136
　第6条 …… 136
　第10条の2 …… 213
　第11条 …… 225, 226
　第12条 …… 226
　第13条 …… 226
　第14条 …… 225
　第23条 …… 137
　第24条 …… 137
国立大学法人法施行規則
　第4条 …… 109, 114, 140, 310
　第5条 …… 109, 114, 310, 345
社会教育主事講習等規程
　第3条 …… 365, 410
　第11条 …… 365, 410
就学義務猶予免除者等の中学校卒業程度認定規則
　第3条 …… 499
　第8条 …… 499
小学校設置基準
　第1条 …… 121
　第4条 …… 121, 122, 249
　第5条 …… 122
　第6条 …… 122, 158, 212, 250
　第7条 …… 290
　第8条 …… 121, 123, 124
　第9条 …… 124
　第10条 …… 121, 124
　第11条 …… 124

所得税法施行規則（大蔵省令）
　第40条の8 …… 382
私立学校振興・共済事業団法施行規則
　第1条 …… 335
専修学校設置基準
　第3条 …… 343
　第5条 …… 77, 342
　第17条 …… 77, 343
　第18条 …… 344
　第19条 …… 344
　第20条 …… 344
　第24条 …… 343
　附則第2項 …… 343
　附則第4項 …… 343
専門職大学院設置基準
　第2条 …… 135
　第18条 …… 135
大学院設置基準
　第2条 …… 135
　第3条 …… 135
　第4条 …… 135
　第5条 …… 135
　第6条 …… 135
　第7条 …… 137
　第7条の3 …… 135
　第8条 …… 137, 224
　第9条 …… 224
　第9条の2 …… 137, 224
　第22条 …… 137
　第23条 …… 137
　第24条 …… 138
大学設置基準
　第1条 …… 121, 225
　第3条 …… 134, 185
　第4条 …… 134, 185
　第6条 …… 134
　第13条 …… 136
　第13条の2 …… 213
　第14条 …… 165, 219, 221, 222, 225, 464
　第15条 …… 162, 219, 221, 222, 223, 225, 464
　第16条 …… 162, 222, 223
　第16条の2 …… 162, 219, 223, 464
　第17条 …… 222
　第29条 …… 445
　第30条の2 …… 134
　第32条 …… 134, 193
　第36条 …… 121, 137
　第37条 …… 137

第37条の2 ……………………………137
　第39条 ………………………………137
　附則第4項 …………………35, 122, 228
　附則第5項 ……………………………35
　附則第6項 ……………………122, 228
（2007年の改正前の）大学設置基準
　第14条 ………………………………218
　第15条 ………………………162, 218, 464
　第16条 …………………………162, 218
　第17条 ………………………………218
大学の設置等の認可の申請手続き等に関する規則
　第2条 …………………………………324
　第3条 …………………………………324
　第4条 …………………………………324
短期大学設置基準
　第3条 …………………………………134
　第22条 ………………………………136
　第22条の2 …………………………213
　第23条 …………………………225, 226
　第24条 ………………………………226
　第26条 ………………………………225
　第28条 ………………………………137
　第30条 ………………………………137
　第31条 ………………………………137
　第32条 ………………………………137
　附則第5項 ……………………122, 228
　附則第7項 ……………………122, 228
中学校設置基準
　第1条 …………………………………121
　第4条 ……………………121, 122, 249
　第5条 …………………………………122
　第6条 ……………………………122, 250
　第8条 ……………………121, 123, 124
　第9条 …………………………………124
　第10条 …………………………121, 124
　第11条 ………………………………124
図書館法施行規則
　第4条 …………………………370, 371
　第8条 …………………………………370
日本私立学校振興・共済事業団法施行規則
　第1条 …………………………268, 335
博物館法施行規則
　第1条 …………………………367, 379
　第18条 ………………………………380
　第19条 …………………………380, 392
　第21条 ………………………………394
　第24条 …………………………380, 394

幼稚園設置基準
　第3条 …………………………122, 123
　第4条 …………………………………122
　第5条 …………………………………122
　第8条 …………………………………124
　第9条 …………………………………124
　第11条 ………………………………124
　附則第3項 …………………………124
労働安全衛生規則（労働省令）
　第43条 ………………………………348
　第44条 ………………………………348

廃止された法令

旧高等学校設置基準
　第8条 …………………………………122
　第9条 …………………………………123
　第12条 ………………………………123
　第14条 ………………………………123
旧国立学校設置法
　第3条の4 ……………………………135
　第7条の2 ……………………………301
　第7条の3 ……………………………112
　第7条の4 ……………………………215
　第7条の7 ……………………………301
　第7条の10 …………………………134
　第7条の12 …………………………215
　第9条の4 ……………………………154
旧国立学校設置法施行令
　第2条の4 ……………………………135
旧国立学校設置法施行規則
　第8条の2 ……………………………135
　第8条の8 ……………………………135
　第26条の2 …………………………299
旧日本育英会法
　第24条 ………………………………262
旧文部省設置法
　第2条 …………………………………78

【大日本帝国憲法下の法令】

大日本帝国憲法
　第4条 …………………………………40
　第9条 ……………………………40, 497
　第28条 ………………………………280
　第55条 ………………………………271

勅令

旧教員免許令
 第3条……183
 第4条……183

旧教育刷新委員会官制
 第1条……275

旧公式令
 第1条……271
 第7条……497

旧高等学校令
 第1条……71
 第4条……116

旧公文式
 第2条……497

旧国民学校令
 第1条……71
 第15条……179, 207
 第17条……179, 207
 第18条……179, 207
 第20条……293
 第24条……245, 266
 第38条……64

旧師範教育令
 第1条……183
 第2条……183
 第3条……183
 第6条……183
 第7条……183

旧小学校令（明治19年勅令第14号）
 第6条……245
 第8条……245

旧小学校令（明治23年勅令第215号）
 第44条……245

旧小学校令（明治33年勅令第344号）
 第6条……245
 第41条……183
 第57条……245

旧私立学校令
 第1条……337, 338
 第2条……337, 338
 第3条……289, 338, 347, 501
 第4条……347
 第5条……338, 501
 第7条……338, 501
 第9条……337, 338
 第10条……338
 第11条……338, 346
 第13条……337, 338, 346
 第14条……338

旧枢密院官制
 第6条……497

旧大学令
 第2条……267
 第4条……267
 第6条……116
 第8条……267

旧中学校令（明治32年勅令第28号）
 第2条……245

旧中等学校令
 第2条……71
 第3条……245, 266

旧図書館令
 第1条……376
 第3条……376, 389
 第4条……376
 第5条……376
 第6条……376
 第7条……374, 376

旧幼稚園令
 第2条……266, 268

省令

旧国民学校令施行規則
 第1条……271
 第2条……271
 第3条……271
 第51条……276
 第86条……178
 第87条……178

旧実業教育規程
 第2条……71
 第4条……71
 第5条……71

旧師範学校規程
 第61条……183
 第62条……183

旧小学校令施行規則（明治33年文部省令第14号）
 第2条……271
 第31条……276

著者

岡村　豊

1941年生まれ。1964年東京大学法学部卒業。同年、文部省入省。留学生課長、著作権課長、学術課長、初等中等教育局審議官、総務審議官、生涯学習局長、学術国際局長等を歴任。1995年文部省退職、同年衆議院文教調査室長。2000年玉川大学学術研究所教授、2003年同大学教育博物館長。2007年4月より川村学園女子大学教育学部教授。
著書：『学校法人会計基準詳説』（共著）第一法規出版、1973年

日本の教育

2007年9月25日　初版第1刷発行

著　者　―――　岡村　豊
発行者　―――　小原芳明
発行所　―――　玉川大学出版部

　〒194-8610　東京都町田市玉川学園6-1-1
　TEL 042-739-8935　FAX 042-739-8940
　http://www.tamagawa.jp/introduction/press/
　振替　00180-7-26665

編集協力・装幀　―――　株式会社 日経スタッフ
組　版　―――　株式会社 インテリジェンス　クロス・ミー
印刷・製本　―――　株式会社 三秀舎

乱丁・落丁本はお取り替え致します。
©OKAMURA Yutaka 2007
ISBN978-4-472-40355-2 C3037/NDC 373